KB051331

수령
국가

대한민국에서 북한의 수령체제 이해하기

수령국가 : 대한민국에서 북한의 수령체제 이해하기

초판 1쇄 발행 2015년 10월 30일

지은이 │ 김광수
펴낸이 │ 윤관백
펴낸곳 │ 도서출판 선인

등 록 │ 제5-77호(1998.11.4)
주 소 │ 서울시 마포구 마포대로 4다길 4(마포동 324-1) 곳마루 B/D 1층
전 화 │ 02)718-6252 / 6257
팩 스 │ 02)718-6253
E-mail │ sunin72@chol.com

정가 35,000원
ISBN 978-89-5933-927-3 93300

· 잘못된 책은 바꿔 드립니다.
· www.suninbook.com

수령 국가

대한민국에서 북한의 수령체제 이해하기

김광수 지음

도서출판 선인

"수령국가"

정면으로 해독^{解讀}하다

차례
CONTENTS

인물과 수령 • 283

프롤로그

Prologue

프롤로그
PROLOGUE

  2015년은 분단 70년, 광복 70년이 되는 해다. 이미 고희(古稀)가 되어버린 분단 70년, 광복 70년을 변곡점으로 하여 앞으로는 더 이상 분단이 지속되어서는 안 된다는 의지가 무엇보다 절실히 요구되는 해다. 대내적으로는 남북한이 그런 의지를 천명해야 하고, 전쟁을 치르고 적대 상태가 지속되는 상황에서 대립의 일방이 상대를 어떻게 이해하고 알아 나가야 하는 것이 보다 타당하고 실효적일까를 묻고 또 물어야할 때이다. 분단체제에서 발생되고 있는 정치적인 경직성과 비효율적인 경제체제, 불안한 안보와 이념에 치우친 우리의 사상문화가 북한을 정확하게 이해하는 데 있어 어떤 장애가 되어왔으며, 이 장애로 인해 우리 민족의 삶이 어떻게 규정되어 왔는지 살펴보아야 한다.

  그러나 현실은 과거 두 차례의 정상회담으로 인해 그 나름 순항했던 남북관계는 지금 완전히 파탄되어있다. 남북관계가 제대로 작동되었다면 발생하지 않았을 서해교전이라든지, 북핵문제로 인해 툭 하면 터지는 한반도의 전운이라든지, 또 시도 때도 없이 등장하는 색깔론 등이 그 좋은 예다. 특히 표현·사상의 자유가 제한당해 북한을 제대로 이해하지 못한 것은 결국 분단체제를 넘어서려는 민족적 역량이 제대로 집결되지 않은 것에 일정한 원인이 있을 수밖에 없다. 그러다 보니 작고한 시인 김남주가 "38선은 38선에만 있지 않다"고 절규해야만 했던, 그보다 더 오래 전에는 김구 선생이 "38선을 베고 죽을지언정 분단만은 안 된다"고 통탄했던 그 울림이 지금도 지속적으로 이어지고 있는 것이다. 수많은 이산가족의 가슴 아픈 사연, 창의성이 한참 발휘되어야 할 청춘 시기의 병영생활, 예비군 동원체제, 민방위교육, 국가보안법의 족쇄, 공순·공돌이들의 파업이 빨갱이로 전락, 3족이 멸하는 연좌제, '툭'치니 '억'하더라는 고문치사, 인혁당과 같은 간첩조작, 북파공작원들의 비애, 수백만 부가 팔려 나간 태백산맥의 금서 지정 등 헤아릴 수조차 없는 이 수많은 사실들도 결국 따지고 보면 분단관리를 제대로 해 내지 못한 우리네의 슬픈 자화상이다.

하여 이 모든 군상(群像)들은 우리가 풀어나가야 할 대한민국의 숙제이고, 동시에 이러한 분단체제로 인한 우리 삶의 왜곡은 통일체제의 지향과 비례하여 치유될 수밖에 없는 상관관계가 있다 했을 때 그 첫 시작은 북한을 제대로 이해하는 것이어야 한다. 이치가 이러함에도 분단의 성역으로 남아있는 북한 사회를 제대로 이해하고 인식하는, 즉 들여다볼 수 있는 사람이 이 대한민국에서는 아무도 없다. 이 점에서는 비록 북한정치학을 전공으로 하여 박사학위까지 갖고 있는 필자이지만 역시 예외일 수는 없는 것이다.

이는 한 사람의 인식이 자기가 속한 사회의 제도와 이념을 뛰어넘어 형성되기 위해서는 '충분한' 사상적 자유와 민주적 가치의 '제대로' 된 제도적 반영이 필요하나 대한민국 사회에 살면서 분단과 국가보안법이라는 굴레에서 벗어난 북한 인식이 과연 가능하겠는가 하는 물음에 자유로울 수 없는 사정과 관련이 있다. 그 결과 이제까지는 북한체제를 이해한답시고 정략적 이해관계에 따른 북한 알기, 혹은 탈북자들의 자극적인 이야기(북한판 막장 드라마)에 현혹되는 북한이해가 우리 국민들을 지배하여 왔다. 후과는 엄청 컸다. 두 번의 남북한 정상회담, 셀 수 없을 만큼 많았던 고위급

회담, 각계각층 전문 분야의 만남과 교류의 장, 금강산 관광, 이산가족 상봉, 개성공단 가동 등 이렇게 수많은 인적·물적 교류와 왕래 등이 있었지만, 정작 우리는 북한을 제대로 알지 못한다.

아니, 모르면서 4천 5백만 국민 모두는 북한전문가가 되는 역설이 현재 대한민국이 보여주고 있는 민낯이고, 북한을 이해하는 독법체계이다.

고희(古稀)의 분단 70년, 그 70년에 직면한 이 우스꽝스러운 인식현상을 넘어서는 것, 그래야만 어떤 의미에서 진정한 광복원년 1년이 다시 시작되는 것이라면 이 책은 바로 그 숙제를 해결하기 위한 그 방법론으로 북한체제의 핵인 "수령"에 대한 이해를 우회로 없이 정면으로 해독하고자 한다.

『다음 국어사전』(http://dic.daum.net)에는 수령을 수령(守令)과 수령(首領)으로 나눠 설명하고 있다. 전자는 고려와 조선 시대 각 고을을 맡아 다스리던 지방관들을 통틀어 이르는 말을 뜻하며, 후자는 ① 당파나 무리의 우두머리, 혹은 ② 북한에서 상용되어지는 말로, 노동당의 대표를 인민의 지도자로서 이르는 말로 규정하고 있었다. 이 ②와 관련하여 스즈키 마사유키는 "지금의 북한에서 개념 정의하고 있는 '수령제'와는 의미가 다르기는 하지만 수령이라는 어원이 7세기 말엽 발해시대로까지 소급 가능하고, 그 발해가 '수령제'로 존재했다"(『김정일과 수령제 사회주의』, 중앙일보사, 1994, 20쪽)는 주장을 하였다.

이와 관련된 복합어도 파생하였는데, 전자의 경우에는 선치수령(善治守令)이란 단어에 "백성을 올바르게 잘 다스리는 수령"이란 뜻풀이를 해놓았다. 반면 후자의 경우 "전봉준은 동학군의 수령이었다"거나 "금강산에서 돌아온 장길산은 구월산 화적패의 수령이 되었다"는 등의 예문과 함께, 예외 적용으로 "북한의 정치체제는 수령중심 영도체제(領導體制)라고 말할 수 있다"는 예문도 제시하였다.

그러나 우리가 북한체제 속에 존재하는 수령(首領)을 이해해야 하겠다는 측면에서 볼 때는 위의 『다음 국어사전』(http://dic.daum.net)과 같은 해석도 문제지만, 아래와 같은 수령 개념도 주의해서 접근해야 한다. 대장(大將)이 갖는 의미로 ① 어떤 무리의 우두머리, 혹은 ② 군사적 용어로 쓰이는 계급의 하나인 장성급 중에서 가장 높은 자리로 해석한다든지, 이외에도 수령을 두령(頭領)의 개념으로 쓰이는 "여러 사람을 거느린 우두머리"로 오역하면, 이 개념으로는 북한체제 속에 존재하는 수령의 개념을 제대로 이해할수 없기 때문이다. 즉, 이 개념으로 사용될 수 있는 복합어가 정두령(正頭領: 여러 두령들 중에 우두머리인 두령), 대두령(大頭領: 집단에서 가장 높은 자리에서 사람들을 거느리는 우두머리), 도두령(都頭領: 두령 가운데 우두머리) 등인데 이는 북한체제에서 말하고 있는 수령의 개념과는 하등 인연이 없다.

또한 두목(頭目)의 경우에도 지금은 사용되지 않지만, 예전에는 "중국 국사(國使)의 일행 중에서 장사를 목적으로 '중국 사신을 따라오던 북경 상인'을 일컫는 말로 사용되기도 하였다"는 사용 범례가 나오기는 하나, 이 범례를 제외하고 나면 일반적인 의미에서 두목은 여러 사람을 거느리는 우두머리라는 개념이다. 이의 복합어로는 부두목(副頭目: 패거리의 우두머리 다음 지위), 여두목(女頭目: 여자인 두목) 등이 있다. 비표준어로는 일본어에서 발음된 "오야붕(oyabun)"이 있고, 참고어로는 "나쁜 짓을 하는 무리나 단체의 우두머리"를 뜻하는 수괴(首魁)라는 말도 있었다. 그리고 단체, 조직, 부서 등의 가장 윗사람을 뜻하는 '우두머리'라는 명사도 유의어에 속한다. 이외에의 유의어로는 "윗자리에 위치해 집단이나 단체를 지배하고 통솔하는 사람"을 일컫는 수장(首長)이라는 뜻도 있다.

결론적으로 '대장', '두령', '두목', '우두머리', '오야붕' 등과 같은 복합어와 유의어 등이 북한에서 말하고 있는 '수령(首領)'과는 같을 수 없다. 그럼 그렇게 같지 않다는 것을 알면서도 왜 이 책, 그것도 서문에서 그렇게 장황하게 열거하고 있는 것일까? 아마도 굳이 그 이유가 있다면 뜻과 개념은 같지 않을 수 있으나, 그 어원은 우리 민족이 그렇게 오랫동안 친근하게 사용해

왔다는 것을 상기시키고 싶기 때문이다.

최정운에 의하면 우리 국민들은 영웅들을 생각할 때 '슈퍼맨'이나 '황금박쥐', '6백만 불의 사나이', 그리고 '관세음보살'이나 '아멘'보다 훨씬 많이 홍길동이나, 녹두장군, 임꺽정, 이순신, 안중근(도마) 등을 더 떠올린다(『한국인의 탄생』, 미지북스, 2013, 34~35쪽)고 하는데, 이를 북한에 적용하면 일제강점기 동안 백두산과 만주지역을 중심으로 '신출귀몰'한 영웅이자 전설적인 유격전을 펼쳤다는 김일성 또한 예외가 아니게 된다. 즉, 김일성 중심의 항일무장투쟁사만을 유일한 항일역사로 배우고 있는 북한 인민의 입장에서 볼 때 기존 남북한 전체가 가지고 있던 개념으로서의 '수령'에 대한 친근성에다 국운흥망의 난세에 민족을 위해 희생해 온 인물들에 대한 존경심이 남다르게 강한 우리 민족의 영웅사관이라는 공감대, 이런 것들이 김일성을 중심으로 하는 수령체제가 아무런 의심 없이, 반감 없이 수용될 수 있는 배경이 되었겠구나 하는 생각이 들었기 때문이다.

우리가 『삼국지』를 즐겨 읽는 이유도 여기에 있을 것이다. 권모술수·재능·결단력을 겸비한 '난세의 간웅' 조조, 덕으로 인재를 포용하는 유비, 유연한 전략을 펼치고 부하들과 인간적으로 교류하는 지도자 손권이 등장하는데, 이들 지도자들에게 우리가 핵심적으로 파악해 보고 싶었던 것은 시대의 흐름을 읽는 능력과 인재를 적재적소에 배치해 능력을 발휘하게 하는 용인술이었을 것이다. 그렇다면 이를 현대판 『삼국지』로 재구성하여 주변 열강과 남한, 북한의 지도자를 대입하여 볼 때 오바마, 시진핑, 아베, 푸틴, 박근혜, 김정은은 과연 어떤 지도자 상이며 이들의 관계는 어떻게 짜여질까? 아마도 북한의 입장에서 볼 때 가장 최악은 오바마와 박근혜의 찰떡궁합일 것이다. 거기다가 우려할 만큼 과감한 두 사람의 행보인 '북한멸망론'으로 똘똘 뭉친다면 북한으로서는 더더욱 난관일 테다. 이 어려운 난제에 봉착한 북한의 현재 최고지도자 김정은은 어떤 리더십으로 이 난세를 극복하고자 할까? 때문에 북한의 체제 안에서 작동되고 있는 수령을 제대로 이해하지 않고서는 북한을 제대로 이해하기란 불가능하다는 생각이 떠나지 않는다.

그런데 분명한 한 가지는 북한의 수령(首領) 개념을 이해하려고 하면 할수록 수령의 어원과는 관계없이 일어나는 '불편'한 감정이 있다. 국가보안법이 현존하는 상황에서 북한 사회를 수령체제로 인식되는 순간 북한 사회는 봉건사회의 통치기제가 작동하고 있다는 관념과 편견이 자동적으로 생겨난다는 감정이 그것이다. 즉, 우리 안의 리바이어던(Leviathan)이 북한의 수령체제를 제대로 보지 못하게 가로막는 인식의 굴레로 말이다. 북한을 이해하는 데 있어 그 어느 누구도 인정하고 싶지는 않겠지만 우리 안에는 일명 '리바이어던'이라는 괴물이 존재하고 있다. 이는 우리가 북한이라는 국가를 떠올릴 때마다 알게 모르게 '리바이어던'적 국가라는 단정이 지배하고 있다는 것을 반증해 주는 것이다. 다들 아시다시피 '리바이어던'의 원제는 『리바이어던, 혹은 교회 및 세속적 공동체의 질료와 형상 및 권력』(Leviathan, or The Matter, Forme and Power of a Common-Wealth

▲『리바이어던』의 책 표지

Ecclesiastical and Civil)인데, 여기서 책명 리바이어던은 구약성서 욥기 41장에 나오는 바다 괴물의 이름이다. 그 괴물이 국가에 비유되고 있다. 영국의 철학자 토마스 홉스가 1651년에 출간한 책이고, 부제가 「종교적·시민적 국가공동체의 재료·형태 및 권력」으로 되어 있는 것으로 보아 '국가론'이라는 제목이 더 어울린다.

이렇듯 리바이어던이라는 가공동물이 지상 최강의 존재를 상징한 것이기 때문에 홉스는 그 리바이어던이라는 개념으로 국가권력 또는 주권에 관한 논의를 전개하고 싶었고, 결과적으로 17세기에 절정에 달했던 절대왕정 시스템의 효율성에 엄청난 문제가 있다는 것을 보여주었다. 마찬가지로 자본주의는 신자유주의 도래로 맞이한 21세기 지금까지도 전 세계적으로 '유일하게' 남아있는 리바이어던으로서 북한의 수령체제를 그 예에 가장 부합하는 희생물로 삼고 싶은지 모른다. 그래야만 모든 리바이어던이 파시즘과 수령체제의 동의어가 되고, 공산주의(사회주의)의 탈을 쓰고 전무후무한 사악함을 보여주는 괴물로 묘사할 수 있기 때문이다.

다시 한번 강조하지만 국민의 정부에서도 참여 정부에서도 이러한 인식이 바뀌지 않았다. 여전히 북한은 리바이어던과 같은 국가였던 것이다. 마치 인간의 사회적 본성이 어디에 더 가까운가를 두고 지금까지도 '이기심'과 '이타심'이 대립하고 있는 것과 같이, 북한의 국가적 본성이 양육되어 협력이라는 진화된 시스템으로의 공동체국가를 설계하려 해도 자본주의만이 국가체제의 유일 정답으로 인정되는 한 생각하기에 따라 인류가 한번쯤은 꿈꾸어 본 이상세계를 '가능한' 국가체제로 실현시킨 사회주의 체제로서의 북한을 우리는 도저히 인정할 수가 없었던 것이다.

이는 북한체제에 대한 극단적 부정이다. 그러나 이 또한 현실이라면 이 책은 북한의 수령체제가 리바이어던이 아니라는, 그 설득력이 실패하면(두 번의 남북한 정상회담이 있었음에도 불구하고) 아주 오랫동안 북한 사회를 제대로 들어다보기가 불가능하고, 불가능한 만큼 북한을 분단체제 극복과정의 한 주체라는 인식에 적신호가 켜지게 되고, 그 적신호는 북한체제를 붕괴해야 한다는 최악의 시나리오로 연결될 수밖에 없음에 착목하려 했다.

그런 만큼 이 책은 북한의 수령체제를 정면으로 이해하되 대한민국 국민 다수의 뇌리 속에 박혀있는 북한의 수령체제는 곧 리바이어던이라는 잘못된 인식을 극복하는 데 있다. 정치적으로야 북한체제를 싫어하고 미워할 수는 있겠으나, 학술적으로는 북한의 수령체제를 세습체제, 봉건적 유산체제, 독재체제, 1인 지배체제, 술탄체제 등 부정적 개념으로 획일화되는 인식을 제어하고 현지지도체제, 인민체제, 유일체제, 백두혈통체제 등으로 재해석하는데 기여하고자 하는 것이다.

　여기에는 북한이라는 국가가 좋든 싫든 남한의 또 다른 반쪽이며, 이 반쪽은 사람 인(人)과 같이 서로 기대어 의지해야만 완성체가 되듯이 일란성 쌍둥이와 같은 '(아플 때 같이 아프고, 즐거울 때 같이 즐거운) 앓이'가 동질로 존재할 수밖에 없다는 나의 믿음도 한 몫 작용하고 있다. 다시 말해 북한이라는 국가가 어떤 형태로든 앓고 있다면, 대한민국 또한 제 아무리 GDP(Gross domestic product) 대비 세계 15위 내외의 국가서열을 갖는다 하더라도 앓고 있을 수밖에 없는 불완전한 나라라는 것이다.

　그러한 인식을 가져야만 통일을 향해 나가가는 과정에서 멈춰선 정지 상태, 동반자적 관계이면서도 적대적 상대인 북한을 '있는 그대로' 바라보게 되어 5천 년 동안 이어져온 민족사가 복원될 수 있기 때문이다. 그 긴긴 여정에 이 책이 부족하나마 기여하길 간절하게 기대해 본다.

　더불어 이 책은 필자의 졸저,『세습은 없다: 주체의 후계자론과의 대화』(서울: 선인, 2008)와『사상강국: 북한의 선군사상』(서울: 선인, 2012)의 내용 중 '수령' 관련 부분만 특화하고, 여기에 정공법으로 '북한체제: 수령국가에 대한 이해'를 사회과학적 관점과 인문학적 상상력으로 재구성한 책임을 밝혀둔다.

　또한 책 제목을 정하면서 정말 많은 고민을 하였다는 말씀을 꼭 올리고 싶다. 결론적으로야 책 제목이 '수령국가: 대한민국에서 북한의 수령체제 이해하기'가 되었지만, 원래 최초의 책 제목은 '수령'이었다. 그리고 부제도 "'한국', '조선', 그리고 '수령'에 대한 이해를 사회과학, (+)해서 인문학적 상상력으로 해내다"였고, 두 번째 수정된 제목은 '$\frac{1}{206}$ 국가, 수령국가'에다 부제는 '대한민국은 과연 정상적인 국가인가?'였다. 이 중에서도 나는 '$\frac{1}{206}$ 국가'라는 표현을 끝까지 포기하고 싶지 않았다. 이유는 전 세계 206개국 중에서 사회과학적 이론에 의해 유일하게 지속되고 있는 수령국가, 그런 국가로서 존재하는 북한을 한번쯤 이해하고 싶었기 때문이다. 그러나 의미 전달을 명확히 하기 위해 '수령국가'로 단순화하였고, 부제도 '대한민국은 과연 정상적인 국가인가?'가 '수령국가'와 잘 어울리지 않는다는 충고를 받아들여 '대한민국에서 북한의 수령체제 이해하기'로 수정하였다. 그 과정에 나의 오랜 벗이자 국문학자인 정훈식 박사의 조언이 결정적이었다. 그렇지만 이 책 '성찰과 이해'편「Ⅰ. 성찰: 민주공화국」에서 '대한민국은 과연 정상적인 국가인가?'라는 문제의식도 여전히 유효한 만큼, 독자들은 꼭 정독해주길 바란다.

끝으로 스스럼없이 이 책 출판을 흔쾌히 수용해 주신 윤관백 사장님, 그리고 어지러운 문장을 잘 다듬어준 선인 관계자 여러분들께도 정말 감사의 인사를 드리고, 그 누구보다도 지난 20여 년간 한결같이 제 곁에 묵묵히 있어준 송기인 신부님의 사랑에 고마움을 듬뿍 전한다.

모쪼록 독자들께는 "성즉명, 불성무물(誠卽明, 不誠無物)"과 "표월지(標月指)"의 마음을 기대할 따름이다.

성찰과 이해

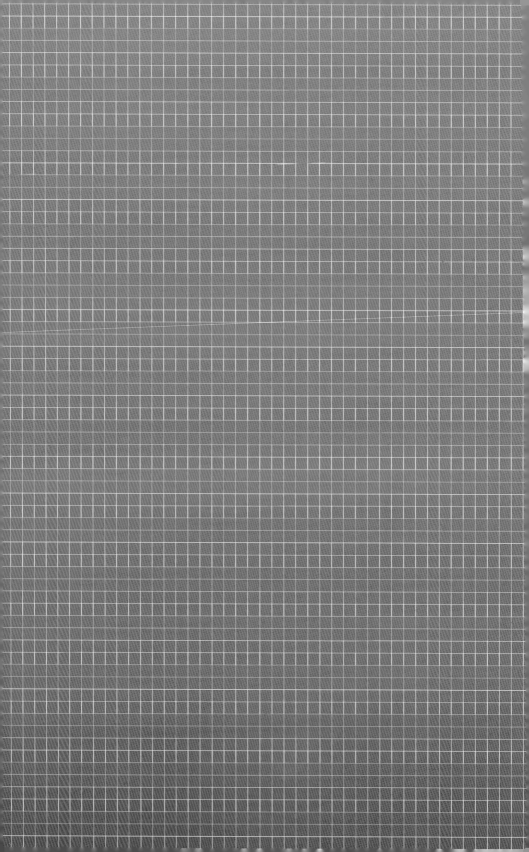

성찰과 이해

20 14년은 마치 '홉스적 자연상태'가 대한민국 사회를 배회하고 있다 할 만큼 혼돈 그 자체였다. 갑오년 내내 대한민국 국민들은 대한민국 국민으로 존재한다는 것, 그 자체가 부끄러운 한 해였다. 사회적으로는 천민자본주의(pariah capitalism)의 상징인 '갑(甲)'질 논란이 끊이지 않았고, 담론

> 일반적인 의미에서 '홉스적 자연상태 (the Hobbesian State of Nature)'라 함은 서부시대의 보안관이 없는 텍사스 마을, 1970년대 정부가 붕괴된 이후의 레바논, 또는 1990년대의 소말리아, 그리고 2014년 세월호 사건 이후의 대한민국 자화상이 여기에 해당된다 할 수 있다. 즉, '만인에 의한 만인의 투쟁'만이 난무하는 무질서된 공황상태이자 야만의 상태를 일컫는다.

적으로는 세월호 사건을 수습하는 과정 내내 '국가는 존재하는가?'라는 물음이 있었다. 또한 통합진보당에 대한 '헌법적 해산'은 정치적으로 '한국적 민주주의'를 걱정하게 만들었다.

이 세 질문은 현재진행형이다. 그래서 2015년 을미년이 시작되었지만 여전히 우리 가슴은 먹먹하다. 특히 2014년 12월 19일 헌법재판소는 통합진보당 해산 결정을 '8 : 1'의 압도적 차이로 가결시켰는데, 이는 종북(從北)이라는 '정치적 주장'을 헌법재판소가 수용하면서 통합진보당의 정당 활동을 법으로 중단시킨 법란(法亂)으로 인해 더더욱 그렇다. 더 큰 문제는 앞으로

가 더 걱정이라는 사실이다. 대한민국 정치사에서 진보적 대중정당의 출현이 거의 불가능하게 되었기 때문이다. 이에는 제1야당의 책임도 매우 크다. 초유의 사태인 '헌법적 해산' 과정에서 극도의 저자세로 몸 사리는 데 급급했던 새정치민주연합이었다. 한국정치사에서 이렇게 당당하지 못한 제1야당이 있었던가? 이것이 향후 자신들의 집권 과정에서 분명히 부메랑이 될 것은 자명하다.

정치적 혼돈은 이처럼 한국적 민주주의에 위기를 초래했다. 그 위기는 참 지성인들의 고견처럼 1987년 6월 민주화운동의 결과로 정치적 독재체제는 극복했지만, 분단체제를 극복하지 못해 발생한 사회적 병리현상과 그 맥을 같이하고 있다. 진보·개혁 세력과 야권은 민중항쟁을 통해 얻어낸 정치적 자유에 안주한 나머지 분단체제에 기생하고 있었던 수구·보수 세력의 반격에 무기력하게 당했다. 수구·보수 세력이 '잃어버린 세월 10년'을 외치고 있을 때 진보·개혁 세력과 야권은 합법적 운동에 취해있었고, 토대를 강화하고 '대중 속으로' 들어갈 생각은 아니하고 너도나도 권력의 해바라기만 쫓는 부나방으로 전락하였다. 그 결과는 참으로 비참했다. MB, 박근혜 정권에 권력을 내줄 수밖에 없었다. 이 세력들의 이념적 지향이 '종북·반북주의', 혹은 '신(新)유신시대'라는 좌표를 형성하고 있다. 한국사회는 이처럼 퇴행적 민주주의로 돌아갔고, 사회과학적으로는 한국사회의 성격이 '분단체제에 기생한 한국적 민주주의'에서 한 발짝도 나아가고 있지 못하다는 사회구성체적 진단을 내릴 수밖에 없다.

남북문제와 관련해서도 세 가지 안 좋은(3惡) 상황이 발목을 잡고 있다. 우선, 남북 간의 대화가 단절된 상황이 가장 나쁜 상황이다(1惡). 남과 북은 숱하게 대화 제의를 했지만, 더 이상 대화가 진행되지 않는 상황이 반복되고 있다. 그 다음, 당국 간에는 서로가 서의 최고통치권자들에게 욕설에 가까운 가장 험악한 말로 다투며 상황을 악화시키고 있다(2惡). 마지막으로 박근혜 정부의 대북통일정책이다. 현 정부는 미국의 소위 '전략적 인내'

정책을 그대로 따르고 있다. '전략적 인내'라는 것이 무엇인가. 이는 북한이 붕괴할 때까지 기다리겠다는 정책으로, 미국 대통령들 중 북한체제가 붕괴되어야 한다고 공개 발언한 유일한 대통령인 오바마 정부에서 추진하고 있는 정책이다. 곧 박근혜 정부의 통일정책은 미국의 전략적 인내정책과 다를 바 없는 북한붕괴론에 핵심을 두고 있다(3惡). 이런 상황이니 남북관계가 잘 풀릴 수 없다.

Ⅰ. 성찰: 민주공화국

"대한민국은 '더' 민주적인 사회로 나아가야 한다."

대한민국은 인구 5천만 명의 유기체다. 바로 그 유기체가 지금 혼돈, 한국적 민주주의의 위기, 남북관계 3악의 고통 속에 헤매고 있다. 한 개인에게도 만병의 근원이 '스트레스'에 있듯이 한 국가도 만병의 근원을 굳이 따지자면 '잘못된' 정치에서 비롯한다. 잘못된 정치의 출발은 정치의 최고 꼭짓점에 있는 대통령이 그 '헌법적 의무'를 다하지 않을 때 시작된다. 2015년 대한민국의 시계가 멈춰선 이유이다. 정치권의 정치적 무능도 우리 국민들이 정치적 우울증에 빠져들게 하는 주범이다. 민족·국가·국민은 안중에도 없고, 오직 정파와 당파의 이익만 존재하는 정치권에 대해서도 실망을 넘어 환멸을 느낀 지가 이미 오래이다.

특히 대북 통일정책과 관련한 전·현직 대통령의 수준은 한심하다. 박근혜 대통령보다 더했으면 더했지 결코 못하지 않는 이명박 전 대통령은 자신이 직접 쓴 회고록,『대통령의 시간』에 서술된 내용 중 '헌법적 의무'에 해당하는 '국민의 안녕 보장'과 '영토의 보존'이라는 의미를 제대로 이해했는지 의문이 갈 정도다. 천안함과 연평도사건은 우리 국민의 안녕도 영토의 보존도 지켜내지 못한 것 일뿐만 아니라 정책적으로는 한반도 평화관리와 북한관리에 실패한 것이고, 그 연장선상에 있는 남북정상회담 거부가 매우 잘한 것이라는 술회는 과연 대한민국의 대통령이 맞나 의심할 정도이다.

초록은 동색이이라 했던가. 박근혜 현 대통령을 두고 한 말이다. 현 박근혜 정부도 드레스덴 선언(2013년 3월 28일)이니, 한반도 신뢰프로세스 구축(2013년 8월 21일)이니, 유라시아 이니셔티브(2013년 10월 18일)니, 통일은 대박(2014년 1월 6일)이니 하면서 온갖 장미 빛 청사진을 내놓고는 있지만, 민심 교란용일 뿐이다. 그렇게 보는 이유는 박근혜 정부가 속내에 있어서는 이제까지 북한이 '악의 축'이라는 이미지로 인해 북한은 믿을 수도 없고 믿어서도 안 되는 상대이기에 오로지 압박과 봉쇄를 통해 북한체제를 붕괴시켜야 되는 자기 확신에서 한발 짝도 더 나아가지 못하고 있기 때문이다.

과연 그러한 인식이 과학적인지 박근혜 대통령은 되물어야 한다. 그리고 미국의 오바마 대통령과 MB의 『대통령의 시간』 뒤에 숨어 있을 때가 아니다. 현재의 남북관계가 과거로의 전면적인 복원도, 그렇다고 상황이 이러할진대 현 박근혜 정부가 계속해서 보고 싶은 것만, 인식하고 싶은 것만 계속 쳐다보고 옳다고 믿는 UFO효과에 빠져 북한체제 붕괴를 마냥 기다리고, 더 나아가 공격적인 붕괴전략을 펼친다면 진짜로 한반도에 전쟁이 일어나지 않는다는 보장이 없다. 그런 다음 박근혜 대통령은 우선, 대한민국을 '더' 대한민국답게 만들기 위해 노력하여야 한다. 다음으로는 북한체제를 '제대로' 이해하기 위해 노력하여야 한다. 그리고 마지막으로는 첫째와 두 번째의 인식을 바탕으로 하여 '새로운' 남북관계를 열어내기 위해 노력해

그 방법으로는 여러 가지가 있겠지만, 핵심적으로는 먼저 북한사회를 아무런 편견 없이 左로는 북한을 찬양한다거나, 右로는 북한을 비하한다거나가 아닌 '있는 그대로의' 북한을 바라보아야 하며, 다음으로는 북한이 왜 '수령제 사회주의체제'를 선택할 수밖에 없었는지에 대한 이해를 해내어야 한다. 그래야만 그들이 왜 정상회담의 조건(?)으로 '최고 존엄을 건드리지 말라'했는지가 눈에 들어올 수 있는 것이다.

야 한다. 그렇게 될 때 대한민국도 역사적 시간과 비례해서 한 단계 진화하고, 남북관계도 통일로 진화해 나갈 수 있는 것이다.

1. 진단: 대한민국은 '민주공화국'이지 않다

'그래 국가는 있어'라고 말하는 얼빠진 국민이 한 명 나타났다. 그것도 한 때 꽤나 진보적 시민사회운동을 열심히 활동했던 인물이다. 전(前) 민주노동당 정책위의장을 지낸 주대환이 그다. 그는『시대정신』2008년 여름호(통권 39호)에서 "대한민국은 위대한 민주주의 국가"라고 규정하면서 "김일성이나 박헌영의 전통을 쓰레기통에 집어넣고…"라는 언급을 했는데, 이것을 조선일보는 류근일 칼럼(2008. 9. 2)을 통해「어느 좌파 지식인의 '커밍아웃'」이라는 제목으로 주대환의 글을 칭찬하고 나섰다.

한국의 대표적인 보수·수구언론인 조선일보가 주대환을 칭찬하고 나선 이유가 무엇일까? 두 가지 이유가 있을 것이다. 하나는 그가 그간 겪은 자신의 고뇌의 결과를 좌파 매체가 아닌 우파 매체를 통해 커밍아웃하여 잔잔한 충격을 던지기에 충분하다는 점이다. 즉, 그가 "이제 좌파는 뉴레프트 운동으로 업그레이드되고 거듭나야 한다"는 주장을 시대정신이라는 우파 잡지에서 한 것에 주목하라는 것이다. 또 다른 하나는 민주노동당 정책위의장 출신의 좌파정당인이 반(反)북한 입장을 분명히 하였다는 점일 것이다. 그리하여 "현재의 대한민국을 긍정해야 한다"는 뉴라이트 주장에 대해 면죄부를 주고자 함이었을 것이다. 즉, 뉴라이트로 대표되는 우파들은 이명박 정권의 출범과 함께, 그들에 의해 낙인(烙印)된 좌파들의 '자학주의 사관' 대신 자신들의 '승리주의 사관'에 입각한 현대사를 새로 써야 한다며 대한민국의 지난 역사를 '긍정'적으로 볼 것을 강하게 주장해 왔는데, 마침 주대환의 글이 자신들의 주장에 힘을 실어주고 있다는 자기 합리화의 근거를 가져다주는 데 큰 기여를 하고 있다고 봤기 때문일 것이다.

국가는 존재하는가?

　물론, 주대환의 글이 아니더라도 지난 60년간 전쟁의 폐허 속에서도 이만큼의 경제적 발전과 민주화를 이뤄낸 대한민국에게 경탄하지 않을 이유가 없다. 하지만 그만큼, 아니 더 크게 그림자를 비례적으로 드리우고 있는 반공주의와 군사주의, 독재와 반인권적 노동 탄압에 대한 역사를 우린 또한 잊을 수 없다. 해서 대한민국의 '역사'와 '정체성'에는 항상 의문이 있을 수밖에 없고, 그런 상황에서 주대환은 뜬금없이 "그런 대한민국을 긍정해야 한다"고 주장하고 나서서 이런 사달이 발생한 것이다.

　당연히 반박이 있을 수밖에 없다. 필자인 나 또한 주대환과 조선일보식 인식, "대한민국은 위대한 민주주의 국가"라는 데 동의하지 못한다. 그런 만큼 이광호가 「조선일보 류근일, 주대환 칭찬한 까닭은?」이라는 제목으로 『레디앙』(http://babodool.tistory.com)에 기고한 글을 소개하는 것으로 그에 대한 반박을 대신할까 한다.

　　"주대환이 인지했던 못했던 결과적으로 뉴라이트가 '대한민국의 긍정'을 얘기하는 것은 이승만과 박정희, 전두환을 잇는 독재 세력들의 민주주의 파괴행위와 인권 탄압, 노동자들에 대한 가혹한 착취의 역사를 지워버리기 위함이다. 노동자의 절대 다수가 비정규직의 불안정한 일자리와 낮은 임금에 고통받고, 미래를 책임져나갈 청소년들이 오직 '경쟁'과 '승리'만이 진리인 '미친 교육'을 받고, 친일파와 그 협조자들에 의한 독재와 착취, 억압의 과거는 우리에게 아직 엄연한 현실임에도 말이다. 이런 것을 망각하고 과거를 잊어야만 '대한민국은 위대한 민주주의 국가'라는 인식이 가능하다면 주대환의 역사인식 오판은 매우 심각하고 위험한 수준이다. 한국인들은 주대환과 같은 민주주의를 원하지 않는다. 왜냐하면 삶의 더 큰 고통만을 현실에서 안겨줄 것이다."

　그렇다. 지금의 대한민국은 여전히 민주주의를 향한 싸움이 진행 중이고, 미완성의 결정체이다. 주대환과 대립하는 인식에서 대한민국의 민주주의는 싸움 중인 것이다. 보수·수구 세력에 의해 낙인(烙印)된 종북세력이 아니라 할지라도 오세철 교수와 같은 사회민주주의자들, 마광수 교수와 같은 에로틱 작가, 미네르바와 같은 인터넷 논객, 그리고 무수한 촛불집회 누리꾼들과 인터넷 블로거들 등등 모두는 주대환에 의해 작명된 '대한민국은 위대한 민주주의 국가'에 의해 희생당하고 활동에 제약을 받는 현실에서 대한민국이 찬양된다면 이것을 도저히 인정할 수 없는 사람들이다.

그렇지만 이들 또한 대한민국이라는 국가에서 가장 스탠더드(standard)한 규범이 헌법이라는 데 동의하지 않을 대한민국 국민은 아니다. 왜냐하면 헌법 제1조 1항에 "대한민국은 민주공화국이다"라고 규정하고 있기 때문이다. 직접적으로는 자유민주주의와 대의민주주의를 일컫는다. 그러나 민주공화국이라 했을 때는 정치제도로서의 민주주의보다는 민주주의적 가치를 옹호하는 사상으로서의 민주주의를 가리킨다. 즉, 전체주의, 권위주의 등에서 행해지는 억압적이고 통제하려는 정치제도를 반대하고 억압적인 체제로부터의 해방구로 작동되는 가치와 제도로서의 민주주의다.

그런데 2014년 발생한 세월호 사건은 민주공화국으로서의 대한민국 실체가 어떠했는지를 너무나 적나라하게 드러냈다. 주대환이 그렇게 섣불리 결론 내렸던 답에 대해 우리는 여전히 의문을 던진다. "국가는 존재하는가?" 그 물음은 민주공화국으로서의 대한민국 민낯이었다. 이후 대한민국 시계는 1분 1초도 나아가지 못하고 우왕좌왕(右往左往)하는 사이 병사 동료를 살해한 군인도, 안산의 인질범도, 어린이집 폭행 교사도, 양양 방화범도 본인들 자신이 살인자이고 가해자인 데도 하나같이 뭔가 '억울하다'는 항변을 하고 있다.

뿐만 아니다. 이렇게 희망이 사라진 대한민국, 모든 사회적 병리현상은

'내 탓'이라기보다는 '남 탓'으로 돌려진다. 탈출할 수 있는 해방구가 없기 때문이다. 비례하여 부끄러움도 없어진다. 부끄러움이 없어지니 그 어떤 잘못을 해도 성찰하고 반성하려 들지 않는다. 분풀이하고 패악질 할 대상만 찾는다. 보수ㆍ수구 세력은 종북(從北)세력과 이데올로기에서 그 대상을 찾고, 개인은 뒤틀린 분노로 똘똘 무장해 정부를 욕질해댄다. 대한민국 사회는 이렇듯 '네 편, 내 편'으로 갈라져 치유불능의 상태로 치닫고, 이성보다는 감정이 앞서는 감정사회로 진입하였다.

그 꼴이 마치 '너도 살고 나도 살자'가 아니라 '내가 못사니까 너도 못살아야 한다'거나, 아니면 '너 죽고 나 살자'식의 극단적 이기주의만이 대한민국에 팽배해 있는 것과 똑같다. 또한 대한민국의 현재는 지금 야망의 세월, 즉 개천에서 용이 날 수 있는 시기를 지나, 상속의 시대로 진입하였고, 이는 부모의 재산에 따라 신분이 정해지는 신계급사회로 진입한 국가라 할 수 있다. 이유는 작금의 대한민국에서 한 개인의 인생을 좌지우지(左之右之) 하는 것으로 자신의 능력이 제 아무리 뛰어나도 해도 그 능력이 출신배경을 뛰어넘을 수는 없게 되었고, 그 연장선상에서 사회는 갈수록 서열화되고 있기 때문이다. 이처럼 지금의 대한민국 사회는 분리와 배제의 원리가 작동되고 있는 현실과 맞닿아 있는 것이다.

그 후과는 한 세대에만 그치지 않고 있다. 초등학생들마저도 자기 집을 소개 할 때 'ㅇㅇ아파트 ㅇ단지 ㅇㅇ동 ㅇㅇ호'로 표현되고, 열공을 통해 가능했던 신분 이동('개천에서 용 난다'는 속담)은 철저히 막혀있고, 부모의 재산 유무에 의해 이미 그 자식의 운명이 결정된다. 요즈음 유행하고 있는 세태풍자 '외눈박이 사회', '고(苦)3사회(苦통스러운 청년, 苦단한 장년, 苦

> 이 표현이 함의하고 있는 것은, 그냥 'ㅇㅇ아파트에 산다.'라고 하면 될 것을 굳이 ㅇㅇ동 ㅇㅇ호로 표현하는 것은 그 표현 속에는 이미 '내가 이 정도 되는 평수에 사니까 너도 이 정도 되는 평수이면 나랑 친구 먹고, 아니면 다른 친구를 찾아봐'라는 의미를 갖고 있기 때문이다. 그래서 심각한 것이다. 즉, 어려서부터 '끼리끼리' 문화가 형성되어 (신분) 차별이 일상화되는 것이다.

독한 노년)', 연애, 결혼, 출산 포기의 뜻이 담긴 3포세대(三抛世代, Sampo Generation)를 넘어 4포세대(3포 + 인간관계 포기), 5포세대(4포 + 내 집 마련 포기)에 이어 심지어 모든 것을 포기한 N포세대 등도 이 범주에 들어갈 것이다. '일자리 절벽', '재벌 절벽', '창업 절벽' 등과 같은 신조어들의 등장이 함의하는 것도 이에 해당된다 할 것이다.

이런 대한민국에 희망은 없다. 신계급사회로의 진입은 대한민국이 민주공화국으로 거듭 태어나는 데 있어 분명 극복되어야 할 암적 존재이다. 박근혜 대통령의 언어로 표현하자면 그 뿌리까지 발본색원하여 드러내어야 할 '적폐'이다. 그래서 수구·보수 세력을 제외한 모든 국민은 이렇게 묻고 있는 것이다. 교황 프란치스코의 말씀처럼 '정의의 결과'로서 평화가 있고, 소외받고 억압받지 않는 상태까지도 포용하는 민주가 이 나라에 과연 있느냐고.

대한민국은 지금 '종북(從北)'몰이 중이다

대한민국에서 종편방송의 태동은 보수·수구세력의 나팔수 역할 및 영구집권 의도와 관련이 있다. 그 태동에 충실해서 그럴까, 종편은 최근 '종북사냥'의 사냥개임을 자임하고 나섰다. 조·중·동으로 일컬어지는 수구·보수언론보다 더 '우향우'한 시각에서 수구·보수 세력의 입장을 대변하는 전위대 역할에 충실하다. 실제 예로서 종편이 '종북 콘서트'라고 규정한 '평양에 다녀온 그녀들의 통일이야기 – 신은미 & 황선 전국순회 토크문화콘서트(이하, 통일 콘서트)' 보도가 이를 뒷받침해주고 있다. '통일 콘서트'의 시작은 2014년 11월 19일 서울 조계사였다. 100여 명의 청중이 모였고, 두 사람은 평양 방문 때 보고 들은 경험담을 풀어놓았다. 이때까지만 해도 괜찮았다. 그러나 이 '통일 콘서트'가 입소문을 타면서 MB정부이후 금강산 관광 등 남북 교류협력의 전면 중단으로 인해 북한체제에 좀 관심 있던(?) 사람들이 많이 모여들기 시작하였다. 그냥 궁금하고 이야기가 듣고 싶어서….

실제 강연 내용도 이미 알려진, 그리고 통일부에서 홍보영상물을 만들 때도 이미 활용했던 평범한 내용들이었다. 북한 사람들의 김정은에 대한 평가, 수양딸 사연, 세쌍둥이 출산 얘기 등등. 그 어디에도 '종북적' 얘기는 없었다. 그러던 통일 콘서트에 상황이 급변하는 계기가 있었다. TV 조선은 급기야 신 씨 등이 "북한은 '지상낙원'이라고 찬양(경찰 조사 결과 사실이 아닌 것으로 확인됐다)"했다고 몰아붙이면서 통일 콘서트는 '종북 콘서트'로 규정되기 시작했다. 그 뒤 보수단체들이 두 사람을 국가보안법 위반 혐의로 경찰에 고발했고, 경찰은 마치 순번대기하고 있었다는 듯이 수사에 나섰다.

더 충격적인 것은 민심을 읽어야 할 대통령이 종편과의 시각을 같이 한다는 사실에 있다. 박근혜 대통령조차도 이 종편놀음에 놀아나 "종북 콘서트" 운운하며 종북몰이에 가세하는 형국은 종편의 태동 본질이 어디에 있는가를 입증하기에 충분하다.

박 대통령은 2014년 12월 15일에 열린 청와대 수석비서관 회의에서 이렇게 언급하였다.

> "소위 종북 콘서트를 둘러싼 사회적 갈등이 우려스러운 수준에 달하고 있습니다. 몇 번의 북한 방문 경험이 있는 일부 인사들이 북한 주민들의 처참한 생활상이나 인권침해 등에 대해서는 눈을 감고 자신들의 일부 편향된 경험을 북한 실상인양 왜곡 과장하면서 문제가 되고 있습니다."

이러한 박 대통령의 발언은 1950년대 미국 상원의원이었던 조지프 매카시가 미국 공화당 당원집회에서 "미국 내에서 공산주의자들이 암약하고 있으며, 나는 그 명단을 갖고 있다"고 주장하면서 발단된 그 유명한 메카시즘을 떠 올릴 만큼 21세기 한국판 메카시즘을 선동한 것과 다를 바가 없다.

백 번 양보해서 신 씨 등의 얘기가 보수·수구 세력을 포함한 보수·수구언론의 시각에서 보면 불편할 수도 있다. 그렇다고 하여, 마음에 들지 않는다고 하여 북한과 화해하고 협력하려는 세력 모두를 종북으로 내모는 '의도된' 행동이 정당화될 수는 없다. 북한을 비난하지 않는다 하여 그것이 곧 북한체제를 지지하고 동조하는 것과 같은 동격이지는 않다. 이 상황을 누구보다 잘 알고 있어야 할 대통령마저도 그러한 종편놀음에 맞장구를 쳐주고 힘을 실어준다면 앞으로 누가 감히 '북한이야기'를 할 수 있단 말인가? 의도했던 의도하지 않았던 대통령의 이 발언, "종북 콘서트" 운운은 가이드라인이 되었다. 그리고 그 후과는 우리가 북한 사회를 이해하고 해석하는 데 있어 그것이 내재(비판)적이든, 외재적이든 아무런 상관없이 북한 사회는 이미 '일그러진' 사회로 규정되어져야 하는 이념문법에 종속될 따름이었다.

이렇듯 북한은 우리에게 언제나(그 어떤 경우에도, 하물며 진실에 가까운 실체가 드러나더라도 항상적으로) '일그러진' 사회로서의 북한일 뿐이어야 하는 것이다. 그러다 보니 우리 사회는 누군가가 통일, 남북, 분단문제 등에 대해 의견을 말하면 그 말이 일리가 있는지 없는지의 유무보다 '진보인지, 보수인지', 혹은 '북한 편인지, 아닌지'부터 가려 시시비비(是是非非)를 삼게 되었다. 방법론의 차이를 이념과 관점의 차이로 치환하여 공격하고 있는 것이다.

예를 들어 김정은의 리더십과 관련하여 개방적인 스타일로 분석하면 그 사람은 틀림없이 진보적이거나 친북적인 사람이 되고, 반면 북한붕괴가 임박했다고 주장하면 그는 보수적이며 반북적인 인물로 전락된다. 또 북한에 대해 포용정책을 지속적으로 펼쳐야 한다고 주장하면 '친북좌파'로 내몰리고, 강경정책을 펼치면 '반북우파'로 낙인찍힌다. 그런데 여기서 곰곰이 생각해 보면 포용정책이건 강경정책이건 이 모든 정책은 한반도 평화와 국가번영, 통일이라는 목표를 위한 수단인데, '친북'과 '반북'이라는 이념적인 문법으로 전이되고 있음을 알 수 있다.

　통일대박론도 마찬가지이다. 한쪽에서는 '통일대박'을 얘기하고 있는데, 다른 한쪽에서는 우리사회가 남북문제에 관해 얘기하려 하지 않는 모순적 소통방식을 공유한다. 즉, 의식의 이러한 경계선은 다음과 같은 '편리한 편견'을 합리화시킨다. 그것은 다름 아니라 통일이 대박이 되기 위해서는 국민들이 자유롭게 통일과 관련된 얘기를 해야 한다는 점이다. 비례하여 남북한에 대한 자유로운 해석과 비판 등도 활성화되어 그 흐름과 분위기가 국민들로부터 만들어져야 정치권도 이를 제도화 정책화할 수 있는 추동력이 생긴다. 그런데도 통일문제, 남북문제, 분단문제 등과 관련한 아젠다를 얘기하는 순간, 국가보안법, 종북좌파, 보수꼴통의 이분법에 자기 검열되어 생산적인 논쟁이 되지 못한다.

　통일과 관련된 생산적인 논쟁이 가능하지 않는 데는 이처럼 적을 비난하고 상대방과 나를 철저히 구별함으로써 심리적 안정감을 누리는, 일명 '검은 양 효과(the Black Sheep Effect)'도 한몫하고 있다. 검은 색의 양(羊)을 찾아내 그것에 모든 불만과 오류의 책임을 전가함으로써 자신과 공동체의 평안을 도모하고자 하는 심리, 이 심리가 때때로 그 어느 누구도 확인할 수 없고 북한 정보를 독점하고 있는 국가정보원의 정보력에 기댈 수밖에 없는 상황에서는 북한 정보의 사실 유무에 크게 신경을 쓰지 않아도 되는, 즉 탄로나면 '불량국가' 정권의 거짓으로 치부하면 아무도 이의제기를 할 수 없을 만큼 손쉽기 때문에 더더욱 유혹을 받는다. 선거관리위원회도 예외가 될 수 없다. 디도스(DDoS, 분산서비스 거부) 공격을 당해도 '북한 짓'으로 단정해버리면 그만이다. '북한이 했다'는 주장만으로도 정부는 책임을 회피할 수 있고, 만에 하나 나중에 탄로가 나도 위에서 말한 것처럼 '불량국가' 정권의 거짓말로 치부하거나 '아니면 말고'라고 해버리면 그만이기 때문이다. 이런 변명이 수용되는 데는 북한이 우리의 적이며 절대 악이기 때문에 '그들이 했을 가능성'만으로도 충분히 단죄해도 된다는 잘못된 인식의 결과물이 우리 뇌리에 박혀 있어 가능하다.

이재봉 교수(원광대)은 이렇게 설명하고 있다.

> "북한과 서로 총부리를 겨누며 대치하고 있기에, '주적'으로 삼고 '적국'으로
> 부를 수 있다. 북한이 빌어먹고 굶어 죽으면서도 핵무기와 미사일을 개발하고
> 있으니, '거지 국가'나 '깡패 국가'로 비난할 수 있다. 그러나 군사 외교적으로
> 미국에 종속적이다시피 의존적인 남한이 군사적으로든 외교적으로든 자주성
> 만큼은 어느 나라보다 강한 북한을 '괴뢰'라고 욕하는 것은 너무도 어울리지 않
> 는다."(『이재봉의 법정증언』, 들녘, 2015, 95쪽)

위와 같이 인식의 모순성이 우리에게는 내재화되어 있어 가능하다는 것
이다. 적어도 북한 문제에 대해서만은 합리적 인식과 추론, 의심이 불가능
하다. 이는 우리 사회 안에서부터 서로 다른 의견과 세력이 공존하는 문화
를 만들어내지 못할 만큼 불행하니, 그 여파가 남북 간의 '다름'을 인정하기
에 앞서 북한은 무조건 나쁜 국가로 낙인해야 하는 것이다. 그러니 진실은
중요하지 않다. 사실도 중요하지 않다. 인식의 모순성이니 합리적 추론과
인식, 의심, 이런데 관심가지는 것은 배부른 자들의 변명일 뿐이다.

툭하면 한쪽에서는 자신들의 입맛에 들지 않는다하여 '종북좌파'라고
하면서 그들을 자신과 타협할 여지가 없는 배제해야 할 세력으로 매도하
기에 바쁘다. 다른 한쪽에서는 보수적인 주장을 하는 사람들에게 '수구꼴
통'이라 비난하며 대화 불통 세력으로 낙인찍기에 바쁘다. 이른바 '종북몰
이 공화국'으로의 전락이다. 조금씩 함께 승리하는 협력적 경쟁문화가 창
출되지 못하고 모든 경쟁이 제로섬 게임 방식만으로 존재하는 대립과 갈
등, 투쟁이 있을 뿐이니 당연한 결과이다. 당연히 북한이라는 상대방의 입
장에서 이해하지 못한다. 우리는 '절대로' 선하며, 상대방은 무조건 '악하
다'는 주관주의적 이분법만 있다. 그리고 그 프레임-수구·보수 세력에
게 포박된 '종북(從北)' 프레임(Frame)은 북한에 대한 온갖 억측과 오류를

난발시킨다. 그것이 수구 · 보수 세력에 도움이 된다면 물불을 가리지 않는다.

대한민국의 소원은 한순간도 통일이지 않았다

대한민국에서 태어나 자라났다면 자장가만큼이나 늘 '우리의 소원은 통일'이라는 노래를 듣고 성장해 왔다. 그렇다고 생각하는 이 자연스러운 착각은 대한민국의 모든 국민들이 하나같이 '우리의 소원은

통일'을 바라는 것으로 세뇌되었다. 그 결과 모든 국민들이 '언젠가는 반드

그러나 현실은 정반대의 결과가 되어있다. 이를 박순성(동국대) 교수가 『오마이뉴스』에 2015년 6월 29일 기고한 「우리의 소원은 정말로 '통일'인가?」의 내용을 축약 정리하면 다음과 같다. 하나, 동북아는 탈-탈냉전적 질서 속으로 들어가면서 한반도 분단은 다시 강화되고 있다. 둘, 남북 관계가 악화되면서, 통일에 관한 전망과 '통일 지향의 특수 관계'에 대한 공유 인식은 전반적으로 약화되었다. 셋, 남한 사회는 현상적으로는 통일에 대한 기대가 증가한 것처럼 보이지만, 실제로는 '통일 지향의 특수 관계'에 대한 공유 인식뿐만 아니라 점진적 평화 통일에 대한 전망도 약화되어 오히려 흡수 통일의 환상이 통일 대박론 · 통일 미래론의 형태로 제기되는 등 정치현실을 지배하는 상황이 되어 버렸다.

시 남과 북이 하나가 될 수 있다'고 믿는 것은 과연 진실일까? 라는 의심을 하지 못하게 하였다. 아래 글은 우리들의 무의식에 그렇게 잠재하고 있는 통일에 대한 당위, 관념 등에 관하여 많은 생각을 불러일으킨다.

"민족이 공통의 과거를 지닐 수 있으려면 그것은 공통의 존재를 창조해야 하고, 그것을 창조하기 전에 그것을 꿈꾸고 열망하고 계획해야 한다. 그리고 민족이 존재하려면 그것

이 미래의 목적을 지니는 것만으로 충분하다. 여러 번 일어난 것처럼, 비록 그 목적이 충족되지 않고 좌절로 끝나더라도. ……(중략) 중남미의 사람들과 스페인은 공통의 과거, 언어, 인종을 지녔다. 그래도 스페인은 그들과 한 민족을 이루지 않았다. 왜 그런가? 우리는 필수적인 것 하나가 빠졌음을 안다. 공통의 미래."(오르테가 이 가세트, 황보영조 역, 『대중의 반역』, 역사비평사, 2005, 242쪽)

이 글은 혈연과 언어, 단일민족, 공통의 과거만으로 국민국가의 토대여야 한다는 기준이 반드시 현재와 미래에도 그렇게 성립해야 한다는 당위가 부정될 수 있다는 결론을 내린다. 이에 따르면 남과 북의 경계선인 휴전선이 앞으로 백 년, 이백 년의 세월이 흐른다면 그것은 '자연국경'으로 굳어지게 될 것이고, 그렇게 되면 남과 북은 우리가 당연히 가졌던 인식, 통일되어 하나의 국가로 존재할 것이라는 통일한국과는 다른 결론으로서의 국가가 서로 존재할 가능성이 매우 높아진다. 그래서 앞으로의 통일과 관련한 인식은 우리가 관념적 당위로 여기고 있는 같은 언어, 혈연, '공통의 과거' 등이 있기 때문에 남과 북은 언젠가는 반드시 하나가 될 것이라는 통념보다 더 필요한 것은 남북한 구성원들이 '공통의 미래'를 과연 함께 공유하고 있느냐는 질문으로 발전해야 하는 것이 맞게 된다. 즉, 함께 공유해야 될 그 공통의 미래는 무엇이어야 하는가? 라고 항상 물어야 하고, 그 물음의 연장은 사회학자 브루베이커(R. Brubaker)의 문제의식과도 맥이 닿아야 한다.

"모든 공동체는 그 구성원들을 '정당한' 성원자격(membership)을 지닌 내부자와 그 반대편의 외부자로 나뉜다."

이 기준에 딱 들어맞는 것이 민족과 국적이다. 민족정체성은 한 개인에게 특정한 민족공동체에 속한다는 소속감과 정체성을 부여하고, 국적은 특정한 국가공동체의 합법적 성원 자격을 인정한다는 사회적 신분 표시이기 때문이다. 특히 배타적 귀속성을 기본 원칙으로 하는 국적의 경우에는 예외도 있을 수는 있으나 어느 누구도 무국적자가 될 수 없고 다양한 국적을 공유할 수도 없다. 따라서 남한인과 북한인, 재일조선인을 한데 묶으면서 동시에 분리하는 원리도 민족과 국적이 되는 것이다. 양자 모두 독특한 통합의 원리와 분리의 기능을 공유하고 있어서이다.

즉, '공통의 미래'를 위해서는 제 아무리 통합과 분리가 반복적으로 지속되더라도 "'정당한' 성원 자격"을 일탈해서는 안 되는 것이다. 그 예로 남한과 북한이 애초에는 같이 사용했으나, 분단이 고착화되면서 한쪽에서는 자주 사용하지만, 다른 한쪽에서는 잘 사용

> 같은 듯 다른 한 예로는 북한과 남한의 관계가 '가까이 하기에는 너무 먼 당신'이라는 측면에서 본다면 일본과 같이 애증(愛憎)의 관계로 같지만, "'정당한' 성원자격"이라는 측면에서 보면 일본과 남북한의 관계에 결정적 차이가 있다. 그건 다름 아닌, '민족과 국적'에서 '한 핏줄'이라는 사실이 그것이다.

하지 않는 단어들도 생겨났다. 대표적인 것이 조국(祖國)이라는 단어이다. 북한에서는 자주 사용하고, 남한에서는 금기시된 단어로 전락하였다. 한글학회에서 출간한 『우리말큰사전』에 조국의 뜻풀이는 간단하다. "조상 적부터 살던 나라"다. 예문은 조국사상, 조국정신, 조국애다. 반면, 북한에서 사용되고 있는 조국개념은 『조선말대사전』에서 좀 복잡하게 설명되고 있는데, 이 중 첫째가 길게 설명되어 있기는 하지만 그래도 가장 『우리말큰사전』의 정의와 비슷하다.

"조상 대대로 내려오면서 살아오며 자기가 나서 자란 나라. 진정한 조국은 단순히 나서 자란 고향일 뿐 아니라 인민들의 참된 삶이 있고 후손만대의 행복이 영원히 담보되는 곳, 곧 위대한 수령이 마련해준 인민의 나라이다. 영광스러운 우리 조국 조선민주주의인민공화국은 우리 모두에게 참된 삶과 행복을 안겨주며 보다 휘황한 미래를 마련해 주는 진정한 어머니이며 은혜로운 품이다. 우리는 자기 조국을 떠나서 진정한 삶을 꽃피울 수 없으

며 행복할 수 없다. 오직 우리 조국의 륭성과 번영을 통해서만 자신과 후대
들의 행복한 앞길을 개척할 수 있다." 그 예문으로 "···우리에게 조국이란 무
엇이겠소? 조국이란 바로 우리의 장군님이시오"이고, 파생어는 '조국통일'이
있다.

이외에도 주권재민(主權在民)의 정신이 집합적으로 표현된 '국민과 인민'
도 남한과 북한에서는 각기 다른
뜻으로 활용되어진다. 전자는 한
반도에서 중화질서가 무너지기
시작할 시점인 19세기 후반의 서
세동점(西勢東漸)의 세계사적인
전환기에 도입된 이후로 대한민
국의 용어로 자리 잡게 되고, 후
자는 북한에서 주로 사용되는 용
어이다. 한반도가 분단되지 않았
더라면 두 용어는 혼용되었거나,

일반적인 의미에서 국민은 "한 국가 안에 거
주하면서 사회·정치생활에 참가하는 사람
들"로 정의돼 국가권력에 종속되는 개념이
라면, 인민은 "사회발전에 진보적 역할을 하
는 계급과 계층을 포괄하는 근로대중"을 의
미하는 것으로써, 이는 사회역사적 개념으
로서 계급성을 강조한 것이자 사회주의 국
가건설의 정치·계급적 주체에 더 가깝다.
그러다 보니 한국에서는 한국에서의 전쟁
(1950) 이후 인민이라는 단어는 오직 북한과
관련되어져서만 사용되어지는 금기어에 해
당되었다. 예하면 '인민혁명당사건'이나 '인
공기 게양사건'등이 그 예다.

하나의 단어만 선택되어졌을 것이다. 굳이 선택되었다면 인민이라는 단어
가 더 가능성이 높다. 이유는 인민이라는 용어가 구(舊)대한제국 절대군주
제하에서도 사용되었고, 해방 과정에서 미국을 은혜의 나라로 여겼던 당시
의 정서상 미국헌법에도 인민(people, person)은 국가의 구성원으로 표시되
었기 때문이다. 역사적으로도 동아시아 한자문화권에서는 인민(人民)이라
는 단어가 『맹자(孟子)』의 「진심장구(盡心章句)」下편에 나올 만큼 일찍 사
용되었다. 장현근이 지은 『맹자』(서울: 살림, 2006) 260쪽에 따르면 "'인'과
'민'을 조합한 '인민' 개념은 『맹자(孟子)』의 「진심장구(盡心章句)」下편에 서
술되어 있다. 제후의 보배는 세 가지인데 토지, 백성, 정치다. 옥구슬 따위
재물을 보배로 여기는 제후는 그 재앙이 결국 제 몸에 미칠 것이다.(諸侯之
寶三, 土地, 人民, 政事, 寶珠玉者, 殃必及身)"라고 말이다.

그리고 가장 최근에는 2015년 8월 15일부터 북한은 남한과 일본보다 30 분이 늦은 새로운 표준시를 채택한다고 발표하였다. 뉴욕타임스 2015년 8월 7일 서울발 기사에 따르면 대한민국과는 달리 중국은 시차가 1시간이었던 것이 30분 차이로 줄어들어 북한을 더 가깝게 여기게 되었다. 그러면서 신문은 "북한이 독자적인 '평양시간'을 오는 8월 15일 2차 대전에서 일본이 항복한 날을 기해 적용할 것을 발표했다"면서 "국제표준시(UTC)보다 9시간 앞선 기존의 표준시는 일본을 기준으로 한 것이었다"고 전하면서 북한의 조선중앙통

부연 설명하자면 한국 표준시(韓國標準時, KST, Korea Standard Time)는 대한민국의 표준시로 UTC보다 9시간 빠른 동경 135도를 기준으로 하고 있다. 일광 절약 시간제는 사용하고 있지 않으며, 일본 표준시와 같은 시간대이다. 조선민주주의인민공화국의 표준시는 UTC보다 8시간 30분 빠른 동경 127도 30분을 기준으로 하고 있다.

서울과 평양의 경도는 각각 동경 127도, 동경 125도 45분으로, 1908년 대한제국이 표준시를 첫 시행할 때는 한반도의 중앙을 지나는 동경 127도 30분을 기준으로 표준시를 정하였다. 일제 강점기인 1912년 조선총독부가 동경 135도 기준인 일본 표준시에 맞춰 표준시를 변경하였고, 대한민국에서는 1954년 3월 21일 이승만 정부가 동경 127도 30분 기준으로 되돌렸다가 1961년 8월 10일 박정희 군사정부가 동경 135도 기준으로 다시 변경하였다. 조선민주주의인민공화국은 2015년 8월 15일 표준시를 동경 127도 30분 기준으로 변경하였다(『위키백과』에서 인용).

신사의 보도를 인용해 "간악한 일본제국주의자들은 조선의 표준시간까지 뺏는 천추에 용서 못할 범죄행위를 감행했다"며 "새로운 표준시를 증오스런 일제 잔재를 떨쳐 내는 것이라고 의미를 부여했다"고 덧붙였다.

분단은 이렇게 한민족이 같은 용어와 개념으로 사용될 수 있는 말과 단어가 이질화 되는 것은 물론, 시간마저도 다르게 흐르게 한다. 한 사례에 불과하지만, 남한과 북한은 이렇게 서로 상이한 형태로 진행된 분단정부 수립과 이를 극복하기 위한 전쟁, 그리고 전후 과정은 남북한 공히 '다름' 으로 자신들의 체제와 사상, 정체성, 구조, 정책과 노선, 문화, 언어, 생활 방식 등을 경쟁적으로 질적 차이를 심화시켜 나갔다. 연동해서 조국, 국민과 인민은 이렇듯 분단국가 수립 과정에서 다른 정치적 함의를 지니면서

체제에 귀속되는 용어로 고착화
되어 갔던 것이다.

그러나 이것보다 더 중요한
것은 남북한 관계가 민족관계의
성격을 갖고 있기 때문에 이를 르
낭(E. Renan)의『민족이란 무엇인
가(Qu'est-ce qu'une nation?)』에서
규정하고 있는 요인으로 설명하
면 과거에 대한 정서적 공감과
정치적·사회적 공동체를 유지하

특히 북한에서는 사회발전의 주체이자 근
본동력(=남한에서는 주권자로서의 권리와
의무가 있는 국민)이어야 할 인민이 수령의
영도를 받는 집단으로 대중화되어 체제의
강고한 토대가 되고, 이렇게 인민의 대중화
가 가능했기 때문에 수령의 강력한 지지 기
반을 갖게 되었다는 논리로 정당화되었다.
그 결과 인민이라는 개념이 개념적으로야
사회발전의 주체이자 근본동력이라 할 수
있지만, 실질적으로는 주체 앞에 '자주적'이
라는 형용사가 붙어 수령의 영도를 강조하
기 위한 개념으로, 또 당-국가체제를 정당
화하는 논리로 전락되어진 느낌을 지울 수
는 없다.

려는 현재적 의지가 어떻게 작동하게 할 것인가 하는 것이다. 구체적으로
는 단일민족이라는 신념 못지않게 헤어진 가족과 친족, 혈연 간 단절에 대
한 현실적 반응의 결과인 이산가족 상봉행사와 함께, 7·4남북공동선언, 남
북기본합의서, 6·15공동선언, 10·4선언 등이 이에 해당된다. 다음은 남북
관계가 적대관계라고 표현할 만큼 상호 대립적 성격을 지니고 있는데, 그
중심에 언제든지 무력 충돌할 수 있는 정전체제가 자리 잡고 있다. 분단이
오랫동안 하나의 공동체로 유지되던 주민과 영토, 생활공간을 대립적인 두
단위로 분할하는 과정이었다면, 한국에서의 전쟁은 이러한 상호 적대성을
강력한 기억과 정서로 한반도 구성원의 일상 속에 내면화하는 과정이었다.
남한의 북한 공작원 침투와 북한의 1968년 1·21 청와대 기습사건, 울진·
삼척지구 무장공비 침투사건, 1983년 아웅산 테러사건과 논란이 있기는 하
나 1987년 KAL기 폭파사건, 2010년의 천안함 사건과 연평도포격 등은 아마
도 남북한의 적대적 속성을 잊지 못하게 만드는 기억이 될 것이다. 마지막
으로 남북관계는 이웃한 별개의 독립적 주권공동체 사이에 형성되는 준
(準)국가적 관계가 성립될 수 있는 이 지구상의 마지막 분단국가 중의 하나
다. 이는 1991년 남북한은 각기 독자적으로 유엔 동시 가입을 통해 국가관

계가 성립되었고, 곧이어 1992년 발효된 남북기본합의서에서는 "통일을 지향하는 과정에서 잠정적으로 형성된 특수관계(민족관계)"라고 규정하면서 독특한 이중적 관계를 맺게 되었다. 이는 내정불간섭, 호혜평등, 개방적 상호관계, 인권문제, 비핵화 문제 등에 대해 '국가적 존재'로서의 북한(남한)의 책임을 강조하게 만든다.

분명 이 세 측면은 세계사적인 탈냉전과 6·15공동선언 및 10·4선언보다 보다 진전된 남북관계가 형성되어야 한다는 시대적 사명을 역설적으로 일깨워주고 있다. 크게 보아 적대성의 약화, 민족관계의 강화라는 방향성으로 말이다. 그런데 문제는 적대성의 완화가 얼마나 실질적이고 불가역적인 변화라는 점이고, 다른 측면에서는 적대성의 약화가 실질적인 의미에서 민족관계의 확대로 이어질 것인가 아니면 한반도의 두 체제 간 차이가 오히려 심화될 것인가 하는 문제인데, 불행히 두 질문에 대한 답안은 현재까지 그렇게 썩 만족스럽지 못하다.

우선은 이명박 정부 이후 역진(逆進) 때문이다. 6·15공동선언과 10·4선언 이후에도 한반도는 여전히 정치적·군사적 차원의 대결과 불신이 제도적으로 해소되고 있지 못하다. 개성공단이 가동되고는 있으나, 군사분계선을 둘러싼 남북 간 무력대치는 완화되고 있지 못하며 한·미 군사훈련연습은 한반도 정전체제를 불안정하게 만들고, 대북 전단지 살포는 남북 간의 대화를 가로막고 남남갈등, 남북갈등을 유발하고 있다. 더군다나 2010년 천안함사건과 연평도포격, 그리고 최근 2015년 8월에 일어난 '지뢰 폭발'사건은 남북관계의 적대적 대립이 언제라도 가시화하고 실제 전쟁 상태로 비화할 가능성이 있음을 증명하였고, 6·15공동선언 제2항인 "남과 북은 나라의 통일을 위한 남측의 연합제 안과 북측의 낮은 단계의 연방제 안이 서로 공통성이 있다고 인정하고 앞으로 이 방향에서 통일을 지향시켜 나가기로 하였다"의 내용을 한 발짝도 진전시키지 못하고 있다.

또 다른 측면에서의 우려는 조선노동당 규약 서문 중 "조선노동당의 당면

목적은 공화국 북반부에서 사회주의의 완전한 승리를 이룩하며 전국적 범위에서 민족해방과 인민민주주의 혁명과업을 수행하는 데 있다"는 조목이 있는데 이 조목에는 북한이 남한을 적화통일 하겠다는 의도가 숨어 있다면, 남한의 국가보안법은 2014년 12월 신은미의 통일 콘서트가 '종북 콘서트'로 둔갑되는 데서 확인되듯이 남한 내에서 생산적이고 합리적인 남북문제, 통일문제를 접근하는 데 방해가 되고 있다. 이러한 상황에서 만약 향후 빠른 시일 내 북한과 미국, 북한과 일본 간 외교관계가 수립되고 북한이 국제질서 아래에서 정상적인 국가의 위치를 점하게 될 경우 남북한 간에는 적대성이 완화되고 민족관계가 강화되는 측면 못지않게 각기 별개의 국가성이 보다 뚜렷해질 가능성도 비례해 높아짐도 예측해 볼 수 있다. 다름 아닌 르낭(E. Renan)이 『민족이란 무엇인가(Qu'est-ce qu'une nation?)』에서 민족을 구성하는 두 요소 중, 제2요인이었던 정치적·사회적 공동체를 유지하려는 '현재적 의지'가 남북한 공히 덜 작동될 수 있음을 미리 경계해야 하는 측면으로 말이다.

2. 민주공화국: 대한민국은 이래야 한다

에피소드로 치부하기엔 너무나 역설적인 한 예가 있다. 김일성종합대학을 나온 탈북자로, 2003년 동아일보사에 입사한 주성하 기자는 자사 신문이 아닌 『오마이뉴스』에 2015년 1월 28일 「나부터 종북이다」라는 기사를 올렸는데 제목부터 대한민국의 '현재'를 조롱하고 있다. 그는 신은미 씨의 종북 콘서트 논란을 두고서도 "2014년 현대판 종북 마녀사냥의 대표적 사례"라 일컫고, 참 종북(從北)되기 쉬운 세상을 비틀어서 얘기하고 있다.

『대중의 봉기』의 저자 오르테가 이 가세트(Jose Ortega y Gasset)가 말한 대로 자유민주주의는 "적과, 그것은 약한 적과, 공존하겠다는 결심"이라는 표현에 빗대보면 대한민국은 아직도 한참 멀고도 먼 민주주의의 여정을 남겨놓고 있다고 할 것이다. 이에 대해 소설가 복거일은 이렇게 꼬집는다.

"우리 몸만 하더라도 수천 종의 박테리아들이 그 안에서 살고 있으며, 그들이 없으면 우리는 한시도 살아갈 수 없다. 우리는 부모에게서 유전자들만이 아니라 박테리아들까지 물려받는다. 사정이 그러하므로, 우리 몸은 실은 사람과 박테리아들의 결합체라는 주장까지 나온다.(『이념의 힘』, 나남, 2007, 127쪽)"

굳이 사회학적 해석을 해보자면, 그 어떤 하찮은 생명체도 우리 모두에게는 남이 될 수 없다는 뜻이 내포되어 있다 할 것이다. 고맙게도, 복거일은 비유를 통해 생명의 기본적 질서가 협력임을 다시 한번 상기시켜 준 것이다. 하물며 이렇게 서로 다른 종(種)들도 개체의 수준에서는 서로 경쟁하지만, 그러면서도 서로 협력해야만 종(種)의 지속성이 가능하거늘, 그것도 오랜 기간 동안 함께 동고동락해온 남북한이 어찌 박테리아들과의 관계보다 못할 수 있단 말인가?

'분단체제'와 양립(兩立)되지 않는 대한민국이어야 한다

대한민국 민주주의는 지금 병이 아주 깊다. 소독으로 치유될 수 있는 수준을 넘어선 환부를 도려내는 외과수술이 필요하다. 그런 만큼 민주주의에 대한 정치사상적 고민을 다시 시작하여야 한다. 한 국가의 국가이념과 체제 형성이 역사적 시간 속에서 완성되어 진다는 사실을 기억하는 데로부터 출발하여야 한다. 그러면 분단정권 수립 이후 통일국가 수립을 목표로 했던 'War in Korea · 한국에서의 전쟁(6 · 25전쟁)'이 남북한 모두에게 다른 사회체제를 강요하였음을 보게 될 것이다.

남한은 미국과의 동맹의 덫에 포획되는 철저한 반공

'전쟁사'이론에서는 누가 먼저 총을 먼저 쌌는가에 따라 그 전쟁의 성격을 규정하지는 않는다. 이와 관련한 좋은 예는 2003년 미국이 이라크를 침략해 전쟁을 벌일 때 미국 언론은 'War in Iraq(이라크에서의 전쟁)'이라는 표현을 많이 사용하였다. 하여 이 책에서도 전쟁의 성격을 명확히 하기 위해 6 · 25전쟁, 한국전쟁 대신 '한국에서의 전쟁(1950)'으로 표기하고자 한다. 참고로 북한은 6 · 25전쟁을 '조국해방전쟁'이라 명명하고 있다.

국가로 변모해갔고, 북한은 남한을 예속시킨 미국과의 투쟁하는 것을 혁명 과업으로 삼는 반미국가가 되었다. 이 바탕 위에 남북한은 자본주의와 사회주의 사회라는 서로 상이한 체제를 추구하게 되었는데, 그 과정에서 앞에서도 언급하였듯이 남한은 민주주의적 가치가 상실된 천민자본주의와 반공이념이 곧 국가이념으로 일체화된 한국적 민주주의를 정착시켜 나갔다. 즉, '분단체제'에 기생하는 한국적 민주주의가 태동된 것이다.

그렇게 태동된 한국적 민주주의는 정상적인 궤도를 이탈해 있다. 한국의 지극히 평범한 청소년이 극단적 이슬람의 유혹에 빠져드는 것이 세계화와 정보화의 또 다른 모습이라면, 일간베스트(일베)의 비뚤어진 영향으로 사제폭탄을 만들어 자신의 애국심을 극단적으로 표현하는 한 청소년의 행동에는 이념과잉 사회가 낳은 대한민국의 또 다른 현주소다. 그래서 우리는 이 서로 다른 현상을 매우 조심스럽게 읽어내어야 한다. 반작용으로서의 부정적 행위가 있다 하여 세계화와 정보화를 차단하면 대한민국은 세계에서 도태될 것이고, 이념과잉이 양극단을 낳는다하여 자유를 극단적으로 제약하면 자기부정이고, 자유를 극단적으로 유지하면 대외적으로 취약해지면서 상대를 자극하는 진퇴양난에 빠진다는 사실일 것이다. 균형 잡힌 시각이 여느 때보다 필요할 때이다.

2015년 1월 프랑스에서는 아주 의미 있는 사건이 하나 발생했는데, 이 사건이 우리에게 주는 교훈은 크다. 그것도 여느 국가보다도 민주주의가 가장 잘 발달되어 있다고 믿었던 프랑스에서 발생한 사건이기 때문에 더더욱 그러하리라. 핵심은 오랫동안 민주국가에서는 헌법적 보장에 따른 사상과 표현, 언론의 자유가 사회의 기둥으로 여겨온 인식에 일대 혼란을 야기한 사건이라는 데 있다. 다름 아닌 "나는 샤를리다"와 그 반대편, "나는 샤를리가 아니다"의 주장 대립이 그것이다. 특히 "나는 샤를리가 아니다"는 서구 사회에서 이민자이자 약자인 무슬림 집단의 종교를 모독하는 것이 강자의 오만이며, 표현의 자유가 아니라 주류 사회의 권력 남용이고 억압적 기제라는 주장으로 그 정당성을 담보하려 하였다.

이러한 프랑스의 논쟁은 대한민국에서 아주 오래된 어제와 오늘의 모습으로 다가온다. 분단과 정치체제, 이념의 차이에 나른 국가보안법과 노동당 규약으로 서로가 '넘지 말아야할 선'을 정해놓고, 그로 인해 생긴 이념갈등과 체제갈등이 그것이다. 그리고 그 결과는 양국 모두 국가적 비용을 천문학적으로 양산해 내고 있는 것이 엄연한 현실이기도 하다. 그렇게 세월을 허송한 지가 벌써 70년이 되어가고 있다. 당시나 지금이나 분단과 정치체제, 이념의 차이가 그대로 남아있는 상황에서라면, 국가보안법과 노동당 규약으로 상징되는 이념과 체제의 벽이 상존해야 될 그 나름의 존재 이유를 설명하기에 충분하다. 그렇다 하더라도 헌법에 보장된 자유를 넘어서는 안 되며, 특히 남용되어서는 더더욱 안 되고, 가장 현실적으로는 세월의 흐름과 비례해서 변화된 '국격'과 '국민의식'의 성숙에 조응해 내는 지혜가 좀 모자라다는 것이 우리 앞에 놓여 있는 딜레마이다.

한반도에서 그 딜레마는 여전히 '탈냉전'으로 풀어내지 못하고 '냉전'으로 포획되어 남북관계는 전진되지 못하고, 21세기 대한민국은 온 사회가 마녀사냥 놀음에 전전긍긍하는 꼴불견을 연출하고 있다. 그 중심에 대한민국의 수구·보수 세력이 있고, 그들은 그 누구보다도 자신들의 정치적 기반으로 활용하기 위해 남북문제를 이념문제로 종종 정치쟁점화하여 왔다. 그것도 모자라 지난 국민의 정부·참여정부 시절을 '잃어버린 10년'이라 매도하며 대한민국을 '종북좌파'와 '보수꼴통'으로 이념적 양극화를 조장함으로써 5천만 모든 국민을 편 가르게 하였다. 종북이 반드시 좌파와 연결되는 것도 아니고, 마찬가지로 보수도 반드시 꼴통과 병렬될 수 없다는 점에서 이런 조어 방식이 한국사회를 얼마나 비논리적인 이념과잉의 사회로 진입시켰는지를 단적으로 드러내준다.

또한 2013년 11월 5일 법무부가 통합진보당 정당해산 심판 청구를 하면서 낸 법무부 자료집에는 이석기 의원으로 촉발된 통합진보당 정당해산 이유가 법리적 해석에 근거하고 있다기보다는 "통합진보당을 없애버리고야 말겠다"는 식의 강렬하고 자극적인 용어가 등장하고, 이외에도 "반국가 활동의 토대 붕괴 필요", "진보를 가장한 자유민주체제 위해(危害)세력을 국민으로부터 격리" 같은 표현들로 가득하다. 그 어느 곳보다도 법률과 논리가 가득해야 할 법무부 자료집에 이렇게 선동적인 표현이 등장하는 이유는 뭘까?

추측컨대 그 이유가 수 없이 많겠으나, 분명한 것은 보수·수구 세력에 의해 장악된 대한민국은 현재 배제와 포섭이라는 '종북·반북' 담론이 대한민국의 통치이념으로 자리 잡았다고 설명할 수밖에 없다. 자유민주주의적 국가 토대와 탈냉전이라는 시대적 흐름에 부합되지 않는 낡은 이념이 21세기 대한민국을 지배하고 있는 것이다. 누구든지 체제에 반대하거나 순응하지 않는 사람은 체제권력의 주체로부터 빨갱이로 규정되어 비(非)국민으로 배제되는 '분단체제'의 부활로서 말이다. 그러다보니 중도정당, 서민정당이라고 스스로 자부하면서 2017년 12월에는 반드시 집권세력이 되길 갈망하는 새정치민주연합조차도 벌벌 떨고 있는 웃지 못 할 상황이 연출되고 있는 것이다. 이것이 어찌 이승만·박정희·전두환 시대의 빨갱이 사냥과 지금의 종북몰이가 본질적으로 같지 않다고 하겠는가. 만약 같다면 대한민국은 지금 약 65억 인류가 통용하고 이해하는 다음과 같은 민주주의에 대한 정의가 작동되지 않는 국가와 진배없는 아주 초라한 모습이다. 그것도 계몽주의 시대의 지식인 볼테르가 "나는 당신의 사상에 동의하지 않지만, 그 사상을 말할 권리를 위해 목숨을 걸고 싸우겠다"고 말했던 바의 현대적 해석인 '민주주의는 제 아무리 마음에 들지 않아도 생각이 다른 사람들과 함께 사는 체제'가 아닌 국가로 머물러 있는 것이다.

그러다 보니 대한민국에는 현재 다음과 같은 모습이 서로 상존한다. 이념과잉에 의해 희생된 국민과, 친미과잉에 의해 선택된 권력이 서로 대립하고 갈등하는 것이 그것이다. 김기종 씨에 의해 저질러진 주한 미 대사리퍼트 습격(2015. 3. 5)사건이 그 한 예다. 원래 이 사건은 어떻게 포장되든 김기종 씨가 책임을 지면 될 일이었다. 그것이 정상적인 인식이고 해석이었다. 불행인지 다행인지는 모르겠으나 수구·보수 세력의 인식에서 이가 역설적으로 증명되었다. 한 개인의 비뚤어진 행동에 따른 결과가 이제까지 자신들이 그렇게 밤낮으로 외쳐댔던 '은혜의 나라', '혈맹', '찰떡궁합', '친미국가'의 관계가 흔들릴 정도라면 이것이 과연 정상적인 동맹이었던가? 이렇게 물어야 하는 것이 정상이고, 그 물음에 대한민국의 외교정책이 흔들릴 수 있다는 결론이 나오면 이는 김기종 씨의 책임이 아니라(법적 책임이 없다는 말로 오독하지 않길 바란다) 보수·수구 세력의 정치가 무능해도 너무 무능하다는 자각과 성찰이 필요한 것이다.

그런데 더 씁쓸한 것은 대한민국 한 정당인 공화당의 총재(신동욱)라는 인물이 이번 사건의 당사자인 미국 대사를 향하여 그 잘못에 대한 용서를 빌기 위해 '석고대죄(席藁待罪)의 단식'을 하는 행위였다. 마치 우리가 다시 조선시대로 돌아간 것이 아닌가 하는 착각이 들 정도다. 이는 제 아무리 예쁜 '친미근성'으로 봐주고 싶어도 그야말로 뼛속까지 인이 박힌 '노예근성'이요, 또 다른 '식민지근성'일 뿐이다.

이것이 착각만이 아니었다는 사실이, 그것도 더 충격적으로 다가오는 현상이 실제 벌어졌다. 박근혜 대통령의 발언 때문이다(이는 한 국가의 최고 수반이라는 사람이 전개된 현상에 대해 그렇게 인식하고 그렇게 발언할 수 있다는 것이 참으로 놀랍고, 아니 국민의 한 사람으로써 많이 부끄럽다). 사안의 본질대로 한 개인의 일탈로 규정한 것이 아니라, 위에서 우리가 우려했던 방식으로 코드 해석을 해냈다. 그로 인해 대한민국은 또다시 아무런 쓸데없는 논쟁으로 휘말려 들어갔다. 즉, 발언을 잘 했더라면 대통령 중심으로 온 국민이 통합될 수 있었으나, 대통령은 다른 방식을 선택함으로써 국익과 국민통합이 아니라 분열과 갈등이 조장됐고 그 결과 통합진보당의 '헌법적' 해산 이후 또 불어 닥친 제2의 종북몰이, 제1야당을 '종북숙주'

세력으로 낙인찍기, 1900년대 을사늑약 이후 가장 위험하게 조성된 동북아의 뇌관이라 할 수 있는 사드(THAAD·고고도미사일방어체계) 수용이 현실화되게 하였다. 21세기 판 석고대죄부터 대통령의 무능하고 '의도된' 해석으로 인해 대한민국은 전 세계인이 보는 앞에서 '미국 토템족'과 '종북숙주'가 사는 동물의 왕국이 되어 버렸다. 나라꼴이 참으로 가관이다.

뿐만 아니라 분단체제에 기생한 한국적 민주주의는 민주 부정도 아무렇지 않게 일삼았다. 그 한 예로 대한민국 헌법 전문에는 "유구한 역사와 전통에 빛나는 우리 대한국민은 3·1운동으로 건립된 대한민국임시정부의 법통과 불의에 항거한 4·19 민주이념을 계승하고……"라고 되어 있는데도, 그렇다면 적어도 그 정부에서 초대 국무총리를 지낸 인물에 대해서는 그 업적을 인정하는 것이 정치·도의적 예의이지 않겠는가? 하물며 친일 경력이 있고 독립자금을 유용한 이승만도 '건국의 아버지'니 뭐니 하고, 군사쿠데타로 집권한 박정희의 업적도 기리기 위해 기념관을 만들고, 감옥까지 갔다 온 두 전직 대통령들도 서훈을 박탈당하기는 했지만 ○○재단이니 기념관을 만들자는 공론이 일고 있는 상황에서 조선을 강탈한 일본제국주의를 반대하고 그 토대위에 건국된 상해임시정부의 초대 총리가 70년이 지난 1995년(김영삼 정부)에야 건국훈장을 받았다면…. 이동휘 당시 초대 국무총리를 두고 하는 말이다. 왜 이런 일이 벌어졌을까?

이유는 매우 간단하다. 단지 그가 독립운동을 했으되, 공산주의운동을 했다는 이유 그 한 가지 때문이다. 중국의 위대한 정치 지도자 덩샤오핑의 흑묘백묘론(黑猫白猫論)의 반에 반이라도 그 지혜를 배웠더라도 이러한 일은 발생하지 않았을 것이다. 백번 양보해서 '공산주의=북한'이라는 반공·반북의 이념에 포획되어 그렇다손 치더라도 이동휘 당시 국무총리는 해방되기 10년 전인 1935년에 사망했기 때문에 1945년 분단이나 1948년의 북한 정부수립 때 김일성과 함께한 경력도, 그리고 한국에서의 전쟁과는 전혀 상관이 없는데도 말이다. 이처럼 대한민국의 반공·반북주의는 너무나도 지독하다. 지독하지 못해 잔인하고 속어로 비유하자면 '묻지마'식 반공·반북주의와 다름없다. 이에 대해 이재봉 교수(원광대)는 이렇게 묻고 있다.

> "우리 중고등학교 역사 교과서에는 공산주의자들의 항일독립운동에 관한 소개가 거의 없다. 거듭 말하건대 남북 분단이나 한국전쟁과 관련이 없는 일제 치하에서의 독립운동이라도 공산주의와 관련되었다는 이유로 우리 역사에서 통째로 빠져버린 것이다. 엄청난 역사 왜곡이요 용서받지 못할 횡포다. 분단과 전쟁의 상처 때문에 공산주의를 반대하는 것은 어느 정도 이해하지만, 무슨 이유로든 역사를 왜곡하는 것은 피해야 하지 않을까."(『이재봉의 법정증언』, 52~53쪽)

이렇게 대한민국 정부가 반공·반북주의에 열을 올리는 동안에도 북한은 예의 민주주의 없는 사회주의 지향이라는 비난에도 아랑곳하지 않고 수령중심의 국가체제를 구축해 나갔다.

남북한은 이처럼 체제의 이질성이라는 분단이 준 악마와 같은 선물과, 이념이 준 선물인 전쟁의 후유증이 과잉적으로 표출되게 되어 그 결과 남북한은 공히 왜곡되거나 정상적이지 않는 사회체제가 만들어지는 데까지 이르게 된다. 즉, 분단 정체성과 전쟁 후유증은 이렇게 남북한 모두에게 각기 다른 사회구조와 정치체제, 법 규범에 고스란히 반영하게 하였던 것이다. 그러다보니 그 여백과 가변적 경계가 없는, 즉 경계가 허물어질 수 없다는 불변성만 증대되게 되었다.

그런데 문제는 이 불변성이 지속된다면 한국사회는 '완전한' 민주공화국이 되지 못하고, 이념은 과잉되고 친미국가로서의 예속성도 항구적일 수밖에 없다는 데 있다. 북한도 '예외국가'로서의 수령체제를 지속시킬 수밖에 없다. 이는 우리 민족의 미래를 암울하게 만들 뿐이다. 그래서 이런 역사적 시간은 빨리 끝내야 하는 것이다. 그러기 위해서는 경계가 무너질 수 있다는 가변성에 대한 믿음, 그 믿음만이 분단 정체성과 전쟁 후유증을 진정으로 넘어서고 극복하는 냉전 해체의 첫걸음이 될 수 있다. 또한 통일국가의 전망을 세우는 지름길임을 한시도 잊지 않아야 한다.

그리고 또한 대한민국이 민주공화국이라고 자부할 수 있는 상태로 진화하려 한다면, 우리는 짐멜(G. Simmel)의 상상력을 빌려와야 한다. 인간은 "경계 없는 경계인"으로서 불가피하게 공간적 · 사회적 경계에 한정되어 있기는 하나, 짐멜의 그 사회학적 상상력으로 보자면 이를 뛰어넘어 공간적 · 사회적 경계를 재구축해낼 수 있는 능력을 가지고도 있음을 부정하지 말아야 한다. 그 맥락에서 베를린의 그 '장벽'이 제아무리 철저한 차단과 단절, 구별을 상징하였을지라도 결국 무너졌듯이, 휴전선이라는 분단장벽도 결국에는 허물어지게 된다는 믿음을 공유해 나가야 한다. 6 · 15공동선언과 10 · 4선언이 그 '문(門)'을 열었듯이….

남북공동선언

조국의 평화적 통일을 염원하는 온 겨레의 숭고한 뜻에 따라 대한민국 김대중 대통령과 조선민주주의인민공화국 김정일 국방위원장은 2000년 6월 13일부터 6월 15일까지 평양에서 역사적인 상봉을 하였으며 정상회담을 가졌다.

남북 정상들은 분단 역사상 처음으로 열린 이번 상봉과 회담이 서로 이해를 증진시키고 남북관계를 발전시키며 평화통일을 실현하는데 중대한 의의를 가진다고 평가하고 다음과 같이 선언한다.

1. 남과 북은 나라의 통일문제를 그 주인인 우리 민족끼리 서로 힘을 합쳐 자주적으로 해결해 나가기로 하였다.

2. 남과 북은 나라의 통일을 위한 남측의 연합제안과 북측의 낮은 단계의 연방제안이 서로 공통성이 있다고 인정하고 앞으로 이 방향에서 통일을 지향시켜 나가기로 하였다.

3. 남과 북은 올해 8.15에 즈음하여 흩어진 가족, 친척 방문단을 교환하며 비전향장기수 문제를 해결하는 등 인도적 문제를 조속히 풀어 나가기로 하였다.

4. 남과 북은 경제협력을 통하여 민족경제를 균형적으로 발전시키고 사회, 문화, 체육, 보건, 환경 등 제반분야의 협력과 교류를 활성화하여 서로의 신뢰를 다져 나가기로 하였다.

5. 남과 북은 이상과 같은 합의사항을 조속히 실천에 옮기기 위하여 빠른 시일 안에 당국 사이의 대화를 개최하기로 하였다.

김대중 대통령은 김정일 국방위원장이 서울을 방문하도록 정중히 초청하였으며 김정일 국방위원장은 앞으로 적절한 시기에 서울을 방문하기로 하였다.

2000년 6월 15일

대　한　민　국　　　조선민주주의인민공화국
대　통　령　　　　　국 방 위 원 장
김　대　중　　　　　김　정　일

'종북'공화국에서 탈출하는 대한민국이어야 한다

해방 이후 북한은 자신들의 건국 방향을 식민지 잔재 청산과 사회주의 국가 건설로 설정했다. 이를 위해 식민지 봉건의식을 타파하고 (친일)지주와 (매판)자본가에 대한 계급투쟁을 진행했으며, 인민들은 사회주의 인간형으로 개조되면서 사회주의제도에 적응돼갔다. 그 과정에서 우리는 북한의 그러한 노력을 폄훼하지만, 북한은 친일반민족자 청산과 토지개혁, 남녀평등법 시행 등 민주개혁 조치 등을 시행하였다. 반면, 대한민국은 우선 일제 식민지 잔재 청산을 철저하게 못했고, 다음으로는 전근대적인 봉건의식도 타파하지도 못하였다. 그 연장선상에서 억압적인 권위주의체제도 발호된다.

위의 진단은 우리를 매우 불편하게 한다. 그렇지만 그 불편함을 잠시 억누르고 이성적으로 역사를 한번 직시해보자. 해방 이후 남북한의 건국 과정은 서로 상이했고, 그리고 이 과정은 필연적으로 체제 경쟁과 역사정통성에 대한 선명성 경쟁이 동반될 수밖에 없었고, 결과적으로 우리가 역사를 인식함에 있어 좋든 싫든 넘어야 할 벽을 하나 발생시켰다. 다름 아닌, 총량적인 측면에서는 대한민국 사회가 더 민주주의적인 발전을 이뤄낸 것은 맞지만, 부분적이고 시기적인 측면에서는 북한보다 못한 것이 있다는 인식을 인정해야 한다는 것이다. 즉, 우리가 감수해야 될 부분도 있다는 사실이다.

그 합리적 근거의 첫째는 한 국가의 정통성에서 분명한 것은 국민 또는 인민의 신뢰와 지지를 받을 수 있는 국가권력의 정당성과 합법성이 중요하다 했을 때, 북한의 경우는 경우가 어떻게 되었든 김일성(항일무장투쟁세력), 박헌영(남로당파, 혹은 경성파), 허가이(소련파), 김두봉(연안파) 등을 비롯한 건국 지도자들 대부분이 항일독립운동을 이끌었던 인물들이라는 점이다. 그들의 경력은 남한의 지도자들과 전혀 다르다. 곧 건국 지도자들

대부분은 해방 이후 조선사회에서 기득권층이라 할 수 있는 친일관료, 친일지주, 매판자본가 출신이라는 것이다. 여기에다 북한이 사회주의 체제를 선택하자 북쪽에 남아있던 이들도 남한으로 피신하여 대부분 남한의 기득권층으로 재변신하고, 거의 모든 종교인들도 종교를 인정하는 남쪽으로 내려올 수밖에 없었다.

합리적 근거의 그 둘째는 우리 민족 최대의 비극이라 할 수 있는 한국에서의 전쟁(1950년)으로 인해 우리 민족은 양쪽 모두 서로가 '철천지원수'로 서로 적대시할 수밖에 없었다는 사실이다. 그 결과는 또 다른 시선으로서의 북한이 존재할 수 있는 것이 아니라, 하나의 일렬로 내면화된 대한민국인의 시선만이 허용하게 되었다는 점이다. 북한에 대해서는 이렇게 (긍정적) 이해와 인식이 허용되지 않는 나라, 그런 대한민국이라면 우리가 북한사회를 비판할 때 가장 잘 써먹듯이—북한을 이 지구상에서 가장 폐쇄적인 독재체제로 규정하듯이—그와 똑같은 상대성을 들이대면, 대한민국은 '자폐'민주주의의 오명에서 결코 자유로울 수 없는 나라라는 비판에 직면할 것이다. 이 비판에 대해 어떻게 대답하여야 하는가?

우리는 그 대답을 오랫동안 못 하고 있다. MB 정부를 지나 박근혜 정부인 지금도 대통령의 시선이 관계 개선과 화해 협력은 고사하고 오히려 김정일 국방위원장의 사망 이후 김정은 체제가 붕괴할 것이라는 믿음이 강하다. 오바마 미국 대통령까지 나서서 북한 붕괴를 얘기하니 그런 믿음과 확신은 더더욱 굳어질 것이다. 이런 상황에서 북한의 반발은 당연한 것이고, 만약 우리가 그러한 상황을 예측하지 못했다면 현재의 이 정권은 정말로 무능하거나 정권능력이 없는 것이다. 당장 '2MB(메가바이트)의 저능아'와 '인간 오작품'이라는 막말이 나오고, 미국을 향해서는 북한 최고 권력기관인 국방위원회가 2015년 2월 4일 "미국 것들과 더는 마주앉을 필요도, 상종할 용의도 없다"며 으름장을 놓고 있지 않던가.

어느 국가든 상대 국가의 정책과 노선에 동의하지 않을 수도 있고, 상대 국가의 체제와 최고지도자를 혐오할 수도 있다. 하지만 '상도덕도 도덕'이듯이 상대국에게도 최소한의 기준은 있어야 한다. 상호주권 존중, 내정 불간섭, 평화공존이 그것일 것이다. 여기에다 미국과는 달리 남북관계는 국가 대 국가의 관계와 함께 통일을 지향하는 과정에서 만나야 할 특수 관계임을 감안한다면, 국가대 국가와의 관계에서는 치고받고 싸울 수 있지만 특수 관계적 측면에서는 항시적으로 남북대화와 화해교류라는 문을 항상 열어놓아야 한다. 이것이 미국과 대한민국이 북한을 무조건 같이 볼 수 없는 이유이자, 이 외교적 지혜가 작동되지 않으면 손해 보는 쪽은 항상 우리 대한민국일 수밖에 없다. 그래서 미국이 상호주권 존중, 내정 불간섭, 평화공존이라는 넘지 말아야 될 선을 넘어 북한과 치고받고 싸우더라도 우리(대한민국)는 뜯어 말려야 하고, 그 지렛대인 남북대화와 화해교류라는 무기로 미국과 맞서야 하는 것이다.

불행히도 그 지렛대가 상실된 상황에서는 '싸우겠다'는 정책만 남아있는 상황일 텐데, 이런 상황에서는 박근혜 정부가 제 아무리 한반도 신뢰프로세스니, 유라시아 이니셔티브니, 통일대박론이니, DMZ평화공원 조성이니 하면서 떠들어보아야 이 모든 것들을 수용하는 입장에서는 '전략적 인내'를 넘어 '전략적 굴복'으로 인식될 수 있어 북한으로서는 도저히 받아들일 수 없다. 그런데 더 큰 문제는 이러한 상황을 의도했든 의도하지 않았든 MB정부 5년, 박근혜 정부 2년 동안 북한을 변화시키지도, 굴복시키지도, 혼내주지도 못한 채 상대를 도저히 용서 못할 불구대천의 원수로 만들어버렸다는 데 있다. 남북관계의 상황이 이렇다보니 지금은 과거 국민의 정부·참여 정부에서 '썸' 타던 관계가 '쌈'으로 발전된 꼴이다. 이에 대해 경남대 김근식 교수는 다음과 같이 언급하였다.

"김대중·노무현 정부는 지속적인 화해협력을 통해 북한의 변화를 이끌어내고 한반도 평화를 증진시킬 수 있다는 선의의 낙관론에 기반 했다. 두 차례의 정상회담과 수십 차례의 장관급 회담이 개최되고 금강산 관광과 개성공단 그리고 경의선·동해선 연결 등 굵직한 경협사업이 진전됐으며, 각종 교류협력이 지속되었지만 그럼에도 여전히 남북관계는 취약했고, 핵실험이 계속되면서 핵 문제는 악화됐고 남북의 정치군사적 대결은 쉽사리 해소되지 않았다. 화해협력의 끈질긴 인내에도 불구하고 남북관계는 쉽게 강경 대결 분위기로 돌아섰고 국제 정세 변화와 남쪽의 정권교체로 남북의 화해협력은 모래성처럼 무력화되었다. 이후 강경 대 강경의 맞대결이 심화되고 서로의 감정싸움이 악화되면서 이젠 남이나 북이나 과거 진보 정부의 순수한 화해협력 시대로 되돌아가기 힘들게 돼버렸다. 김대중·노무현 정부의 대북정책은 북의 근본적 변화를 견인하지 못한 채 보수 진영의 무차별 공격에 속수무책으로 당하면서 지금은 그 정당성마저 주장하기 힘든 상황이라는 진단과 함께 맹목적인 대북 강경으로의 '과거 회귀'는 성공할 수도, 효과를 볼 수도 없음이 이미 입증됐다. 마찬가지로 무조건적인 대북 포용으로의 '과거 지향' 역시 꼼꼼히 따져봐야 한다. 지난날의 화려했던 추억으로 무작정 돌아가자고 주장하기 어려운 현실이 됐다. 대북 강경과 대북 포용의 한계를 담담하게 수용하고 변화된 현실에 맞는 새로운 남북관계 해법을 모색해야 한다."(「MB가 망친 대북정책, '과거 회귀'도 어려워」, 『프레시안』 2015년 2월 18일자)

러시아 속담에 "숲을 벨 때는 부스러기들이 늘 튀어나온다"라는 말이 있다. 옳은 일, 대사를 거행할 때는 늘 누군가의 희생쯤은 각오해야 한다는 의미다. 가슴 아프게도 이 속담은 시온주의와 연결된다. 이스라엘이 팔레스타인 유아 살해에 대해서 "우리 민족의 생존을 위해서 필요하다면 어쩔 수 없지 않느냐"는 주장으로 묻어버리는 근거가 된다. 그 사례를 한반도에 적용해 보면 조선의 해방 과정에서 미국에 의해 히로시마와 나가사키에 투하된 원자폭탄의 피해의 경우, 그 피폭자들 중 약 10퍼센트 정도가 조선인이었다는 사실을 생각하면 가슴 아프지만 어쩔 수 없는 일이 아니겠느냐는 주장에 묻히고 마는 것과 같은 이치이다.

이에 대해 박노자는 "두 비유 중 앞에 것은 시온주의에 대한 설명이고,

뒤의 것은 일제식민지로부터 벗어나기 위해서는 원자폭탄의 희생에 한국인이 좀 섞여 있다하더라도 어쩔 수 없지 않느냐는 것을 정당화하기 위한 비유일 텐데, 바로 이 시온주의와 해방을 위헤서는 어쩔 수 없지 않느냐와 그 대상이 팔레스타인과 일본이 아닌 미국이라는 차이만 빼면 상황적으로나 논리적으로나 가장 비슷한 것이 북한(의 주체사상)일 터인데, 왜 그토록 야멸찬 모욕과 저주를 퍼붓는지 묻지 않을 수 없다"(『왼쪽으로, 더 왼쪽으로』, 한겨레출판, 2009, 300~301쪽)고 항변한다.

그 항변에는 오리엔탈리즘으로 인해 아픔이 있는 한국이 북한 사회를 이해하고 인식하는 데는 도리어 오리엔탈리즘을 옥시덴탈리즘으로 둔갑시켜 대한민국이 이상화된 서구이고 북한은 낙후하고 미개한 동양으로 재단하고 있음을 보여 주고 있다. 실제 대한민국이 그러한 시각으로 북한을 재단하려 한다

이로부터의 역설은 여전히 우리 안에는 청산하지 못한 식민지근성이 있지 않은지 살펴보아야 한다는 것이다. 왜냐하면 일인당 국민소득별로 선진국과 후진국이 나눠지는 데 익숙한 우리로서는 곤혹스러울 수 있는, 즉 일인당 국민소득 대비 대한민국보다 높으면 선진국이고 그 선진국의 모든 것―문화와 문물은 무조건 좋은 것이고, 대한민국보다 가난하면 후진국이고 그 후진국의 모든 것―문화와 문물은 다 나쁘다는 식으로 인식되는 우리 안의 오리엔탈리즘, 정말로 그 오리엔탈리즘적 작용이 우리의 인식을 지배하고 있다면 그것이야말로 분명 우리에게는 독(毒)이다.

면 이는 동시에 미셸 푸코의 시각을 정면으로 부정하는 것과도 같다. 즉, 북한 사회를 이해하고 인식하는 데 있어 무엇이 정상적이고 무엇이 비정상적인 이해와 인식인지, 그리고 무엇이 그렇게 규정되는 규범들이 만들어지고 제도화되는 과정인지가 헷갈리게 되기 때문이다.

그 연장선상에서 박근혜 대통령에게는 다음과 같이 강력하게 요구한다. 자신의 말 가운데 가장 파장이 강력했던 것이 2014년 초 '통일은 대박'이라는 발언이었을 것이다. 1년 내내 큰 사회적 파장을 불러일으켰다. 마찬가지로 위에서도 언급했듯이 통일 콘서트를 종편 언론이 대대적으로 악의적 선전을 해대며 쓰는 단어인 '종북 콘서트'라는 인식을 철회하지 않는 한 '종

북'이란 단어로 정치적 기득권을 유지하고자 하는 세력들은 통일 콘서트를 종북 코드로 우려먹을 것인바, 그런 만큼 대한민국의 정치인과 대통령은 종편이 제시하는 가이드라인에 현혹되지 말고, 자신들의 말에 의한 개념 규정을 하는 데 있어 대단히 신중해야 할 것이다. 거듭 말하지만 대통령이 한번 내뱉은 말 때문에 온 사회가 섶을 지고 불속에 뛰어드는 것(自尋死路)과 같은 홍역을 치른다면, 이것은 정상적인 사회가 아니다. 그런데도 우리 사회에서 이런 종북몰이가 되풀이되고 있다는 것이 안타깝다. 이것이 북한보다 40배가 넘는 경제 규모를 자랑하는 대한민국의 민낯이다. 백번 양보하여 북한 문제를 정략적으로 활용할 수도 있다손 치더라도 그 레드콤플렉스를 악용해 국민들의 일상적인 삶이 파괴된다면, 이는 결과적으로 대통령이 수구·보수 세력의 기득권을 유지하는 꼭두각시임을 자임하는 것이고, 더 나간다면 대통령 자격이 없다는 것을 스스로 시인하는 꼴과 똑같은 것이 된다.

국민들은 그런 대통령을 원치 않는다. '통일대박'이라는 용어를 만들어낸 장본인도 대통령 스스로이고, 대통령 스스로가 또한 '종북 콘서트'라는 용어를 사용함으로써 형용모순의 언어 사용자가 되어버린 이 기막힌 현실을 타개할 주체도 대통령 스스로여야 한다. 그래야만 본인이 왜 통일대박론으로 남북 화해와 분단의 한을 풀고 통일된 부흥국가로서의 대한민국을 상상하면서 경색된 물꼬를 트려 했는지, 그리고 설령 대통령과 똑 같은 생각으로 통일 대박론을 인식하고 북한을 이해하고 읽어내려는 방법이 아닐 수도 있겠지만, 통일 콘서트 또한 통일 대박론과 같은 대한민국의 궤도에 있는 우리 안의 모습으로 이해하게 될 것이다.

역지사지(易地思之)해 보면 금방 답은 나온다. 박근혜 대통령 자신도 2002년 방북(당시 의원신분이었던 박근혜 대통령은 2002년 5월 11에서 14일까지 북한을 방북했는데, 이때 그녀는 만경대와 주체사상탑을 찾은 바 있다) 때 "김정일 위원장은 솔직하고 거침없는 사람"이라고 호평하지 않았던가. 이 정도의 발언도 지금의 종편 잣대로 보면 신은미와 황선과 똑같이 적용될 될 수 있는 종북 발언이다.

비록 대통령이 국회의원 신분이기는 하였지만 그 정도의 발언이 종북 논란에 휩싸인다면 그것이 어찌 정상적인 국가라 할 수 있겠는가? 그것이 아니라면 대통령은 통일에 관한 더욱 치열하게 발언해야 하는 것이다. 그래야만 통일은 대박이 가능하다. 이를 위해 대통령과 여·야 정치인은 그 길을 멀리서 찾지 말고, 종편에 의해 낙인된 '종북몰이' 굴레에서 벗어나고, 국민 모두를 적과 아군을 가르는 이분법적인 '종북몰이'의 악령을 걷어치워야 한다.

또한 대한민국이 민주공화국이라면, 그런 공화국답게 대한민국 국민이 북한을 제대로 알고 이해할 수 있게끔 가장 선차적으로 북한을 편견 없이 바라보게 하여야 한다. 그런데 문제는 이러한 인식이 체제의 이질성에다 한국전쟁으로 인한 적개심, 여기에다 국가보안법이 존재하는 상황에서는 저절로 생길 수 없다는 데 있다. 그래서 필요한 것이 자꾸 만나고, 가보기도 하고, 가서 '니 잘났니? 내 잘났다' 이렇게 티격태격하면서 응어리진 감정을 푸는 살풀이가 필요한 것이다. 그것이 다름 아닌, 남북 간의 화해협력이요, 다방면의 교류접촉이다. 국민의 정부와 참여정부 때는 어느 정도 이런 것들이 보장되었고, 정상회담이 두 번이나 열려 무한경쟁의 세계화시대에 한반도가 어떻게 하면 살아남을 것이며, 더 나아가서는 21세기형 부흥국가로서의 한반도는 어떻게 다가가야 하는지 등에 대한 진지한 고민도 담아냈다. 교류협력과 화해증진은 대세였고, 남북관계는 상호 이해와 존중의 시대가 되었던 것이다.

여기서 더 나아가려면 우선, 앞으로의 세계는 우리 모두가 인지하다시피 모든 것이 지구화, 국제화, 세계화, 개방화되어 갈 것이라는 것과, 이에 호응하여 대한민국도도 21세기 판 낙오자가 되지 않기 위해 경제에서는 자유시장주의를 그 정답으로 채택하게 될 것인데, 그렇다면 사상 분야에서도 자유시장주의가 보장될 때만이 대한민국의 미래는 밝아 질 것이라는 동의가 필요하다. 그리고 그런 대한민국이 되기 위해서는 다시 한번 강조하지만 2014년도를 기준으로 볼 때 북한의 경우 국민총소득(GNI)은 약 300억 달러로, 1조1천400억 달러인 한국의 38분의 1 수준, 이를 인구수로 나눴을 때 북한은 한 사람에 1천200여 달러로 한국의 19분의 1

만약 그렇지 않는 상황, 즉 사상의 자유로운 경쟁보다는 철저하게 폐쇄적이고 배타적이고 쇄국적인 종북·반북주의가 독점하는 대한민국라면 그 대한민국은 경제생활은 21세기를 향하게 하고, 사상정신 세계는 20세기에 포박시켜 놓는 아주 기형적인 형태의 사회가 될 것이다. 그리고 이 표현이 갖는 정치적 함의를 영국의 작가이자 정치사상인 존 밀턴이 1644년에 소책자로 써낸『아레오파지티카』에서 찾아본다면, 다양한 사상이 자유롭게 표현되고 자유롭게 경쟁하다 보면 그중 가장 뛰어난 사상이 힘을 얻게 되고 공동체의 발전에 도움이 된다는 것으로 귀결될 텐데, 이것이야말로 오늘날 표현 자유의 원리로 널리 사용되는 '사상의 자유 공개시장'이라는 원리와 무엇이 다르단 말인가. 하여 이미 371년 전에 나온 이 내용을 대한민국이 수용하지 못한다면 '과연 대한민국이 자유민주주의 국가인가'라고 되물을 수밖에 없는 것이다.

수준밖에 안 되는데, 그런데도 북한 '때리기'를 통해야만 국가의 정체성과 정권의 안정성이 보장받는 한국의 민주주의라면 이것은 참으로 부끄러운 대한민국의 모습이라는 자각이 반드시 필요하다. 그 바탕 위에서 경제적으로나 정신사상적으로나 자신감을 갖고 북한에 대한 정보─서적, 신문, 방송, 인터넷 등등을 대부분 투명하게 공개하고, 더불어 중단된 금강산 관광 등을 자유롭게 할 수 있게 하여 국민들 스스로가 보고 듣고 생각하고 판단할 수 있게 해야 한다. 그렇게만 된다면, 아니 그렇게 되어야만 '종북이면 어떻고, 친북이면 어때?'하는 정도의 태도가 되고, 그것이 결국에는 우리 국민 모두가 하나 되는 국가의 구성원으로서 통일을 생각하는 우리들의 마음과 정신의 크기도 아주 커질 것이다.

북한체제를 이해하는 대한민국이 되어야 한다

북한의 현실에 눈을 감는 위선과
막가는 언행에 드러나는 천박함을

진보로 위장한 홍위병들의 함성과
과거사 정리라는 영구집권 음모를

그대는 보았던가

촛불시위에 타오르던 대남전략과
방송이 선동한 광란의 탄핵역풍을

남북공조 속 탈북자들에 대한 냉대와
세습왕조 장군님을 향한 충성경쟁을

우리는 왜!

이토록 비좁은 땅에서
수십 년 지켜봐 왔으면서도

편협하고 수구적인 그들의 장단에
그때마다 깨춤을 추어 왔던가.(2007. 6)

이 시의 제목은 「우리는 몰랐던가」(오신우, 『부끄러운 우리시대의 시: 종북좌파, 잔치는 끝났나』, 세종출판사, 2014, 61쪽)이다. 우리는 진정으로 위의 시처럼 정말 몰랐던가. 작가가 좀 더 솔직했더라면 이 시의 제목으로 「너희들은 북한을 추종하고, 우리는 너희들에 속고 있다」라고 하고 싶었을 것이다. 대한민국에서는 이처럼 북한이라는 국가에 대해 어떤 입장과 견해를 갖느냐에 따라 '네 편, 우리 편'이 나눠진다. 그리고 이 이분법에는 '현실로서의 북한'과 '당위로서의 북한'이 서로 상충하고 있다. 이를 이종석의 말을 인용하면 다음과 같은 결론이 가능하다.

"먼저 현실로서 북한은 우리와 군사적으로 대치하고 있는 위협의 실체다. 그들은 휴전선에서 아직 우리와 적대적인 관계에 있으며, 우리를 파괴하기에 충분한 군사적 능력을 가지고 있다. 다음으로 당위로서 북한은 기나긴 적대관계를 해소하고, 공존과 협력관계로 나아가자고 약속하고 이를 실천해가는 협력 대상이기도 하다. 즉, 우리와 함께 통일공동체를 실현해야 할 대상이자 우리가 숙명적으로 끌어안아야 할 형제인 것이다."(『통일을 보는 눈』, 개마고원, 2012, 149쪽)

북한을 들여다보는 또 다른 방식이 있다면, 그 하나는 이념에 의해 낙인(烙印)된 문법체계로 북한 들여다보기이고, 다른 하나는 '철학적 해석학'의 창시자인 가다머(Gadamer)의 시각으로 북한을 들여다보는 것이다. 전자가 지배 권력의 입장에서 북한을 들여다보는 것이라면, 후자는 피지배자의 입장에서 북한을 들여다보는 것이다. 그러나 두 시선이 서로 평행선으로만 작동된다면 이는 둘 다 2500여 년 전에 태동된 말에 부끄러워해야 한다. 소크라테스의 "너 자신을 알라"처럼.

먼저 대한민국이 철저한 배타적 원리가 작동되는 사회라는 것은 이미 앞에서 밝힌 바 있다. 그래서 북한 들여다보기도 이념 문법체계가 작동할 수 있는 것이다. 이 지구상에서 태어나 지극히 예외적인 상황을 제외하고는 국적을 가지지 않는 인종은 별로 없을 것이다. 그만큼 태어난 국가로부터의 구속은 운명적이라 할 수 있다. 그 구속에는 좋든 싫든 대체적으로 국가의 정체성(사회주의냐, 자본주의냐/민주주의냐, 전체주의냐), 교육과 제도, 가치(value)와 규범(norm), 사회적 관습과 인습 등이 영향을 미친다. 그리고 이러한 사회적 요인들이 사회적으로 유전된다면, 이 연장선상에서 대한민국의 사회 구성원이라면 계급과 계층, 성별, 나이, 직업, 교육 수준, 출신

지역, 정치적 입장 등에 하등의 관계없이 누구나 똑같이 공유된 인식을 하나의 문법체계로 카테고리(category)화 될 수 있다.

정수복은 이를 "사회구성원들의 행위의 밑바닥을 가로지르는 공통의 사고방식"이라는 뜻의 문화적 문법(cultural grammar)이라는 개념을 만들어 낸다(『한국인의 문화적 문법』, 생각의 나무, 2007, 47쪽). 이에 따르면 한국인의 경우 유교를 믿는 사람이 실제로는 2퍼센트에 불과하나, 그런데도 유교가 만들어 낸 예법은 거의 모든 한국인에게 절대적으로 작용하고 있다는 주장을 하고 있다. 나아가 유교도 하나의 종교로 취급할 수 있다면, 이는 마치 각 종단에서 자체적으로 발표하는 종교인 모두를 합하면 대한민국 인구보다 많다는 과잉 종교국가로서의 또 다른 대한민국의 모습도 상상해 낼 수 있다. 어쨌든 그 2퍼센트가 대한민국의 문화적 문법(예법)을 지배하고, 종교인 수가 대한민국 인구수보다 많은 과잉 종교국가이다.

이런 대한민국에 대해 세계인이 감탄하면서 부러운 눈으로 보는 것이 하나 있는데, 다름 아닌 다종교 국가에서 어떻게 종교분쟁이 일어나지 않는지에 대해 존경과 경의가 그것이다. 아마도 대한민국에서 그것이, 즉 종교분쟁이 일어나지 않게 가능했던 것은 종교 그 자체의 교리와 함께 유교적 문화문법(예법), 기복신앙, 미신적 토테미즘 등과 결합된 독특한 형성 경로의 영향 탓도 제법 크게 작용하였을 것이다.

그런데 문제는 이런 문화적 문법이 왜 북한을 이해하고 인식하는 데는 제대로 작동되지 않는가 하는 점이다. 브로델의 말을 빌리자면 한번 결빙된 문화적 문법(예법)은 세월의 흐름과 시대적 상황의 변화에 둔감하다는 것이다. 이는 마치 자신의 선택적 의지와 상관없이 운명적으로 결정된 운명결정론처럼 어느 집단과 사회에서 태어나 그 집단과 사회에 속해 살아가다 보면 물고기의 비늘에 그 물고기가 사는 물의 냄새가 배어들 듯이 그 집단과 사회가 공유하는 의식과 행위의 규칙들 및 행동의 규범들이 자기도 모르게 내면화된다는 이치와 똑같다는 것인데, 그 주장에서 우리가 읽어

낼 수 있는 코드는 그렇게 한번 내면화된 규칙과 규범들은 잘 변하지 않는 것이 통례라는 사실이다. 이를 미국의 여류작가이자 시인인 스타인(Gertrude Stein, 1874~1946년)은 "인간은 누구나 자기가 사는 땅과 그곳의 공기를 닮는다"라고 문학적으로 표현하였다. 이렇듯 대한민국에서 북한 사회를 이해하고 인식하는 데 있어 그 불일치·혼돈의 광기는 이미 숙명론처럼 태어날 때부터 타고난 것일지도 모른다. 문법체계로는 '대한민국 국적을 가진 국민들은 그 어떠한 경우라도 북한을 바라보고 이해하는 데 있어 교육된 인식을 바탕으로 형성된 일반적이고 공통적인 사고방식이어야 한다'는 식의 북한적 문법(north korean grammar)으로 말이다.

이렇게 북한적 문법에 따라 사고하고 행동하면서 내면화된 북한에 대한 인식은 또다시 북한적 문법으로 자기행위 구속력을 가지게 되고, 사고와 행동에 결정적 영향을 끼친다. 이 연장선상에서 북한 사회에 대해 일렬로 내면화된 대한민국에서 한번 일탈할 때마다 '사상이 불온한 사람'으로 취급받고, 이 일탈이 여러 번 반복되면 '상종해서는 안 될 인간'으로 전락되고, 그리고 나서도 계속 일탈이 지속되면 결국에는 대한민국에서 격리되어 '북한에 가서 살아!'로 내팽겨 쳐진다. 그 때문에 루이제 린저의『또 하나의 조국』, 조광동의『더디 가도 사람 생각하지요』, 황석영의『사람이 살고 있었네』, 그리고 최근에는 신은미의『재미동포 아줌마 북한에 가다』가 한국에서 추방되어야할 충분한 이유가 있게 된다.

또한 가다머는 한 국가나 사회, 집단을 이해하고 분석하는 데 있어 그 어찌 아무런 선입견이나 편견 없는 순수한 중립이 있을 수 있겠느냐고 반문한다. 그리고 그 반문의 끝에는 태양계의 운행에는 하나의 법칙(자연과학)만이 존재할 수 있지만, 체제나 사회현상을 해석하는 데는 복수일 수도 있다(사회과학)는 정의도 성립 가능하게 된다. 하여 북한을 들여다봄에 있어 생기는 편견도 북한 사회를 이해하는 데 있어 순수한 중립도 없으며 여러 시각이 혼재할 수 있다는 다양성이 존중되어야 한다는 의미로까지 해석이 가능하다. 그렇지 못할 경우는 해석의 본질에 반하는 것이고, 더하여 만약 하나의 해석만을 강요하는 것이라면 이는 해석을 빙자한 이데올로기적 낙인 찍기에 다름 아니라는 것이다. 그러니 가다머가 진짜 하고 싶었던 말은 그 다양성 인정으로 인해 발생할지도 모를 이념 분열과 고통, 탄압 등이 수반된다 하더라도 다양성의 인정은 매우 중요하다는 것에 대한 강조였을 것이다.

그런데 대한민국에서는 그런 경고에는 아랑곳 하지 않고 이미 한쪽에서는 '통일 콘서트'라는 이름의 행사를 '종북 콘서트'라 규정하고, 또 한쪽에서는 '진보적 대중정당'이라 하는데, 한쪽에서는 이를 '종북정당'이라 하며 한국에서 허용할 수 없다고 한다. 동시에 위와 같은 경직성이 합리적 의문과 고뇌 등과는 하등의 인연이 없음에도 불구하고 대한민국은 북한체제에 대해서는 그러한 합리적 의문과 질문들을 잘 하지 않는다. 결과는 당연하게 대한민국이 북한에 보이는 태도와 관점에는 종종 오류와 억측에 가까운 것이 많을 수밖에 없다. 그 한 예로 북한 지도부는 몰상식하고 호전적이며 오직 김씨 정권만을 유지하기 위해 북한인민들이야 굶어 죽든 말든 인민들을 무지막지하게 탄압하고 호위 호식하는 집단으로 호도된다. 마찬가지로 고난의 행군시기 수백만 명 아사설과 꽃제비의 경우도 허구적 억측보다는 진실에 더 가깝다.

그러나 사실은 앞에서도 밝혔듯이 2005년 대한민국 한국은행에서 발표된 자료에 의하면 북한의 1인당 국민총소득은 1,200달러 정도다. 같은 시간 베트남은 616달러이고(베트남보다는 2배 정도 잘 살고) 인도와 파키스탄과는 비슷한데 이들 국가에서 해마다 수백만 명이 굶어 죽고 셀 수 없는 여성들이 꽃제비로 활동하고 있다는 보도는 그 어디에도 없다. 그렇다면 여기서 다음과 같은 합리적 의문을 가져야 한다. 정말 북한은 그렇게 빈곤한 국가인가?

또 다른 경우를 보자. 탈북자의 경우, 대부분의 대한민국 국민들은 탈북 송환자는 처형된다는 것이 정설로 굳어져 있다. 다음의 데이터는 북한을 보고 싶은 대로만 보고 싶은 우리의 민낯을 고스란히 드러내고 있다. 이종석은 정부자료를 분석하여 2004년 국내에 입국한 탈북자 1,899명 중에서 576명이 북송당한 경험이 있으며 이중에 단순 방면이 214명, 노동단련형이 321명, 교화(즉, 감옥)형이 19명, 정치범 수용소 수감이 3명 등이라는 것을 밝혀낸다.(『통일을 보는 눈』, 개마고원, 2012, 128~136쪽) 만약 이 정부자료가 사실이라면, 송환이 곧 처형이라는 우리의 인식은 크게 잘못된 것이다.

이외에도 1994년 김일성 주석 사망 이후 나왔던 '북한붕괴론'과 2012년 김정일 국방위원장 사망 이후의 '북한멸망론'도 예외 없이 우리의 예측을 빗나갔다. 통미봉남(通美封南)의 경우도 북한 스스로 이 말을 한 번도 쓴 적이 없다. 남북관계가 막혀있을 때 일부 북한 전문가들과 정책 당국자들이 사용했을 뿐이다. 한 발짝 더 들어가 북한이 통미봉남 하고 싶다고 하여 통미봉남이 되는 것인가? 혈맹과 가치동맹으로 똘똘 뭉쳐있는 한 · 미동맹과 그 동맹 간에 1,000억 달러에 육박하는 교역 규모를 가진 대한민국의 국력이 북한의 통미봉남 그 한마디로 봉쇄될 수 있는가를 묻는 것이다. 이처럼 대부분의 대한민국 국민들은 스스로가 북한을 잘 알고 있다고 생각하지만, 실상은 그렇지 못한 게 현실이다.

이뿐 아니다. 북한 뉴스를 접하면 우리는 일단 북한의 부정적 측면을 먼저 떠올리게 된다. 어떤 내용이건 일단은 못살고 악하고 문제투성이인 북한을 재확인시키는 기제로 작용한다. 그러다 보니 우리 스스로 북한 소식에 대해서는 늘 모순적 인식이 동반된다. 여기에는 위에서도 잠시 언급하였듯이 대한민국 국민이라면 '우리의 소원은 통일'을 입에 달고 다니면서도, 군대 다녀온 이후부터는 '국가안보를 위협하는 주적' 북한이라는 그 기억으로부터 이별해서는 안되는 불편한 진실과 맞닿아 있다. 그 예로 정부당국의 발표에 따르면(정부 당국의 발표가 맞다면) 군사 강국의 기술로도 어렵다는 수중 어뢰 폭파로 천안함을 침몰시킨 북한인데도 김정은의 전용비행기 공개에 대해서는 제대로 날기도 어려울 것이라며 비아냥거리는 게 우리다. 첨단의 무인 비행기를 수차례 내려 보낸 북한인데도 마식령 스키장의 리프트는 제대로 작동하지 못할 거라며 걱정스레 비웃는 게 우리다. 이렇듯 그들이 못살고 호전적이고 나쁘다는 결론에 도달하기 위해 우리는 어떠한 상황에서도 북한을 절대로 호의적으로 보아서는 안 되는 것이다. 무의식적으로도 이중 잣대로 해석하고 있지는 않은지 돌이켜 봐야하는 우리의 단면이다. 박명규는 이에 대해 남북 간 경협이 중요하다는 의미에서의 '민족경제'와 '북한체제를 돕는 퍼주기'가 적대적 쌍생아 논리로 함께 작동해야 하는 것이라면, 스포츠경기에서도 'nation' 개념에 의해 북한을 응원하면 안 되는 것이라고 아주 날카롭게 꼬집는다(『남북경계선의 사회학』, 창비, 2012, 38쪽). 더 나아가 국가보안법이 존재하고 그러한 시각으로 볼 때는 '같은 민족'이라 하더라도 상대방의 주권을 인정하지 않는 것이 정상적인 인식이어야 한다. 그런데도 대한민국의 정부 조직에는 통일부, 국방부, 외교통상부가 존재한다.

언제까지 대한민국은 북한 들여다보기에 대해서 합리적 의문과 고뇌가 되지 않는 무뇌아(無腦兒)로 존재하고 있을 것인가? 비록 MB 정부와 박근혜 정부에 들어와서는 한국판 '전략적 붕괴' 정책으로 인해 결코 '잃어버린 10년'이 될 수 없는 그 시기의 대통령의 정신과 정책들이 단절되고는 있으나, 그래도 김영삼 대통령이 1993년 취임사에서 "어느 동맹도 민족보다 나을 수 없다"며 리인모 씨 송환 등을 의욕적으로 추진했던 그 연북(連北)정신, 그 정신으로 대한민국이 북한을 상대할 때 가져야할 기준과 원칙을 회복해야 한다. 이것을 북한에게 적용해가면서 남북의 화해와 협력, 교류, 더 나아가서는 통일한국의 전망을 밝혀나가는 '남북한 하나 되기' 대강으로 말이다. 그렇게 될 때만이 한 단계 나아간 노태우의 '북방정책', DJ 정권의 '햇볕정책'과 참여정부의 '화해·협력정책'으로 이어질 수 있고, 더 나아간다면 함세웅 신부의 부산강연(2015년 1월)에서 사자후처럼 외친 "을사늑약을 통해 우리 민족을 지배한 일본과도 국교를 맺고 정상적인 외교관계를 유지하기 위해 노력하는데, 왜 같은 민족인 북한과는 체제·이념이 다르다는 이유만으로 그렇게 모질게 대결하고 대립해야 한단 말입니까?"라는 물음에 대답할 수 있게 된다. 다음 대통령(19대)과 정부는 그런 대한민국을 만들어 나가야 한다.

II. 이해: 수령공화국

"북한이 '왜' 수령제 사회를 선택할 수밖에 없었는지를 이해해야 한다."

아서 쾨슬러(Arthur Koestler)는 자신의 저서, 『The Invisible Writing』 (Boston: Beacon, 1954)에서 공산당에 입당하거나 정치적 교육을 통해 세계사적 흐름의 존재를 확인하고, 자신의 사회적 위치를 자각하는 과정을 '정신적 개종'의 과정에 비유하면서 이런 문장을 남겼다.

> "'빛을 보았다'라고 말하는 것으로는 개종자(공산당에 입당한 사람)만이 아는 황홀경을 이루 다 설명하지 못한다… 이따금 지금 느끼는 것과 같은 믿음을 혹시 잃지는 않을까 그래서 살아가는 의미를 안겨준 것을 잃지는 않을까. 다시 외부세계의 어둠속으로 떨어지는 것은 아닐까.(53쪽)"

북한 인민들도 분명 그러했으리라. 북한 인민들이 해방과 동시에 처음 맞이한 사회주의 체제는 당시 상황으로 봤을 때 문맹(文盲)이었을 그들이 처음 접한 근대적 조직체였고, 이 조직체에 대한 일정한 소속과 연대감은 분명 하나의 개명(開明)이 아닐 수 없었을 것이다. 그런 북한 사회에 대해 우리는 지난 70년 동안 잘못된 이해를 누적시켜왔다. 그것이 국가보안법으로 인해 북한을 이해하고 해석하는 인식이 유폐된 결과다. 그로 인해 학문적 진화를 내오지 못하는 동안 미국이 자신들의 가공된 정보력을 바탕으로 자신들의 입맛에 맞게 북한 사회에 대한 성격 규정을 해오면서, 한국 학계와 지식인은 미국을 추종할 수밖에 없는 상황으로 내몰렸다. 여기에다 최근에는 수구·보수 세력들이 자신들의 장기영구 집권을 위해 종북·반북이라는 프레임으로 국민들을 가둬놓은 결과도 한몫 차지하고 있어 더더욱 그렇다. 더 나아가 북한 이해가 최근에는 학문적 검증의 과정도 없이 탈북자들의 증언을 중요한 자료로 인용하고 있는 경향이 너무나 뚜렷하다는 점도 우려된다. 최근 탈북자들은 종편을 자신들의 안방으로 삼고, 종편은 이들의 증언을 객관적인 검증 없이 그대로 인용하거나, 보도하고 있다는 점도 무시하지 못 할 현상 중의 하나다.

또 우리가 북한을 제대로 이해하기 어려운 점은 신문과 잡지 등 2차 자료에 지나치게 의존한다는 것 때문이다. 물론 브루스 커밍스와 같이 강철환(탈북자)의 사례 적용을 통해 수용소 생활이 '감옥'의 한 기능과 함께 정상적인 생활공동체로 복귀라는 '사실(facts)'도 중요하게 관찰해 내기도 하지만, 대체적으로 북한사회를 마치 전체주의, 유교주의, 전제주의 등의 전근대적인 체제적 유산이 복합적으로 작동되는 실패한 국가로 낙인찍기에 활용되고 있는 것이 더 엄연한 현실이다. 이는 북한 사회를 역사와 구조의 맥락에서 또는 팩트(fact)를 객관적이고 합리적으로 분석한 결과로서 사용하기보다는, 때로는 선험적으로 때로는 가공적으로 규정하고 있다는 점에서 불순한 의도가 내재되어 있고, 두말할 것도 없는 이론의 폭력 다름 아니다.

1. '정상' 국가로 이해하기

한국사회에서는 보수와 진보를 막론하고 북한 수령제의 성립과 권력 승계에 대해서는 대체로 비판적인 시각이 우세하다. 이는 북한을 적대 국가로 상정하고, 오리엔탈리즘에 바탕을 둔 이데올로기의 허울을 씌우는 과정과 비례하여 발전해 왔다. 그 최고 수위가 수령제 사회에 대한 이해 방식과

'김일성 가짜론'이다. 추후 자세히 다루겠지만, 이는 1960~1970년대 박정희 군사독재의 등장과 함께, 북한에 대한 핵심적인 이데올로기로 선전되었다. 이명영,『김일성열전』(서울: 신문화사, 1974), 허동찬,『김일성평전: 허구와 실상』(서울: 북한연구소, 1987) 등이 그러한 책들이며, 이에 대해 서대숙의 『북한의 지도자 김일성』(서울: 청계연구소, 1989)은 김일성 가짜론을 뒤집 어엎는 데 큰 역할을 하였다. 서대숙은 오늘날 북한이 선전하는 것처럼 김 일성의 항일 경력이 화려하지는 않지만, 분명 그가 만주 지역에서 항일투 쟁을 전개했음을 주장하였다. 김일성의 만주에서의 항일무장투쟁을 오늘 날 북한의 국가 성격으로 부활시켜, 정식화한 이는 일본의 와다 하루끼이 다. 와다 하루끼의『김일성과 만주항일전쟁』(서울: 창작과비평사, 1992)이 그 책이다.

그러나 문제는 또 있다. 김일성이 '진짜'로 밝혀졌다 하여 북한을 정상적 인 국가로 이해할 수 있는 것은 아니다. 겨우 필요조건만 충족되었을 뿐이 다. 여전히 북한을 정상적인 국가로 이해하는 데 있어 어려운 점은 여전하 다. 김일성 · 김정일의 동상이 평양을 비롯한 각 지역마다 세워지게 되고, 1994년 김일성의 사망과 2012년 김정일의 사망에 북한의 인민들은 이들 동 상 앞에서 애도의 물결을 이루게 되는데, 이 행위가 동상을 단순한 기념물 이 아니라 김일성 · 김정일의 살아있는 또 다른 존재, 즉 영생으로서의 의 미를 지니는 것으로 파악된다면, 이 모든 의식과 그에 따른 행위를 큰 틀에 서 볼 때 북한 사회가 하나의 가족국가적 성격, 혹은 사회주의적 조합주의 (브루스 커밍스)를 띠고 있음을 알 수 있다는 것이 이들의 시각이다.

이외에도 김일성 및 그 권력 승계 현상을 한 개인의 절대 권력의 귀결로 서만 이해하는 것이다. 즉, 북한 사회를 동양의 봉건적 유습이 강하게 온존 되어 있는 절대권력 체계로만 규정하려는 경향이다. 그 중심에 김일성 및 김정일(김정은)에 대한 우상화가 있고, 그 우상화는 스탈린 및 마오쩌둥의 그것과 비교되거나 그것을 능가하는 것으로 묘사된다. 사실, 3만 5천 개

(2003년 기준, 프랑스 일간 『리베라시옹』 보도)가 넘는 김일성 동상과 상징물의 건축은(2014년 기준으로는 5만 개 정도가 된다는 설도 있다) 수령체제의 전체주의적 성격을 가장 잘 실증해주고 있다는 것이 또한 그들의 시각인 것이다.

또 김정일 자신이 1974년 후계자로 결정된 뒤에 「전당과 온 사회에 유일사상체계를 더욱 튼튼히 세우자(1974. 4. 14)」를 발표하면서 김일성주의 사상으로의 무장과 김일성에 대한 절대적인 충성, 그리고 제10항에 "김일성이 개척한 혁명 위업을 대를 이어 끝까지 계승 완성해야 한다"라는 것을 그 내용으로 하고 있는 '유일사상 10대원칙(1974년에 발표될 당시 공식 명칭은 '당의 유일사상체계 확립을 위한 10대 원칙'이었으나, 39년 만에 개정하면서 명칭도 '당의 유일적 영도체계 확립의 10대 원칙'로 바꾸었다)'을 제정하게 되는데, 이것은 김일성의 권위와 권력에 대한 절대적인 충성, 권력 승계의 정당성을 요구하는 것으로 파악한다. 이처럼 1인의 유일지배자와 일원화된 사상이 전(全) 사회를 지배하는 현존국가로서의 북한, 보기에 따라 샤피로가 말한 것처럼 전체주의성이 있을 수가 있다. 이는 아주 자연스럽게 북한을 전체주의(totalitarianism) 국가로 인식하게 한다. 열에 아홉은 이렇게 대답하거나 알고 있을 것이기에, 이것은 북한이 수령제 사회이기를 포기하지 않는 한 감당해내어야 할 무게이자 해명해야 될 숙제이기도 하다. 그러다 보니 북한체제에 대한 성격 규정을 논함에 있어 외부 관찰자들의 눈에는 북한의 수령제와 권력 승계는 봉건적인 절대주의 체제, 즉 1인 절대 권력의 강화 및 그의 세습으로 밖에는 해석되지 않는 측면이 있다. 실제로 맥코맥과 아이단 포스터-카터(Aidan foster-Carter) 등 많은 진보적 이론가들도 초기의 북한에 보냈던 우호적인 눈길을 수령제의 성립과 권력 세습을 목도하면서 그 입장을 철회하기도 할 만큼, 북한을 정상적인 국가로 이해하는 데는 많은 걸림돌이 있는 것이 사실이다. 그럼 어떻게 하면 북한을 정상적인 국가로 인식할 수 있을까? 우선 아래의 편견들을 없애는 것으로부터 출발해 보자.

북한 사회에 대한 편견 없애기: 전체주의, 전제주의, 유교주의

북한을 전체주의로 규정하는 근거, 그 핵심에는 북한 사회를 소련에 의해 이식된 사회주의 체제라고 바라보는 인식이 출발점이 된다. 서구에서 바라본 북한은 소련의 꼭두각시에 불과하다. 일명 '괴뢰'로 칭해지는 북한은 소련 혁명의 이식에서 비롯되었고, 1960년대까지도 이러한 인식은 지배적이었다. 실제 미 국무부가 편찬한 자료에 의하면, 북한은 소련의 위성국가(satellite)로 규정되고 있다. 이러한 인식은 시간이 흐른 1990년대 후반기부터는 더욱 정교하게 나타나는데, "북한의 수령제 체제는 스탈린 국가체제의 복사판"(김연철, 『북한의 산업화 과정과 공장관리의 정치』(성균관대학교 박사논문, 1996)으로 그 성격이 규정되기까지 한다. 국내외 많은 연구자들의 이러한 시각은 스탈린주의 국가체제로서의 북한이 여타의 사회주의 국가와 소련마저도 스탈린주의를 포기하는 상황인데, 북한은 여전히 '과거의 체제'를 '현재의 체제로' 그대로 지속해 나가고 있다는 인식이 있기 때문이다.

그러나 이러한 평가는 북한의 혁명 역사를 이해하지 못한 결과다. 북한의 혁명이 소련의 강력한 후원과 중국의 지원에 의해 가능했음은 분명한 사실이지만, 이 못지않게 김일성을 중심으로 하는 항일빨치산 세력들의 오랜 항일독립운동이라는 결과도 간과할 수 없다. 1920년대 조선 공산주의 운동의 한계와 오류를 극복했던, 북한의 혁명 1세대 지도자들은 오랜 기간을 만주와 백두밀림 등지에서 중국 공산당과 함께 항일무장투쟁을 통해 성장해왔고, 해방 후 강력한 정치세력을 형성할 수 있었다. 이와 관련해서는 이미 서대숙은 『북한의 지도자 김일성』(서울: 청계연구소, 1989)을 통해, 스칼라피노 · 이정식은 Scalapino, Robert A. & Lee, Chong-Sik, Communism in

Korea(Berkeley: Univ. of California, 1972(『한국 공산주의 운동사 1 · 2 · 3』(돌베개, 1973; 2015년 개정판)에서 자세히 살필 수 있다.

그렇지만 현재는 이들 연구 또한 비판의 대상이 되고 있다. 1980년대 이후 이태섭, 이종석, 김광운, 고인이 된 서동만, 역사학자 이이화 등은 꼭두각시 혹은 위성국가로서 북한과 그 지도자 김일성에 대한 잘못된 연구를 비판하고, 새롭게 공산주의 운동의 오랜 역사를 고찰한 연구성과를 제출하고 있기 때문이다. 특히 한홍구 교수는 북한 혁명 1세대, 그중에서도 김일성의 사상적 감정을 제3세계의 민족해방의 역사가 말해주듯이 깊은 반제국주의, 민족주의적 성향에서 찾아내고 있다(『Wounded Nationalism: The Minsaengdan Incident and Kim Ii Sung in Eastern Manchuria』(Ph D. Dissertation, University of Washington, 1999). 이외에도 찰스 암스트롱은 북한의 문화 형성은 독자적인 민족주의적 성격을 띠고 있었음을 논증하고 있다(「북한 문화의 형성: 1945-50」, 『현대북한연구』 제2권 1호, 1999).

이러한 학문적, 학술적 논증 외에도 실증적으로 북한이 소련의 위성국임이 아님을 보여주는 명징한 사례로는 1968년의 푸에블로호 사건이 있다. 푸에블로호 사건을 마무리한 미국의 대통령 존슨은 그의 긴 연설문에서 "북한은 소련의 압력이 먹히지 않는 나라인 것 같다"라고 공개적으로 발표하기도 하였는데, 여기서 확인받는 것은 북한이 소련의 위성국가가 아닌 독자성을 갖춘 국가임을 미국인 스스로 인식하게 된 중요한 계기가 되었다는 점이다. 따라서 북한 체제를 소련의 이식된 체제이자 위성국가로 바라보고, 이를 근거로 전체주의로 간주하는 시각은 이

▲ 존슨 미국 대통령이 북한에게 제출한 사과문. 〈http://jeongrakin.tistory.com/269〉(검색일: 2015.5.25)

미 오래전에 설 땅이 없어지고 말았다.

다음으로 북한 사회가 전제주의 국가라는 데는 수령제라는 독특한 북한식 체제와 권력 승계라는 형식에 그 혐의점이 있다. 즉, 외부 관찰자의 눈에 1967년 형성된 수령체제는 개인의 절대 권력의 추구로 해석되며, 권력 승계는 사회주의 국가 특히 스탈린 사후 흐루쇼프가 행한 스탈린 비판의 역사적 경험을 반복하지 않기 위한 북한의 선택으로서 바라본다. 또한 이러한 형태가 봉건적 아시아 절대주의 체제의 그것과 동일하게 본다. 따라서 수많은 북한 전문가들과 북한 연구서들도 북한에 대한 비판을 바로 수령제와 권력 승계에 맞추고 있다. 자유민주주의라는 틀에서 북한의 수령제와 권력 승계는 봉건적이고, 반민주주의적인 전형으로 간주되는 사회과학적 문법체계라는 인식 때문이다. 이러한 인식에는 사회주의 연구자들도 예외가 아니다. 그들 역시 북한과 같이 현대의 민주주의는 단지 부르주아들을 위한 민주주의일 뿐이며, 자유주의자들이 민주주의 가치로 자랑하는 선거란 부르주아의 게임으로만 치부되는 인식까지는 함께하고 있지만, 북한의 수령제의 성립과 권력 승계는 사회주의 이론에서 벗어났다는 비판을 서슴없이 하고 있다. 그들이 생각하는 민주주의는 계급성과 뗄 수 없이 연관되어 있으며 이는 곧 노동계급의 당이 지도(指導)를 통해 실현되어야 하는데, 문제는 북한의 수령제가 이러한 사회주의 교리에 어긋나고 있다는 사실을 지적하고 있는 것이다. 즉, 북한의 수령제는 '당 위의 수령'을 구축한 정치체제라는 것이 그들의 인식인 것이다.

그러나 북한의 정치체제가 전제주의라는 데 동의하는 모든 사람들도 간과하고 있는 점이 있다. 바로 북한이 왜 그러한 정치체제를 성립시킬 수밖에 없었던 조건, 즉 북한 사회가 직면했던 정치, 경제, 안보(분단과 반제국주의) 등을 이해하지 않고 있다는 점이다. 추후 자세히 논하기로 하겠지만, 북한의 현실은 북한이 처한 그 당시의 대내외적인 환경에 의해 규정되어야 하고, 그 규정을 바탕으로 이론적 계승성을 담보하면서도 북한 자신의 대내외적인 환경이 반영되는 독창성이 통합되는 정치체제 모델을 북한 스스로 판단하여 세워냈다는 점을 고려해야 한다.

로웬탈(Richard Lowenthal)이 지적하고 있듯이, 문제는 북한의 정치체제에 대한 성격을 규정함에 있어 북한의 현실 문제를 구체적으로 분석한 결과로서 북한 전제주의를 논하는 것이 아니라, 이미 만들어진 전제주의 이데올로기를 북한에 무차별적으로 적용하고 있는데 있다(『Development vs. Utopia in Communist Policy, in Change in Communist Systems』, ed. Chalmers Johnson, Stanford University Press, 1970). 즉, 사회주의 국가는 혁명 이후, 그들이 정치적 이상으로 생각하는 유토피아 사회의 건설과 당면의 경제 건설의 과제 앞에서 심각한 딜레마에 놓이게 된다. 그리고 그러한 딜레마를 해결하기 위한 여러 가지 새로운 방식들을 찾게 되는데, 바로 그 과정에서 정치적, 이데올로기적, 경제적 변화를 겪게 된다. 이 상황을 북한에도 적용하면 북한이 소련이나 동유럽과 같은 전이의 과정을 거칠 수도, 중국과 같은 좌우 간의 급격한 변화를 겪을 수도 있지만, 그 선택은 북한이 하는 것이다. 그들만의 방식으로 말이다.

마지막으로 북한 사회가 유교주의 국가라는 편견에는 수령제라는 형식의 북한식 사회주의가 유교적 문화전통의 혼합물과 가장 유사하다는 해석에 근거하고 있다. 북한 정치체제에 대해 '수령제'라는 용어를 최초로 사용한 스즈끼(Suzuki)는 가정에서 아버지가 그러하듯이, 수령은 전체 인민에 대한 권위와 아버지와 같은 이미지를 갖게 되고, 아버지에 대한 사랑(효)과 국가에 대한 충성의 표현이 수령에게 집중된다고 하였다(『김정일과 수령제 사회주의』, 중앙일보사, 1994). 그러면서도 수령은 항상 가까이에서 아버지의 사랑과 숨결을 느끼듯이 인민들이 그렇게 느끼는 존재라는 것이다.

그러나 분명한 것은 결과로 드러난 현상, 즉 개념 규정만으로 북한 사회를 곧바로 전체주의 사회로 선험적으로 규정하는 것이 북한의 본질적 특성을 잘 드러내지 못하였듯이, 똑같은 이유로 북한 사회를 1인의 절대 권력 추구, 동양적 전제주의적 요소가 있다 하여 이를 전제주의로 규정하는 문제도 북한 사회의 참모습을 역사적으로 구조적으로 분석해내지는 못한다는 점이다. 마찬가지로 유교주의 또한 이러한 논의들이 북한의 과거로부터의 형성과 북한이 직면했던 사회주의 건설의 당면 문제, 체제 발전의 논리 그리고 그들이 추구하는 목적에 대한 이해를 매우 소홀히 하고 있다는 점은 꼭 지적되어야 한다.

더 중요한 문제는 찰머스 존슨이나 이태섭처럼 '발전-제도주의적 접근' 관점에서 북한의 수령제 사회 성립과 권력 승계가 북한이 추구했던 집단주의적 발전 전략의 연장선에서 이해되어야 한다는 것이다. 즉, 북한 사회의 정치 발전의 역사와 구조적 문제에 대한 대응으로서, 그리고 그들이 추구했던 유토피아적 이상을 실현하기 위한 정치체제로서 수령제가 선택되고 제도화되었음을 간과하지 않는 것이다. 그리고 이 시각으로 보게 되면 북한의 수령제 사회 성립과 권력 승계가 북한의 김일성에서 김정일(→ 김정은)로의 권력 승계를 세습으로만 규정하려는 일면적 평가대신, 북한 사회의 발전을 종합적으로 분석하게 되고, 그렇게 되면 권력 그 자체에만 관심을 둠으로써 북한 사회의 역동적인 모습을 간과하게 되는 치명적인 약점을 노출하지 않는다. 다시 말해 김정일의 후계자로의 부상과 결정 과정, 그의 후계자 검증의 과정 등 북한의 수령·후계체제에 대한 역사는 무시하고, 그의 결과만을 절대화하여 생기는 인식상의 혼란이 일어나지 않는다는 말이다. 좀 더 엄밀한 이론언어로는 북한의 권력 승계에 대한 분석이 결과로서가 아니라, 과정과 결과를 함께 분석할 때만이 그 정확한 의미와 실체를 이해할 수 있다는 것이다.

냉전의 시각에서 벗어나기: 혐오감과 적대감

북한이 전체주의, 유교주의, 전제주의, 가족주의 등의 정치체제가 아님에도 불구하고, 이러한 부정적 이미지의 성격 규정이 잘 탈각되지 않는 데는 북한의 수령제 사회에 그러한 요소가 어느 정도 내재해 있기 때문이기도 하다. 사실, 북한만이 아니라 남한의 국가 성격도 파시즘적 체제를 벗어난 지 오래되지 않았다. 어디 이뿐인가? 국가발전론과 같이 IMF 사태 이후 그 설 땅을 잃어버리기는 했지만, 우리 대한민국이 현재의 자본주의적 발전을 하기 까지 견인차 역할을 한 것은 '유교 자본주의'가 크게 작용했다는 주장도 한때 꽤 설득력 있게 회자되었다. 함재봉은 대한민국을 유교 자본주의론에 직접적으로 비유하기도 하였다(『유교 자본주의 민주주의』, 전통과 현대, 2000). 가장 최근인 박근혜 정부에 들어와서는 박근혜 정부의 성격을 비판적인 입장에서 '신유신체제', 혹은 1960~70년대의 반공주의에서 더 나아간 '종북·반북주의'라는 성격규정으로 대한민국의 정체성을 표현하기도 한다.

이렇듯 정치체제의 성격 규정에 대한 부정적 인식은 북한이든 남한이든 다 똑같이 있을 수 있다. 그런데 문제는 정치체제의 성격 규정을 함에 있어 북한에게만 유독 냉전적 이데올로기의 공격 무기를 적용한다는 점이다. 남한의 국가체제가 유교 자본주의론, 신유신체제 등과 같이 비판받듯이 북한에 대한 유교주의적, 가족주의적 요인들도 북한의 전제주의를 설명하는 이론적 소재로 기능해야 하나, 현실에서는 오로지 북한의 정치체제를 부정적으로 바라보는 냉전의 이분법이 작동하고 있는 것이다. 그리고 그 공격성은 그 어느 누구도 대한민국이 약간 문제가 있는, 혹은 '잘못된' 체제를 유지하고 있기 때문에 붕괴되어야 한다고 주장하지 않지만, Victor Cha, Eberstadt, 심지어는 대통령(오바마)까지 나서서 북한의 '잘못된' 체제, 즉 전제주의(혹은, 전체주의)는 붕괴되어야 한다는 '북한 멸망론'으로 이어지고 있다는 것이다. 일명 북한에 대한 포비아(Phobia)적 증상으로, 이미 정해진 결론을 위해 과정을 강박적으로 왜곡시키고 있는 것이다.

그 예로 오공단·하시그는 북한에 대한 분석을 시작하면서 '왕조(dynasty)' 개념을 무차별적으로 사용한다. 심지어 헤이젤 스미스(Hazel Smith)는 북한은 행위자로서 미쳤을(Mad) 뿐만 아니라, 나쁘기도(Bad) 한 것이라고 강변한다("Bad, mad, sad and rational actor? Why the 'secrutization' Paradigm makes for poor policy analysis of north Korea," International Affairs 76, 1, 2002). 오랫동안 미 CIA에서 북한 정보 분석을 해왔던 헬렌-루이즈 헌터(Helen-Louis Hunter)도 동일한 인식을 드러낸다(『CIA 북한 보고서』, 한송, 2001). 그는 이책에서 북한의 생활상을 분석하는 여러 자료를 인용하지만, 결국 귀결점은 북한 권력의 전체주의, 유교주의, 전제주의적 설명으로 귀착시킨다. 그리고 그러한 분석에만 머무는 것이 아니라 결국에는 이러한 '잘못된' 체제는 붕괴되어야 한다는 공격의 무기로 사용한다.

진보적인 학자라 해서 예외는 아니다. 미국 학계에서 한반도에 대한 진보적인 인식을 대표하는 브루스 커밍스(Bruce Cumings)에게서도 똑같은 문제가 드러난다. 그는 『North Korea: Another Countrry』(New York: New press, 2004) 등과 같은 저서를 통해 미국 사회에 북한 사회의 특수성을 이해시키는 데 얼마 정도 기여했다고는 할 수 있겠지만, 박노자가 지적한 것처럼 비록 그가 북한 체제의 그러한 성격들을 역사적으로 이해하고, 인정하고는 있지만 결국에는 북한의 전체주의성이나 유교주의에 기댄 설명은 근본적으로 북한 사회를 설명하는 데서 한계를 노정할 수밖에 없다(『하얀 가면의 제국』, 한겨레신문사, 2003). 따라서 북한의 '잘못된' 체제를 이해하고 분석하는 데는 보수파(매파)와 진보파(비둘기파) 사이에 일정한 인식의 간격은 있지만, 그 이론적 분석이 분석으로만 머무는 것이 아니고, 북한체제가 붕괴되어야 한다는 공격성을 지니는 이론적 무기로 활용되는 데서는 다 똑같다는 것이고 다만, 그 차이가 있다면 북한을 다루어야 할 방법론의 차이일 뿐인 것이다.

이처럼 북한체제에 대한 여러 가지 설명(혹은, 이론서)들이 안고 있는 근본적인 문제점은 북한을 바라보는 시각이 여전히 냉전의 틀에 사로잡혀 있다는 점이다. 전체주의 이론이 냉전을 기반으로 했듯이, 그리고 그에 대한 비판이 냉전의 비판과 궤를 같이하고 있었듯이, 북한에 대한 이론적 설명도 실증보다 냉전의 잣대가 우선시되고 있는 형편이다. 또 다른 측면에서는 북한에 대해 보고 싶은 것만 보려는 '희망적 사고'의 발로로 인해 아무런 검증 없이 너무 일방적으로 북한을 이해하려는 경향 때문이기도 하다. 예를 들어, 일본 TBS 방송에서 북한을 소재로 한 프로그램에서의 북한 희화화, 탈북자들의 증언에 대한 무차별적인 폭로, 선정적 잡지, 신문의 북한 때리기 등등이 바로 그것이다. 그리고 이러한 현상은 북한에 대한 이미지를 '전체주의 국가'의 그것과 동일시하고 증폭시키는 효과를 낳는다. 이에 대해서는 김정남의 충고를 새겨들을 필요가 있다. 그의 150여 통에 이르는 이메일 가운데 한 대목이다.

> "데일리NK의 기사는 별로 읽지 않는 편입니다. 탈북자들이 운영하는 사이트라 북한의 치부만 꼬집으려는 경향이 강해 보입니다. 탈북자 중 다수가 북한 체제에 염증을 느껴 고향을 떠난 사람들이 주를 이루고 있어, 기사가 전반적으로 북한을 일방적으로 깎아내리는 데 초점을 맞춰 가끔 과장되거나 허위가 많아 보입니다. 탈북자를 소스로 하는 경우에는 북한의 이른바 장마당 소식, 지방 소식 등은 비교적 정확해 보이지만 고위층 관련 정보는 거의 허풍에 지나지 않는다고 보시는 것이 정확할 것입니다."(고미 요지, 『안녕하세요 김정남입니다』, 중앙M&B, 2012, 74~75쪽)

그렇다면 이러한 자기 모순적인 인식의 근원은 어디에 있을까? 아니 정확히 말하자면, 포비아적 인식의 근원은 어디에 있을까? 단언컨대, 과거 냉전적 적대감이 해소되지 않고 있는 것이 원인일 것이다. 또한 미국은 북한과 직접 총을 겨누고 전쟁을 치렀고, 현재도 격렬하게 대미외교전을 펼치는 북한에 대한 불편한 심기도 작용했을 것이다. 역설적이게도 이는 미국이 동북아에서의 정치·군사적 패권을 지속시키기 위해서는 동북아 정세가 불안정해야 일본, 필리핀, 한국 등에서 미군 주둔의 필요성은 물론이고, '북핵'으로 포장된 과장된 위협은 중국을 정치·군사적으로 봉쇄할 수 있는 좋은 명분이기에 북한을 악마화—'악의 축', '불량정권'—하는 데 혼신의 힘을 쏟게 할 수밖에 없었던 것이다. 찰머스 존슨(Charlmers Johnson) 캘리포니아대 교수는 이러한 미국의 속내를 가장 명료하게 표현하였다. "미국이 퉁명스러운 태도로 일관하는 데에는 이유가 있습니다. 미국이 동아시아에서 가장 끔찍하게 생각하는 것은 그 곳에 평화가 오는 것이기 때문입니다".(『오마이뉴스』 2004. 9. 21)

한때 미국과 친밀한 관계를 유지했던 이라크와 그 이전의 이란이 오늘날 '악의 축'에 규정된 것도 포비아적 감정과 더불어 미국 이해관계에 대한 도전—도전하지 않는다면 동맹, 혹은 동반자적 관계로 복원된다—으로부터 비롯되었다. 이를 북한에도 똑같이 적용한다면 북한이 미국의 이해관계에 침해하지 않는 국가가 될 때, 즉 북한의 입장에서는 미국에 대한 '철천지원수'가 철회되고, 미국의 입장에서는 '북핵' 문제를 비롯한 미국의 전략적 이해 문제가 해결될 때 이러한 혐오증에 기초한 미국의 북한 인식은 사라질 것이라는 것을 함의해 주고 있다. 그때까지 미국과 북한은 '화해할 수 없는' 적대적 모순국가로 서로에게 존재하게 된다는 의미이기도 하다. 사정이 이러하기에 양국 다 어느 날 갑작스럽게 그러한 정책, 즉 선린(善隣)으로 선회하는 것이 쉽지 않은 일일 것이다. 거기다가 우리 남북한은 그 증폭된 분노와 이해관계를 같이 하는 사람들과 함께 살아가야 하는 현실로 인해 더더욱 그 '증오의 대상'을 새롭게 바라 볼 기회를 얻기란 참으로 어려운 일일 수밖에 없다. 그렇지만 또한 분명한 것은 그러한 혐오가 문제를 해결해 주지는 못한다는 사실이다. 하여 분노로 가려진 눈을 여는 것만이 또 다른 상처와 눈물을 피하는 유일한 길임을 명심하고 북한 사회를 들여다보는 데 있어 종편을 비롯한 보수·수구세력들이 갖은 수단을 다 동원해 유혹하더라도 현혹되지 말고 보다 '열린 시각'으로 북한을 보는 데 익숙하여야 할 것이다.

'수령제 국가'도 '사회주의 체제'다

거두절미(去頭截尾) 하고 열린 시각으로 북한을 들여다본다는 것은 북한의 정치체제를 전체주의 등 냉전적 시각과 연결시키지 않는 것이다. 소련의 정치체제와 북한의 정치체제를 동일시하지 않는 것이다. 즉, 우리의 뇌리 속에 박혀있는 소련의 '괴뢰' 혹은 '위성국가'로서의 북한을 잊는 것이다. 한 국가가 독립국가임을 제도적으로 법적으로 상징하는 국군통수권을 다른 나라(미국)가 갖고 있어도 대한민국을 미국의 '52번째 주'라거나 '미국의 식민지'라는 비아냥거림과 비판은 있을 수 있지만, 그 어느 누구도 미국의 '괴뢰', 혹은 미국의 '위성국가'라 하지는 않지 않는가? 마찬가지로 북한의 정치체제가 처음(초창기)에는 소련의 사상(마르크스-레닌주의)과 제도로서의 전체주의성을 그대로 이식받을 수는 있었겠으나, 그 태생 때문에 무조건적으로 북한의 정치체제 역시 소련의 전체주의 체제에 불과하다는, 더 나아가서는 북한의 독자성에 대한 부정과 함께, 소련을 능가하는 전체주의 국가로서 북한을 바라보는 인식도 결코 합리적이지는 않다.

북한도 국가인 만큼, 당연히 그들의 옷에 맞는 법, 질서, 체계, 문화 등이 있다. 그런 만큼 제 아무리 북한체제를 기형화시키고 '악마화'하려 해도 북한이 사회주의 국가체제라는 그 범주를 벗어날 수는 없다. 즉, 북한이 특이한 체제를 갖고 있다 하더라도 사회주의 국가체제 안에서의 특이 체질(체제)이라는 것이다. 이를 달리 표현하면 북한의 정치체제도 사회주의 국가들이 보편적으로 갖고 있는 그것과의 공통성이 있다는 말이고 북한의 정치체제가 특수하기는 하지만, 동시에 사회주의 국가의 보편적인 정치체제와 동형의 구조이기도 하다는 의미이다.

구체적으로는 수령제 국가체제가 당 우위의 국가체제를 뛰어넘는 변형이라고 주장되고 있기는 하지만, 이것도 자세히 들여다보면 반드시 그렇지만은 않다. 오히려 중국의 최고지도자였던 마오쩌둥이 그러한 비판에서 결코 자유로울 수 없다. 마오쩌둥이 자신의 (수령) 권위를 이용하여 당과 관료제를 파괴했다면, 북한은 단 한 번도 당과 관료제를 파괴하지 않았다. 오히려 김일성은 철저히 당과 관료체계를 통해 자신의 지도를 관철시켜갔다. 그리고 북한식 수령체제에 대한 비판의 잣대로 활용되는 수령의 '직할통치' 행위인 현지지도 역시 당을 통한 추상적 지도와 구체적 지도의 결합으로 이뤄진 것이다. 이로부터 북한의 수령제는 당과 결코 유리될 수 없는 구조를 갖는다. 그 연결고리에 수령이 아버지라면, 당은 어머니의 역할과 같은 것이다. 따라서 북한에서 수령은 인민의 아버지이자 당의 어머니라는 '어버이' 개념 규정을 갖는 것이다. 하여 북한의 수령체제 역시 특이할 수는 있으나, 사회주의적 보편성을 뛰어넘는 특수성은 아니다. 즉, 북한의 수령체제 역시 사회주의적 보편성을 지니고 있다고 볼 수 있는 것이다.

　그래서 사회주의 국가의 특징으로서 '위대한 지도자'의 존재와 사회주의 혁명전통, 당적 통제를 기본으로 하는 수령의 지도 등이 필연적으로 동반하는 것이라면, 북한의 수령제 또한 외부의 시선과는 달리 수령의 임의적인 지도가 아니라 당을 통한 지도와 당적 조직 체계를 통해서 움직인다는 원리가 상반될 수는 없다. 그 인식으로 본다면 북한의 정치체제가 수령체제를 띠고 있기는 하지만, 당우위의 국가 체제, 국영화를 중심으로 한 명령형 생산체제, 이데올로기의 우위성 등을 갖고 있고, 이로부터 당을 통한 정치적 지도, 계획에 따른 생산과 분배 및 대중 동원형 구조, 일원화된 정치체제와 이데올로기가 작동되고 있음을 알 수 있다. 이 모두가 여타 사회주의 국가들이 갖는 보편적 특성들과 똑같은 것이다.

　다만 차이가 있다면 북한의 수령제에서는 수령에 대한 정의와 수령의 권한 집중도, 그리고 권력이양 방식 등이 여타 사회주의 국가들과는 다르다는 것이다. 이러한 이유들이 북한이 여타의 사회주의와는 다른 특이 체제로서의 북한식 사회주의를 떠올리게 하는 주된 요인이라면, 이 의문을 해결하기 위해 우리는 한 인물을 가장 먼저 떠올려야 한다.(이유는 '수령'이라는 개념과 수령체제가 북한의 전유물이 아님을 이해해야하기 때문이다.)

그는 다름 아닌 이론적 개념으로 수령에 대한 정의를 처음 시도한 인물 엥겔스다. 이 엥겔스에 의해 사회주의 체제하에서 수령이란 개념이 사용되었고, 이후 마르크시즘에 있어서도 수령이라는 개념은 지속된다. 그는 자신의 저서,『마르크스와 신 라인신문』에서 마르크스를 "탁월한 수령"이라 언급하였다. 그러면서도 그는 수령이라는 개념을 구체적으로 정의하지는 않았는데, 이후 레닌에 의해 개념화된다. 레닌은 "정당은 통례로 가장 권위 있고 유력하며 가장 책임 있는 지위에 선발된 수령이라고 불리는 인물들로 되는 다소간 고정된 집단에 의해 지도된다.(「공산주의에 있어서 〈좌익〉소아병」, 『레닌전집』4(1), 북경: 민족출판사, 1972, 262쪽)라는 정의에서 '수령'을 노동계급 당의 집단적 주체로서 "여러 사람으로 구성되는 집단", "다소간 고정된 집단"으로 보았다. 이렇듯 국제공산주의 운동에서 일반화된 '수령'의 개념은 노동계급 또는 노동계급의 당을 대표하는 최고지도자(소수)로서 '노동계급의 수령,' '당의 수령'으로 불리며, 단수가 아닌 복수의 개념으로 보았다.(반면, 북한은 단수이다. 이에 대해서는 후술한다.)

뿐만 아니라 사회주의 국가들도 권력 승계에 대한 정의가 없는 것이 아니라, 그들 나름의 방식으로 보다 체계화하였다. 다만, 그 체계화 방향으로 사회주의국가의 권력 승계에는 민주주의국가의 정권교체와는 달리 경쟁구조가 제도화되어 있지도 않고 권력 상층부의 제한적인 범위 안에서 매우 폐쇄적인 형태로 진행된다는 특징을 갖고 있을 뿐이다. 또한 공산당의 강령이나 규약에 권력이양을 규정하거나 명문화한 조항을 찾아보기도 쉽지 않다. 그러다 보니 스티븐 화이트(Stephen White)가 명확하게 사회주의 국가에서 민주주적인 절차에 의하여 국가의 지도자가 선출된 예는 없다고 단언까지 하였다.(『Elites, Power and the Exercise of Political Authority in the USSR』, in David Lane, ed., Elites and Political in the USSR, Cambridge: Edward Elger, 1988, 269쪽)

부연하면 사회주의 국가에서의 권력 승계는 제도적 절차에 의한 민주적 리더십의 교체라기보다는 권력의 이양에 가까웠다는 뜻이다. 즉, 권력 승계가 권력이 교체되고 경신되는 과정이기보다는 물려주고 물려받는 개념이 통용된다는 것을 의미한다. 따라서 사회주의 국가의 권력 승계에는 권력 승계가 일어나는 시점에서 항상 친위세력을 통해 당을 장악하는 것과 함께, 정책 변경을 통해 새로운 정당성을 국민들에게 호소하는 등 정책 변화를 통한 리더십 정당화가 추구되었다. 동시에 이는 권력투쟁 과정에서 발생할 수도 있는 위험에 대한 적극적인 대책이기도 하였다.

이에 대해 사회주의 국가에서의 권력 승계 문제를 '정치결정론'으로 분석해 낸 러시(Myron Rush)는 자신의 그 이론에서 사회주의 국가의 권력 승계는 통상 "통치권의 전이"로 이뤄지는데, 이 패턴에는 "위기-위기관리-정책 변경-정당성 확보·실패-새로운 정당성 추구"라는 과정이 뒤따른다고 하였다. 유추해보면 여기서도 가장 중요한 것은 역시 사회주의 체제에서 누가 당의 이데올로기를 제시하고 발전시켜 나가는 것임을 알 수 있는데, "사회주의 운동에서 가장 중요한 정당화의 기제가 바로 이데올로기이기 때문이라는 것이다."(오일환 외, 『현대북한체제론』, 을유문화사, 2000, 99쪽) 다시 말해 이러한 이데올로기의 장악이 권력의 장악 및 유지와 관련되는 가장 중요한 문제이며, 이에 따라 사회 정책의 변화를 유발하게 되고, 앞선 지도자에 대한 태도, 당내에서의 권력의 엘리트 순환이라는 여타의 문제에까지 영향을 미친다는 것이다. 흐루쇼프, 덩샤오핑이 그러했으며,

동유럽 대부분의 사회주의 국가들이 그런 모습을 보인 데서 이는 증명된다고 한다.

이외에도 역사적인 과정을 돌아보면, 사회주의 국가에서의 권력 승계는 대체로 혁명 1세대의 물리적 한 지점이자, 스탈린 사망을 계기로 요동치기 시작하였는데 제2차 세계대전이 그 중심 기점에 서 있다. 이 시각에서 McCauley와 Carter는 "위대한 인간(great man)의 영웅시대에 있어서 주요한 임무가 혁명의 성공과 국가의 건설이라면, 이 시기가 지나고 제도화, 근대화, 산업화가 이루어지는 시기에는 다른 유형의 지도자가 요구된다"(McCauley Martin & Carter, Stephen (eds.), 『Leadership and Succession in the Soviet Union, Eastern Europe and China』, New York: M. E. Sharpe, Inc., 1986)고 하였다. 즉, 제2차 세계대전을 기점으로 하여 '위대한 지도자(Great Leader)'의 시대가 가고 새로운 세대가 점차로 사회의 다수를 점하는 방식으로 바뀌기 시작했다는 것이다.

결론적으로 필자의 요지는 첫째, 사회주의 체제에서도 자본주의 체제와는 다르지만, 그래도 그들만의 방식으로 권력 승계와 정치방식이 이뤄지고 있음을 알아야 한다는 것이다. 권력 승계 방식의 차이가 있다 하여 이를 비판할 수는 있지만, 공격해서는 안 된다. 이론도 그렇지만, 제도도 완벽할 수는 없다. 즉, 자본주의적 방식은 다 옳고, 사회주의적 방식은 다 그르다고 할 수는 없는 것이다. 오죽했으면 수도 이전 문제와 관련하여 성문헌법을 채택하고 있는 대한민국에서도 관습헌법의 논리를 도입했겠는가? 제도화되어 있지 않다하여 다 나쁜 것은 아니다.

둘째, 사회주의 국가 북한도 그들 나름의 환경과 경험, 동의와 합의 등의 과정을 통해 사회주의적인 방식으로 (전체주의나 전제주의 방식이 아닌) 최고 권력자를 세워나가고 있다는 것을 인정하자는 것이다. 그러면 북한의 권력 승계 방식과 관련하여 다음과 같은 패턴이 보일 것인데, 크게 보아 북한의 권력 승계 방식에는 '지도권력 승계'와 '영도권력 승계'로 이뤄진다. 먼저 '지도권력 승계'는 정치적 권력의 승계를 의미하며 '영도권력 승계'는 수령의 혁명 위업, 즉 영도자의 권위를 승계받는 것을 의미한다. 현재까지 후자는 유일하게 북한에서만 사용되고 있는 개념이다. 다음으로는 McCauley와 Carter가 위의 책에서도 확인해주고 있듯이 사회주의에서의 권

이 말 뜻은 정치적 권력승계(political succession)는 사회주의 국가나 자유민주주의 국가나 다 사용되는 권력승계 방식인데, 다만 차이가 있다면 사회주의권에서는 권력이양을 통해 정치적 권력승계가 이뤄지고 지도권력(지도자)이 교체되는 것이라면, 제도화된 민주주의 국가에서서는 그러한 정치적 승계가 일반적인 의미에서의 정당정치와 제도적 선출을 통해 교체된다는 점일 것이다.

력 승계는 전임자의 사망, 유고 등에 의해 여러 후보들의 합종연횡, 혹은 권력암투를 통해서 이뤄지는 특성이 있고, 이로 인해 전임자에 대한 비판과 정책변화가 결과적으로 뒤따라 왔다면, 지금까지 권력 승계를 거치면서 전임자를 비판하지 않고 대체로 순조롭게 권력을 이양한 사회주의 국가는 북한, 쿠바 정도이고, 후임자에 의해 비판받지 않은 공산주의 지도자도 레닌과 호치민, 김일성 그리고 불가리아의 드미트로프 정도라는 것도 눈에 들어와야 한다.

참고로 자유민주주의 국가와는 다르게 사회주의 국가에서는 제도적 장치가 부족한 관계로 권력 승계가 주어진 상황과 조건에 따라 여러 가지 형태로 나타날 수밖에 없다는 것은 위에서 확인했다. 이우정은 이에 대해 권력 이전의 정도에 따라 완전승계, 부분승계, 단독승계, 집단승계로 구분하고, 혈통성 여부에 따라서는 세습적 승계와 비(非)세습적 승계, 권력 창출 방식에 따라서는 혁명적 승계와 민주적 승계로 나누고 있다.(『권력 승계와 정당성: 사회주의 체제의 정치변동』, 신양사, 1997) 이외에도 외세의 개입 여부에 따라 자주형, 반(反)자주형으로 구분하고 있다. 이 중에서도 이우정은 가장 대표적인 권력 승계의 유형으로 승계 발단의 계기에 따른 자연적 승계와 인위적 승계로 나누고(앞의 책, 101~108쪽), 자연적 승계란 말 그대로 전임통치자의 자연적인 사망이나 유고 등에 의해 권력 승계가 이뤄지는

것을 말하며, 인위적인 승계란 전임통권자의 비자발적인 퇴임, 즉, 권력경쟁에서의 패배, 소련에 의한 퇴임, 민중봉기에 의한 퇴임 등에 의해 이뤄지는 승계로 규정하고 있다. 필자는 여기에더 현존하는 사회주의 국가에서는 그 나름의 제도적 승계라는 형태가 정착되고 있다는 점을 지적한다. 말 그대로 그들이 정한 절차와 당 규약에 따른 권력 승계 방식임을 일컫는다.

유형	요인	사례	비고
자연적 승계	병사	Lenin(1924, 소련), HoChiMinh(1969, 베트남), Andropov(1984, 소련), Chernenko(1985, 소련), Le Duan(1986, 베트남)	※김정일·김정은으로의 권력 승계를 제도적 승계로 보는 것은 전직 수령들이 급사한 것은 맞지만, 이후 수령승계가 그들이 정한 당 규약과 최고인민회의의 절차에 따라 이뤄졌기 때문이다.
	급사	Stalin(1953, 소련), Gottwald(1953, 체코), 김일성(1994, 북한), 김정일(2011, 북한)	
	객사	Bieruk(1956, 폴란드), Dimitrov(1949, 불가리아)	
	자연사	Gheorgh-Dej(1965, 루마니아), Brezhnev(1982, 소련), 毛澤東(1976, 중국), Tito(1980, 유고)	
인위적 승계	반대파 음모	Malenkov(1953), Khrushchyov(1964), 華國鋒(1978, 중국)	
	대중 봉기	Rakosi(1956, 폴란드), Gero(1956, 헝가리), Ochab(1956, 폴란드), Novotny(1968, 체코), Gomulka(1970, 폴란드), Chervenkov(1954, 불가리아), Gierek(1980, 폴란드), Ceasescu(1989, 루마니아)	
	외세 개입	Nagy(1956, 헝가리), Dubcek(1969, 체코), Kznia(1981, 폴란드)	
	내외 합작	Ulbricht(1971, 동독)	
	정책 실패	Truong Chinh(1956, 베트남)	
제도적 승계	김정일(1997, 북한), 胡錦濤(2002, 중국), Raúl Castro(2008, 쿠바), 習近平(중국, 2012), 김정은(2012, 북한)		

위 표는 우선 송정호 박사가 분석하고 있듯이 권력 승계를 시기적으로 구분해 보면 스탈린 격하 이전에는 병사 또는 객사의 유형이 많았으나, 스탈린 격하 이후에는 스탈린주의적 혹은 교조주의적 노선과 민족적 감정을

대변하는 당내 반대파 또는 인민들의 반발, 그리고 소련의 이익과 관련한 외부적 압력 등 복합적 요인에 의해 실각되는 유형이 대다수였음을 보여준다.(『김정일 권력 승계 공식화 과정 연구』, 한양대학교 대학원 박사학위 논문, 2004) 또한 사회주의적 공업화 정도, 스탈린주의적 경제노선으로부터의 일탈과 수정주의 노선의 수용 정도 등을 둘러싸고 실정과 외압이 작용하고 당내 반대파와 인민의 반발이 유발됨을 알 수 있다. 특히 공업화 정도와 수정주의 노선의 수용 정도는 사회주의 체제 붕괴 이후 각 국가가 취한 개혁 노선의 향방과 성공 여부를 결정짓는 중요한 변수로 작용하고 있음도 알 수 있다.(앞의 논문, 33쪽)

아울러, 권력 승계에 영향을 미치는 주요 요인으로 외부적 요인, 국내 정치적 요인, 하위 엘리트, 민족(인민) 감정 등도 작용하고 있음을 알 수 있다. 물론 이러한 요인들이 모두 같은 정도의 비중을 가지고 있는 것은 아니다. 특히 사회주의 권력 승계에 있어서는 당 정치국의 역할이 제일 큰 비중을 차지하고 있다는 것이 정설인 상황에서는 더더욱 그렇다. 실제로도 소련 및 동유럽의 권력 승계에 있어서 당 정치국의 실권자가 전임자를 계승하는 경우가 많았다. 그렇다하여 사회주의 국가에서 당 총비서(혹은, 제1비서)가 국가적 리더십을 발휘하는 것인가, 아니면 내각 수상, 혹은 대통령이 국가적 리더십을 발휘하는가 하는 논쟁의 여지가 깨끗이 정리되었다고도 볼 수 없다. 예를 들어 헝가리의 경우 카다르는 당 제1비서로서 국가 기관에는 별다른 직책을 갖지 않았으나 실질적인 리더십을 발휘하였고, 흐루쇼프 역시 제1비서로서 스탈린의 후계자인 말렌코프를 밀어내었기 때문이다. 그렇다 하더라도 당 정치국의 비중이 제일 크다는 일반적인 의미의 해석이 변경되어야 할 이유는 못된다. 이는 러시(Myron Rush)가 정립한 '정치결정론'에서도 확인시켜 주듯이 당 정치국 혹은 비서국 제1비서 혹은 총서기가 국가적 리더십을 발휘할 수 있는 가장 유리한 지위임이 틀림없고, 실증적으로도 사회주의 국가의 권력 승계가 자유민주주의 국가와는 달리 정해진

규칙이나 규범, 국민에 의한 선택보다는 당내의 최고지도부의 결정이거나, 혹은 소련의 의도에 의해서 정해진 경우가 많았기 때문이다.

　마지막으로, 소련과 동구권 현실사회주의가 무너지면서 이후 생존한 사회주의 국가에서 나타나는 특징으로서, 그 특징이 제도화 정도에 대한 판단은 좀 더 지켜봐야 하겠으나, 분명한 것은 최고지도자가 절차적으로 선출되고 있다는 것이다. 비례하여 자유민주주의 국가와 똑같은 방식과 절차로 선출되지 않는다하여 비판할 수 있는 여지는 그만큼 줄어들게 되었다.

2. '북한식' 사회주의로 북한 이해하기
　: 북한은 왜 수령제 사회주의를 선택할 수밖에 없었나?

　러시아 혁명 이후 거의 모든 사회주의 국가체제는 소련체제를 모델로 하였다. 이념적으로는 마르크스－레닌주의를 수용하였고, 정치경제적으로는 생산수단에 대한 국가(협동)적 소유와 공산당(노동당)중심의 일당유일체제를 수립하였다. 북한도 예외가 아니었다. 1945년 8월 이후 북한에 마르크스－레닌주의(스탈린) 체제가 도입된 후 프롤레타리아독재라는 사회주의 체제의 특징을 지닌 동시에 당－국가시스템 위에 수령을 추대한 북한식 정치체제가 만들어졌다. 이에 대해 수령제 사회주의의 주창자인 스즈키 마사유키는 이렇게 밝히고 있다.

　　"이와 같은 북한식 정치체제가 만들어지게 된 직접적인 계기는 1967년 5월의 당중앙위원회 제4기 15차 전원회의로 알려져 있다. 이 회의에서 갑산파로 알려진, 해방전 김일성 지도 아래 북한에서 항일운동을 조직한 공산주의자들이 수정주의자로 비판, 숙청되고 주체사상을 유일한 지도사상으로 삼고 그에 기초하는 체제, 즉 유일사상체계를 구축하는 것이 사실상 결정되었기 때문이다. 선두에서 이 숙청을 전개하고 김일성 이외의 권위를 일체 인정하지 않은

체제를 구축하는 데 몰두했던 장본인이 김정일 자신이었다."(『김정일과 수령
제 사회주의』, 중앙일보사, 1994, 268쪽)

한편, 국내외를 통틀어 북한연구의 최고 권위자 중의 한명이자 유격대
국가론(정규군 국가론)의 주창자이기도 한 와다 하루끼는 김일성의 항일무
장투쟁의 역사가 북한 정권의 사회 조직원리에 그대로 투영된 것으로 보는
유격대 국가론으로 그 정치체제를 분석하면서 김일성 시대가 유격대 국가
(garrison state)라면, 김정일 시대는 정규군 국가(regular army state)로 전환
되었다고 주장하기도 한다.(『김일성과 만주항일전쟁』, 창작과비평사, 1992)
이외에도 북한식 정치체제를 연구한 학자로는 맥코맥(McCormack)의 신전
체주의론, 브루스 커밍스의 사회주의적 조합주의 등이 있다. 이중, 맥코맥
이 북한의 신전체주의를 고전적인 전체주의 체제의 일탈한 모습으로 북한
을 분석하고 있다면(McCormack, Gavan, "Kim's Country: Hard Times in North
Korea," New Left Review, No. 198, March/April, 1993), 브루스 커밍스는 사회
주의적 조합주의를 스탈린식 사회주
의 체제와 북한의 역사 및 유교가 결
합한 가족국가적 성격을 띤다고 보
고 있다.

이외에도 신정체제, 술탄체제, 극
장국가론 등 북한 체제에 대한 다양
한 시각이 있다. 그렇지만 여기서는
보편성이라는 미명하에 북한 체제를

> 이 논리의 핵심에는 북한은 자신들의 수
> 령에게 '어버이'라는 관용어를 붙인다.
> 그리고 충성과 효성을 강조한다. 이를
> 직역해서 보면 북한은 개인숭배 담론을
> 당연시하는 국가이고, 가부장제와 봉건
> 제적 유교문화가 남아있는 국가가 되기
> 도 한다. 바로 이 연장선상에서 봤을 때
> 북한사회는 국가전체가 하나의 '가족의
> 확대된 이미지로서의 국가'인 가족국가
> 관 형태를 띠고 있다고 말할 수 있다.

부정적으로 낙인찍는 대신, 북한식 정치체제 형성의 '특수성'에 기초하여
규정된 성격 규정의 유사성에 주목하고자 한다. 그래야만 논리 전개의 밀
집성과 밀도가 보장되고, 주장과 견해 모두를 하나의 큰 틀에서 정치체제
로 개념화하고, 그 분석적 토대 위에서 내재적 비판의 방식으로 북한의 수

령제 사회를 이해할 수 있기 때문이다.

그 시각은 현재의 북한 수령제가 북한혁명의 역사적 과정을 살펴볼 때 정권의 수립과 함께 처음부터 등장했던 것이 아니라 김일성을 중심으로 한 정치세력의 오랜 투쟁의 결과물이자 그들이 역사적 과정에서 맞닥뜨렸던 현실적 과제와 국가적 목표, 그리고 그들이 이상으로 추구해왔던 사회주의·공산주의 사회의 건설이라는 변증법적 과정과 정확히 일치함을 알 수 있다.

또한 2015년 현재, 이론원형으로서의 사회주의 국가제체를 닮은 국가는 북한이 유일하다는 사실도 알 수 있다. 북한이 최종적으로 소련모델에서 일탈하기는 하였으나, 이념적으로는 마르크스-레닌주의를 계승하면서도 (계승성) 북한의 처지와 실정에 맞는 김일성-김정일주의를 통치이데올로기로 확립하였고(독창성), 정치경제적으로도 국가에 의한 계획적인 공급능력의 약화가 시장의 필요성을 증대시켜 일부에서는 시장화 현상이 나타나고는 있으나, 여전히 북한 시장화는 국영기업의 사유화가 전적으로 배제되고 있는 등 생산수단에 대한 국가(협동)적 소유와 공산당(노동당) 중심의 일당유일체제를 여전히 유지하고 있기 때문이다.

반면, 베네주엘라 등 남미 사회주의 정치체제나 중국, 쿠바의 사회주의 정치체제는 사회주의 이론 원형에서 많이 일탈하였다. 그렇게 보는 것은 많은 사회주의 이론가들도 대체적으로 동의하고 있는 부분인 마르크스레닌주의 대신 자국의 최고 통치자(서기장, 주석, 국가평의회 의장 등)의 이념으로의 경도와 함께, 정치경제학으로도 공산당(노동당) 중심의 일당유일체제를 유지하고는 있으나, 사회주의 시장경제체제라 할 수 있는 자본주의와 사회주의 경제체제를 혼합시킨 결과 때문이기도 하다.

시간을 돌려 1991년 12월 25일 저녁 7시(모스크바 시간)는 자본주의 역사가 주목한 시간이다. 소련이 공식적으로 사회주의 정치체제를 포기했기 때문이다. 이후 이론원형으로서의 사회주의 국가체제는 남아있는 사회주의 국가들이 만들어 내어야 할 역사적 소명이 되었고, 그 소명을 북한이 해낼 수 있을지는 미지수다. 다만, 2015년 현시점에서 추론할 수 있는 것은 북한이 그 현재진행형인 물음에 정치경제적인 정답 찾기에서 물러서지 않고 있다는 점만큼은 분명하다. 따라서 많은 논란이 유발될 수는 있으나, 북한은 2015년 현재 수령제 사회주의라는 독특한 사회주의 국가체제를 확립하고 있다.

그리고 수령제 사회주의가 가능했던 여러 요인들 중, 그 핵심적인 것에는 소련과 동구 사회주의권 몰락으로부터 얻은 교훈을 철저하게 반면교사(反面教師)로 삼았다는 것이 존재한다. 실제로 1992년 1월 3일 김정일은 조선로동당 중앙위원회 책임일꾼들과 한 담화, 「사회주의건설의 력사적 교훈과 우리 당의 총로선」이라는 논문에서 소련 및 동구 사회주의권의 좌절 원인이 "사회주의의 본질을 력사의 주체인 인민대중의 중심으로 이해하지 못한 점", "사회주의와 자본주의와의 질적 차이를 보지 못하고 사회주의 근본원칙을 일관성 있게 견지하지 못한 데" 있고, "관료주의가 자라나 사람들의 창발성을 억제하고 당과 국가에 대한 신뢰를 떨어뜨리게 되어 인민대중의 통일단결을 파괴하는 엄중한 결과를 가져왔다"고 피력하고 있다. 그리고 이로부터 비롯된 소련 연방의 해체 및 동구 사회주의국가들의 탈사회주의화 흐름은 "일시적 현상"이며 사회주의와 다원주의는 양립할 수 없다는 주장을 펼친다. 이는 인민들에게는 주체사상에 기초하여 수령과 당에게 모든 운명을 의탁한 채 '우리식대로 살아가자'라는 주장을 가능케 하는 논리이다. 또한 김일성의 사망 직후인 1994년 12월에는 「사회주의는 과학이다」를 발표하여 과학으로서의 사회주의에 대한 승리의 신념을 표시하고, 과학으로서 북한의 사회주의가 지난 시기 사회주의(= 마르크스 · 레닌주의에 기초한 사회주의)에 비해 우월하기 때문에 김일성이 개척하고 이끌어 온 '주체의 사회주의 위업'을 대를 이어 계승 · 완성할 것을 주장하였다.

이에 대해 김현환은 이렇게 설명해내고 있다.

"동구권과 구소련 붕괴는 영도의 계승문제를 올바르게 해결하지 못하여 사회주의 위업이 곡절을 겪었으며 특히, 사회주의의 배신자들이 지도층에 등장하여 수정주의 정책을 강행하여 마침내 사회주의를 붕괴시켰다고 인식하고 그 중심 인물로 흐루쇼프, 고르바초프를 들고 있다."(『나와 주체사상과의 대화』, USA, Downey, 미주자주사상연구소, 1998, 88~89쪽)

함의 그 첫째는, 수령에 대한 이해를 철저히 했다는 것인데 이는 뇌수가 없는 사람의 생명체가 존재할 수 없듯이 수령 없는 국가는 상상할 수 없다는 것이 북한의 결론이었던 것이다. 둘째는, 정치사상적 자극 없이 물질적 자극만으로 이뤄진 경제성장의 위험성을 캐치했다는 것이다. 그 결과 북한은 철저하게 정치사상적 자극을 우선시 하면서 물질적 자극을 결합시키는 경제성장 원칙과 사업 작풍을 견지해 갔다. 셋째는, 인민과 당과의 관계가 비적대적 모순이어야 하나, 멸망한 소련과 동구권에게는 적대적 모순으로 인해 발생한 인민과 당과의 괴리라는 존재한다는 결론이다.(이와 유사한 견해로는 Yan. Sun, 『The Chinese and Soviet assessment of socialism: theoretical bases of reform and revolution in communist regimes』, Communist and Post-Communist Studies, Vol. 27, no. 2 (March, 1994)의 48쪽 및 53~56쪽을 참조할 만하다.)

백학순 박사도 인민과 당과의 관계가 사회주의 국가의 특성상 비적대적 모순이이라는 전제하에, 실제적으로 발생한 당과 인민의 괴리에 대해 이를 대처하는 방법이 국가별로 상이했음을 논증하고 있다.(『북한 권력의 역사: 사상·정체성·구조』, 한울, 2010, 672~676쪽)

소련의 고르바초프는 당시 소련이 처한 총체적인 문제의 근원을 소련공산당 자체에 돌렸고, 중국은 그 탓을 중국공산당 자체가 아닌 지도자 개개인의 잘못으로 돌렸다. 다시 말해 소련은 정치권력의 주체와 그 주체가 행사하는 권력의 정당성을 훼손함으로써 정치적 불안정을 초래했던 반면, 중국은 그 정치권력의 주체를 온전하게 보존하여 정치적 안정성을 유지하면서 악화된 환경에 적극적으로 대처해 나갔다는 것이다. 그럼 북한의 경우에는 어떠하였는가? 북한의 경우에는 중국보다 더 철저하게 '당의 영도'를 강조하면서 당시 북한의 어려움을 '사상'과 '당'의 힘으로 극복하려고 노력했다는 분석을 내놓고 있다. 즉, 북한은 소련과 동구권의 몰락을 통해 인민과 당의 괴리는 곧 국가체제의 존폐 문제로 심각하게 인식하게 되었고, 더더욱 이를 철저히 경계하면서 '수령 – 당 – 대중'의 통일체를 강조하는 방향으로 이론적 정립과 함께 실천성, 제도화의 과정을 밟을 수밖에 없었다고 진단하였다.

사실, 북한은 이보다 더 앞선 시간대에도 북한이 자신들만의 수령체제 구축에 신경을 쓸 수밖에 없었던 대외적인 상황이 존재했었다. 여타 사회주의 국가들에서 일어난 최고지도자 혹은 혁명 1세대의 몰락, 혹은 도전의 과정이 그것이었다. 혁명 1세대가 반(反)스탈린주의의 물결 속에 침몰되고, 임표의 사례와 같이 권력 장악의 과정에서 최고지도자에 대한 도전이 심심찮게 일어나거나 그 권위가 훼손되어 혁명전통은 부정되기가 다반사였다. 바로 이러한 전 과정을 지켜본 북한은 사회주의 체제가 올곧게 지켜지고 지속성으로 항해하기 위해서는 혁명 1세대가 구축해놓은 혁명전통에 대한 철저한 고수와 계승, 수령 혹은 최고지도자에 대한 도전이나 권위를 방지하는 것이 매우 중요함을 그 어느 국가보다도 통절히 깨닫게 된 것이다.

그러한 문제의식은 『조선로동당의 반수정주의 투쟁 경험』(평양: 사회과학출판사, 1995)에서 소상히 밝혀놓고 있다. 여기서는 마르크스 이후의 엥겔스와 엥겔스 사후의 베른슈타인, 카우츠키의 사례에 대한 비교, 레닌 사후 스탈린과 스탈린 사후 흐루쇼프의 경험이 너무나도 분명하게 수령에 대한 변함없는 충성, 이의 궁극적인 목적이 수령과 당과 대중의 일심단결의 체제를 형성하는 데 있었음을 주목하였다. 그 핵심 연결고리로 지도와 대중의 올바른 결합에 착목하였고, 그것도 단순히 지도자와 대중의 친밀감이나 현지지도를 통한 지도자의 대중성이 강화되는 데 있는 것이 아니라, 그 본질은 반드시 수령－당－대중의 통일체를 형성하는 것에 있었으며, 그 실현방도로는 혈연적 연계의 강화, 관료주의와의 투쟁, 전 인민의 조직화 등이 시도되고, 지도의 방법으로서 청산리 정신으로 대표되는 위와 아래의 결합이 강조되었다.

위에서 열거된 이 두 경험, 즉 1960년대와 1980년대 말의 경험이 북한으로 하여금 대안을 찾게 하였고, 그렇게 찾아진 대안들 덕분으로 다른 여타의 사회주의 국가들과는 달리, 김정일에 이어 29세의 김정은도 권력을 무난히 승계받을 수 있었으며 수령으로 받아들이는 데 당과 인민의 아무런 저항 없이 안착할 수 있었던 것이다. 그렇다 하더라도 이 대목에서 한 가지 짚고 넘어가야 할 것은 북한이 사회주의 체제를 지켜야 된다는 것과 수령제의 강화와는 어떤 인과관계가 성립 하는가이다.

즉, 북한헌법 서문에는 "조선민주주의인민공화국은 위대한 수령 김일성 동지와 위대한 령도자 김정일 동지의 사상과 령도를 구현한 주체의 사회주의 조국이다"라고 명시하면서 제1장 제1조에는 "조선민주주의인민공화국은 전체 조선인민의 리익을 대표하는 자주적인 사회주의 국가이다"라고 규정하여 자신들의 체제와 이념이 사회주의 국가임을 분명히 밝히고 있다. 그런데도 왜 북한은 권력 승계 과정에서 나온, 혹은 체제 전환 과정에서 나온 위험을 사회주의이론 원형에 가까운 방식보다는 수령제 강화라는 방식으로 대응했는가 하는 것이다.

그 의문은 시간을 거슬려 올라가 다음과 같은 정치적 이유들에서 그 해답의 실마리를 찾을 수 있다. 즉, 북한이 식민지로부터 독립을 지향하며 전통적으로 대국(제국주의)에 대한 강한 불신감을 갖고 있었던 점, 이 연장선상에서 중·소 양국에 이데올로기적으로 또 대내적으로 대항할 필요도 있었던 점, 항일 민족해방투쟁의 경험 및 남한혁명의 추구와 美제국주의와의 투쟁이라는 목적을 내건 혁명국가였던 점, 사회주의권의 권력 승계 과정에서 터득된 권력투쟁의 부정적 인식, 한국에서의 전쟁 이후 전국토가 초토화된 상황 속에서도 자립적 민족경제로 나아갈 수밖에 없었던 점, 인민생활 향상이라는 지향은 있으나 전시·준전시체제에 포박됨으로 인해 과도한 군비 지출이 불가피하다는 점, 현실사회주의 체제가 무너짐으로 인해 전통적인 우방이 사라져가고 있다는 점과 이로 인해 항시적으로 체제위기가 노출되어 있는 점, 남한의 흡수 통합에 대한 경계를 한시도 놓을 수 없는 점 등이 북한 스스로로 하여금 마르크스·레닌주의적 사회주의 국가 체제보다는 수령을 정점으로 하는 수령 유일체제를 구축할 수밖에 없었다.

이외에도 관습적·문화적으로는 봉건적 사회체제에서 곧바로 사회주의적 사회체제로 전이되면서 그때까지 남아있던 유교적 가부장제가 인민들에게 수령이라는 개념도 자연스럽게 수용되었다는 점, 여기에다 사회주의 조직 논리이자 정치 논리 중의 하나인 집단주의와 중앙집중제라는 정치체제는 김일성과 김정일이 의도한 '사회주의적 대 가정', 즉 하나의 정치적 혈통(백두혈통)이 전 사회적으로 수용되는 가족국가관으로 전체 인민을 무장시키는 데 지장이 별로 없었던 점 등도 북한이 이 지구상에서 어느 국가보다도 가장 강력한 1인 중심의 유일 권력체계를 확립할 수 있게 한 요인이 아니었을까. 이 전제하에서 이를 시기별로 나눠 분석해 보면 다음과 같다.

해방 전: 1930년대 종파문제의 경험과 교훈

북한은 스스로 자신들의 역사가 김일성의 항일독립운동과 그 궤를 같이하고 있다는 것을 숨기지 않는다. 그 시작은 1926년 10월 17일 만주 화전현에서 결성한 것으로 선전되는 타도제국주의동맹(打倒帝國主義同盟, 'ㅌ·ㄷ')'에서 찾고 있다. 이후 1930년 6월 30일 김일성이 중국만주 장춘현의 카륜에서 소집했다는 '공청 및 반제청년동맹 지도간부대회', 일명 '카륜회의'라 불러지는 이 회의에서 김일성이 주체사상의 원리를 천명했으며 조선혁명의 지도사상과 혁명노선 및 전

> 타도제국주의동맹이 북한 내에 선전되기 시작된 것은, 1982년 10월 17일에 김정일이 "조선로동당은 영광스러운 'ㅌ·ㄷ'의 전통을 계승한 주체형의 혁명적 당이다."라는 장문의 논문을 발표한 이후부터이다. 또한 노동당 규약전문에도 "위대한 수령 김일성 동지는 1926년 우리나라에서 처음으로 되는 공산주의적 혁명조직으로서 타도제국주의동맹을 결성했으며 오랜 항일혁명투쟁을 통해 당 창건을 위한 조직적, 사상적 기반을 마련했으며 이에 기초하여 영광스러운 조선로동당을 창건하였다."고 밝히고 있다.

략전술을 확립했다고 공식 선전하고 있다. 이 회의에서 채택된 것이 「조선혁명의 진로」라는 보고서인데, 여기서 주체사상의 원리와 창시를 구체적으로 선포하였고, 조선혁명의 성격을 반제반봉건 민주주의혁명으로 명확히 규정하였다는 것이다.

북한의 혁명 역사 전 과정이 오직 김일성 중심으로 서술되다 보니 김일성이 본격적인 항일 독립운동을 하기 이전부터 발호했던 부르주아 민족주의 독립운동이나, 초기 공산주의 독립운동(조선공산당, 1925년 창당) 등에 대해서는 대체적으로 그 운동의 한계를 명확히 지적하는 것으로 될 수밖에 없었다. 먼저 부르주아 독립운동의 한계와 관련하여서는 임시정부(1919년~1948) 내 외교적 선전에 치중하려는 집단(서재필, 이승만 등), 일제에 대해 즉각적인 군사행동을 주장했던 집단(만주와 연해주의 민족주의자들, 이동휘 등), 점진주의자들로서 독립을 위한 전쟁을 배제하지는 않으나 독립을 위한 장기적인 준비를 주장했던 인물들(안창호) 등으로 대변되는 민족주의자들 중심의 독립운동으로는 1917년 러시아 사회주의혁명 승리가 가져다 준 실천적 의미와 3·1인민봉기에서 확인한 인민적 지향과 요구가 반영되는 부르주아 독립운동이 가능하지 않을뿐더러, 이후 이광수의 '민족개

조론', 조만식의 '조선물산장려회'등과 같은 방식으로 태동한 민족개량주의 독립운동 등도 결국에는 일제의 문화통치로 인한 민족주의자들의 변절과 투항－'내선일체론'으로 진화한 것에서 확인받듯이 BG 독립운동은 그 파산과 몰락이 이미 예정되어 있었다는 시각으로 입장정리를 하고 있다.

또한 초기 공산주의 운동에 대해서도 1925년 4월 17일 조선공산당이 창당되어 1926년 순종 사망을 계기로 일어난 6·10만세투쟁이 조선공산당에 의해 지도되는 등 항일독립운동에 일정한 기여를 한 것도 있지만, 문제는 1928년 12월 조선공산당이 해산되기 까지 내내 3인 1파, 3파 1당으로 대변되는 서울파, 화요파, 북풍파, 상해파 등의 종파주의 발호는 조선혁명이라는 대의를 위해 투쟁하기 보다는 자파의 이익과 헤게모니 장악에만 몰두한 패악이 더 컸다고 북한은 인식하고 있는 것이다. 그 한 예로 신간회 해산의 결정적 요인이 이 종파주의의 해악이라고 보고 있다. 그러니 초기 공산주의 운동에 대한 북한(김일성)의 결론도 당연히 교훈적일 수밖에 없다. 첫째 사대주의와 교조주의 등의 사상적 폐단을 철저히 극복할 것, 둘째 종파주의의 사상적 독소를 철저히 청산할 것, 셋째 조선민중의 혁명적 역량에 철저히 뿌리를 내리는 것이었다. 이때부터 김일성과 그 동료(항일빨치산 세력)들은 이미 지도자를 중심으로 단결하지 못하는 조직은 결국 분열되고, 지향했던 목표 달성도 이뤄내지 못하는 조직으로 전락된다는 것을 가슴 깊이 새겼을 것이다.

1960년대: 유일사상체계를 확립하다

전통적인 사회주의 체제는 당－국가체제이다. 그러나 북한은 그 골간에다 수령 중심의 사회주의 체제로 빠르게 변형시켜 나갔다. 그렇게 될 수밖에 없었던 요인으로 앞에서는 1960년대의 경험과 관습적·문화적 요인에 집중해서 설명했다. 여기서는 북한 내부권력 투쟁의 산물이라는 한 측면,

즉 갑산파 숙청사건 이전과 이후로 나눠서 살펴본다.

그래야만 북한 수령제 사회를 너무 지나치게 단순화하거나 북한의 건국 역사(북한체제 형성)를 김일성 개인사로 협소화시키는 오류가 나타나지 않기 때문이다. 세부적으로는 북한 수령제의 역사는 북한의 정치 과정, 국제 공산주의 운동의 경험, 경제발전 노선을 둘러싼 갈등과 대립, 그리고 그 극복의 과정 등이 입체적으로 압축되어 있는 총체적인 역사의 구성물이자 북한 사회주의 발전 노선투쟁으로 연결되며 종국적으로는 북한 사회주의가 지향하는 목적과 방향, 그리고 이를 실현하기 위한 사상과 제도의 구축의 과정과 연동되어 있다.

■ 갑산파 숙청사건 이전

1948년 국가 수립을 마무리 지은 북한은 전쟁을 통한 한반도(조선) 통일이 수포로 돌아가자, 일단은 국가체계의 강화에 전념하게 된다. 이 와중에 터진 것이 경제건설을 둘러싼 내부 정치세력 간의 심각한 권력 투쟁이었다. 합종연횡을 반복하면서 '연합정치'가 상당 기간 지속되었을 뿐만 아니라 헤게모니 싸움의 본격적인 진행도 있었다.

김광운 박사는 북한의 초기 정권 형태를 '연합정권'으로 칭하면서, 이것이 정권의 성격 문제라기보다는 정권 구성의 정치 세력의 편제 때문이라는 전제하에 그 당시 정치세력을 크게 김일성 그룹(항일 빨치산세력 · 갑산파 세력), 연안 그룹(중국, 연안파), 소련 그룹(소련파), 국내 공산주의 그룹(남로당파) 등으로 구분했다. 그리고 이들을 중심으로 형성되었던 '연합정권'이라는 초기의 정치 질서가 최초로 허물어진 시기가 전쟁 기간 동안이라는 의견을 피력한다.(『북한정치사연구』1, 선인, 2003)

제일 먼저 박헌영을 중심으로 했던 국내 공산주의 그룹이 숙청을 통해 정치세력으로서 독자성이 상실되었다. 그 다음 한국에서의 전쟁 전후, 북한의 경제 건설은 외부의 원조와 내부의 자원을 총동원하는 방식이었다. 이 과정에서 경제건설을 둘러싼 논쟁이 김일성 그룹과 연안·소련 그룹 사이에 발생하였고, 때마침 스탈린의 죽음은 소련 및 동유럽에서의 반(反)스탈린주의 물결이 국제 공산주의 운동의 위기로 점차 달아오르게 하였다. 이러한 국내외적 상황에서 당시 김일성은 '중공업의 우선적 발전과 농업과 경공업의 동시 발전'을 주장했고, 소련 연안파는 '인민생활의 향상을 위한 경공업과 농업 발전'에 중점을 두어야 한다고 주장하였다. 이에 김일성은 1955년 12월 28일 「사상사업에서 교조주의와 형식주의를 퇴치하고 주체를 확립할 데 대하여」라는 연설을 통해 '주체' 확립을 선포하고, 북한에 실정에 맞는 방식을 주창하였다. 이것이 그 유명한 '8월 종파사건(1956년 8월)'이 일어나기 불과 8개월 전의 일이었다.

그렇다면 김일성은 '8월 종파사건'이 일어나기 이전 그 무엇을 감지한 것일까? 역사는 '8월 종파사건'이 발생하기 전, 이미 소련 및 동유럽에서 반(反)스탈린주의 물결 확산이 김일성으로 하여금 당내 위기감을 느끼도록 하기에 충분했다고 안내하고 있다. 그 근거는 초창기 소련과 중국의 영향력을 강하게 받고 있던 북한으로서는 외부로부터의 영향력에 대해 민감할 수밖에 없었고, 이를 의식한 김일성이 선방으로 치고 나가기 위해 1955년 '주체'노선을 들고 나왔을 가능성이 매우 높았다는 점이다.

이 발표를 통해 김일성은 반스탈린주의 흐름에 편승한 소련과 연안 그룹이 자신의 독주에 불만을 품고, 자신의 숭배에 대한 문제 제기를 시작하자 이 사태를 역전시키고자 북한의 독자적인 발전과 외부로부터의 독자성을 강조하기에 이르렀다는 해석과 부합한다. 또 김일성은 생산현장을 직접 방문하여 자신의 노선과 정책에 대한 지지를 이끌어 내는데, 그 중심에 강선제강소가 있다. 그러자 당시 강선제강소의 노동자들은 6만 톤을 생산할 수 있는 기계로 12만 톤을 생산하는 기적으로 김일성에게 화답하였다. 이것이 그 유명한 강선제강소의 기적이고, 이로 인해 김일성의 주체노선

—중공업의 우선적 발전과 농업과 경공업의 동시 발전—이 옳았다는 것이 실증적으로 증명되었고, 이후 천리마 운동의 발단이 되었다. **이렇게 자신 감을 얻은 김일성은 여기서 멈추지 않고 이러한 논쟁을 돌파하는 방식으로 대중과의 결합을 강화 하기에 이른다.**

이렇듯 당시 '주체' 확립의 요구는 일각에서 분석하는 것처럼, 김일성이 자신의 정치적 정적을 제거하기 위한 것만이 아니라, 북한의 경제발전 노선을 둘러싼 노선논쟁의 결과물이

> 이 과정에서 만들어진 것이 오늘날 그 유명한, 그리고 세계정치사에서 유례를 찾아보기 힘든 그 '현지지도'이다. 일명 지도와 대중의 결합이라 일컬어지는 이 현지지도도 김일성에게는 새삼스러운 것이 아니었다. 이미 항일무장투쟁 시기 자신이 인민과의 결합을 중시하면서 종종 언급하였던 '물과 물고기'(이러한 비유는 모택동의 유격전법에서도 나타난다)의 비유였기 때문이다. 유격대에게는 인민과의 결합이 생사의 문제였듯이, 해방 후 그 당시 김일성에게는 권력의 토대를 안정화시킬 수 있는 유일한 무기였다.(이런 점에서, 와다 하루끼가 말한 유격대 국가론은 어느 정도의 설득력을 얻는다.)

기도 하다. 즉, 김일성의 '주체' 노선에 맞서 연안 그룹은 당시 중국에서 확립된 농업과 경공업을 중시하는 노선을 도입하려 하였고, 소련 그룹은 소련 그룹대로 당시 소련이 스탈린주의로부터 벗어나 미코얀을 중심으로 경공업을 강조하고 있는 경향대로 경공업 중심의 경제노선을 북한에 적용하고자 노력하고자 했던 것이다. 그리고 그 결과는 위에서 언급한 바와 같이 1956년 8월 소련 그룹과 연안 그룹의 김일성에 대한 도전으로 나타났고, 노선투쟁은 싱겁게 끝나버리고 만다.(일명, '8월 종파사건')

당연히 당내에서 광범위한 검열과 숙청 작업이 진행되었다. 그러나 이것보다 우리가 주목해서 봐야 할 것은 이 '8월 종파사건'의 결과가 최종적으로 김일성식 사회주의 경제건설 노선이 승리했다는 것과, 그 승리와 함께 김일성의 주장에 반대할 만한 정치세력은 이미 거의 존재하지 않게 되었다는 사실이다. 동시에 동유럽이 반(反)스탈린주의의 물결로 홍역을 치르고 있었고, 그러한 물결이 북한으로 유입되는 과정에서 '8월 종파사건'이 발생하였지만, 결국 북한에 상륙하는 데는 실패했음을 말해준다. 아울러 이는

김일성의 당시 권력 기반이 외부에서 평가하는 것보다 훨씬 더 튼튼했으며, 또 소련과 중국에 대한 독자성도 상대적으로 강화되고 있었음을 반증하는 것이라고 할 수도 있다. 또한 정치·경제 노선투쟁에서의 승리가 김일성을 중심으로 전개된 자신들의 항일독립운동 역사인 항일무장투쟁에 대한 전 인민의 학습 강화와 주체에 대한 요구, 김일성 자신의 역사에 대한 절대화 등을 강화할 수 있었던 계기가 된 것이다. 즉, '주체' 발전 노선의 확립과 더불어 항일무장투쟁에서 획득된 김일성의 이론과 방법이 더욱 튼튼해지기 시작한 것이다.

■ 갑산파 숙청사건 이후

1956년 발생한 '8월 종파사건'은 김일성의 권위가 확고해지는 한편, 김일성식 사회발전 노선을 확립하는 충분한 계기가 되었다. 그러나 이때까지만 하더라도 당시의 김일성식 사회발전 노선이 일반적인 의미로서의 개념이었지, 구체성을 띠지는 못하고 있었다. 다시 말해 김일성이 '주체' 노선을 내놓기는 했으나, 북한의 사회주의에 대한 이상향은 1960년대 중-소 분쟁의 과정에서 태동된 사회주의 과도기에 대한 논쟁을 통해서 정리되어 나갈 수밖에 없었고, 그 결과로서 북한은 사회주의의 집단주의적 발전 전략에 대한 노선을 분명히 해나갔다. 연동해서 북한 사회의 구조적 변화도 더욱 가속화시켜 나갔다.

구체적으로는 1958년 농업경제의 완전 협동화와 더불어 산업경제, 즉 수공업 및 개인상공업의 협동화를 끝냄으로써 생산관계의 사회주의적 개조를 완료한 북한은 1960년대 사회주의 공업화를 위한 야심 찬 경제개발에 매진할수 있었다. 더불어 김일성은 자신이 중심이 되었던 항일무장투쟁의 경험을 혁명전통으로 격상시키고, 김정일을 비롯한 혁명의 수뇌부는 1950년대 후반부터 이미 발간되기 시작한 '회상기'를 김일성 중심의 항일무장투쟁에 대한 학습으로 체계화하여 전국적으로 펼쳐나갔다. 그 과정에서 그들은 김일성의 혁명투쟁 경험만을 유일한 혁명전통으로 점차 정식화시켜 나갔던 것이다.

　이렇게 순조롭게만 보이던 김일성 신화 만들기는 1960년대에 들어와 또 한 차례의 위기를 맞았다. 사회주의권의 분열, 중-소 간의 분쟁, 국제적인 긴장과 내부의 새로운 도전 세력의 등장 때문이었다. 우선, 사회주의권의 분열은 사회주의 진영의 두 강대국인 중국과 소련의 이념 논쟁과 물리력을 동원한 충돌로 나타났다. 소련의 평화공존론에 입각한 대미 유화정책이 중국의 대미 적대정책과 충돌하였고, 쿠바 사태를 둘러싼 갈등, 중(중국)-인(인도) 국경 분쟁에 대한 갈등 등으로 사회주의권은 중국과 소련을 축으로 분열을 가속화하고 있었다. 특히 1962년의 쿠바 사태는 북한으로 하여금 소련에 대한 안보 의존에 대해 심각한 의심을 불러 일으켰고, 결과는 북한으로 하여금 1962년 '국방-경제 병진노선', 국방에서의 자위 노선 강화, 4대 군사 노선의 채택 등 군사적 무장을 자체적으로 강화하는 데 열중할 수밖에 없게 만들었다.

　그리고 그 후과는 만만치 않았다. 경제 개발에 대한 상당한 부담으로 작용하여 1차 7개년 계획은 완성할 수 없었다(실제 조선노동당 제2차 당 대표자회에서 1차 7개년 계획을 3년 연장하였다). 그렇지만 김일성은 이 위기를 오늘날 북한 경제를 특징짓는 자립경제노선을 이때 도입하는 저력을 발휘한다. 일명 자력갱생노선으로 일컬어지는 이 노선은 북한으로 하여금 사회주의권의 원조 중단과 중-소 분쟁의 와중에서도 동유럽식의 개혁 사회주의 체제로의 길을 거부하고 오히려 더욱더 내향적인 발전의 길을 걷게 하였다. 다시 말해 1960년대에 맞이한 외부적 위기에 대해 북한 스스로 선택한 정답이 내부의 집단주의를 보다 더 강화하는 것인데, 여기에는 김일성을 비롯한 혁명 1세대들이 항일무장투쟁의 경험에서 나온 민족주의적 성향과 '자력갱생'의 원칙이 강하게 작용하였다고 말할 수 있다. 이는 결과적으로도 주체사상의 출발점의 하나로 주장되는 사대주의에 대한 반대의 현실에서의 표현이자, 교조주의에 대한 반대로서 스탈린 사회주의 체제의 북한식 변형의 구체적인 결과물이었다 할 수 있다.

그 과정에서 발생한 '갑산파 숙청사건(1967년)'은 김일성으로 하여금 북한식 국가체제를 어떻게 설계할 것인가에 대해 심각한 물음을 던지는 계기가 되었다. 즉, '갑산파 숙청사건'이 정치적으로는 하나의 권력투쟁에 불과할 수 있겠지만, 그 결과는 북한 사회의 근본적인 변화를 추동했던 엄청난 역사적 의미가 부여되었던 것이다. 이유는 이제까지의 모든 정치투쟁, 즉 전후에 발생한 '정치연합'의 갈등, 1956년 8월 종파사건 등이 김일성의 항일빨치산세력 대 비(非)김일성세력의 대립과 갈등이었다면, 1967년에 발생한 정치투쟁은 그 대상인 갑산파가 김일성의 항일빨치산 세력과 같은 뿌리에서 자라난 국내 항일조직이었기 때문에 김일성의 충격은 더 컸다고 봐야 한다.

숙청 이후 북한은 수령의 유일적 영도를 보장하는 정치체제로 빠르게 변화시켜 나간다. 수령의 개념이 정치사회적인 의미를 획득하게 되고, 주체사상과 김일성의 항일무장투쟁만이 유일한 혁명전통으로 자리매김 되는 등 북한 사회를 김일성이 전일적으로 지배하는 구조로 변모시켰다. 이와 함께 이 '갑산파 숙청사건'에서 우리가 해석해야 하는 또 하나의 숨은 의미는 경제가 일정한 수준으로 발전할 때 이와 비례하여 혁명적 열정은 식고 개인주의는 팽배하기 시작하며, 자립경제의 요구에 걸맞은 헌신성·열성·자발성 등은 약화되고, 공장 및 기업소에서의 태만·허위 보고·소극성 등이 광범위하게 나타나는, 즉 동유럽에서 나타났던 수정주의적 경향이 갑산파 세력에 의해 '속도-균형' 논쟁으로 재현되었다는 사실에 있다. 이에 대한 김일성의 처방은, 드러난 현상으로만 보면 자신의 방계세력인 갑산파를 숙청한 것으로만 보이지만, 더 본질적으로는 북한 사회를 보다 더 집단주의적 사상과 조직 강화로 귀결시키고, 이 바탕 위에서 전 사회를 수령을 중심으로 한 단일한 유일사상체계를 구축하는 방향으로 정치체제를 설계하려는 데 있었다.

그래서 북한에서의 수령제는 사실상 1967년에 이르러서야 완성되었다고 보는 것이 맞다. 이 시기가 북한에서 김일성의 권위에 도전했던 마지막 권력투쟁이자 이후 북한 내부에서는 권력투쟁이 마무리된 해이기 때문이다.

그 결과로서 이후 북한에서는 수령에 관한 모든 것이 빠르게 정립되어갔다. 그 최상의 꼭짓점에는 김일성의 권위와 권력의 집중도를 최고의 수준에서 보장하는 지위와 역할로서의 '수령' 개념이 만들어졌고, 수령에 대한 존경어구는 '위대한 수령' 혹은 '**어버이 수령**'으로, 유일사상으로서의 주체사상, 수령 중심의 혁명전통, 수령을 중심으로 한 권력구조, 신화와 신격화, 신조체계나 문화예술에 이르기까지 사회 전 분야에 일관된 논리체계를 확립하고 그 전 분야에 수령의 영도를 실현하는 것을 목적으로 한 체제가 구현되었다.

> '어버이 수령'이라는 용어와 관련해 서동만저작집 간행위원회가 발간한 『북조선 연구』(서울: 창비, 2010) 288~289쪽을 변용하여 인용하면, 김일성(김정일·김정은)이 인민의 스승, 어버이일 뿐 아니라 당의 스승, 어버이개념도 포함된다는 사실이다. 연장하면 수령은 인민에게 '어버이'로, 수령에 의해 영도되는 당은 '어머니'의 이미지가 있다. 이는 분명 유교적 담론의 반영이고, 그것도 가장 기초적인 가족관계, 즉 부모와 자식 관계를 국가에 적용했다는 점에서 초보적인 '가족국가론'이라 부를 만하다. 나아가 수령은 부모, 스승과 일체화되는데 이는 유교의 전통적 가치에서 말하는 '군사부일체(君師父一體)'와 동일한 어법이라 할 수 있다는 것이다.

1970~1980년대: 후계구도의 완성과 '우리식 사회주의'

1972년의 헌법 개정에 이어 1980년의 당 규약에서 "조선로동당은 위대한 수령 김일성동지에 의해 창건된 주체형의 혁명적 마르크스 레닌주의당"이라는 성격 규정이 이뤄진다. 그 사이 김정일에로의 후계 구축은 대내적으로 갈무리 된다. 1974년 2월 당 중앙위원회 제5기 8차 전원회의는 김정일을 당중앙위원회 정치위원회 위원으로 선출하는 한편 "경애하는 영도자 김정일 동지를 위대한 수령님의 후계자로 추대하는 결정"을 채택한 것이다. 이때부터 김정일의 호칭은 이름을 직접 거명하지 않고 '당 중앙'으로 불리기 시작하였다. 그 후로부터 약 6년 뒤인 1980년 10월에 개최된 당중앙위원회 제6기 1차 전원회의에서 김정일은 정치국 상무위원회 위원, 당중앙위원회 조직비서 겸 조직지도부장, 당 중앙군사위원회 위원으로 선출되는데, 이것이 갖는 의미는 대외적으로도 김정일이 김일성의 후계자임을 공식적으로 알리는 것이었다. 동시에 김정일이 당의 3대 권력 핵심을 모두 장악했다는 것을 의미하는 것이기도 하다. 즉, 유일후계자가 된 것이다. 그 상징이 '당 중앙'에서 김정일에 대한 호칭이 '친애하는 지도자 동지'였다. 또한 1988년부터는 김일성 수령에게만 사용되던 '현지지도'라는 용어도 김정일이 사용함에 따라 '미래의 수령'으로서 김정일은 확실하게 자리매김하게 되었다.

이렇게 북한의 정치체제는 1970년대를 지나면서 모든 면에서 수령 중심의 체계성을 갖춘, 자기 완결적이며 영도자의 통치와 현지지도를 '예술'이라 정립할 만큼 완벽한 피조물이 되어갔다. 생활과 문화와 역사의 모든 면에서도 자기 논리를 구성하고 체계화하여 각각의 위치를 규정하고, 언제나 문화와 역사의 총체를 독점하고 체계화하려는 의욕을 가지게 되었다. 그 중심에는 늘 수령이 있었고, 사상·이론·방법의 전일적 체계인 주체사상에서는 방법원리의 핵심 명제로 '대중과 지도'의 결합원리를 내세웠다. 이 과정은 곧 수령론이 도출되는 이론적 근원이기도 하였다. 즉, 인민대중이 역사의 '자주적' 주체가 되기 위해서는 스스로가 아닌, 그 어떤 누군가에 의해 의식화·조직화되어 주동적 작용과 목적의식적인 활동을 해야 하는데, 그러기 위해서는 반드시 수령의 영도와 결합해야 한다는 논리가 성립되었기 때문이다. 바로 이러한 논리에 기초하여 수령은 역사 발전과 노동계급의 혁명투쟁에서 '절대적' 지위와 '결정적' 역할을 수행하는데, 이 논리적 확장이 사회정치적 생명체론으로 발전하고, 그 이론은 육체적 생명에서 가장 중요한 신체적 부위가 '뇌'라면, 그 뇌(최고 뇌수)가 사회정치적 생명론적 관점에서 봤을 때는 '수령'이라는 결론을 낼 수 있었다.

또한 북한은 이러한 이론적 기반 위에서 북한식 사회주의 체제의 상(像)을 본격적으로 내오기도 하는데, '우리식 사회주의'가 그것이다. 그 출발은 1978년 김정일이 「우리식대로 살아나가자」라는 연설부터이다. 이후 1980

년대 중반에 이르러 '우리식 사회주의'로 정식화되고, 이것이 1991년 5월 5일 당중앙위원회 책임일꾼들에게 행한 김정일의 연설 「인민대중중심의 우리식 사회주의는 필승불패이다」라는 담화로 이론적으로 체계화한 모습으로 등장한다. 연이어 김정일은 프랜시스 후쿠야마(Fukuyama) 스탠퍼드대 교수가 구소련 붕괴 이듬해인 1992년에 『역사의 종말』이란 책을 펴내면서 "20세기를 지배해온 자유민주주의와 공산주의의 이데올로기 대결에서 자유민주주의가 최종적으로 승리했다. 자유민주주의와 시장자본주의는 인류의 진화와 정부의 최종 형태이며, 역사의 종착점이다"라며 '사회주의는 끝났고, 자본주의가 완정승리 했다'는 인식을 비웃기라도 하듯, 같은 해 4월 「평양선언」을 통해 '역사의 종말 논쟁, 아직 안 끝났다. 진짜 사회주의는 지금부터이다'라는 메시지를 전 세계에 전송하였다. (사회주의권에서는 '제2의 공산당 선언'으로도 일컬어지는 이 「평양선언」에 대해 당시 세계 70개 당(黨) 48명 당수들을 비롯한 당 대표들이 이 선언에 서명하였고, 2010년 현재까지 이 「평양선언」에 서명한 정당은 270여 개에 달한다.) 2년 뒤 김정일은 1994년 11월 1일 『로동신문』에 발표된 자신의 논문 「사회주의는 과학이다」에서도 "사회주의는 기회주의에 의하여 일시 가슴 아픈 곡절을 겪고 있지만 그 과학성, 진리성으로 하여 반드시 재생되고 종국적 승리를 이룩하게 될 것"이며 "사회주의는 오래 전부터 인류가 그려온 리상이며 인류의 미래를 대표하는 사회"라고 주장하였다.

이렇게 김정일은 「평양선언」과 「사회주의는 과학이다」를 통해 '우리식 사회주의'가 수령-당-대중의 통일체로서 혁명주체의 형성과 발전에 그 핵심내용으로 하고 있음을 분명히 드러내었다. 동시에 '주체'를 강조하는 방식으로 북한 사회주의 발전전략의 독자성도 강조하다. 이를 좀 더 살펴보면 그 배경에는 김정일이 1978년 「우리식대로 살아나가자」를 주장할 무렵의 사회주의권 정세와 관련하여 중국의 개혁·개방 선언이라는 변수가 작동하고 있음을 알 수 있다. 즉, 중국이 1978년 12월 덩샤오핑 노선이 승

리하여 개혁·개방의 노선을 결정할 때, 북한이 곧바로 그해 12월「우리식
대로 살아나가자」를 내온 것으로 봐서 이것이 우연의 일치가 아니라면, 북
한이 고도로 계산된 정치적 메시지를 중국을 비롯한 대내외에 보냈다고 보
는 것이 맞고, 그 메시지는 우리는 중국 너희들과는 달리, '우리식 사회주
의'라는 기치 들고 독자적으로 가겠다는 것이다. 이렇듯 수령제와 우리식
사회주의는 북한이 주장하는 '주체'의 길을 보여주는 핵심 키워드이자, 수
령과 당, 대중이 하나의 사상으로 단결된 사회주의였다. 그리고 이 노선은
강성국가론이 태동하기 이전인 2002년 '7·1 경제관리개선조치'가 발표되면
서 '실리 사회주의'라는 테제로 약간의 변형은 있었으나 이는 김정일 시대
를 대표하는 북한식 사회체제의 한 형태였음이 분명하고, 북한 자신의 우
리식 사회주의는 사회주의이되, 소련과 동유럽 사회주의가 붕괴되고, 진영
으로서의 사회주의가 소멸한 이후, 자신들만의 방식으로 사회주의 체제를
지켜나가겠다는 전략적 구호이자 수령제라는 정치구조로 이 위기를 극복
해 나가겠다는 의지이기도 하였다.

제2차 고난의 행군시기 전후: '붉은기'와 김정일의 고뇌(苦惱)

김일성 주석의 사망은 북한에게 청천벽력(靑天霹靂)과 같았을 것이다. 그
당시 북한이 느낀 충격을 김일성 주석 사망으로부터 1년이 지난 1995년 8월
28일자『로동신문』에 실린 "붉은기를 높이 들자"를 통해 한번 알아보자.

> "만일 눈물이 사람의 마음을 약하게 한다면 위대한 어버이를 잃고 그처럼
> 많은 눈물을 흘린 우리 인민은 영영 쓰러져 다시 일어나지 못했을 수도 있었을
> 것이다. 수령의 서거는 혁명하는 당과 인민에게 있어서 가장 큰 시련이다. 세
> 계정치사를 보아도 그렇고 국제공산주의운동 력사를 보아도 모든 변화와 우여
> 곡절은 수령의 서거를 계기로 하여 생겨났으며 바로 그것으로 하여 강하던 것
> 이 약해지기도 하고 한길을 가던 것이 두 길, 세 길로 갈라지기도 했으며 붉던
> 것이 희여지기도 했다."

그 어느 누구도 김일성 없는 북한을 상상하지 않았음을 알 수 있다. 그래서 그 역설로 3년상도, 유훈통치도, 수령영생화도 가능하였을 것이다. 여기에다 엎친 데 덮친 격으로 수령 사망의 충격이 채 가시기도 전에 식량난, 에너지난, 외화난으로 일컬어지는 이른바 3난이 발생한다. 북한이 건국 이래 맞이한 최대의 체제위기였다. 대외적으로도 북한체제 자체에 대해 조기 붕괴론과 현상유지론이 양분되었으나, 대체적으로 북한이 '추락하는 비행기'에 비유되면서 날개가 없는 북한은 곧 멸망할 것이라는 것이 대세였다. 바로 이 상황과 정면으로 조우하게 된 김정일의 고민과 고뇌는 우리가 그 무엇을 상상하든 간에 상상하는 그 이상이었을 것이다. 이때 김정일이 생각해 낼 수밖에 없었던 것이 공허한 자신감보다는 '버팀'과 '인내'가 아니었을까. 하여 김정일은 현실사회주의권이 붕괴되었다는 충격도, 김일성 주석의 사망에도 불구하고, 그 어떤 동요나 변화를 보이는 대신 '붉은 깃발'을 더욱 세차게 휘날리는 정치적 선택을 한 것으로 보인다.

「붉은기를 높이 들자」 제하의 정론도 이 당시 김정일의 생각과 의지를 잘 나타내어 주고 있다.

> "붉은기는 공산주의자들의 가장 아름다운 리상과 희망의 표대이며 그 실현을 위하여 청춘도 생명도 서슴없이 바쳐 싸우는 굳은 신념의 상징이다"라고 지적하면서, "우리 일군들에게 자신께서는 우리 당과 우리 인민의 운명에 대하여 생각하면서 비겁한 자들은 혁명의 기발을 버리고 가지만 우리는 혁명의 붉은기를 끝까지 지키리라고 결심하였다."(『로동신문』 1995년 8월 28일)

김정일은 여기서 한걸음 더 나아가 이 '붉은기'의 의미를 1997년 1월 1일 신년 공동사설에서는 '붉은기 사상'으로까지 격상시키고, "…(중략) 본질에 있어서 혁명의 령도자에 대한 절대적인 숭배심이며 령도자와 생사운명을 끝까지 같이 하려는 수령 결사 옹위정신"을 그 붉은기 사상의 핵심으로 설명해 내고 있다. 이 해석은 북한이 대내외적 위기에 직면하게 되면서 그 위기 탈출을 위해 혁명적 수령관을 당대의 현실에 맞게 변용하여 '수령 결사 옹위정신'으로 재담론화되었다고 보는 것이 타당하다. 김덕유의 "붉은기 사상은 수령중심 사상이며 붉은기 사상의 의미와 내용은 혁명적 수령관에 귀착한다"는 언급은 이 견해에 힘을 실어준다. 그는 계속해서 "붉은기의 혁명적 의미와 내용이 체계화되고 승화되어 반영된 것이 붉은기 사상"이라고 정의하였다.(「붉은기 사상으로 온 사회를 일색화하는 것은 사회주의 강행군을 다그치기 위한 중요한 담보」, 『철학연구』 제1호, 1997, 15~18쪽)

그러나 이 붉은기 사상은 1998년 하반기에 이르러 그 역할을 다하게 된다. 수세적 이데올로기 성격이 강한 붉은기 사상보다는 공세적인 성격이면서 미래에 대해 보다 낙관적인 담론인 '강성대국론'이 1998년 하반기 이후 조성된 정세에 더 부합하였기 때문인 듯하다. 이러한 태도는 북한이 당면하고 있는 위기가 단기간 내에 해소될 성격의 것이 아니라는 전략적 선택과 함께, 일정 정도 극복된 경제난에 대한 자신감과 김일성 사후 김정일에로의 권력 승계가 무난히 안정화된 데 따른 판단이기도 한 듯하다. 다시 말해 붉은기 사상의 효용성은 김정일의 제도적 권력 승계까지였던 것이다. 즉, 주체사상의 변용 형태로서, 대내외적 위기 극복과 체제 방어를 위해 인민대중에게는 인내와 사회주의에 대한 신념의 고수를 요구하고, 인민대중을 경제건설에로 동원하는 기능을 담당했던 붉은기 사상이야말로 김정일에게로의 제도적 권력 승계가 이뤄지기 전까지 한시적인 기간 동안 북한에게는 최선의 이데올로기적 선택이었던 것이다.

2000년대 이후: 강성국가, 선군사상 그리고 수령영생

■ 강성국가

현실사회주의권 몰락의 근본 원인이 잘못된 지도자의 옹립과 비적대적 모순으로서 존재하여야 했던 당과 인민의 관계가 적대적 모순의 관계로 전환된 데 따른 결과로 보는 김정일에게는 수령-당-대중의 유기체적 관계에 있어 사회정치적 생명체의 중심인 수령의 역할이 더 더욱 중요할 수밖에 없다는 인식은 어쩌면 너무나 당연하다 할 수 있겠다. 더군다나 인민(혹은, 민중)의 자주성을 실현하기 위한 혁명 위업이 수령의 위업이며 이는 대를 이어 계승 완성된다는 이론을 정립한 당사자로서는 더더욱 수령 중심의 수령제 사회를 포기할 수 없게 하였을 것이다. 이와 함께 김정일은 김남식 선생의 표현대로 자신의 시대가 개막되자마자 맞닥뜨린 현실사회주의권의 몰락과 미국의 집요한 대포위 전략, 3난(식량난·에너지난·외화난)에도 불구하고 그 난국을 극복하기 위해 총력을 기울이게 할 수밖에 없게 하였다. 이유는 3난이 극복되어지지 않는다면 수령 중심의 수령제 사회의 우월성이 크게 훼손될 것이라는 판단 때문이었을 것이다. 그 총적 방향으로는 북한 스스로 이미 사상으로 일색화된 사상강국, 군(軍) 중시의 정치가 구현된 군사강국은 이뤄졌으나, 남아있는 한 가지가 인민생활을 향상시킬 좌표로서의 경제강국 건설이었을 텐데, 그것은 강성대국 건설의 마지막 관문이었다.

김화·고봉도 경제강국 건설이 중요하다면서도 주체의 사상론과 수령론을 포기하지 않겠다는 의지를 잘 서술해 놓았다.(『21세기 태양 김정일 장군』, 평양출판사, 2000, 60~84쪽) 그만큼 김정일의 생각에는 강성대국 건설을 곧 북한의 수령체제의 운명과 직결되는 '국가수반사'로 여겼다는 사실과, 그 국가수반사는 반드시 사상강국 건설의 선행으로 맞닿아 있었다는 인식을 읽어 낼 수 있다. 즉, 김정일은 수령 중심의 수령제 사회의 특성에 맞는 방식으로 자신에게 주어진 모든 정치·사상적 역량을 유일적 영도 역량에 집중시켰던 것이다. 이는 김일성 수령이 개척한 주체혁명 위업을 김정일 자신이 끝까지 계승하여 '수령식대로' 완성해 나간다는 의미이자, 그가 창조한 사회주의·공산주의 건설의 방법론에 따라 강성대국 건설을 추진해 나간다는 것, 주체사상과 선군사상을 지도이념으로, 그리고 사상론과 수령론을 핵심적인 지도이론으로 계속 견지해 나가겠다는 뜻으로 볼 수 있는 것이다.

이처럼 북한의 강성대국론은 김일성 사망 이후 강성대국론을 통해 김정일이 '유훈통치'의 그늘에서 벗어나 '수령'으로 등장했다는 것을 알리면서도 고난의 행군을 이겨낸 북한이 체제 안정을 대내외에 과시하고 새로운 희망과 비전을 제시하고자 하는 보다 적극적이고 공세적인 구호로 보아야 하는 것이다. 1998년 8월 22일『로동신문』 정론「강성대국」에서 강성대국을 설명한 것을 보면 이는 명확해진다.

> "우리가 말하는 강성대국은 주체의 사회주의나라이다. 근로인민대중이 력사의 당당한 자주적 주체가 되고 자주, 자립, 자위가 실현되어 그 어떤 지배와 예속도 허용하지 않는 강대한 국가, 정치와 군사, 경제와 문화의 모든 분야에서 세계적인 봉우리에 우뚝 솟은 나라, 인민들의 자주적이며 창조적 삶이 활짝 꽃피는 행복의 락원 … 실로 주체의 사회주의 강성대국은 착취와 억압, 가난과 무지, 침략과 략탈, 지배와 예속으로 얼룩진 지난 시대의 반동적, 반인륜적 국가건설사에 종지부를 찍고 인민의 자주적 요구, 인류의 념원을 전면적으로 꽃피워주는 영원한 리상국이다."

■ 선군사상

위『로동신문』 정론(1998. 8. 22)의 내용을 기억하면서 역사적 시점을 조금 앞당겨 김일성 주석의 사망 시점인 1994년으로 이동하여 보자. 1994년 김일성 사망을 계기로 권력을 물려받은 김정일에게 있어 무엇보다 급선무는 정권의 정통성(legitimacy)과 사회주의 이데올로기 정체성(identity)의 위기를 극복하는 것이었다. 그런데 문제는 다양한 지표들이 이 시기의 상황을 명징하게 드러내고 있듯이 기본적으로는 1994년을 기점으로 3년간의

'고난의 행군' 시기에 북한의 경제는 거의 마비됐고, 공장 가동률은 40% 이내의 심각한 수준이었으며 거리는 식량을 구하려는 부랑인으로 메워졌을 뿐 아니라 아사자도 수없이 많이 발생하였다는 사실이다. 더 나아가서는 기층의 당 체제도 제대로 작동되지 못해 당으로 인민을 통제한다는 것은 사실상 불가능한 일이었다. 따라서 김정일에게 남겨진 최후의 선택지는 군일 수밖에 없었던 것이 정설이다. 이 과정에서 '선군(先軍)' 이데올로기가 태

> 아사자 수에 대한 추정치는 몇 만 명부터 몇 백만 명까지 그 차이가 매우 다양하다. 그렇지만 필자는 가장 객관적으로 접근한 박경숙(서울대 교수)의 주장을 신뢰한다. 그녀는 우리민족서로돕기운동 주최로 열린 '제42회 평화나눔 정책포럼' 발표를 통해 "1993년 인구센서스의 출산율·사망률이 유지됐다고 가정했을 때 2008년 센서스에서 확인된 인구 규모와 비교해 봤을 때 34만여 명의 차이가 난다"며 "어쨌든 일부에서 제기해온 200만~300만 명 아사 주장은 통계학적으로 근거가 없다"고 지적하였다.

동할 수밖에 없었고, 이 선군 이데올로기를 통해 경제 파탄과 이에 따른 민심의 일탈을 방지하고 체제를 유지하기 위한 강압적 통제력으로 군을 이용할 수밖에 없었으며, 산업현장을 복구하고 멈춰진 공장을 재가동하기 위해서도 군을 동원할 수밖에 없었던 어쩔 수 없는 선택이었던 것이다. 이렇듯 당시의 김정일에게 군은 마지막 가용자원이었다.

또한 북한 수령체제의 특성상 주체사상이 유일 지도이념으로서의 그 기능과 위상이 불변한다면, 당대 수령이 수없이 바뀌더라도 그는 선대 수령에 대한 충실성과 주체사상에 대한 계승성을 분명히 할 수밖에 없다. 그렇지만 또한 분명한 것은 북한의 경우 이념이라는 것이 그 속성상 통치자 자신의 '통치수단으로의 기능'을 전제로 하는 것도 분명한 사실인 바, 주체사상이 김일성의 통치이념이었다면, 선군사상이 새로운 수령 김정일의 통치이념이 된다하여 하등 이상할 것은 없었다. 다만, 주체사상에 대한 계승성을 분명히 하면 되는 것이다.

이와 관련하여 주목할 만한 언론보도 두 가지가 있는데, 그 하나는 2004년 6월 16일자 『로동신문』에 「선군사상을 우리시대 혁명의 지도적 지침으

로 튼튼히 틀어쥐고 나아가자」라는 제목으로 실린 기사가 그것으로, 여기에는 "선군사상은 지난 40성상 천재적 예지로 시대의 앞길을 밝히시고 원숙하고 세련된 영도로 우리 당과 군대와 인민을 빛나는 승리와 영광의 한 길로 이끌어오신 경애하는 김정일동지의 위대한 혁명 활동의 사상리론적 총화이다. 선군사상은 우리 당의 모든 로선과 정책의 초석을 이루며 그 독창성과 혁명성, 불패의 전투성과 생활력을 담보하는 근본리념이다. 우리 당과 군대와 인민은 위대한 김정일동지의 주체의 선군사상을 우리 혁명의 영원한 생명선으로 틀어쥐고 주체혁명위업을 끝까지 완성해 나갈 것이다"라고 언급되어 있다. 또 다른 한 기사는 김일성 사망 10주년에 맞춰 게재된 2004년 7월 7일자 『로동신문』 편집국 논설이다. 논설 제목은 「위대한 김일성동지의 혁명사상의 기치를 높이 들고 주체 위업을 끝까지 완성하자」인데, 이 논설에서 "시대는 전진하고 력사는 발전한다"면서, "수령의 사상이 커다란 생명력을 지니자면 그 진수를 계승하면서도 새로운 력사적 조건에 맞게 창조적으로 발전시켜야한다"는 언급과 함께 "위대한 김일성동지의 혁명사상, 주체사상은 경애하는 김정일동지의 선군사상으로 하여 백승의 기치로 더욱 빛나고 있다"는 주장을 하였다.

이 두 언급에 대한 해석은 다음과 같다. "력사적 조건에 맞게 창조적으로", "김일성동지의 선군사상", "선군사상은 김정일동지의 사상이론적 총화", "독창성과 혁명성을 담보하는 근본이념", "혁명의 영원한 생명선" 등의 표현이 있는데, 이것이 갖는 수사학적 의미가 선군사상이 김정일주의로 정립될 수 있다는 단초를 제공해주고 있다는 것이다. 아래의 글은 이를 명확히 해주고 있다.

"선군사상은 주체사상의 요구를 전면적으로 구현한 우리 시대 혁명과 건설의 위대한 지도적 지침이다. (중략) 현시대는 사회주의와 자주를 위한 인민대중의 투쟁이 보다 높은 단계에서 힘있게 전개되어 나가는 새로운 혁명적앙양

의 시대이다. (중략) 오늘의 장엄한 투쟁에서 위대한 승리의 기치는 주체사상
의 요구를 전면적으로 구현한 선군사상이다."(박혁철,『우리 당의 선군사상』,
평양: 사회과학출판사, 2010, 163쪽)

이를 북한의 논리에 의거하여 풀어보면 수령은 탁월한 사상이론 활동으로
인민대중의 자주적 요구와 혁명운동의 합법칙성을 정확히 반영한 혁명사상
을 창시하는 인물이다. 또한 여러 단계, 여러 분야에 걸치는 인민대중의 혁
명투쟁을 조직 영도하는 실천투쟁 속에서 그것을 더욱더 심화 발전시키며
혁명의 지도적 지침으로 완성해나가는 사람이라 했을 때, 위 인용문은 "새로
운 혁명적양양의 시대"에 당시 수령 김정일이 선군사상을 창시, 혹은 더욱
더 심화 발전시켜 지도적 지침으로 완성하였다는 의미가 된다. 이로부터 북
한은 선군사상에 대해서도, 주체사상을 김일성주의로 명명하였듯이 마찬가
지로, 김정일주의로 정식화하는 과정을 밟고 있음을 알 수 있는 것이다.

그 이유 첫째는 '주체사상 = 김일성주의 = 주체시대'가 성립되듯이 '선군
사상 = 김정일주의 = 선군시대'라는 등식이 가능하고, 둘째는 첫째와 연동
되어 있기는 하나, '사실상'의 김정일 통치 이데올로기였기 때문이며, 셋째
는 '수령론'에서 설명하고 있는 "인민대중의 자주성을 실현하기 위한 혁명
투쟁의 앞길을 과학적으로 밝혀주는 혁명사상은 수령에 의하여 창시되고
심화발전되어 나간다"는 논리에 근거하여 볼 때 북한에서 김정일이 '수령'
의 반열에 올라섰다면, 그 선군사상이 김정일 수령의 사상이 되더라도 하
등 이상할 것은 없게 된다.

■ 수령영생

김정일 자신이 '유훈통치'라는
개념을 만들어 낼 만큼, 김일성
선대 수령의 영생위업을 실현하

> 수령영생과 관련한 설명은 '개념과 상징'편
> 'Ⅴ. 영생(永生): 금수산태양궁전'에서 충분히
> 다뤄질 것이다. 하여 이 글에서는 간략한 결론
> 만 내리는 것으로 대신하고자 한다. 전체적으
> 로 참조해야 할 페이지는 260쪽에서 281쪽까
> 지이다.

는 것을 후계수령의 최대 사명 중 하나로 보고 있었다. 그 이유는 혁명의 개척과 승리적인 전진이 수령의 영도에 달려 있듯이, 혁명의 전도와 민족의 앞날은 수령 영생위업을 어떻게 실현하느냐로 보았기 때문이다. 이는 사회정치적 생명체론의 정당성과 사회정치적 생명체론의 "육체적 생명은 유한하지만, 사회정치적은 무한하다"는 내용을 실천적으로 검증해 보이는 측면도 있다.

아울러 북한은 후계수령이 수령의 업적을 그대로 계승해 나가는 그 길에 후계수령의 충실성이 있고 위대성이 있다고 정의한다. 이에 대해 김정일은 김일성 사망 후 정광석화처럼 "나에게서 그 어떤 변화를 바라지 마라!"라고 화답했다. 그리고 김정일은 주저하지 않았다. 김일성의 시신을 금수산 기념궁전에 안치함으로써 금수산 기념궁전이 북한 최고의 성지가 되게 하였고, 김일성 수령을 '영원한 수령'이자 '영원한 국가주석'으로 명명하였다. 또한 김일성이 태어난 날짜인 4월 15일을 태양절로, 태어난 연도인 1912년을 원년으로 하는 주체연호를 제정하고, 나아가 주체사회조국의 시조로 '김일성'으로 규정하며 조선민족을 '김일성민족'으로까지 끌어올리는 등 주체의 수령론에 가장 충실한 통치자가 되었다.

개념과 상징

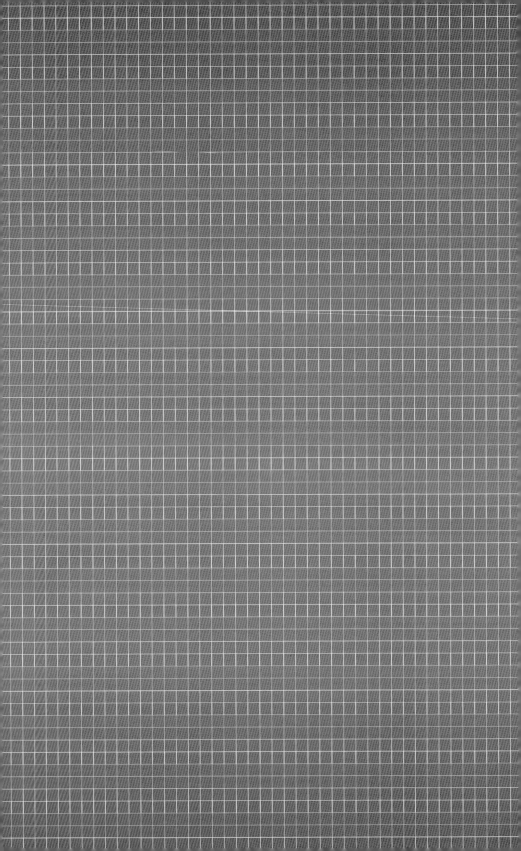

개념과 상징

불량국가(不良國家·Rogue States)라는 용어가 보편화된 때는 미국 클린턴 행정부 시절이다. 국가안보 보좌관이었던 앤서니 레이크 (Anthony Lake)가 『포린 어페어스(Foreign Affairs)』란 잡지에 기고한 글에서 "고질적으로 외부 세계와 건설적인 방식으로 접촉할 능력이 부족한 국가들"이라 정의한 것이 시발이었다. 그 이후 이들 국가들에 대해서는 마약, 대량살상무기, 인권, 테러, 무역, 외교 등과 같이 수많은 영역에서 국제사회의 규범을 위배하고 있는 국가라는 인식이 널리 퍼졌다. 특히 9·11테러 이후 불량국가는 북한, 이라크 및 이란의 3개국을 지칭하는 naming이 되었다. 일명 '악의 축(Axis of Evil)' 국가들이다.

이 가운데 북한은 미국의 정책에 따라 불량국가가 되기도 하고, 또 '우려 국가(States of Concern)'라는 보다 중립적인 성격의 국가가 되기도 하였는데, 후자는 국무장관을 역임했던 매들린 올브라이트(Madeleine Albright)가 즐겨 사용하였다. 북한은 이렇게 미국의 필요에 따라 불량국가와 우려국가 사이를 넘나들었다. 하지만 북한 자신은 소련 붕괴와 냉전이 종식된 지 25 여년의 세월이 흘렀지만 현재 시점에도, 자신들 나름의 방식으로 변화된 세계에 적응하기 위해 그 어느 국가도 시도해보지 못한 실험을 계속 지속시켜 나가고 있다. 이른바 수령국가(首領國家·Su-Ryong States)가 그것이다.

이 책에서는 수령국가(首領國家·Su-Ryong States)라는 용어와 동일 개념으로는 '수령제 사회', '수령체제', '수령 국가체제', '수령제 사회주의' 등 모두를 포함하고 있으며, 글의 전개상 필요에 따라 혼용하고 있음을 밝혀둔다.

그 수령국가는, 주체사상을 통해 수령 중심의 유일사상체계가 정당화되었다면, 사회정치적 생명체론에 의해 한 개인이 뇌수-몸통·심장-팔다리로 이뤄지듯이 한 국가는 수령-당-인민으로 구성되고, 그 구성의 관계가 수령은 어버이, 당은 어머니, 인민은 자식과 같은 관계로서의 '사회주의 大가정'이자 '유일사상 10대원칙'에 의해 수령에 대한 '신조화·신념화·무조건성·절대화'로 요약되는 수령 절대국가이다. 이렇게 구성되는 국가의 최고 꼭짓점에 사회정치적 생명의 부여자인 수령이 있고, 그 수령을 위한 무조건적 충실성이 담보되는 사회, 그렇게 수령제 사회는 완성되는 것이다.

북한은 이처럼 이 지구상에서 전무후무(前無後無)한 '희한한' 실험을 진행 중에 있다. 이러한 북한을 잘 이해하기 위해 우리는 앞글에서도 잠시 언급한 봐와 같이 보편성과 특수성에 관한 개념 규정을 충실하게 요해해야 하는데, 북한 사회를 수령제 사회로 규정한다는 것은 보편성이라는 토대 위에서 특수성에 기인한 북한 사회에 대한 성격 규정임을 분명히 하는 것이다. 다시 말해 사회주의국가로서의 성격 규정이 북한 사회에 대한 보편적 인식이라면, 수령제 사회라는 성격 규정은 특수성에 입각한 분석법이라는 말이 된

더 나아가서는 수령제 사회인 북한을 제대로 더 잘 이해하기 위해서는 보편성이라는 기준이 항상 절대적이라는 인식에서 벗어나는 것도 중요하다. 그 한 예로 자연과학의 법칙에는 '정해진' 결론(결과)이 반드시 나올 수 있지만, 사회과학으로서의 사회체제 연구는 반드시 정해진 결론(결과)이 못 나올 수도 있다. 세계체제론(世界體制論·World System Theory)자인 이매뉴얼 모리스 월러스틴(Immanuel Maurice Wallerstein) 美뉴욕주립大 교수의 입장에서 분석할 때는 사회주의체제에 대해 승리한 자본주의가 '全 지구적 세계체제'가 될 수 있겠지만, 카를 하인리히 마르크스(Karl Heinrich Marx)의 역사발전법칙에 입각하여 해석한다면 자본주의에 승리한 체제가 사회주의가 된다. 이렇듯 사회과학영역에 있어 자본주의와 사회주의는 현재까지는 아직 결론이 진행 중인 '~ing'인 것이다.

다. 동시에 북한의 수령제 사회가 마르크스의 개념에 입각한 프롤레타리아 독재는 보편적이고, 북한의 주체사상에 근거한 수령독재는 일탈한 개인독재라는 인식 또한, 보편성을 너무 절대적으로 수용한 결과가 됨을 잊지 않아야 한다.

그런데도 우리가 북한을 아주 정상적인 사회주의 국가로 보기 보다는 '예외' 국가, 즉 사회주의 체제에서 많이 일탈한 국가로 보는데 익숙한 것은, 그 이유가 다른데 있는 것이 아니라 마르크스에 의해 설계된 사회주의만이 보편성을 띄고, 그렇게 설계된 현실사회주의 체제가 다 붕괴되었는데도 여전히 마르크스에 의한 사회주의만이 '진짜' 사회주의라는 고정된 인식 때문이다. 그렇기 때문에 북한이 자신만의 사회주의 체제인 수령체제를 유지하고 있지만, 이 수령체제를 이해하는 방식이 북한의 처지와 실정에 맞게 그들 자신들만의 사회주의 체제를 구축했다는 현실적 인식보다는 마르크스 사회주의 이론을 교조적으로 적용함으로 인해 발생한 편견의 산물이 작동한다. 마치 '같은' 자본주의 국가체제의 성격을 띠지만, 미국식 자본주의가 다르고, 한국식 자본주의가 다른데도 말이다.

또한 북한의 수령체제를 제대로 이해하지 못하는 이유 중의 하나가 우리 안의 종북 프레임이라는 사실도 주목해야 한다. 북한 사회를 들여다봄에 있어 내재(비판)적으로든, 외재적으로든 대한민국 모든 국민들은 예외 없이 대한민국의 구성원이기에 자기도 모르게 '한국인'으로서 일렬로 내면화 되는 인식을 갖게 되길 강요받게 되는데, 그것은 북한 사회를 무조건적으로 '악마화'된 표상으로 보는 인식, 그것 자체이다. 그 결과 '반북·친미는 절대善이고 종북·반미는 절대惡'이 되었다.

이 이념문법은 대한민국에서는 절대선이자 우리 삶을 지배하는 이데올로기적 규범이 되었다. 다른 생각은 국가보안법이라는 '헌법위의 법'에 의해 무참히 짓밟혀야 했다. 이렇게 지배된 우리의 인식은 북한 사회를 이해함에 있어서 그 어떠한 상황, 즉 진실이 발생한다 하더라도, 아니면 앞글에서도 밝히고 있듯이 그 어떠한 사실과도 상관없이 이미 '일그러진' 사회로서의 북한으로 인식할 수밖에 없게 만들었다.

따라서 이 장(章)에서는 북한의 수령체제를 미리 재단하여 1인 독재(파시즘)체제니, 세습체제니 하는 등의 부정적인 이미지로 낙인하시는 잃으려고 한다. 오히려 북한의 수령체제를 제대로 이해하기 위해 북한도 사회주의체제라는 규범 안에서 보편성과 특수성을 갖고 있다는 상대성을 인정하는데서 부터 출발점을 삼고자 한다. 달리 표현하자면, 마르크스의 이론만이 사회주의 체제를 규정할 수 있는 규범이고, 그 기준에 따라 일탈되면 문제가 있는 사회체제로의 성격 규정은 반대하겠다는 것이다. 아울러 북한을 이해하는 방식으로서의 미국식 인식 '악의 축'과 마르크스식 인식으로서의 '일탈화', 대한민국식 인식으로서의 '종북 악마화' 모두를 경계하면서 북한에 대한 '불편한' 진실까지도 이해의 동질성으로 수용하고 접근하고자 한다.

Ⅲ. 이론: 수령론

북한을 포함하여 중국 및 베트남, 쿠바를 제외한 대부분의 사회주의 국가는 소련에 의해 첫 통치자의 지명은 물론, 이후 권력 승계 과정에서도 소련의 직·간접적인 영향을 받았다는 것이 알려진 정설이다. 이로 인해 동구권 국가의 정치적 리더십은 소련이 의도하는 의중을 미리 읽을 수밖에 없었으므로 소련이 수용할 수 없는 정치적 모험을 처음부터 시도하지 않은 경향이 있었다. 또한 사회주의 국가의 권력 승계 과정에 영향을 미친 또 하나의 요인이 최고지도자의 의지라 했을 때 현실사회주의권에서 발생한 경험, 전임 최고지도자의 노선과 정책을 비판하는 방식은 북한에게 그다지 유쾌하지 않는 경험이었다.

이 두 사실로부터 북한은 이론으로서의 수령론 정립이 필요하다는 사실을 수용한 듯하다. 그리하여 수령의 지위와 역할, 권력 승계 과정에서 발생할 수 있는 정치적 갈등을 미리 차단시켜 내려 하였다. 그 방향은 우선 권력 승계에 대한 본질적 의미를 정치권력의 승계 방식이 아닌, '혁명위업 계승으로서의 수령의 지위와 역할의 승계'였다. 즉, 북한에서의 권력 승계는 당의 최고 직책인 총비서나 국가수반인 '조선민주주의인민공화국 주석'의 이양과 수임이 아닌, 수령의 '절대적 지위'와 '결정적 역할'이 승계되는 것이었다. 다음으로는 전임 최고지도자의 노선과 정책을 비판하는 방식이 아니라, '순응'하는 방식, 즉 승계순응의 방식으로 권력이양 법칙을 만들어 내었다는 것이다. 그리하여 현실사회주의권이 앓았던 몸살, 후임 최고지도자가 추대(혹은, 선출)되는 과정에서 벌어졌던 음모, 배신, 쿠데타 등 정치적 소용돌이를 사전에 차단하고자 하였다. 그리고 마지막으로 북한은 자신들의 권력 승계 문제를 다른 사회주의 국가들과는 달리, 김일성이 수령으로 등장하는 과정과 김정일이 후계자로 지목되는 전 과정을 수령론과 후계자론으로 체계화하였는데, 이는 수령론과 후계자론을 광의의 수령론 범주로 설정했다는 것과 함께, 또 다른 특징으로 '후계론'이 아니고, '후계자(子)론'이라는 데서 알 수 있듯이 후계의 문제는 사람(人物)의 문제임을 분명히 해서 수령(전임)과 수령(후임)의 권력 이양 시기에 발생할 수 있는 정치적 혼란을 사진에 차단하기 위함으로 보인다.

그 결과 북한하면 생각나는 핵심 키워드도 수령국가가 되었다. 그리고 그 이미지는 수령권력에 대한 정당성과 합리화를 위해 그 어떤 국가의 학자도 정립하지 못

> 여기서 말하고 있는 '정치적 혼란'이라 함은 '후계자론'이 아닌, '후계이론'에 의한 권력이양은 필연적으로 그 이론 해석에 따라 누가 수령의 후계자가 되어야 하는지 의견이 분분할 수밖에 없다는 문제의식을 반영하고 있다. 즉, 그 과정에서 '어떤' 인물을 후계자로 추대, 혹은 선출할 것인가를 놓고 정쟁이 일어날 수밖에 없고, 그런 정쟁과정에서 필연적으로 발생할 수밖에 없는 파벌(줄 세우기)문제를 사전에 차단하기 위해 북한은 '후계이론'이 아닌, 인물본위의 '후자자론'으로 정립한 것으로 보인다.

했던, 아니 정립할 필요를 못 느꼈던 『수령론』까지 만들어낼 만큼 '지독한' 나라라는 이미지일 것이다.

그 다음 키워드도 김일성 - 김정일 - 김정은이라는 인물일 것이다. 이유는 북한이 이들로 대표되는 수령의 나라이고, 지구상 그 어

> 이 책에서는 『수령론』의 이론적 범위를 광의의 수령론을 수용하여 『후계자론』, 『사회정치적 생명체론』, 『수령후계자론』을 다 포함하고 있음을 밝혀둔다. 그리고 필요에 따라 혼용하여 사용한다.

느 곳에서도 유례를 찾아보기 힘들 만큼 김일성 - 김정일 - 김정은으로 이어지는(혹은, 3대 세습으로 표현되어지는) 절대 권력이 작동되고 있기 때문이다.

1. 이론 해설

1994년에 김일성 주석이 사망하자 헌법에는 김일성을 "사회주의 조선의 시조이자 영원한 주석"으로 규정하고, 김정일도 2012년에 당규약과 헌법에 "영원한 총비서"이자 "영원한 국방위원장"으로 명명하면서, 전문에는 김일성과 김정일의 업적을 법제화한 "김일성 - 김정일 헌법"으로 규정하였다. 그만큼 북한은 수령이라는 개념을 바탕으로 한 제도화와 법제화가 가능하고, 수령이 살아있든 죽어있든 상관없이 현재의 수령과 함께 '영생' 통치가 가능하게 된 수령의 나라임이 분명하다.

현재 북한의 모습이 이러하지만, 여느 사회주의가 다 그러하였듯이 북한도 초창기에는 당 - 국가체제였다. 그러나 북한은 그 골간에다 수령 중심의 국가체제로 빠르게 변형시켜 나갔음을 앞에서 이미 살펴보았다. 그 요인에는 먼저 사회 발전노선을 둘러싼 권력 내부 투쟁이라는 산물이 있었고, 또 다른 요인으로 당시 사회주의 권력 승계 경험을 이론적 진화의 결과물로 만들려는 의지가 있었다. 이 중 후자의 경우 북한의 수령제가 공고화되면 될수록 이와 비례해서 일체의 권력 장치가 분해 변형될 수밖에 없었고, 그

방향은 대체적으로 당·정·군·기타의 기관이나 단체가 자립적 존재라는 것, 또 수령을 제외한 그 어떤 지도자도 권위를 가질 수 없다는 것(유일사상체계), 이 모든 것의 결과가 최고뇌수와 신경, 혈관으로 비유되는 사회정치적 생명체론의 정립으로 나타날 수밖에 없는 이론적 환경을 제공하였다.

북한은 이처럼 수령이 모든 것의 중심에 있는 국가이다. 수령의 권위가 절대화, 신성화되고, 충실성을 기본으로 삼는다는 의미이다. 그러기에 북한의 정치체제는 수령을 중심으로 짜여질 수밖에 없으며 수령을 떠난 당과 대중이란 존재할 수도 없고, 존재가치도 없게 되었다. 그런 만큼 북한에서 수령은 정치제체 안에서 시스템으로 움직이는 구조체계이고, 국가 직책이라기보다는 이를 뛰어넘는 사상적, 정치적 영도자이다. 따라서 수령은 직책이 아닌, 인민들에 의하여 추대되어 존경과 흠모의 대상이 되는 '어버이'이자 수령체제를 떠받드는 기둥인 것이다. 바로 이러한 북한의 모습이 외부적 시각에서 봤을 때는 충분히 오해받을 수 있는 요인을 제공하게 된다.

그러나 북한은 이러한 시각에 아랑곳 하지 않고, 수령제 사회주의 정치체제를 성립했다. 수령의 지위와 역할을 조선노동당 규약에 포함시켰고, '유일사상 10대원칙'이라는 일종의 '행동강령'도 마련하였다. 개정된

즉, 브루스 커밍스가 규정내린 가족국가적 성격으로서의 '국가 유기체'의 복사판이라 할 수도 있고, 과거 김일성의 항일무장투쟁 경험을 일반화하여 전 사회화시킨 와다 하루끼의 유격대 국가와도 일맥상통하고, 하나의 사상, 하나의 당, 그리고 유일한 지도자에 의해 통치되는 모습에는 전제주의라는 영상이 보이기도 한다. 수령제 사회는 이처럼 보는 시각에 따라 한쪽에서는 자연스럽게 수용되는 결과로 존재하고, 다른 한쪽에서는 '굴절'이라는 형식을 통해 정립된 특이체제로 이해되어 지는 것이다.

규약서문에는 "경애하는 김정은동지는 위대한 김일성동지와 김정일동지의 혁명위업을 승리에로 이끄시는 조선로동당과 조선인민의 위대한 령도자이시다"로 명시하였고, 10대원칙에는 "수령님의 교시, 장군님의 말씀, 당의 노선과 정책을 사업과 생활의 지침으로, 신조로 삼으며 그것을 자로 하여 모든 것을 재어보고 언제 어디서나 그 요구대로 사고하고 행동하여야 한

다(4조)"로 규정하였다. 그러면서도 헌법에는 "조선민주주의인민공화국은
조선로동당의 영도 밑에 모든 활동을 진행한다(11조)"와 "조선인민군은 모
든 정치 활동을 당의 영도 밑에 진행한다(46조)"로 규정하고 있어, 조선노
동당이 국가기관과 인민군대에 대해 영도함을 명문화하고 있다.

　이처럼 보기에 따라서는 수령의 권한과 당의 권한이 상충되는 듯한 이
언술이 우리의 해독을 어렵게 한다. 그렇지만 자세히 들여다보면 그렇게
어렵지 않다. 우선 북한도 여느 사회주의 국가들과 마찬가지로 당 중심의
국가체제라는 DNA가 있다는 사실이다. 둘째, 당 규약에서는 수령이 당과
인민의 영도자임이 드러났다. 셋째, 10대원칙에서는 수령의 교시와 말씀
은 모든 사업과 생활에서 무조건 관철되어야 하는 절대성을 확인할 수 있
다. 더 필요한 해독은 북한 사회에서 통용되는 기준으로 봤을 때 헌법보다
는 당 규약이, 당 규약 보다는 10대원칙이 우선적으로 지켜져야 한다면 북
한은 수령이 당을 통해 조선인민과 군대에 대한 영도를 실현한다는, 그래
서 북한을 수령제 사회로 성격 규정할 수도 있겠다는 추론이 가능하다는
것이다.

해설 1: 수령론

　북한에서 최고지도자는 수령, 혹은 혁명적 수령으로 불린다. 일본어판
서적에는 '영수(領袖)'로 번역되며, 영어로 번역될 때는 'leader'이다. 두 용
어 모두 북한에서 정의되고 있는 수령의 개념과 부합하지는 않는다. 굳이
표현하자면 'the great leader' 정도가 무난하겠다. 그래서 그럴까? 북한에서
는 수령을 호칭할 때마다 항상 '민족의 위대한 태양이시고, 불세출의 영웅
이시며, 절세의 애국자이신 위대한 수령 ○○○동지'라는 어구가 붙는다.
범용 사례로는 조선인민군 최고사령관이자 원수(혹은, 대원수) 계급장을
달았고, 호칭은 '위대한 영도자', '어버이 영도자'와 함께, 조선노동당 총비

서, 당중앙위원회 위원장, 국가주석, 국방위원장 등이다. 김정은 등장 이후에는 조선노동당 제1비서, 제1국방위원장으로 불러지고 있다. 또한 매체나 출판물 등에서는 수령의 이름을 언급할 때 반드시 굵은 글씨로 표기하기도 한다.

이처럼 북한은 '수령', '장군'이라는 칭호를 자신들의 최고지도자에게 자연스럽게 붙이고 또 이를 자랑스럽게 선전한다. 이를 우리의 기준으로 보면 김일성, 김정일, 김정은에 대한 개인 숭배의 표현이지만, 북한 사람들에게는 삶의 일부이고 자신들의 세계관과 인생관의 중심에 수령이 존재하고 있다고 믿는 셈이다. 이런 존재의 수령에 대해 북한에서 발행한 『조선말 큰사전』에는 수령을 다음과 같이 정의하고 있다.

> "인민대중의 자주적인 요구와 리해관계를 분석종합하여 하나로 통일시키는 중심인 동시에 그것을 실현하기 위한 인민대중의 창조적 활동을 통일적으로 지휘하는 중심으로 되는 분으로서 전당과 전체 인민의 끝없는 존경과 흠모를 받고 있는 가장 위대한 령도자, 로동계급의 수령은 력사 발전의 합법칙성과 시대의 절박한 요구, 로동계급의 력사적 임무, 계급적 세력의 호상관계와 혁명투쟁이 진행되는 환경 그리고 혁명 수행의 방도를 누구보다도 잘 알고 있으며 인민대중의 리익을 가장 철저히 대표하며 계급 가운데 누구보다도 멀리 내다보는 현명한 령도자이다. 수령이 없이는 당이 있을 수 없으며, 수령의 령도가 없이는 로동계급의 혁명투쟁이 승리할 수 없다."

이에 대해 스즈키 마사유키(鐸木昌之)는 "수령이 인민대중의 혁명을 지도하는 모든 권력과 권위와 이데올로기를 독점하고, 혁명을 실현하기 위하여 그것을 독점적으로 행사하는 유일최고의 지도자"(『김정일과 수령제 사회주의』, 중앙일보사, 1994, 19쪽)라 규정한다.

수령의 자격요건에 대한 규정도 다음과 같다. "수령은 첫째로, 비범한 예지와 과학적 통찰력을 지니고 시대의 요구와 대중의 혁명 실천을 과학적으로 일반화하여 혁명의 지도사상, 지도이론을 창시하는 위대한 사상이론가이며, 둘째로, 세련된 영도 방법과 예술을 지니고 수백 만 근로인민대중을 혁명투쟁으로 조직 동원하는 혁명과 건설의 탁월한 영도자이며, 셋째로, 인민대중에 대한 열렬한 사상과 헌신적 복무, 공산주의의 혁녕위업에 대한 확고한 신념과 끝없는 충실성, 강의한 혁명적 원칙성과 백절불굴의 투지 등 고매한 공산주의적 덕성과 혁명적 풍모를 최상의 높이에서 지니고 있는 인민의 자애로운 어버이며 노동계급의 위대한 혁명가이다."(『주체사상의 사회력사적 원리』, 백산서당, 1989, 190~199쪽)

풀이하면 첫째, 수령은 자기의 정치적 체제를 구출할 수 있는 전통의 창시자여야 한다. 둘째, 수령은 전통에 기초해 당, 정, 군의 창건자가 되어야 한다. 셋째, 수령은 정치체제를 이끌어갈 수 있는 사상, 새로운 정치, 경제 이론, 방법을 창시해야 한다. 넷째, 수령은 능력 면에서 탁월한 영도력과 선견지명, 예지를 지니고 있어야 한다. 다섯째, 수령은 품성 면에서 고매한 덕성의 소유자여야 한다. 그 도표화는 아래와 같다.

그런 수령이어서 그럴까? 우리는 TV를 통해서 과거에는 김일성과 김정일에 열광하는 북한 주민들을 보았고, 지금은 김정은에 열광하는 모습을 종종 보게 된다. 구체적으로 지난 1994년과 2011년 김일성과 김정일의 사망 시에는 수백만의 군중이 만수대 언덕의 김일성 광장과 금수산태양궁전 앞에서 오열하는 모습을 보이기도 하였다. 이를 두고 일각에서는 집단 히스테리라는 군중심리의 일종으로 해석하고 그 의미를 폄하하기도 하지만,

그러한 군중의 슬픔과 열광이 거짓이 아닌 북한 주민들의 진심이라는 사실도 여러 증언과 보고서 등을 통해 알려졌다.

지금도 여전히 김일성과 김정일의 시신이 안치되어 있는 금수산태양궁전에는 지금도 하루에 수만 명의 참배객들이 줄을 잇고, 이들 동상에는 북한 주민들이 갖다 놓는 꽃다발이 끊이지 않는다. 그러니 북한당국은 당연히 김일성과 김정일에 대한 북한 주민들의 다함없는 충성과 효성의 마음이라고 선전할 수 있고, 두 수령은 생전에도 그러했지만 죽은 다음에도 북한 주민들의 가슴속에 남아 있다는 징표로 활용하기도 한다. "위대한 김일성동지와 김정일동지는 영원히 우리와 함께하신다"라는 영생구호로 말이다.

북한도 수령이 그러한 존재로 각인되기까지는 긴 시간을 필요로 했다.

1946년 8월 10일 중요 산업국유화법령을 공포할 때 김일성은 연설에서 스탈린을 "쏘련 인민의 위대한 수령"이라고 호칭했으며, 진작 자신은 '(김일성) 수상' 또는 '수상동지'에 불과했다. 이후 1952년 12월 5일 개최된 조선노동당 중앙위원회 제5차 전원회의 때와 1964년 신년 인사로 재일본조선인총연합회(조총련) 의장 한덕수가 김일성에게 보낸 연하장에서 "경애하는 수령"이라는 형용사를 붙였고, 이때부터 김일성이 수령으로 불러지기는 했지만 이때까지만 하더라도 수령은 단순히 최고지도자에 대한 경칭에 불과한 것이있고, 심지어 연안파, 소련파, 국내 공산주의 그룹 등은 김일성에 대한 수령이라는 호칭의 사용에 적극적이지 않았다. 따라서 이때만 하더라도 오늘날과 같이 특별한 의미를 가지는 것은 아니었다.

그러던 것이 1966년부터는 "당과 수령에 대한 충실성은 종합대학의 제1생명이고 영광스런 전통이다(황장엽)"를 시작으로 1967년에는 "위대한 수령 김일성 동지"라는 호칭이 직접 등장하였다. 급기야 엄기형이 "혁명의 승리, 사회주의, 공산주의 건설의 추진성과의 여하는 당의 령도적 역할에 의존하고 당의 령도는 수령의 역할에 의해 좌우된다. 수령은 로동자계급 앞에 정확한 투쟁로선과 방침을 제시하고 혁명역량을 확고히 결속시켜 그들을 조직 동원하고 혁명의 승리를 보장하는 데서 결정적 역할을 맡는다(「항일유격대원의 수령에 대한 끝없는 충성」,『근로자』제7호 통권 305호, 1967, 9쪽)"고 밝히면서 수령의 존재 이유가 처음으로 밝혀졌다. 분석해 보면 이 문장 속에는 수령이 모든 것을 결정하는 논리 구성, 그리고 노선의 제시와 조직 동원이라는 수령과 인민대중 사이의 기본적인 관계 언급, 또 당이 혁명의 전위조직이라는 마르크스레닌주의의 명제가 당은 수령에 의해 영도되는 대상으로 바뀌고 있다는 것이 드러난다.

이런 해석과 함께 우리가 여기서 더 주목해야 하는 것은 조선노동당이 당내의 유일사상체계를 구축하기 시작한 시점과 김일성의 주체사상을 유일사상으로 할 것을 요구한 시점이 정확히 일치한다는 사실이다. 그리고 3년 뒤인 1970년 김일성의 58회 생일부터는 그의 이름이 나올 때마다 항상 '위대한 수령'이 따라붙기 시작했다는 사실이다. 그렇다 하여 이미 이때 수령에 대한 개념이 명확하게 다 정립되었다고 보는 것은 경계해야 한다. 1973년에 나온 『정치사전』을 보면 수령의 지위와 역할을 구분하지 않고 「로동계급의 혁명투쟁에서 수령의 역할」이라는 항목에서는 수령의 위상에 대해 그냥 포괄적으로만 서술하고 있는 데서 그것을 증명하기에 충분하다. "로동계급의 수령은… 인민들 속에서 그 무엇으로서도 허물 수 없는 높은 권위를 가지고 절대적인 신임을 받는 정치적 령도자이다"라는 언급에 이어 "수령은 로동계급의 력사적 위업을 이룩하기 위한 혁명투쟁에서 결정적 역할을 한다(324~326쪽)"고만 말해 수령의 '절대적 지위'라는 표현 없이 '결정적 역할'만을 명시하고 있을 뿐이다. 그러던 것이 1983년에 와서야 그 해 출간된 『백과전서』에 '수령의 지위'와 '수령의 역할'을 분리해 상세히 설명하고 있다. 이것으로 봐서는 수령에 대한 명확한 이론적 정립은 1980년대 초(1982년 「주체사상에 대하여」) 이후에 정립되어 이후 정교하게 다듬어진 것으로 봐야 하는 것이 맞을 것 같다.

이를 시간적으로 쪼개 추적해보면 이렇게 수령의 역할을 '결정적인 것'으로까지 언급하고, 김일성 앞에 '위대한 수령'이라는 극존칭이 생겨나고 '온 사회의 김일성주의화(1974년)'를 선포하기도 하였지만, 이때까지만 하더라도 북한 스스로 자신들의 통치 이데올로기로 정립해 나갔던 주체사상이 아직 이론적으로 그 완결성을 갖기 이전이었으므로 인해 그 전까지는 수령의 범주가 마르크스주의 철학의 대상 규정에 부합하는지, 아닌지에 대한 확신이 부족하였음을 알 수 있다. 즉, 주체사상이 아직 체계화되지 않은 시점, 그리고 여전히 이 시기는 마르크스레닌주의가 지도사상으로 인정되고 있었던 상황에서 섣불리 수령 문제를 사회정치학의 개념으로, 철학적 세계관의 범주에서 취급하기가 부담스러웠을 것이다. 달리 표현하면 혁명의 주체를 강화하고 그 역할을 높이는 데서 기본은 수령과 당의 영도적 역할을 높이는 것인데, 이 과정에서 수령 문제를 철학적 세계관의 차원에서 제기되고 해명하느냐 마느냐에 대한 의견 통일이 이뤄지지 않았음을 방증해 준다.

그러나 1982년에 들어와서 상황이 반전된다. 김정일이 '위대한 수령 김일성동지 탄생 70돐 기념 전국주체사상토론회'에 보낸 논문 「주체사상에 대하여」에서 주체사상을 처음으로 정식화하고, 이때 수령론도 비로소 주체사상의 한 구성 부분으로 들어오기 때문이다.

이 논문에서 김정일은 "백수십 년의 공산주의운동 력사는 로동계급의 수령들이 혁명사상을 창시하고 발진시켜온 력사이며 그것이 구현되어 세계를 변혁시켜온 력사라고 말할 수 있습니다"라고 한 다음 "인민대중이 력사의 주체로서의 지위를 차지하고 역할을 다하자면 반드시 지도와 대중이 결합되어야 합니다"라는 언급과 함께 "지도 문제는 다름 아닌 인민대중에 대한 당과 수령의 령도 문제"라고 정의하였다. 또한, 김정일은 "사상 개조에서 기본은 혁명적 세계관, 혁명관을 세우는 문제"이며, "주체의 혁명관에서 핵을 이루는 것은 당과 수령에 대한 충실성"이라는 언급도 하고 있다.

곧이어 김정일이 「조선로동당은 영광스러운 'ㅌ·ㄷ'의 전통을 계승한 주체형의 혁명적 당이다(1982.10.17)」에서 "수령은 당의 최고령도자이며 당의 령도는 곧 수령의 령도"라고 언급, 수령의 영도를 당 보다 더 격상시키고, 1983년 10월 또 다시 김정일은 「마르크스레닌주의와 주체사상의 기치를 높이 들고 나아가자」에서 "로동계급의 혁명운동에서 수령은 결정적 역할을 한다. ……공산주의운동의 어제와 오늘뿐 아니라 래일에도 로동계급의 혁명위업은 수령의 령도 밑에 승리적으로 전진할 것이다"라는 언급을 통해 수령의 영도에 의해 혁명위업이 전진해 갈 것 이라는 암시를 해낸다. 3년 뒤 마침내 북한에서는 조선로동당 창건 40돌(1985년)을 기념하여 사회

과학출판사가 『위대한 주체사상 총서(전 10권)』를 발행하게 되는데, 그중 제2권인 『사회역사적 원리』「혁명운동, 공산주의 운동에서 수령이 차지하는 지위와 역할」이라는 장에서 수령론이 체계화될 수 있는 이론적 토대가 구축된다.

북한 스스로 사상·이론·방법의 전일적 체계로 구성되었다고 설명하고 있는 주체사상은 김일성의 사상이자 북한의 통치이데올로기이다. '마르크스-레닌주의'와 같이 '김일성주의'라고도 불린다. 그 구성은 다음과 같다. 주체사상의 철학적 원리(제1권), 사회역사적 원리(제2권), 지도적 원칙(제3권), 혁명이론(제4권), 사회주의공산주의 건설이론, 세계혁명이론, 조국통일이론(이상 제5권), 인간개조이론(제6권), 사회주의경제건설이론(제7권), 사회주의문화건설이론(제8권), 영도체계(제9권), 영도방법(제10권)

"……수령은 절대적 지위를 차지하며 그 내용은 근로인민대중의 최고뇌수이며, 통일단결의 중심이며 혁명투쟁의 최고영도자라고 한다. 수령의 결정적 역할의 내용으로서는 지도사상을 창시하고, 위력한 혁명역량을 마련하며 대중의 혁명투쟁을 승리의 길로 이끌고 수령의 후계자를 키우는 것이라고 한다.(190~199쪽)"

그 뒤 1986년 6월에는 김정일이 「주체사상교양에서 제기되는 몇 가지 문제에 대하여」를 발표하고, 거기서 김정일은 "수령은 단결과 령도의 중심으로서 인민대중의 운명을 개척하는 데서 결정적 역할을 한다. 이것은 뇌수가 인간 활동에서 결정적 역할을 하는 것"과 마찬가지라며 한 단계 더 진화된 사회정치적 생명체론과 결부된 수령의 역할을 밝혀내기도 한다. 이에

대해 한편으로 리기석은 "수령은 인민대중의 운명을 개척하는 령도의 중심으로서 중요한 역할을 한다. 이것은 수령이 인민대중의 혁명투쟁을 조직지도하는 최고지휘관의 임무를 담당 수행한다"(『인생과 리더』, 동경: 구월서방, 1989, 190쪽)고 규정하였다.

이렇게 한번 이론적 물꼬가 터지자 북한은 수령에 대한 전반적 검토를 다시 시작하고 다음과 같은 결론을 내온다.

우선, 수령을 일국적 수령과 국제적 수령으로 나눈다. 말 그대로 일국적 수령은 일국에서 혁명과 건설의 영도자를 의미하며, 국제적 수령은 국제적인 혁명과 건설의 영도의 지위를 차지하는 영도자를 의미한다고 한다. 이 구분에 따라 '지난 시기의' 국제적 수령이 마르크스와 엥겔스, 레닌과 스탈린을 가리키는 것이었다면, 앞으로 전개될 시대, 즉 '주체시대'의 국제적인 수령은 바로 김일성이라는 것이다.

다음으로는 수령을 단수 개념으로 정립한다. 이는 역사상 그 어느 국가에서도 노동계급의 수령이 집단을 이루어본 적이 없었다는 경험과 소련도 당시 레닌 한 명만을 수령으로 삼고, 레닌의 사상에 의하여 지도되고 혁명에 승리하였던 것이 북한에게는 이를 증명하는 좋은 선례이었던 것이다.

> 마오쩌둥(모택동)이나 카스트로 등은 그들이 비록 국제 공산주의운동에 많은 영향을 끼치기는 하였지만, 그 영도의 제한성으로 하여 일국적 수령에 머물렀다는 것이 북한의 인식이다.

마지막으로 북한은 수령과 당의 관계에 있어서도 수령이 당적 규제를 넘어선, 즉 당의 정치지도자이기도 하지만 당을 지도할 수 있는 존재가 되게 하였다. 이러한 관계 정립은 당이 수령의 영도를 실현하는 정치적 도구이며 당의 노선과 정책이 수령의 사상과 교시의 현실적 구현으로 되어야 한다는 사상·이론적 고찰의 결과였다. 즉, 사회주의에서는 필연적으로 당이 노동계급의 당이어야 하지만, 본질적으로는 수령의 당으로 되어야만 수령의 통치를 원활히 보장할 수 있다는 '북한적 경험', 즉 김일성을 중심으로 일치단결했던 항일무장투쟁의 경험을 사상·이론적으로 반영하여 수령에게 '절대적' 지위와 '결정적' 역할이라는 권한을 가지게 하였던 것이다. 수령과 당과의 관계가 이렇게 재해석됨으로 인해 이때부터는 당이 수령과의 관계 속에서만 의의를 갖는 존재가 되었고, 또한 당에 대한 충성을 가리키는 당성은 당과 수령에 대한 충성으로 재해석되었다.

한편, 인민대중과 수령의 관계에 대해서도『사회역사적 원리(총서 2권)』에서는 인민대중은 사회역사의 주체이기는 하지만, 자주적 주체가 되기 위해서는 수령의 영도가 필요하다는 결론을 내린다. 이는 이미 리성근이 "인민대중은 그 자체로서는 자기 운명을 개척하는 데 절실한 이해관계를 가지고 있으나 운명 개척의 길을 알지 못하는 존재(「당원은 자기의 당성을 부단히 단련하여야 한다」,『근로자』제8호 통권 306호, 30~32쪽)"로 규정하여 인민대중이 자기 운명을 올바르게 개척하기 위해서는 수령의 올바른 지도가 필연적이라는 인식이 이론적으로는 검토되고 있었지만, 주체사상의 사상·이론적 정립 정도와 비례해서 그 개념 정립을 내올 수 있었음을 알 수 있다. 이에 따라 주체사상은『지도적 원칙(총서 3권)』에서 인민대중이 혁명과 건설의 참다운 주인과 역할을 다할 수 있도록 옳은 지도를 보장하는 유일한 주체로서 수령을 정식화한다. 그 결과 북한에서 정의한 수령은 인민대중의 요구와 이해관계의 최고의 체현자이고 인민대중의 자주 위업, 사회주의 위업을 승리에로 완성해나가는 혁명의 영도자가 된다.

위 결론에서 알 수 있는 것은 우선, 이와 같은 요건을 갖춘 사람만이 수령이 될 수 있으며, 아래 표를 보면 알 수 있겠지만, 수령의 지위는 법적, 제도적인 측면에서의 최고지도자라기보다는 '정치적' 영도자에 더 가깝다. 그러니 당연히 수령에 대한 아무런 법적·제도적인 규정이 없다. 즉, 수령의 정치적 지위와 역할은 혁명투쟁에서의 지위와 역할이지, 권력기관에서의 지위와 역할이라 할 수 있는 주석이나, 당의 총비서와도 다른 존재라는 것이다. 따라서 수령과 국가의 최고지도자는 일치할 수도 있지만, 최고지도자가 곧바로 수령이 되는 것은 아니며 최고지도자가 수령이 아닐 경우에는(물론 이런 경우가 잘 발생하지는 않겠지만) 최고지도자 역시 수령의 정치적 영도를 받을 수밖에 없다는 논리가 성립한다.

> 현존하는 국가 중에서 이와 가장 유사한 형태가 발생한 국가로는 쿠바를 들 수 있다. 현재 쿠바는 피델 카스트로(영도자)가 현직에서 물러나고, 그 동생인 라울 카스트로가 최고국가수반 직인 '국가평의회 의장(지도자)'을 맡고 있다.

	수령	'영원한' 총비서 (제1비서 포함)	'영원한' 주석·국방위원장 (제1위원장 포함)
지위	인민대중의 최고뇌수 통일단결의 중심	당의 최고 책임자	국가수반
겸직 여부	총비서·국방위원장 겸직 가능	국방위원장 겸직 가능	겸직 가능
선출 방법	인민의 추대	당 중앙위원회에서 선출	최고인민회의에서 선출
권한행사 방법	일상 지도(현지지도)	당 지도	국가 지도
권한한계 규정	없음	당 강령·규약 준수	헌법 준수
권한의 자율성	제약 없음	당 강령과 규약	헌법에 규정
임기	없음	명시되지 않음	헌법에 규정

※ 수령·총비서·주석의 차이: 총비서의 임기는 당 규약에 명시되어 있지 않고(주석의 임기는 1998년 헌법 수정으로 인해 헌법에 명시되어 있지 않다), 영원한 총비서는 2012년 4월 11일 개최된 제4차 당대표자대회에서 만들어진 개념이다.

다음으로는 북한에서 수령이 차지하는 지위는 '절대적'이며 그 역할은 '결정적'이라는 것이다. 그 결정적 역할을 담보하기 위해 북한에서는 당과 근로단체 및 국가기관, 군은 수령의 영도를 실현하기 위한 조직체이며, 그의 말은 '교시'화되어 절대적인 명령으로 여긴다. 그러면서 수령과 대중의 관계에 대해서는 수령이 없는 (인민)대중은 운명의 주인으로서의 자기 역할을 다하지 못하게 되며, (인민)대중이 없는 수령은 수령이 아니라 일개인(一個人)에 불과하다는 주장이 가능하다. 이 (순환)논리로부터 수령과 대중이 지도-대중의 결합을 통해서만, 인류역사의 주인이 되며 수령과 당과 대중의 결합은 사회 정치적 생명체로서 하나의 운명공동체를 이룬다는 결론을 가능하게 하였다.

해설 2: 후계자론

북한은 1974년 김정일이 발표한 '유일사상 10대원칙'의 마지막 항(10항)에서 후계자에 대한 충실성을 수령에 대한 충실성과 동일하게 취급하고 있는데, 이는 수령과 후계자의 지위는 시간의 선후차 외에는 동일하다는 것을 의미한다. 시간이 흘러 12년 뒤, 1986년(사회정치적 생명체론이 제시된 해) 김일성은 김일성고급당학교에서의 담화를 통해 김정일로의 후계구도가 마무리되었음을 확인하였다. 이 의미는 1967년 확립된 수령체제가 이론적으로나 정치적으로 완성되었다는 것이고, 다른 하나는 김정일로의 실질적인 권한이 이양되어가면서 안정적인 후계체제를 수립하게 되었다는 것이다.

북한이 그렇게 노심초사하던 수령체제의 완성이 김정일로의 안정적인 후계체제 안착으로 일단락 된 셈이다. 이는 북한이 권력 승계 문제를 '사회주의 혁명위업의 생명선 고수와 영도의 계승'으로 수령론에서 분명하게 규정하고, 그 연장선상에서 수령의 후계자는 대를 이어가는 민중의 수령이며 주체의 최고뇌수, 민중 결집의 중심, 최고영도자로서의 지위와 역할을 그대로 계승한다는 원리를 정립하고, 그 원리에 의해 수령의 후계자 문제를 올바로 해결해야만 민중의 자주위업이 대를 이어 수령이 창시한 혁바로 직역하면 후계자도 수령이라는 것이다. 그 의미 또한 후계자가 정치일반에서 규정하고 있는 지도자란 의미보다는 사회주의 계속혁명론적인 견지에서 볼 때 혁명의 설계자이자 완성자가 되어야 한다는 것이며 계속혁명이 완성되기까지는 수령이 반드시 필요하다는 논리적 연장이다. 그러므로 후계자는 결국 수령이 걸었던 길을 똑같이 걸을 수밖에 없으며 나아가 여타 사회주의권의 후계승계법칙이 아닌, 수령의 업적을 그대로 계승하는 또 다른 수령이라는 것이다. 이를 북한의 입장에서 본다면 사회주의권의 후계자가 전대 수령을 비판함으로서 자신의 존재를 부각시키고 반대세력에 대한 숙청과 같은 정치적 살인이 이뤄진 국제공산주의 운동의 경험을 반면교사로 삼았음을 의미한다. 즉, 스탈린 사후 흐루시초프가 등장하자마자 스탈린 격하운동을 전개하는 것을 목도한 것이 그 기원이라면, 이는 북한으로 하여금 흐루시초프의 등장이 곧 마르크스-레닌주의의 일탈이며, 결국은 수정주의의 발현이라고 판단한 근거로 작용했다는 의미이기도하다. 북한은 바로 이 경험에서 수령의 계승문제를 옳게 풀지 않는다면 수령의 혁명위업은 헐뜯기고 심각하게 왜곡되고, 나아가 혁명을 중도에 중단 하는 결과로 이어질 수 있다고 본 것이다.

명전통의 순결성을 고수하고 발전시켜 나갈 수 있으며 노동자계급의 당을 수령의 사상과 영도를 고수하고 구현해 나가는 혁명적 당으로 강화 발전시켜 나갈 수 있는 인물로 김정일을 선택했고, 그 선택이 정당했다는 것을 대내외에 분명히 한 것이다.

실제로 1950년대 초 스탈린 이후의 소련, 1960년대 말 호치민 이후의 베트남, 1970년대 말 마오쩌둥 이후의 중국, 1980년 티토 이후의 유고슬라비아에서 그러한 문제—후계문제가 발생함으로 인해 권력 갈등과 투쟁이 발생하였다. 이로부터 사회변혁론에서 후계수령 문제가 얼마나 중요한지는 마르크스와 엥겔스로부터 시작한 150여년에 걸친 사회주의 변혁운동사가 잘 보여주고 있다는 것이 북한의 인식이었고, 그러한 상황은 북한으로 하여금 사회주의 혁명위업을 끝까지 수행하기 위해서는 수령의 후계자 문제를 어떻게 푸느냐가 결정적으로 중요한 문제라는 사실에 더욱 집착하게 만들었던 상황이었기에 그 안도감은 더더욱 클 수밖에 없었다.

즉, 북한에게 있어서 후계자 추대 방법과 수령체제의 완성 문제가 얼마나 중요한지가 반면교사(反面敎師)화되었고, 북한은 바로 그러한 교훈을 통해 여느 국가보다도 일찍 선대 수령의 혁명위업 계승 문제에 관심을 돌릴 수 있었던 것이다. 1980년대에 이미 후계자 추대 방법, 후계수령의 자격 요건, 수령체제의 완성 등 수령후계자론을 체계화하려 했던 것만 봐도 이는 충분히 알 수 있다.

그 대원칙으로 먼저 후계수령은 수령의 다음 세대여야 한다는 것이다. 수령은 인민대중의 자주위업을 처음으로 개척한 영도자이므로 연령상으로 볼 때는 고령자일 수밖에 없고, 동시에 수령과 함께 인민대중의 자주위업을 개척한 동료들도 수령과 함께 늙어갈 수밖에 없다. 이로부터 후계자마저도 앞선 수령과 같은 연배에서 추대하게 되면 후계자 추대를 짧은 기간에 자주 하게 되어 안정된 영도를 보장하기 어렵게 되어 수령의 사상과 영도를 확고히 계승하는 데 차질을 피할 수 없게 되고, 영도체계가 서있지 않는 조건으로 인해 영도가 일시적이나마 중단될 수 있으며 그 틈을 타서 권력쟁탈이 발생되고 나아가서는 영도 자체가 불가능하게 될 수도 있다. 때마침 당시 일부에서는 김일성의 동생 김영주를 통한 잠정적 후계 구도를 그리고 있기도 하였는데, 김영주의 와병과 능력 부족 등으로 자연스럽게 세대교체에 의한 후계자 선출은 의견을 모을 수 있었다.

대원칙 두 번째로는 후계승계 과정에서 나타난 사회주의 국가들의 실패의 교훈으로부터 수령의 후계자 문제가 후계자를 추대했다고 하여 다 해결되는 것은 아니며, 그렇기 때문에 수령의 후계자가 추대된 다음에도 정치적 영도가 변함없이 계승될 수 있도록 당의 영도체계를 바로 세워야 하는 것으로 보았다. 그것은 선대가 '끝난' 다음에 후대가 시작되는 것이 아니라 선대가 끝나기 전에 후대가 시작되어 새 세대의 역할이 점차 높아짐으로써 선대의 역할을 완전히 계승하게 되는 것이 세대교체의 일반적 합법칙성으로 인식한 결과이다. 또한 수령의 영도가 '끝난' 다음에 그 후계자의 영도가 시작된다면 정치적 영도의 계승 문제를 해결하는 데서 난관이 조성될 수 있다는 인식에 기초한 결과이기도 하였다.

북한은 바로 이 두 원칙으로부터 김정일로의 후계승계 문제도, 김정은으로의 후계승계 문제도 한 치의 이론적 오차도, 조금의 실천적 혼란과 혼동도 없이 승계 순응 절차를 밟아 나갈 수 있었던 것이다. 이 모든 것이 소련과 동구 사회주의권 몰락으로부터 얻은 교훈과, 사상·이론적으로는 주체사상, 수령론, 후계자론, 사회정치적 생명체론에 의해 '뇌수가 없는 사람의 생명체가 존재할 수 없듯이 수령 없는 국가는 상상할 수 없다'가 정립되고, 제도적으로는 수령유일영도체계를 확립하였기 때문에 가능했다.

■ 후계자론의 특징

앞에서도 밝히고 있듯이 현실사회주의권에서 일어난 후계승계 방식은 체계적인 이론이나 정해진 규칙에 의해 이루어진 것이 아니라 전임 지도자의 지명이나 당 정치국 결정, 혹은 타협의 결과물이었다. 반면, 북한은 이와 달리 국제 사회주의 진영의 후계 경험과 교훈을 통해 자신들만의 독특한 방식, 즉 수령론과 이에 따른 필연적 결과물로서 후계자론을 정립한 특징을 가지고 있었다. 이로부터 북한에는 '좁은 의미의 수령론'과 '넓은 의미의 수령론'이 존재한다고 할 수 있다. 특히 '좁은 의미의 수령론'은 사실상의 '후계자론'인데, 이는 수령론이 후계자론을 그 구성 부분으로 하고 있기 때문이다. 다시 말해 후계자론이 주체사상의 이론적 틀에 의해 정립된 사상이론이며, 그러하

현재까지 알려진 이론서로는 김유민의 『후계자론』(서울: 구월서방, 1986), 김재천의 『후계자문제의 이론과 실천』(평양: 출판사 불명, 1989), 『수령후계자론』(서울: 출판사 불명, 1988)이 있다.

기에 북한에서 말하는 수령론을 '좁은 의미의 수령론'과 후계자론과 연결되는 '넓은 의미의 수령론'으로 구별할 수 있는 것이다. 그리고 이 둘의 관계는 좁은 의미의 수령론이 '수령'이라는 존재와 그의 지위와 역할을 밝힌 것이라면, 넓은 의미의 수령론이란 좁은 의미의 수령론을 포함하여 후계자론까지 포괄하는 것으로 정의할 수 있다.

좀 더 부연 설명하자면 '넓은 의미'와 '좁은 의미'를 다 포함하는 '수령론'은 존재론적 의미에서 수령의 지위와 역할 문제뿐만 아니라 혁명위업 수행 과정에서 수령의 지위와 역할, 후계체제의 구축이 제반 경험과 실천의 총화 속에서 현재적으로 정립된 이론적 정식화·체계화가 이뤄진 특성을 반영하고 있다하겠다. 즉, 수령론에서 "로동계급의 혁명위업은 곧 수령의 위업"이며, 공산주의 사회 역시 "수령의 위업을 한 치도 흔들림 없이 고수하고, 계승 발전"시킬 때만이 가능하다고 밝히고 있는데, 이는 1960년대 후반부터 북한 사회에서 조심스럽게 제기되었던 "대를 이은 혁명위업의 계승"이 결국에는 수령 김일성의 혁명위업 계승을 의미하며, 그 계승을 위해서는 필연적으로 후계의 문제가 제기될 수밖에 없었음을 반증하는 것이라 하겠다.

동시에 수령의 후계자는 수령에겐 끝없는 충실성을, 수령의 혁명위업과 관련해서는 일명, '유훈통치'에서 드러나듯이 '이의 없는' 절대적인 집행을 이뤄야 하는 책무를 부여받게 된다. 이 책무는 수령의 후계자에게 수령의 혁명사상과 영도예술, 고매한 덕성과 풍모를 그대로 체현할 수 있는 기회를 주고, 그 과정에서 쌓아올린 혁명위업의 공적은 절대적인 권위가 될 수 있게 한다. 바로 이 지점에서 수령의 후계자는 수령의 지위와 역할을 그대로 계승해도 된다는 인민의 동의를 받게 되는데, 북한에서는 이를 '주체의 후계자론'으로 정립한 것이다.

이렇게 완성되어진 북한의 후계자론은 먼저 수령의 혁명위업 계승 문제를 앞에서도 밝히고 있듯이 '후계론'이 아닌 '후계자론'으로서 계승 문제임을 분명히 하고 있다. 다시 말해 수령의 혁명위업 계승 문제를 그 본질에 있어서 후계자, 즉 인물의 문제로 분명히 한 것이다. 그렇기 때문에, 후계자론에서 후계자 선정의 대원칙으로 인물 본위를 제시하고 있는 것이다. 김재천은 이를 다음과 같이 설명하고 있다.

"인물이 선출의 절대적이며 본질적인 표징이고 기타는 모두 상대적이고 비본질적이다"면서 "남성이건 여성이건 청년이건 장년이건 관계없이 특출한 인물이면 자격을 지닌다"고 설명하고 있다. 그러면서 그는 또한 "후계자로서 표징을 갖추지 못한 인물을 수령과 혈연관계에 있다고 해서 후계자로 선출하려 하지도 않거니와 후계자로서의 자질과 품격을 훌륭히 갖추고 있는데 수령과 혈연관계가 있다고 해서 주저하고 그를 후계자로 추대하지 않는 것도 아니다"고 결론 맺는다. (『후계자 문제의 이론과 실천』, 출판사불명, 1989, 43쪽)

다음으로 김정일이 후계자로 등장하는 과정에서 확인되듯이 그들은 후계자론에 의해 후계자로 지명되고 후계자로 등장한 것이 아니라, 후계자가 확정되고 실질적으로 '미래 수령'으로서의 지위와 역할을 수행하는 과정에서 사후적으로 정립된 후계자론이라는 특징을 가지게 된다. 즉, 김정일로의 후계자 확정은 후계자론이 정립되기 이전에 이미 후계자로 '추대'되었고, 그의 후계자로서의 성장과정이 사후에 이론적으로 뒷받침되고 정당화되었다는 것이다. 다시 말해 계승의 '경험'을 통한 '이론'화의 과정, 즉 '계승의 이론화' 경로를 밟은 셈이다. '경험을 통한 이론화' 과정과 정확히 일치한다.

그러나 이 과정은 동시에 김정일의 후계자인 김정은과 그 김정은의 후계자는 김정일이 후계자가 되는 과정과는 정반대의 궤도를 따라가야 하는 역설을 발생시켰다. 이유는 그가 후계자가 될 때는 이미 김정일의 경험을 이론적으로 일반화한 후계자론이 존재하기 때문이다. 하여 주체의 후계자론이 김정은의 경험을 이론적으로 일반화하는 과정에서 전망할 수 있는 것은 김정일 후계체제는 계승의 '경험'을 통한 '이론'화의 과정, 즉 '계승의 이론화'로 정립되었으나, 김정일 다음의 후계자인 김정은(김정은 이후부터는 그 다음의 후계자에 똑같이 적용된다)은 김정일과는 정반대의 궤도인 정립된 '이론'에서 '현실'을 정당화시켜야 할 더욱 더 어려운 과제가 놓여있었던 것이다. 북한은 그 어려운 과제—김정은으로의 후계승계를 '의도하지' 않는 권력투쟁으로의 비화도 없었고, 정치후견인 집단에 의한 '꼭두각시' 수령에 불과할 것이라는 우려도 불식시키면서 인민적 동의(추대)를 거쳐 백두밀림에서 발원된 '주체'의 혈통을 강조하고 그 정치·사상적 혈통에 기반을 둔 혁명역사가 재창조되는 방식으로 '후계승계이론의 계승화'를 성공적으로 안착시킨 것으로 보인다.

마지막 특징으로 북한의 후계자론은 수령과 후계자가 권력분점에 의한 공동정권임을 밝혀내고 있다. 그 핵심에 '유일영도체계'와 '유일지도체제'로 구분되는 '영도'와 '지도'의 절묘한 조합에 있다. 즉, '영도'가 수령에게만 붙일 수 있는 것이라면, '지도'는 후계자에게 붙는 용어로, 이 의미가 절묘하다. 정영철에 의하면 수령의 '영도'와 후계자의 '지도'는 본질에 있어 같지만, 그렇다고 둘이 완전히 같은 개념으로 볼 수는 없다는 것이다. 그 첫째는 유일지도체제가 후계자와 연동되어진 개념이라면, 영도체계는 수령과 연동되는 개념이고, 둘째는 수령의 영도체계가 구조적이고 총적인 방향을 제시한 것이라면, 후계자의 유일지도체제는 수령의 영도를 실현하는 구체적이고 실무적인 집행의 성격을 띠고 있기 때문이라는 것이다.(『김정일 체제 형성의 사회정치적 기원: 1967~1982』, 서울대학교 박사논문, 2001, 59~60쪽) 이로부터 수령의 유일사상체계의 완성(유일영도체계 + 유일지도체제)이 갖는 의미는 수령의 영도적 지위와 역할을 계승한 후계자가 원만히 해결되었음과 함께, 후계자는 수령이 심려하는 것을 풀어나가며 수령이 바라는 대로 혁명과 건설을 추진해나가고, 전당·전군·전민이 수령의 후계자가 제시하는 혁명노선과 방침들을 무조건 접수하고 관철하며 수령 후계자의 지시에 따라 하나와 같이 움직이는 혁명적 제도와 질서가 바로 세워졌다는 의미가 있다. 집약하면 후계자는 자신의 지위와 역할을 실현할 수 있는 당, 국가, 군대, 근로단체에 대한 지도체제를 구축하여 당의 민주주의 중앙집권적 규율을 강화하고 모든 것을 자신에게 집중시키며 자신의 결론을 통해서 일을 진행하는 것을 의미한다.

구분	수령	후계자
위상	현재의 최고지도자	'미래'의 수령
구현방식	영도	지도
유일체계	영도체계	지도체제
지도(指導)의 내용	구조적이고 총적인 방향	수령의 영도를 실현하는 구체적이고 실무적인 집행지도

■ 후계자론의 내용

북한의 후계자론에서 정의된 후계자는 다음과 같다.

"수령의 사상과 업적으로부터 수령의 사업 방법, 작풍, 품격에 이르는 모든 것을 그대로 받아 안고 수령의 대를 이어가는 당과 인민의 지도자이며 수령이 개척한 혁명위업을 계승하고 끝까지 완성해나가는 미래의 수령이다."(김유민, 『후계자론』, 96~108쪽)

이로부터 북한의 후계자론은 앞에서도 확인받듯이 필연적으로 현재의 수령과 미래의 수령의 문제 해결을 그 이론적 요소로 갖게 될 수밖에 없다. 그리고 그 문제 해결의 핵심은 위 글에 나와 있듯이 수령에 대한 충실성이었다. 스탈린 사후의 흐루쇼프, 중국의 임표 반란 등에서 확인한 국제공산주의운동의 경험은 수령의 후계자가 충직한 공산주의 혁명가로서 수령에 대한 끝없는 충실성을 간직하고 있지 못할 경우 수령의 혁명위업 그 자체가 좌절되었기 때문에 선대 수령에 대한 충실성을 검증하지 않는다면, 후계자에 의해 어떤 일이 벌어질지 모르는 일이었기 때문이었다. 따라서 수령에 가장 충실한 후계자, 그리고 혁명전통을 충실하게 계승, 발전시킬 후계자를 제1의 조건으로 할 수밖에 없었다.

이외에도 후계자의 자격요건으로는 뛰어난 사상이론적 예지, 탁월한 영도력, 고매한 덕성을 갖춘 인물이어야 한다. 이유는 뛰어난 사상이론적 예지와 탁월하고 세련된 영도예술, 한없이 숭고한 덕성을 한 몸에 지니고 있는 후계자여야 수령에게 끝없는 충성을 다할 수 있고, 그 바탕 위에서 수령의 혁명위업을 계승 완성하기 위한 어렵고 복잡한 투쟁을 빛나는 승리로 영도해 나갈 수 있다고 보는 것이다. 다시 말해 수령의 후계자가 수령의 위대한 사상과 탁월한 영도력, 숭고한 공산주의적 덕성을 완벽하게 체현하야야 한다는 것은 수령이 개척한 혁명위업이 대를 이어 계승하고 완성하기 위한 투쟁인 만큼, 매우 어렵고 간고한 투쟁이자 인민대중의 의사와 요구를 집중적으로 체현할 수 있어야만 하고 더 나아가서는 당과 인민의 지지와 신뢰를 받을 때만이 수령의 후계자는 그들을 하나로 굳게 묶어세워 당과 혁명의 요구, 인민대중의 의사와 이익을 성과적으로 실현시킴으로써 혁명과 건설을 다그쳐 나갈 수 있다고 보는 것에 연유하고 있다.

하여 북한이 내세우는 후계자의 조건은 다음과 같이 요약된다. 수령에 대한 충실성을 최고의 높이에서 체현하고 있어야 하며, 사상이론의 대가로서 수령의 혁명사상을 완벽하게 체현하고 있으며, 수령이 창조한 탁월한 영도예술, 혁명적인 영도방법을 완벽하게 체현하고, 고매한 공산주의적 덕성을 완벽하게 체현하고 있어야 한다.

그리고 이런 후계자가 만들어지려면 **그 첫째, 후계자가 저절로 승계되는 것이 아니기 때문에 수령에게 '후계자 수업'을 받는 기간, 즉 시간적 준비 단계가 있어야 한다는 것이다.** 이는 수령의 후계자 계승 논의 논리를 합리화시키면서 그의 권력 계승의 기

> 김정은의 경우는 후계자 수업 기간이 약 2년여밖에 되지 않는다. '역사적 준비' 단계로 부면 매우 짧은 것이다. 하여 이 문제를 풀기위한 북한의 선택은 후계자 수업의 문제를 물리적 '시간' 개념이이 아닌, '속도' 개념으로 보고 압축적으로 진행시켜 나가 해결하고자 했던 것으로 보인다.

반 구축을 확대 강화하려는 의도이자 충분한 준비기간을 거쳐 대를 이어 계속되는 수령의 혁명위업 완성을 위해 수령의 사상과 이론, 영도예술을 배우기 위한 준비기간이 요하기 때문이다. 둘째, 후계자는 수령의 혁명위

업을 계승해야 하므로 그러기 위해서는 수령의 혈통을 계승할 수 있는 인물이어야 한다는 것이다. 그런데 여기서 우리가 이론적 오류를 범하지 말아야 할 것은 이 '수령의 혈통'을 수령 핏줄의 '혈연적' 혈통으로 이해하는 것이 아니라 수령의 '정치적' 혈통으로 이해해야 된다는 것이다. 그렇게 보는 이론적 근거는 「주체의 혈통을 빛나게 계승해 나가자!」란 제하의 『로동신문』 논설에 "당의 혈통이란 당의 창건과 강화발전, 혁명위업, 개척과 승리를 위한 투쟁행동에서 노동계급에 의해 이룩되는 모든 혁명적 재부를 말한다.(1983. 2. 15)"

여기서 우리가 잘못 해석하면 김정일, 김정은에로의 후계승계가 핏줄승계로 되는 것이다. 물론 김일성의 핏줄이 김정일이고, 김정일의 핏줄이 김정은이니 전혀 핏줄승계가 없다고 하는 것도 무리한 강변일 수는 있다. 그러나 보다 중요한 것은 후계자의 자격요건이 수령의 정치적 혈통을 계승하는 것인 만큼, 이 두 인물이 수령의 핏줄이라는 전제조건 이전에 성립된 조건, 즉 수령의 정치적 혈통을 이어나갈 만큼 충분한 자질과 능력을 갖췄느냐를 보다 먼저 본질적으로 봐 주는 것이다. 즉, '당의 창건과 강화발전, 혁명위업, 개척과 승리를 위한 투쟁행동에서 노동계급에 의해 이룩되는 모든 혁명적 재부'를 계승 발전시킬 수 있느냐가 보다 더 중요하다는 것이다.

에서 알 수 있듯이, 북한에서 당은 곧 수령의 당이고, 따라서 그 연장선상에서 '당의 혈통'이란 곧 '수령의 혈통'이 되는 것이며, 그 혈통의 내용이 '당의 창건과 강화발전, 혁명위업, 개척과 승리를 위한 투쟁행동에서 노동계급에 의해 이룩되는 모든 혁명적 재부'가 되는 것이기 때문이다.

해설 3: 사회정치적 생명체론

북한은 1982년 김정일에 의해 「주체사상에 대하여」가 발표되면서 주체사상에 대한 사상·이론적인 체계성을 갖추고, 이후 총서 10권을 비롯한 주체사상에 대한 후속 작업이 진행되며, 국가적으로는 주체사상이 전 사회적인 분야에서 통치 이데올로기로 작동하게 된다. 그 과정에서 사회정치적 생명체라는 개념이 북한식 사회 유기체관의 핵심으로 자리잡고, 수령은 이

유기체의 최고의 지위와 역할을 갖는 존재로 자리매김하게 된다.

그 최종점에 김정일이 1986년에 발표한 논문, 「주체사상 교양에서 제기되는 몇 가지 문제에 대하여(1986. 7. 15)」에서 수령은 '사회정치적 생명체'의 최고뇌수로까지 그 개념이 확장된다.

> "수령-당-대중의 사회정치적 생명체의 최고뇌수로서, 이 생명체의 활동을 통일적으로 지휘하는 중심이다."

이 정의(定義)로부터 '인민이 주인'이 되는 혁명을 승리로 개척하기 위해서는 자주적 사상의식에 기초하여 형성된 '수령과 당, 인민대중의 삼위일체이자 전일체'인 혁명의 '자주적 주체'가 있어야 한다는 논리로 발전한다. 그런데 문제는 이 혁명의 '자주적 주체'가 저절로 형성되지 않는다는 것인데, 이를 주체사상에 기초해서 해석하자면 '자주적 주체'란 바로 걸출한 수령에 의해 영도되고 형성될 때만이 비로소 혁명승리를 개척하는 자주적 집단으로서 존립하고 기능할 수 있게 되는 것이다.

또한 김정일은 같은 논문에서 "육체적 생명은 부모가 주는 것이지만 사회정치적 생명은 수령이 부여"하는 것으로 하고, 수령은 "사회정치적 생명의 부여자이며 당은 사회정치적 생명의 모태"로 규정하였다.

구분	육체적 생명	사회정치적 생명
생명부여 주체	부모	수령
생명의 유무	유한	무한

이 정의는 사회 정치적 생명체론에 또 다른 기능이 하나 있음을 알 수 있게 하였다. 기본적으로 수령제 사회에 정통성을 부여하는 것이다 즉, 이 이론에 의해 1960년대 후반부터 북한이 당면한 '계승'의 과제와 결부되

어 후계자론 정립으로 나타나게 한 이론적 토대이자 수령론을 정당화하는 이데올로기 체계일 뿐만 아니라 더 나아가서는 주체사상의 철학적 원리, 사회역사적 원리, 영도체계라는 이론에 의해 권력 승계와 관련한 주체적 담론의 기준을 마련하고, 수령제 사회에 대한 정통성 부여와 수령－후계체제로 이어지는 권력 승계가 정당화되고 있는 것이다. 다시 말해 혁명과 건설의 추진 과정에서 제기하고 풀어나간 수령－당－대중의 통합체계를 북한 사회발전의 주체 문제로 인식하고 그러한 토대 위에서 북한식 권력 승계논리를 형성시켜 나갔다는 뜻이면서도, 동시에 김일성 수령과 김정일 후계체제를 정당화하는 논리로 작용하게 되었음을 의미한다 하겠다.

이는 수령이 주체사상의 핵심 키워드이자, 수령·당·대중은 하나의 생명을 가진 유기체적 통일체이며 개별적 사람의 생명의 중심이 뇌수인 것처럼 사회정치적 생명의 중심은 이 통일체의 최고뇌수인 수령으로 발현된다. 부연하면 '뇌수'로서의 수령, 수령과 인민을 결합시키는 '신경' 및 '혈관'으로서의 당, 그리고 '생명체'로서의 인민대중을 삼위일체로 하는 사회 유기체론이라고 할 수 있다. 뇌수가 혈관 및 신경을 통하여 세포와 손발을 활성화하고 움직이며 영원히 불멸하는 하나의 생명체라고 생각한 것이다. 그 중심은 어디까지나 수령이고, 그 수령에 의해 사회정치적 생명이 부여된다는 체계화이다. 더불어 사회의 모든 성원이 당의 지도 아래 수령의 두리에 결속되고, 하나의 사회정치적 생명체를 형성하여 살아가는 사회이자 인민대중의 자주성이 완전히 실현된 사회, 즉 계급적 대립의 청산과 모든 착취와 압박이 없는 사회로의 지향이었다. 김정일은 이를 「인민대중 중심의 우리식 사회주의는 필승불패이다(1991년)」에서 "수령·당·대중이 하나의 사회정치적 생명체를 이루는 사회"로 규정하고 북한을 불멸의 수령에 의해 통치되는 이상적인 국가를 꿈꾸었다.

2. 수령국가론

마르크스레닌주의의 경우 거의 모든 국가에서 통치 이네올로기로부터의 일탈 혹은 재해석 시도가 이루어질 때 이를 둘러싼 사상·이론투쟁, 혹은 권력투쟁의 양상이 필연적으로 동반되었다. 그 연장선상에서 사회주의 국가에서 이론의 변용은 심각한 권력 갈등, 혹은 투쟁을 수반하는 경우로 인식된 것이 다반사였기에, 이론의 변용은 매우 조심스럽게 진행해야 하고, 그 만큼 치열한 논쟁의 과정을 거칠 수밖에 없었다. 그도 그럴 수밖에 없었던 것이 정치적 대의보다는 권력집단의 이해관계에 의해 적용의 변용을 가져왔기 때문이다. 대표적으로 최고지도자를 선출하는 과정에 최고지도자의 덕목, 자질, 능력, 지위와 역할, 정책과 노선 등보다는 스탈린 사후의 흐루쇼프와 일련의 동유럽 사태들이 그러했고, 중국도 예외가 아니었던 것은 마오쩌둥 이후의 권력투쟁이 이를 잘 반증해 주고 있다.

그렇지만 북한은 이와는 정반대의 길을 걸어갔다. 현실사회주의권의 이론적 빈약함을 철저히 분석하여 수령·후계자로의 권력 승계 과정을 이론적으로 정립한 것이 그 예가 된다. 더 철저히 경계하여 '수령-당-대중'의 통일체를 더욱 더 강화하는 방향에서 수령의 후계 문제를 고민하였고, 결과도 김정일, 김정일 이후인 29세의 김정은도 후계승계가 무난히 마무리된 것과, 수령으로 받아들이는 데 있어

이와 관련하여서는 '성찰과 이해'편 'Ⅱ. 이해: 수령국가' 중 '2. '북한적' 사회주의로 북한 이해: 북한은 왜 수령제 사회주의를 선택할 수밖에 없었나?'에서 밝힌 바와 같이 그 첫째는 뇌수가 없는 사람의 생명체가 존재할 수 없듯이 수령 없는 국가도 상상할 수 없다는 것이었다. 그 둘째는 정치사상적 자극 없이 물질적 자극만으로 이뤄진 경제성장의 위험성을 간파했다는 것이다. 그 결과 북한은 철저하게 정치사상적 자극을 우선시 하면서 물질적 자극을 결합시키는 경제성장 원칙과 사업 작풍을 견지해 가고 있다.(여기서 우리가 읽을 수 있는 해독코드는 보수·수구세력의 '주관적' 희망사항과는 상관없이 자본주의, 혹은 중국식 개혁·개방이 이뤄지지 않을 것임을 예고하고 있다는 사실이다.) 그 셋째는 인민과 당과의 관계가 비적대적 모순이어야 하나, 멸망한 소련과 동구권에게는 적대적 모순으로 인해 발생한 인민과 당과의 괴리가 존재한다는 결론이었다.

아무런 문제의식을 느낄 수 없는 사회가 되었다.

그렇다 하여 북한이 모든 것을 다 완벽하게 해결하였다고 볼 수는 없다. 다름 아닌, 후계승계가 원활히 마무리 되는 과정에서 (백두)혈통 중심의 '과소응집'의 법칙을 어떻게 계속 유지시켜 나갈 것인가 하는 과제가 남겨졌다는 사실 때문이다. 이 문제가 왜 그렇게 중요한가 하면 이 '과소응집'의 법칙이라는 것이 수령제가 제대로 작동되지 않아 권위주의적이고 억압적인 체제로 변형될 때는 언젠가는 반드시 지배계급의 단일성에 균열이 일어난다는 것이기 때문이다. 이는 반란·파업·폭동·대중시위 등 빈번한 정치적 폭력, 연정과 내각 구성의 잦은 교체, 쿠데타나 정부 전복 등 정권 불안정성이 상존함으로써 만들어지는 결과임이 이미 역사적으로나 현실적으로나 증명되었고, 언제든지 최고지도자(독재자)를 향한 수직적 충성이 어느 날 갑자기 배반의 칼날로 둔갑되어 최고지도자 그 자신을 향할 수 있다는 것이다.

그런데 문제는 북한의 수령제 사회체제를 이러한 국가체제─억압적이고 권위주의적인─로 볼 수 있느냐 하는 것인데, 그렇지 않다는 측면은 아래 '■북한식 수령제의 특징'에서 충분히 설명되고 있으니까 여기서는 그 반대, '그렇다'의 입장에서 그 반론을 한번 전개해 보면 먼저 현성일은 "김정일은 엘리트의 수직적 충성을 유도하기 위해 지지자들에게 보상과 특권을 제공했다. 핵심 정치엘리트들은 수령에게 충성할 경우 죽을 때까지 당·군·국가기구의 핵심 요직에 임명되어 향유했고, 최상의 대우를 제공받았으며, 사망 후에는 애국열사릉이나 혁명열사릉에 묻혔다.(『북한의 국가전략과 파워엘리트』, 선인, 2011, 113~117쪽, 157~158쪽)"고 서술하여 수령과 정치엘리트들의 관계가 수직적 충성, 즉 '정치·경제적 이득'관계에 의해 형성된 억압적이고 권위적인 국가체제의 특성을 띠고 있음을 밝혔다. 그 근거들로 정치엘리트들에게는 지위에 따른 차등적 특혜 제공을 제도화하고 있다는 사실을 들고 있다. 봉급, 주택, 생필품 공급, 자녀교육, 의료서비스 등으로 말이다. 다음으로 윤상현(새누리당 국회의원) 또한 사치품 수입이 김정은이 후계자로 내정되기 전인 2008년 2억 7,214만 달러였으나 후계자로 내정된 후인 2009년 3억 2,253만 달러, 2010년 4억 4,617만 달러, 2011년 5억 8,482만 달러라는 주장을 담은 「김정은 사지품 수입, 김정일 때보다 70% 증가(2012. 10. 4)」라는 국정감사 보도자료를 내 그 대열에 합류하기도 하였다.

이러한 인식과 견해가 어디 두 사람에게만 국한되겠는가? 그들의 시각으로 볼 때는 최고지도자(수령)가 정치엘리트들의 지지를 유도할 정도로 충분하게 보상하지 않으면 김정은에 대한 지지를 철회할 것이라는 희망적 사고에 집착하게 되는 것이다. 더 나아가서는 최고지도자(수령)는 당근—정치·경제적 이득관계라는 정책—만으로 정치엘리트들을 통제할 수 없고, 정치엘리트들 중에서 신뢰성에 의혹이 생기면 언제든지 축출해야 하기 때문에 보직 변경, 경질, 해임, 숙청 등을 언제든지 할 수 있도록 국가안전보위부·인민보안부·보위사령부 등과 같은 감시·억압기구를 발달시켜 정치엘리트들에게 공포감을 심어주고, 그렇게 그 응집력을 유지시켜 나가고 있다는 인식으로 발전하게 된다. 이 연장선상에서 1950년대의 '8월 종파사건', 1960년대의 '갑산파 숙청'이 있었다고 보고, 김정은 시대에 들어와서 발생한 리영호 경질, 장성택 숙청 등도 그러한 맥락에서 이해하고 있는 것이다.

■ 북한식 수령제의 특징

가. 수령복·인민복으로 화답하다

과연 그런가? 이들—보수·수구세력이 놓친 게 하나 있다. 북한에서 수령과 정치엘리트들과의 관계가 일반적인 의미에서 해석되는 억압적이고 권위적인 국가체제에서의 '정치·경제적 이득' 관계만으로 북한의 수령제 사회를 이해하려는 오독(誤讀)이 그것이다. 북한에서의 수령과 정치엘리트들과의 관계는 항일무장투쟁이라는 역사적 경험에서 출발한 혁명전통에 기초하여 맺어진 관계, 즉 백두밀림에서 발원된 '주체혈통'이라는 정치·사상적 일치, 거기에다 주체사상, 사회정치적 생명체론, 혁명적 수령관, 수령·후계자론, 선군 이데올로기 등으로 무장한 운명공동체로서의 관계라는 점을 간과하고 있는 것이다.

백번 양보해서 북한 사회에서 수령과 정치엘리트들 사이에 '정치·경제적 이득'의 관계 맺기가 인정된다 하더라도 이는 현상적이고 비본질적인 것이라는 데 있다. 본질적으로는 김일성(수령)을 유일 중심으로 하는 주체혈통과 혁명 1세대, 그 뒤를 이어 혁명열사릉과 애국열사릉 및 한국에서의 전쟁(1950년) 전사자들의 대를 이은 유자녀·자녀, 그리고 공화국(노력)영웅 등으로 이어지는 정치엘리트들의 릴레이 충성도는 그 바탕이 혁명적 의리와 동지애를 기반으로 한다. 더 나아가서 북한은 수령과 정치엘리트들 간의 관계를 인민들과 수령과의 관계에서도 작동될 수 있는 일반화를 시도하고 있다. 1959년부터 발간되기 시작하여 12권까지 발행된 『항일빨치산 참가자들의 회상기』가 이를 보다 더 명약관화하게 만들고 있다. 김정일은 거기서 만족하지 않고 김일성의 항일무장투쟁을 배경으로 하는 〈꽃파는 처녀〉, 〈피바다〉, 〈당의 참된 딸〉, 〈밀림아 이야기하라〉라는 4대 혁명 가극을 1970년대부터 제작 발표해 왔다. 그중 〈피바다〉는 북한 발표에 따르면 1971년 7월 17일 첫 공연을 시작한 후 2005년에 누적 공연 횟수가 1,600여 회를 기록할 정도이다.

이외에도 1980년대에 들어와서는 김정일이 김일성을 중심으로 하는 항일무장투쟁사, 혹은 김일성과 그 동료들 사이에 맺어진 혁명적 의리와 동지애를 다룬 〈조선의 별〉이라는 10부작 혁명영화와 〈불멸의 역사〉라는 혁명소설도 출판하여 '수령과 인민들과의 관계'가 어떠해야 하는지를 인민들 속으로까지 파고들어 가게 하였다. 각 생산 단위와 학교 등에서는 학습소조나 연구토론회, 감상 모임 등을 조직해서 주제별로 장기간 학습－발표－토론을 일상화하였고, 항일무장투쟁은 전 교육과정의 필수적 교과목일 뿐만 아니라 유치원과 인민학교는 '경애하는 수령 김일성대원수님의 어린시절,' '력사'를, 고등중학교는 '위대한 수령 김일성 대원수님의 혁명활동,' '력사'를, 대학교는 '위대한 수령 김일성동지 혁명력사'를 교육하게 한다.

KBS 2014년 11월 24일자 방송보도에 따르면 북한은 2014년부터 '김정은 혁명역사'도 고등중학교 정규과목으로 채택한 것으로 되어 있다. 그 뒤 5개월 후에는 『김정은 혁명활동 교수참고서』가 공식적으로 각급학교에 배포되었으며, 중학교용 교수참고서는 130여쪽, 고등학생용은 150여쪽 분량이고, 수업은 중학교 3년 동안 22시간, 고등학교는 25시간을 의무적으로 이수하도록 돼 있다고 알려졌다.(『KBS 방송』 보도, 2015. 4. 8)

결론적으로 북한은 수령-당 간부(정치엘리트)-인민으로 이어지는 모든 관계가 하나의 가치관과 사상·도덕적 기준의 규범에 의해 형성되는 관계일 뿐이다. 그러다 보니 북한은 자유민주주의적 시각으로부터 인식되는 억압적이고 권위적인 국가체제에서는 반드시 그 반대급부로 존재해야 하는 정치세력이나 시민사회진영('안티세력')은 존재할 수도 없으며 실재 존재하지도 않는다(그리고 이 말뜻은 결국 북한체제를 내부에서 흔들 수 있는 세력이 없다는 말이기도 하다). 오히려 수령과 당(간부), 인민 사이에는 수령복, 혁명적 동지애, 인민복이 아주 정교하게 작동하고 있다.

이를 우리는 앞선 글에서 북한 수령제가 수령 개념의 역사적 변천과도 궤를 같이하지만, 그 완성은 사회정치적 생명체론의 등장과 일치하고 있음을 알 수 있었다. 동시에 수령론, 후계자론, 사회정치적 생명체론 등은 모두 수령의 존재를 빼놓고는 성립되지 않고, 주체사상의 경우도 인민대중의 자주성을 강조하고 있기는 하지만, 결국에는 수령론으로 귀결되고 만다는 비판도 감수하면서 그들은 왜 악착같이 그 이론적 완성도를 높여내고자 했던지에 대해서도 알 수 있었다. 그 한 예로 수령의 유일사상체계가 확립되는 과정에서 자유민주주의적 시각으로 보면 수령에 대한 개인숭배는 한층 더 심화되어 '인민의 위대한 어버이', '수령님의 사랑과 배려', '어버이 수령님' 등으로 표현되는 존칭어가 북한에서는 이 표현을 좀 달리 해석해내고 있었던 것이다. 함의하고 있는 것을 문장이 좀 길기는 하지만, 비전향장기수 이인모의 글을 통해 확인하면 다음과 같다.

"인간에 대한 사랑이 인간에 대한 증오를 이긴 력사의 날로 말하면 아마도 제가 분계선을 넘어 사회주의 조국의 품으로 돌아온 3월 19일일 것입니다. 그날로부터 1년 세월이 흘렀습니다. 눈에 흙이 들어가도 잊지 못할 나의 1년 세월은 한생을 바쳐서도 잊을 수 없고 온 천하를 주고도 바꿀 수 없는 가장 귀

이인모 非전향장기수는 1950년 '한국에서의 전쟁' 당시 종군기자로 활동하기도 하였다. 이후 석방되어 경남 김해김상원이라는 농민의 집에 기거하였고, 그러던 중 1993년 2월 제13대 대통령으로 취임한 YS가 취임사에서 '어느 동맹국도 민족보다 나을 수 없다'라는 언급이 있는 뒤 전격적으로 북송된 최초의 인물이다. 이렇게 북송된 이인모는 북한에서 '신념과 의지의 화신', '신념의 강자' 등으로 불리다가 2007년 6월 16일 사망한다. 유해는 애국렬사릉에 안장되어 있고, 량강도에는 리인모인민학교가 설립되었다. 아울러 조선민주주의인민공화국 영웅칭호와 북한의 다부작 영화 《민족과 운명》에서도 삶의 소재로 다뤄졌을 뿐만 아니라, 북한 통일거리에 반신상이 세워져 있다.

중한 것을 얻고 깨달은 꿈같은 365일이었습니다. 1년을 회고하면 감회가 뜨거워 자꾸 눈물이 납니다. 제가 남에서 보낸 43년이 삶을 빼앗기고 무덤으로 가는 죽음의 낮과 밤이었다면 북에서 보낸 1년은 새 생명을 받아안고 최상의 행운을 누린 새 삶의 분과 초였습니다. 지난날 사람들이 수십 년간 타향에 나가 살다가 귀향할 때면 금의환향이라고 출세를 하고 돌아오는가 하면 재산을 모아가지고 온다고 하였습니다. 저도 어릴 때 서울이나 일본 동경에 갔다가 사각모자를 쓰거나 코수염에 나비넥타이를 매고 돌아온 사람도 보았고 〈히로〉담배를 피우며 깨끗한 향촌의 정서를 어지럽히는 사람도 보았습니다. 그러나 저는 남쪽에서 인생의 고목이 되도록 40여년을 살다가 돌아왔지만 가지고온 것이란 손잡이조차 떨어진 빈 트렁크 하나밖에 없었습니다. 제가 돌아올 때 가지고온 것이 있다면 그것은 오직 한 가지 우리 수령님과 우리 당, 우리 사회주의에 대한 신념뿐이였습니다. 이것은 제가 가지고온 가장 소중한 정신적 재산이라고 하겠습니다. 이런 정신은 제가 남쪽에서 인생고초를 겪으며 굳혀진 것이였고

남쪽의 많은 지인들의 가슴속에도 그러한 뜻은 간직되여있는 것이라 보겠습니다. 저는 그사이 조국의 품에 안기여 살면서 많은 것을 느끼고 깨달았습니다. 그중에서도 제일 강하게 절감한 것은 우리 인민이 **수령복**(강조는 필자)을 타고났다는 그 점입니다. 제가 50년도에 남으로 떠날 때에는 절세의 애국자이시고 만고의 영웅이신 위대한 김일성장군님만을 알고 갔는데 43년 만에 다시 돌아와보니 또 한 분의 장군이 계시여 정치를 하시였습니다. 그분이 바로 만민이 숭상하는 우리의 지도자 김정일동지이시였습니다. 물론 저는 남쪽에 있을 때 〈친지김동〉으로 불리우시는 김정일동지에 대한 이야기를 많이 들었지만 조국에 와서 그분을 더 잘 알게 되였습니다. 남들은 자기 민족사에 참된 령수를 한 분도 모시지 못해 곡절을 겪고 있지만 우리 인민은 천하제일의 수령을 두 분이나 모시고 있어 가슴을 내밀며 살고 있으니 이 얼마나 큰 행운입니까. 더우기 시국이 복잡한 이때 타고난 무에 천재적인 문을 겸비하시고 수령님에 대한 각별한 충정을 지니신 우리의 지도자 김정일동지와 같으신 절세의 영걸을 모시고 있으니 지금 우리 인민이 얼마나 큰 덕을 입고 있습니까. 저는 김정일동지의 위인상과 인간상에 탐복할 때마다 저도 모르게 무릎을 치며 우리 인민이야말로 **수령복**(강조는 필자)이 있구나 하고 마음속으로 외우군 합니다. 남들이 부러워하듯이 우리는 정말 **수령복**(강조는 필자)이 있습니다.”(「우리는 수령복이 있습니다.(1994. 3)」, 『우리민족끼리』, 2012년 1월 27일)

이처럼 의하면 북한 인민들은 수령복(首領福)을 타고난 행복한 백성이 되는 것이다. 김정일은 이에 화답이라도 하듯 인민복(人民福)으로 그 화답송을 보낸다. 수령도 인민복(人民福)이 있다는, 그리고 그 인민복은 현지지도를

> 이 의미와 같은 것으로는 김정일에게는 '장군복', 김정은에게는 '대장복'이라 불리고 있다. 각각 풀이하면 수령복은 '김일성을 수령으로 모시는 것이 복', 장군복은 '김정일을 장군으로 모시는 것이 복', 대장복은 '김정은을 대장으로 모시는 것이 복'이라는 뜻 정도가 될 것이다.

통해 지속적으로 인민들과 접촉함으로써 수령 자신의 권위를 '인민성'에 부합하도록 하게 한다. 하여 인민은 위대한 수령이 있어 행복하고, 수령은 훌륭한 인민이 있어 행복하다는 순환논리로 '수령복 ↔ 인민복'이 하나로 결속되는 것이다. 그래서 그럴까? 북한 주민은 '수령의 교시'및 ' 지도자의 말

씀'을 최고의 가치로 여기며 가슴에 단 배지('초상 휘장')에서부터 가정, 직장, 사회 등 일상생활 구석구석에서 '수령과 같이' 생활한다. 모든 가정과 직장에는 김일성·김정일(김정은) 수령 사진을 걸어야 하며, 집안에서 가장 소중히 여겨야 할 대상으로 취급받는다. 모든 교과서에는 각 단원별로 '수령의 교시'나 '지도자의 말씀'이 제시되어 있으며, 수업이 시작되기 전에 수령의 혁명역사가 강의 배치된다. 생활총화에서도 '수령의 교시'나 '지도자의 말씀'을 인용하여 비판해야 한다. 이처럼 체제, 사회, 생활 등 전 분야를 통틀어 수령은 항상 그 중심에 있다.

나. 수령승계의 제도화가 이뤄지다

헌법 개정과 제도화

다 아시다시피 북한은 1998년 김일성헌법 제정으로 국가 주석직을 폐지하는 한편, 국방위원회 위원장의 권한에 대해 일체의 무력을 지휘 통솔한다는 종전 규정에다 개정헌법(2009년)에서는 국방위원장이 국방사업 전반은 물론이고 "국가의 전반 사업을 지도한다"고 추가함으로써 명실상부한 최고 권력자가 되게 하여 수령과 국방위원장의 권한을 일치시켜 놓았다. 이는 북한이 다른 국가들과는 달리 혁명적 군인정신을 사회발전의 추동력으로 규정하는 국가임을 대내외에 선포한 것이라 하겠다. 따라서 2009년 개정된 북한헌법은 북한의 현실을 반영하고 김정은으로의 권력승계를 염두에 뒀다고 보면 된다. 즉, 국방위원장과 국방위원회의 임무와 권한 강화를 규정한 것은 권력행위의 제도화를 추구한 것으로 볼 수 있고, 이는 김정일이 자신의 후계구축 과정에서 발생할지도 모를 혼란을 사전에 방지하기 위해 후계자가 국방위원회를 통해, 특히 국방위원장(실재에 있어서는 국방위원회 제1위원장의 직책으로 나타났다) 직에 취임해서 통치할 수 있는 그 제도적 장치를 마련한 것으로 볼 수 있다.

이로부터 그 제도화가 갖는 특징의 첫째는 국방위원장을 국가의 '최고지도자'로 명문화하였다는 사실이다. '제6장, 제2절'을 신설하여 그 위상과 권한을 대폭 강화하여 최고지도자(수령)의 절대 권력을 법제화하고, 국방위원장을 '최고영도자(제100조)'로 명시함으로써 국가의 최고직책을 국방위원장으로 규정하였다. 그 둘째는 국방위원회의 위상 및 권한을 강화하였다는 사실이다. 국방위원회는 국방위원장 하위에 있는 국가기구로서 군사 관련 업무뿐만 아니라 국가의 중요 정책을 입안하는 기관으로 국가의 중요정책 수립권 및 감독권, 국가기관의 결정과 지시·폐지권(다만, 명령권은 국방위원장이 갖는다)을 갖게 되었다.

당 규약 개정과 제도화

북한은 2010년 9월 28일에 제3차 당 대표자회를 개최하고 조선노동당 규약을 개정하는데, 여기서도 2009년에 개정된 헌법과 마찬가지로 권력 체계적 측면에서 가장 두드러진 특징으로 후계승계 문제가 완전히 해결됐다고 선언한 것이다. 이를「주체혁명위업에 대한 영도의 계승 문제를 정확히 이해할 데 대하여」(『김일성방송대학』, 2011. 6. 21)에서는 이렇게 표현하고 있다.

> "지난 주체99(2010)년 9월에 있은 조선로동당대표자회는 주체혁명위업 계승의 일관성, **영도의 중심의 공고성**(강조는 필자)을 힘 있게 과시하고 그를 더욱 확고히 담보할 수 있는 근본조건을 마련한 역사적 계기로 되었다.(중략) 이 위대하고 자랑스러운 현실은 주체혁명위업에 대한 영도계승원칙과 방식의 정당성에 대한 뚜렷한 실증으로, 그 누구도 부인할 수 없는 명백한 증거로 된다."

이에 따라 북한은 2012년 4월 11일에 개최된 제4차 당 대표자회에서 김정은 부위원장을 제1비서로 추대하면서 김정은에 대해 "천재적인 예지와 정력적인 사상리론 활동으로 절세의 백두산위인들의 혁명사상을 발전풍부화하시여 김일성-김정일주의로 빛내었다(『조선중앙통신』 2012. 4. 11)"라는 것을 그 증거로 내세웠다. 이렇게 사실상의 국가 최고 법률이라 할 수 있는(그렇게 보는 이유는, 북한헌법 제11조에 "조선민주주의인민공화국은 조선로동당의 영도 밑에 모든 활동을 진행한다"라고 규정되어 있기 때문) 당 규약서문을 개정하면서 김정은 수령체제를 인정한 것은 김정은 중심의 당-국가체제가 수립되었다는 것을 의미할 수밖에 없다. 이에 대해 유영식은 다음과 같이 해석하고 있다.

> "김정일이 '영원한 총비서'로 추대됨에 따라 김정은에게 조선로동당 제1비서의 직책을 부여하여 당의 최고수반으로써 당을 영도하며 국가적으로는 김일성·김정일의 사상과 노선을 실현해 나가겠다는 의지의 표현이었다." (『북한, 열판 편의 에세이로 말하다』, 창과현, 2015, 85쪽)

그런데 우리가 유영식의 말을 빌리지 않더라도 조금만 신경 써서 개정된 당 규약(2012)을 분석하면 주체의 『수령후계자론』이 얼마나 충실하게 당 규약에 반영되어 있는지를 알 수 있다. 선대 수령(김정일)을 김일성과 동격화(영생화와 지도사상화)한 것이라든지, 김정은 자신은 당제1비서직을 신설하여 그 대를 잇는 영도자임을 명시한 것 등이 이에 해당된다.

구분		개정내용
동격화	영생화	김정일은 "영원한 총비서"이자 "영원한 수령"
	지도사상	"김일성(주체사상)-김정일(선군사상)주의"
영도자	절대권력	김정은은 "조선로동당과 조선인민의 위대한 령도자"
	수령의 반열	제1비서는 "당의 수반으로 당을 대표하고 전당을 령도하며, 김일성·김정일 사상과 로선 실현"

다. 선대 수령을 영생화하다

북한이 제3차(2010년)·4차(2012년) 당 규약 개정과 헌법개정(2009년·2012년)을 통해 김정은 중심의 유일사상체계(수령체제)를 확실하게 구축하였음은 앞에서 살펴본 대로 여러 가지 정황으로 볼 때 분명하다. 이를 수령체제의 관점에서 봤을 때 그 특징 중의 하나가 선대 수령의 영생화를 법제화한 데 있다. 2009년 개정된 헌법에서 김정은은 김정일에 의해 마련된 국방위원장의 임무와 권한을 그대로 이어받고, 국방위원장(혹은, 제1위원장)을 사실상 주석제화한 제도적 특징을 그대로 이어간 것이 그것이다. 실제 2012년 4월 13일에 개최된 최고인민회의 제12기 제5차 회의의 내용을 당일 『조선중앙통신』이 보도하면서 "최고인민회의 제12기 제5차회의에서는 조선로동당 제1비서이시며 조선인민군 최고사령관이시며 조선로동당 인민의 최고령도자이신 경애하는 김정은 동지를 조선민주주의인민공화국 국방위원회 제1위원장으로 높이 추대하였다"고 밝혔고, 통신은 이어 김정은에 대해 "문무를 겸비하신 위대한 정치가이시며 비범한 예지와 탁월한 령도력, 무비의 담력과 숭고한 혁명적 동지애를 지니시고 거창한 혁명실천으로, 주체혁명위업을 곧바른 승리의 한길로 전진시켜 나가시는"이라며 김정은 국방위 제1위원장 추대 이유를 알렸다. 또한 "김정은 동지를 공화국의 최고수위에 높이 모신"이라고 해 사실상 김정은 국방위원회 제1위원장이 최고지도자임을 분명히 했다.

그러다보니 김정일 국방위원장은 '영원한 국방위원장'과 '영원한 총비서'가 될 수밖에 없었으며 김정은 자신은 당 제1비서와 국방위 제1위원장이 됐다. 그 패턴이 김정일에 의해 김일성이 '영원한 국가 주석(1998년 개정헌법)'으로 명명되어졌고, 김정은에 의해 김정일이 '영원한 국방위원장(2102년 개정헌법)'과 '영원한 총비서(2012년 개정 당 규약)'로 명명되어진 것이다. 명백한 최고지도자에 대한 예우이자 수령 영생화의 전통을 법제화한 것이다.

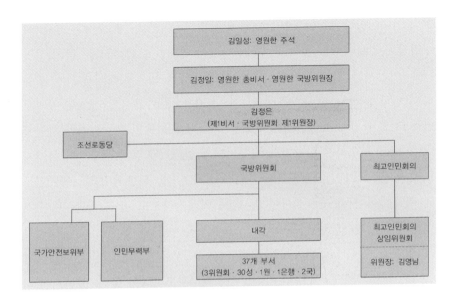

■ 작동 메커니즘

가. 현지지도

현지지도에 대한 정의

김일성은 1945년 소련으로부터 귀국한 지 얼마 지나지 않은 9월 24일 평양곡산공장을 방문하였다. 이것이 해방 후 김일성의 첫 현지지도였다. 이런 현지

북한 언론에 따르면 김일성 주석은 해방 이후부터 1994년 7월 사망할 때까지 현지 지도한 횟수가 국내외 포함 8천여 회가 된다고 한다, 구체적으로는 군·기업·지역 등 현지 지도 단위 수만 2만 600여 개이고, 그 날자 수는 8천 650여 일에 달하며, 그 노정의 총 연장거리는 무려 57만 8,000여 km(144만 5,000여 리)이다. 이는 해마다 평균 160회에 걸쳐 360여 개 단위를 지도하면서 약 1만 1천km의 길을 다닌 꼴이다.

지도에 대해 북한의 『조선말대사전』(1992)에 따르면 "현지에 직접 내려가서 지도하는 것"이며 "가장 혁명적이며 인민적인 대중지도 방법의 하나"라고 정의되어있다. 그 이전인 1974년에 발행된 『근로자』 제4호에는 「어버이 수령님께서 보여주신 정력적인 현지지도의 위대한 모범」이라는 글이 실렸는데, 여기서는 "당의 지도와 인민대중의 결합을 높은 형태에서 가장 훌륭히 구현하게 하는 령도방법"이며, "당 정책을 대중 자신의 것으로 철저히 만들고 그 관철에로 인민대중의 힘을 능숙히 조직동원하는 위력한 사업방법이다(8~10쪽)"라고 현지지도가 정의되고 있다. 이 두 정의로부터 현지지도를 사전적으로만 이해한다면 북한의 현지지도는 북한의 조선노동당원들과 관료들이 기준으로 삼아야 할 활동 방식이라고도 할 수 있는 것이다. 이는 우리가 알고 있던 통념, 즉 최고지도자(수령)가 현지에 직접 내려가 그 실태를 구체적으로 파악한 것에 기초해 그 문제점과 결함을 해결하고 올바른 사업 방향을 제시하는 방법이자 최고지도자만이 할 수 있는 수령의 통치수단이라는 이해만이 전부가 아님을 안내하고 있다.

그렇지만 이러한 이해는 현실을 무시한 관문적 해석에 따른 결과이다. 이유는 역사적으로나 현실적으로 확인받은 분명한 사실은 북한 최고지도부, 즉 수령과 그 후계자만이 독점하여 사용하는 특유의 정치방식을 의미하기 때문이다.

유일사상 10대원칙을 내세우면서 수령제를 한참 강화하기 시작한 1960년대 후반부터 현지지도는 수령제와 밀접한 연관성을 가지게 된다. 『근로자』 제11호(1969) 「김일성동지의 위대한 현지지도방법을 따라 배우자」에서 현지지도를 "위대한 혁명사상과 고매한 공산주의적 덕성의 빛나는 구현이며 가장 철저한 혁명적 사업 방법과 인민적 사업 작풍의 집중적 발현"이자 "혁명과 건설의 매개 부문, 단위, 전국의 매개 지방의 생동한 현실 속에서 혁명발전의 현실적 및 전망적 요구와 인민대중의 지향과 념원을 통찰하고 대중의 풍부한 투쟁 경험을 포착하며 그것을 일반화하여 현명한 로선과 정책으로 집대성하는 혁명의 위대한 수령의 탁월한 령도방법(2~3쪽)"이라고 소개되고 있는 데서 그 근거는 확인된다. 즉, 현지지도는 최고지도자가 현장 방문을 통해 현지의 인민대중과 직접적으로 접촉, 현지의 사정을 파악하고 이에 대한 올바른 사업 방향을 제시해 주는 지도 방법이라는 것인데, 그 구현 양태는 일반적 지도(정치사업)와 개별적 지도(경제사업)를 결합해서 대중의 자발적 의식을 고취하고 혁명적 열의를 이끌어내는 것이다.

그러한 혁명적 열의를 이끌어내기 위한 현지지도의 기능은 김일성이 농촌경리부문 지도일군협의회에서 한 연설(1980. 9. 21), 「올해 농사 경험과 다음해 영농 사업방향에 대하여」에서 언급한 아래의 내용에 그 해답의 한 단면이 있다.

> "얼마 전에 우리나라를 방문하였던 어느 나라 사람이 나에게 왜 지방에 자주 현지지도하러 다니는가 하고 물었습니다. 그래서 나는 사회주의사회에서 관료주의가 나타나면 자본주의사회의 관료주의보다 더 무섭다. 자본주의사회는 사적 소유에 기초한 사회인 것만큼 정부에서 아무리 관료주의를 부려도 개인 기업가들은 자기들에게 리득이 있으면 움직이고 없으면 움직이지 않기 때문에 관료주의가 통하지 않는다, 그렇지만 사회주의사회는 집단주의에 기초한 사회이기 때문에 위에서 한 사람이 지휘를 잘못하면 큰 편향을 범할 수 있다, 나는 군중의 목소리에 귀를 기울이고 그들의 요구에 맞게 사업하기 위해 늘 아래에 내려간다고 말하여 주었습니다."

이를 명료하게 해석하면 "사회주의사회에서 관료주의가 나타나면 자본주의사회의 관료주의보다 더 무섭"기 때문에 이를 방지하기 위해 자신은 늘 아래로 내려간다는 것이다. 동시에 "나는 군중의 목소리에 귀를 기울이고 그들의 요구에 맞게 사업하기 위해 늘 아래에 내려간다."는 표현에서는 김일성이 생각한 현지지도의 목적을 크게 세 가지 정도로 유추해 볼 수 있다. 그 첫째는 구체적 현실과 인민의 지향을 반영한 정책과 방침들을 구성하고 작성하기 위한 실태 파악이고, 그 둘째는 당의 노선과 정책을 대중들에게 이해시켜 그들을 발동하기 위한 것이고, 그 셋째는 한 단위에 대한 구체적 지도를 통해 모범을 창조하고 이를 일반화하는 것 등이 그것이다. 즉, 중심 고리를 잘 찾아 한 점(곳)에 모범 창출의 역량을 집중하고 지속적인 현지지도를 통해 관리와 감독을 높여 생산 열의를 고취하여야 한다는 것이다.

한호석(통일학연구소 소장)의 다음 글은 이를 확증시켜 준다.

> "북한에서 '수령의 현지지도'는 국가와 사회의 전 분야를 대상으로 하는 가장 중요한 정치사업이며 위기와 난관를 극복하는 결정적인 동력으로 작용하였다고 믿고 있으며 이것은 북한만이 갖고 있는 국정운영의 독특한 전통이다."(「선군혁명영도와 제2의 천리마 대진군」, ⟨http://www. onekorea.org⟩)

이처럼 북한에서는 사용되는 현지지도는 수령만이 독점할 수 있는 국정 운영방식이다. 좀 더 정확하게 말하자면 수령의 통치행위의 한 수단이자 행동양식에 해당되는 것이고, 확장된 개념으로의 이해는 '영도예술'로까지 불러지는 북한만의 특유한 정치지도 방식이기도 하다. 『로동신문』 2002년 2월 20일자에서도 이는 확인된다.

> "정력적인 현지지도로 천만군을 불러 일으키시여 사회주의 건설의 새로운 앙양을 일으켜 나가시는 것은 위대한 김일성·김정일 동지의 독특한 령도방식 이다."

이와 같이 정치지도 방식으로 구현되는 현지지도는 사회정치적 생명체의 최고뇌수인 수령에게만 주어지는 것이다. 즉, 그 뇌수인 수령이 일반 인민과 접하는 기회가 현지지도이고, 수령은 이 현지지도라는 통치행위를 통해 일반 인민과 접촉하고 정치(정책)지도를 행하는 것이다.(현재까지 알려진 것 가운데 가장 대표적인 정형으로 '청산리 방법'과 '대안의 사업체계'가 있다.)

또 다른 측면에서의 현지지도에 대한 해독코드는 현지지도가 행해진 분야와 동향을 통해 수령의 통치 스타일과 수령이 집중적으로 고민하고 있는 정책적 고민을 읽어낼 수 있다는 점이다.

이를 김정은에 적용할 경우, 김정은 자신이 후계자로 있던 시절과 김정일 사망 직후에는 주로 군부대 시찰에 집중하였다면, 김정일 사망으로 인한 충격이 서서히 완화되고 자신이 수령으로 전면으로 등장한 이후에는 정치행사, 공연관람, 사회시설, 경제현장 등 시찰 분야가 매우 다양하고 넓어지고 있다는 것을 알 수 있다. 왜 그럴까? 수령으로서 전략적 행보를 하고 있기 때문이다. '인민생활 향상'이라는 국가적 과제 해결에 집중하고 있다는 대내외적인 과시, 즉 '광폭' 행보로써 말이다. 다시 말해 '인민 속으로'라는 모습을 연출하여 '어버이' 수령의 풍모와 자질을 인민들로부터 각인받기 위함인 것이다. 이는 『수령론』에 입각해 보더라도 수령은 당·정·군 전 분야를 아우르는 최고 영도자임으로 인해 당을 활용한 내부 정치도 관리해야 하고, 국정 최고 책임자로써 민생과 외교 문제도 살펴보아야 하기 때문에 특정 분야인 군부대 방문에만 과도하게 힘을 쏟을 수만은 없다는 사정과 관련되어 있다. 최진욱 외,『김정은 정권의 정책전망: 정권 초기의 권력구조와 리더십에 대한 분석을 중심으로』(서울: 통일연구원, 2012) 39쪽에 정리되어 있는 '2012년 1~10월 중 김정은의 공개 활동 빈도'라는 표를 분석하면 더욱 명확하다.

구분	1월	2월	3월	4월	5월	6월	7월	8월	9월	10월	계
정치행사	1	3	2	13	1	2	3	1	2	5	33
군부대 시찰	6	4	3	3	3	0	0	5	0	0	24
공연관람	4	1	1	3	2	1	3	1	4	2	24
경제현장	2	0	0	1	2	0	2	1	4	0	13
사회시설	1	0	0	7	4	0	6	0	3	2	23
기타	0	0	0	0	0	0	0	1	0	0	1
총수	14	11	6	27	12	3	14	9	13	9	118

'현지시찰'과의 차이

자본주의 국가에서도 북한의 현지지도와 유사한 '현지시찰'이라는 것이 있다. 굳이 역사를 거슬러 올라가 그 연원을 찾자면 대한민국의 경우에는 조선시대 임금들이 민심을 살펴보기 위해 궁궐 밖을 나가던 행위, 즉 '암행'과 비슷하며 자유민주주의국가에서는 최고 통치자들이 민생시찰이라는 이름으로 행해지는 통치행위이다. 하여 자본주의 국가에서는 국가수반이라면 현지시찰과 같은 형식을 통해 국가정책의 집행을 현장에서 점검하는 것이 그 나름 중요한 통치행위의 하나로서 어느 국가에서든 흔히 볼 수 있는 일반적인 현상이기도 하다.

그렇게 일반적인 현상이기는 하다. 하지만, 현지지도와 현지시찰에는 중요한 차이가 하나 있다. 대부분의 경우 국가수반의 현지시찰은 아주 예외적인 경우에만 진행되는 것으로써 정국전환용이거나 민심을 떠 보기 위한 다분히 의례적이거나 형식적인 경우이고, 민심 파악도 대체적으로 청와대(혹은, 백악관 등)와 같이 대통령관저에서 주요 인사들을 초청하여 이뤄지는 것이 일반적이다. 그렇지만 북한의 경우에는 현지지도가 아주 예외적이거나 의례적으로 진행되는 '민심탐방'과 같은 기획정치 행위가 아니라 가장 일반적이고 보편적인 정치 활동이 된다. 따라서 북한의 현지지도는 여타(자유민주주의 국가의)국가수반들이 행하는 현지시찰과는 크게 다르다 할 수 있으며 이는 북한 특유의 고유한 정치방식이라고 볼 수 있는 것이다.

그렇게 보는 구체적 이유는 북한의 수령들이 대통령 관저와 같은 건물을 가지고 있지 않으며 그 집무실은 관저가 아니라 전국의 공장, 농촌, 어촌, 군인들의 초소라는데 있다.(김정일, 그리고 김정은이 공식적으로 가장 많이 사용한 집무실로는 조선노동당 중앙위원회 청사로 알려져 있다) 그리고 이 표현이 결코 과하지 않는 것은 실제 김정일 국방위원장의 경우 평균적으로 365일 중 120일 이상을 현지(현장)에서 보냈기 때문이다. 김정은도 마찬가지이다.

나. 부부장 직할체제

북한에서 흔히 볼 수 있는 정치적 풍경 중의 하나는, 노동당의 경우 부장이라는 직책이 있으면서도 부장이 공석인 경우가 많거나 원로라는 사실이다. 가령 조직지도부가 있으면 그 부서의 장이라 할 수 있는 부장이 있는 것이 마땅하다. 그런데 북한의 노동당에는 어떤 특정부서에 부부장만 있고, 부장은 공석이거나 원로로 채워져 있는 경우가 다분하다. 특히 조직지도부, 선전선동부, 국가안전보위부가 이에 해당되는데, 이유는 조직지도부의 경우 핵심부서이고, 선전선동부는 북한의 통치이데올로기를 전파하는 데 핵심적인 역할을 담당하고, 국가안전보위부는 공안기관이기 때문인 것으로 짐작된다. 그리고 이러한 공석, 혹은 원로 임명은 당의 총서기(제1비서)인 수령(혹은, 후계자)이 실질적으로 겸직하거나 업무를 챙기기 때문에 발생하는 현상이라 할 수 있겠다. 이 연장선상에서 북한에서는 '부장'이 공석이 아니라하더라도 실권은 '부부장'에게 있는 경우가 많다. 그래서 속된 말로 장(長)은 대외적인 이미지만 갖는 '얼굴마담'이고, 실권은 부(副)에 있는 경우가 다반사이다.

추측컨대 2가지 이유가 있다. 첫째는 수령제 사회주의의 특성상 수령(혹은, 후계자)이 직접 챙기고 싶은 업무 영역이 있다는 것이고, 둘째는 북한 사회주의 체제의 특성중의 하나인 노(老)·장(長)·청(靑)의 조화에 근거한 조직원리가 반영된 결과이기도 하다. 실제 오경섭에 따르면 북한의 정치엘리트 집단 126명에 대한 연령분포를 조사해본 바 20대 1명(0.8%), 50대 12명(9.5%), 60대 38명(30.2%), 70대 23명(18.3%), 80대 16명(12.7%), 90대 3명(2.4%),

> 정치엘리트라는 개념은 당에서 차지하는 직책·직위에 따른 개념(좁은 개념)으로서의 당 총비서, 정치국 상무위원, 정치국원이 포함되는 최상층 지도부와 함께, 당 중앙위원, 각급 지방당 중앙위원, 당 정치국 비서, 전문부서 부장, 내각 상 등 확장된 개념도 포함함은 물론이고, 더 나아가서는 중앙군사위원회 위원, 국방위원회 위원까지를 포함시키는 개념이 되겠다.

미확인(군부) 33명(26.2%)으로 나타났다.(『정치엘리트 응집력과 김정은 정권 안정성』, 세종연구소, 2013, 12~13쪽) 군부 인사 33명의 나이가 확인될 경우 60대 이상의 비중은 훨씬 높아질 것이다. 그 욕심을 버리고 확인된 것만 기준으로 했을 때도 정치엘리트들의 평균 나이는 70.3세였다.

이로부터 부부장 직할체제가 갖는 함의는 노(老)에 대해서는 명예, 장(壯)에 대해서는 예우, 청(靑)에 대해서는 실질적인 권한을 주어 노·장·청의 조화를 이뤄나간다고 볼 수 있다. 실제에 있어서도 김정일은 「혁명선배를 존대하는 것은 혁명가들의 숭고한 도덕의리이다(1995. 12. 25)」라는 담화를 발표하면서 실무 핵심간부(부부장)들에게는 혁명원로들에 대한 예우를 지키도록 요구했고, 실무 핵심간부(부부장)와 혁명원로들 사이에 갈등이 발생하면 부부장을 해임시키거나 다른 보직으로 이동시킴으로써 원로들의 편을 들어주기도 하였다.

> "우리 인민은 앞선 세대 혁명가들을 혁명선배로 존대하며 그들의 혁명정신과 투쟁업적을 더없이 귀중히 여기고 있으며 선배들이 개척한 혁명위업을 충실히 계승발전시켜 나가고 있습니다. 이것은 우리 인민이 대를 이어 빛내여 나가는 숭고한 도덕의리이며 우리 혁명이 복잡한 환경 속에서도 끄떡없이 승승장구하고 있는 근본요인의 하나입니다. 세계사회주의운동의 력사는 혁명선배들을 존대하고 그들이 이룩한 혁명업적을 고수하고 발전시켜 나갈 때 혁명이 승리적으로 전진하게 되며 혁명선배들을 저버리고 그들의 업적을 부정할 때에는 혁명이 중도반단되고 좌절되게 된다는 심각한 교훈을 주고 있습니다. (중략)…"

다. 혁명적 동지애

작동 방식 1: 사랑과 비판

북한에서 작동되는 핵심 조직원리로는 혁명적 동지애가 있다. 이는 마이젤(James Meisel)이 구분한 엘리트나 지배계급(ruling class)의 범주에서 작동되어지고 있는 응집력으로는 다 설명해 내지 못한다. 즉, 북한에서 작동되고 있는 혁명적 동지애가 수령을 그 정점으로 하는 당·군·정 핵심간부의 조직원리를 대변하고 있다면, 마이젤이 언급하고 있는 응집력은 정치엘리트들이 권력 독점을 통해 국가를 통치하는 과정에서 맺어진 집단적 의식 (group consciousness), 공통의 행동의지(conspiracy)라는 정치적 이해관계의 산물이기 때문이다.

바로 이 마이젤의 구분법을 적용하여 대한민국 언론매체들과 북한전문가 그룹에서는 심심찮게 수령의 '측근'들을 경쟁적으로 소개한다. 정치국 상무위원, 정치국원, 당 정치국 비서를 중심으로 국방위원회 위원(부위원장), 내각의 총리(부총리) 혹은 대한민국의 장관급에 해당하는 상 등이 이에 해당되고, 또 다른 기준점으로는 누구누구는 수령이 현지지도 할 때 ○○회 동행했기 때문에 '측근'이고, 그런데 그 측근이 최근 갑자기 공식 석상에 모습을 보이지 않기 때문에 숙청되었다거나, 경질과 해임, 혹은 좌천되었다며 호들갑을 떠는 것이 그 예들이다.

문제는 이러한 보도방식이나 해석이 북한체제에 대한 이해 부족이라는 측면도 있지만, 동시에 종합편성채널(약칭, 종편)이 갖는 보수·수구세력들의 입장을 대변하는 역할에 충실 하는 과정에서 만들어진 정책적 산물이라는 것과, 막장드라마에 익숙해진 대한민국 시청자(혹은, 구독자)들에게 보다 자극적이어야만 살아남을 수 있는 언론 환경에 있기도 할 것이다. 이런 전제하에서 인식적으로 바로잡혀야 하는 것이 있다면 해임과 경질, 그리고 숙청이 갖는 의미가 엄연히 그 격을 달리한다는 사실일 것이다. 해임과 경질, 숙청이 북한에서 흔히 취해지는 책임을 묻는 방식의 하나이기는 분명하나, 숙청은 해임과 경질과는 차원이 다른 형태이기 때문이다.

그 일례로 과거 김일성의 항일무장투쟁 시기에도 조선인민혁명군 사령부 중대장을 맡았던 한 지휘성원이 문책을 당해 당시 작식대원(지금으로 치자면 병사들의 식사를 담당하는 조리원에 해당된다)으로 강등되었다가 후에 대대장, 연대장으로 복귀된 사례가 있으며, 정권 수립 이후에는 연형묵 총리가 1992년 총리에서 해임된 이후 자강도 책임비서로 강등되었으나, 2003년 9월 다시 복직되어 국방위원회 부위원장을 역임하기도 하였다. 또한 박봉주 총리의 경우에도 2003년 9월 3일 홍성남 후임으로 내각총리에 임명되었으나 2007년 4월 11일 경질되어 평안남도 순천시 순천비날론연합기업소 지배인으로 좌천, 이후 2010년에 당 중앙위원회의 제1부부장으로 다시 복권된 것으로 확인되었다.

몇 가지 이 사례로부터 우리가 알 수 있는 것은 해임과 경질은 업무상 과오와 연동되어 있고, 이 중 경질은 그 과오가 무겁지 아니하여 정책적으로는 그 책임을 묻되 좌천을 통해 (정치적으로는) 기회의 연속성을 주는 형벌이다. 따라서 해임은 경질의 결과가 되는 것이다. 즉, 경질이 어떤 직위에 있는 사람을 다른 사람으로 바꾸는 것을 뜻하고 있기 때문에, 이때 그 사람의 직위를 해제하는 것이 해임이 된다. 반면, 숙청은 박헌영 간첩사건, 8월 종파사건, 갑산파 숙청사건, 그리고 가장 최근의 장성택 숙청에서 보듯이 그 과오가 정책적 범위에 있는 것이 아니라, 정치적으로는 분파, 종파행위를 포함한 수령에 대한 도전에 책임을 묻는 방식, 나아가 국가적으로는 내란, 반란, 국가 전복 등에 대한 처벌을 의미한다.

하여 이 셋의 관계는 경질은 동지애적 사랑과 비판의 범주 안에 있고, 숙청은 해임의 결과라기보다는 북한 사회에서 정치적으로 격리되어야 할 대상인 것이다. 또한 경질에 따른 해임은 권력투쟁의 과정에서 파생되는 숙청과는 달리 업무과정에서 발생한 정책적 과오에 대한 책임이기 때문에 언제든지 일정한 성과를 내면 다시 복직이나 복권이 가능하다는 것이다. 앞에서 언급된 박봉주 내각총리가 그 좋은 예다. 다들 아시다시피 박봉주는 2002년 시행된 '7·1경제관리개선조치'의 설계자였다. 대한민국에서는 이 조치에 대해 북한에 드디어 경제개혁이 시작되었다며 호평하였지만, 정작 박봉주는 이 조치의 실패(?)에 대한 책임을 지고 해임되었다. 그러나 김정은 시대에 들어와서 다시 내각총리로 복귀하였던 것이다.

그리고 이 과정에서 우리가 또 하나 확인해야 하는 것은 북한에서 시행되고 있는 경질과 숙청이라는 형벌이 수령에 의해 작위적으로 행해지는 무질서가 아니라, 제도화된 질서, 즉 실질적인 의미에서의 수령체제가 정상적으로 작동되고 있다는 의미이고 혁명적 동지애의 작동 방식인 비판과 사랑이 제대로 이행되고 있는 것으로 봐야 한다는 것이다. 이유는『수령후계자론』에 입각해서 볼 때 미래 수령은 당대 수령과 비교하여 한 세대(북한에서는 보통 한 세대라 함은 30년을 일컫는다) 뒤의 인물이다. **그럼으로 당대 수령을 모셨던 핵심 당 간부들은 현 수령체제하에서는 '혁명원로'로 대접받는 동지애적 관계가 성립하고, 이 과정에서 수령을 모시는 태도와 자세는 '대를 이어 충성'하는 것이다.**

그러함에도 불구하고 북한에도 정치적 보상과 논공행상이 있을 것이라 생각한다. 이는 자유민주주의적 국가에서는 빈번한 정권 창출에 혁혁한 공로가 있거나 기여한 인물과 집단에 대해서는 그에 걸 맞는 보상과 논공행상(論功行賞)이 있을 수밖에 없다는 편견으로 북한을 바라볼 때 생기는 착시다. **과연 그런가?**

> 이 모델케이스가 최현(김일성과 함께한 항일빨치산 동료)에서 그의 아들 최룡해(김정은 체제하에서 군 총정치국장 → 당 근로단체담당 비서)로 이어지는 '대를 이어 충성하는 관계의 성립에서 우리는 이를 확인할 수 있다.

> 그런 눈으로만 보면 김정은체제 수립의 1등 공신이었던 리영호를 조선노동당정치국이 왜 해임(2012년 7월 15일)했는지, 장성택이 왜 숙청(2013년 12월 12일 사형)되었는지도 제대로 알지 못한다.

작동 방식 2: 숙청 VS. 해임

ㄱ. '리영호 해임'이 갖는 정치적 함의

약 1년의 시차를 두고 발생한 '리영호 해임'과 '장성택의 숙청'은 '혁명적 동지애'가 어떻게 작동되고 있는지 비교할 수 있는 좋은 사건이다. 민저 리영호의 해임에서 우리가 읽을 수 있는 의미는 『조선중앙통신』(2012. 7. 16)을 통해 보도된 조선로동당 중앙위원회 정치국에서 채택한 '결정서(2012. 7. 15)'에 다 들어있다. 보도내용 전문은 다음과 같다.

> "조선로동당 중앙위원회 정치국회의가 15일에 진행되었다. 회의에는 조선로동당 중앙위원회 정치국 상무위원회 위원, 정치국 위원, 후보위원들이 참가하였다. 회의에서는 조직 문제가 취급되었다. 회의에서는 리영호를 신병관계로 조선로동당 중앙위원회 정치국 상무위원회 위원, 정치국 위원, 조선로동당 중앙군사위원회 부위원장을 비롯한 모든 직무에서 해임하기로 결정하였다."(「조선 리영호를 모든 직무에서 해임하기로 결정」)

이 글을 분석하기 위해서는 우선 제목을 주목해야 한다. 즉, '신병관계'로 직무를 수행할 수 없어서 해임되었다는 문장보다, 결정서 제목에 있는 '조선 리영호'라는 표현에 주목해야만 진짜로 해임하게 된 속뜻이 뭔지가 보인다는 것이다. 그렇게 보는 이유는 앞에서 살펴봤듯이 리영호가 단순 신병관계에 의한 해임이었다면, 당시 직책(조선로동당 중앙위원회 정치국 상무위원회 위원, 정치국 위원, 조선로동당 중앙군사위원회 부위원장)으로 볼 때 '조선 리영호'와 같이 표현할 수는 없는 것이다.(달리 말하여 진짜로 '신병관계'에 의한 해임이었다면 '조선 리영호 동지'라는 표현이 맞다는 것이다.) 해서 단순 신병관계라기보다는 정책적 문책의 의미가 더 큰 경질이었기에 그 직책이 아무리 높다 하더라도 그 예우가 동반되지 않은 것이다. 따라서 '조선 리영호'라는 표현에서 우리가 유추해 낼 수 있는 것은 적어도 '신병관계'로는 해임되지 않았고, 그 속뜻은 리영호의 '어떤' 책임을 물어 해임한 것이 되는 것이다.

둘째는 해임의 주체가 조선노동당 정치국이라는 사실이다. 이는 북한이 당 우위의 국가라는 사실을 '실체적'으로 이해할 때만이 그 의미를 해석할 수 있다. 즉, 북한에는 여러 권력기관들이 있고 김정일 국방위원장 시절 선군정치로 국방위원회가 부상됐기는 했지만, 여전히 국가권력의 핵심은 조선노동당 중앙위원회라는 사실을 상기해야 한다. 그중에서도 핵심은 정치국이다. 그런 정치국에서 신병 문제로 회의가 열렸다? 누가 보더라도 정상적이지 않다. 사례적으로도 한 국가가 관료 개인의 신병 문제로 그것도 최고의 정책결정 단위(예, 국무회의)에서 회의를 연 경우는 드물다(최고 정책결정권자들이 그렇게 할 일이 없는가. 그냥 조용하게 쉬게 하면 된다. 실제 사례로도 과거 연형묵 총리나 김령성 6·15공동선언실천 북측위원장이 신병으로 쉴 때는 상당 기간 그 직책을 유지하도록 했다). 또한 전후 상황을 퍼즐 맞추듯이 맞춰보더라도 리영호는 경질되었다는 것이 맞다. 왜냐하면 해임되기 불과 9일 전(2012년 7월 6일)에는 리영호가 김일성 주석의 기일을 맞아 김정은 제1비서와 함께 평양의 금수산태양궁전을 방문하는 등 왕성한 활동을 한 것으로 보아서는 건강상의 이유로 해임되었다는 유추는 그 설득력이 떨어지기 때문이다.

셋째는 정치국 회의의 소집 목적이 '조직 문제'라는 것에서 보듯이 '리영호 해임' 건 하나만을 정해상 즉각 결정한 것임을 알 수 있다. 즉, 실제로 리영호가 자신의 신병 문제로 사임을 요청했다면 그 사임을 수용하는 방식이 여러 가지 방법이 있을 것인데, 굳이 정치국 회의라는 공식 소집해 해임 절차를 밟고, 또 언론을 통해 그것을 공개했느냐의 문제에 천착한다면 이미 정답은 나온다.

그렇다. 이영호의 해임은 본질상 경질이다. 그런데 문제는 대한민국의 언론 매체, 북한전문가(보수) 등이 "권력 투쟁설", "선군정치에서 선당정치로 유턴", "불투명한 김정은 체제의 미래", "개혁·개방의 신호탄"과 같은 결론에 있다. 왜 이 결론이 문제인가? 그것은 다름 아니라 리영호의 해임 결정에 '뭔가 다른 정치적 이유가 있을 수 있다'는 의심 때문이다. 예를 들어 "권력투쟁설"을 포함한(이 부분에 대해서는 뒤에서 자세히 다룰 것이다.) "선군정치에서 선당정치로 유턴" 등이라는 시각이 정당하려면 그 정당성을 입증할만한 충분한 논증이 필요하다. 이 중 "선군정치에서 선당정치로 유턴"이라는 해석의 경우, 그 입증의 논거로 정성장 세종연구소 수석연구위원 등 그들이 내세우는 것 중에는 이번 리영호 총참모장의 해임이 당 중앙위원회 정치국 회의에서 결정됐다는 점을 강조하면서, 이것이야 말로 북한권력 중심이 군에서 당으로 옮겨지는 징후가 아니고 무엇이란 말인가 하고 되묻고는 그 결론으로 김정은 제1비서가 당 기능 강화를 위해 리영호 경질이라는 카드를 꺼내들었다는 것이다. 그 부연 설명으로 김정일 국방위원장 때부터 비대해진 군에 대한 통제를 강화해내기 위해서는 불가결한 조치였고, 그 조치에 대한 합법적 권위 획득을 위해 정치국 회의 형식을 빌렸을 뿐이라는 것이다.

그러나 이 가설은 말 그대로 가설일 뿐이다. 이유는 선군정치에 대한 그들의 오독에서 비롯된 측면이 크다. 오독 그 첫 번째, 북한이 말하는 선군정치는 선군(先軍), 즉 군(軍)을 앞세워 군이 갖고 있는 '혁명적 정신'을 전 사회적으로 일반화하고, 더 나아가 인민군대의 성격을 '국토수호'라는 방위적 개념과 함께, 인민생활 향상으로 상징되어지는 강성국가에 건설에도 주력군적 역할자로서 자리매김된다. 따라서 북한은 선군정치하에서도 당의 우위성과 당의 역할을 부정한 적이 없고, 더 나아가 선군이라 하여 군대를 정치의 전면에 내세운다는 의미의 군부 통치, 군부 파시즘을 인정한 적도 없다. 오독 그 두 번째, 북한은 리영호의 해임과 상관없이 이미 당 중심의 국정 운영이 제대로 작동되고 있었다는 사실도 놓쳐서는 안 된다. 2010년 9월 3차 당 대표자회에서 김정은 제1비서가 후계자로 공식화된 이후 각급 당 기구의 결원을 보충하고 기구를 재편하는 등 활성화 조처가 취해지고, 뿐만 아니라 2011년 6월 열린 정치국 회의는 1993년 10월 이후 18년 만에 열렸고, 2011년 12월 30일 정치국 회의에서는 김정은 당시 당 중앙군사위원회 부위원장을 군 최고사령관으로 추대하는 등 당의 정치국이 이미 국정의 중심에 있었고, 핵심 의사결정기구로 작동되고 있었다.

ㄴ. '장성택 숙청'에서 찾아지는 정치적 함의

장성택의 숙청과 관련해서는 깊은 고찰이 필요하다. 첫째는 북한 사회 스스로에 던지는 메시지가 너무 크다는 것이다. 수령 중심의 유일사상체계가 100% 완벽하게 구축되어 수령제 사회가 완성되었다고 믿었던 북한 사회였기에 더더욱 그러하다. 두 번째는 외부적으로도 1950년대 박헌영 숙청, 8월 종파사건, 갑산파 숙청사건 등과 맞먹는 충격파가 우리 남한사회를 비롯한 전 세계를 강타했기 때문이다. 노동당 정치국 확대회의(2013. 12. 8)에서 채택한 장성택에 대한 죄목만 보면 이러한 인식이 결코 과장이 아니다.

> 죄목1, 반당·반혁명적 종파행위이다. 죄목2, 조선인민군 최고사령관 명령에 불복한 반혁명적인 행위이다. 죄목3, 사법검찰, 인민보안기관에 대한 당적 지도를 약화시킨 것이다. 죄목4, 국가재정 관리체계를 혼란에 빠뜨리고 나라의 귀중한 자원을 헐값으로 팔아버리는 매국 행위이다. 죄목5, 자본주의 생활양식에 물젖어 부정부패 행위를 감행하고 부화타락한 생활이다.

하여 이번 장성택 숙청사건이 갖는 본질은 필자가 그렇게 보수·수구 세력들을 비판하거나, 심심찮게 국민들이 방송 매체 등에서 난무하고 있는 막장 드라마에 너무 익숙한 나머지 북한에 대해서도 '잘못된 이해'가 당연하다고 생각한 것을 비판해 왔던 것처럼 '장석택 숙청'이라는 막장(드라마)에 있는 것이 아니라, 실제 1956년 벌어진 일명 '8월 종파사건' 이후 터진 최대의 반혁명적 종파사건이라는 사실에 있다. 그 이유는 북한 스스로가 위 인용문 '죄목1'에서 장성택 사건의 본질을 '장성택 종파사건'으로 성격 규정하였기 때문이다. 그리고 이것이 갖는 함의는 북한이 그렇게 자랑해왔던 자신들의 수령 중심의 유일사상체계가 약점이 있음을 만천하에 다 공개되었다는 사실이다.

따라서 여기서는 이번 '장성택 종파사건'의 본질을 정확하게 읽어내고, 그 연장선상에서 정치권, 혹은 북한을 연구하는 연구자들이 '잘못된' 정치적·학문적 인식을 사전에 방지하고자 한다. 더 나아가서는 종북 프레임의 덫에 빠져 '일방적으로' 전달되는 북한 소식에 국민 모두로부터 합리적 인식의 가능성을 열어 내기 위함에도 그 목적이 있음을 밝혀둔다.

'8월 종파사건' Vs '장성택 종파사건'

두 사건에는 같은 점과 다른 점이 분명히 있다. 먼저 같은 점은 두 사건 공히 숙청 과정을 통해 수령 중심의 유일사상체계를 확립하고 더 공고화하였다는 사실이다. 반면, 결정적 차이점은 '8월 종파사건'은 북한 건국에 참여하는 과정에서 각이한 종파와 세력-남로당파, 연안파, 소련파, 김일성파 들이 혼재할 수밖에 없었고, 그 과정에서 김일성의 항일빨치산 세력이 이들의 숙청을 통해 김일성 중심의 유일사상체계를 확립할 수 있는 계기가 되었다는 점이다. 그렇지만 이번 '장성택 종파사건'은 이미 유일사상체계가 확립된 이후 터진 사건이라는 것이고, 이것이 갖는 의미는 근 60여 년 동안 수령 중심의 유일사상체계가 제도적으로 공고화되어 수령체제가 이미 확고히 안착된 상태에서 일어난 사건이라는 점이다. 즉, 유일사상체계가 이념적으로 각인되고 제도적으로 공고화되더라도 수령의 교체기와 국가적 과제(국정좌표)를 해결하지 못한다면 이러한 상황이 재발될 수 있다는 '북한만의 위기'를 반영하고 있다는 것이다.

또한 우리가 '장성택 종파사건'에서 놓치지 말아야 할 것은 '8월 종파사건'이 경제노선을 둘러싼 헤게모니 다툼이 있었던 만큼, 이번 '장성택 종파사건'도 이와 관련된 "죄목4, 국가재정 관리체계를 혼란에 빠뜨리고 나라의 귀중한 자원을 헐값으로 팔아버리는 매국행위"를 어떻게 해석할 것인가의 문제이다. 이에 대해 다수 북한전문가들과 보수·수구세력들은 그 중심에 대외관계와 북·중 경협(혹은, 개성공단)의 문제가 있고, '남한 및 서방적' 결론은 '장성택 없는' 북한의 대외관계(특히, 북·중 관계와 북·중 경협)와 개성공단 등에 빨간 신호등이 켜졌다는 인식으로 귀착되고 있다는 것이다. 이는 북한이 발표한 문맥 그대로 해석하는 것이 아니라, 장성택 개인의 주도성에 의해 당의 결정을 유도하여 북·중경협을 포함한 북·중관계가 좌지우지되었다는 인식에 바탕을 둔 것이다.

물론 '장성택 종파사건'이 대외관계, 권력기반의 변화(그 예로, 군부의 권한강화 등), 인민생활 향상이 이뤄지지 않을 때는 수령 중심의 유일사상체계에 균열이 생길 수 있다는 가설까지 부정해서는 안 되겠지만, 그것과 장성택의 숙청으로 인해 북한의 유일사상체계와 대외관계 등이 흔들릴 수 있다는 연결은 지나친 해석이다. 그 이유 첫째는 북한의 국가발전전략(대한민국 식으로 표현하자면 '국정좌표')은 강성국가 건설이고, 이의 구체적인 의미가 '인민생활 향상'으로 이미 구현되고 있다. 둘째는 첫째와 같은 분석이 가능하다면, 이의 2015년(이후도 지속하여) 국가 목표가 '인민생활 향상'일 것이고, 이것이 북한이 직면한 최대의 과제일 텐데, 이를 구현할 전략적 방침이 '핵무력과 경제'의 병진노선을 채택해 핵무력에 기반 한 국방공업을 인민생활 향상과 연결되는 공업으로 전환되는 과학기술의 발달과 경제특구확대전략이 구사된 것이다. 이는 북한의 입장에서 볼 때 과학기술 발달과 경제특구 확대 전략이 '우리식 사회주의' 체제의 근간을 훼손하지 않으면서도 자력으로 인민생활 향상을 꾀하겠다는 전략에 가장 부합하는 경제노선이라는 의미가 있다. 그렇기 때문에 장성택이 숙청되었다 하여 과학기술 발달과 경제특구전략, 개성공단 등 경협의 축소, 또는 폐지가 일어날 수는 없는 것이다.

이 부분과 관련하여 꼭 부연하고 싶은 것은, 대한민국 정부는 장성택 숙청 이후 북한이 '경직사회'로 진입할 수밖에 없다는 식의 '엉뚱한' 진단대신, 하루빨리 경협과 경제특구전략을 추동할 이니셔티브정책을 펴 나가길 바란다. 이유는 북·중 경협이 갖는 '불편한 진실'을 알게 될 때 개성공단 등 경제특구 활성화는 대한민국에게 엄청난 행운을 가져다주는 '황금알을 낳는 거위'이기 때문이다. 즉, 북한의 국가발전전략을 남한과의 관계로 적용해 보면 그 경제특구전략이 6·15와 10·4선언에 추진되는, 더 나아가 김정일의 '유훈'의해 진행되는 것이기도 한데, 이것은 북한의 입장에서 볼 때 북·중 경협보다는 남·북 경협을 더 활성화 시키고 싶은 것이 솔직한 심정이 되는 것이다. 그런데 문제는 지금 5·24조치로 인해 그 길이 막혀있어 '현실적'으로 북·중경협을 강화해 경제활성화와 인민생활 향상에 기여할 수밖에 없는 딜레마가 북한에게는 있는 것이다. 그 과정에서 장성택 등에 의해 중국으로의 자원유출이 진행되고 있었던 것이다. 그렇다면 장성택의 숙청에서 우리가(대한민국)이 읽어내어야 할 해독코드는 '북한과의 경협을 비롯한 다양한 교류·협력을 강화해야 한다'고 해석하는 것이 맞는 것이다.

백두혈통에 대한 '이해' Vs. '오해'

'장성택 종파사건'에 대해
종편을 포함한 국내 언론들
과 시사평론가, 북한 연구자
들이 가장 많이 오독(誤讀)
하고 '악의적' 편견이 노출되

> 백두혈통과 관련한 설명은 '개념과 상징'편 'Ⅳ. 혈
> 통: 백두산(白頭山)'에서 충분히 다뤄질 것이다. 하
> 여 이 글에서는 간략한 결론만 내리는 것으로 대신
> 하고자 한다. 전체적으로 참조해야 할 페이지는
> 246쪽에서 260쪽까지이다.

었던 부분이 '백두혈통'에 대한 개념이었다. 그 중심에 실제 북한에서 통용
되고 있는 개념으로서의 백두혈통에 접근하기 보다는 오독한 백두혈통으
로 '장성택 숙청사건'을 분석한 것이다. 그것이 '옳으냐?' '그르냐?'는 전혀
관심의 대상이 아니었다.

그럼 북한에서 정의하고 있는 '백두혈통'은 어떻게 이해해야 하는가?
무엇보다 이것은 '정치적 혈통'으로 이해해야 한다. 그러면 백두혈통은
김일성 주석과 같은 핏줄로 연결되어 있다 하여 백두혈통이 되는 것이
아니라 1930년대 항일무장투쟁 과정에서 당시 '김일성 사령관'과 '항일전
사'들 사이에 맺어진 '혁명적 동지애와 의리'에 기초한 신념(정신, 이념)
체계가 되는 것이다. 따라서 백두혈통은 김일성의 직계 가계, 혹은 외가
가계와 연결되어 있다 하여 저절로 형성될 수 있는 '핏줄' 개념이 아닌
것이다.

ㄷ. 2인자에 대한 '이해' Vs. '오해': 리영호 해임과 장성택 종파사건을 중심으로

대한민국에서는 2014년 10월 인천아시안게임 폐막식에 황병서 총정치
국장 겸 국방위원회 부위원장, 최룡해 노동당 비서, 김양건 통일전선부장
등 최고위급 대표단이 참석하고 난 이후, '2인자'논쟁이라는 해프닝이 발
생한다. 최룡해와 황병서의 2인자 논쟁이 그것이었고, 거의 모든 보수신

문들과 종편, 보수의 입장을 대변하는 북한전공 관련학자·시사평론가들이 이에 동조하였다. 『채널A 방송』(2014. 10. 30)에서는 "최룡해 2인자 복귀…'김정은식 길들이기'인가?"라는 제목으로 뉴스를 송출하였고, 『KBS』뉴스(2014. 10. 29)에서는 "북 최룡해, 황병서보다 앞서 호명…2인자 복귀?"라는 제목으로 뉴스를 내보냈으며 『연합뉴스』(2015. 2. 28)에서는 "북한 황병서 '2인자' 복귀…정치국 상무위원 임명?"이라는 제목으로 기사를 송고하는 등 경쟁적으로 '2인자 누구인지 알아맞추기 기사가 넘쳐났다. 그러면서 부가적으로 북한의 2인자가 수시로 바뀌고 있고, 이는 김정은식 간부 길들이기고, 그만큼 김정은 권력이 불안정하다는 증거라는 분석도 빼놓지 않았다.

이러한 보도방식에 대해 대다수 국민들은 자유민주주의국가에서는 흔하게 발생하는 문제이기 때문에 그 관성적 인식으로 인해 '북한에도 2인자가 있을 수 있지'라고 자연스럽게 수용되는 과정을 거칠 수 있다는 것이다. 시간을 거슬러 박헌영도 간첩죄에 의한 처형이기보다는 한국전쟁 참전 패배에 대한 책임, 혹은 이보다는 김일성의 정적, 즉 2인자이기 때문에 역사의 뒤안길로 사라졌다는 인식도 크게 한 몫하고 있다. 더 상상해 보면 그렇게 보려는 인물(세력)들이 장성택의 숙청 이후 북한 사회가 보다 드라마틱해져야만 남한 사람들이 관심을 갖고 당분간 '정치적'으로 우려먹을 수 있기 때문에, 있지도 않은 가상의 '2인자' 설정과 이에 따른 '추락보도'는 언론과 수구·보수세력, 북한전문가들이 본능적으로 반응할 수밖에 없는, 어찌 보면 너무나 당연한 접근방법이기도 할 것이다.

그러나 그러한 생각은 생각일 뿐이다. 최룡해(혹은, 황병서)을 '2인자'로 설정하는 가설은 말 그대로 막장드라마이자 '의도적' 왜곡(혹은, 편견)을 통해 그들 자신—(종편)언론과 수구·보수세력, 그리고 북한전문가들의 상품성을 부각시키려는 '꾼'들의 장난일 뿐이고, 그 결과가 자신들의 정치적 이득으로 연결되길 바라는 욕망이 투영되어 있을 뿐 그 이상도 이하

도 아니다. 어쨌든 이렇게 과한 욕망은 잘못된 인식을 낳고, 이 잘못된 인식은 잘못된 해독으로 귀결될 수밖에 없다. 숙청된 장성택에 대해서도 그러한 분석을 하기는 마찬가지였다. 장성택이 김정은의 든든한 후견인(북한 은어로는 '뒷배'), 혹은 정치적 멘토(Mentor)이고 김정은은 이 후견인의 보호하

그렇게 보는 이유, 첫 번째는 북한체제는 수령-당-대중으로 연결되어 있는 유기체적 국가이자 정치적 결사체인 '사회주의적 대가정'체제이다. 그래서 북한사회에는 애당초 '2인자'라는 개념 그 자체가 성립될 수 없는 것이다. 이 연장선상에서 '장성택의 사람들'도, '황병서의 사람들'도 있을 수 없는 것이다. 그렇기 때문에 장성택이 숙청되었건, 최룡해의 직책이 바뀌었건, 그 이유만으로 수령 중심의 유일사상체계가 불안정해질 수 있다는 학문적, 실천적 가설은 성립될 수 없다. 따라서 수령국가인 북한에서는 '2인자'는 있을 수 없고, 『수령후계자론』에서 확인받듯이 '미래의'의 수령('2인자'에 가장 가까운 개념)인 '후계자'만 있다.

에 있는 '얼굴 마담'에 불과하다는 것이 그 예였다. 하여 다시 한번 반복 강조하자면 이러한 인식의 핵심에는 수령체제의 특성상 2인자 문제가 발생할 수 없는 제도적 특징이 있음을 누차 밝혔으나, 여전히 일부의 북한 전문가, 시사평론가, 종편을 포함한 보수언론들이 그 '잘못된' 인식을 인정하려하지 않는 행태의 반복 때문에 일어나는 현상이라는 데 있다. 즉, 장성택 이후 제2인자는 누구인가? 하는 '의도된' 접근이 계속되면서, 그 인물로 최룡해(현, 당 근로단체담당 비서)니, 황병서(현, 총정치국장)니 운운하면서 지목하고 있는 예가 그것이다.

반론(反論)은 이렇다. 첫째, 수령국가인 북한에서 권력투쟁이 있을 수 있을까? 하는 의문은 들지만, 설사 그러하더라도, 그 권력투쟁의 필요충분조건이 있을 텐데, 그 요인으로 권력투쟁을 하려면 '(정치)세력'과 '(정치)세력'이 있어 서로 충돌하고 갈등하면서 투쟁하여 자신의 세력이 커져(혹은, 약해져) 일정한 분파나 파벌을 형성해야 된다는 가설이 성립하여야 한다. 그러나 북한은 이미 '갑산파 숙청사건' 이후로 수령 외에 그 누구도 계파나, 분파, 정파를 형성할 수 없는 수령중심의 유일사상체계를 확립해놓고 있다. 그래서 권력서열 2, 3위가 아니라 그 할아버지라도 수령 '아래'이며 수령만이 해임 경질 등을

결정할 수 있으며, 그 제도적 질서로서 당(중앙위원회)이 있는 것이다.

둘째, 권력서열 2인자를 둘 수 있는 가설이 성립하기 위해서는 또한 '반론 첫째'의 연장선상에서 북한에서 세력을 형성할 수 있는 조직과 노선투쟁이 있어야 할 텐데, 유일하기 생각해 볼 수 있는 집단이 군과 당일 것이다. 여기에다 흔히 일각에서 말하고 있는 것처럼 강경노선을 대표하는 군과 온건노선을 대표하는 당으로 그 성격을 규정짓는다 하더라도 이 들 사이에 노선상의 대립과 갈등이 존재한다는 것은 다른 차원의 문제이다. 설령 군부와 당이 그렇게 노선상의 갈등과 대립이 있을 수는 있다하자, 그렇다 하여 노선상의 갈등과 대립이 있다 하여 곧바로 권력투쟁으로 비화된다는 것은 '그렇게 보고 싶은' 매우 주관적인 해석이자 논리적 비약일 뿐이다. 이유는 앞에서도 누누이 밝혔듯이 북한에서 군대는 이미 당의 군대에서 수령의 군대로 성격전환이 이뤄져 있으며, 당 또한 수령의 당으로 성격 전환이 이뤄져 있다. 이로부터 북한에서 군이든, 당이든 수령의 유일체제를 떠받드는 핵심 기둥일 뿐이다. 하여 리영호 총참모장의 해임이든, 장성택 종파사건에 대한 숙청과 정이든 모든 결정의 중심에는 제1 비서이자 제1 국방위원장인 김정은이 있는 것이다. 따라서 리영호의 해임과 장성택 숙청 이후 최룡해, 혹은 황병서가 2인자의 서열을 갖는 것이 아니라 주어진 군 총 정치국장, 혹은 근로단체 담당비서로서 그 역할을 다하고 있을 뿐이라는 것이 정확한 해석이다.

3. 상징조작과 상징정치

계승을 통해 이전 세대의 경험이 다음 세대에게 전달되기 위해서는 지속성을 띠어야 하는 속성이 필요한데, 이에 대해 프로이드의 말을 빌리면 다음과 같다.

"과거로부터 전달된 사례에 대한 지침유형의 성격을 갖는 '회상'을 통한 지속성 유지의 방식은 집단 내의 사람이 다른 사람의 주장에 저항을 하지 않고 그대로 따르려고 하는 심리학적 경향을 반영하고 있다."(박영신 역,『집단심리학』, 학문과 사상사, 1980, 48쪽)

알박스(Maruice Halbwachs)도 "이러한 집단기억이 사회집단에 따라 다르게 인식되지만, 국가 등 사회집단은 과거에 대해 서로 동의할 수 있는 부분을 강화해가는 과정에서 자신들의 고유한 세계관을 형성한다"고 언급한다.(『The Collective Memory』, New York: Harper and Row, 1980, 89쪽) 풀어쓰면 그 과정에 구성원 상호 간의 교류는 세계관뿐 아니라 가치관에도 영향을 미쳐 공유된 기억으로 점차 확장되어 간다는 것 정도가 될 것이다. 이에 대해 전진성은 다음과 같은 해석을 내놓는다.

"그 중심에 집단구성원들 간에 배타적이며 구체적으로 행해지는 '의사소통'이 있고, 이것은 자연발생적인 것으로 특정한 공간을 통해서 실현되는 특징을 가지고 있다."(『역사가 기억을 말한다』, 휴머니스트, 2005, 49쪽)

북한은 위 세 주장이 다 함께 적용될 수 있는 국가들 중 몇 안 되는 국가 중의 하나이다. 이유는 북한만큼 각종 기념행사를 통해 매년 회고적 반복을 진행하여 집단 심리적 효과를 극대화할 수 있는 나라가 몇 없기 때문이다. 그리고 북한에서 그것이 가능한 것은 항일무장투쟁이라는 역사적 경험이 있고, 이 경험을 자신만의 방식들로 다양한 국가적 재생 장치를 통해 생산·유지해 오고 있기 때문이다. 서유석은 이에 대해 "국가의 기억과 같은 사회집단에게 공공재로 작용하는 기억은 개개인이 속한 집단의 세계관 가치, 시공간 개념, 문화 등의 영향을 강하게 받기 때문에 국가기억을 원활히 재생하기 위해서는 그와 유사한 형태의 상징물이 '현실'에 많이 존재"해야 하는데, 북한에서는 "각종 기념 조형물을 비롯한 음악과 영화 등이 직관선전물로서 다양한 행사에 동원"되고 있기 때문에 가능하다고 밝히고 있다.(『북한 선군담론에 관한 연구: 재생담론화 과정과 실천양상을 중심으로』, 동국대학교 박사논문, 2008, 20쪽)

한편, 버크(Peter Burke)는 "기억은 전달 매개체에 많은 영향을 받고, 그 영역으로 구술, 문서, 이미지, 행위, 공간의 영역이 있는데, 구술은 말로, 문서는 글로 전해지며 이미지는 사진, 영화, 미술, 비석, 조각, 기념관 등에 의해서 전수된다(Peter Burke, 『History as Social Memory』, Thomas Butler, 『Memory: History, Culture and the Mind』, New York: Basil Blackwell, 1989, 77~79쪽)"고 한다. 이 중 구술의 경우에는 그 전수방식이 특정한 이미지나 형상이 가미된 이야기에 의존해야 되는데, 이것이 북한에서는 회상실기와 수령의 덕성에 대해 사실 그대로 적은 기록인 덕성실기 등과 같은 문헌이나 각 동과 리(里)에 존재하는 혁명역사 사적관에서 많이 발견되는 형태로 나타난다는 것이다. 더하여 매년 각 부문의 모범 표창자들을 평양으로 초청하여 만경대와 금수산태양궁전 등을 참배케 하는 행사가 정기적으로 이루어지고 있다는 점은 국가의 기억을 인민들에게 내재화시키는 의례로서 매우 주목되는 현상으로 볼 수 있다는 것이다.

이처럼 북한은 그 어떤 나라들보다 자신들의 필요에 따라 다양한 형태의 상징조작을 이뤄낼 수 있는 국가이다. 그런데 문제는 북한이 무엇 때문에 그러한 상징조작을 하고 그 목적이 무엇인가 하는 것인데, 이에 대해 우리는 수령에 대한 우상화로 해독하려는 경향이 있지만, 그들에게는 김정일이 「주체사상에 대하여」에서 밝히고 있듯이 사대주의와 교조주의에 대한 반대와 투쟁이라는 것이 있다. 정치학 용어로는 '상징정치'로 그러한 상징조작들이 활용되고 이용된다는 것이다. 즉, 주체의 확립이라는 그들의 사상적 목표의 실현을 위한 도구로 기능하고 있다는 점이자 달리 말하면 마르크스-레닌의 시대를 뛰어넘는 주체시대의 수령으로서 김일성(김정일)을 나타내기 위한 그들만의 표현방식이라는 것인데, 그 한 예로 그들은 상징 조형물을 건립할 때도 다른 나라의 유사한 상징 조형물보다 더 크고, 더 높게 만드는 데 익숙해있다. 평양의 개선문은 파리의 개선문보다 크고, 주체탑은 세계에서 제일 높은 석탑이다. 이외에도 마르크스나 레닌의 초상화보다 김일성의 초상화가 더 크다.

이렇듯 다른 여느 국가보다도 높고 큰 상징 조형물들, 전국 각지에 산재한 기념비와 사적지, 전적지 등에서 예외 없이 나타나고 그들의 혁명전통에 대한 긍지와 공간적 이미지를 표현하고자 애씀을 알 수 있다. 또한 북한은 김일성의 항일무장투쟁(좀 더 확대하면, 김일성에 의한 사회주의 건설의 역사)만을 혁명전통으로 인정하는데, 그 상징조작들로 박물관, 사적지, 전적지, 기념관 등이 전국 곳곳에 산재해있다. 또 다른 한편으로 보면 이러한 상징과 그 조작을 통해 마치 수령들이 '현현'하고 있다는 느낌을 받게 하여 자연스럽게 인민들이 수령과 함께 있다는 감정을 불러일으키게 한다.

그리고 이런 상징조작들은 크게 보아 4개의 카테고리(Category)로 분류되어 그 기능을 담당하고 있다. 첫째는 문학과 담론적 상징조작들이 그것이다. 여기에는 위에서 언급했던 덕성실기·회상기와 수령영생문학을 비롯한 김일성민족론과 사회정치적 생명체론, 유교담론 등이 그 예들이다. 둘째는 '구호'를 통해 이뤄지는 상징조작이다. 여기에는 구호나무, 구호차, 구호벽 등이 있다. 셋째는 수령이 직접 노출되는 수령절대화(우상화)가 그것이다. 여기에는 초상화, 수령송가(頌歌), 수령송화(頌花), 주체연호, 태양절·광명성절, 동상, 수령이름을 딴 각급의 명칭 등이 해당된다. 그리고 마지막 카테고리로는 수령영생이 있다. 금수산태양궁전과 열사릉, 유훈통치 등이 이에 해당된다.

■ 상징조작 1: 문학과 담론

가. 수령과 일화

비록 수령체제가 아니라 하더라도 많은 국가들에서는 상징조작들이 광범위하게 이뤄진다. 그렇지만 수령국가에서는 더 정교하게 광범위하게 이뤄진다는 특성을 감안해야 하고, 그중에서도 가장 먼저 이뤄지는 것은 수령(혹은, 후계자)과 관련된 일화이다. 왜냐하면 그러한 일화, 즉 스토리가 많아야 이를 잘 가공하여 다음 진도—책 편찬, 상징조작, 삽화 등으로 나갈 수 있기 때문이다. 그러한 측면에서 초대 수령인 김일성과 2대 수령인 김정일과 관련한 몇 편의 일화를 한번 훑어보자.

노비첸코와 김일성에 얽힌 일화이다.

> "그는 해방 후 소련군 병사로 북한에 진주하여 1946년 3월 1일 김일성이 평양역전광장에서 3·1운동 기념 연설을 할 때 괴한이 던진 수류탄을 몸으로 막아냈다. 김일성은 38년 만에 그의 공적에 보답하기 위해 그에게 노력영웅 칭호를 수여하였다. 해방 40주년이 되던 해에는 가족과 함께 그가 평양에 초대되고 김일성 자신이 그를 환영하였다. 또 그 이후에는 그를 모델로 한 영화 '영원한 전우'가 제작되기도 하였다."(「서른여덟 해의 긴 세월이 흘렀어도」, 『로동신문』 1984. 7. 27)

김일성과 마찬가지로 김정일과 관련된 에피소드들도 소개하고 있는데, 경제성보다는 온정의 표시를 중시한 김정일식 풍모의 한 단면도 볼 수 있고, 이를 김정일의 덕성으로 선전하고 있는 덕성실기의 한 형태도 가름해 볼 수 있다.(『인민의 지도자』 제2권, 조선로동당출판사, 1982, 392~397쪽) 그는 인민들에게 선물 주는 것을 아주 좋아했다고 한다. 1977년 4월에 맞이하게 될 김일성 65세 생일을 축하하기 위한 전국의 유치원 어린이와 학생들에게 줄 선물을 검토하다가, 담당자가 경제실무상의 계산을 앞세워 유치원부터 대학에 이르는 아동과 학생에게 옷 한 벌씩 주는 것으로 보고하자 김정일은 이에 만족하지 못하고 견적을 4배로 늘려 전국의 유치원 아동과 학생의 신체와 발 크기를 계측하여 맘에 드는 옷과 신발을 주도록 명령한 것이라든지, 또 귀국한 재일조선인 자녀들에게는 나들이옷을,

북한주재 외국인 자녀들에게도 선물을 보낸 일화는 유명하다.

또 다른 일화에는 김일성과 마찬가지로 김정일도 세쌍둥이가 태어날 때마다 그들에게 선물을 준다는 것인데, 그 내용 일부가 일본에서 발행되는 조총련계의 신문『조선시보(朝鮮時報)』(1984. 8. 20)에 다음과 같이 실렸다.

> "김일성 주석은 우리나라에서 세 쌍둥이가 잘 태어나는 것은 나라가 번영할 전조(前兆)라며 크게 기뻐하고 그들에게 선물을 주는 게 좋다고 말하였다. 주석의 뜻을 헤아린 김정일 비서는 작년(1983년) 5월 관계부문의 담당자에게 세쌍둥이에게 줄 선물을 잘 검토하여 세쌍둥이가 성장하여도 일생 동안 기념이 되고 대를 이어 받는 귀중한 가보로 되는 훌륭한 것을 만들어야 한다고 강조, 그 구체적인 내용과 형식에 이르기까지 상세하게 지적하였다. 이렇게 하여 만들어진 것이 호신과 행복의 상징인 은장도와 금반지다. 은장도와 금반지에는 세쌍둥이를 상징하는 3개의 루비가 박혀 있고 3개를 합하면 생년월일을 알 수 있도록 되어 있다."

실제 이 선물은 1984년 8월 5일 노동자, 농민, 군인, 운전기사 4쌍의 세쌍둥이와 그 부모에게 주어졌다고 한다.

또한『로동신문』은 1989년 5월 29일자에「한 의사의 애국적 량심을 귀중히 보아주시어」라는 제목으로 "이병훈이라는 한 의사가 해방 직후 친일파로 의심받은 것을 김일성이 그의 애국심을 알아주어 구출했을 뿐만 아니라, 인민군의 전신인 보안간부훈련대대의 병원장으로까지 발탁하였다. 그는 이에 보답하고자 68세로 세상을 뜰 때까지 자기 일에 열심이었고, 김일성에게 충성을 다하였다"라는 기사를 제2면 전면에 게재하였다. 2개월 후(7월 29일) 같은 신문에 이병훈의 처가 김정일에게 보낸 편지를 제2면에 다시 1/4크기로 게재했는데, 그 주된 내용은 자신이 일본인 서본춘자(西本春子)라는 것과, 김일성이 죽은 남편에게 베풀어준 배려뿐만 아니라, 김정일이 자신을 포함한 유족들에게 베풀어준 배려까지 술회까지 담겨져 있었다. 그런 일이 있는 후 8월 15일에 북한은 고(故) 이병훈에게 공화국 영웅 칭호를 수여하고, 또 일본 여성은 김일성으로부터 이름이 새겨진 스위스제 시계와 녹각을 선물로 받게 되었다. 이례적으로 이 모든 내용을『로동신문』은 1989년 8월 23일자에서 소개했고, 그 내용에는 일본 여성까지 미친 이 온정에 대해 독자들의 감격적인 반향도 있었다.

김정일의 재일동포에 대한 남다른 관심은 1989년 연말에도 나타난다. 12월 2일 역시『로동신문』은 일명 '빠징코 스캔들'로 잘 알려진 재일본조선인 탄압과 관련된 기사를 쓰면서 제2면의 절반가량을 할애하여 그 당시 파친코 스캔들에 연루되었던 북한 국적의 일본여성이자 재일조선인 아내 인 궁성능자(宮城綾子)는 김정일에게 보낸 감사의 편지를 게재했는데, 그 핵심 내용이 자신과 남편과 딸들에게 김정일이 베푼 신뢰와 온정에 보답하기 위해 여생을 바칠 것을 맹세한다는 내용이었다.

이외에도 김일성과 항일빨치산 세력들과 얽힌 일화, 소련인의 충성에 온정으로 보답했던 일화, 김일성과 김정일이 일본인을 포함한 외국인에게 베푼 온정에 관한 일화, 김정일이 서해갑문 건설 때 취해진 여러 조치들과 관련한 일화 등 수령과 후계자에 관한 일화는 셀 수 없이 많다.

일화 몇 개를 이렇게 예시로 살펴본 것은 김일성과 김정일 등을 미화하고, 예찬하기 위해서가 아니다. 이러한 일화들이

> 북한이 세계적으로 자랑하고 있는 서해갑문은 8km 구간에 이르는 광활한 바다를 가로막아 둑을 쌓는 대형건설 사업인데, 속도전에 의해 완공된 대표적인 사례이다. 5년이라는 짧은 기간에 완공될 수 있어서 당시 全세계적으로 화제가 되기도 하였다. 1994년 북핵위기 당시 북한을 방문한 지미 카터 미국 전 대통령 역시 서해갑문을 둘러보았고, 2007년도에는 노무현 대통령도 정상회담 과정에서 서해갑문을 둘러보았다.

결국에는 수령체제로 만들어가는 과정에서 어떤 역할을 하고, 어떤 기여를 하고, 북한인민들에게 어떤 메시지를 던지고… 등등 그 이데올로기적 현상을 주목하기 위해서다. 즉, 일화와 관련된 이 모든 것들은 인민의 충성을 동원하고 수령체제의 안정에 유용할 수밖에 없다. 이를 전통적 사유와 비교한다면 군주가 인민에게 온정을 보이는 것은 덕의 높이를 보여주는 표시

이고, 인민은 그에 대한 보답으로 충성을 다해야 하는 것이라면, 서본춘자 (西本春子)의 기사 등에서 북한이 보여주고 싶은 것은 덕성실기 정치가 가 능하다는 데 있다.

이것이 가능하다면, 또 다른 한편에서는 이런 덕성실기들이 수령의 수많 은 '기적'과 '전설'을 만들어 내기도 한다. 한 예로 차용구 외,『혁명의 성지 백두산 밀영』(평양: 금성청년출판사, 1990)에는 이런 문장이 나온다.

"1988년 8월 김정일이 백두산의 '생가'를 찾았을 때 거기까지 계속 내리던 토 사 섞인 비가 갑자기 더하였다. 그리고 그가 생가 가까이서 발견된 항일빨치산 투사들이 나무껍질에 새긴 구호를 보고 있는 동안 "아름다운 일곱색깔 무지개 가 사자봉을 넘어 백두산과 일출봉 밑의 수림 사이에 이르렀다. …… 무지개는 빛이 점점 영롱해지기 시작해 쌍무지개를 이루고 2시간 정도 걸려 있었다. 이 날 친애하는 지도자동지는 구호나무를 하나하나 어루만지면서 깊은 기쁨을 안 고 보시느라 여러 시간을 보냈는데 무지개는 그 분이 계시는 동안 없어지지 않고 영롱하게 빛을 발하고 이었다.(98쪽)"

"1968년 김정일이 항일혁명투사들과 백두산에 오르고 있을 때 무두봉에서 번개가 치고 토사 섞인 비가 쏟아지기 시작하였다. 그러나 일행이 김정일을 '모시고' 가면 비는 신기하게도 칼로 자른 듯이 완전히 그쳤다. 그들은 아무래 도 신기하여 하늘을 올려다보고 술렁거리자 친애하는 지도자 김정일 동지는 밝게 웃고 계시었다. '백두산 날씨도 이 땅에서 태어난 사람만은 알아보는 것 같습니다.' 그때 그 분이 웃으면서 하신 말씀이고 일행도 웃으면서 받아들인 말이었다. 그 사실을 전해들은 우리 인민의 마음은 이루 말할 수 없는 숭엄한 감정의 세계로 빠져들었다.(99쪽)"

김정일이 어느 호수의 건축물 벽화 제작을 지도할 때의 이야기기를 담은 또 다른 책,『인민의 지도자』제2권(평양: 조선로동당출판사, 1982)에는 "이 산중의 호숫가에 벽화가 펼쳐진 다음부터 신기한 현상이 일어났다. 호수와 숲 속에서 날아돌던 물촉새들이 무리지어 벽화로 날아드는 것이었다. 물촉새들은 벽화에 와 부딪쳤다가는 미끄러져 내리고 다시 기어오르느라고 허우적이었다. 이 신기한 광경 앞에서 사람들은 놀라움을 금치 못하였다. 예날 이름난 화가인 솔거가 그렸다는 벽화 황룡사의 늙은 소나무에는 한두 마리의 뭇새가 날아들었다가 떨어졌다지만 벽화 '동해의 아침'에 그린 청청한 소나무에는 물촉새들이 무리지어 연일 날아드는 것이 아닌가! 이 사실이야말로 우리 시대의 새 전설이 아닐 수 없었다.(173쪽)" 이처럼 김정일의 지도는 기적을 만들고 전설로 되는 것이다. 이쯤 되면 김일성이 항일무장투쟁 당시 '솔잎을 타고 압록강을 건넜다'는 전설과 무엇이 다르랴.

기적과 전설들은 이렇게 수령(혹은 후계자)의 '높은 덕성' 때문인 것으로 치장한다. 일화가 또 다르게 치장되는 유형으로 이른바 기념비적 건축물로 덕성의 높이를 증명하는 것이다. 1981년 9월에 완공된 인민대학습당, 1982년 4월 김일성 생일 70돐을 맞이하기 위해 만든 주체사상탑과 개선문, 김일성종합경기장 등이 그 예다. 이 중에서도 가장 주목되는 한 가지 예만 들어보자.

> "주체사상탑은 170미터 높이의 세계 최고의 석탑일 뿐만 아니라 위대한 수령님 탄생 70주년을 기념하여 앞면과 뒷면은 각각 18단, 양 측면에는 각각 17단, 도합 70단(70회 생일)으로 이루어져 있고 위대한 수령님의 70년 성상(항일무장투쟁)의 신성한 노정에 새겨진 빛나는 날들에 해당하는 숫자인 2만 5천 5백 개의 크고 작은 돌을 쌓고, 탑의 양면에는 70개의 꽃이 새겨져 있다. 모든 형상의 초점이 김일성 수령님을 우러러 모시고 충과 효가 잘 드러나 보인 것이다."
> (『백과전서』 제4권, 과학백과사전출판사, 1983, 668쪽)

다음으로 의식과 축전에 의해 사람들의 충성심과 감동을 동원하는 제전 (祭典) 형식도 눈여겨 볼만하다. 김일성의 고희(1982) 관련 내용을 보면 제전을 통해 북한 사회가 무엇을 얻고자 하는지, 수령에 대한 업적과 행적들이 어떻게 표현되고 선전하고 싶은지를 알 수 있다.

"조선이라는 나라가 있어온 이래 이렇게 성대한 행사는 처음이었다고 할 수 있다. 수도 평양을 비롯해 전국의 도시와 농촌이 기발과 꽃, 장식물로 꾸며지고 네온이 불야성을 이루었다. 나이 들거나 젊은 남녀 할 것 없이 모든 인민이 행복감에 젖어 다채로운 행사에 참가하고 사람들은 김정일 비서가 주석의 이름으로 내려주는 애정과 많은 선물을 받았다. 더욱이 전국의 아이들에게는 불로약으로 알려진 조선인삼이 보내졌다. 행복한 웃는 얼굴에 감격의 눈물이 흐르고 충성의 노래소리가 울려퍼졌다. 조선인민의 민족적 긍지와 자부심이 그렇게 올라간 것도 처음이었다."(金剛一 외, 『偉大な指導者金正日』下, 東京: 未來社, 1985, 255~256쪽)

이처럼 김일성과 김정일(앞으로는 김정은의 생일도 포함)의 생일이 그 제전의 유형으로는 딱 맞다. 그런 김일성 생일이 축하일로 제정된 것은 김정일을 후계자로 지명한 직후인 1974년 4월 14일 김일성의 62세 생일 전날에 김정일의 제기로 결정되었다. 이후 김정일 생일도 33회 생일인 1975년 2월 16일부터 임시공휴일로, 그 다음해인 1976년에 정식 명절 공휴일로 지정되어 1986년부터는 생일 다음날까지 공휴일로 연장되었고, 1995년부터는 김일성 생일(지금은 태양절로 불러지고 있다)과 마찬가지로 민족최대의 명절로 격상되었다(지금은 광명성절로 불러지고 있다). 김정은의 경우도 2015년 10월 현재(김정은 생일은 1월 8일)까지는 국가명절로 지정되지 않았지만, 김정일의 3년 탈상이 끝났으므로 이후 빠른 시일 내에 국가명절로 지정될 것으로 예측된다.

이상과 같이 김일성·김정일(앞으로는 김정은도 포함)의 무수한 일화, 전설, 기적, 덕성실기류 등은 목적하는 바가 분명하다. 수령이 인민에게 베푸는 무한한 온정과 애정 등에 인민들은 감격하여 자발적으로 충성과 효를 다하게 되는 수령과 인민들 사이의 가장 '아름다운(?)' 관계 맺기이다. 그 연장선상에서 아래 두 인용문도 곰곰이 생각해 보아야 한다. 먼저는 '한국인의 은혜

> 2015년 1월 현재 북한에서 공식적으로 인정하고 있는 국가명절은 8대 명절이다. 설날(1.1), 김정일위원장 생일날(2.16), 김일성주석 생일날(4.15), 국제노동절(5.1), 조국해방의 날(8.15), 북한정권창건일 (9.9), 당 창건일(10.10), 헌법절(12.27)이다.

의 본질'에 관한 것을 서술한 어느 사회학자가 지은 저서로, 그 표현은 다음과 같다.

"윗사람의 아랫사람에 대한 친절은 비록 시시한 것일지라도 무한히 감사하고 감격하며 반드시 이에 보답하여야 한다고 생각하고 있다." 그리고 그 은혜에 보답하기 위해서는 "그 은혜를 베풀어준 윗사람의 행동을 무조건 지지하여야 한다."(崔在錫 著, 伊藤亜人·嶋陸奥彦 譯,『韓国人の社会的性格』, 東京: 學生社, 1977, 153~154쪽)

또 스즈키 마사유키가 지은『김정일과 수령제 사회주의』(서울: 중앙일보사, 1994)에는 이런 표현도 있다.

"김일성과 김정일, 김정은의 온정은 역사적이고 사회적인 의식을 이용해 수령에 대한 무조건적이고 절대적인 지지를 동원하는 동시에 그것을 신념체계로 확립하는 것을 목적으로 한 것이다. 제전과 선물주기는 이를 위한 도구다. 바꿔 말하면 제전이나 선물주기를 통하여 수령과 인민 사이에 온정과 충효의 교환이라는 묵계가 성립하도록 역사사회적인 심리를 동원한다. 특히 제전은 눈에 보이는 형태로 사람들에게 사회정치적 생명체를 실감시키는 기능을 맡고 있는 것이다.(234쪽)"

나. 수령영생문학

덕성실기·회상기류 못지않은 상징조작에는 1994년 7월 김일성의 사망과 함께 정립된 수령영생문학이라는 것이 있다. 장르로서의 수령영생문학은 그 명칭에서 확연이 드러나듯이 '수령영생'이라는 소재만으로 소설, 시, 음악, 미술 등으로 표현해내는 문학예술 작품이다. 이런 수령영생문학에 대해 리수정은 「수령영생위업과 시대의 명작들」이라는 제목의 글을 2004년 7월 11일자『로동신문』에 실으면서 그 목적을 명확히 하고 있다.

"우리 수령님은 단순한 그리움이나 추억으로가 아니라 인민의 심장 속에 영원히 살아 고동치는 위대한 혁명사상으로, 불멸의 력사로 영생하고 계시는 만고절세의 위인이시다. 우리 인민은 위대한 수령님의 사상과 의지대로, 수령님의 념원과 지향을 안고 영원히 수령님과 함께 주체혁명 위업, 선군혁명 위업의 최후 승리를 앞당겨가고 있으며 이러한 영생의 진리를 사상예술적으로 뚜렷이 확증하는 훌륭한 명작들을 창작하여 김일성민족의 귀중한 정신문화적 재보로 길이 전해가고 있다."

소개된 책들로는 총서『불멸의 력사』, 장편소설『영생』, 서사시『영원한 우리 수령 김일성동지』,『평양시간은 영원하리라』,『번영하라 김일성조국이여』,『수령님은 영원히 백두산에 서계신다』등이 있다. 음악예술 부문에서는『수령님은 영원히 우리와 함께 계시네』,『해빛 같은 미소 그립습니다』,『내 나라는 영원한 수령님 나라』를 비롯하여 수많은 수령 영생송가들과 가요『우리는 맹세한다』, 합창조곡『백두산아 이야기하라』등도 소개되고, 미술 부문에서는 조선화『만민의 태양』, 대형 조선화『피눈물의 해 1994년』, 유화『1994년 7월의 만수대언덕』등과 같은 작품들이 있다. 이 중 수령 영생과 관련한 노래 한 곡을 소개한다.

그 과정에서『우리민족끼리(http://www.uriminzokkiri.com)』'통일문학' 코너에「노래하세 태양절」이라는 제목의 시가 실려 있고, 동시에 아래 하단부에 '※' 표시가 되어있는 특이한 사항이 하나 눈에 띄어 이 책에

옮긴다.(검색일: 2015. 2. 26)

> (1절) 겨레에게 해빛 같은 사랑 주시는/주체태양 솟아 오른 봄명절일세/김
> 일성주석님 탄생하신 날/노래하세 태양절 4월 15일//
> (2절) 만경대의 해빛이 남해에 비껴/통일의 꽃 피여 나는 봄명절일세/김일
> 성주석님 탄생하신 날/노래하세 태양절 민족의 명절///
> (3절) 영생기원 꽃바다 노래춤속에/자주세상 펼쳐 가는 봄명절일세/김일성
> 주석님 탄생하신 날/노래하세 태양절 인류의 명절

다름 아닌, '※' 표시에는 "오늘 남조선에서 널리 불리워지고 있는 노래임"이라는 주석이 달려있었다. 순간, 나는 "이 노래 정말 대한민국에서 널리 불러지고 있나?"라는 의문이 들었다. 내가 대한민국 사람이건만, 그것도 명색이 북한정치 연구자이지만, 이 노래를 한 번도 들어 보지 못하고 북한 관련 서적에서도 눈에 띄지 않았던 것은 무슨 이유였을까? 그렇게 자문자답(自問自答)하면서 내린 결론은 "내가 '종북주의자'가 아니거나, 그것도 아니라면 북한의 선전놀음일 뿐"이라는 것이었다.

해서 이런 사족을 달아본다. 우리 오천만 전 국민과 정부당국, 해외동포 등 모두는 이런 것으로 인해 '쓸데없는' 긴장을 하지 않았으면 하는 바램이다. 그 이유는 만에 하나 이런 류(분류)들의 시와 문학, 음악 등이 실제 대한민국에 보급되어 있고, 설령 접해진다 하여 대한민국의 (이념적) 건강성으로 볼 때 북한이 의도하는 대로(의도 하고 있기나 하는지도 모르겠지만) 그러한 사상범이 생기지 않을 것이라는 확신이 있기 때문이다. 또한 보급되지 않는데도 북한이 꾸며내어 남한에서도 자신들의 수령을 칭송하는 국민들이 많다는 것을 과시하려 한 것이라면, 이것이야말로 자가당착적인 것이고 더 나아가서는 구시대적인 작태가 여전함을 입증하는 행위이기에, 더는 이런 행위가 (남북한의 통합에)생산적이지 않다는 것을 강조하기 위해 인용하고자 했던 것이다.

그래서 남북한 공히 정부에 주문하고 싶은 사항은 북한이 자국의 인민들에게는 수령영생문학의 보급을 통해 수령에 대한 칭송과 그 은덕을 수용할 수 있게끔 강제하는 것이야 자유이겠지만, 대한민국 국민들까지 수용하려 들지 말고, 대한민국 정부도 북한의 이러한 상징조작이 무서워 국민들에게 화풀이(국가보안법으로 구속하는 행태)하는 정부가 되지 말았으면 하는 것이다.

다. 유교(儒敎) 담론

제아무리 세월이 바뀌고 체제가 바뀌어 교육 등 다양한 모든 방식을 동원해 그 봉건적 잔재의 청산이 진행은 될 수 있지만, 남북한에서 공히 쉽게 빠지지 않는 것이 유교적 DNA이다. 오죽했으면 어느 학자가 대한민국을 '유교자본주의'라 했을까. 이는 북한도 예외가 아니어서 북한의 슬기로운(?) 지혜는 봉건적 담론이라 하여 이를 무조건적으로 배척하지 않는다는 사실, 오히려 더 나아가서 오백 년의 역사로 인해 우리 민족 모두에게 사회적 DNA로 뼈 속까지 저장되어 있는 이 유교문화를 활용하기까지 한다는 것이다. 망명한 황장엽(전 조선노동당 비서)도 김일성은 과거 봉건시대의 왕의 지위를 누렸고, 김일성 일가가 누린 신분적 지위도 특권 면에서는 유교적 봉건사회와 유사하다고 언급할 정도가 되었으니 말해서 무엇하랴. 상황이 이쯤 되고 보니 이 유교담론이 북한에서는 어떻게 활용되는지가 북한의 수령제를 이해하는 것과 어떤 연관관계가 있는지가 궁금하지 않을 수 없게 되었다.

다들 아시다시피 북한이 수령제 사회주의에 집착하게 된 대내외적인 배경에는 스탈린 격하운동, 중국 문화혁명(1966년)의 불길이 자국으로 튀어온 점, 전후복구 경제계획의 성공과 함께, 김일성 개인의 '배타적(排他的) 권력의지'가 작용했다고 할 수 있다. 그런데 문제는 이 배타적 권력의지에 있었다. 왜냐하면 이 배타적 권력의지는 수령국가 북한체제에서 말하고 있는 수령의 영상(映像)도 아닐뿐더러 이론으로서의 수령체제와도 잘 어울리지 않기 때문이다. 즉, 최고지도자의 배타적 권력의지에 의해 위로부터 '강제된' 권력체제와 그 최고지도자의 권력의지에 의해 수용된 수령체제라면, 그 수령체제는 자신들의 지도이념에 맞지 않는 전근대적인 이념체계에 불과하다는 딜레마와 맞닿게 되기 때문이었다. 다시 말해 인민들의 자발적 '수용'이 아니라 위로부터 강제된 '인입'이라면, 그 수령체제는 권위적인 파시즘적 체제이거나 아니면 유교적인, 혹은 봉건적인 '星君사상'의 정치적 토대를 가졌다는 해석이 가능할 수 있어, 그렇기 때문에 북한(김일성)으로서는 자신들의 수령체제가 수령에 의한 배타적인 권력의지가 강하게 작용했다는 사실을 숨기거나, 아니면 이를 합리화 할 수 있는 적극적인 이론적 토대가 필요했다고 볼 수 있다.

거기에 딱 부합하는 한 이론적 토대가 바로 이 유교담론이었다. 유교적 담론들인 의리(義理), 충성(忠誠), 효성(孝誠), 충신(忠臣), 효자(孝子) 등의 개념들은 '위대한 수령'이라는 신화가 자연스럽게 형성되기 위한 그 어떤 담론들보다 뛰어난 소재였던 것이다. 설명하자면 이 전통적 사유(思惟)체계는 북한이 비록 (사회주의적으로) 해방이 되었다고는 하나, 아직 해방된 이후 시간이 얼마 흐르지 않았기 때문에 여전히 북한인민들이 자연스럽게 내재화되어 있었던 유교적 담론과 문화가 별 거부감이 없이 수용되면서 '위대한 수령'과 만나질 수 있었기 때문이었다. 이에 대해 박용배는 다음과 같이 언급한다.

"북한인민들에 아직도 유교적인, 혹은 봉건적인 전통관습이 남아 있는 부분도 작용했다." (『빨치산에서 수령까지』, 한국일보 · 한국문헌, 1994, 96쪽)

이 전제로 사회정치적 생명체론에서 말하는 위대한 수령으로서의 '어버이'와 전통적 사유체계로서의 충 · 효 등의 용어들이 어떻게 결합되어지고 해석될 수 있는지를 하나하나 추적하고, 북한이 봉건적 담론의 한 형태인

이 유교담론을 어떻게 활용하였는지(배척하지 않고)를 꼼꼼히 살펴보고자 한다.

먼저 효(孝)의 정의를 살피면 다음과 같다.

> "자기생명은 실은 아버지의 생명이고, 조부(祖父)의 생명이며 나아가서는 참으로 아득한 조상의 생명이 되는 것으로 가계를 계속 거슬러 올라가게 된다. 그렇다면 지금 여기에 내가 있다는 것은 실은 백 년 전에도 분명히 자신은 살아있었다는 셈이기도 하다. 아니 백 년은 물론이고, 천 년 전, 일 만 년 전, 십만 년 전에도, 더 나아가서는 생명의 근원이었던 곳에까지 거슬러 올라가서 자신은 분명히 존재하고 있었던 것이 된다. 이는 '혈맥(血脈)' 또는 '피의 사슬'이라고 해도 무방하다. 한편으로는 자손과 일족이 이어지면 자신은 개체로서는 죽더라도 육체가 죽은 뒤에도 자손의 생명과 이어짐으로써 계속 살아갈 수가 있는 것이다."(加地伸行, 『유교란 무엇인가』, 지영사, 1996, 32쪽)

효에 대한 이 정의를 수용하게 되면 효행을 통해 자신의 생명이 영원하다는 가능성을 발견하게 된다. 그리하여 비록 유교는 혈연공동체 내에서 효를 중심에 두고 개인에게 영원(永遠)의 생명을 보장하고 있기는 하지만, 북한의 사회정치적 생명체론에서 말하고 있는 수령에 의한 개인생명의 영생과도 만나고 있는 것이다. 즉, 인간의 생명을 '사회정치적 생명'과 '육체적 생명'으로 나누는 것과, 유교의 혼(魂)과 백(魄)이 같은 논리성을 갖고 있다는 말이다. 또 그 연속성을 보장하는 '피의 사슬'은 수령이 창시한 혁명전통의 계승, 즉 주체의 혈통으로서의 '대를 이어'로 수용할 수도 있게 된다. 바로 이 연결고리로 인하여 '사회정치적 생명'을 주는 수령은 '육체적 생명'을 주는 친부모보다 덕이 더 높은 것으로 간주할 수 있는 것이다. 그러므로 자신들에게 사회정치적 생명을 주는 최고뇌수인 수령은 아버지(보다 더 정확하게는 '어버이')고, 어머니로 비유되는 당에게 충과 효로 보답할 수 있는 것이다. 일종의 유사(類似) 가족공동체가 만들어 지는 것이다.

김정일 자신이 직접 1991년 6월 1일 창립 45돐을 맞은 김일성고급당학교

교직원, 학생들에게 보낸 서한(書翰), 「주체의 당 건설 위업을 대를 이어 빛내어나갈 참된 당 일군을 키워내자」에서도 유교와 사회정치적 생명체의 관계에 대해 그 의미를 한번 해독해보자. 그는 이 서한에서 충과 효에 대해 "충성과 효성은 다 같이 수령을 무한히 존경하고 따르며 높이 모시고 받드는 혁명전사의 고상한 품성이라는 점에서는 서로 다를 것이 없"고, "수령에 대한 충성이라고 할 때에는 넓은 의미에서는 효성도 포함된"다면서 "충성과 함께 효성이라는 말을 함께 쓰는 것은 수령을 받드는 데서 도덕의리적인 면을 강조하기 위해서"라고 강변하고 있다. 이를 좀 길지만 후루다 히로시의 글을 인용하여 설명하면 다음과 같다.

"그 관계 첫째는 '주체사상의 자연관'은 고급한 인간과 저급한 물질 및 짐승으로 나누는 동아시아의 사유에 기초해 인간의 고귀함을 자주성, 창조성, 의식성으로 잡고, 그 부여자 '사회정치적 생명체'라는 '영원한 생명체의 존재'를 확신한다. 주자학적 사유는 만물의 존재근거인 '이(理)'와 같은 부여자를 두는 점에서 공통되지만, 주체사상의 부여자 쪽은 사람이 죽은 다음에 여전히 영생하는 근원이고 생명이 태어나 돌아가는 고향이며, 주자학의 '기(氣: 만물의 구성소재)'를 그대로 하나의 세계로 간주하는 조선 독자의 '기론(氣論)'에 가까운 것으로 되어 있다. 그 둘째는 이 생명의 주재자 · 부여자가 왜 능동성을 갖는가 하면, '혁명적 수령관'에 기초하여 수령이 '사회정치적 생명체'의 정치적 생명의 아버지로서 생명을 주재하고 이를 부여하기 때문이다. 수령이 '정치적 생명'의 아버지인 것은 '사회정치적 생명체'가 '육체적 생명체'와 평행하게 '생명체', 즉 생명이 있는 실재로 관념화되고 있기 때문이다. 그들의 육체적 생명은 아버지(남성계 가족사회의 조선에서는 어머니보다 아버지)로부터 주어진다. 그와 마찬가지로 사회정치적 생명체에서도 아버지가 있고 아버지가 생명을 내려준다. 이 아버지에게는 실제 아버지에 대한 효덕에 버금가는 충실성이 요청된다. 이것이 '수령에 대한 충실성'이고 '혁명적 수령관'의 골자였다. 아버지가 죽어 조상의 영(靈)의 고향으로 돌아가면 다음에는 그 자식이 아버지가 될 것이다."(古田博司, 「北朝鮮における儒教の伝統と主體思想の展開: 金正日'7 · 15 談話'を中心に」, 『下關市立大学論集』 第34卷 第3号, 1991, 59~61쪽)

유교적 사생관(死生觀)이 그대로 응용되고 있음을 알 수 있다. 이에 대해 스즈키 마사유키는 이렇게 화답한다.

"이 '충성'은 후루다가 지적했듯이 아버지에 대한 효를 통한 군주에의 충성과는 분명히 다르다. 물론 계약에 의한 충성도 아니다. 그렇다고 일본의 과거, 특히 사무라이 집단의 행동규범을 연상하는 '충성'의 존재형식과 서로 유사한 듯도 보이지만, 북한의 '충성'개념은 확실히 항일빨치산투쟁을 모델로 한 대장과 전사들 사이의 충성이고, 그것을 전 북한 인민에게까지 확대한 것이다. 다시 말해 항일혁명 전통을 중시한 데서부터 출발한 것이 틀림없다. 그러다보니 최고지도자에 대한 '충성'과 '효성'을 다하는 것이 동시에 요구되는 대목은 꽤 독창적이다. '충성'이 '효성'보다 상위로 규정된 것은 집단결속력을 고려할 경우 후자로는 그것을 만들어내기 어렵기 때문이었을 것이다. 개인이 '멸사(滅私)'하는 집단주의를 최고의 가치로 생각하는 한 그것을 유지하기 위해서는 집단에의 몰입밖에 없다. 말하자면 북한 사회를 유사가족으로 치더라도 현실적으로 혈연을 넘어 집단을 결속하고 단결시켜야 하기 때문이다. 어쨌든 '충성' 혹은 '효성'이 혈연집단이나 지연집단을 초월하는 민족, 이를 대표하는 상징으로서의 수령을 향하도록 한 것은 한민족 역사에서 처음 있는 일인 게 분명하다."(『김정일과 수령제 사회주의』, 중앙일보사, 1994, 187쪽)

위 두 논거(論據) 말고도, 또 다른 그 한 예로 북한은 자신들의 사회관계가 혁명적 의리와 동지애에 의해 작동되고 있음을 누누이 강조해 왔는데, 이 원리 또한 유교문화의 조선사회에서도 통용된 조직원리였음을 알 수 있다. 최재석은 다음과 같이 논한다.

"조선민족 집단의 결합원리가 의리이고, 그 전형이 '두목(왕초)-부하집단(똘마니)'이며, 그 원형은 부자(父子)집단에서 찾아진다." 계속해서 그는 "그 집단의 성격으로 첫째, 비합리적 요인을 계기로 조직된다. 둘째, 평등관계가 아니라 주종관계가 지배적이지만, 그들 자신은 주종관계로 의식하지 않는다. 셋째, 두목은 부하를 보호하고, 굳이 말하지 않아도 부하는 스스로 판단하여 두목에게 봉사한다. 넷째, 자신의 집단 이외에는 매우 배타적이다. 다섯째, 집단의 결합원리는 의리다. 의리는 합리적인가의 여부가 문제되지 않으며, 늘 두목, 자신의 부하, 자신의 집단이익만을 추구하는 의무다."(『韓国人の社会的性格』, 學生社, 1977, 157쪽)

위 언급에서 묘하게도 사회정치적 생명체론의 특징인 수령에 의해 부여되는 사회정치적 생명, 즉 주종관계로 의식하지 않는 (혁명적) 의리관계, 수령에 대한 무한한 충성과 수령의 깊은 온정은 최재석이 지적한 '두목-부하집단'의 논리와 엇비슷하게 오버랩(overlap) 된다. '두목-부하집단'의 관계 대신, '수령-당 간부'(혹은, '수령-인민대중')로 치환하면 사회정치적 생명체론에서 말하고 있는 조직원리와 하등 다를 것이 없는 것이다. 이외에도 한국의 윤리·도덕 교과서와 비교해도 북한의 사회정치적 생명체론에서의 수령-당-대중의 관계는 낯설지 않다.

두 인용 자료는 북한의 경우에는 김정일의 「주체사상교양에서 제기되는 몇가지 문제에 대하여」, 『근로자』 제7호 통권543호(1987) 17쪽이고, 남한의 경우는 한국교육개발원에서 발행된 『중학교 도덕』 1(서울: 문교부, 1989) 61쪽 및 185쪽이다.

"【북한】 자식들이 자기 부모를 사랑하고 존경하는 것은 자기 부모가 반드시 다른 부모들보다 낫거나 그들로부터 어떤 덕을 입을 수 있기 때문이 아니라 바로 자기를 낳아 키워준 생명의 은인이기 때문이다. 혁명적 의리를 지키는 사람이라면 좋을 때나 나쁠 때나 변함없이 오직 자기 생명의 모체인 수령, 당, 대중과 생사운명을 같이 해나간다. 만일 그 누가 자기 나라가 뒤떨어졌다고 하여 실망하고 자기 조국에 대하여 다른 마음을 먹거나 조국이 위험에 처하였을 때 자기를 키워준 어머니조국을 배반하고 자기 한 몸만을 건지려고 한다면 그 어느 나라 인민도 그러한 인간을 량심을 가진 사람이라고 보지 않을 것이다. 혁명적 의리를 가진 사람이라면 어떤 바람이 불어와도 사대주의를 하거나 자기 수령, 자기 당, 자기 조국을 배반하는 일은 없을 것이다."

"【남한】 부모를 존경하는 것은 자신의 부모가 다른 사람의 부모보다 우월하다든가, 훌륭하다든가, 돈을 많이 가지고 있다든가 하기 때문이 아니다. 부무가 설령 사회적으로 낮은 지위에 있고 다른 사람의 부모보다 돈이나 학식이

적더라도 단지 부모이기 때문에 우리는 성(誠)을 다해 자신의 보무를 존경하는 것이다. …… 이 나라가 밉다고 해도 자기 나라이고 좋다고 해도 자기 나라이다. 자신의 부모가 다른 사람의 부모만큼 우월하지 않아도 자신의 부모라고 할 수 있듯이 우리나라가 작고 힘이 약하다고 해도 자신의 나라를 바보로 여기거나 버릴 수는 없다. 더욱이 우리나라는 국민의 의지에 의해 조직된 민주국가다. 따라서 우리는 이 나라의 주인으로 이 나라의 운명에 책임을 갖지 않으면 안 될 것이다."

두 인용문에서 보여주고 있는 것은 남북한의 집단관, 국가관 공히 혈연집단을 그 원형으로 하고, 이데올로기인 유교에 의해서도 사회주의적으로도 자본주의적으로도 해석이 가능하다는 사실이다. 스즈키 마사유키식으로 표현하면 남북한의 체제, 이데올로기, 그리고 군사적인 격렬한 대립의 한편에서 윤리·도덕면에서의 '접근' 및 '통일'이 의식하지 않아도 그 오랜 역사적 전통을 통한 선조회귀로서 피어나고 있다.(『김정일과 수령제 사회주의』, 189쪽)

그렇지만 위와 같은 서로의 유사성이 깊다하여 북한의 수령담론 전부를 유교적인 것으로 간주하는 환원주의적 경향은 옳지 않다. 북한에서 유교담론이 1970년대부터 시작하여 1980년대, 1990년대를 거치면서 조선 전래의 전통문화라는 관점에서 유교전통을 수용하고 있고, 1990년대 이후 유교담론이 수령제를 보완하는 기능으로서 보다 강화되는 경향을 보인 것은 사실이지만, 그것과 사회정치적 생명체론이 유교담론의 내용과 의미가 모두 같다는 논리로 확장되는 것은 차원을 달리 하는 문제다. 즉, 북한의 사회정치적 생명체론에서 상징으로 나타나는 '수령숭배'가 유교담론을 비롯한 유기체적, 기독교적, 심지어 도교적, 혹은 민중 신앙적인 것들과 뒤섞여 있다하여 그것이 사회정치적 생명체론의 수령담론으로 그대로 수용되었다는 비약으로 발전되어서는 안 된다는 것이다.

오히려 "북한이 철저하게 상황적 필요성에 의해 반영된 인위적인 형성물이자 당·정·군 간부들이 인민들에게 군림하는 것이 아니라 좀 더 봉사하는 자세를 갖도록 하는 점에서 통치도덕을 높이는 효과를 가졌다.('서동만 저작집 간행위원회', 『북조선 연구』, 창비, 2010, 330쪽)"는 지적을 보다 더 유용하게 이해해야 한다.

■ 상징조작 2: 구호

이 지구상에서 '구호'정치가 가능한 국가가 있다면 그 으뜸국가는 단연코 북한일 것이다. 단 한 번이라도 북한을 방문한 사람은 이에 공감할 수 있다. 말 그대로 온 거리와 건물들에 구호가 넘쳐나기 때문이다. 스마트 시대에 웬 구호? 북한이 스마트 기술이 발전하지 못할 만큼 낙후한 국가라서? 그렇게 단순하게 볼 일이 결코 아니다. 사회주의 국가체제라는 특성이, 그것도 수령제 사회주의 국가체제에서는 더더욱 그렇다.

북한은 구호를 아주 일상적인 하나의 정치적 선전·선동(프로파간다)으로 활용한다. 즉, (구호도) 정치언어라는 것이다. 그 중심에 수령의 말씀, 수령과 당의 업적, 정책과 노선 등이 가장 함축적으로 쉽고 단순화하여 접근성이 가장 높은 곳에 설치되거나, 또는 기동성 있는 방식으로 북한 주민들에게 가장 영향력 있게 전달된다. 기차역, 버스

> 구호와 일화, 그리고 정치언어와의 관계를 상징적으로 드러내는 예는 다음과 같다. 2008년 12월 1일 『로동신문』에 실린 기사이다. "…(중략)기관 고장으로 오래 동안 표류하다가 배가 파손되어 가라앉게 되었을 때 위대한 수령님과 경애하는 장군님의 초상화를 물기가 스며들지 않게 정중히 모시고 마지막편지에 「김정일 장군 만세」라는 글발을 남긴 영웅전사들. …(이하 생략)"

정류장, 공항터미널 등의 대형 건축물(벽면)과 공공장소, 소형 회의실 등이 그 장소들이며 대한민국에서 선거 때마다 등장하는 유세차량과 같은, 혹은 상품이나 가게를 선전하기 위한 이동광고판 등과 같은 '口號車'가 북한에서도 거리를 오가면서 선전한다.

그 구호들로는 "당이 결심하면 우리는 한다!", "조선의 결심은 장군님의 결심이다!", "생산도, 학습도, 생활도, 항일유격대식으로!", "우리 식의 강성대국을 건설하자!", "새해공동사설을 철저히 관철하자!", "과학기술중시사상을 틀어쥐고 강성

▲『노동신문』캡처

국가를 건설하자!", "자기 땅에 발을 붙이고 눈은 세계를 보라!", "백두의 혁명정신, 백두의 칼바람정신으로 조선혁명을 끝까지 완수하자!" 등 수도 없이 많지만, 그래도 가장 많이 사용되는 구호는 수령을 상징하는 '태양'와 '광명성'이라는 단어들이 들어간 것들인데, "씨앗이 어느 곳에 뿌려지든 상관없이 모두 태양을 향해 꽃이 핀다", "우리의 수령은 모든 인민을 보살피는 위대한 어버이로 만민이 흠모하는 은혜로운 태양이시다"라든가 등이다. 더 놀라운 것은 2003년 2월 14일『조선중앙통신』의 보도에 따르면 김일성뿐만 아니라 김정일 국방위원장도 칭송한 "광명성은 조선의 미래!" 등 구호 문헌들이 발굴되어 200여 점이 보존되어 있다고 한다(현재는 이보다 훨씬 더 많이 발굴 보존되고 있을 것이다).

수령 칭송 구호들을 좀 더 살펴보면 "위대한 수령 김일성 동지는 영원히 우리와 함께 계신다!"가 가장 많이 보였던 구호이며 김정일 국방위원장 사망 이후에는 "위대한 령도자 김정일 동지는 영원히 우리와 함께 계신다!"도 등장하였다. 그리고 김정은 시대에 들어와서는 김일성 탄생 100돐, 김정일 탄생 70돐을 기념하여 공동구호를 발표하였는데, 거기에 이런 구호도 있다. "위대한 김일성민족, 김정일조선의 강성번영을 위하여 총공격 앞으로!" 이외에도 "21세기의 태양 김정일 장군 만세!", "위대한 김일성동지와 김정일동지는 영원히 우리와 함께 계신다!", "위대한 김일성

동지와 김정일동지는 영생할 것이다!" 또한 "위대한 김일성 – 김정일주의 만세!", "우리 당과 인민의 최고령도자 김정은동지 만세!", "경애하는 김정은동지의 령도따라 주체혁명위업을 끝까지 완성하자!", "위대한 김일성동지와 김정일동지를 천세만세 높이 받들어모시자!", "위대한 김정은동지를 수반으로 하는 당중앙위원회를 목숨으로 사수하자!" 등 수도 없이 많다.

■ 상징조작 3: 우상화

가. 초상화

북한에서는 김일성 주석과 김정일 위원장의 사진과 초상화를 특별하게 다루는 일을 '초상화 정성사업'이라 부른다. 그 뜻풀이는 "매일 충성심에 티끌만한 먼지라도 앉지 않았는지 반성하면서 닦아야 하는 것"이다. 이렇듯 북한 사람들은 어려서부터 가정과 학교에서 김 주석과 김 위원장의 사진과 초상화에는 조그만 먼지가 묻어서도 안 되도록 교육받는다. 그런 만큼 초상화는 일터나 가정에서 가장 넓고 깨끗한 방에서 의무적으로 부착하고 정성을 다해 관리해야 한다. 노동당에서는 수시로 위생검열을 나와서 사진 보관 상태를 점검하고 사진에 먼지가 쌓이거나 보관 상태가 나쁘면 비판을 받는다.

이와 관련된 일화를 하나 보자. 『로동신문』 1993년 4월 28일자에 실린 예찬(禮讚) 기사인데, 내용은 노동자 합숙소에 살던 두 처녀가 공장 건물에 불이 나자 김일성 주석과 김정일 위원장 초상화를 꺼내기 위해 공장 안으로 들어갔다가 숨진 사건이다. 그들의 관점에서 이런 미담(美談)이 어디 이뿐이겠는가? 2005년 1월 화재 속에서 동료 학생과 김정일 국방위원장의 초상화를 구하고 목숨을 잃은 김철주 사범대학 여학생인 18살 유경화 학생이 영웅 칭호를 받기도 했다. 약 2년 뒤 『조선중앙통신』 2007년 12월 22일자 보도에 따르면 유경화 학생이 다녔던 평양 원신중학교가 '공화국 영웅' 유경화의 이름을 딴 '유경화 중학교'로 명명됐으며 교내에 유경화의 반신상이 세워졌다고 한다.

매우 드문 사례이기는 하지만, 2003년 8월에 있었던 대구유니버시아드대회에서도 수령제 사회로서의 북한의 모습을 상상할 수 있는 사건이 하나 발생하였다. 당시 취재했던 『한겨레 21』의 권혁철 기자가 쓴 「황당한 차이 끌어안고 하나로」의 내용 일부이다.

> "…(중략) 8월 28일 오후 1시 40분께 경북 예천군 예천읍 도로, 북쪽 응원단 150여 명이 양궁 경기 응원을 마치고서 버스를 타고 대구로 돌아가고 있었다. 이들이 지나간 길가에는 현수막이 4장 걸려 있었다. 현수막 왼쪽에는 한반도기, 오른쪽에는 김정일 국방위원장과 김대중 전 대통령이 남북정상회담 때 만난 사진이 인쇄되어 있었다. 현수막 가운데에는 '북녘 동포 여러분 환영합니다. 다음에는 남녘과 북녘이 하나 되어 만납시다'가 적혀 있었다. 현수막 4개 중 1개는 장승과 주유소 철제 기둥 사이에 걸려 있었다. 이날 예천에는 오전부터 비가 내려 현수막이 빗물에 젖어 있었다. 이를 본 응원단은 갑자기 버스에서 내려 '장군님(김정일 위원장)의 사진을 이런 곳에 걸어둘 수 있느냐'고 눈물을 훔치며 현수막 4개를 모두 떼어냈다. '허수아비(장승)에 장군님의 사진이 걸려 있다니…' '장군님 사진에 어떻게 도장(검인)을 찍을 수 있나' '장군님 사진이 비를 맞잖아요'란 탄식과 항의가 쏟아져나왔다. 이들은 김 위원장 사진이 앞으로 나오도록 현수막을 접은 뒤 버스로 되돌아갔다. '북한 미녀'에 환호하던 남쪽 사람들은 '조선 여성'의 갑작스런 울음에 놀란 입을 다물지 못했다.(통권 제475호, 2003. 9. 5)"

나. 수령송가(頌歌)

모든 국가에는 국가(國歌)가 있다. 그러나 북한에는 국가보다 더 높은 송가(頌歌)가 있는데, 북한이 1973년 사회과학원 언어학연구소에서 발행한 『조선문화어사전』(평양: 사회과학출판사, 1973)에서는 '송가'를 이렇게 정의하고 있다.

"위대한 수령의 빛나는 업적과 현명한 령도, 고매한 덕성을 절절한 흠모의 정으로 칭송하여 부르거나, 위대한 수령의 탄생일이나 중요한 기념일들, 그리고 위대한 수령의 령도밑에 당과 국가가 이룩한 빛나는 승리와 성과들을 최대의 경의와 환희의 감정으로 경축하여 부르는 노래이다."

따라서 송가는 수령과 관련된 내용이다. 현실적으로는 김일성, 김정일, 김정은을 미화·찬양하는 노래밖에 있을 수 없다. 그런 만큼 북한의 가요 가운데서도 가장 높은 비중을 차지하고 있으며, 그 어느 가요보다도 계급적이며 정치적인 성격을 뚜렷이 나타내고 있다. 또한 혁명적 송가를 당성, 노동계급성, 인민성 등 문예창작의 기본 원칙을 가장 충실히 반영한 수령과 당에 대한 충성심을 불러일으키는 사회교양적 기능을 수행하고 있는 수단으로 사용하고 있다. 대표적인 송가로는 1946년에 창작되어진 「김일성장군의 노래」와 1995년에 만들어진 「김정일장군의 노래」, 그리고 2015년 범민련 유럽지역본부 의장 리준식에 의해 탄생한 「김정은장군의 노래」가 있다.

참고로 최척호, "북한의 음악 : 대중가요," 『통일경제』 5·6호(2001) 64쪽에 따르면 '군중 음악'으로 통칭되는 북한의 가요는 대략 5가지 정도로 분류된다. 혁명가요, 투쟁가요, 서정가요, 통속가요, 최신가요 등이 그것이다. 통속가요라는 말은 1980년대 후반부터 부쩍 많이 쓰이기 시작했다. 대중성이 강하다는 점에서 남한의 대중가요에 가장 가까운 형태이다. 이 용어는 1991년 문학예술사전에 최초로 등장했다. 새로운 경향의 통속적인 노래를 일컫는 최신가요라는 말도 1980년대 후반에 들어 나타났다. 대한민국에도 잘 알려진 '휘파람', '반갑습니다' 등이 이의 대표적인 노래들이다. 최근에는 성인 가요라는 용어도 등장했다. 성인들을 주 대상으로 한 최신가요를 의미하는 것으로, '통속가요 + 최신가요'로 이해되고 있다.

『우리민족끼리(http://www.uriminzokkiri.com)』(검색일: 2015. 3. 17)에 소개된 노래전문은 다음과 같다. (1절)주체조선 높은 기상 하늘땅을 뒤덮고/통일의 위업 찬란히 빛낸 민족의 령수/통일겨레 한결같이 영광을 노래하네/아 아 영원한 겨레의 존엄 김정은장군//(2절)선군조선 혁명위업 5대양에 넘치고/자주의 위업 총대로 지킨 만민의 령수/온 세상 정의평화 승리를 축복하네/아 아 영원한 진보의 등대 김정은장군//(3절)태양조선 선군정치 온 누리에 퍼지고/철학의 진리 주체로 밝힌 사상의 령수/새 세기 선도하는 발걸음 울려간다/아 아 영원한 선군의 위인 김정은장군

▲〈https://www.google.co.kr/〉에서 재인용(2015. 1. 31)

다. 수령송화(首領頌花)

북한의 국화(國花)로 진달래로 알고 있는 사람들이 많다. 그렇게 된 배경
에는 김일성이 항일무장투쟁을 할 때 '조국을 상징하는 꽃'으로 삼았고, 김일
성의 고향 만경대 주변에도 진달래가 만개하였으며 김일성의 부인 김정숙이
진달래를 매우 사랑했던 것으로 알려져 있는데, 이런 사실들이 북한 인민들
에게 전달되면서 북한 주민들은 더욱더 진달래꽃을 좋아하고 사랑하게 되지
않았을까 추측해 본다. 그런데 이 진달래꽃이 어찌 북한 주민들만 사랑한 꽃
이었겠느냐? 지금도 대한민국 국민이라면 누구나 다 좋아하는 꽃이다. 그렇
게 볼 때 진달래는 북한만의 꽃도, 남한만의 꽃도 아닌, 우리 '민족의 꽃'에
가깝다. 소월의 서정시에도, 시골에서는 아이들의 간식거리로, 하얀 떡에도
진달래꽃을 붙여 모양새를 냈으니 시각과 미각 모두를 만족시켜 주었다.

그런 진달래가 북한 사람들이 좋아한다 하여 한때는 대한민국에서 진달
래를 좋아하고 아끼면 친북 빨갱이로 매도당하거나 용공이적 행위로 처벌

받는 '웃지 못 할 사건'도 발생한다. 북한 인민들이 사랑하고 아낀다는 이유만

으로 남한 사람들이 좋아하
면 안 되는 '비극의 꽃'으로
말이다. 이 잣대로 보면 "하
얀 목련(목란)이 필 때면 다
시 생각나는 사람"으로 시작
하는 노래 「하얀 목련」을
부른 가수 양희은은 국가보
안법 위반인가? 아닌가? 양

그 '웃지 못 할 사건'의 한 예로, 1974년 서울 이화여고
에서 한 미술교사가 지리산에 핀 진달래꽃을 슬라이
드로 담아 학생들에게 보여주었다가 처벌됨. 또 1986
년 10월 '전국 반외세 반독재 애국학생 투쟁연합 (애
학투)'의 발족선언문에 "진달래꽃 머리에 꽂고 온 민
족이 하나가 되어 한라에서 백두까지 해방춤을 흐드
러지게 추게 될 그 날까지" 투쟁할 것을 다짐한 구절
이 있었는데, 이것이 북한의 혁명가극 '피바다'의 마지
막 장면과 같은 데다 진달래는 "북괴의 상징 꽃"이라
는 이유로 국가보안법 위반협의가 적용되기도 함.

희은은 또 이 사실을 알고나 있을까? 모를까? 궁금하고 또 궁금해진다.

그러나 역시 꽃 중의 꽃은 국화(國花)이다. 자기나라 국가(國家)를 상징하
는 꽃을 좋아하지 않는 국민이 그 어디에 있겠는가? 그런 의미에서 대한민국
의 나라꽃(國花)은 '무궁화'다. 말 그대로 '영원히 피고 또 피어서 지지 않는
꽃', '무궁무진한 꽃'이라는 꽃말을 갖고 있다. 그런데 참 아이러니한 것은 북
한에서도 이 '무궁화'를 한반도가 분단되기 이전부터 국가의 꽃으로 사용해
왔고, 1960년대 초반까지도 이 무궁화를 국화로 삼아왔다는 사실이다. 1964
년에 이르러서야 국화를 '목란'으로 변경하여 1991년(4월 10일)에는 국화로
공식 지정하기에 이른다. 이는 우리의 인식을 두 번 배반한다. 그 한 번은
그렇게 '철천지원수'라 으르렁대면서도 1960년대 중반까지 북한의 국화가 우
리 대한민국과 마찬가지로 '무궁화'였다는 사실과, 또 다른 한번은 북한의 국
화를 '진달래'로 알고 있었던 우리의 인식이다. 진달래가 북한에서, 혹은 우
리 민족 전체가 워낙 많이 사랑해서 생긴 우리들의 착시현상 때문일 것이다.

다시 목란으로 돌아가 보자. 알려진 대로 북한의 국화는 목란이다. 원래
목란의 꽃말은 '수줍음'이지만, 이 의미보다 중요한 것은 북한이 목란을 국
화로 지정하게 된 결정적인 일화다. 김일성이 1964년 5월 황해북도의 어느
휴양소에 들렀을 때 그 곳의 함박꽃나무를 보고 목란(나무에 피는 난)이라

이름 붙이며 '향기롭고 생활력이 강해 꽃 중의 왕'이라고 칭한 것이 국화로 정해진 기원이라는 것이다. 좀 더 설명하자면 북한의 『조선말대사전』(2007)에는 "'목란꽃'은 목란이 꽃. 항기롭고 아름다운 흰 꽃으로서 조선의 국화이다. …"로 되어 있고, 또 "목란꽃! 그것은 수령님께서 몸소 지어 주신 꽃 이름이다"라고도 나와 있다. 그러니까 결국 북한의 나라꽃은 목란꽃인데, 흰목련을 말하며 이름은 김일성 주석에게서 유래한다는 것으로 요약된다.

▲ 진달래

▲ 무궁화

▲ 목란

어쨌든 북한의 국화는 목란이다. 그럼에도, 북한에는 이 '목란'보다 더 중시하고 귀히 여기는 꽃이 있는데, 다름 아닌 '김일성화(金日成花)'와 '김정일화(金正日花)'이다. 말 그대로, 김일성과 김정일의 이름을 붙인 꽃으로, '남한적'으로 표현하면 우상화의 꽃이고, '북한적'으로 해석하면 수령영생위업의 상징으로 그들을 칭송하기 위한 꽃말일 것이다. 일명 수령송화(首領頌花), 혹은 수령영생꽃이다. 2012년 2월

'김일성화'는 1965년 초 인도네시아 식물학자 마카사르에 의해 보고르 식물원에서 처음 발견된 뒤 이름이 붙여지지 않은 채 남아 있다가 김일성이 1965년 4월 반둥회의(아시아-아프리카 회의) 10돐 기념행사에 참석하기 위해 인도네시아에 머물다 보고르 식물원을 방문한 김일성 주석이 이 난초를 마음에 들어 했고, 동행했던 수카르노 대통령이 '김일성'의 이름을 붙였다고 전해진 꽃이다. 또한 김일성화는 난과(蘭科)에 속하는 열대식물로, 지름 7~8cm의 자주색 꽃봉오리가 약 100일간 피고, 꽃잎에 흰색 점 3개가 박혀 있는 것이 특징이다. 그 학명은 1981년에 Dendrobium KIM IL SUNG Flower, D. clar a Bundt이며, 2000년 4월 경기도 고양시에서 열린 '세계꽃박람회 북한야생화전시관'에 전시되어 남한 사람들에게는 처음으로 선을 보였다.

> '김정일화'는 일본인 가모도 토데루가 20년간 품종을 개량한 것으로, 1988년 2월 김정일의 46회 생일 때 처음 소개되었다. 또한 김정일화와 관련된 파생예술 중의 하나인 '김정일화(박미성 작곡, 우정희 작사)'는 주민들이 외워야할 필수 노래로 여겨진다. 그 가사 내용은 다음과 같다. "그리워 달려가는 우리의 마음처럼/이 강산에 붉게 붉게 피어난 꽃송이/아, 붉고 붉은 충성의 김정일화/송이송이 어려 있네 따르는 한 마음."

21일 『로동신문』의 보도를 보면 이는 보다 명확해진다.

"제16차 김정일화축전은 어버이 장군님의 심장은 비록 고동을 멈추었으나 만민의 마음 속에 태양으로 영생(永生)하고 계시며 천만군민은 경애하는 김정은 동지의 영도 따라 장군님의 사상과 업적을 대를 이어 빛내어나갈 것이라는 것을 온 세상에 소리높이 과시하고 있다.

여기서 북한의 이러한 인식—수령송화에 대한 인식과 관련하여 우리가 한번 생각해 보아야 할 것은, 꽃은 예로부터 아름다움과 사랑, 평화와 축원의 상징으로 되어왔다는 사실이다. 하여 꽃은 그 형태와 특징에 따라 이름을 단 것도 있고 사람의 이름을 단 것도 있었다. 그 한 예로 우리나라에는 봉선이라는 처녀의 이름을 단 '봉선화'가 있고 중국에는 당나라 시기에 소문났던 미인의 이름을 단 '양귀비'가 있으며 세계적으로 볼 때 원예학자나 식물채집자의 이름을 단 꽃도 있다. 그러나 어떤 경우에도 필자가 과문한 탓일 수도 있으나 꽃에 최고지도자의 이름을 단 일 본 적이 없다. 그런데 북한의 수령 김일성과 김정일의 이름을 단 김일성화·김정일화가 세상에 이름을 드러내었다.(수령국가의 특성상 '김정은화'도 곧 이름을 드러낼 것이다.)

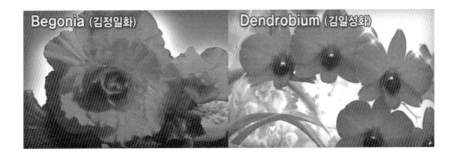

Begonia (김정일화)   Dendrobium (김일성화)

분명 이는 우리 정서와는 맞지 않는다. 그렇지만 그들의 생각은 좀 다른 것 같다. 그것은 김정일의 생각에서 명확하게 드러난다. 『우리민족끼리』 2015년 1월 24일자에 따르면 김정일이 생존했을 때 심일성화를 보면서 이런 얘기를 자주 했다고 한다.

> "수령이 없는 혁명의 승리를 생각한다는 것은 태양이 없는 꽃을 바라는 것과 마찬가지이다."

풀이하면 '태양이 있어 만물이 소생하고 온갖 꽃들이 피어나는 것처럼 혁명의 승리는 수령의 영도에 의해서만 이룩될 수 있다'는 정도가 되지 않을까 한다. 이렇듯 북한에서는 우리가 생각하는 것처럼 우상화가 되었건 그들이 생각하는 칭송이든 간에 분명한 것은 북한에게는 김일성화 · 김정일화가 '충성(혹은, 혁명)'과 '불멸'을 상징하는 수령의 꽃이고, 영생을 향한 북한의 열망을 담고 있다는 사실일 것이다. 아래 인용된 시는 그 극단의 한 형태를 보여주고 있다 하겠다.

▲『우리민족끼리(http://www.uriminzokkiri.com)』(검색일: 2015.1.24)

그런 꽃이기에 김정일화 축전은 1997년부터 시작, 지금은 매년 광명성절 주간에 성대하게 진행되고 있으며, 마찬가지로 김일성화 축전도 2년 늦은 김일성 탄생 87주년(1999년)을 기념하여 제1차 김일성화 전시회가 시작되어진 이래로 지금까지 태양절 주간에 김일성화 축전이라는 이름으로 성대하게 개최하고 있다. 이외에도 정권수립일(9. 9), 당창건기념일(10. 10), 전승절(정전협정, 7. 27) 등 다양한 계기에 '김일성화·김정일화전시회' 다채롭게 열리고 있다. 그리고 참 재미있는 에피소드는 조선시대 능참봉(종9품 벼슬)에서 정승까지 오른 한명회의 일화가 있듯이 북한에도 실제 이런 인물이 나타났다는 사실이다. 북한 스스로 '불멸의 태양의 꽃 보급선전의 종합적기지'이자 보급사업을 통일적으로 맡아서 하는 상설기구인 〈조선 김일성화 김정일화위원회(2003년 9월 개편)〉가 있는데, 이 조직의 위원장을 2004년에 역임했던 강능수라는 인물이 2010년 내각부총리로 승진한 사실이 언론을 통해 보도된 것이 그것이다.

▲ 북한에서는 매년 평양의 대동강변에 위치하고 있는 '김일성화김정일화전시관(2002년 4월 개관)'에서 '김일성화김정일화 축전'이 열리는데, 올해(2015년)도 제17차(2015년) 김일성화축전이 4월 13일 개막했다. (『노동신문』 캡처)

라. 주체연호 · 태양절 · 광명성절

북한은 김일성이 창시한 주체사상을 통치 이데올로기화하고 그 가치를 드높이려고 주체기원과 **태양절**을 채택하게 되는데, 그 기준이 김일성이 태어난 해인 1912년과 김일성이 태어난 날인 4월 15일이다. 그 법령 제정은 1997년 7월 9일, 3년상이 끝난 바로 다음 날 조선로동당 중앙위원회, 조선로동당 중앙군사위원회, 조선민주주의인민공화국 국방위원회, 조선민주주의인민공화국 중앙인민위원회, 조선민주주의인민공화국 정무원 명의의 「위대한 수령 김일성 동지의 혁명생애와 불멸의

태양절이라는 명칭이 어떻게 나오게 되었는지를 이재봉 교수의 책, 『두 눈으로 보는 북한』 57쪽을 인용해서 한번 살펴보자. "북녘 자료에 따르면, 김일성의 본명은 김성주인데 그가 1930년대 만주에서 항일무장투쟁을 벌일 때 빨치산동지들이 그에게 별과 같은 지도자가 되라고 '한별장군'이란 별명을 지어주었단다. '한별' 즉, '하나의 별'을 한자로 옮겨 一星이 된 것이다. 그러다 별보다는 태양 같은 지도자가 되라는 취지에서 一星을 日成으로 고쳤다고 한다. 김성주가 김일성(金日成) 장군으로 불리게 된 배경인데, 이 한자 이름을 바탕으로 그는 '민족의 태양'이 되고 그가 태어난 날은 '태양절(Sum's Day)'로 된 것이다." 북한 자료인 『김일성동지략전』에도 다음과 같이 기술되어 있다. "…(전략) 이 시기부터 동지들과 혁명적 군중들은 그 이를 김일성 동지라고 부르게 되었다. (이전까지는 김성주 동지로 불렀음) 처음에는 조선 인민을 어둠 속에서 해방의 새벽길로 이끄시는 새별이 되여달라는 뜻에서 《한 일》자와 《별 성》자를 쓰는 김일성(金一星) 동지 또는 한별동지라고 불러오다가 그처럼 위대하신 민족의 령도자를 어찌 새별에 다만 비기랴 하여 조선의 밝은 태양이 되여달라는 념원에서 다시 《날 일》자와 《이룰 성》자를 쓰는 김일성(金日成)동지로 고쳐 부르게 되였다…(후략)"

업적을 길이 빛내일 데 대하여」라는 제목의 '결정서'가 채택되었는데, 이 결정서에 "위대한 수령 김일성 동지께서 주체의 태양으로 높이 솟아오르신 1912년을 원년으로 하여 주체연호를 제정한다"와 "위대한 수령 김일성 동지께서 탄생하신 민족 최대의 명절인 4월 15일을 태양절로 제정한다"라고 쓰였다. 특히 이 제정에 따라 그해 8월 25일 중앙인민위원회가 '주체연호 사용규정'을 채택, 창건일인 9월 9일부터 주체연호 사용을 위

한 기본원칙과 방법을 밝히게 된다. 이때부터 북에서는 공적·사적 출판물과 문서, 보도물, 우표, 건축물, 그리고 언어생활을 비롯한 일상생활에서 연도와 관련한 표기는 주체연호와 연도만을 사용하도록 했다. 다만, 사용상 편의를 위해 서력기원 연호는 주체연호 뒤에 괄호를 넣어 표기할 수 있으며, 1912년 이전에 대해서는 종전과 같이 서기연호로 표시하는 조처도 내렸다. 예하면 1911년은 종전대로 '1911년'으로 표기되고 주체원년인 1912년은 '주체 1(1912)년'으로, 2015년은 '주체 104(2015)년'으로 표기된다.

김정일의 경우도 김정일 사후 1년이 지난 시점인 2012년 1월 12일 조선로동당 중앙위원회 정치국결정으로 "위대한 김정일대원수님께서 탄생하신 2월 16일을 광명성절로 제정한다"는 것을 온 세상에 선포하는데, 이는 「위대한 수령 김일성동지의 혁명생애와 불멸의 업적을 길이 빛내일 데 대하여(1997년 7월 9일)」라는 제목의 '결정서'가 채택된 이후 북한이 지향했던 수령제 사회와 무관할 수 없다. 즉, '온 사회의 김일성 - 김정일주의화'로 정식화한 당과 국가의 목표를 달성하기 위한 주민통합의 기제로서 '주체연호', '태양절', '광명성절'이라는 상징이 필요했던 것이다.

그리고 그 정치적 메시지는 두 수령에 대해 북한인민들로 하여금 '인류의 태양', '영원한 태양', '최고의 태양', '혁명의 태양', '인생의 태양', '희망의 태양'으로 상징되어 영생해야 한다는 의미일 것이다. 하여 태양절(4월 15일)과 광명성절(2월 16일) 이날은 북한에서는 국가공휴일로 정해 휴식을 취하도록 하며, 전국 모든 기관과 기업소, 단체 등에서는 국기를 계양해야 한다. 더불어 수령의 선물이 인민에게 제공되기도 한다. 이외에도 두 명절에는 각종 전시회와 체육대회, 노래 모임, 주체사상 연구토론회, 사적지 참관, 김일성·김정일 동상 헌화 및 참배, 각종 결의대회, 김일성화·김정일화축전, 국제마라톤대회인 '만경대상 국제마라톤 대회

(『미국의소리(VOA)』4월 17일 보도에 따르면 2015년 태양절 기간인 4월 12일 평양에서 제28차 만경대상 국제마라톤이 시작되었는데, 이 대회에 미국인 100여 명을 포함하여 프랑스 등 600여 명이 참가했다)' 개최, 태양절·광명성절 요리축전, 불꽃놀이, 4월의 봄 인민예술축전 등 다채로운 행사가 열리게 된다.

좀 과장하자면 김일성과 김정일은 현실정치에서 '당 총비서'와 '국가주석', '국방위원장'의 직함을 넘어 '영생하는' 수령으로, 예수와 부처와 같은 반열에 이르게 되었다. 특히 남한에서는 김일성이 여전히 '가짜'나 '괴수' 등으로 왜곡되거나 형편없이 폄하되는 인물일 뿐이지만, 북한 인민들에게는 이처럼 어쨌든 김일성도 예수가 태어난 해를 1년으로 삼는 '서기'와 같은, 혹은 부처가 열반한 해를 1년으로 삼는 '불기'와 같이 자신이 태어난 1912년을 주체1년으로 시작하는 인물이 되었다. 이와 관련하여 재미있는 에피소드 하나가 소개돼 있다.

> "2007년 4월 학생들 40여 명과 개성을 다녀올 때 생긴 일로서, 기념상품점에서 산 과자의 유효기간이 그 주인공이다. 산 과자를 버스 안에서 먹던 한 여학생이 유효기간이 지났다며 내한테 물어온 것이다. 과자봉지에 새겨진 연도를 보니 1996년이라는 것이다. 꽤 걱정스러운 표정을 짓고 있던 그 학생에게 1996년인지 그냥 96년인지 잘 보라고 했더니 '주체96년'이란다. 사실 그 과자는 서기 2007년 올해 만들어진 것이니 유효기간이 지나지 않았던 것이다."(이재봉, 『두 눈으로 보는 북한』, 평화세상, 2008, 55쪽)

이처럼 유쾌한 에피소드는 에피소드로 남기자. 그러나 다음 내용은 주목을 요한다. 예수가 태어난 날(12월 25일)은 '크리스마스' 또는 '성탄절'로, 부처가 태어난 날(음력 4월 8일, 초파일)은 '석가탄신일' 또는 '부처님 오신 날'로 우리는 기억하고 있다. 그런데 놀라운 사실은 이 지구상에서 가장 우상숭배나 신격화가 없을 국가로 보이는 미국도 제1대 대통령 조

지 워싱턴(George Washington)을 '건국의 아버지'로 받들고 그의 생일(2
월 22일)을 '대통령의 날(President's Day)'로 기념하며 공휴일로 만들었다
는 사실이다.

비례하여 북한도 자신들의 결정에
따라 '창건자'나 '수령'을 기념하고 그
뜻을 기리기 위해 국가명절로 삼았다
면 하등 이상할 이유가 없다. 그런데
도 우리는 이러한 현상들이 유독 북

미국은 조지 워싱턴과에 에이브러햄 링
컨 대통령의 생일을 기려 매년2월 세 번
째 월요일을 대통령의 날로 지정해 연
방공휴일로 엄수한다. 또한 대통령 생
일이라고 증권시장까지 휴장할 뿐만 아
니라 매년 조지 워싱턴 생가에서 생일
축하 군사퍼레이드를 펼치기도 한다.

한에서만 일어난다는 지독한 편견에 사로잡혀 있다. 우상화와 신격화는 북
한에만 있는 전유물로 말이다. 정말로 미국은 가능하고, 북한은 불가능해
야 하는가?

마. 동상

1999년 북한에서는 「비행사 길영조」란 영화가 상영됐다. (북한의 입장에
서) 길영조는 김정일 위원장에 대한 충성심이 깊은 공군 비행사였다. 그는
어느 날 훈련비행을 하다 비행기 기관이 고장 나 불덩이에 휩싸인다. 비상
탈출하라는 지시를 받았지만, 그는 항구의 김일성 주석 동상과 충돌하지
않기 위해 비행기의 기수를 바다로 돌려 최후를 맞이한 인물이다. "인민을
하늘같이 사랑한다는 수령님의 동상을 위해서는 목숨은 중요하지 않다"는
말을 남긴 채였다. 이후 길영조도 필자의 앞선 글―초상화 등을 지킨 인물
들에서 본 바와 같이 그에 합당한 정치적 보상, '영웅' 칭호가 내려졌다. 북
한 교과서에 실리면서까지 말이다.

길영조의 예에서 우리는 북한인민들이 수령의 동상에 대해 어떤 사상·
정신적 감정을 갖고 있는지의 한 단면을 볼 수 있는 것이다.

▲ 김일성 생일 100돐(2012. 4. 13)을 맞아 제막된 평양 만수대언덕 김일성-김정일 동상. (『통일뉴스』 자료 사진)

그 연장선상에서 위 동상(수령국가의 특성상 이러한 동상들은 전국 각지에 수없이 많을 수밖에 없다)에 대해 북한에서는 각종 행사에 주민들이 이곳을 참배하고, 평양을 방문하는 외국인들도 반드시 거쳐 가야 하는 필수적인(?) 코스가 될 수밖에 없다. 『로동신문』 2014년 12월 3일자 보도에 따르면, 2012년 4월부터 2104년 12월 2일까지 약 2년 8개월 동안 6천여 만 명(연간 2천여 만 명)이 다녀갔다고 한다. 그리고 3만 7천여 개의 꽃바구니가 진정됐다고 전했다. 그러면서 신문은 "지금 만수대언덕은 위대한 수령님과 장군님을 영원히 더 잘 모시려는 우리 인민들의 열화 같은 충정과 숭고한 도덕의리심에 떠받들려 수령영생의 언덕으로 더욱 빛나고 있다"며 "천 년이 가고 만 년이 가도 언제나 태양의 모습으로 영생하실 것"이라는 강조도 잊지 않는다.

바. 구호나무

우상화와 관련된 또 다른 상징조작의 하나는 구호의 연금술이라 불리는, 일명 '구호나무'에 새겨진 구호들로 그 상징성도 결코 작지 않으며 무시할 수도 없다. 이유는 아래에 소개된 일화를 보면 이는 금방 알 수 있다. 1998년 홍원, 신포 지구에서 무려 17명의 남녀 군인들이 구호나무를 지킨다며 산불

> 구호나무는 일제강점기 조선의 항일빨치산들이 백두산 인근 주민들에게 항일빨치산의 주장을 알리고 독립운동에 나설 것을 호소하기 위하여 울창한 삼림 곳곳의 나무에 숯으로 글씨를 쓰거나 나무껍질을 깎아 글귀를 새긴 것을 일컫는데, 북한의 주장에 따르면 구호나무(구호문헌 포함)는 1991년 2월 현재 북한 전역에서 약 1만 2천여 점이 발굴됐다고 한다. 지역별로 보면 함북 7천4백점, 함남 6백점, 자강도 5백점, 양강도 4백점, 평양시 3백70점, 평남 2백50점 등이다. 이중 김일성과 관련된 것은 1천2백60점이고 김정일을 대상으로 한 것 2백10점, 김정숙을 칭송한 것은 3백30점 등으로 알려져 있다.

속에서 이 나무들을 안고 타 죽은 사건이 있는데, 이때 상황에 대해 탈북자 김명석(가명)이라는 전 노동당 간부는 이렇게 증언하고 있다.

"북한에는 '구호나무'라는 것이 있다. 구호나무는 일제시대 때 김일성이 인솔하는 항일유격대(항일빨치산)가 김일성과 그의 아들 김정일을 칭송하는 문구(구호)를 나무에 새긴 것이라고 한다. 그러니 보통사람들이 생각하는 구호나무는 죽은 나무이거나 고목들이다. 하지만 수령우상화와 김정일의 후계자 구축 작업이 본격화되면서 살아있는 나무도 구호나무로 등장하기 시작했다. … (중략) 구호나무에 새겨졌다는 글자들은 『조선에 백두광명성이 솟았다』(여기서 광명성은 김정일을 뜻한다), 『백두광명성 만만세』 『백의동포여, 조선의 대를 이어줄 백두광명성이 솟았다』, 『3대장군(김일성 김정숙 김정일) 만만세』 등등이다. …(중략) 산불이 워낙 크게 나 바위가 불에 그슬려 탁탁 튈 정도로 불길이 치솟았다고 한다. 구호나무를 구하기 위해 군인들이 동원됐고 20여 명의 군인들이 구호나무 곁에서 불을 끄다 질식해 쓰러졌다. 그중 17명은 끝내 사망했다."(「썩은 고목에 목숨바친 인민군」, 『탈북자동지회』, 〈http://nkd.or.kr〉, 검색일: 2010. 2. 17)

이에 대해 주성하는 "북한은 사망한 이들에게 모두 '공화국 영웅' 칭호를 수여하고 화강암 추모비를 건립했으며, 김정일은 사망한 사관 노인덕 소속 중대를 '노인덕 영웅중대'로, 살아남은 군인들은 특별히 중국에서 성형수술을 받도록 했다(『김정은의 북한, 어디로 가나』, 기파랑, 2012, 104쪽)"고 언급하고 있다.

■ 상징조작 4: 수령영생

가. 열사릉: 혁명열사릉·애국열사릉

북한에는 현재 열사릉과 관련된 묘역으로 혁명열사릉, 애국열사릉, 조국해방전쟁참전 인민군열사묘, 해외동포애국자묘가 있다. 그러나 여기서는 혁명열사릉과 애국열사릉만 다룬다. 이유는 두 열사릉이 수령국가의 특성을 가장 잘 반영하고 있기 때문이다.

괴테와 함께 독일 고전주의의 2대 문호로 일컬어진 프리드리히 쉴러(Friedrich Schiller)는 평소 이런 말을 즐겨 사용했다고 한다. "그 '어떤' 전쟁이든 전쟁

> 조국해방전쟁참전 인민군열사묘에는 2013년 현재 한국에서의 전쟁 전사자의 시신 559명이 안치되어 있다. 「불멸의 위훈 만대에 길이 빛나리」라는 제목의 헌시비 첫 구절은 다음과 같다. "위대한 년대를 력사에 아로새긴 인민군렬사들의 고귀한 넋이 여기에 살아 빛나고 있다. 누구든 영웅들의 값 높은 생의 대문을 삼가 열고 들어서시라…"

> 해외동포 애국자묘는 평양시 역포구역 룡산리에 위치하고 있고, 2014년 현재 해외에서 주로 평생을 통일운동을 하셨던 분들 400여 기가 안장되어 있다.

에서 전사한 죽음이야말로 인간의 죽음에 대한 두려움을 초월한 가장 숭고한 형태의 죽음"이라고 말이다. 그런 그가 "오직 (죽은) 군인만이 자유롭다"는 찬미의 말을 남겼는데, 북한의 열사릉이 쉴러의 그러한 정신세계와 딱 부합되지 않을까 생각된다. 이유는 쉴러가 말하고 있는 모든 인간은 언젠가는 죽을 수밖에 없는 존재론적 조건(두려움)으로부터 자유로운 죽음(영생)은 북한의 사회정치적 생명체론에서 언급하고 있는 육체적인 생명에는

죽음이 있으나, 수령에 의한 사회정치적 생명에는 죽음이 없다는 인식구조와 매우 흡사하기 때문이다.

그 일례로, 한국에서의 전쟁(1950년) 때 간호병으로 참전하여 1951년경 강원도 법동군 일대의 한 군의소에서 폭격당한 부상병을 구하려다 전사한 안영애는 애국열사릉에 묻혀있기도 할뿐만 아니라 그녀를 기리기 위해 개성에는 의과대학인 안영애대학도 세워져 있다. 또한 그 당시 그러한 안영애의 일대기—간호병인 그녀가 부상병을 구하려다 자신도 폭격을 당해 숨을 거두기 직전, 가슴에 품었던 피 묻은 당증을 당중앙위원회에 바쳐 달라는 말을 남기고 죽는—가 조국과 당에 대한 무한한 충실성의 표상으로 증명된다고 판단한 조선인민군협주단에서는 1971년 「피바다」, 「꽃파는 처녀」와 함께 북한에서 3대 혁명가극으로 불리는 「당의 참된 딸」로 제작되어 사회정치적으로 영생하는 삶의 표상이 되기도 한다. 이외에도 맨몸으로 국군의 막강한 화력에 맞섰던 전쟁영웅 리수복이라는 인물도 그를 기리기 위해 모교였던 순천고급중학교를 리수복순천화학전문학교로 개명하고, 그 자신은 애국열사릉에 묻혀 있다.

이런 열사릉과 대한민국의 국립묘지(2005년 8월, 북한은 공식적으로 처음으로 김기남 노동당 비서와 림동옥 통일전선부 제1부부장 등 32명의 일행이 동작동 국립현충원을 찾아 충혼탑을 참배하였다)는 자주 비교된다. 같은 점은 공히 법적 지위를 갖는 국립묘지라는 데 있다. 반면 그 차이점은 크게 두 가지인데, 먼저 그 하나는 북한의 열사릉은 사실상 대한민국의 마산 3·15묘역, 수유리 4·19묘역, 망월동 5·18묘역 등처럼 '국립 민주묘역'에 더 가깝다는 사실이다.

대한민국에서 국립묘지는 '국립현충원'과 '국립민주묘역' 이렇게 구분된다. 다만, 여기서 우리가 상기해야 할 것은 선거 시기만 되면 우리사회가 겪는 갈등, 즉 진보와 보수의 '참배'논란에서 진보적 세력은 '민주묘역'을 좀 더 '국립'의 성격에 맞다 생각하고, 보수적 세력은 '현충원'이 좀 더 '국립'의 성격에 맞다고 생각하는 이념 갈등의 공간으로 이 국립묘지가 자주 등장한다는 것이다. 하루빨리 극복되어야 할 것이고, 참고로 2005년 8월 김기남 비서가 이끄는 北대표단이 왔을 때는 서울현충원원은 참배했지만, '국립민주묘역'은 참배하지 않았다.

차이 그 두 번째는 열사릉과 국립묘지의 기능이 같지 않다는 점이다. 대한민국의 국립묘지가 국가주의적 정신세계(국가에 대한 충성, '민족의 얼' 계승 등)를 반영한 것이리면, 북한의 열사릉은 사회정치적 생명체론에 의한 영생하는 삶과 관련이 있기 때문이다. 그러다 보니 북한에서는 열사릉을 달리 '인공의 심장'이라고도 부른다.

대한민국의 국립묘지와 이렇듯 같으면서도 다른 북한의 열사릉은 다시 '죽음'의 사회정치적 성격에 따라 애국열사릉(애국열사릉의 비문은 다음과 같다. "조국의 해방과 사회주의 건설, 나라의 통일위업을 위하여 투쟁하다가 희생된 애국렬사들의 위훈은 조국청사에 길이 빛날 것이다")과 혁명열사릉으로 나뉘는데, 그렇게 나누는 첫 번째 근거는 **혁명열사릉**과 애국열사릉에 묻혀 있는 안치자를 부르는 호칭에서의 차이 때문이다. 혁명열사릉의 묘비에는 모든 안치자를 '동지'라 호칭하고 있으며, 애국열사릉에는 '동지' 이외에도 '선생'이라는 호칭을 사용하고 있다. 그 두 번째 근거는 사망을 알리는 표현도 혁명열사릉에는 '서거'라는 용어를, 애국열사릉에는 '서거'라는 단어와 함께 '희생'이란 표현을 추가해 사용하고 있기도 한다. 그 세 번째 근거는(이 근거가 보다 본질적인 것과 가깝다.) 혁

> 혁명열사릉은 현재 평양과 혜산 두 곳에 조성되어 있다. 서로 크게 차별화를 두지는 않지만, 아무래도 평양의 혁명열사릉이 대표성과 정통성을 갖고 있는 것으로 간주할 수 있다. 1959년에 개장한 '혜산혁명열사릉'에는 2014년을 기준으로 김덕룡, 김진규, 김성진, 리창도, 김조규 등을 포함해 현재 84명이 안장돼 있으며, 2014년 현재 '평양혁명열사릉'에는 김정숙, 김책, 김일, 최현 등 95명이 안장돼 있다. 참고로 평양 대성산 혁명열사릉에는 김일성 친필비가 쓰여 있는데, 그 내용은 다음과 같다. "항일혁명렬사들의 숭고한 혁명정신은 우리 당과 인민들의 심장 속에 영원히 살아 있을 것이다"

명열사릉은 김일성과 함께한 항일빨치산투사들의 묘지적 성격에다 이들의 사상 및 활동이 김일성의 사상과 노선에 따라 같은 궤도를 형성하고 있다면, 애국열사릉은 시기적으로는 한국전쟁 시기 이후이며 사상적으로도 김일성의 사상과 노선이라는 궤도와 반드시 일치하지 않더라

도 사회주의적 애국주의 행보만 보이면 이에 대한 (정치적) 보상 차원에서 이뤄졌기 때문에 그 대상이 혁명열사릉보다는 상대적으로 넓다는 것이다.

그러다 보니 대성산 혁명열사릉에는 김일성 주석의 부인인 김정숙 여사를 비롯해 김책, 김일, 최현 등 이른바 항일무장투쟁에 참여했던 조선혁명군 출신 인사들 126명이 대리석 기단 위에 적동으로 된 흉상이 세워진 채 안치되어 있고, 이곳으로부터 서남쪽으로 20km 정도 떨어진 신미리 애국열사릉에는 한국에서의 전쟁(1950년) 때 희생된 이들과 민족독립국가 건설에 이바지한 인사들이 비석과 함께 안치되어 있다.

한편, 대성산 혁명열사릉의 경우는 1954년에 먼저 혁명열사릉이 최초로 조성되고 이후 두 차례에 걸쳐 개축되는 과정을 거치게 되는데, 그 첫 번째 개축은 김일성의 60회 생일 기념행사를 치르고 3년 후인 1975년에, 두 번째 개축은 그의 70회 생일 3년 후인 1985년에 이뤄졌다. 반면, 현재의 신미리 애국열사릉은 전국 각지에 흩어져 있던 애국열사들을 한데 모아 지난 1986년 9월 17일에 완공하였으며, 이때 190위를 안치했다가 3년이 지난 1989년 2월에 약 30여 명이 추가 안치되었고, 이후 해마다 조금씩 늘어나다가 2014년 현재 기준으로 890기가 안장돼 있다.

북한의 혁명·애국열사릉에서 분명하게 확인할 수 있는 것은 또한 수령체제와 필연적으로 연동되어 있는 영생의 공간장소 중 하나라는 사실이다. 특히 혁명열사릉의 경우에는 1930년대 항일무장투쟁의 사상원리를 가장

안치된 주요인물로는 6·25 때 강제로 납북된 것으로 알려진 김규식 선생, 북한 국가 부주석을 지낸 임춘추부터 저명한 작곡가 이면상, 세계여자탁구대회에서 두 번 우승해 체육영웅으로 각광받았으나 젊은 나이로 요절한 박영순, 계응상 과학원 잠학연구소 소장 원사·박사·교수, 태을민 조선예술영화촬영소 인민배우, 조선적십자종합병원 의사였던 김규동, 천세봉 작가동맹 중앙위원회 위원장 등 북한 내 각계의 인사들, 그리고 남한에서 사형당한 조봉암(진보당 사건), 김삼룡(남로당 간부), 김종태(통혁당 사건), 빨치산 대장 이현상 등은 가묘 형태로 묘소가 마련되어 있고, 군인으로는 연안파의 무정 묘소가 있고, 리인모를 비롯하여 비전향 장기수들도 사망하면 이 곳에 묻히고 있다.

잘 구현한 혁명동지들의 숭고한 정신세계가 사후적으로도 수령의 의해 영생되면서 수령에 대한 충실성, 혁명적 동지애, 수령결사옹위정신의 표본으로 후대들에게 귀감이 될 수 있다는 측면에서 너더욱 그렇다. 동시에 과거 항일무장투쟁 당시 수령과 전사로 맺어진 관계야 말로 '사회주의 대가정'으로 존재하는 국가에서 수령과 인민의 관계가 어떠해야 되는지를 안내해주는 혁명교과서이기도 하다. 즉, 수령을 중심으로 한 통합성, 정치적 도덕성, 사회주의적 충효일체의 도덕적 강령을 현장에서 보여주는 상징공간이라는 의미가 있다는 말이다.

그렇다 하더라도 우리는 다음과 같은 검증을 소홀히 해서는 안 된다. 정말로 이 열사릉에 묻힌 이들이 과연 북한에서 설명하고 있는 것처럼 수령과 함께 영생하는 삶의 주인공인지, 아니면 영생하는 삶으로 미화되어 단지 수령체제를 유지시켜 주는 '정치적 삐에로(political fierrot on the boundary)'인지는 좀 더 지속적인 관찰로 말이다.

나. 장례정치학: 유훈통치

세계정치사에서 '장례정치학'이란 용어가 가능하게 한 국가가 있다면 이는 단연코 북한이 될 것이다. 그리고 그것이 가능한 이유는 북한이 수령제 사회라는 것, 죽음의 미학(永生)철학이 작동되고 있다는 것, '유훈통치'가 가능하다는 것 등 때문일 것이다. 즉, 어느 국가보다도 죽음을 통해 행해지는 의식에서 가장 많은 정치적 메시지를 담아낼 수 있는 국가라는 뜻이다. 바로 장례정치를 일컫는다. 그중에서도 수령의 죽음에는 한계가 없다. 그 말뜻은 후계자로 권력이동이 진행되는 절차적 과정이자 수령영생의 대중적 각인이 이뤄지는 '엄숙한' 난장(亂場)이라는 뜻이다.

위와 같은 측면에서 봤을 때 수령의 죽음은 과거 '구 소련학'이라 표현됐던 '크렘리놀로지(kremlinology)'라는 개념을 연상하게 된다. 소련의 권력을 상징하는 '크렘린 궁'과 사고·탐구를 뜻하는 그리스어의 'log'가 결합된 복합어인데, 그 사용범례로는 붉은 광장의 공식행사에서 주요 인물들이 서 있는 위치에 따라 국가권력 서열이나 권력의 변화 등을 추론할 때 쓰이는 개념이었다. 다음 글에 그 의미가 자세히 나와 있다. "1976년 9월, 후계구도가 불분명한 상황에서 중국의 최고지도자 마오쩌둥이 급사했다. 호시탐탐 최고지도자의 자리를 노리던 그의 부인 장칭은 장례위원 명단 1순위에 자신의 이름을 올려놓고자 무척 애를 썼다. 장례위원 1순위는 차기 권력자를 상징했기 때문이었다. 그러나 결과는 후계구도 순서대로 화구펑, 왕훙원, 장춘차오, 예젠잉에 밀려 '마오쩌둥의 부인'이라는 자격으로 5순위에 만족해야 했다."(박봉권 外,『김정은 시대』, 매일경제신문사, 2012, 38~39쪽) 그러다보니 많은 북한 연구자들도 북한도 사회주의 국가인 만큼, 장례행렬, 9·9절(조선민주주의인민공화국 건국일)이나, 쌍십절(조선로동당 창당일)과 같은 주요한 행사 때 '크렘리놀로지(kremlinology)'라는 개념에 따라 그 입장 순서나 주석단 위치 등으로 권력 서열의 파악을 시도하려 한다. 그러나 여기서 우리가 한 가지 간과하지 말아야 할 것은 북한에 이 '크렘리놀로지(kremlinology)'라는 개념을 일정 정도는 적용할 수는 있으나, 100% 옳다는 전제하에 접근해서는 안 된다는 사실이다.

그 이유는 다음과 같다. 김정일 국방위원장의 죽음으로 인해 구성된 국가장의위원 232명 명단 중 제일 앞쪽(numbering으로는 '1'에 해당됨)에는 김정은이라는 이름과 함께, 다른 장의위원 그 누구에게도 붙여지지 않았던 '동지'라는 호칭이 김정은에게는 붙었다. 이는 김정일을 잇는 공식후계자라는 것을 사실상 공식화한 것으로 해석할 수밖에 없다. 다만, 앞에서도 '일정 정도'를 확대해석해서는 안 된다는 전제를 해두었듯이 다음과 같은 반론이 가능할 수 있음을 배제해서도 안 된다. 다름 아닌 공식후계자를 제외한 나머지 장의위원의 순서가 반드시 권력서열을 뜻하지 않는다는 사실 말이다. 이유는 장의위원 명단이 발표될 때 마다 약간의 조정이 이뤄지는데, 오극렬 국방위원회 부원장이 이에 해당된다. 그는 김정일 사망 발표 때인

12월 19일에는 장의위원 명단에 19번째로 발표되었다가 9일 뒤인 12월 28일 영결식 때는 13번째로 소개되는 것으로 봐서는 '장의위원 순서 = 권력서열' 이라는 등식이 반드시 성립한다고 볼 수는 없다. 또한, 그렇다 하더라도 중국이나 앞의 예에서도 확인받듯이 장의위원 순서가 권력서열과 전혀 밀접하지 않는 것도 아니어서, 적어도 정치적 상징성 면에서는 이들이 북한 최고의 정치엘리트라는 사실만큼은 분명하다. 직역하면 직책에 상관없이 수령과 가장 가까이에서 보좌했던 인물이었다는 말도 되고, 후계자와 함께하는 미래의 권력을 상징하지는 않는다하더라도 후계자가 배려차원이든 예우차원이든 이들을 아주 무시할 수는 없는, 그 정도의 인물이라는 뜻이다.

4. New Version: 수령론의 과제

지금까지 이론으로서의 수령론과 그 수령론이 현실에서는 어떻게 구체적으로 작동되고 있는지, 그리고 그 수령론에 따른 상징조작들과 상징정치가 어떻게 구현되고 있는지 고찰하였다. 그러나 풀리지 않는 의문이 하나 남는다. 다름 아닌, '망국노의 설움은 상갓집 개만도 못하다'는 故김일성 주석의 신념, 주체사상을 통해 '사람이 세계의 주인이고, 인민대중은 사회역사발전의 주체'라고 규정하기는 하였으나, 세계의 주인인 자신들에게는 '충분한' 자주가 보장되지 않고, '자립'이라는 명분으로 다른 나라들과는 빗장을 걸어(鎖國) '이밥에 고기'는커녕 '못 먹고 못사는' 나라로 전락된 느낌마저 있는데도 늘 당당한 북한, 그런 북한이 '비겁한 자여 갈 테면 가라!'로 모든 국가위기상황을 종료시키는 그 힘은 과연 어디서 나오는 것인지, 또 그들이 말하고 있듯이 정말로 '수령'은 필패의 근원이고, 만능의 보검인가?

어디 이뿐인가. 그들 또한 바보가 아닐진대, 바보가 아니라면 그들 모두는 45억 인류에게 똑같이 적용되는 분류법—종·속·과·목·강·문·계 중 그 '계'에 속하는 Homo sapiens의 후손이고, 그 후손이라면 누구나 다 가지고 있을 DNA, 자유·평등·박애의 정신으로 많은 사람들이 이미 '그건 아니야'라고 하고 있는데도 수령체제를 끝까지 유지시켜 가는 이유가 어디에 있는지…. 즉, 역사적으로나 현실적으로나 이미 시궁창에 처박혀진 독재정권의 대명사들—박정희 18년, 히틀러 12년, 무솔리니 20년, 그리고 차우셰스쿠의 15년 등 이 모든 정권들이 역사의 뒤안길로 예외 없이 사라졌건만, 유독 북한만이 버텨지는 이유가 어디에 있는지 정말 궁금하지 않을 수 없다.

그 중심에 우리에게는 '독재'이고, 그들에게는 '수령'인 개념이 있다고 한다면 이는 과장된 해석일까? 한 개념을 놓고도 이렇게 다른 해석, 그것도 약간 다른 해석이 아니라, 180도 다른 것이라면 이건 심각한 문제다. 과연 누가 맞고 누가 틀리단 말인가? 이 지구상에서 일찍이 그 유례가 없었던 독재가 가능한 이유가 정말로 우리가 관성적으로 수용하고 싶은 그 역설로 가능할 수도 있겠다던 그 독재라면, 그것도 온갖 왜곡과 편견 속에서 생산된 '정말 지독한' 독재로 가능했기 때문인가. 아니면 정말로 그들이 말하고 있는 것처럼 지금은 비록 여러 가지 이유와 환경, 조건 등으로 인해 수령 중심의 체제가 '고난의 행군'으로 이어 갈 수밖에 없지만, 언젠가는 반드시 이 지구상에서 가장 멋진 강성국가 건설이 가능하다는 신념과 그 신념을 가능하게 하는 인민의 '어버이' 수령님의 위대한 영도 때문인가. 그 진실게임은 이제부터 시작될 듯하다.

즉, '예외적'인 국가로서의 북한인지 아닌지, '서방(남한)'의 시각으로 볼 때는 도저히 '일어날 수 없는' 일이 일어나는 '불편한' 국가로서의 북한인지 아닌지, 그 북한을 해독하기 위해서는 북한의 수령체제를 다시 분석하고 내재적으로 이해하지 않으면 안 되게 되었다.

■ 북한의 주장 무엇이 문제인가?
  : 이론으로서의 수령론이 갖는 '북한적 함의'를 중심으로

수령에 대한 이론논쟁과 관련하여 북한 스스로 설정한 논리에 그 첫째는

수령의 개념이 마르크스주의 철학의 이해 범주에 포함되느냐 하는 것이고, 그 둘째는 수령의 범주가 물질과 그 발전의 가장 본질적인 규정들을 반영한 일반적인 범주냐 하는 점이고, 그 셋째가 수령은 과연 탁월한 개인인가 아니면 집단인가 하는 논쟁인데, 이 논쟁에 북한 스스로는 자신들만의 답안을 만들어 내었다. 그 답안이 과연 누구나 인정할 수 있는 모범답안인가 아닌가 하는 검증의 문제가 남아있으나, 이것이 우리가 그들의 주장에 귀 기울이지 않아도 된다는 이유는 되지 못한다. 하여 북한이 답안을 내놓았으므로 그들의 주장에 대해 주의 깊게 들어볼 필요는 있다.

먼저 수령의 개념이 철학의 한 범주로서 마르크스주의적 이해에 맞는가 하는 문제에 대해 살펴보면, 북한은 이 문제의 핵심이 수령의 개념이 마르크스주의 철학의 대상 규정에 부합되느냐 아니냐 하는 데 있는 것이 아니라, 철학 본연의 목적과 사명을 실현할 수 있게 하느냐 여부에 있다고 보고 있다. 이에 대해 주체철학은 철학의 근본 사명이 인간의 운명 개척에 그 길을 밝혀주는 것이라고 주장한다. 그 주장에 대해 구국전선이 펴낸『주체의 수령관』(출판사 불명) 111쪽에서는 그 방도를 이렇게 밝히고 있다. "인민대중의 운명 개척을 위한 투쟁은 자연과 사회를 개조 · 변혁하기 위한 투쟁이며 이것이 혁명과 건설을 통해 수행되는데 이를 성공적으로 수행하기 위해서는 주체를 강화하고 그 역할을 높이는 데 힘써야 한다." 그렇게 주체를 강화하고 그 역할을 높이는 과정에서 기본이 되는 것이 수령과 당의 영도적 역할을 높여 혁명과 건설에서 인민대중이 주인으로서의 지위를 차지하고 주인으로서의 역할을 다할 수 있도록 하는 것, 이것을 인민대중의 운명 개척에 있어 가장 근본이 되는 문제로 본다는 것이다. 바로 이러한 논리를 확장하면 수령, 나아가 당, 대중에 관한 문제가 주체철학에서는 중핵적인 범주가 될 수밖에 없다고 결론짓는다.

반면, 마르크스주의 철학에 대해 주체철학은 인민대중의 운명 개척 문제는 노동계급의 해방의 제 조건에 관한 사회정치적 문제가 되어 수령 문제가 사회정치학의 개념으로 취급되고 철학적 세계관의 높이에서 논의되지 못하였다고 평한다. 그것은 마르크스주의 철학의 근본적 한계가 인간의 운명 개척의 길을 밝히는 것을 철학의 사명으로 보지 못한 것에 있으며, 주체 철학은 이 문제를 해결하였다는 것이다. 어떻게? "혁명의 주체를 강화하고 그 역할을 높이는 데서 기본은 수령과 당의 영도적 역할을 높여 혁명과 건설에서 인민대중이 주인으로서의 지위를 차지하고 주인으로서의 역할을 다하도록 하는 것이다." (『주체의 수령관』, 출판사미상, 112~114쪽)

다음으로 주체철학은 수령을 탁월한 개인으로 보는 것과, 수령이 가장 일반적인 범주가 아니라는 해석에 분명한 반대의 입장을 견지하고 있다. 즉, 수령의 역할 문제를 역사에서의 개인의 역할에 관한 일반적인 논의에 용해시켜서는 안 되며 인민대중의 역할을 인정한다고 하여 수령의 역할을 거부하여도 안 된다는 입장인 것이다. 해석해 보면 수령이 개별적 인간이 아니라는 점을 분명히 하면서 수령의 범주를 인간의 범주와 개인의 범주에 포함시켜 비교하려는 것은 철학적 오류라고 지적하고 있음을 알 수 있다. 그러면서 비교라는 것은 사물의 공통성과 차이를 밝히기 위한 방법으로 비교되는 대상이 동질적이거나 같은 류의 것이 되어야 하는데, 비교 대상이 달라지면 해당 사물의 본질을 정확히 규정할 수 없다는 것이다.

예를 들어 남자라는 개념은 여자와의 관계 속에서 성립되는 개념이고, 소작인이라는 개념도 지주와의 관계 속에서 성립되는 것이다. 그렇지 않고 남자를 신과 비교하고, 소작인을 노동자와 비교한다면 애초에 비교 그 자체가 성립 안 될 뿐더러 그 본질적 개념 또한 분명히 밝힐 수 없게 된다. 이 논리적 연장선상에서 인간의 범주와 수령의 범주는 서로 비교급이 다른 범주이고, 그렇게 비교한다면 수령의 범주에 대한 올바른 이해에 도달할 수 없게 된다는 것이다. 정리하면 '인간이란 무엇인가' 하는 문제가 인간의 본질적 특성을 밝히는 문제로서 인간과 비인간과의 차이 그 관계를 반영하는 것이라면, '개인이란 무엇인가' 하는 문제는 복수로 헤아릴 수 없는 한 사람 한 사람의 인격을 밝히는 문제이고, 같은 논리로 '수령이란 무엇인가' 하는 문제도 사회정치적 생명체의 범주에서 논의되는, 즉 사회정치적 생명체의 뇌수와 그것의 다른 부분과의 비교를 통해 그 본질을 명확히 밝히는 것이라는 것이다. 다시 말하여 수령의 범주는 오직 사회정치적 생명체와의 관계 속에서만 성립될 수 있다는 것이다.

그래서 수령이라는 개념은 사회정치적 집단의 구성에서 차지하는 지위와 역할에 관한 문제가 되고, 그렇기 때문에 사회정치적 생명체와의 관계 밖에서 논의되는 수령은 수령의 본질적 개념과는 관계가 없게 된다. 또한 수령의 범주를 인간의 범주, 개인의 범주에 외연을 가지고 비교하는 것 자체가 궤변일 수밖에 없다는 것이다. 이렇게 볼 때 주체철학은 수령을 탁월한 개인으로 보고 역사 발전에서 수령의 역할을 따로 취급하지 않은 마르크스주의 철학이 한계가 있다고 볼 수밖에 없었다. 그 핵심이 마르크스주의 창시자들은 역사 발전에서 인민대중이 결정적 역할을 하는가, 개인이 결정적 역할을 하는가 하는 역사적인 논쟁 문제에 유물론적인 대답만 줌으로써 역사 발전에서 개인이 수행하고 있는 역할을 왜곡한 관념론적 견해를 비판했지 수령의 역할 문제는 거론하지 않았다는 것이다. 그렇기 때문에 수령 문제를 새롭게 밝힌 주체철학이 마르크스주의로부터의 이탈이니, 수정이니 하는 것은 잘못된 해석이라고 비판한다.

마지막으로 주체철학은 레닌의 저서,『공산주의운동에서 좌익소아병』에서 수령을 집단으로 규정한 것은 당시의 환경을 잘 몰라서 나온 이론적 인식이라고 비판한다. 즉, 10월혁명 이후 국제공산주의운동이 당과 수령에 의한 독재를 형이상학적으로 해석하여 당의 독재냐 혹은 계급의 독재냐, 혹은 수령들의 독재냐 혹은 대중의 독재냐 라는 문제로 그릇되게 제기하게 되고, 그로인해 당과 계급을 대립시키고, 수령과 대중을 대립시켰으며 그 끝에 수령들의 독재를 대중의 독재로 바꿔야 한다는 견해가 난무하게 만들어버렸다는 데그 심각성이 있다는 것이다. 다시 말해 수령-대중-당은 비적대적 모순으로

서로 통일되어 있어야 하는데, 이를 분리하여 접근함으로써 불필요한 논쟁을 유발시켰다는 것이다. 이런 가운데서도 북한이 인정하는 레닌의 공적은 레닌이 이러한 반혁명적인 견해를 비판하면서 계급사회에서는 여러 계급으로 나눠질 수밖에 없으며, 그렇게 나눠진 계급들은 정당에 의해 지도되며 정당은 가장 권위 있고 책임 있는 지위에 선발된 수령이라고 불리 우는 '다소간 고정된 그룹'에 의해 지도된다는 견해를 밝힌 것이라 한다.

구체적으로는 당시 러시아혁명이 승리한 후 반동들과 어용학자들이 프롤레타리아 독재를 당의 독재냐 개인의 독재냐 하면서 시비를 걸어왔고, 이에 레닌은 기회주의자들의 이러한 책동을 분쇄하면서 당의 독재도, 개인의 독재도 아니며 노동계급의 독재라는 것을 강조하기 위해 대중, 계급, 당, 수령의 상호관계를 규정하면서 당이 수령이라고 불리는 다소간 고정된 그룹에 의하여 지도된다고 한 것은 진일보했지만, 주체철학이 제기한 문제인 노동계급의 수령이 실제 역사상 어느 나라에서도 집단을 이루어본 적이 있느냐는 질문에는 그 대답이 될 수 없으며, 심지어 러시아 공산당도 당시 레닌 한 명을 수령으로 모시고 레닌의 사상에 의하여 지도되고 승리했다는 인식으로 설명한다. 즉, 수령이 집단이었던 적은 단 한 번도 없었다는 것을 반증하고 있는 것이다.

가. 지지 논리

대표적인 주체철학 연구자인 김현환 박사에 따르면 자유민주주의체제 신봉자들이 이북의 최고지도자(수령)

이 글은 재미자주사상연구소 소장인 김현환 박사의 글, 「이북의 최고지도자(수령)에 대한 올바른 이해」, 『자주사상연구소(http://jajusasang.com)』(검색일: 2015. 2. 28)에 실린 내용을 발췌한 것이다. 아울러 그는 기본적으로 '북한'이라는 용어를 사용하고 있지 않다. '반북'적이라는 것이다. 하여 이 책에서도 그의 의견을 존중하여 '이북'이란 말을 그대로 한다.

에 대해 오해하고 있는 그 핵심에 수령을 마치 자유민주주의체제하의 대통령이나 봉건제도하의 왕처럼 생각하는 데 있다는 것이다. 그래서 그는 이북사회를 올바로 이해하기 위하여서는 이북의 최고지도자인 수령의 지위와 역할에 관한 이론, 즉 수령론을 올바로 이해해야만 북한에 대한 이해가 제대로 이해된다는 것이다. 그런데 문제는 자유민주주의의 기초가 개인주의이기 때문에 그러한 견지에서 이북의 수령론을 대하면 다음과 같은 오해가 생기는 것이 당연하다고 하였다. 그 이유를 크게 네 가지를 들고 있다. 첫째는 수령의 특출한 지위와 결정적 역할을 강조하는 것은 〈전체주의〉라는 것이다. 둘째는 사회의 모든 성원들로 하여금 수령의 사상과 영도에 충실하도록 하는 것은 〈획일주의〉라는 것이다. 셋째는 수령의 권위를 절대화하는 것은 〈권위주의〉라는 것이다. 넷째는 사회의 모든 성원들로 하여금 수령에게 충성을 다 바칠 것을 요구하는 것은 〈개인독재〉라는 것이다.

그리고 그 반론은 이렇다. 역사상 처음으로 맞이한 이북의 지도사상인 주체사상은 최고지도자(수령)에 대한 문제를 '집단적 생명'에 관한 문제로 새롭게 전개하였다. 인간에게는 '육체적 생명'과 '사회정치적 생명'이 있는 동시에 '개인의 생명'과 '사회적 집단의 생명'이 있다고 주체사상은 보고 있다. 사회변혁투쟁을 전개하는 변혁집단은 하나의 '집단적 생명'으로 연결된 '사회정치적 생명체'이다. 사회주의 사회에서는 민중이 정권을 장악하고 생산수단을 소유하게 되면 계급적인 적대와 대립이 청산되기 때문에 온 사회가 하나의 '사회정치적 생명체'를 이루게 된다. 사회주의 사회에서는 사회 전체가 하나의 '집단적 생명'에 의해서 연결된다. 이렇게 사회주의 사회 전체가 하나의 집단적 생명으로 연결된 '사회정치적 생명체'이기 때문에 그 속에서 사람들이 하나의 '집단적 생명'을 가지려면 집단의 공동의 요구와 이해관계를 반영한 의식을 가지는 것은 너무나 당연하다. 그것이 바로 '자주적인 사상의식'이고 이렇게 반영된 의식으로 집단이 하나의 똑같은 요구와 이해관계를 가지고 그 실현을 위해 투쟁할 수 있다.

다음으로 이러한 집단적 생명을 가지고 하나의 집단이 결합되어 있다는 것은 사회의 모든 성원들이 집단과 유기적으로, 조직적으로 결합되어야 한다는 것을 말한다. 이로부터 사회적 집단의 공동의 요구와 이해관계를 반영한 '자주적인 사상의식', 즉 자주적인 사상이 필요하게 되고, 더 나아가서는 사회의 모든 성원들을 하나의 집단에 조직적으로 결속할 수 있는 단결과 통일의 중심이 필요하게 된다. 이러한 집단의 공동의 요구와 이해관계를 반영한 자주적인 사상을 창조하는 문제, 또한 집단을 하나의 모임, 하나의 생명체에 유기적으로 결합시키는 단결과 통일의 중심을 가지는 문제는 하나의 생명체가 존립하고 발전하기 위한 근본조건으로 된다. 이것이 없이는 집단적 생명이 존재할 수 없고, 집단적 사회정치적 생명체가 존재할 수 없다.

이로부터 집단의 공동의 요구와 이해관계를 반영한 '자주적인 사상'을 누가 창조할 수 있는가, 또한 집단의 모든 성원들을 하나의 조직적 모임에 결속시킬 수 있는 통일과 단결의 중심이 누가 될 수 있는가 하는 문제가 필연적으로 제기된다. 여기로부터 사회의 모든 성원들의 요구와 이해관계를 분석 종합하여 그것을 집단의 공동의 요구와 생활적 이해관계로 승화시키고 집단의 모든 성원들이 집단의 이해관계로부터 투쟁할 수 있는 지도사상을 내세울 수 있는 탁월한 인물, 또한 각이한 능력을 가지고 있는 모든 사람들을 하나의 변혁집단에 결속시키고 그들의 활동을 통일적으로 지휘할 수 있는 탁월한 영도력을 가진 인물이 절실히 필요하게 된다. 이러한 탁월한 사상이론가, 탁월한 영도자, 비상한 조직적 수완을 가진 조직자가 바로 수령으로 된다.

그러니까 수령이라는 문제는 집단적 생명에 의해서 결합된 '사회정치적 생명체'가 존립하고 발전하기 위한 필연적 요구로부터 제기되는 문제이다. 마치 인간의 유기체에서 뇌수가 생명의 중심이 되어 유기체의 모든 기관과 조직의 활동을 통일적으로 관할하고 지휘하는 것처럼 사회집단에서도 역시 수령이 사회정치적 생명체의 생명의 중심이 되어 그러한 역할을 한다.

물론 사회정치적 생명체를 이루고 있는 개별적 성원들도 다 개인적 생명을 갖고 있다. 이러한 개인적 생명을 가진 사람들이 결합하여 하나의 집단적 생명을 가진 사회정치적 생명체를 이룬다. 그런데 여기서 수령은 단순히 이러한 개인적 생명을 가진 개인이 아니라 사회적 집단의 '집단적 생명의 중심'으로 된다. 여기로부터 수령은 개인과 구별된다는 논리가 나온다. 물론 수령도 개성을 가진 존재, 하나의 인격이라는 의미에서 개인이다. 수령이 개인이 아니라는 것은 인간의 하나의 존재형태인 사회적 집단, 사회정치적 생명체의 '생명의 중심'이라는 의미에서 그렇게 말하는 것이다. 즉, 수령은 단순히 집단을 이루는 개인적 생명체와는 구별된다는 의미에서 개인이 아니라고 말하는 것이다. 이것은 수령을 〈신적 존재〉로 신비화하기 위해서가 아니라 인간이 개인적 생명과 함께 집단적 생명을 가진다는 사실 자체로부터 필연적으로 제기되는 문제이다.

사실상 민중이 역사의 주체이지만 올바른 지도를 받아야만 역사의 주체로서의 응당한 지위를 차지하고 주체로서의 역할을 창조적으로 해나갈 수 있다. 사회변혁운동에서 지도 문제는 수령과 당의 지도 문제이다. 수령, 당, 대중은 하나의 사회변혁의 주체, 운명을 같이 하는 하나의 사회정치적 생명체를 이루고 있기 때문에 수령, 당, 대중은 긴밀한 유기체적 관계를 맺고 있다. 그러므로 대중을 떠난 수령과 당이란 결코 정치적 영도자로서의 위치를 차지할 수 없고 역할도 할 수 없다. 한편 수령과 당의 지도를 떠난 민중은 역사의 주체로서의 역할을 할 수 없다. 그러므로 수령의 역할에 대한 문제는 결국 역사의 주체에 대한 내용으로 된다, 따라서 주체사상에서는 수령의 역할이 민중의 역할과 분리되어 있지 않고 하나로 통일되어 있으며 수령의 역할은 민중이 주체로서의 지위를 차지하고 역할을 다하기 위한 근본 요인으로 된다.

이처럼 사회정치적 생명체의 생명의 중심인 수령과 결합되어야 자기의 생명도 유지되고 발전되어 나갈 수 있다는 실생활의 체험을 통하여 이북 민중들은 자기의 생명 자체의 요구로부터 수령에게 충성을 다 바치는 것이다. 따라서 수령에게 자기의 운명을 의탁하고 또 자기의 요구와 이해관계를 집대성한 수령의 교시를 집행하는 것은 곧 자기 자신을 위하는 것으로 된다. 만약에 수령의 교시와 사상이 집단성원들의 요구와 이해관계에 배치되는 것이라면 성원들이 그것을 절대로 받아들이지 않을 것이며 집행도 하지 않을 것이다. 그것이 개인들의 의사와 요구의 집대성이고 집단의 공동의 요구와 이해관계로 승화시켜 자신들의 운명을 개척하도록 이끌어주는 것이기에 수령의 교시를 집행하는 것이다. 따라서 수령을 충성으로 높이 모시고 또 수령에게 자기 운명을 의탁하며 수령의 교시를 집행하는 것은 사람들의 자주성과 창조성과 모순되지 않는다.

또한 수령을 높이 모시고 그의 교시를 집행하는 것은 개인들이 자기의 영생의 요구를 실현하기 위한 필연적 요구로 된다. 개인의 생명은 유한하지만 사회정치적 집단의 생명은 무한하다. 그러므로 개인들이 영생하려면 자기 개인의 유한한 생명을 사회정치적 집단의 무한한 생명과 결합시켜야 한다. 바로 집단의 생명의 중심인 수령을 높이 모시고 수령에게 자기의 운명을 의탁하고 사회정치적 집단과 운명을 같이 함으로써만 자기의 유한한 개인적 생명을 무한한 집단적 생명과 결합시킬 수 있다. 그래서 자기 개인의 육체적 생명은 죽더라도 사회정치적 집단은 영원하기 때문에 사회정치적 집단의 발전과 더불어 자기의 생명도 영원히 살아 있게 된다. 이것이 영생하는 참다운 길이다. 따라서 수령을 높이 모시고 수령에게 자기의 운명을 의탁하는 것은 역시 개인들이 영생하는 존재로 살며 발전하기 위한 가장 올바른 길로 된다.

나. 비판 논리

이론적 비판

주체사상에서 수용하고 있는 수령론에 대해 김현환 박사가 이론적으로 주체의 수령론을 지지·옹호하면서도 자유민주주의체제에 익숙한 사람들은 북한의 주장과 자신의 주장을 쉽게 이해하지 못할 것이라는 견해를 밝혔지만, 이는 김현환 박사가 지적하지 않더라도 대부분의 사람들이 그렇게 생각할 것이다.

이러한 것을 전제로 두고 다음과 같은 것을 한번 생각해 보자. 주체사상과 수령론은 먼저 북한이 같은 사회주의권이면서도 종주국 행세를 하려는 소련과 중국의 영향에서 벗어나려 주체와 자주를 앞세울 수밖에 없었다는 것에는 일정 부분 이해가 간다. 그렇다 하더라도 자주와 자립경제를 너무 강조하여 선진국들과의 교류를 소홀히 한 것은, 그리고 그 결과가 고립으로 귀결되었다면 북한이 분명 곱씹어 봐야 할 지점도 분명 있을 것이다. 그 일례로 일반적인 의미에서 1970년대 초·중반까지만 하더라도 북한이 남한보다 (경제가) 더 앞섰다는 것은 누구나 다 아는 사실이다. 그런데 지금은 속된 말로 굶주리고 인민들의 생계 문제를 걱정해야 할 처지로 전락했다면 이 모두를 사회주의권의 붕괴와 미국의 경제제재, 그리고 자연재해 등의 탓으로만 돌릴 수 있겠는가라는 물음에 자신 있게 대답을 할 수 있는지를 북한은 곰곰이 생각해 봐야 할 것이라는 사실이다. 만약 자신 있게 대답 할 수 없다면 북한의 사상적 좌표로서의 주체사상, 사회 유기체적 원리로서의 수령론에 의해 영도되는 수령이 책임져야 할 무게는 결코 작지 않다.

또한 이론적인 측면에서 볼 때도 주체사상이 1950년대 중반 안으로는 권력투쟁과 밖으로는 중소분쟁 사이에서 태어나 사상, 경제, 국방, 정치 외교 등 모든 분야에서 주체와 자립, 그리고 자위와 자주를 내세우면서 이론적으로 완성도를 높여나가다, 1970년대부터 김일성의 후계 문제와 연계되어 노동당의 유일사상으로 확립되는 과정에서 '주체의 수령론'과 '후계자론' 그리고 '사회정치적 생명체론' 등이 주체사상에 추가되면서 주체사상은 수령을 절대화하고 수령 독재를 정당화하며 권력의 혈통승계를 합리화하는 도구에 불과하게 되었다는 비판에서 결코 자유롭지 못하게 된 것 또한 사실이다. 그 연장선상에서 아래의 글과 같이 문제 제기를 받을 수밖에 없는 현실에 봉착하게 되었다.

우선, 주체사상의 사회역사적 원리에는 인민대중이 역사의 주체이기는 하지만, 수령의 올바른 지도에 의해서만 그 (역사적) 지위가 보장받을 수 있음을 분명히 하고 있다. 다시 말해 인민대중이 역사의 주체임은 분명하지만, 그들 스스로 역사의 자주적인 주체로 되는 것은 아니며 오직 노동계급이 탁월한 수령의 영도 밑에 하나로 통일 단결될 때 사회를 변혁하고 자연을 개조하는 혁명의 자주적인 주체로 된다는 견해가 그것이다. 아마 여기에는 수령의 지위가 인민대중의 최고뇌수이며 통일단결의 중심이며 자주성을 위한 혁명투쟁의 최고 영도자로, 그 역할은 인민대중의 자주적 요구와 이익을 정확히 반영한 혁명의 지도사상을 창시하고 인민대중에게 혁명투쟁의 앞길을 밝혀주는 최고 영도자로 만들고 싶은 희망이 있는 것 같다. 그렇게 보는 이유는 『철학사전』(평양: 평양출판사, 1985) 602쪽에 보면 "혁명적 수령관은 수령을 절대화하고 무조건 받드는 견해와 관점, 자세와 립장"으로 정의되고 있는데, 이 정의가 갖는 함의는 바로 수령에 대한 충실성만이 인민의 도리라는 단순 논법을 만들어 내기 위한 것으로 볼 수 있기 때문이다. 그렇다면 여기서 나올 수 있는 합리적 의문은 인민들로부터 이렇게 수령에 대한 충실성이 무조건적으로 이뤄지기 위해서는 수령 또한 그 전제조건으로 '수령은 항상 옳다'는, 즉 수령과 수령영도의 '무오류성'인데, 과연 이것이 가능한가의 문제이다.

이 문제의식은 결국 첫째, 인민대중을 역사의 주체로 규정해 놓고, 다시 수령의 지도에 의해서만 자주적 주체가 된다는 논리는 '결과적으로' 인민대중을 역사 속의 비주체적 피동체로 전락시킬 수 있다는 것이다. 따라서 주체사상이 주장하는 대로 수령의 영도에 의해서만 인민대중의 자주성이 보장된다면 그것은 인민대중의 자주성이 아니라 수령의 자주성일 뿐이 되는 것이다. 둘째, 과연 수령의 무오류적 영도가 가능한가의 문제다. 이는 주체사상에서 수령이 절대적이자 무오류적인 존재로 인민대중 이익의 최고 대표자이자 체현자라고 주장하고 있지만, 상식적으로 생각해봐도 수령도 사람인 이상, 오류가 없는 수령은 있을 수 없다. 또 북한의 주장대로 수령이 오류가 없는 존재라는 것을 받아들이더라도 그 무류성의 결과가 북한 사회가 자신들의 이상향으로 설정한 '고깃국에 이밥'을 해결하고 있지 못한 이유를 설명해 내지 않으면 안 된다. 따라서 수령을 절대화시키기 위한 무리한 신격화가 오히려 북한 사회 내에 건전한 비판의 싹마저 잘라버림으로써 북한 사회를 뒷걸음치게 만들었을 뿐이라는 지적에 귀 기울여야 한다. 셋째, 당을 혁명의 참모부로 규정하여 놓고, 다시 이를 수령의 당(구체적으로는 '수령의 혁명사상을 실현하는 정치적 무기')으로 정식화함으로 인해 당이 사실상 형해화되고 있다는 것이다. 넷째, 수령론 이론 틀 내에서는 당내·전사회적으로 파벌 및 이견이 있을 수 없게 되는데, 이것이 갖는 장점도 있지만 생각해보야 할 지점은 당과 사회 전체를 피동적인 기계적 집단체로 변질시킬 수 있는 부분은 없는가 하는 점이다. 다섯째, 수령의 교시는 사회주의 헌법 위에 존재하게 된다. 그러므로 수령체제의 특성을 반영하더라도 정상 국가로 가져야할 기본적인 덕목, 법치주의 원리가 파괴되면 이 또한 어떻게 설명해야 하는지 문제가 남는다.

이외에도 우리가 품을 수 있는 합리적 의문은 북한이라는 나라는 결국 사회정치적 생명을 매개로 '어버이' 수령, '어머니' 당, '자식' 대중이 '혈연적 관계'에 기초하여 유기체적인 통일체 '사회주의 대가정'을 이루고 있는 국가체제이고, 여기서 중심 되는 조직원리로 '혁명적 의리'와 '동지애'를 들고 있는데, 과연 우리는 이를 수용할 수 있는가 하는 문제이다. 김정일은 자신의 논문, 「주체사상교양에서 제기되는 몇 가지 문제에 대하여」에서 다음과 같이 언급하고 있다.

> "평등의 원리가 개인과 개인의 관계에서 예속과 불평등을 반대하고 개인의 자주성을 옹호하는 데 이바지한다면 혁명적 의리와 동지애는 집단의 자주성을 옹호하는 데 힘 있는 작용을 한다. 따라서 평등의 원리가 개인의 생명을 가장 귀중한 것으로 여기는 개인주의적 생명관에 기초하고 있다면 혁명적 의리와 동지애의 원리는 개인의 생명보다 사회정치적 집단의 생명을 비할 바 없이 더 귀중히 여기는 집단주의적 생명관에 기초하고 있다. 그러므로 혁명적 의리와 동지애의 가장 높은 표현은 수령과 전사들 사이의 관계이며 이는 다시 수령에 대한 혁명적 의리(충실성)와 동지애만 절대적이고 무조건적, 이는 달리 개별과 개별의 관계는 상대적이라는 말과 같게 된다."

여기서 의문은 개인과 개인, 개인과 집단, 개인과 수령 등의 관계가 어찌 '혁명적 의리'와 '동지애'로만 작동될 수 있을까? '자유', '평등', '민주' 등에 의해서는 충분히 개인과 개인, 개인과 집단, 개인과 수령의 관계에서 작동되지 못하는 것일까? 또, 수령에 대한 충실성, 혁명적 동지애, 혁명적 의리, 수령에의 충성과 효성 등은 새로운 개념이라기보다는 전통적·봉건적 개념과 사회주의적 도덕률을 착종시킨 데 불과하다는 시각이 있을 수도 있다. 그 사례로 '짐이 곧 국가다(L'État, c'est moi)'라는 유명한 말을 남긴 루이 14세와 무엇이 다르냐는 것이다. 이를 재스퍼 베커에 의하면 "수령 스스로가 또 다른 '태양왕(Sun King)'으로 착각(『불량정권』, 기파랑, 2005, 76쪽)"하고 있는 것과 비교될 수 있는 부분이다. 그리고 사회정치적 생명체론에 근거하면 수령을 배반·배신할 수도 없으며 사회정치적 생명체가 하나의 운명공동체인 국체(國體)가 되는 '사회주의적 대가정'론은 '우리 모두'의 문제로 환원시킬 것을 요구하며, 이는 다시 어떠한 상황에서도 현재의 낙후성(가난)이나 제반 문제는 수령영도의 오류가 아니며 '우리 모두'의 책임이라는 담화를 함축하게 할 수밖에 없게 하고 있다. 결국 수령영도의 오류 문제가 제기될 수 있는 여지를 원천봉쇄하고 있지는 않은가 하는 점이다.

경험적 비판

박근혜 정부가 김정일의 사망(2011)뒤 북한멸망론에 도취되어 있는 동안, 북한은 비웃기라도 하듯이 아무런 동요 없이 김정은으로의 권력 승계를 전광석화처럼 이뤄냈다. 그렇다하여 수령론에 의한 권력 승계가 무조건적으로 정당성을 획득하는 것은 아니다.

다음과 같은 예들에서 북한은 충분한 해명이 있어야 할 것이다. 우선은 그렇게 '위대한' 수령도 '제2차 고난의 행군'시기로 불리던 1990년대는 피해갈수 없었다. 부풀려진 '아사자 300만 명'설은 믿지 못하더라도 최소한 수많은 사람들이 배고픔에 북한 국경을 넘어 탈북하거나, 죽음을 맞이하였다. 그런데도 그 어느 누구나 책임지는 사람(관료)은 없었고, 특히 수령 자신이 그 상황에 대한 그 어떠한 반성도 성찰도 책임도 없었다. 그렇지만 우리는 물어야 하고, 또 충분이 물을 자격이 있다. 그리고 그것이 하등 이상할 이유도 없다(다만, 그렇게 책임을 묻고 비판한다 하여 이것을 곧 북한의 수령체제를 인정하지 않는다는 것은 아니다). 왜냐하면 우리는 북한에 거주하고 있는 인민도 아니고, 자유민주주의 시각으로는 그러한 엄청난 일에 대해 누군가는 책임져야 하니까. 히라이 히사시가는 우리를 대신해 이렇게 묻고 있다.

> "북한의 발전을 방해해온 외부 요인은 확실히 있었다고 여겨진다. 일본이나 미국의 고립정책이나 압박, 분단국가로서의 남북 대치 등 발전을 방해한 외부 요인이 있었다. 그러나 '그렇지만……'이라고 말하지 않을 수 없다. 왜 이렇게 되어버렸는가?"(『김정은 체제』, 한울, 2012, 427쪽)

좀 생생한 기억을 위해 【장면 1】, 【장면 2】로 구분하여 설정하면 다음과 같다.

【장면 1】 수령국가, 북한은 인민의 나라이기도 하지만 수령의 나라이기도 하다. 이를 좀 더 우측의 시각에서 보면 북한은 인민을 위한 수령이 존재하기 보다는, '어버이 수령'이라는 극존칭이 보여주듯이 북한 사회 전체가 그 수령의 '가족'이 되고, 그 가장이 수령이다. 따라서 한 집안에서 부모 생일이 명절인 것처럼 김일성, 김정일, 김정은(앞으로 그렇게 될 것이라는 가정하에)의 생일 역시 북한 주민들의 공식적인 명절이고, 한 집안의 가장이 그러하듯이 최고지도자는 정치적으로 뿐만 아니라 사상, 문화, 생활 등 모든 분야에서 개별 북한 주민의 호주(戶主)이기도 할 것이다. 그래서 모든 행사의 시작이 최고지도자의 영도력에 대한 칭송과 만수무강을 기원하는 것으로 시작된다 하여 하등 이상할 것이 없다. 그만큼 절대 권력자를 향한 극단적인 개인숭배가 자연스러운 것이다.

▲ 태양절을 맞아 2015년 4월 13일 『로동신문』에 실린 김일성 화보.(『노동신문』 캡처) 이 화보에서 눈에 띄는 것은 "우리 수령님과 인민은 영원히 한가정, 한식솔입니다"이다.

【장면 2】 수령국가, 북한이 갖는 민낯은 '수령의 나라'이기 때문에 그 역설로 발생하는 어려움이다. 다름 아닌, 절대권력 수령에게 부여된 무오류성으로 인해 북한 사회 전체가 제아무리 어려움과 난관에 부닥치더라도 '수령의 책임'이라는 관점에서 그 책임을 물을 수가 없다는 것이 그것이다. 이종석의『통일을 보는 눈』(서울: 개마고원, 2012), 153~154쪽에 이런 설명이 있다. 실증적 한 사례로 김일성에 의해 확립된 주체농법이라는 것이 있다. 이에 대해 1999년 당시 총리였던 홍성남은 고(故) 김일성 주석의「사회주의 농촌테제」발표 제35주년 기념 보고대회(1999. 2. 24)에서 "김정일 동지가 주체농법은 농민들의 의사와 자신의 실정에 합치시킬 것인가가 그 본질이라고 했고, 왜곡하여 농업생산의 장애가 되어온 현상을 하나하나 바로잡고, 농촌경제를 바른 궤도의 위에 확실히 오르게 했다"라고 언급하였는데, 이 언급한 내용을 자세히 들여다보면 김일성 시대의 농업정책의 실패를 인식하면서도 그 이론적 중핵이었던 주체농법을 비판하지 못하고, 농업담당자들이 주체농법을 '왜곡'했다고 함으로써 '주체농법' 자체를 비판하는 것은 피해가고 있음을 알 수 있다.

이렇게 예시한 두 장면은 결코 허구가 아니다. 하여 우리가 내릴 수 있는 진단은 수령제 사회의 치명적인 약점이 존재한다는 사실이다. 한마디로 '책임을 지지 않는 지도자'가 가능한 체제라는 역설일 수도 있다. 비유하자면 대한민국이 '항공기 회항' 사건으로 온 사회가 '甲질' 운운하며 한바탕 홍역을 치른 것처럼, 수령이 사회정치적 생명체에서의 '어버이'이고, 정치지도자로서의 국가주석, 국방위원장 등의 직책을 가진 절대 甲인데도 '항공기 회항' 사건보다도 더 엄중한 상황에 대해 사과 한마디 없이 그냥 넘어갈 수 있는 무소불위의 권력체제임을 알 수 있다. 그러다 보니 김일성의 주체농법 실패도 인정될 수 없고, 2009년 화폐개혁의 실패도 마찬가지이다. 박남기 당시 당 계획재정부장만이 해임되어 총살당한 것으로 알려져 있다.

결론은 인간사회에서 오류(誤謬)만 있는 지도(指導)도 100% 나오기가 힘들겠지만, 100% 오류가 없는 지도도 불가능하다. 그런 만큼 수령에게는 오류가 있을 수 없다는 태도를 가진다면 그 사회는 결국 반성과 성찰이 없는 사회로 갈 수밖에 없다. 한 사회와 국가가 시행착오에 대한 반성과 반추를 두려워한다면 그 사회와 국가의 발전을 담보하는 원동력, 추동력은 생겨날 수 없는데도, 수령제 사회인 북한이 이를 원천 차단하고 있지는 않는지 정말 심도 깊게 고민해 보아야 할 것이다.

■ 수령십(Su-Ryongship)은 존재할 수 있는가?
  : 리더십과의 비교를 통해

우리는 앞에서 수령론의 지지 논리와 비판 논리를 비교하여 고찰해 보았다. 이유는 만약 수령론이 새롭게 쓰인다면(New Version으로서의 수령론) 북한에서 말하고 있는 수령론, 그 지지 논리, 그리고 비판 논리가 변증법적인 과정을 거쳐 융합적으로 복합되어 정립되어져야 할 것이라는 믿음 때문이었다. 그런 수령론을 기대하면서 여기서는 수령론에 의해 파생되어져 나온 수령십(Su-Ryongship)을 집중 고찰해 보고자 한다.

참고로 정치학자인 내가 아는 바로는 현재까지 정치학에서는 수령십이라는 개념을 사용하지는 않는다. 그렇지만 북한은 이미 수령의 영도, 그 작동기제로서의 현지지도라는 것이 이론적으로나 현실적으로 하나의 현상으로 나타나고 있어, 이 부분에 대해 '계속해서' 정치학적으로는 아직까지 정립되지 않는 개념이기에 마냥 외면만 하는 자세와 태도는 옳지 않다고 본다. 그래서 어느 누군가는 이 수령십에 대해 좀 더 학문적인 고찰을 해내어야 하고, 이 책이 그러한 학문적 연구를 만들어 나가는데 조그마한 밀알이 되길 바란다.

이를 위해 우선은 가장 유사한 개념인 리더십에 대한 이해가 선행되어야 한다. 주지하듯 리더십은 일반적인 의미에서 집단의 목표나 내부 구조의 유지를 위하여 성원(成員)이 자발적으로 집단 활동에 참여하여 이를 달성하도록 유도하는 능력을 일컫는다. 이렇게 정의된 리더십의 범위를 좁혀 '정치적 리더십'으로 국한하여 그 개념을 정의하자면, "지도력, 지도권, 지도적 지위에서 나아가 권력을 둘러싼 정치과정에서의

지도력, 지도체계를 의미"한다.(이범준·신승권,『정치학』, 박영사, 1990, 119쪽)

그리고 이의 현실적인 표현은 대중의 지지를 얻어서 정치적 목적을 실현시켜나가는 통치기술이자 좁은 의미에서의 민주적 지도자만을 지칭하는 것이 아니라, 지배와 조작적인 대중 통치수단을 포함하는 넓은 의미에서의 정치가의 전반적인 능력을 말하기도 한다. 직역하면 정치지도자나 정치집단이 대중과 경쟁 정치집단에 대하여 영향력을 행사하거나 동원하여 지지와 추종, 제휴와 협력관계를 만들어냄으로써 권력을 잡거나 나누어 가는 '지도력과 지도관계'로 정의할 수 있고, 바로 그런 리더십을 발휘할 수 있는 주체가 정치지도자가 된다.

한편, 그런 지도자를 도덕적으로 보면 플라톤이 일찍이 자신의 저서,『정치가론』에서 밝히고 있듯이 "인간이라는 양떼를 통솔하고 관리하는 목자이거나 혹은 모든 구성원의 善을 위해서 가족을 지배하는 家長과 비슷"하게 된다. 비유적으로는 키잡이(steering)라고도 할 수 있다. 한 국가를 통솔하고 경영함에 있어 제1선에 서있는 최고지도자가 어떻게 그 키를 잡느냐에 따라 국가라는 이름의 배가 순항할 수도, 혹은 좌초할 수도 있기 때문에 그런 비유가 가능한 것이다.

그래서 그런 키를 움켜쥔 최고지도자라면 그에 걸맞게 키를 조정하는 능력과 기술을 가지고 있어야 하는데, 우리는 이를 리더십이라 부르는 것이다. 그리고 바로 이 리더십이 최근 대한민국에서 '권위적 리더십'이 더 한국적인가, 아니면 '민주적 리더십'이 더 한국적이냐를 두고 논쟁 중에 있다. 둘 다 장·단점이 있을 것이다. 그렇지만 분명한 것은 리더십을 '지도자·leadership ↔ 피지도자·followership'의 관계로만 본다면 대세는 '민주적 리더십'이 자유민주주의체제를 택하고 있는 한국에 더 어울릴 것이다.

왜냐하면 개념적으로 볼 때는 나쁜 피지도자(bad followership)와 동반되는 좋은 지도자(good leadership)이 존재하기 어려우며, 반대로 나쁜 리더십이 이끄는 좋은 추종자도 드물기 때문이다. 즉, 지금은 리더의 지위와 역할 강조를 중심으로 하는 위민(爲民)적 기능보다는 피지도자(follower)들에 의해 아래로부터 형성된 여론이 민주(主民)적으로 반영되길 원하는 속성 때문이다. 이때 추종자는 시민(citizen)과 겹쳐서 생각해도 될 것이고(follower-citizen), 나아가 추종자의 정신(followership)을 시민정신(citizenship)으로 바꿔 연상해도 무방할 것 같다. 가령 디지털 혁명이라고 불리는 최근의 사회 현상에 대해 대중들은 충분히 정보에 접근할 수 있으며, 또 잘 교육받고 정보 접근에 자유로운 시민의 선택이 그 소속 집단의 운명을 결정하는 시대가 되었다고도 볼 수 있기 때문이다. 다시 말해 좋은 리더십(good leadership)이 좋은 피지도자(good followership)를 창출하던 시대에서 이제는 바뀌어 좋은 피지도자가 좋은 리더십을 끌어내게 되었다는 것이다.

> MB 정권하의 2009년 쇠고기 파동과 관련한 '촛불항쟁이 좋은 예이며, 2011년의 중동 민주화 혁명도 참고하면 되겠다. 두 사례에서 우리가 읽어내는 코드는 2008년 이명박 대통령의 집권이 follower들의 잘못된 선택으로 민주주의 퇴행을 가져 왔다는 것이며, 또 다른 예로 2012년 12월 대선시기 박근혜 후보가 유신시대 때 헌법을 농락하고 인혁당 등 인권을 유린한데 대해 사과한 것은 박근혜 후보 자신의 역사인식이 진전된 것이라기보다는, follower들이 나쁜 leader를 민주적 리더십으로 강제해 낼 수 있다는 희망을 만든데 있다. 또한 가장 최근의 일(2015.4)인 일명 '성완종 게이트'사건은 성완종이라는 follower가 여전히 낙후된 시각에 머물러 있을 때 정치도 낙후될 수밖에 없다는 교훈을 던져주고 있다.

가. 북한의 수령십(Su-Ryongship)에 대한 정의

북한의 수령십이 독특하다는 것은 지도자 · leadership ↔ 피지도자 · followership라는 프레임도 아니고, 또 우리는 그 리더십이 '권위적이냐 민주적이냐'로 접근해 경향적으로 북한의 수령십이 권위적일 것이라는 결론을 내고 싶은데, 그것도 아니라는 데 있다. 수령에게만 주어지는 권한인 '현지지도(on-the-spot guidance)'라는 작동기제로 제도화되었기 때문이다.

그런 현지지도 정치방식이 북한만의 유일무이한 정치방식으로 된 데에는 김일성이 1950~60년대에 처한 정치적 상황과도 맞물려 있는 측면이 크다. 즉, 그 당시 김일성 중심의 항일빨치산 세력은 소수였기 때문에 그로 인해 남로당파, 소련파, 연안파 등 각급 세력이 경쟁할 수밖에 없었고, 1967년 6월 당 중앙위원회 제4기 제16차 총회에서 비로소 '당의 유일사상체계의 확립'이라는 방식으로, 즉 모든 '종파'들이 철저히 척결된다. 바로 이 지점이 수령십이 태동할 수 있는 좋은 토양이었고, 그런 만큼─당내에서는 '종파(파벌)'의 존재를 허락하지 않고 앞글에서 이미 살펴본 바와 같이 현지지도라는 정치방식이 북한에서는 당과 당 간부들도 할 수 있는 정치방식 중의 하나라고는 하지만, 이것은 어디까지나 정치적 레토릭이고, 실질적으로는 수령과 미래 수령(후계자)만 할 수 있는 정치방식으로 제도화가 이뤄질 수 있었다.

이를 다른 각도에서 한 번 보면 북한과 같이 수령중심의 유일체제를 유지하는 데는 종파가 없는 것이 좋을지 모르나, 정책의 다양성 측면이나 민의를 수렴한다는 측면에서 볼 때는 긍정적인 측면이 있는 것도 사실이다. 예를 들어 북한이 1960년대 어떤 경제노선을 채택할지를 두고 발생한 논쟁을 두고 본다면, 즉 군사와 밀접하게 관련된 중공업 우선정책을 취할 것인가, 아니면 인민생활에 밀착된 농업이나 경공업 우선정책을 취할 것인가 각 종파(파벌) 간의 정책 논쟁으로서 상호 경합하는 것이 충분히 가능하였다. 그런데도 숙청을 통해 당의 다원성이 소멸된 이래로는 수령이나 영도자의 의향만이 노선을 결정하는 독선적인 기반이 만들어졌을 뿐이라는 비판에서 북한은 과연 자유로울 수 있을까?

그렇게 제도화된 현지지도는 필연적으로 수령(후계자)에게 모든 권한을 집중하게 하였고, 수령국가체제의 특성상 수령이 지도한다기보다 통치하게 하는 것까지 가능하게 하였다.

그런데 문제는 그 통치의 의미가 북한 인민들의 자발적 호응이었는지, 아니면 강요되었거나 혹은 자발적 굴종(submission)인지 하는 것인데, 만약 후자로서 강요거나 자발적 굴종으로 수용된다면 이때의 수령십은 리더십이라기 보다는 절대권(dictatorship)으로 보아야 한다. 그리고 그 절대권으로서 수령십이 형성되는 개념이라면 그 첫째, 수령 일인에게 과도하게 제반 사항에 대한 결정권이 집중되어 있다. 둘째, 정책의 결정 과정에서 집단적 토의 방식보다는 개인적 결정이 우선한다. 셋째, 관료 집단의 조직적인 플레이보다는 수령 개인위주의 정치(혹은, 정책) 행위가 두드러진다. 넷째, 정책의 실행 과정이 법·제도보다는 수령 개인의 임기응변 위주이다. 다섯째, 수령 개인에게 과도하게 집중되어 있음에도 불구하고, 정책의 결과에 대한 평가, 혹은 반성에서 수령 개인에게 어떤 식으로든 책임 추궁이 될 수 없는 특성을 갖게 된다고 본다.

이는 카터(A. Carter)나 하버마스(J. Habermas)의 위기이론에서도 이미 밝힌바와 같이 현지지도가 최고 권력자에게만 주어지는 특권이라면 필연적으로 현지지도는 경제성의 위기, 동기부여의 위기, 정당성의 위기, 합리성의 위기를 동반하게 되는데, 그 좋은 일례가 중앙집권적 계획경제와 '현지지도'는 때때로 상충할 수밖에 없다는 것이다. 즉, 현지지도를 통하여 이미 설정된 계획을 변경시키는 경우 계획경제의 합리성을 심각하게 훼손하는 결과가 초래되기 때문에 그 역작용이 만만치 않고, 더 나아간다면 현지지도는 '현명하지 않는' 영도와 무오류성이라는 모순성으로 인해 합리적인 의사결정 구조가 될 수 없는 것이다. 소위 현지지도의 딜레마가 존재한다는 것이다.

그래서 북한은 후자로의 수용이 아닌, 전자로의 수용 즉 자발적 호응을 통해 현지지도가 수령제가 추구하는 행위자적 대응으로서 가장 최적화되어 있는 정치방식이 될 수 있게 하였다. 이관세는 이에 대해 다음과 같은 견해를 밝히고 있다.

"현지지도가 역사적 과정을 통해 '수령제'가 형성되고 지속되는 그 과정에서 정치적 자원으로서도 중요한 의미를 갖는데, 실제로도 현지지도는 당시 관료주의적 폐해와 생산성의 극대화, 권력 갈등이라는 사회경제적 문제 해결에 대한 요구뿐만 아니라 정치상황의 측면에서도 필요조건을 충분히 가지고 있었다." (『현지지도를 통해 본 김정일의 리더십』, 전략과 문화, 2009, 281쪽)

위 주장에서 우리는 현지지도가 인민대중과 유리된 강요이거나 자발적 굴종의 리더십 체계가 아니라 대중적 동의인 자발적 호응에 기반을 둔 리더십 체계라는 것을 알 수 있다. 즉, 대중동원과 군중노선에 입각하여 수령과 대중을 하나의 운명공동체로 변화시키는 과정에서 수령과 인민은 후견-피후견 관계가 성립된다는 의미 그것으로 말이다.

또한 이는 수령의 입장에서도 『조선대백과사전』 제24권(평양: 백과사전출판사, 2001)에 나와 있듯이 "인민을 끝까지 사랑하시고 아끼시며 인민의 생활을 친어버이 심정으로 보살피시는 자애롭고 영명하신 인민의 수령 김일성동지의 한없이 고매한 덕성을 보여주는 것(189쪽)"으로 규정되어 그 현지지도의 최종 목적이 수령이 현장의 실태와 인민들의 이해와 요구를 파악하고 수렴함으로써 인민들에게는 근로의욕을 고취시키고, 자신에게는 고매한 덕성을 겸비한 자상하고 위대한 '인민의 지도자'라는 이미지가 가능하여 결코 나쁜 선택이 아닌 것이다. 동시에 그런 인민의 지도자는 『령도예술』(평양: 사회과학출판사, 1985), 81~160쪽을 참조하여 정리하면 다음과 같은 다섯 가지 지도원칙도 잘 지켜 내어야 한다. 첫째, 위가 아래를 도와주는 것이다. 둘째, 실정을 파악하고 대책을 세우는 것이다. 셋째, 정치사업을 앞세우는 것이다. 넷째, 모든 사업을 격식과 틀에 얽매이지 않고 창조적으로 하는 것이다. 다섯째, 사업을 대담하고 통 크게 벌이는 것이다.

나. Su-Ryongship에 대한 기능을 어떻게 고민할 것인가?

만약 위와 같이 정의된 현지지도가 그렇게 실제 가능하다면 그 첫째, 최고지도자의 리더십이 개인의 자질로서가 아니라 북한 사회가 안고 있는 여러 현상들을 반영하고 있어 수령제 사회의 재생산 메커니즘을 도출하는 데 유용할 수밖에 없다. 둘째, 최고지도자의 현지지도가 체제의 작동과 운영에 핵심적인 기능을 수행하는 통치행위라는 측면에서 볼 때도, 현지지도는 수령국가체제의 토대 마련과 더불어 청산리방법·대안의 사업체계 등에서 확인받듯이 군중동원 방법과도 밀접히 결합된 수령제의 하위 구성요소로 분명하게 작용하고 있음을 숨길 수 없는 사실로 만든다는 것에 있다. 즉, 최고지도자의 현지지도가 경제 부문의 교착을 군중동원이라는 방식을 통해 정치적으로 돌파하고자 하는 對인민 정치적 운동으로 볼 수도 있다는 것이다. 그 셋째, 현지지도가 최고지도자의 개인적 자질과 능력의 압축적 표현이 아니라 제도화를 통해 현지지도가 최고통치권자의 일상적인 통치행위로 정착된 것이라면, 그는—수령은 그 현지지도를 통해 정치·사회문화·경제·군사적 분야 등 전 분야에서 수령의 의도대로 국정동력을 가져갈 수 있다는 의미가 된다.

이로부터 내 올 수 있는 결론은 북한에서 말하고 있는 현지지도가 우선은 최고 통지권자가 현장에 직접 내려가서 행하는 북한 특유의 정치·정책지도방법을 말함을 알 수 있다. 북한은 이를 "가장 혁명적이며 인민적인 대중지도방법의 하나"라고 규정한다. 그러다보니 현지지도는 지방간부의 태만에서부터 지방경제의 세세한 상황에 이르기까지 일일이 검열하고 챙겨야 하는 북한 사회의 한 단면을 보여주고 있기도 하다. 그다음으로는 여느 국가의 최고통치자든 현장시찰은 국가정책 운영의 타당성과 문제점을 파악하는데 필수적인 절차이지만, 수령제 사회인 북한에서의 현지지도는 민정(民情)시찰 이상의 특별한 의미를 갖고 있다. 현지지도를 통해 북한 사회의 정책적(혹은, 정치적) 방향이 제시되고 '수령의 현지교시'와 다양한 형태의 대중운동이 창출되기 때문이다. 실제 1950~60년대의 천리마운동·대안의 사업체계에서 최근 자력갱생의 혁명정신을 의미하는 강계정신과 평양속도까지 북한의 대표적인 기업운영시스템, 대중운동, 선전구호 등이 현지지도를 통해 만들어진 데서 이 의미는 확인된다.

이는 실증적으로도 '청산리정신·청산리방법'과 '대안의 사업체계'가 있고, '천리마작업반운동', '3대혁명붉은기쟁취운동', '공장기계새끼치기운동',

'숨은 영웅들의 모범 따라 배우기 운동', '80년대 속도창조운동', '8·3인민소
비품생산운동', '정춘실 운동' 등을 포함하여 김정일 시대에는 '성강의 봉화'
와 '락원의 봉화'를 거쳐 '라남의 봉화'라는 전투 구호와 '강계정신', '희천속
도' 등이 있고, 김정은 시대에 들어와서는 '마식령속도(2014)'에 이어 '조선
속도(2015)'까지 이 모든 것들이 다 (수령의) Su-Ryongship의 한 구현 형태인
현지지도가 만들어낸 결과물들인 것이다.

Ⅳ. 혈통: 백두산(白頭山)

앞에서 살펴보았듯이 북한은 자신들의 국가 상징물로 국기, 국화, 국가
등을 두고 있다. 이 중에 국가휘장(國章)이라는 것도 있는데, 일종의 국가
심벌마크와 같은 것이다. 1993년
12월 개최된 최고인민회의 제9기
6차 회의에서 개정된 국장법(國
章法, 법령 제24호)에 의해 만들
어진 현재의 국장(國章)에는 상
부에 백두산과 빛나는 별이 묘사
되어 있고, 좌우에는 벼 이삭, 아

▲1948년의 국장　　▲1993년의 국장

래에는 수력발전소가 그려져 있고, 그 아래에는 한글로 조선민주주의인민
공화국이라고 쓰여 있다.

이에 대해 북한이 운영하는 웹사이트『내 나라』에는 백두산과 별에 대한
설명을 "김일성 주석과 김정일 총서기를 높게 모시고, 주체의 혁명위업을
끝까지 완수하고자 하는 조선 인민의 확고부동의 신념과 의지를 반영하고
있다"라고 밝히고 있다. 반면, 1948년 처음으로 만들어진 국장에는 백두산
대신 몇 개의 산들이 묘사되어 있다. 다시 말해 백두산에 대한 백두혈통의

조종으로서의 상징조작이 이뤄지지 않았다는 말이다.

두 국장의 모형에는 어떤 진실이 숨어 있을까? 두 가지 정치적 함의를 유추할 수 있다. 그 하나는 김일성의 항일무장투쟁만을 유일한 투쟁사로 자리매김시키고자 하는 의도이고, 또 다른 하나는 '대를 이어가는' 원칙으로 그 상징적, 논리적 근원을 백두산에서 찾으려고 하는 북한 수뇌부(항일빨치산 세력)의 욕망이 숨어 있다는 것이다. 그 욕망은 다음 글에 잘 나타나있다.

> "맑은 아침의 나라, 조선의 북변에 솟아있는 백두산은 우리 민족의 넋과 기상을 안고 있는 조종의 산이며 주체위업의 뿌리가 내린 혁명의 성산이다. 머리에 흰 눈을 이고 만리창공에 솟아있는 백두령봉에 아침해살이 비치면 삼천리강산은 정기에 넘치고 만물은 생의 희열로 약동한다. 백두산의 주봉인 장군봉에서 시작된 백두산 줄기는 남동 방향으로 수십 리를 뻗어내려 정일봉을 이루었는데 그 밑으로 소백수 맑은 물이 굽이쳐 흐른다. 여기 소백수골에 백두산밀영이 있다. 백두산밀영은 1930년대 후반기부터 1940년대 전반기까지 항일대전의 사령부가 자리 잡고 있던 조선혁명의 책원지, 중심적 령도거점이였다."(『김정일동지략전』, 조선로동당출판사, 1999, 제1장 1절 백두산의 아들 '백두광명성'편)

▲『우리민족강당(http://www.ournation-school.com』(검색일: 2015. 2. 9) 북한에서는 위 인용문을 확인시켜 주기 위해 김정일의 출생지인 백두산밀영과 백두산에 '정일봉'이라 새겨진 봉우리를 공개하고 있다. 다만, 여기서 우리가 향후 확인해야 할 것은 정말로 김정일의 출생지인 '백두산밀영(일명, 귀틀집)이 존재했는가?'하는 것이다

이렇듯 북한에서 김일성의 항일무장투쟁은 단순한 투쟁사가 아니다. 역사적으로 형성되고 공고화된 일종의 신화(神話)이다. 그것도 역사신화(歷史神話)인 것이다. 그렇게 보는 이유 첫째, 김일성 중심의 항일무장투쟁만이 북한에서 인정하는 유일한 항일독립운동이기 때문이다. '패배'가 없는 '승리'의 역사로 말이다. 그런 자랑스럽고 숭배되어야 할 역사였건만, 해방 직후인 1946년까지도 항일무장투쟁에 대한 성격 규정은 유일적이지 않았다. 1946년 8월 30일 북조선노동당 창당대회에서 채택된 「조선동포에게 고함」이라는 호소문에는 "조선혁명운동사가 증명하듯이 우리의 모든 피어나는 투쟁으로도 일본제국주의를 박멸할 수 없었다. 그 원인은 첫째로 우리의 통일단결이 없었고, 둘째로 혁명적 력량이 분산되고, 셋째로 조선의 자주독립을 쟁취한다는 로선을 명확히 장악할 수 없었다"라고 할 만큼, 당시 조선공산주의자들은 항일무장투쟁사에 대해 대단히 심각한 자기비판을 했다.

그러나 그러한 분위기는 오래가지 못하였다. 항일무장투쟁사는 김일성에 의한 항일무장투쟁사만 정당화되기 시작했고, 해방 과정에서도 소련의 역할은 무시되었다. 그 인식 토대에 의해 만들어진 북한의 항일무장투쟁은 역사적 사실을 넘어 신화화되기 시작하였다. 특히 유일사상체계 확립 이후에는 모든 정당성의 근원이자 뿌리이고, 교과서였다. 그렇게 신화화가 되고 혁명전통의 뿌리가 된 항일무장투쟁은 조종의 산으로 백두산을 지목하게 이르렀다. 이는 "장군의 영광스러운 혁명력사가 서려있는 백두산, 조선혁명의 강인한 뿌리가 깊이 내려 새로운 력사의 장엄한 여명이 시작된 백두산(『인민의 지도자』 제1권, 조선로동당출판사, 1982, 25~26쪽)"이라는 글귀에서 잘 드러난다.

백두산은 그렇게 칭송되었다. 그 백두산의 아들 김일성 또한 엘리아데가 말하고 있는 것처럼 "'악마'에 대항하여 그것을 타도하고 질서(코스모스)를 가져온 '신'"에 필적하였다. 흉악한 일본제국주의를 타도하고 국가라는 질서를 만들어 내었기 때문에 가능한 결과물이었고, 더 나아가서 그 만이 유일하게 민족의 시간을 지배할 수 있게 되었다. 대를 잇는 방식으로, 그것도 혁명의 핏줄기로 말이다.

1. 함의 1: 주체의 혁명위업 뿌리가 내린 혁명의 성산

김일성의 회고록 『세기와 더불어』 2권에는 김혁이라는 인물이 나온다. 그는 현재 혁명열사릉에 묻혀있고, 항일무장투쟁사를 전공한 연구자들도 잘 찾아내지 못하는 인물이다. 그런 인물을 우리가 북한의 수령체제를 이해하는데서 주목해야 하는 이유는 그가 바로 김일성을 위한 최초의 헌시(獻詩) 「조선의 별」을 자작했고, 그 시에서 김일성을 '한별(一星)'로 추앙했기 때문이다. 그 이후 김일성의 예명이 한별로 되었다는 것이 북한에서 말하고 있는 한별의 유래이다.

그 한별에 의한 투쟁사가 바로 항일무장투쟁사이다. 즉, '한별의, 한별에 의한, 한별을 위한' 투쟁사라고 해도 과언이 아니다. 왜냐하면 주체사상의 근원도 항일무장투쟁사에서 혁명의 성산으로 표현되는 백두산에 있고, 북한에서 말하고 있는 수령혈통의 정치적 출발도 이 백두산에서 하고 있고, 김일성 민족의 시원과 관련이 있는 조종의 산도 이 백두산과 관련되어 있고, 그 유일 중심인물이 바로 한별 김일성이기 때문이다.

북한은 이렇듯 자신들의 체제인 수령 중심의 유일사상체계를 이 항일무장투쟁이라는 역사적 유산에서 찾고 있다. 그리고 그 유산을 가장 대중적으로 풀어 낸 것이 〈조선의 별〉과 북한 5대 혁명가극 중 〈피바다〉, 〈꽃파는 처녀〉, 〈당의 참된 딸〉, 〈밀림아 이야기하라〉가 다 이에 해당된다. 그만큼 항일무장투쟁을 떠나서는 북한이 설명될 수 없고, 항일무장투쟁 경험의 이념적 일반화가 없는 조선민주주의인민공화국은 상상을 할 수도 없다.

그래서 놀라웠던 사실은 황장엽의 망명으로 조성된 이데올로기적 위기도 '비겁한자여 갈 테면 가라!'로 모든 상황을 종료시키고, 1990년대 '제2의 고난의 행군' 극복도 항일무장투쟁 경험의 형상작용을 통한 기억의 정치로 가능했다. 두 번의 국상(國喪)도 백두의 혁명정신으로 버텨냈다. 이처럼 마법 같은 원동력이고 내재화되어 있는 '유전자·DNA'이자 불변의 사회적 '원소'이다.

거듭 강조하지만 결국 북한 사회의 유일사상체계, 즉 수령제 사회를 이해하기 위해서는 항일무장투쟁이 갖는 위상과 의미를 모르고서는 절대 불가능하다. 이것은 이후 항일무장투쟁만이 김일성에 의한 주체혈통, 사회정치적 생명체론, 더 나아가서는 김일성민족론으로 진화되는 핵심논리로 발전한다는 측면에서 더더욱 그렇다.

■ 백두의 혈통이 되다

가. 백두혈통이란?

김정일은 자신이 후계자로 내정된 직후인 1974년 4월 14일에 「전당과 온 사회에 유일사상체계를 더욱 튼튼히 세우자」라는 논문 발표를 통해 "수령님께서는 생사존망의 위기에 처한 우리 민족에게 재생의 길을 열어주시고 지난날 다른 사람들로부터 굴욕당하고 압박당하며 살아온 우리 인민을 이 세상에서 가장 긍지 높고 존엄 있는 인민으로 만들어주시었다"고 항일무투쟁에 대한 성격규정을 내리고 있다. 즉, 김일성이 조선을 해방하기 전인 일본제국주의의 지배를 받던 시절에는 주체성을 지닌 인민으로 될 수도 없었고 자기 운명을 결정할 수 없는 존재였지만, 김일성이 민족을 해방시켜 주체시대로 역사를 개벽하고 인민에게 "이 세상에서 가장 긍지 높고 존엄 있는 인민으로" 만들어 주셨기에 '어버이' 수령이라는 극존칭이 가능하고 김일성의 항일무장투쟁부터 민족이 재생되어 새로운 시대―주체시대가 시작하였음을 강조하고자 하였던 것이다.

이와 관련하여 2013년 12월 26일『로동신문』에 재미있는 기사가 하나 실린다. "백두의 밀림에서 타오른 혁명정신은 이 땅에서 대를 이어가며 빛을 뿌릴 가장 고귀한 재부이며 우리 민족의 무궁한 번영을 담보하는 불멸의 기치입니다.(김정일)"라는 말을 인용하면서 리철에 의해 기고된「백두의 혁명정신은 우리 혁명의 명맥」이라는 글이 그것인데, 여기서 그는 백두산을 백두의 혈통, 백두의 혁명정신을 자라나게 한 혁명의 만년초석이며 생명선이라는 이미지로 부활시키고 있다.

"백두의 혁명정신은 수령결사옹위를 제일생명으로 하는 가장 고결한 충실성의 정신이고 부닥치는 난관을 자체의 힘으로 맞받아 뚫고나가는 자력갱생, 간고분투의 혁명정신이며 억천만 번 쓰러졌다가도 다시 일어나 혁명의 승리를 위하여 억세게 싸워나가는 백절불굴의 투쟁정신이다. 우리 시대 혁명가들이 지녀야 할 사상정신적 풍모들을 전면적으로 담고있는 것으로 하여 백두의 혁명정신이 우리 혁명의 전력사적 로정에서 비상한 견인력과 생활력을 발휘하고 있는 것이다" 나아가 "그러면 백두의 혁명정신이 왜 우리 혁명의 명맥으로 되는가"라고 되물으면서 두 가지 근거를 되고 있는데, 그 하나는 "백두의 혁명정신이 우리 혁명을 영원히 백두산혈통으로 빛내여나갈 수 있게 하는 위력한 사상정신적 무기이기때문이다"고 규정하고, 이에 대한 설명을 "혁명은 결코 한두 세대에 끝나는 것이 아니다. 대를 이어 계속되는 혁명투쟁에서 첫째도 둘째도 셋째도 중요한 것이 사상과 령도의 유일성과 계승성을 확고히 보장하는 것이다. 하나의 사상, 하나의 중심에 기초한 일심단결의 전형과 고귀한 전통이 바로 항일무장투쟁시기에 마련되었다"고 결론짓는다. 다음으로는 또 "그것은 또한 백두의 혁명정신이 백두산대국의 존엄과 강성번영의 기상을 세계에 높이 떨쳐나갈 수 있게 하는 원동력이기 때문이다"고 규정하고, 이에 대한 설명을 "이 땅의 고귀한 전취물들과 귀중한 재부들은 그 어느 것이나 다 우리 군대와 인민이 당과 수령의 령도따라 백두의 혁명정신으로 마련한 것이다. 우리는 자력갱생, 간고분투의 혁명정신, 백절불굴의 투쟁정신으로 혁명의 모든 년내들을 세기적인 비약과 천지개벽으로 수놓아왔다"고 결론지으면서는 최종적으로는 김정일이 말했던 "세월은 흐르고 세대는 열백 번 바뀌여도 변할 수도 바뀔 수도 없는 것이 백두의 혈통이며 백두의 혁명정신이다"라는 문장으로 끝맺음한다.

그리고 위 인용문 마지막에 대해 북한은 『우리민족끼리』(2011. 12. 23)를 통해 이렇게 설명하고 있다.

"백두의 혈통은 우리 민족의 넋이며 우리 혁명의 대를 이어주는 명맥"이라는 의미가, 그리고 백두의 혁명정신은 "수령결사옹위정신이며 그 어떤 난관도 맞받아 뚫고나가는 공격정신이고 억천만 번 쓰러졌다가도 다시 일어나 싸우는 백절불굴의 투쟁정신이며 자기 손으로 사회주의위업을 완성하겠다는 자주의 정신"이라는 것이다. 계속해서 이 매체는 "이것은 우리식 사회주의가 다름 아닌 백두의 혁명전통에 뿌리를 두고 있다는 것을 말하여준다. 백두산을 떠나 조선혁명에 대하여 말할 수 없는 것처럼 백두의 혁명전통을 떠나 우리 식 사회주의위업의 개척과 승리적 전진, 그 양양한 전도에 대하여 생각할 수 없다"는 결론이 그것이다.

또한 2014년 10월 21일 『로동신문』에 실린 「주체의 혈통」이라는 기사도 한번 눈여겨봐야 한다.

"어떤 혈통을 선택하는가에 따라 당과 혁명의 운명과 전도가 좌우"되기 때문에 "위대한 혈통을 대를 이어 굳건히 계승해나가야만 혁명위업은 필승불패"가 되는데, 그 위대한 혈통은 다름 아닌 "주체의 혈통"이고, 그 주체의 혈통만이 "수령의 혁명적 당건설 위업과 주체혁명 위업 수행에서 굳건히 이어나가야 할 영원한 혁명의 명맥이며 피줄기"이고, 바로 여기에 "위대한 대원수님들의 혁명사상과 리론, 방법이 전면적으로 집대성되어 있다"는 것이다. 그러면서 신문은 계속해서 그 혈통이 백두에서 개척되었다는 것을 강조, "백두에서 개척된 주체혁명 위업의 종국적 승리를 이룩하시려는 경애하는 김정은 원수님의 철석의 신념과 의지에 의하여 우리 당의 주체의 혈통이 대를 이어 굳건히 고수"되고 있고, "주체의 혈통은 우리 혁명의 최후승리를 확고히 담보하는 불패의 힘의 원천으로 앞으로도 꿋꿋이 이어질 것"이라는 자신감을 피력하고 있다.

나. 백두혈통에 대한 이해와 오해: '장성택 종파사건'을 중심으로

백두혈통의 핵심은 '혁명적 동지애와 의리'에 기초한 신념(정신, 이념)체계, 즉 '정치적 혈통'이다. 그런 만큼 백두혈통은 김일성에 의해 영도된 항일무장투쟁에서만이 그 유일한 혁명전통이 만들어진다. 그 이유는 다음 글에서 찾아진다.

> "첫째, 항일무장투쟁이 유일사상체계를 세우는 데서 핵심적인 작용을 했으며, 둘째, 항일무장투쟁 당시 항일투사들의 김일성 수령을 충성으로 떠받드는 모범을 따라 배울 수 있고, 셋째, 혁명전통이 당과 혁명의 역사적 뿌리이고 귀중한 재부라 했을 때 항일무장투쟁만이 이에 해당되기 때문이다."(『혁명전통강좌-김일성종합대학 강의록』, 서울: 극동문제연구소, 1974, 16쪽)

함치영도 혁명전통에 대한 정의를 이렇게 서술해 놓고 있다.

> "'노동계급의 혁명위업을 대를 이어 계승·완성할 수 있게 하는 고귀한 재부이며, 자주위업이 명맥을 이어 나가게 하는 혈통'이라는 것이고, 이러한 인식은 '혁명전통이 조선노동당이 혁명을 추동해 나가자는 역사적 뿌리이자, 혁명위업을 완성하기 위한 실천적 밑천'이라는 생각까지 이어진다."(『계속혁명에 대한 주체적 리해』, 평양: 사회과학출판사, 1992, 83~84쪽)

바로 이러한 두 정의로부터 북한의 혁명전통은 수령의 '핏줄' 전통이 아

니라, 정치적 의미의 '주체의 혈통'이 되는 것이다. 김재천은 이에 대해 다음과 같은 해설을 하고 있다.

"그것은, 항일혁명투쟁이 유일한 역명전통으로 되는 것은 김일성의 영도하에 진행된 항일혁명투쟁이 참된 지도사상인 주체사상의 기치 밑에 진행된 혁명투쟁으로서 인민의 반일민족해방투쟁의 주류였기 때문이다. 그러므로 항일혁명투쟁의 시기에 시작된 혁명전통은 주체형의 혁명적 당의 역사적 뿌리이며 그 대를 이어주는 주체의 혈통이 된다."(『후계자 문제의 이론과 실천』, 159쪽)

이상과 같이 김일성 종합대학 강의록, 함치영, 김재천의 주장에서 일관되게 흐르는 논리적 맥락은 백두혈통은 김일성의 항일혁명투쟁 노선을 수용하느냐 마느냐에 있다. 즉, 김일성의 사상, 이념, 노선과 일치하는 것, 그것이 백두혈통이라는 것이다. 그래서 항일무장투쟁은 북한의 혁명전통이 되는 것이고, 그 혁명전통이 당과 혁명의 대를 이어주는 핏줄기, 다시 말해 혁명의 과거와 현재, 미래를 한줄기로 순결하게 이어주는 명맥으로 풀이할 수 있는 것이다.

백두혈통이라는 정의가 이렇게 이념적이고 정치적인 것인데도, 수령의 '핏줄'혈통으로 왜곡하여 생물학적 개념으로 이해하려는 것은 오류가 될 수밖에 없다. 백두의 혈통을 자꾸 생물학적 개념으로 이해하려니 장성택의 숙청에다 자꾸 수령의 '핏줄'혈통과 연결하고 싶은 욕망에 사로잡히고, 그런 오류를 반복적으로 재생시키고 있는 것이다. 수령의 육친적 아버지, 혹은 그 할아버지라 할지라도 백두혈통에 깃든 정신세계(사상·이념·노선)와 실천의지를 가지지 않는다면 백두혈통이 될 수가 없다. 참고로 또한 엄격하게 따져 김정은의 아내 리설주도 수령과의 관계에서 본다면 수령에게 충성을 다하는 '전사'일 뿐이기에, 남한과 같이 '영부인' 개념으로도 존재하지 않는다. 그런 사회가 북한인 것이다.

■ 선군으로 이어지다

그렇게 이어진 시간은 축적되어 혁명전통이 되고, 그 혁명전통은 김일성에 의해 영도된 항일혁명투쟁만으로 고스란히 채워진다는 것은 이미 앞에서 살펴본 바가 있다. 그러니 백두밀림에서 발원된 항일무장투쟁사가 과거와 현재, 미래를 이어나가고, 이의 정치적 해석이라 할 수 있는 항일무장투쟁의 경험과 교훈은 민족해방운동사뿐만 아니라 북한 사회주의 전사, 더 나아가서 북한체제 성립의 유일한 원형이라는 사실로까지 확대 적용될 수밖에 없다.

바로 그 적용 사례로『김정일과 북한의 정치: 어제 오늘 그리고 내일』(서울: 선인, 2010) 18~22쪽에는 반제반봉건민주혁명의 성격 규정, 민생단 사건의 극복과 통일전선체인 조국광복회 건설, 해방구 '근거지' 건설과 조선인민혁명군의 군민일치 등이 언급되어 있다. 김정일의 논문,「주체의 혁명전통을 빛나게 계승발전시키자(1991. 12. 5)」에서도 백두의 혁명정신을 "수령님께 끝까지 충성 다하는 충실성의 정신이며 (중략) 백절불굴의 투쟁정신"으로 규정하여 과거 항일무장투쟁 세력이 백두의 혁명정신으로 조선혁명을 개척하는 데 있어 김일성에게 충성을 다하고 주도적인 역할을 하였듯이, 선군시대인 오늘날은 인민군대가 혁명적 군인정신으로 자신에게 충성하여 강성국가 건설을 위한 돌파구를 열어나가는 데 핵심적 역할을 해야 한다는 논리 연결을 어렵지 않게 할 수 있는 인식적 토대를 마련하였다.

좀 더 확장하면 1990년대 혁명적 군인정신이 1930년대 항일무장투쟁 시기 백두의 혁명정신과 오롯이 연결되고 있듯이 그 연장선상에서 항일무장투쟁 시기의 군민일치 전통도 선군혁명 영도와 연결된다 하더라도 논리비약은 아니다. 즉, 백두 담론을 끌어들여 '선군' 담론의 유포와 함께 사용되고 있는 '군민일치', '관병일치' 등의 그 모티브가 1930년대의 인민혁명정부와 유격 근거지에서의 경험을 근거로 한 것으로 소급 적용할 수 있게 된다는 것이다.

그리고 이러한 인식의 연장으로 보면 미사일 발사와 핵실험 등도 '선군' 담론에 사실감을 불어넣는 거대한 국가행사의 일환이 된다. 그래서 서유석은 "이로부터 알 수 있는 것은 북한의 역사적 구조와 현실은 '선군담론' 형성의 토대가 되었고 그 선군담론은 그러한 토대와 현재와의 상호작용을 통해 체계화를 진행 중(『북한 선군담론에 관한 연구: 재생담론화 과정과 실천 양상을 중심으로』, 동국대학교박사논문, 2008, 88쪽)"이라고 하였다.

이는 실증적으로도 현재의 북한, 그 북한이 여전히 항일빨치산이나 항일유격대라고도 불리던 조선인민혁명군의 기억을 고스란히 간직하고 있는데서 증명되고 있다. "생산도, 학습도, 생활도, 항일유격대식으로!"란 구호와 함께, 인민들의 도덕규범으로 말이다. 그런데도 그 어느 누구 하나 이 구호에 의문을 품거나 브레이크를 거는 사람이 없다. 그 만큼 북한의 항일무장투쟁은 국가의 시간까지도 역진(逆進)시켜 1930년대에 포박시켜 놓는 마력의 힘을 가진 것이다.

또한 그 역진은 선군시대인 지금도 군대가 혁명의 주력군이라는 역할로 재조명되는 것을 하나도 이상하지 않게 만들어 버렸다. 이유는 조선인민혁명군이 무장을 들고 일제와 싸웠던 전투대오인 동시에 인민대중을 교양하고 혁명투쟁으로 조직 동원하는 정치적 군대였다는 성격으로 말이다. 따라서 북한은 이때부터 김일성에 의한 선군혁명 영도의 역사가 시작되었다고 주장할 수 있는 충분한 명분을 축적한 셈이다. 뿐만 아니라 북한의 군사편제가 지금도 당－군의 이원적 구조를 보이고 있는데 그와 같은 형태의 원형도 이미 1930년대 당시의 조선인민혁명군에서 나타났다는 사실로 이를 정당화한다. 즉, 사령부에는 당위원회가 조직되고 사단과 연대에도 당위원회, 중대에는 당 세포, 소대에는 당 분조의 설치, 이것이 조선인민혁명군의 정치적 역할로서 즉자적 인민을 각성된 대자적 인민으로 전환시키는 작업은 인민이 직접 군대에 참여하여 주체형의 인간으로 개조되는 측면과, 또 다르게는 군대가 직접 인민대중을 교양하는 방식의 두 가지로 통용되고 있었다고 하는 지점에서 그 연결고리가 찾아진다는 것이다.

2. 함의 2: 수령체제의 상징적, 논리적 뿌리

『로동신문』 2013년 12월 19일자에 실린 류동호의 시, 「우리는 백두산혈통밖에 모른다」 전문을 한번 음미해보자.

> "피가 끓어 용솟는 심장을 움켜쥐고/우리는 왜/백두산혈통!/이 말을 다시 새겨보는가//새겨보면/이것은 한갖 말이 아니다/피흘려 찾은 조국 앞에서/오늘의 준엄한 혁명 앞에서/이 나라 인민이/목숨처럼 안고 사는 이 말은/단 하나뿐인 조선의 운명!……(중략)//저 하늘의 뭇별들을 다 합쳐도/태양을 대신할 수 없듯/사상도 령도도/덕망도 담력도/수령님과 장군님 그대로이신/우리 원수님만이 이으실 수 있는/백두산혈통!//고난의 눈보라가 아무리 사나웠어도/햇빛은 가리우지 못했고/시련의 폭풍이 아무리 몰아쳤어도/백두의 혈통은 흐리우지 못했거니//백두산의 풀뿌리 맛을 알고/백두산의 생눈을 씹어본 사람/이 산을 등진 적 없다/백두산혈통의 덕에 사는 인민/백두산의 피줄기를 잃고서는 못산다……(중략)//오늘의 백두산은/우리의 김정은장군/태양의 그 품을 떠나면/인민이 죽고/조선의 명줄이 끊어진다……(중략)//김일성민족의 영원한 피줄기/김정일조선의 영원한 생명선/백두산혈통 오, 태양의 혈통/이 혈통을 따라 혁명은 승승장구하고/이 혈통을 지켜 이 땅에 천만복이 꽃펴나거니……(중략)//이 땅에 높이 솟은 백두산 앞에서/이 나라 인민은/만대에 이어갈 선군조선의 의지를 웨친다/우리는 백두산혈통밖에 모른다!/오직 한분 김정은장군밖에 모른다!"

백두산은 이렇게 김일성과 김정일, 김정은을 합체(合體)시켜 놓는다. 누가 뭐래도 백두산은 북한에 입장에서 볼 때 조종의 성스러운 산으로서 조선민족(김일성민족)의 출발점이며 민족의 태양인 김일성이 일본제국주의와 성전을 치룬 산이다. 그러니 당연히 백두산은 민족, 주체 및 혁명을 상징하고 있을 수밖에 없다. 말하자면 백두산은 엘리아데(Mircea Eliade)가 말하고 있는 것처럼 기둥이고 세계축이며 특정한 영역이 주위의 우주로부터 떨어져 질적인 변화를 일으킨 이질 공간, 즉 성역(聖域)이다. 또는 스즈키 마사유키가 표현하고 있듯이 "김정일이 백두산에서 탄생했다는 것은 산맥, 지맥, 그리고 혈맥의 뿌리, 세계의 중심에서 삶을 향유한다는 것이고 그에 따라 백두산의 영기(靈氣)를 계속 누리며 민족의 중심을 상징하는 것(『김정일과 수령제 사회주의』, 224쪽)"으로 된다. 더 나아가서는 하늘과 지상을 연결하는 성역에서, 그리고 그런 아버지의 성스러운 투쟁 속에서 삶을 누린 김정일은 그 신성을 부여받는 특권까지 가지게 된다.

북한이 이처럼 김정일의 출생을 백두산이었다는 것을 고집하는 것에는 다 이유가 있었던 것이다. 즉, 백두산을 연결고리로 한 김일성에서 김정일에로의 수령교대(혹은, 교체)가 단순히 혁명의 계승, 즉 지배의 정통성 이양뿐만 아니라 성성(聖性)을 계승시키고 중심(中心)을 상징화시키는 것까지 고려한 결과까지 된다. 그 상징이 백두산이고 그 혈통으로 성장한 김정일은 "수령의 대를 이어받는 미래의 수령으로서의 신성불가침(김유민, 『후계자론』, 62쪽)"한 존재로 재탄생하게 된 것이다. 이는 마치 우리 선조들이 신봉하여왔던 천제 내지 상제의 자손을 국가의 시조로 내세우는 것과 같은 모습이자, 무라야마 지준(村山智順)처럼 "하늘을 숭상하여 천계(天界)와 피(血)가 연결된 것으로 믿는 순진한 자존심을 갖고 살아온 일면"일 수도 있다.(『朝鮮の風水』, 京城: 朝鮮總督國書刊行會, 1972復刊, 171쪽)

하지만, 문제는 앞으로는 이러한 기시감(Déjà Vu)이 북한 인민들에게 조금 낯설게 다가올 수 있다는 것에 있다. 그 결정적 한 단서가 김정일의 장남 김정남이 공개한 이메일 150통에 있다. 그는 공개한 이메일에서 북한체제에 상당히 부정적인 시각과 김정은으로의 후계승계는 반대하지만, 그래도 백두의 혈통에 대해서만은 인정하고 있는데, 바로 이 대목에서 우리는 '앞으로의' 후계승계 과정에서 발생할 수도 모를 불안한 미래를 내다볼 수 있다.

그건 다름 아닌, 향후 북한 인민들이 김정은으로의 후계승계와 더 나아가서는 김정은 정권의 정통성까지 백두의 혈통을 이해하는 한 단면으로 김정은 수령체제가 상징적, 논리적 근원으로야 백두산인 것은 다 인정되지만, 김정은의 출생까지 김일성－김정일과 같이 백두산에서 찾을 수가 없다는 것, 바로 이 지점에서 김정은의 입장에서 볼 때는 위에서 밝힌 김정일과는 달리 백두산 출생이라는 정치적 프리미엄을 누릴 수 없게 되었다. 따라서 온전히 '백두산＝김일성의 항일무장투쟁＝백두혈통＝정치·사상혈통'으로만 그 연결을 강화해야 하는 숙제를 떠안게 된 셈이 되어 버렸다. 다시 말해 이는 북한 인민들에게는 백두혈통을 정치·사상혈통으로만 이해시켜야 한다는 것이고, 이것은 이후 미래 수령의 출생과 그 혈통이 '수령후계자론 그대로 김일성 '핏줄'혈통이 되지 않아도 된다는 것을 실증적으로 보여줘야 하는 과제와 딱 맞닥뜨리게 된 것이다.

그런데 문제는 진짜로 그렇게 되었을 때는 그리 간단치가 않다는 것이다. 그것은 김정은 이후의 후계승계가 이론적으로야 수령후계자론에 의해 백두혈통이 '핏줄'혈통이 아니라는 것이 밝혀져 있어 혼란이 없겠지만, 어쨌든 이제까지 (경위야 어떻게 되었던 공교롭게도) 모두 김일성 '핏줄'혈통에 의한 후계승계가 이뤄진 경험밖에 없기 때문이다. 그렇다면 이 문제가 '앞으로는' 김일성 '핏줄'혈통에 의한 후계승계가 이뤄지지 않아도 된다는 암묵적 합의가 이뤄져 하는데, 과연 그렇게 되는 과정에서 아무런 혼란이 없을까 하는 우려가 그것이다.

> 이것이 갖는 현실적 의미에서의 함의는 필자가 보기에 크게 세 가지가 있다고 본다. 그 첫째, 수령은 '백두혈통'으로 연결되어야 하는데, 이는 김일성의 사상·노선·이념의 정치적 혈통이어야 한다. 그 둘째, 출생도 가급적이면 '백두혈통'의 발원지라 할 수 있는 백두산이어야 한다. 그 셋째, 그 '백두혈통'이 김일성에 의해 시작되어진 만큼 그 후계자도 가급적이면 김일성 핏줄의 직계여야 한다.

즉, 만약 진짜로 김일성 '핏줄'혈통이 아닌, 이론 그대로 다른 '핏줄'가계에 의해 후계승계가 이뤄진다면, 이것은 북한 인민들에게 엄청난 충격으로 다가 올 것이고, 정치엘리트

집단 내에서도 과연 '과소 응집의 법칙'이 지속적으로 가능할 것인가 하는 데서 심각한 의문을 발생시킬 수밖에 없다. 뿐만 아니라 정말로 그렇게 되었을 때 어떻게 '이론적' 동의를 받을 것이며, 또 정권의 정통성은 얼마나 부여받을 것이며, 더 나아가서는 수령의 절대적 권한과 권위에 어떻게 작용할 것인가. 김정은 이후의 딜레마는 이렇게 첩첩산중이다.

Ⅴ. 영생(永生): 금수산태양궁전

수령국가인 북한의 입장에서 보면 수령은 죽어도 죽어서는 안 되는 영원한 삶의 향유자일 수밖에 없었다. 그러하기 위해서는—죽어도 죽어서는 안 되는 수령이 되기 위해서는 어떻게 해서든지 (죽어서도) 수령을 생전의 모습으로 똑같이 모시는 방법이었을 것이고, 그 방법은 김정일 스스로 말하고 있듯이 "수령님의 그 모습 그대로, 그 인자하신 영상을 그대로 모시여 수령님께서 영원히 우리와 함께 계시도록 하여야 합니다"였을 것이다.

그런 생각을 갖고 있다 보니 이 모든 상황을 주도했던 김정일도 당시에는 자신이 수령이라는 생각보다는 김일성 수령의 사상과 노선을 따르는 수령의 전사이자 후계자라는 위치에서 그 모든 일을 주관했던 것으로 보인다. 우선, 김정일이 어느 자리에서 자신이 주석의 직책을 맡지 않은 것은 자신 스스로가 그것을 사양했다기보다는 자신의 의지에 부합되지 않기 때문이었다는 것을 실토한 것이라든지, 다음으로는 그러다 보니 김정일은 사회주의의 종주국이라 할 수 있는 소련에서 레닌이 사망하자 7일 만에 스탈린이 당과 국가의 수반직에 올랐고, 그가 죽었을 때는 다음날 후임자에게 당권과 국권이 위임되는 사례가 있었지만, 이 전철을 따르지 않은 것 등에서 이는 확인된다.

김정일의 파격은 이것만이 아니었다. 사망한 국가지도자의 영구를 안치하는 문제에 있어서도 레닌묘와 모주석 기념당(毛主席紀念堂), 호지명(胡志明)묘가 그러하였듯이 사회주의권 지도자 대부분이 그들이 업무를 보던 집무실에서 떨어져 있는 모스크바의 붉은광장이나 베이징의 천안문광장, 하노이의 바딩광장이었다.

즉, 그들이 생존할 때와 활동하던 장소, 건물과는 상관없이 도시중심부의 광장이나 일정한 지역에 묘 또는 릉을 꾸리고 거기에 안치하는 것이 보통의 공인된 하나의 관례였지만, 김정일은 그렇게 하지 않았다. 또한 사회주의 체제를 갖고 있었던 어느 나라에서나 당과 국가수반이 사망하면 그가 집무를 보던 청사는 공직과 함께 그 후임자에게 그대로 이어지던 상례(常例)가 있었기에, 북한도 그렇게 한다 한들 하등 이상할 이유가 없었다. 그런데도 김정일은 김일성이 집무를 보던 금수산의사당에 생전의 모습으로 영원히 모셨을 뿐만 아니라 북한의 역사에서 처음이자 마지막일 수 있는 '영원한 수령'으로 영생케 하는 조치를 내리기도 하였다.

1. 수령영생궁전으로 탄생되다

북한의 수령체제에서 사후(死後)수령이 당대(當代)수령으로서 인식되고 현실로 느끼게끔 해주는 가장 상징적인 공간이 금수산태양궁전일 것이다. 사후(死後)수령이 그렇게 현실로 들어오는 '문(門)'으로 말이다. 이를 —금수산태양궁전 탄생 배경을 『김정일 국방위원장과 21세기 북한』(도서출판 615, 2007)이라는 책에서는 이렇게 설명해 내고 있다.

김정일 국방위원장 자신이 한 발언 "위대한 수령 김일성동지는 영원히 우리와 함께 계신다(1994. 7. 16)"가 거짓말이 아님을 증명이라도 하듯 "수령님의 영구를 여기저기에 옮겨 모실 생각은 없다"는 언급, 그 자체가 이미 김정일 국방위원장은 김일성 주석이 20여 년 동안 집무를 보던 금수산의사당에 영구를 안치하도록 결심하였다는 것과 똑같다.(10쪽)

이 글의 요지는 '금수산의사당의 묘역화'다. 그래서 그랬을까? 북한은 조선로동당 중앙위원회, 조선로동당 중앙군사위원회, 조선민주주의인민공화국 국방위원회, 조선민주주의인민공화국 중앙인민위원회, 조선민주주의인민공화국 정무원이 1995년 6월 12일에 채택한 결정서 「위대한 수령 김일성동지를 영생의 모습으로 길이 모실데 대하여」에서 "경애하는 김정일동지께서 어버이수령님께 바치는 충성과 효성의 최고 정화이고 우리 인민들에게 베풀어주신 은정 깊은 배려의 고귀한 결정체이며 김일성민족의 최대의 국보이다"는 결정을 한다.

그리고 이 결정이 갖는 의미는

1973년 3월에 '금수산의사당'으로 착공되어 1977년 4월 김일성 주석 탄생 65돌을 맞아 완공된 유럽식 5층짜리 복합석조 건물이다. 평양시 대성구역 미암동 금수산(모란봉의 별칭) 기슭에 위치하고 있다. 총부지 면적이 350만㎡이며 지상 건축면적이 3만 4910㎡에 달하는데, 이는 미국의 백악관이나 한국의 청와대, 프랑스의 엘리제궁 등의 규모와 수준을 훨씬 능가하며 그곳에 근무하는 대통령들처럼 북한의 국가 최고지도자가 집무를 보는 관저의 용도로 건축되었기 때문에 별칭으로 '주석궁'이라 부르기도 하였다. 현재는 공식명칭이 '금수산태양궁전'인데, 그 내부구성은 태양궁전 본관 2층 중앙 '영생홀'에는 김일성 주석의 유해를, 1층 중앙 '영생홀'에는 김정일 국방위원장의 유해가 생전의 모습으로 안치되어 있다.(참고로 태양궁전 앞에는 김일성과 김정일의 생일을 상징하는 너비 415m, 길이 216m의 콘크리트 광장이 조성되어 있고, 북한의 주장에 따르면 국내외인을 포함하여 연인원 평균 150여만 명이 참배하는 것으로 알려져 있다.)

(북한의) 이러한 조치가 사회주의 체제를 띤 국가들과 비교할 때 일반적이지 않다는 것, 이것을 염두에 두고 봐야 한다. 왜냐하면 사회주의 체제에서는 분명 여러 차례의 세대교체가 진행되는 기간 후계자가 수령의 공적을 잊지 않기 위해 일련의 조치를 취하는 것은 사실이나, 그 대부분이 수령의 영구를 광장, 혹은 기념당에 안치하거나 거리나 지명이름들을 그의 이름으로 명명하는 등의 극히 실무적인 것들이다. 그렇지만 북한의 김정일은 그

경로를 따라가기 보다는 생전 수령이 사용했던 집무실 그 자체를 최고의 성지로 조성하고, 수령이 사용했던 직책들을 영구화하는 등 수령을 영생화하는 새로운 모델케이스를 확립하는 쪽을 택했다는 사실이다. 동시에 그동안 사회주의권이 몰락하면서 하나의 일반화된 패턴으로 경향성을 보여 왔던, 전대 수령들이 자신들의 동상과 사상 등이 후계자들에 의해 철거되고, 철회되는 현상과는 역류하겠다는, 즉 세계정치사에 유례가 없는 특이한 정책 결정이자 혁명위업을 처음으로 개척한 수령이 사망한 후에도 사회정치적 생명체론에 의해 수령－당－대중의 혼연일체의 최고뇌수로서 전진하는 혁명과 영생할 수 있다는 수령제 사회의 특성을 그대로 반영시킨 그것이라 하겠다.

■ 선대(先代) 수령에 대한 예의: 태도와 자세를 중심으로

필자는 유훈통치가 끝난 이후 '영원한 수령'에 대해 설명하면서 이렇게 언급한 바 있다.

> "여기서 말하고 있는 '영원한 수령'을 개념적인 의미에서 여러 가지로 해석할 수는 있겠으나, 그 본질은 '앞으로는' 김일성 수령과 같거나 아니면 그보다 뛰어난 수령이 탄생할 수 없다는 뜻이 될 수밖에 없다. 따라서 김정일 수령 등극의 참 뜻은 김일성 수령의 유일 '후계자'로서의 수령 등극이라는 의미가 더 맞을 것이다."(『세습은 없다』, 선인, 2008, 147쪽)

당시 이 의미는 수령영생 이데올로기가 이론적인 영역에서만 머무는 것이 아니라 실제 '유훈통치'와 김일성을 '영원한 수령'이라는 이미지로 합체하여 실천적으로 북한 인민들에게 증명해 보였고, 나아가 북한 사회가 현존하는 세계 정치사에서는 전무후무할지는 모르겠으나, 자신들에 의해 정립된 사회정치적 생명체론에 의거해서는 그것이 현실적으로 가능하고, 그

구현을 통해 가장 모범적인 수령제 사회임을 김정일은 자신의 방식대로 만천하에 드러낸 일대 희귀사건(稀貴事件)으로 규정하고 싶은 욕구가 컸다는 뜻이었다.

그런 만큼, 북한 최고 수뇌부와 사상이론가들의 고민은 더 크고 넓고 깊었을 것이다. 아마도 정치·사상적 사유로서의 '수령이 어떻게 해야 영생하며 인민대중의 자주위업을 처음으로 개척한 수령을 어떻게 받들어 모셔야 하는가?' 그 연장선상에서 북한의 입장에서는 '세계사회주의운동이 백수십 년 동안 풀지 못했던 수령영생화를 어떻게 실현시킬 것인가?' 하는 문제로 많은 고민을 하였을 것이다. 왜냐하면 그것은 「사회주의는 과학이다」를 발표하면서 '제2의 공산당선언'으로도 불려졌던 4월 평양선언(1992년)과 사상강국을 자임했던 북한의 입장에서는 자존심이 걸린 문제이기도 하였기 때문이다.

그 고민의 결과 북한이 도달한 결론은 다음과 같이 추정할 수 있다. 첫째, 북한 스스로가 자신들에게 직면한 선대 수령을 어떻게 받들어 모실 것인가 하는 문제에 대해서는 기존 사회주의권의 장례문화와 절차를 따르지 않겠다는 것이다. 이유는 그렇게 하는 것이 수령이 영생한다는 사회정치적 생명체론의 이론적 정당성을 입증하는 것과 그 궤를 같이하고 있고, 나아가 영생한다는 것이 수령의 사상과 업적이 영원불멸하고, 수령이 자신들의 마음속에 영원하다면 선대 수령을 대하는 태도와 자세도 당대 수령을 대하는 태도와 자세와 한 치의 차이도 없이 똑같이 수령에 대한 절대적인 존경과 신뢰, 흠모의 감정으로 대해야 한다는 것이 이치적으로도 맞을 뿐 아니라, 자자손손 만대에 걸쳐 대를 이어가면서 그렇게 받들어 모셔야 하기 때문이다.

둘째, 사회정치적 생명체론을 토대로 수령영생을 제도적으로 구현하는 것이다. 이는 수령을 어떻게 받들어 모시는가에 따라 인민대중의 자주위업, 사회주의위업의 성패가 좌우된다는 그들의 인식을 가장 그들다운 방식으로 수용한 결과이다. 또한 소련과 동유럽사태에 대한 김정일식 화답이기도 하다. 즉, 북한의 사회주의 체제는 수령의 삶과 죽음에 상관없이 '영원한' 수령의 영도를 충실성으로 받들며 수령의 혁명위업을 순결하게 계승해나가는 특징으로서의 수령제 사회주의이기에, 수령의 영생 문제를 포기할수도, 해서도 안 되는 절대불변의 진리라는 뜻을 분명히 한 것이다.

■ '영생화'에 깃든 의미

김정일은 김일성 사망 직후 수령영생 철학의 의지가 담긴 "위대한 수령 김일성 동지는 영원히 우리와 함께 계신다(1994. 7. 16)"는 구호를 직접 내놓았고, 이로부터 약 3개월 뒤인 1994년 10월에는 2개의 담화를 발표한다.

그중 하나가 김일성 사망 100일째(1994. 10. 16)를 맞아 김정일이 중앙추모회에서 한 연설(북한에서는 이를 '조선로동당 중앙위원회 책임일꾼들과 하신 담화'로 표현하고 있다), 「위대한 수령님을 영원히 높이 모시고 수령님의 위업을 끝까지 완성하자」인데, 여기에서 그는 '김일성민족'이라는 언급과 함께, 그 구호에 담긴 의미를 보다 명확히 하였다.

> "위대한 수령님의 심장은 비록 고동을 멈추었으나 수령님께서는 오늘도 우리 인민들과 함께 계십니다. 수령님께서는 수령, 당, 대중의 혼연일체의 최고 뇌수로서, 민족의 태양으로서 영생하고 계십니다. 수령님의 유훈의 뜻이 꽃펴나는 우리 조국의 부강번영 속에 수령님의 력사는 계속 흐르고 있다고 말할 수 있습니다. 우리는 백 년이고 천 년이고 대대손손 위대한 수령님을 영원히 높이 모셔야 하며 모든 사업을 수령님식대로 해나가야 합니다."

이 중에 가장 눈에 띄는 단어가 '영생'이다. 그럴 수밖에 없는 것이 영원할 것 같았던 김일성의 사망(1994년 7월 8일)은 북한에게 너무나 엄청난 충격이었다. 오죽했으면 스스로도 민족 최대의 국상이라 하지 않았던가. 물론 우리 입장에서야 북한의 그러한 과도한 인식을 과대망상증으로 폄하할 수는 있겠지만, 당사자인 북한의 입장에서는 1980년대 이후 현실사회주의 권이 몰락한 이래로 스스로를 사회주의 위업의 가장 모범적인 국가로 여기던 그들이었고, 그들은 그들 나름대로 수령의 혁명위업 계승 문제, 특히 인민대중의 자주위업을 선두에서 서서 개척하였다고 믿었던 자신들의 수령이 사망하였기 때문에 그 사망을 어떻게 수용할 것인지 하는 문제는 매우 어렵고 중차대한 문제였을 것이라고 감히 짐작해본다.

그 시기 두 번째 담화가 12일 뒤인 1994년 10월 28일에 발표되는데, 이때 김정일은 자신이 직접 김일성 수령의 '김일성 영생기원탑' 건립을 지시하였을 뿐만 아니라 「감사문: 위대한 수령 김일성동지의 서거에 심심한 애도의 뜻을 표시하여준 전체 인민들에게」라는 서신 답문을 직접 작성하기도 하였는데, 바로 이 답문을 보면 김정일의 생각이 수령영생과 관련해 어디로 향하고 있는지가 더욱 명확히 드러난다.

> "우리는 백 년이고 천 년이고 대대손손 위대한 수령님을 영원히 높이 모셔야 하며 모든 사업을 수령님식대로 해나가야 합니다. 우리 민족의 건국 시조는 단군이지만 사회주의 시조는 위대한 수령 김일성동지이십니다. 수령님을 떠나서 세계에 빛을 뿌리는 오늘의 조선에 대하여 말할 수 없으며 수령님을 떠나서 우리 민족의 높은 존엄과 영예, 긍지에 대해 생각할 수 없습니다."

위 두 발언에서 우리가 읽어낼 수 있는 해독코드는 김정일이 '수령─당─대중의 혼연일체로서의 최고뇌수'를 역사와 국가, 체제 안에 영원히 존재하게 하여 "위대한 수령 김일성 동지는 영원히 우리와 함께 계신다"와 동일한 의미로 '수령님의 역사가 계속 흐르게 하는 것'으로 볼 수 있으며, 나아가 사회정치적 생명체론의 이론적 정당성을 실천적으로 검증해 보임으로써 국가적으로도 구현될 수 있다는 것을 과시한 것은 아니었을까? 아마도 이는 1994년 7월 8일 김일성 사망 이후부터 12월 사이에 자신이 직접

발의하여 탄생된 "위대한 수령님을 영원히 높이 모시고 수령님의 위업을 끝까지 완성하자", "주체의 사회주의 위업을 옹호고수하고 끝까지 완성하여나가자", "위대한 수령님의 뜻을 받들어 내 나라, 내 조국을 더욱 부강하게 하자" 등의 구호에서 이미 알 수 있듯이 이러한 구호를 만들 때부터 수령영생화 방도에 대한 고민이 진행되었다고 보인다.

마치 이러한 김정일의 생각에 호응이라도 하듯이 1995년 1월 1일 『조선 중앙방송』에 「위인의 존함으로 빛나는 우리민족」이란 제목으로 한 해외 인사의 말을 빌려 "단군이 조선민족 사상 첫 대의 창업을 이룬 원시조인 만큼 단군의 후손이라는 의미에서 우리 민족을 단군민족이라고 부르는 것이 타당한 호칭이나 현대조선을 염두에 두고 볼 때는 조선민족을 '김일성 민족'이라고 부르는 것이 타당하다. 왜냐하면 유사 이래 최강을 떨치고 있는 오늘의 조선을 세운 건국의 아버지가 위대한 수령 김일성 주석이기 때문이다"며 수령영생화, 수령 절대화를 정당화하기 시작하였다.

2. 태양궁전으로 상징하다

금수산태양궁전은 생전 최고지도자가 사용했던 집무실을 묘지화한 곳으로 세계정치사에서 그 유례를 결코 찾을 수 없는 독특한 곳이다. 과연 그들은 이러한 일련의 조치를 취하면서 어떤 생각을 했을까? 북한의 의도를 다 읽을 수는 없지만, 분명한 것은 묘지로서, 성지로서, 태양궁전으로서 존재하는 금수산태양궁전이 주는 메시지는 분명하다.

첫째, 유훈통치의 상징적 공간이다. 수령영생화가 가능하려면 어떤 근거와 상징화로 그것을 가능하게 해야 할 것인가 하는 문제가 나선다. 선대 수령의 사상과 이념, 정책과 노선을 승계하는 상징화가 필요하고, 그 상징화가 바로 '유훈'이고, 그 유훈을 통해 선대 수령의 메시지가 당대 수령의 말씀으로 외화되는 것, 그렇게 대를 이어 가는 상징공간이 금수산태양궁전이다. 둘째, 시간벌기의 방법이다. 김일성이 사망하고 나서 김정일의 새로운 통치 방식을 제시하는 데는 일정한 시간이 필요했다. 근거로는 관례상 만 2년이면 끝나는 3년상을 만 3년상으로 재해석하여 1년 연장해서 치른 것도 전통적 상례나 도덕 이외에 시간벌기라는 의도가 있었다는 추측이 가능하고, 그 도구가 '유훈통치'이고, "김일성 동지는 영원히 우리와 함께 계신다(1994. 7. 16)" 등과 같은 영생구호가 '죽지 않은' 수령에로의 일체감을 조성하는 데 큰 몫을 했다. 셋째, 김정일이 계속 가졌던 고민 '선대 수령의 역사가 계속 흐르게 하는 것' 그 방식으로 선대 수령도 수령－당－대중의 혼연일체의 최고뇌수로 포함하여 역사와 국가, 체제 안에 영원히 존재하게 하는 구상과 금수산태양궁전이 부합하였다는 사실이다. 그리고 세월이 흘러 약 15년 만에 북한이 사회정치적 생명체론에 의한 수령제 사회임을 다시 확인케 하는데, 이때는 수령영생체제가 제도화 단계에 진입했음을 보여주는 것이라 하겠다. 그 단서는 2대 수령 김정일 사망 직후 2012년 1월 12일 『조선중앙통신』에서 보도된 조선로동당 중앙위원회 정치국의 특별보도를 보도다. 그 주 내용은 다음과 같다.

1. 주체의 최고 성지인 금수산기념궁전(현 금수산태양궁전)에 위대한 영도자 김정일 동지를 생전의 모습으로 모신다.
2. 위대한 령도자 김정일동지의 동상을 정중히 건립할 것이다.
3. 위대한 령도자 김정일동지께서 탄생하신 민족 최대의 명절인 2월 16일을 광명성절로 제정한다.
4. 전국각지에 위대한 령도자 김정일동지의 태양상(초상화)을 정중히 모시고 영생탑을 건립할 것이다.

요지인즉 김정일 시신 역시 미라로 만들어 김일성과 마찬가지로 영구 보전하겠다는 것과 광명성절 등을 제정하겠다는 것이다. 그로부터 불과 한 달 뒤인 2월 14일과 석 달 뒤인 4월 13일 북한 만수대극장 앞에는 말을 탄

김일성과 김정일을 형상한 동상 제막식과 김일성 옆 김정일 전신상 제막식이 열렸다. 이에 대해『우리민족끼리(http://www.uriminzokkiri. com)』(검색일: 2015. 1. 21)는 "백두의 기상과 담력으로 천하를 움직이시는 천출명장들의 위인상이 빗발치는 기마동상들은 어버이수령님과 위대한 장군님을 영원히 높이 모셔갈 우리 군대와 인민의 절대불변의 신념과 숭고한 도덕의리심에 떠받들려 솟아난 수령영생, 수령칭송의 기념비이다"라고 그 의미를 부여하고 있다.

이렇게 금수산태양궁전 주변에 연계한 수령 동상 건립, 태양상 설치, 영생탑 건설 등은 북한이 사회정치적 생명체론에 의거한 영생사회임을 드러내주는 주요한 징표다. 또한 김일성 주석이 사망했을 때도 "위대한 수령 김일성동지는 영원히 우리와 함께 계신다"는 구호가 나왔듯이 김정일 국방위원장이 사망했을 때도 "위대한 김일성동지와 김정일동지는 영원히 우리와 함께 계신다"는 구호가 탄생하였다. 어디 이뿐인가? 북한은 수령영생화를 더욱 심화·발전시키기 위하여 금수산태양궁전법을 2012년 2월 16일(김정일 탄생 70돌)을 기념해 채택하였다. 이로써 수령영생화의 상징적 공간으로만 머물렀던 금수산의사당이 선대 수령이 영원히 계시는 태양의 집이자 주체의 최고 성지로 변모하게 되고, 그 첫 조치로 금수산기념궁전(김일성 주석 사망 1주기 전까지는 금수산의사당, 혹은 주석궁으로도 불러짐)을 금수산태양궁전으로 이름을 바꾸는 등 수령영생화의 법적 근거(법전)도 마련해 나갔다.

또한 김일성·김정일 수령을 자신들의 영원한 주석으로, 영원한 국방위원장으로 높이 모시고 헌법도 당도 김일성·김정일헌법으로, 김일성·김정일의 당으로 변모시켜 수령영생체제를 제도화와 법화로도 완성시킨다. 이렇게 김일성에 이어 김정일까지 수령영생화를 법적 근거를 갖고 제도화함으로써 명실상부한 수령영생국가가 된 것이다. 이것이 북한에서 구체화된 사후 수령을 모시는 태도와 자세다. 아마도 이 지구상에서 유일하게 자기들만이 수령영생의 위대한 역사를 창조하였다고 자랑할 수 있게 된 자부심의 근거일 것이다.

그렇지만 3대 수령인 김정은에게 과제가 전혀 없는 것은 아니다. 다름 아닌 수령영생화가 이미 상징화를 지니 제도화로 진입하였고, 그 토대 위에서 수령영생화는 현재까지 북한 사회주의 체제의 근간을 유지시켜주는 버팀목이라는 사실은 분명하다. 그러나 그것과 수령을 중심으로 일심단결된 사회, 그 종착지에 '영원한 수령' 김일성, '영원한 총비서' 김정일을 중심으로 전 사회가 하나의 사상, 하나의 제도, 하나의 정치가 이뤄지는 것이 어떻게 그리 말처럼 쉽겠는가? 제아무리 김일성과 김정일이 탁월한 사상이론과 현명한 영도로 현대 역사를 빛낸 위대한 철학가, 위대한 정치가, 위대한 군사전략가, 위대한 영도예술가라 하더라도 현실로 존재하는 '현장'에서 수령-당-대중의 일심단결을 이룩하고 혁명의 주체를 튼튼히 꾸려 우리식 사회주의를 건설할 수 있는 처지는 아니기 때문에 더더욱 그렇다. 따라서 김정은의 입장에서는 김정일에 의해 '수령님의 역사가 계속 흐르게 하는 것'으로 설계된 북한의 모습을 어떻게 만들어 나가야할지가 커다란 과제가 아닐 수 없게 되었다.

■ 태양궁전 심층 이해 1: 종교(宗敎)와의 경계

앞에서 북한은 자신들의 수령제 사회주의 체제가 분명 수령영생체제에 근거해 있음을 살폈다. 그러나 논의가 마무리된 것은 아니다. 자유민주주의 국가에서는 절대 일어날 수 없는, 김일성 사후 통치권적 공백이 3년이나 지속되고, 이 '3년'이라는 의미가 유교적 관습으로 볼 때는 효의 임계점인 3년상을 연상케 하는 '유훈통치'가 세계 정치사에서 유일무이하게 가능하였다는 사실, 이 사실을 우리 모두는 '북한적' 설명만으로는 다 해소할수는 없는 것이다.

물론 북한은 수령이 영생할 수 있다는 것을 충분히 증명했다고 강변할 수는 있다. 그러나 문제는 우리가 '그런 북한'을 어떻게 해석하고 이해해야 할까? 하는 것이다. 그러다보니 빠지기 쉬운 유혹이 하나 있다. 불순한 목적으로 왜곡 포장하려는 의도가 그것이다.

그중 하나가 북한이 구축한 수령-당-대중이 하나의 사회정치적 생명체를 이루는 사회, 즉 수령제 사회인 북한의 이 삼위일체론을 그리스도교의 삼위일체에 비유하고 싶은 유혹이 그것이다. 그런데다가 그런 유혹을 북한 스스로가 제공해주는 측면도 있어 더더욱 그렇다. 리수덕의 「위대한 수령 김일성동지는 우리 인민의 정치적 생명의 은인이시다」, 『사회과학』 제2호 통권 75호(1986) 4쪽에서 그는 '영생'이라는 개념이 원래 "정치적 생명에 대해서 알지도 못했거니와 더욱이 영생의 길을 알지 못하였던 사람들은 죽어서 '천당'이나 '극락세계'에 가야 영생의 낙을 누릴 수 있다는 종교교리"에서 나왔다는 전제를 하면서, 5쪽에서는 사회정치적 생명체를 논하면서 "위대한 수령 김일성동지는 우리 인민에게 정치적 생명을 안겨주시고 빛내이도록 하여주심으로써 우리 인민들로 하여금 영생하는 생을 받아안게 하시었으며 가장 힘 있고 존엄 있는 인민으로 되게 하여주시었다"라고 주장하고 있는데, 이 주장이 마치 수령을 인민대중에게 영생불사를 부여하는 신적 존재로 추앙하듯 하고 있어 보기에 따라 그리스도교의 예수를 떠올리게 하는 것이다.

물론 리수덕의 주장도 사회정치적 생명체와 일체화한 각 개인은, 종교에서 신과의 관계에서 누리는 영생을 사후 세계인 내세(來世)가 아니라 '지금 이 세상'으로 번역되는 현세(現世)에서 향유하는 것이기 때문에 종교교리로서의 '영생'과 사회정치적 생명의 관점에서 바라보는 '영생'은 차이가 있다는 전제를 부정하지는 않는다. 그렇다 하더라도 문제는 북한 스스로 수령이 사회정치적 생명체의 최고뇌수로 개인에게는 생명을 부여하고 집단의 생명을 대표하기 때문에 수령에 대한 충실성과 동지애는 절대적, 무조건적인 것으로 되고, 이것은 보기에 따라 수령에 대한 절대성, 무조건성은 신에 대한 신앙에 비유될 수 있는 만큼, 유사(類似)신앙으로 인식할 수 있는 충분한 개연성이 있음을 무조건적으로 부정만 할 것이 아니라, 이에 대한 해명도 반드시 선행할 필요가 있을 것으로 본다.

실제 미국에서 종교 관련 통계를 조사해 공개하는 『어드히런츠 닷컴』 (adherents.com)은 북한의 주체사상 추종자가 1,900만 명이고, 이 추종자 규모에서는 주체사상이 세계 10대 종교에 해당된다고 2007년 5월 7일 밝혔다. 하여 만약 북한이 충분한 해명을 내놓지 않는다면 사회정치적 생명체론의 이론적 토대 위에서 성립된 수령제가 유사종교 공동체를 모방했다는 공격에 항시적으로 노출되고 수령제 사회주의는 근본부터 흔들릴지도 모른다.

세계 10대 종교

순위	종교	신자 수
△1위	기독교	21억명
△2위	이슬람	13억명
△3위	무종교	11억명
△4위	힌두교	9억명
△5위	중국 전통종교	3억9400만명
△6위	불교	3억7600만명
△7위	원시토착종교	3억명
△8위	아프리카전통종교	1억명
△9위	시크교	2300만명
△10위	주체사상	1900만명

자료:어드히런츠 닷컴

또한 엉뚱한 생각이지만, 북한이 혹시라도 한때 '태양왕(Sun King)'이라 불리며 프랑스를 무려 72년 동안 통치했던 루이 14세 국왕이 24년에 걸쳐 건축한 베르사유궁전의 상징성을 모방하고, 인도 무굴제국의 5대 황제인 샤자한이 두 번째 부인인 뭄타즈마할을 위해 22년 동안 투자한 타지마할묘를 흉내 내었다면, 그들 또한 '위대한' 수령이 아닌가하고 묻는다면 어떻게 대답할 것인가?

■ 태양궁전 심층 이해 2: 신화(神話)적 편견 없애기

금수산태양궁전은 보기에 따라 현실세계에 존재하는 신화(神話)의 공간일 수도 있다. 선대 수령들과 북한의 역사가 현재적으로 일치된 곳이기 때문이다. 북한은 김일성이 태어났을 때의 심경을 아래와 같은 표현으로 그 당시를 회상하고 있다.

"1910년대의 조선은 어둡고 고통스러우며 밝은 날을 알지 못하던 력사의 밤이었다. (중략) 피흐르는 가슴을 부등켜안고 태양을 부르는 절실한 소리에 목이 쉰 조선, 목구멍이 마르면서도 몇 번이나 뛰어올라 태양을 부르는 조선이었다. 그런 조선에 "밝음을 알 수 없는 밤의 어둠 속에서 3천리 강토가 끊임없이 고통받을 때인 1912년 4월 15일, 만경대의 작은 초가집에서는 죽음에 이른 나라와 민족의 운명을 구하려는 걸출한 영웅의 탄생을 알리는 고고성이 세상에 울렸다. 민족의 위대한 태양이신 김일성동지가 탄생하였던 것이다! 위대한 수령의 탄생, 그것은 틀림없이 만경대의 한없는 즐거움이고, 민족 최대의 경사이며, 조국광복과 민족재생의 미래를 약속하는 새로운 아침의 서광이었다."(『민족의 태양 로동계급의 위대한 수령』, 평양: 근로단체출판사, 1976, 9쪽)

이 글은 마치 그리스도 탄생을 연상시키고 있다. 성체시현(聖體示現), 즉 성스러운 것의 돌연한 출연이다. 북한이 김일성이 태어난 만경대를 '혁명의 요람지'로 부르는 이유가 설명되고 혁명의 성지로 재탄생된다. 계속해서 4월 15일은 공교롭게도 꽃이 만발하는 봄의 시기여서 일본 통치로부터의 해방을 상징한다. '봄'과 '김일성'과 '해방'이 그렇게 연결 가능하다. 그 연결로 김일성은 암흑에서 빛을 준 태양, 즉 역사를 개척한 인물로 그려진다.

몇 문장 더 살펴보자. 우선, 「수령에 끝없이 충성을 다하는 것은 주체형의 공산주의 혁명가의 가장 기본적인 품성」, 『근로자』 제5·6호 통권 386호(1974)에는 "우리 인민의 수천 년 력사에서 처음으로 맞이한 수령이신 위대한 김일성 동지는 인류의 사상사에서 가장 높고 빛나는 위치를 차지하는 영생불멸의 주체사상을 창시하시고 빛나는 빛으로 우리 혁명의 래일을 밝혀주심으로써 우리 인민은 자기 운명을 스스로 손에 쥐고 스스로의 힘으로 개척해가는 력사의 신시대, 위대한 주체시대를 맞이하게 되었다.(9쪽)" 또 『민족의 태양 로동계급의 위대한 수령』이라는 책에서는 김일성이 민족을 혼돈 속에서 구출하고 질서를 가져온 존재였고(앞 인용문), 김일성의 초기

혁명 활동과 항일무장투쟁은 그것을 위한 고난의 역정(뒷 인용문)에 불과하였다는 것이다.

"광복의 새 봄을 안고 조국에 개선하신 위대한 수령님께서는 곧 이 위대한 사랑으로 우리 인민을 한 가슴에 안아 주권의 주인, 공장의 토지의 주인으로 만들어주고 그들이 정치적 생명을 갖는 힘 있는 사회적 존재로 자기 역할을 맡도록 따뜻하게 이끌어주시었다. 어버이 수령님은 지난날 길가의 돌처럼 가치 없이 굴러다니고 모든 멸시와 무권리 속에서 유린당하며 쓰레기처럼 취급당하던 우리 로동자, 농민들을 직맹, 농근맹, 여맹, 사로청 등 힘 있는 근로단체조직에 망라시키시어 혁명적 조직 생활을 하고, 위대한 수령님의 혁명전사로 일생을 빛낼 수 있게 해주시고 투쟁의 불길 속에서 그들을 단련하고 이 세상에서 가장 값있는 조선로동당원이라는 정치적 생명을 안겨주시었다.(199~200쪽)"

"백전백승의 강철의 영장이시고 전설적 영웅이신 위대한 수령 김일성 동지는 나라의 운명이 쇠퇴하고 망국노의 비운이 겨레의 어깨를 짓누르던 민족수난의 시기에 조국과 민족의 운명을 한 몸에 지니고 15년 성상에 걸친 항일무장투쟁을 조직령도하신 것이다.(79쪽)"

한편, 김일성 전기 『민족의 태양 김일성장군』(1·2권)의 저자 백봉(白峯)이 지은 일본어 번역본, ベク·ボン 著, キム·イルソン主席著作翻訳委員会 譯, 『キム·イルソン: 20世紀の生んだ偉大な指導者』(東京: 三省當, 1973) 제Ⅳ권에서는 "조선인민은 김일성 주석을 한없이 흠모하고 백두산 정기를 받으며 살고 천지조화를 마음대로 하는 전설적인 영웅으로, 또 천리의 산 등성도 단번에 올라타고 바닷물같이 밀려들어오는 침략자 대군을 일격에 분쇄하는 영장으로 알며, 나아가 전 인민은 구국의 길로 이끄는 불세출의 영웅으로 찬양하고 있다"고 썼다. 이는 마치 김일성 그가 민족을 해방하고 새로운 역사를 개벽하기 위하여 하늘이 내린 '영장'과 같은 반열로 추앙되고 있는 것이다. 그 '영장'과 같은 전설은 『백두산 전설』(평양: 근로단체출

판사, 1981)이라는 책에서는 이렇게 미화된다.

"나라의 국운을 다시 일으키려고 하늘의 별이 서로 얘기를 나누고 백두산
위에 장군별을 하나 띄웠는데 그 별이 곧 김일성 장군의 별이다.…… 장군별은
일본의 후지산에도 나타났다. 그때 장군별이 빛나자 후지산에는 검은 구름이
몰려들고 천둥소리가 울리고 번개가 쳤는데, 왜구 군벌의 졸개들이 '불길'한
조짐에 두려움을 느껴 산으로 올라가 보았다. 그러자 조선의 백두산이 보이고
그곳에는 마치 아침해가 솟듯이 찬란한 햇빛이 두터운 안개를 이 세상 모든
것을 비추어 태백산의 천 년의 통나무에는 두 번째 꽃이 피었다.(10~11쪽)"

이외에도 『민족의 태양 로동계급의 위대한 수령』에는 다음과 같은 표현
도 있다.

"김일성 장군은 백두산 정기를 받아 태어나고 하늘의 장사별을 이끈 분이기
에 천지조화를 모두 알고 계신다. 그래서 축지법을 사용하고, 변신술·장신술·
보신술을 자유로이 사용할 줄 알며, 모래로 쌀을 만들고, 소나무로 작열탄을
만들며, 종이 한 장을 띄워 물을 건너기도 하고 산꼭대기에 오르거나 길을 떠
나면 하루저녁 수천 리를 왕래할 수 있다. 장군님이 왜구를 토벌할 때에는 장
군별을 하늘에 띄워 적을 모두 계곡에 모아 포위하는가 하면, 구름을 타고 적
진에 들어가 그놈들끼리 싸우게 해 죽이고, 살아 도망치는 놈들은 길을 잃게
해 처음 장소를 찾아 헤매다 어찌할 도리가 없이 뭉쳐있는 곳을 찾아 죽이셨
다.(38쪽)"

김일성에 대한 전설 같은, 혹은 신화와 같은 이런 일화들은 위에서 인용
된 것보다 인용되지 않은 것이 수천수만보다 더 많겠지만, 살핀 것만 보더
라도 충분히 유추할 수는 있다. 이 많은 일화와 전설들을 어떻게 해석할
것인가? 김일성의 항일무장투쟁사를 미화하고 영웅화하고 영장의 반열, 심
지어는 신격화하기 위해 보다 과도한 과장법이 동원되었음을 부정할 수는
없지만 그렇다 하더라도 우리가 동시적으로 포착해야 하는 것은 북한의 역

사에서 항일무장투쟁사가 차지하는 비중이 과히 절대적임을 안다면, 이처럼 일화와 전설이 단순한 일화와 전설일수만은 없다는 것도 알 수 있어야 한다는 것이다. 『로동신문』 1974년 7월 27일자에는 그 힌트를 이렇게 주고 있다. 김일성이 "불멸의 세계사적 업적을 이루어냄으로써 우리 인민의 가슴에 영생할 수 있는 무수한 전설을 만들어 냈다." 그리고 그 한 예로 수령 김일성을 기억형상화 시킨 「장군별」이라는 노래 한 자락을 뽑아보자. 리성룡, 『혁명의 성산 백두산』(평양: 과학백과사전출판사, 1987) 17쪽에서 인용한다.

> 별이 떳네. 별이 떳네.
> 장군별이 떳어요.
> 백두산에 높이 떳네.
> 장군별이 높이 떳어요.

　노래뿐만 아니고, 김일성 이름의 유래에서도 같은 날 『로동신문』에 "우리 인민은 수령을 태양과 달에 비유해 높이 모셨다. 거기에는 동지들과 혁명적 군중들이 2천 만의 일치한 마음을 짜내어 처음에는 조선인민을 암운에서 해방의 여명의 길로 이끈다는 샛별이라는 의미에서 '한 一(일)' 자와 '별 星(성)' 자로 김一星 동지, 또는 한별 동지로 불러왔는데, 위대하신 민족의 령도자를 어찌 샛별에만 비유할 것인가 하여 조선의 밝은 태양이 된다는 염원에서 다시 '날 日(일)'과 '이룰 成(성)' 자를 사용해 김日成 동지로 바로잡고 높이 우러러 부르게 되었다"라 하였다. 또 「주체의 최고성지―금수산태양궁전」이라는 제목으로 『우리민족끼리(http://www.uriminzokiri.com)』(검색일: 2015. 2. 24)에는 김정일의 이런 말이 인용되어 있다. "금수산태양궁전은 위대한 수령님께서 생전의 모습으로 계시는 영원한 태양의 집이며 주체의 최고 성지입니다. 금수산태양궁전과 같은 대기념비적 창조물은 세계 그 어느 나라에도 없습니다." 금수산태양궁전의 성격을 가장 간단명료하게 드러내주는 표현일 것이다. 이 매체는 아래와 같이 글을 맺고 있다.

"태양궁전은 동서고금에도 없었다. 자연의 태양을 운명의 신으로 믿고 세운 태양신전은 있었어도 인간태양을 모신 태양궁전은 아직까지 있어보지 못하였다. 력사에는 이름 있는 영웅도 있었고 걸출한 정치가도 있었지만 태양으로 숭상받을 만한 위인은 없었다. …… (중략) 수수천년 바라고바라던 우리 겨레와 인류의 그 갈망은 바로 위대한 수령 김일성주석과 위대한 령도자 김정일장군님을 모시여 비로소 성취되였다. 어버이수령님과 위대한 장군님은 겨레와 인류에게 태양의 빛과 열을 주시고 만민을 태양의 한품에 안아주신 인간태양이시다. 태양의 빛이 세계를 밝히는 광명이라면 어버이수령님과 위대한 장군님은 불멸의 주체사상, 선군사상으로 만민에게 광명을 주신 인류의 위대한 태양이시다.……(중략) 온 민족과 인류에게 주신 어버이수령님과 위대한 장군님의 위대한 사랑은 력사와 더불어 영원무궁한 것이다. 위대한 수령 김일성주석과 위대한 령도자 김정일장군님께서 영생의 모습으로 계시는 금수산태양궁전은 경애하는 김정은동지의 한없이 고결한 충정이 깃들어있는 주체의 최고 성지이다.……(중략)주체혁명 위업을 빛나게 계승해나가시는 경애하는 김정은동지께서 계시여 어버이수령님과 위대한 장군님은 금수산태양궁전에서 영생하신다. 참으로 주체의 최고성지인 금수산태양궁전을 가지고 있는 것은 우리 민족의 더없는 긍지이고 자랑이며 영광이다."

다 좋은데,『자유아시아방송』2007년 7월 23일자 보도는 우리에게 많은 생각을 하게 만든다. 다름 아닌, 김일성 시신 영구 보존에 들어간 비용이 약 100만 달러(약 11억 원)이고, 매년 시신 관리를 위해 들어갈 비용이 80만 달러란다. 앞으로는 김정일의 시신도 영구보존 처리되어 있으므로 들어갈 비용은 더 많이 추정할 수 있다.

	김일성(1994년)	김정일(2011년)
영구보존 처리 비용	100만 달러(약 11억 원)	100만달러+@(약 11억 원+@)
매년 관리 비용	80만 달러	80만 달러(※추정)
총 비용(2015년까지)	1,780만 달러	420만 달러

3. 참배예법: 철학적으로 사유하다

　북한은 자신들의 수령체제를 '김일성·김정일 사회주의'체제라고도 한다. 달리 표현하면 이 책의 제목과 같이 수령국가쯤 될 것이다. 그래서 그럴까? 북한을 방문하면, 특히 평양을 방문하면 김일성 주석, 김정일 국방위원장과 관련된 상징물들이 여러 곳에 설치돼 있다. 우리들에게는 낯선 풍경일 수밖에 없으나, 70년 동안 우리와 다른 길을 걸어온 북한 사회의 모습이 실감되는 순간이기도 하다. 그중에서도 금수산태양궁전은 단연 으뜸이다. 김정일의 지극한 효심(?) 덕분에 김일성은 세계에서 9번째이고, 김정일은 김정은의 지극한 효심(?)으로 시신이 영구 보존된 10번째 사회주의 지도자로 남게 되었다.

　바로 이 두 시신이 있는 곳도 금수산태양궁전이고, 이 궁전은 김일성이 살아생전 집무실로 사용했던 곳인 만큼, (영생) 기념관으로 조성되기 위해 그가 사망(1994. 7. 8)한 뒤 1년 동

> 2015년 현재 영구 보존된 시신들을 순서대로 정렬하면 다음과 같다. 1. 레닌(1924, 舊소련), 2. 디미트로프(1949, 불가리아), 3. 스탈린(1953, 舊소련), 4. 고트발트(1953, 舊체코슬로바키아), 5. 호치민(1969, 베트남), 6. 네트(1979, 앙골라), 7. 바남(1985, 가이아나), 8. 마오쩌둥(1976, 중국), 9. 김일성(1994, 북한), 10. 김정일(2011, 북한), 11. 차베스(2013, 베네수엘라)

안 건물의 모든 창문을 벽체와 같은 화강암으로 막고 주변 조경을 다시 하는 등 대대적으로 수리했다. 담장은 학과 구름을 조각한 화강암으로 만들고 대문에는 금빛 대원수(大元帥) 견장과 목란, 진달래꽃이 부조되어 있다.

　그렇게 북한에서 아니, 전 세계에서 가장 성스러운 곳, 달리 말하면 최고 성지(聖地)로서의 태양의 집이고, 사회주의 조선의 성지인 금수산태양궁전으로 조성되었음은 앞서 살핀 그대로다. 그런 만큼 이곳을 참배할 때는 여느 곳보다 더 신경 써야 하는데, 그 복장은 대체로 남자는 양복 또는 인민복, 여자는 한복 등 정장 차림이어야 하고, 일체의 소지품은 갖고 들어갈 수도 없다. 또한 북한 주민들에게는 목요일과 일요일 이틀만 관람이 허용

되고, 관람시간은 오전 9시 부터란다. 그리고 북한 주민들이 이곳을 참배하기 위해서는 대성구역 용흥 2동 금성거리 초입, 김일성종합대 맞은편에 있는 전용 궤도전차 승차장에 모여 기념궁전으로 가도록 돼 있다. 당연히 북한 최고의 성지인 만큼, 궤도전차 승차장부터 주민들은 대체적으로 말이 없고, 외국 대표단의 경우는 자동차로 경내까지 가는 게 보통이다.

『중앙일보』평양특별취재단(2007. 5. 11)에 따르면 궤도전차 승차장에서 기념궁전까지 2.5㎞를 이동하는 7분여 동안 국방색 군복에 흰 장갑을 낀 여성 안내원이 "지금 여러분께서는 주체의 혁명성지인 금수산기념궁전으로 향하고 있습니다"라는 말을 시작으로 안내 방송이 된다고 한다. 그리고 전차에서 내려 외랑(外廊, 기념궁전 건물로 이동하는 통로) 입구에 도착하면 본격

> 『중앙일보』평양특별취재단의 보도를 기초로 금수산태양궁전의 관람동선을 대략적으로 재구성해보면 다음과 같다. 우선 전용 궤도전차에서 내려 외랑으로 들어가기 전에 신발을 소독하고, 외랑으로 들어감 → 수평 에스컬레이터를 타고 이동 → 기념궁전 본관 초입에 있는 흰 대리석 앞에 입상(1차 목례) → 계단을 이용해 안치실과 훈장실이 있는 위층으로 이동 → 안치실과 훈장실 도착(2차 목례) → 94년 7월 김일성 시신을 안치하고 주민들이 조문했던 울음홀 관람 → 평소 김일성 주석이 자주 이용했던 벤츠 600 승용차 구경 → 대문과 주변 연못 관광으로 마무리.

적인 참관 일정이 시작되는데, 가장 먼저는 본관에 흰 대리석으로 조각한 6~7m 높이의 김일성 주석의 입상(立像)과 그 옆에 나란히 있는 김정일 국방위원장의 입상에 목례를 하고 난 다음, 계단을 이용해 안치실과 훈장실이 있는 위층으로 이동한다. 그리고 안치실에서는 호위병들의 안내에 따라 서너 명씩 조로 나뉘어 김일성 주석과 김정일 국방위원장이 누워 있는 유리관 주변을 한 바퀴 도는데, 이때는 멈출 수도 멈춰 설 수도 없다. 진행 순서는 김일성 주석의 입상(立像)과 그 옆에 나란히 있는 김정일 국방위원장의 입상에 목례를 할 때처럼 마찬가지로 발치와 왼쪽 옆에서 목례를 하고 머리 쪽을 돈 뒤 다시 오른쪽 옆에서 목례를 하고 안치실을 빠져나가도록 돼 있다는 것이다.

『중앙일보』 평양특별취재단은 또한 2007년 5월 평양 방문 이후, 「한국 언론이 처음 가본 금수신기념궁전」(『중앙일보』 2007. 7. 9)이라는 금수산태양궁전 방문기도 남겼는데, 아래 글은 그 일부 내용을 축약, 인용한 것이다. 가보지 못한 국민들은 이 책을 통해서나마 금수산태양궁전의 모습과 전경, 그 의미 등을 한번 상상해보길 바란다.

"김일성 주석은 세로 2m 남짓, 가로 1.5m, 높이 1m가량의 투명 유리관 안에 검은 양복 차림으로 베개를 베고 누워 있었다. 가슴까지는 붉은 헝겊으로 덮여 있고 얼굴은 순백에 가까운 흰색이었다. 안치실을 벗어난 뒤엔 김일성이 생전에 받았던 훈장을 전시한 '훈장실'을 둘러보고 다시 아래층으로 내려와 '울음홀'과 김 주석이 이용했던 승용차(벤츠 600 V12)와 열차를 관람했다. 울음홀은 94년 김일성 사망 당시 시신이 안치됐던 곳으로 북한 주민들이 이곳에 모여 통곡했다고 해 붙여진 이름이다. 사방 벽면에 김 주석의 죽음을 슬퍼하는 북한 주민들의 모습을 형상화한 부조가 붙어 있다. 이후 책상 17개가 놓인 방명록 기록실을 거쳐 건물을 빠져 나갔다."

그리고 비록 2014년 종북 논란의 중심에 섰던 인물 중의 한명이기는 하였지만, 누가 뭐래도 신은미의 『재미동포 아줌마, 북한에 가다』(서울: 네잎클로바, 2012)도 북한 방문기로서는 매우 훌륭한 책이다. 그중 금수산태양궁전과 관련된 내용 일부를 아래와 같이 발췌한다.

"일요일이다. 교회에 가기 전에 김일성 주석의 시신이 보존된 '금수산태양궁전'을 먼저 참관한다고 한다. …… (중략) 메인 홀을 나와 그 옆에 있는 유물 전시관을 참관한 후 다시 무빙워크를 타고 나왔다. 북한 주민들의 행렬이 끝도 없이 이어져 있다. 남성들은 양복이나 인민복을 입었고, 여성들은 대부분 한복 차림이다. 누구 하나 말을 하거나 자세를 흩트리지 않는다. 숨소리마저 조심하는 것 같다. 이들의 엄숙하고 진지한 모습에서 그리움과 연민이 배어나는 애절한 참배의 마음이 보이는 것 같다." 그러면서 "박정희 대통령 그리고 노무현 대통령의 장례 행렬 때도 가슴을 치며 오열하는 사람들이 있지 않았는가.(104~105쪽)"

또 최재영 목사는 '남북사회통합운동'의 일환으로 북한을 방문하고, 그 중 금수산태양궁전 방문기를 『통일뉴스』 2015년 3월 30일과 4월 6일자에 「평양 미암동 '금수산태양궁전'(상·하)」라는 제목으로 소개하고 있는데, 그 내용 일부도 아래와 같이 발췌한다.

"우리가 해외여행을 다녀보면 인도 시크교의 '황금사원'이나 로마의 '바티칸 대성당' 등을 방문할 때 자신의 종교와 맞지 않아도 그에 걸맞는 예를 기본적으로 갖춘다. 사회주의 국가에 안치된 레닌이나 마오쩌둥, 호치민 등의 묘지를 방문하면 사진 촬영이나 슬리퍼나 반바지 차림을 엄격히 금지하며 엄숙한 질서 가운데 참배를 마치고 나와야 하는 것처럼 말이다. 우리가 세계 각국의 유명 사찰이나 종교 시설물 등을 참관하고 왔다고 해서 그 사람이 그 종교나 사상에 심취됐다고 말할 수는 없다. 방문한 지역의 국민들과 국가에 의해 존경과 추앙을 받고 있는 인물과 종교이기 때문에 그에 걸맞는 예를 갖추는 것일 뿐이기에 종교적인 잣대로 판단해서는 안 된다. 내가 '만경대 생가'와 '금수산태양궁전'을 참관한 것을 부정적으로 해석해서 오해할 필요가 전혀 없다. (중략)… 남과 북의 사회가 서로 소통하고 통합하려는 과정에서 용서와 사랑, 관용과 포용, 그리고 민족애 외에 그 무슨 이념과 이데올로기가 필요할까?"

인물과 수령

인물과 수령

북한에서는 최고지도자를 수령이라 부른다. 그런 수령을 자유민주주의적 시각으로 비판할 때 자주 쓰는 비유법 중에 하나가 일본의 '천황'과 무엇이 다르냐이다. 이 비판에서 우리는 수령 역시 종교와 신격화에서 자유롭지 못하다는 것을 역설적으로 드러낸다는 측면에서 그 유사성을 충분히 알 수 있다. 그러나 문제는 그렇게 충분히 비꼬고, 그 결과 일정한 정치적 카타르시스를 얻을 수는 있겠으나, 분명한 것은 북한의 수령과 일본의 천황과는 전혀 다른 뿌리를 가졌다는 사실이다. 일본의 천황은 실질적으로 신대(神代)로까지 소급되어 그 전통적 권위가 작동되는 것이라면, 북한의 수령은 신(神)의 영역이 아닌 역사적 정통성, 즉 북한 스스로 김일성에 의해 주도되어졌다던 항일무장투쟁이라는 혁명전통에 의해 그 권위가 출발되어 불세출의 '령장'이 탄생되고 조선민족을 해방시킨 항일 '영웅'이 만들어졌다는 것이다.

이렇게 상이한 해석이 가능한 지도자에 대해 궁금증이 생기는 것은 너무나 당연하다. 그 궁금증을 해소하는 가장 단순한 방법 중의 하나는 3명의 수령에 대한 약력(프로필)을 비교하는 것이다. 그래서 『조선의 오늘(http://dprktoday.com)』과 남한의 가장 대표적인 보수언론인 『조선일보

(http://nk.chosun.com)』홈페이지를 통해 약력을 알 수 있었다.(검색일: 2015. 4. 10) 아울러 약력은 편견 없는 이해를 돕기 위해 원문 그대로 소개하기로 하고, 그 약력을 어떻게 수용할 지는 독자들의 몫으로 남겨 놓는다.

다만, 이 약력을 통해 재미있는 한 사실이 발견되었는데, 그것은 북한과 남한 공히, 김정은의 약력 소개에는 출생년도가 없었다는 사실이었다. 추측컨대 북한의 경우는 아직까지 자신들의 내부에서 출생년도와 관련된 논쟁이 정리되지 않았음을 알 수 있고, 남한의 경우에도 북한의 출생년도가 아직 정리되지 않은 상태에서 섣불리 단정하가 부담스러웠거나, 아니면 향후 북한이 김정은의 출생년도와 관련해서 그 어떠한 결론을 내놓더라도 그것을 '부정하기' 위한 사전 밑밥을 깔아놓은 것이 아닌가 한다.

참고로 싣는 순서는『조선의 오늘(http://dprktoday.com)』에 있는 김일성 약력을 먼저 싣고, 다음으로『조선일보(http://nk.chosun.com)』의 약력을 싣는다. 김정일과 김정은의 경우도 같은 방식이다.

· 위대한 수령 김일성동지께서는 주체1(1912)년 4월 15일 평양시 만경대에서 김형직선생님과 강반석녀사의 맏아드님으로 탄생하시였다.

· 아버님이신 김형직선생님께서는 아드님의 이름을 장차 나라의 기둥이 되라는 뜻에서 〈성주〉라고 지으시였다.

· 위대한 수령님께서는 부모님의 혁명활동로정을 따라 조선과 중국의 여러 곳으로 이사하시며 어린 시절을 보내시였다.

· 위대한 수령님께서는 아버님의 선견지명으로 어린 시절부터 중국말을 배우시고 중국인소학교에서 중어 공부를 하시여 중어를 자유롭게 구사하시였는데 이것은 후날 중국땅에서 혁명활동을 벌리시는 데 커다란 도움으로 되였다.

· 위대한 수령님께서는 혁명을 하자면 자기 나라를 알아야 한다고 하신 아버님의 뜻을 받들고 주체12(1923)년 3월 중국 팔도구로부터 만경대까지 《배움의 천리길》을 걸으시여 외가집이 있는 칠골 창덕학교에서 공부하시였다.

· 주체14(1925)년 1월 아버님께서 또다시 일제경찰에 체포되시였다는 뜻밖의 소식을 전해들으신 위대한 수령님께서는 조선이 독립하지 않으면 다시 돌아오지 않으리라는 비장한 맹세를 다지시며 결연히 만경대를 떠나시였다.

· 주체15(1926)년 6월 아버님 김형직선생님께서 서거하신 후 위대한 수령님께서는 반일민족주의단체가 중국 화전에 세운 2년제 군사정치학교인 화성의숙에 입학하시였으며 그곳에서 같은해 10월 17일 타도제국주의동맹을 결성하시고 그 책임자로 선거되시였다.

· 위대한 수령님께서는 화성의숙에서 반년간 공부를 하신 후 보다 넓은 지역에서 혁명활동을 벌리시기 위하여 그곳을 떠나 혁명활동의 무대를 길림으로 옮기시였다.

· 위대한 수령님께서는 길림육문중학교에서 공부하시면서 주체16(1927)년 8월 27일 타도제국주의동맹을 보다 대중적인 조직인 반제청년동맹으로 개편하시고 8월 28일 조선공산주의청년동맹을 결성하시였다.

· 위대한 수령님께서는 또한 여러 대중단체들을 조직하시고 반일투쟁들을 지도하시였다.

· 위대한 수령님께서는 주체19(1930)년 6월 30일부터 7월 2일까지 진행된 카륜회의에서 조선혁명의 진로와 그 기본과업을 수행하기 위한 전략전술적 문제들을 전면적으로 밝히시였다.

· 위대한 수령님께서는 7월 3일 카륜에서 첫 당조직인 〈건설동지사〉를 조직하시고 7월 6일에는 이통현 고유수에서 항일무장투쟁 준비를 위한 정치 및 반군사조직인 조선혁명군을 결성하시였다.
· 위대한 수령님께서는 주체21(1932)년 4월 25일 상비적인 혁명무력인 반일인민유격대(그후 조선인민혁명군으로 개편)를 창건하시고 항일무장투쟁을 조직령도하시여 주체34(1945)년 8월 15일 조국을 해방하신 후 그해 9월 조국으로 개선하시였다.
· 위대한 수령님께서는 주체34(1945)년 10월 10일 북조선공산당 중앙조직위원회를 조직하시고 당 창건을 선포하시였다.
· 위대한 수령님께서는 주체35(1946)년 2월 8일 북조선림시인민위원회를 조직하시고 위원장으로 선거되시였으며 20개조 정강을 발표하시였다.
· 위대한 수령님께서는 주체35(1946)년 8월 공산당과 신민당을 합당하여 북조선로동당을 창립하시였다.
· 위대한 수령님께서는 짧은 기간에 반제반봉건민주주의혁명을 성과적으로 령도하시였다.
· 위대한 수령님께서는 첫 민주선거를 조직하시여 북조선인민회의를 구성하시고 거기서 국가정권의 새로운 중앙기구인 북조선인민위원회의 위원장으로 선거되시였으며 사회주의에로의 과도기 임무를 제시하시였다.
· 위대한 수령님께서는 주체37(1948)년 2월 조선인민혁명군을 정규적인 혁명무력인 조선인민군으로 발전시키시였다.
· 위대한 수령님께서는 주체37(1948)년 9월 9일 조선인민의 통일적 중앙정부인 조선민주주의인민공화국을 창건하시고 전체 조선인민의 일치한 념원에 따라 공화국정부 수상, 국가수반으로 선거되시였다.
· 위대한 수령님께서는 주체38(1949)년 6월 30일 북남조선로동당 중앙위원회들의 합동전원회의를 소집하시고 조선로동당 위원장으로 선거되시였다.
· 위대한 수령님께서는 주체39(1950)년 6월 25일부터 주체42(1953)년 7월 27일까지 조국해방전쟁을 빛나는 승리에로 령도하시여 민족의 자주권을 수호하시고 미제의 내리막길의 시초를 열어놓으시였다.
· 위대한 수령님께서는 주체42(1953)년 8월 5일 당중앙위원회 6차전원회의에서 전후 경제건설의 기본로선을 제시하시고 그 수행을 위한 투쟁을 령도하시였다.
· 위대한 수령님께서는 이와 함께 도시와 농촌의 생산관계를 사회주의적으로 개조하기 위한 사회주의혁명을 밀고나가시였다.

· 위대한 수령님께서는 주체45(1956)년 4월에 진행된 조선로동당 제3차대회와 주체50(1961)년 9월에 진행된 당 제4차대회에서 중앙위원회 위원장으로 다시금 선거되시였다.

· 위대한 수령님께서는 계속혁명에 관한 새로운 사상을 제시하시고 사상, 기술, 문화의 3대혁명을 그 기본내용으로 규정하시였다.

· 위대한 수령님께서는 주체51(1962)년 12월 당중앙위원회 제4기 5차전원회의를 소집하시고 날로 로골화되는 미제국주의자들의 새 전쟁도발책동에 대처하기 위하여 경제건설과 국방건설을 병진시킬 데 대한 새로운 전략적 로선을 제시하시였다.

· 위대한 수령님께서는 주체55(1966)년 10월 당중앙위원회 제4기 14차전원회의에서 조선로동당 중앙위원회 총비서로 선거되시였다.

· 위대한 수령님께서는 주체46(1957)년부터 주체59(1970)년까지 공업화의 력사적과업수행을 성과적으로 령도하시였다.

· 위대한 수령님께서는 주체61(1972)년 12월 최고인민회의 제5기 제1차회의에서 채택된 새로운 조선민주주의인민공화국 사회주의헌법에 따라 공화국 주석으로 선거되시였다.

· 위대한 수령님께서는 주체59(1970)년에 진행된 당 제5차대회와 주체69(1980)년 10월에 있은 당 제6차대회에서 당중앙위원회 총비서로 또다시 선거되시였다.

· 위대한 수령님께서는 온 사회의 주체사상화를 조선혁명의 총적과업으로 규정하시였다.

· 위대한 수령님께서는 주체61(1972)년 5월에 조국통일3대원칙을, 주체69(1980)년 10월에 고려민주련방공화국창립방안을, 주체82(1993)년 4월에 조국통일을 위한 전민족대단결의 10대강령을 제시하시였다.

· 위대한 수령님께서는 사회주의를 수호하고 주체혁명위업을 완성하기 위하여 후계자 문제를 빛나게 해결하시였다.

· 위대한 수령님께서는 주체83(1994)년 6월 평양에서 미국 전 대통령 카터를 접견하시고 핵문제와 관련한 조미협상을 시작하며 북남수뇌자상봉을 하기 위한 유리한 조건을 마련하시였다.

· 위대한 수령님께서는 생애의 마지막 순간까지 당과 혁명, 조국과 인민을 위하여, 온 세계의 자주화를 위하여 정력적으로 사업하시다가 주체83(1994)년 7월 8일 새벽 2시에 집무실에서 급병으로 서거하시였다.

· 위대한 수령님께서는 이민위천을 일생의 좌우명으로 삼으시었다.
· 위대한 수령님께서는 조선민주주의인민공화국 대원수 칭호와 공화국3중영웅 및 로력영웅 칭호를 수여받으시었다.
· 위대한 수령님께서는 여러 나라의 국가 및 정부수반들, 당지도자들을 비롯한 7만여 명의 외국인사들을 접견하시였으며 54차에 걸쳐 연 87개 나라들을 방문하시였다.
· 위대한 수령님께서는 70여 개 나라와 국제기구들로부터 180여 개의 최고훈장과 메달, 30여 개 도시의 명예시민 칭호, 20여 개의 이름 있는 다른 나라 대학으로부터 명예교수, 명예박사 칭호, 169개 나라 당 및 국가, 정부수반들과 진보적 인민들로부터 16만 5,920여 점의 지성어린 선물들을 받으시였다.
· 중국과 몽골에는 위대한 수령님의 동상이 세워져있고 100여 개 나라 480여 개의 거리, 기관, 단체들이 위대한 수령님의 존함으로 불리우고 있으며 세계적으로 〈국제김일성상〉이 제정, 수여되고 있다.
· 위대한 수령님의 고전적 로작들은 110여 개 나라에서 60여 개 민족어로 2,457만여 부 출판되였다.

·『조선일보』: 김일성 약력 ·

o 사망 시 직위
  국가주석, 대원수, 당 정치국 상무위원, 당 총비서, 당 중앙위원, 당 군사위원회 위원장, 최고인민회의 제9기 대의원, 중앙인민위 수위
o 출생
  1912.4.15 평남 대동군 고평면 남리
o 가족관계
  처: 김정숙(1917~49) – 정일(1942년 생), 경희(1946년 생)
  처: 김성애(1924~) – 경진(1952년 생), 평일(1954년 생), 영일(1955년 생, '00 사망)
o 주요 경력
· 1923. 2 창덕학교 입학
· 1925. 만주 무송 제1소학교 전학
· 1926. 화성의숙(전현) 전학
· 1927. 만주 길림 육문중 수학(중퇴), 공산청년동맹 가입

- 1929. 동만지구 공산주의 청년동맹위 서기
- 1931. 중국공산당 입당
- 1932. 중국공산당 조선인지대 지대장
- 1935. 본명 김성주를 '김일성'으로 개명
- 1936. 5 '조국광복회' 조직
- 1937. 6 함남 보천보 습격, 함남 중평리 습격
- 1941. 소련입국
- 1942. 8 동북항일연군교도여단 제1교도영 영장으로 활동
- 1945. 8 소련 극동군사령부 정찰국 소속 88특수여단(하바로브스크)에서 활동
   (대위)
- 1945. 8 소련군 소좌, 소련군따라 입북(선박으로 원산 상륙)
- 1945.10 평양귀환, 조선공산당 북조선 분국 비서(부책임자)
- 1945.12 조선공산당 북조선 분국 책임비서
- 1946. 2 북조선임시인민위 위원장
- 1946. 7 북조선 노동당 부위원장(1차 당대회)
- 1947. 2 북조선 인민위 위원장
- 1948. 3 북조선 노동당 부위원장(2차 당대회)
- 1948. 8 최고인민회의 제1기 대의원
- 1948. 9 내각 수상(1차)
- 1949. 6 당 중앙위 위원장
- 1950. 6 군사위원회 위원장
- 1950. 7 인민군 최고사령관
- 1953. 2 '원수' 칭호
- 1953. 8 '영웅' 칭호
- 1956. 4 당 중앙위 위원장, 정치위원
- 1957. 8 최고인민회의 제2기 대의원
- 1957. 9 내각수상(2차)
- 1961. 9 당 중앙위 위원장, 정치위 위원장
- 1962.10 최고인민회의 제3기 대의원, 내각 수상(3차)
- 1966.10 당 중앙위 정치위 상무위원, 중앙위 총비서(제2차 당대표자회)
- 1967.11 최고인민회의 제4기 대의원
- 1967.12 내각 수상(4차)

- 1970.11 당 중앙위 위원, 정치위원, 총비서, 군사위 위원장
- 1972.12 최고인민회의 제5기 대의원, 사회주의헌법 채택, 국가주석, 중앙인
  민위 위원, 국방위 위원장
- 1977.11 최고인민회의 제6기 대의원
- 1977.12 국가주석, 중앙인민위 수위, 국방위 위원장
- 1980.10 당 중앙위 위원, 정치국 위원, 정치국 상무위원, 중앙위 총비서, 군사
  위 위원장, '고려민주연방공화국' 창립 방안 제안
- 1982. 2 최고인민회의 제7기 대의원
- 1982. 4 국가주석, 중앙인민위 수위, 국방위 위원장, '영웅'칭호
- 1986.11 최고인민회의 제8기 대의원
- 1986.12 국가주석, 중앙인민위 수위, 국방위 위원장
- 1990. 4 최고인민회의 제9기 대의원
- 1990. 5 국가주석, 중앙인민위 수위, 국방위 위원장
- 1991. 1 '민족통일정치협상회의' 소집 제의
- 1991.12 인민군 최고사령관직을 김정일에게 이양
- 1992. 2 '남북기본합의서', '비핵화공동선언' 비준
- 1992. 4 '대원수' 칭호
- 1993. 4 국방위 위원장직을 김정일에게 이양
- 1994. 4 캄보디아 시아누크 국왕과 회담
- 1994. 6 방북한 지미 카터 전(前) 미국 대통령과 회담
- 1994.7.8 사망

• 『조선의 오늘』: 위대한 령도자 김정일동지의 략력 •

- 위대한 령도자 김정일동지께서는 주체31(1942)년 2월 16일 조선의 백두산
  밀영에서 위대한 수령 김일성동지와 항일의 녀성영웅 김정숙녀사의 아드님
  으로 탄생하시였다.
- 위대한 장군님께서는 주체39(1950)년 9월부터 주체49(1960)년 8월까지 보
  통교육과정을 마치시였다.
- 위대한 장군님께서는 주체49(1960)년 9월부터 주체53(1964)년 3월까지 김
  일성종합대학에서 고등교육과정을 마치시였다.

· 위대한 장군님께서는 주체50(1961)년 7월 22일 조선로동당에 입당하시였다.

· 위대한 장군님께서는 주체53(1964)년 6월부터 주체62(1973)년 9월까지 조선로동당 중앙위원회 지도원, 과장, 부부장, 부장으로 사업하시였다.

· 위대한 장군님께서는 주체61(1972)년 10월 당중앙위원회 제5기 제5차전원회의에서 당중앙위원회 위원으로, 주체62(1973)년 9월 당중앙위원회 제5기 제7차전원회의에서 당중앙위원회 비서로 선거되시였다.

· 위대한 장군님께서는 주체63(1974)년 2월 당중앙위원회 제5기 제8차전원회의에서 당중앙위원회 정치위원회 위원으로 선거되시였으며 위대한 수령님의 후계자로 추대되시였다.

· 위대한 장군님께서는 주체69(1980)년 10월 조선로동당 제6차대회에서 당중앙위원회 정치국 상무위원회 위원, 당중앙위원회 비서, 당중앙군사위원회 위원으로 선거되시였다.

· 위대한 장군님께서는 주체71(1982)년 2월-주체98(2009)년 3월에 조선민주주의인민공화국 최고인민회의 제7기-제12기 대의원으로 선거되시였다.

· 위대한 장군님께서는 주체79(1990)년 5월 조선민주주의인민공화국 최고인민회의 제9기 제1차회의에서 국방위원회 제1부위원장으로 선거되시였다.

· 위대한 장군님께서는 주체80(1991)년 12월 조선인민군 최고사령관이 되시였다.

· 위대한 장군님께 주체81(1992)년 4월 조선민주주의인민공화국 원수칭호가 수여되였다.

· 위대한 장군님께서는 주체82(1993)년 4월 조선민주주의인민공화국 최고인민회의 제9기 제5차회의에서 국방위원회 위원장으로 추대되시였다.

· 위대한 장군님께서는 주체86(1997)년 10월 조선로동당 총비서로 추대되시였으며 주체99(2010)년 9월 조선로동당 제3차 대표자회에서 조선로동당 총비서로 변함없이 높이 추대되시였다.

· 위대한 장군님께서는 주체87(1998)년 9월 조선민주주의인민공화국 최고인민회의 제10기 제1차회의, 주체92(2003)년 9월 조선민주주의인민공화국 최고인민회의 제11기 제1차회의, 주체98(2009)년 4월 조선민주주의인민공화국 최고인민회의 제12기 제1차회의에서 국방위원회 위원장으로 재선되시였다.

· 위대한 장군님께서는 강성국가 건설과 인민생활 향상을 위하여 불면불휴의 로고와 심혈을 바치시며 초강도의 현지지도 강행군길을 이어가시다가 겹쌓인 정신육체적 과로로 하여 주체100(2011)년 12월 17일 현지지도의 길에서

급병으로 서거하시였다.

· 조선의 군대와 인민은 주체101(2012)년 4월 조선로동당 제4차 대표자회, 조선민주주의인민공화국 최고인민회의 제12기 제5차회의에서 위대한 장군님을 영원한 조선로동당 총비서, 국방위원회 위원장으로 높이 모시였다.

· 위대한 장군님께서는 정력적인 사색과 탐구로 폭넓고 깊이있는 사상리론활동을 벌리시여 『김정일선집』(전 15권), 『주체혁명위업의 완성을 위하여』(전 10권)에 수록된 로작들을 비롯한 수많은 저작들을 발표하시였다.

· 위대한 장군님께 주체64(1975)년과 주체71(1982)년, 주체81(1992)년, 주체100(2011)년 4차에 걸쳐 조선민주주의인민공화국 영웅칭호가, 주체67(1978)년, 주체71(1982)년, 주체81(1992)년, 주체101(2012)년 김일성훈장과 주체62(1973)년 2월, 주체101(2012)년 3월에 김일성상을 비롯하여 수많은 훈장과 메달들이 수여되였다.

· 위대한 장군님께 주체101(2012)년 2월 조선민주주의인민공화국 대원수칭호가 수여되였다.

· 위대한 장군님께서는 세계 여러 나라들에서 수많은 훈장과 메달들, 명예칭호와 명예교수, 박사칭호를 받으시였다.

· 『조선일보』: 김정일 약력 ·

o 사망 시 직위
  당 총비서, 국방위원회 위원장, 당 정치국 상무위원, 당 중앙군사위 위원장, 당 중앙위 위원, 인민군 최고사령관, 원수, 최고인민회의 제12기 대의원
o 출생
  1942. 2. 16 소련 하바롭스크
  *북한은 백두산 밀영 출생
o 가족관계
  처: 김영숙(47년 생)
  자녀: 정남(71년 생) / 성혜림(37년생, '02.5 사망) / 설송(74년 생, 여) / 김영숙(47년 생) / 정철(81년 생), 정은(84년 생說), 여정(여, 87년 생說) / 고영희(53년 생, '04.8 사망)
  친동생: 김경희(46년 생)

이복동생: 김경진(52년 생), 김평일(54년 생), 김영일(55년 생, '00 사망)

o 주요 경력

· 1945.11 소련에서 귀환

· 1948.~50. 남산유치원

· 1949. 9 생모 김정숙 사망

· 1950.~52. 중국 길림학원(6·25 당시 자강도 장자산 피신 주장)

· 1952.11~53. 만경대혁명학원

· 1953.~54. 삼석인민학교, 평양제4인민학교

· 1954.~57. 평양제1중학교(소년단 위원장)

· 1957.~60.7 남산고급중학교(민청부위원장)

· 1960.9~64.3 김일성종합대학 정치경제학과

· 1964. 6 당 조직지도부 지도원

· 1966. 호위총국 근무

· 1967. 당 선전선동부 과장

· 1970. 9 당 선전선동부 부부장

· 1972.10 당 중앙위 위원

· 1973. 7 당 중앙위 선전선동부 부장

· 1973. 9 당 중앙위 비서(조직 및 선전담당) 겸 조직지도부 부장, 3대혁명소
조운동 총책임자(제5기 7차 당 중앙위 전원회의)

· 1974. 2 당 중앙위 정치위 위원(1974년부터 '친애하는 동지', '당중앙'으로 호
칭), 후계자 확정

· 1975. 2 '영웅' 칭호

· 1980.10 당 중앙위 위원(유임), 정치국 위원, 정치국 상무위원, 비서국 비서,
군사위 위원

· 1982. 2 최고인민회의 제7기 대의원(황북 송림)

· 1986.11 최고인민회의 제8기 대의원(함남 용성)

· 1990. 4 최고인민회의 제9기 대의원(함북 무산)

· 1990. 5 국방위원회 제1부위원장

· 1991.12 인민군 최고사령관(제6기 19차 당중앙위 전원회의)

· 1992. 4 원수

· 1993. 4 국방위 위원장 추대(최고인민회의 제9기 5차회의)

· 1997.10 당 총비서 추대(당 중앙위와 당 중앙군사위 공동명의)

· 1998. 7 최고인민회의 제10기 대의원(666선거구)
· 1998. 9 국방위원장 재추대(최고인민회의 제10기 1차회의)
· 2003. 9 최고인민회의 제11기 대의원(649선거구)
· 2003. 9 국방위원장 재추대(최고인민회의 제11기 1차회의)
· 연도미상 당 중앙군사위 위원장('04년 확인)
· 2009. 4 최고인민회의 제12기 대의원(333선거구)
　　　　 국방위원장 재추대(최고인민회의 제12기 1차회의)
· 2010. 9 당총비서, 당 정치국 상무위원, 당 정치국 위원, 당 중앙군사 위원장,
　　　　 당 중앙위 위원(제3차 당대표자회)
· 2010.11 조명록 국가장의위원회 위원장
· 2011.12.17 사망(중증급성심근경색)
· 2012. 2 대원수
· 2012. 4 '김일성훈장'과 '김일성 상' 수상

·『조선의 오늘』: 경애하는 김정은동지의 략력 ·

· 경애하는 김정은동지는 조선로동당과 국가, 군대의 최고령도자이시다.
· 경애하는 김정은동지께서는 평양에 있는 김일성군사종합대학을 졸업하시
  였다.
· 경애하는 김정은동지께서는 주체99(2010)년 9월 조선로동당 중앙위원회 위
  원으로 추대되시였다.
· 경애하는 김정은동지께서는 주체99(2010)년 9월 조선로동당 중앙군사위원
  회 부위원장으로 추대되시였다.
· 경애하는 김정은동지께서는 주체99(2010)년 9월 조선인민군 대장의 군사칭
  호를 수여받으시였다.
· 경애하는 김정은동지께서는 주체100(2011)년 12월 조선인민군 최고사령관
  의 중책을 지니시였다.
· 경애하는 김정은동지께서는 주체101(2012)년 4월 조선로동당 제1비서로 추
  대되시였다.
· 경애하는 김정은동지께서는 주체101(2012)년 4월 조선로동당 중앙위원회
  정치국 위원, 당중앙위원회 정치국 상무위원회 위원으로 추대되시였다.

· 경애하는 김정은동지께서는 주체101(2012)년 4월 조선로동당 중앙군사위원
  회 위원장으로 추대되시였다.
· 경애하는 김정은동지께서는 주체101(2012)년 4월 조선민주주의인민공화국
  국방위원회 제1위원장으로 추대되시였다.
· 경애하는 김정은동지께서는 주체101(2012)년 7월 조선민주주의인민공화국
  원수칭호를 수여받으시였다.

·『조선일보』: 김정은 약력 ·

o 현직
  조선노동당 제1비서, 국방위원회 제1위원장, 당 정치국 상무위원, 당 중앙군
  사위 위원장, 인민군 최고사령관, 당 중앙위 위원, 인민군 대장
o 출생
  1.8(연도 미상, '82? 83? 84년 생 說이 있음)
o 가족관계
  부(父): 김정일(前 당 총비서, '11. 12. 17 사망)
  모(母): 고영희('04년 사망), 형: 김정철, 동생: 김여정
o 주요 경력
· 2010. 9 인민군 대장
· 2010. 9 당 중앙군사위 부위원장, 당 중앙위 위원
· 2010.11 조명록 국가장의위원회 위원
· 2011.12 김정일 국가장의위원회 위원
· 2011.12 인민군 최고사령관
· 2012. 4 조선노동당 제1비서, 당 정치국 상무위원, 당 중앙군사위 위원장, 국
          방위원회 제1위원장

VI. 1대 수령: 김일성

　인물을 논함에 있어, 혹은 기억함에 있어 조선−남북한 현대사를 통틀어 김일성만큼 극과 극을 오가면서 평가받는 인물은 단연코 없을 것이다. 감히 말하건대 그 주범은 남북 대결의 긴 세월이다. 북한 인민들로부터는 '인류의 태양', '절세의 위인', '혁명의 위대한 전략가', '백전백승의 강철의 령장', '창조와 건설의 영재' 등으로 표현되는 '인민의 영웅이자 어버이', 즉 전인적인 만능의 존재로서 최상의 존경과 경의의 대상인 반면에, 남한에서는 한국에서의 전쟁(1950) '주범'이자, 북한을 공산독재체제로 만든 장본인이라는 극히 부정적인 이미지로 각인되어 있다. 이뿐만이 아니다. 이종석, 『통일을 보는 눈』(서울; 개마고원, 2012) 183~184쪽에 의하면 김일성에 대한 이미지가 남한과 북한을 넘어 외국인들에게 조차도 천차만별로 기억되고 있다고 한다. 독일의 저명한 여류작가 루이제 린저는 그를 만나고 느낀 소감을 괴테가 나폴레옹을 두고 했다는 "저기 한 인간이 있도다"라는 말로 대신했는가 하면, 옛 동독의 마지막 북한주재 대사인 한스 마레츠키는 그를 "전제왕조의 제왕"으로 묘사하였다.

　체제와 시각에 따라 이렇게 180도 다른 평가가 가능한 김일성, 그는 과연 누구인가? 북한에서 말하는 것처럼 '위대한 수령'인가, 아니면 남한에서 기억되는 것처럼 '아주 나쁜 독재자'일 뿐인가, 아니면 해외 일부에서 평가하고 있듯이 연민의 대상일 뿐인가, 정말 이렇게 수수께끼 같은 인물을 조명하기란 여간 어렵지 않다. 그러함에도 불구하고 김일성이란 인물을 객관적으로 조명해야 한다. 이유는 북한체제를 이해하는 완벽한 '입구'이기 때문이다. 즉, 김일성을 알아야만 북한체제를 이해할 수 있는, 더 나아가서는 남한의 보수·수구세력이 그토록 갈망하고 있는 '북한체제가 왜 멸망하지 않은지'도 알 수 있다는 것이다.

　그런 만큼 김일성에 대한 이해는 그냥 한 개인 인물을 단순히 아는 데

그치는 것이 아니라, 북한의 전부를 이해하는 열쇠와 같다. 북한체제의 형성, 이념, 사상, 이데올로기, 역사 등 전 과정을 알아가는 풍향계와 같은 것이다. 바로 그 풍향계가 가장 객관적으로 작동할 수 있도록 이 장에서는 그 어느 누구도 시도해 본 적이 없는 김일성에 대한 해부를 남과 북의 시각을 비교하여 진행할 것이다. 남한이든 북한이든 김일성을 어떻게 이해하느냐에 따라 둘 다 체제의 정통성이 걸려있는 문제와 직결되다 보니 남한은 무조건적으로 부정적으로, 북한은 무조건적으로 긍정적으로 보려는 시각을 단연코 배격하면서 말이다.

1. 김일성, 북한의 시각에서 보다

북한의 시각에서 김일성은 신화적 인물이다. 이것이 핵심이다. 김일성 주석을 금수산태양궁전에 안치하였고, 1997년 7월 9일 김일성 사망 3돌을 맞아서는 당 중앙위 등 중앙기관 공동명의로 "김일성동지께서 주체의 태양으로 높이 솟아오르신 1912년을 원년으로 하여 주체연호를 제정"하고 "김일성동지께서 탄생하신 민족 최대의 명절인 4월 15일을 태양절로 제정"한다는 내용의 발표였다. 또한 82세를 상징하는 '82m 영생탑 건설', "주체연호', '태양절', '김일성민족', '김일성조국', '김일성조선' 등이 이에 해당하며 국가적으로는 '국가 = 김일성(김일성 조선)'의 등식을 성립시켰다.

1995년 10월 2일 김정일은 「조선로동당은 김일성동지의 당이다」라는 당 창건 50주년 기념 논문을 발표했는데, 이 논문에서 그는 "조선로동당은 위대한 수령 김일성동지의 당이며 김일성동지의 위대한 존함과 업적으로 빛나는 것이다. 김일성동지의 존함과 업적은 당의 력사와 더불어 영원불멸할 것이다"고 주장한 것은 물론이고, 헌법 개정을 통해 김일성헌법(1998년)도 탄생시켰다. 이렇게 '김일성 영생화' 작업은 완성되어 갔던 것이다.

■ '인민을 위하여 복무함!'과 함께한 한평생이었다
: 『이민위천의 한평생』(평양: 조선로동당출판사, 1995)에 소개된 일화를 중심으로

가. 이민위천(以民爲天): 김일성의 한 평생은 이민위천과 떼어놓고는 설명할 수 없다. 그런 이민위천의 유래는 王者以民爲天 而民以食爲天(왕자이민위천 이민이식위천)에 나오는 고사성어로, 풀이하면 '임금은 백성을 근본으로 삼고, 백성은 먹을 것을 근본으로 여긴다'는 사마천의 『사기』 「역이기전(酈食其傳)」편에 실려 있다. 이를 북한에서는 김일성이 의역하여 "물고기가 물을 떠나서 살 수 없듯이 유격대는 인민을 떠나서 살수 없다"는 혁명적 구호로 재탄생시켰다. 이후 이 구호는 항일빨치산 세력의 철칙으로 자리 잡게 된다.

이와 관련된 두 일화가 있다. 1936년 '약수동 소사건'과 '두만강 얼음구멍에 빠진 도끼' 얘기가 그것이다.

먼저 1936년 가을에 있었던 '약수동 소사건'은 그 당시 장백현 19도구 지양개치기에 머무르고 있던 항일유격대가 식량 부족으로 심한 곤란을 겪고 있을 때의 실화이다. 하루는 약수동쪽에 시래기를 주으러 나갔던 신입대원 두 동무가 황소 한 마리를 끌고 희색이 만면해서 돌아왔다. 사연을 알아본즉, 그 소는 유격대원들이 시래기국으로 끼니를 때우고 있다는 소리를 듣고 약수동 농민들이 보내준 것이었다. 처음에 두 대원은 그 소를 받지 않으려고 하였다. 그런데 농민들이 자기들의 정성이니 제발 받아달라며 억지로 소고삐를 쥐어주는 바람에 하는 수없이 끌고 왔다고 하였다. 한쪽에서는 벌써 더운물이 설설 끓고 있었다. 여러 날 낟알 구경을 못한 터여서 신입대원들은 물론, 대원들과 지휘성원들까지도 오래간만에 소고기국을 푸짐히 먹어보게 되었다고 기뻐하였다. 나(김일성) 역시 대원들이 시래기국을 한 공기씩 마시고 저녁을 굶때게(불충분한 대로) 이럭저럭 메우거나 치러 넘기게 될 것을 생각하면 어서 소를 잡으라고 이르고

싶은 심정이었다. 하지만, 하늘을 향해 슬프게 영각하는 둥글황소의 치장품들을 살펴보며 결심을 달리하였다. 알뜰하게 만든 코뚜레며 붉은 천을 모양 있게 감은 소굴레며 누런 퉁방울과 엽전들, 그 모든 것에는 소임자의 극진한 정성이 슴배어(스며들어) 있음을 알았기 때문이다. 나(김일성)는 소를 잡아 한 각씩 떠서 당장 가마에 넣을 기세로 신나게 돌아가는 대원들을 한자리에 모이게 한 다음 조용히 말하였다. "소를 임자에게 돌려보냅시다." 소를 끌어온 대원들은 아연하여 나를 쳐다보았다. 다른 신입대원들도 미소를 지우고 낙심천만한 표정이 되었다. 며칠째 시장기와 싸워온 그들에게 있어서 그것은 너무도 뜻밖의 명령이었을 것이다. 나는 한숨을 짓고 있는 신입대원들에게 타일렀다. 우리가 소를 왜 임자에게 돌려주자고 하는가, 그것은 이 소가 농민의 귀중한 재산이기 때문이다, 소 임자가 자기 소를 얼마나 아끼고 사랑했는가를 보라! 이 퉁방울은 아마도 그 집에서 몇 대를 두고 소중히 간직해 내려오던 것이 틀림없다, 엽전은 모름지기 그 집 할머니가 시집올 때 속주머니끈에 달아가지고 와서 평생 아끼던 것일 수도 있다, 우리 어머니들은 그렇게 하는 것으로 소에 대한 애착을 표시하는 것이다, 소를 돌려주어야 할 다른 하나의 이유는 약수동 농민들의 농사 문제도 이 소에 많이 달려있기 때문이다, 우리가 그런 것을 고려하지 않고 인민들의 지성이라고 하여 소를 잡아먹으면 어떻게 되겠는가, 소임자와 소의 신세를 지곤하던 이웃농민들이 당장 내일부터는 소가 하여야 할 일을 대신하여야 할 것이다, 소가 날라야 할 짐을 등짐으로 져나르고 소가 갈던 밭을 괭이나 호미로 쪼아 뚜지느라고 얼마나 고생하게 되겠는가, 이런 것을 생각하면 우리가 이 소를 잡아먹고 마음이 편할 수 있겠는가, 동무들도 거의 모두 가난한 농민들의 자식이니 땀흘리며 고생하시는 부모님들을 생각해보라고 하였다. 내 말에 가책을 받았는지 소를 끌고 온 대원들은 눈물이 글썽해서 자기들이 잘못 하였다고 하면서 처벌해 달라고 제기하였다. 우리는 처벌 대신 그들을 약수동에 다시 보내어 소를 돌려주게 하였다.

　다음으로 '두만강 얼음구멍에 빠진 도끼' 사건은 박영순의 회상기에 나오는 실화인데, 김일성의 부대가 어느 마을에 주둔해 있을 때에 생긴 일이었다. 어느 날 나(김일성)는 중국 사람인 주인집 노인 부처의 일손을 덜어드리려고 도끼와 물초롱을 들고 두만강가로 나갔다. 이 지방 주민들은 겨울에 두만강에서 물을 길어다 먹는 편이었다. 도끼나 곡괭이 같은 것으로 얼음을 깨고 구멍을 낸 다음 초롱에 물을 퍼가지고 돌아오면 그것이 곧 음료수가 되었다. 나도 그런 얼음구멍을 내려고 도끼를 들고 나갔고, 그런데 얼음을 다 까내려 갔을 때 그만 자루가 빠지면서 그 구멍 속에 도끼가 미끄러져 들어갔다. 긴 장대기를 가지고 몇 시간 동안 강바닥을 훑어보았으나 도끼는 좀처럼 나지지 않았다. 나는 주인집 노인에게 도끼 값을 후히 치러주고 재삼 사과하였다. 노인은 대장어른께서 새벽마다 자기네를 도와 물을 길어 주신 것만도 고맙고 황송한 일인데 이 늙은 것이 힘이 없어서 혁명군에 도움을 주지 못할망정 도끼 값까지야 어떻게 받겠는가고 하면서 굳이 사양하였지만 나는 우리가 값을 치르지 않고 이 고장을 떠나가 버리면 내가 대장으로서 혁명군의 규율을 위반하는 것으로 되니 나를 생각해서라도 그 돈을 받아달라고 간청하였다. 노인에게 값을 넉넉히 치러 주었지만 내 머리에서는 얼음 구멍에 빠진 그 도끼 생각이 잠시도 떠나지 않았다. 아무리 많은 돈을 갚아주어도 손때 묻은 연장을 잃어버린 주인들의 아쉬움이야 어떻게 가져질 수 있겠는가. 그래서 1959년 봄에 항일무장투쟁 전적지 답사단이 중국 동북지방으로 떠나갈 때 그들에게 양수천자의 그 노인을 만나면 나를 대신하여 사과해달라고 부탁하였다. 답사단이 양수천자에 찾아갔을 때는 유감스럽게도 그 노인은 이미 고인이 된 뒤였다.

　김일성의 좌우명 이민위천, '인민을 위하여 복무함!'과 관련된 일화는 이외에도 참 많지만, 해방 이후의 한 사례를 딱 하나만 들자면 1974년 10월 인민대학습당 형성도안에 얽힌 사연으로서 한 일꾼이 인민들의 의사를 반영하여 도서관의 이름을 '김일성도서관', '김일성학습당'으로 할 것을 건의하자 김일성 주석은 '인민대학습당'이라 명명하면서 한 말이 있는데, "우리 인민은 참으로 좋은 인민이요. 나는 이러한 좋은 인민을 가지고 있는데 대하여 커다란 자랑으로 여기고 있으며 이런 인민을 위해서라면 무엇도 아끼고 싶지 않소. 인민대학습당 이름은 그 누구도 고칠 권리가 없소." 해석은 독자들의 몫이다.

나. 1933년 초봄 두만강 건너 량수천 부근의 어느 한 농막집에 있었던 일로, "사령관도 인민의 아들입니다. 인민들이 다하는 일을 내라고 어찌 못하겠습니까!(김일성)" 농부 왈, "그러한 큰 어른이 손수 나무를 패시다니 … 사령관님께서 그런 일을 다 하시다니?…(농부)"

다. "인민들이 조밥을 먹을 때는 우리도 조밥을 먹어야 하오.(김일성)" 한국에서의 전쟁(1950) 기간 중 평안북도의 어느 한 산간마을에서 있었던 일로, "이 고장 인민들이 모두 강냉이밥을 해먹는데 나 혼자 이런 쌀밥을 먹어서야 되겠소…. 여기에다 강냉이쌀을 넣어 잡곡밥을 지으시오.(김일성)"

라. '사랑의 화신' 김일성 주석 사망 이후 집무실 금고를 정리하던 중 그 금고에는 금은보화가 들어 있었던 것이 아니라 평범한 물건들이 들어 있었다. 그중 빛바랜 사진 한 장이 들어 있었는데, 다름 아닌 '김책'의 사진이었다.

金策(1903. 8. 14-1951. 1. 31): 강건, 최용건, 최현 등과 함께 1930년대 항일빨치산 시절부터 김일성과 함께한 대표적인 동지이자 해방 후에는 부수상, 인민군 총사령관 등을 역임. 사망 직후 김일성이 직접 장례식을 주관했으며, 휴전이 성립된 후에는 북한 최고의 영예인 공화국영웅 칭호와 제1급 국기훈장이 수여되었다. 이와 함께 그가 부수상으로 재직하던 당시의 내각집무실 전체를 통째로 옮겨서 평양전승기념사적관에 보관하게 하였다. 그의 이름을 따서 김책시, 김책제철소, 김책역과 김책공업종합대학 등이 있고, 2013년 12월 노환으로 숨진 김국태(당 비서 역임)가 그의 아들이이고, 김국태의 딸 김문경 역시 현재 당 선전부에서 몸담고 있는 것으로 파악되고 있다.

▲1947년 김일성(오른쪽)이 북조선인민위원회를 조직한 후 김책과 찍은 기념사진. (중앙포토)

■ '영원한 삶'을 살다

가. 김일성에 대한 혁명화·성역화: 최기환이 쓴『영원한 태양 김일성 주석』(평양: 평양출판사, 2002)에 따르면 김일성은 영원한 태양이다. 그 태양이 태어난 만경대는 북한의 입장에서 볼 때 혁명의 성지가 된다. 2001년 현재 방문 수는 9천여 만 명, 이 중 4만 6,000여 개 단체의 170만 2,000여 명의 해외동포와 13만 6,280여 개 단체의 150만 2,000여 명의 외국 사람들이 다녀갔다. 김일성 관련 혁명사적지는 또한 출생지인 평양의 만 경대 혁명사적지를 비롯한 빨치산 활동지인 함경북도의 왕재산 혁명사적 지 등 34개이며, 각 혁명사적지에는 대개 사적관과 기념비, 그리고 김일 성의 항일활동 흔적이 복원되어 있다. 그리고 해마다 전 인민을 대상으로

'배움의 천리길'과 같은 답사 행군 및 3만 5천여 개의 김일성 혁명사상 연구실에서 교재를 개발하고 북한인민들에게는 다양한 방법과 형식으로 교육을 진행한다.

특히 전국 곳곳에는 250여 개의 찬양비, 350여 개소의 기념관, 3,500여 개의 영생탑이 건립되어 있으며 20여 종의 김일성 배지를 만들어 계층별로 인민들이 착용토록 하고, 각 가정에는 김일성 초상화가 모셔져 있다. 뿐만 아니라 김일성은 위 약력에서도 확인받듯이 자신의 생존 시 조선민주주의인민공화국 대원수 칭호와 공화국영웅(3차), 노력영웅칭호, 70여 개 나라와 국제기구들로부터 180여 개의 최고훈장과 메달들, 30여 개 도시의 명예시민 칭호와 외국 20여 개 대학들로부터의 명예교수·명예박사 칭호, 그리고 170여 개 나라 당 및 국가·정부수반들과 진보적 인류로부터 16만 5,000여 점의 선물을 받은 것으로 유명하다.

나. 북한에서 건국한 이래 처음으로 "1994년 7월 9일, 그날 아침엔 신문은 오지 않았다"라는 문장이 만들어졌다. 강덕부의 『민족과 영생』(평양: 문학예술출판사, 2006)에 잘 나타나 있듯이 김일성 주석이 살아 생전에는 단 한 번도 배달 중단된 적이 없었던 『로동신문』이 그날은 배달되지 못하였던 것이다. 대신, 전달된 것은 오전 12시 중대방송이 있었다. 「전체 당원들과 인민들에게 고함」

"우리의 전체 로동계급과 협동농민들, 인민군 장병들, 지식인들과 청년학생들, 조선로동당 중앙위원회와 조선로동당 중앙군사위원회, 조선민주주의인민공화국 국방위원회와 중앙인민위원회, 정무원은 조선로동당 중앙위원회 총비서이시며 조선민주주의인민공화국 주석이신 위대한 수령 김일성동지께서 1994년 7월 8일 2시에 급병으로 서거하시였다는 것을 가장 비통한 심정으로 온 나라 전체 인민들에게 알린다. …"

■ 사상과 업적, 덕망으로 영생하다

> "전선 속에 위인이 있는 것이 아니라 위인 속에 전설이 있습니다. 진정 우리
> 수령님은 위대한 전설적 영웅이십니다. 위인은 영생합니다. 그래서 우리 수령
> 님은 영생하십니다. 사상으로 영생하시고 업적으로 영생하시고 덕성으로 영생
> 하십니다.(김정일)"

가. 위대한 사상으로 영생하는 김일성

ㄱ. 자주시대의 지도사상, 주체사상의 창시: "영생불멸의 주체사상을 창
시하신 것은 경애하는 수령 김일성동지께서 이룩하신 업적 가운데서 가장
위대한 업적입니다(김정일)."
· 1965년 4월 15일 말리에서 〈김일성동지 로작연구소조〉가 결성된 이래
세계 5대륙의 100여 개 나라에서 수많은 주체사상 연구조직들이 결성.
· 김일성주석의 노작들은 지금까지 세계 100여 개 나라들에서 60여 개의
민족어로 번역.
ㄴ. 세계를 비치는 주체사상탑의 봉화: 주체조국의 심장이라 불리는 평
양의 중심부에 자리 잡은 김일성광장에서 마주 보이는 주체사상탑에서는
봉화가 그칠 새 없이 타올라 온 누리를 밝혀 준다. 주체사상탑의 장쾌한
봉화는 김일성 주석의 혁명사상, 주체사상의 영원성을 상징한다.

나. 불후의 업적으로 영생하는 김일성

ㄱ. 반제반봉건민주주의혁명·자립민족경제건설·사회주의혁명의 완성:
"위대한 수령님께서 인민을 위하여 이룩하신 불멸의 업적은 인민대중 중심
의 우리식 사회주의를 건설하신 것입니다(김정일).", "우리나라에서는 경제
도 우리식으로 건설하여 자립적 민족경제의 튼튼한 토대를 닦아놓았기 때

문에 오늘과 같이 복잡한 정세 속에서도 우리 인민이 주저하거나 동요하지 않고 주체사상의 기치, 사회주의 기치를 높이 들고나가는 것입니다. 오늘 우리나라의 현실은 우리가 쎄브에 들지 않고 우리식으로 경제 건설을 한 것이 천만 번 정당하였다는 것을 보여주고 있습니다."(김일성, 1990년 9월 당중앙위원회 책임일꾼들과 한 담화)

러시아어 약칭이 SEV이다. '공산권 경제상호원조회의', 즉 코메콘(COMECON)를 일컫는다. 미국의 마셜플랜에 맞서 1949년 1월에 결성된 공산권 국가 간의 경제협력기구로서 가맹국은 옛 소련, 폴란드, 구 체코슬로바키아, 헝가리, 불가리아, 루마니아, 몽골, 쿠바, 베트남 등이었고, 준 가맹국으로는 옛 유고·북한·라오스·앙골라·모잠비크·에티오피아·아프가니스탄 등이 있었다. 이후 코메콘은 소련 동구의 변혁에 따라 1991년 6월 공식 해체됐다.

ㄴ. 조국통일의 구성이다: "위대한 수령 김일성동지는 조국과 민족을 위하여 한평생을 바치시고 조국통일 위업에 불멸의 업적을 쌓으신 민족의 태양이시며 조국통일의 구성이시다. 경애하는 김일성동지께서는 탁월한 사상과 령도로 조국통일 위업을 개척하시고 승리에로 이끄시어 조국통일을 실현하기 위한 튼튼한 토대를 닦으시었으며 조국통일의 밝은 전망을 열어놓으시었다.(김정일)" 그 실천적 행위로 1948년 4월 남북연석회의 조직, 1972년 7·4공동성명 채택, 1991년 북남합의서 채택, 조국통일 3대헌장 제정.

북한에서는 '불멸의 조국통일대강'이라는 위상을 가지며, 그 구성은 조국통일의 근본원칙과 방도를 밝힌 '조국통일 3대원칙', '조국통일을 위한 전민족대단결 10대강령', '고려민주련방공화국창립방안'이다.

ㄷ. 혁명위업 승계문제를 빛나게 해결: 혁명전통 계승과 승계순응의 법칙을 확립. "나의 사상이자 김정일동지의 사상이며 나의 령도이자 김정일동지의 령도이며 나의 인격이자 김정일동지의 인격이며 나의 풍모이자 김정일동지의 풍모입니다(김일성)."

ㄹ. 개선문 건립: 1982년 김일성 탄생 70돐을 기념하여 제작한 것으로 기둥 윗부분에는 1925(만경대를 떠난 해)~1945(개선한 해) 숫자가 부각되어 있으며, 개선문 앞면

당시까지 세계 최대였던 파리의 개선문보다 10m나 더 높게 지었고, 아치 테두리에는 일흔 송이의 진달래를 부조로 새겨 김일성의 장수를 축하했다.

과 뒷면에는 김일성장군의 노래가 각각 적혀있다.

ㅁ. 주체형의 당, 조선로동당 건설: "영생불멸의 주체사상을 창시하시여 인민대중에게 사기 운명을 사주적으로 개척해나갈 수 있는 정확한 길을 밝혀주시고 공산주의운동 력사에서 처음으로 주체사상에 의거하여 지도되는 새로운 주체형의 혁명적 당을 건설하신 것은 수령 김일성동지께서 이룩한 가장 빛나는 업적이다(김정일)." 1926년 'ㅌ·ㄷ'결성을 그 시원으로 하여 1930년 카륜회의에서 당 조직 '건설동지사'를 결성, 이후 1945년 10월 10일 북조선공산당 중앙조직위원회 결성(당 창건일), 1995년 당 창건 50돐을 기념하여 만수대언덕에서 직선으로 바라보이는 대동강 건너편의 2,160m 지점인 문수거리의 한복판에 당 마크를 형상화한 '당창건 기념탑'을 세움.

ㅂ. 조선인민군의 창설: "위대한 수령님께서 인민을 위하여 이룩하신 불멸의 업적은 인민의 자유와 행복을 보위하는 참다운 인민의 혁명무력을 건설하신 것입니다(김정일)." 1932년 4월 25일 반일

> 조선로동당 마크 중 '마치'는 노동자, '낫'은 농민, '붓'은 지식인을 상징하는데, 이에 대해 북한은 인민대중의 대중적 당으로서의 그의 구성과 성격이 잘 드러난다고 선전하고 있다.

인민유격대 창설(군 창건일), 1934년 3~5월 사이 조선인민혁명군으로 개편, 1948년 2월 8일 조선인민군으로 강화발전, 조국해방전쟁 승리(53년), 푸에블로호 사건(68년)으로 이어지는 승리의 역사로 점철되어 있다고 선전.

ㅅ. 인민정권 건설: "위대한 수령님은 영생불멸의 주체사상을 창시하시고 그에 기초하여 시대와 혁명발전의 요구를 반영한 인민정권 건설로선을 제시하시고 빛나게 구현하신 우리 인민정권의 창건자이시며 정권 활동에서 인민대중 중심의 정치를 펴나가시는 탁월한 정치가이십니다(김정일)." 1945년 11월 북조선행정10국을 조직, 1946년 2월 8일 북조선 림시인민위원회 조직, 1947년 2월 북조선인민위원회 창설, 1948년 9월 9일 조선민주주의인민공화국 선포(공화국 창립일).

다. 숭고한 덕망으로 영생하는 김일성

ㄱ. 민중사랑의 최고화신: '인민'이라는 두 글자에 대한 무한한 사랑이 깃들어 있다. '인민'대학습당, '인민'문화궁전, '인민'병원 등이 그 예다.

ㄴ. 민생단 사건과 '동지애의 노래'에 담긴 정치적 함의: 혁명적 동지애와 의리는 건국 이후 북한 사회를 이끌어 가는 핵심적인 조직원리로 정립.

ㄷ. 김일성花(1965년, 인도네시아 한 식물학자에 의하여 육종): 자주시대의 꽃으

> (1절) 가는길 험난해도 시련의 고비 넘으리/불바람 휘몰아 쳐 와도 생사를 같이 하리라/천금을 주고 살수 없는 동지의 한 없는 사랑/다진 맹세 변치 말자 한별을 우러러 보내//(2절) 돌우에 피여나는 꽃은 그 정성 키운것이고/죽어도 잃지 않는 생은 그 사랑 주신거라네/비가 오나 눈이 오나 가야 할 혁명의 길에/다진 맹세 변치 말자 한별을 우러러 보네

로, 태양의 꽃으로 불려 짐. "김일성화는 주체의 해발로 세계인민들이 나아갈 길을 밝혀주신 우리 수령님의 위대성을 상징하는 태양의 꽃이며 자주시대 인류의 마음속에 피여난 위인칭송의 꽃입니다.(김정일)"

■ 절대적으로 칭송되는 삶이었다
  : 주요 결정서 및 책(문헌)과 언론 등을 중심으로

가. 조선로동당 중앙위원회, 조선로동당 중앙군사위원회, 조선민주주의인민공화국 국방위원회, 조선민주주의인민공화국 중앙인민위원회(당시), 조선민주주의인민공화국 정무원(당시)의 공동결정서(1997. 7. 8), 「위대한 수령 김일성동지의 혁명생애와 불멸의 업적을 길이 빛내일데 대하여」

"위대한 수령 김일성동지께서 80여 성상 오로지 인민의 자유와 행복을 위하여, 조국의 자주독립과 민족의 번영을 위하여, 사회주의 위업의 승리를 위하여 모든 것을 다 바쳐 정력적으로 활동하시다가 서거하신지 3돐이 된다. 위대한 수령 김일성동지의 현명한 령도 밑에 승리와 영광으로 빛나는 혁명의 길을 걸

어오면서 조국땅 우에 세기적인 변혁을 이룩한 우리의 전체 당원들과 인민군 장병들, 근로자들은 어버이수령님의 서거 3돐을 맞으며 반만년의 유구한 력사에서 처음으로 높이 모신 위대한 수령 김일성동지에 대한 절절한 경모의 정에 휩싸여있으며 위대한 김일성동지의 혁명생애와 불멸의 업적을 만대에 길이 빛내일 충성의 한마음을 가슴깊이 간직하고 있다. 수령 김일성동지는 사회주의 조선의 시조이시며 천재적인 예지와 특출한 령도력, 숭고한 덕망으로 불멸의 혁명 업적을 쌓아올리신 위대한 혁명가, 걸출한 정치가, 백전백승의 강철의 령장이시다. 20세기 우리 조국의 력사에서와 인민대중의 혁명운동에서 이룩된 모든 빛나는 승리는 위대한 수령 김일성동지의 존함과 직접 결부되여있다. 위대한 수령 김일성동지께서는 일찌기 시대의 절박한 요구와 인민의 지향을 깊이 통찰하시고 영생불멸의 주체사상, 이민위천의 새로운 철학사상을 창시하시여 인류사상사에서 근본적인 전환을 일으키시고 그 보물고에 빛나는 공헌을 하시였으며 력사의 새 시대, 주체시대를 개척하시였다. 주체사상의 홰불로 조선혁명의 가장 정확한 진로를 휘황히 밝혀주신 위대한 수령 김일성동지께서는 류례없이 준엄하였던 항일혁명투쟁을 승리적으로 조직령도하시여 조국 광복의 위업을 성취하시고 우리 혁명이 억년드놀지 않고 승승장구해 나갈 수 있는 만년초석인 영광스러운 혁명전통을 이룩하시였다. 위대한 수령 김일성동지께서는 강위력한 주체형의 혁명적 당과 혁명정권, 불패의 혁명무력을 세우시고 새 조국 건설의 굳건한 토대를 닦으시였으며 미제의 무력침공을 반대하는 위대한 조국해방전쟁의 모든 중하를 한몸에 지니시고 몸소 진두에서 우리 당과 인민을 승리에로 이끄시여 조국의 자유와 독립을 영예롭게 수호하시였다. 위대한 수령 김일성동지께서는 전인미답의 길을 헤치시며 사회주의혁명과 사회주의건설을 위한 우리 인민의 투쟁을 곧바른 승리에로 이끄시여 혁명과 건설의 세기적 모범을 창조하심으로써 사회주의운동 력사에 영원히 빛날 혁명업적을 쌓아올리시였으며 지난날 뒤떨어지고 빛을 잃었던 우리 나라를 주체성과 민족성이 강한 독립되고 륭성번영하는 자주, 자립, 자위의 사회주의 나라로, 무력하고 천대받던 우리 민족을 세상 사람들이 부러워하는 자주적이며 존엄 높은 민족으로 되게 하시였다. 위대한 수령 김일성동지께서는 조국과 혁명의 먼 앞날까지 명철하게 내다보시고 우리 당과 인민이 백두령봉에서 시작된 조선혁명의 명맥을 순결하게 이어 주체의 혁명위업을 끝까지 완성해나갈 수 있는 확고한 담보를 마련하시는 가장 고귀한 혁명업적을 이룩하시였다. 인민에 대한 끝없는 사랑과 믿음을 천품으로 지니신 위대한 수령 김일성동지께서는 혁

명과 건설을 령도하여오신 전기간 언제나 인민들 속에 계시면서 크나큰 사랑
과 은정을 베풀어주시였으며 우리 인민에게 가장 고귀한 정치적 생명을 안겨
주시고 자주적 인간의 존엄과 보람찬 삶을 마음껏 누릴 수 있게 하여 주시였
다. 위대한 수령 김일성동지께서는 분렬된 조국을 통일하는 것을 민족 최대의
과업으로 내세우시고 조국을 자주적으로 통일하기 위한 가장 정확한 길을 밝
혀주시였으며 북과 남, 해외의 7천만 겨레를 그 실현을 위한 투쟁에로 현명하
게 이끄시여 조국통일의 밝은 전망을 열어놓으시였다. 참으로 위대한 수령 김
일성동지는 우리 인민에게 잃었던 내 나라를 찾아주시고 자유와 해방을 가져
다주신 민족 재생의 은인이시며 혁명투쟁과 건설 사업에서 빛나는 승리를 이
룩하시여 우리 나라와 인민을 민족적 륭성과 번영에로 이끌어주신 주체조선의
위대한 창건자, 령도자이시고 인민의 자애로운 어버이이시다. 위대한 수령 김
일성동지께서는 세계정치의 공인된 원로로서 자주, 평화, 친선의 리념 밑에 세
계의 진보적 인민들을 자주 위업에로 인도하시여 불멸의 공적을 쌓아올리시였
다. 위대한 수령 김일성동지는 우리 인민의 모든 승리의 영원한 상징이시다.
위대한 수령 김일성동지의 불멸의 혁명사상과 혁명업적은 수령님께서 우리 당
과 인민에게 물려주신 가장 고귀한 혁명유산이며 우리 인민이 앞으로 그 어떤
풍파와 시련도 뚫고 주체혁명 위업을 끝까지 수행해나갈 수 있게 하는 만년재
부이다. 위대한 김일성동지를 우리 당과 인민의 영원한 수령으로, 주체의 태양
으로 천세만세 높이 받들어 모시며 수령님께서 이룩하신 혁명업적을 견결히
옹호고수하고 대를 이어 빛내여 나가는 것은 우리 당의 확고한 결심이며 전체
인민의 한결같은 의지이다. 위대한 수령 김일성동지께서 우리의 곁을 떠나신
때로부터 지난 3년간은 우리의 당원들과 인민군장병들, 근로자들, 남녀로소 전
체 인민이 상제가 되여 사무치는 그리움과 가장 비통한 심정으로 수령님을 추
모해온 전인민적애도의 나날이였으며 수령님을 잃은 크나큰 상실의 아픔을 힘
과 용기로 바꾸어 제국주의 반동들의 악랄한 방해책동을 짓부시면서 사회주의
를 견결히 고수하고 우리 혁명을 줄기차게 전진시켜온 승리의 나날이였다. 우
리 인민은 어버이수령님을 영원히 충성으로 높이 우러러 받들어 모시는 가장
숭고한 도덕의리심을 훌륭히 보여주었으며 당의 령도따라 수령님의 혁명위업
을 끝까지 고수하고 빛나게 완성해나가려는 혁명적 신념과 불굴의 의지를 힘
있게 과시하였다. 위대한 수령 김일성동지는 영원히 우리와 함께 계신다는 우
리 인민의 신념은 확고부동하다. 위대한 수령님은 무궁토록 번영하는 사회주
의조선의 시조로,우리 혁명의 영원한 승리의 기치로 전체 인민과 온 민족의 절

대적인 흠모와 신뢰를 받으시며 우리 모두의 심장속에 영생하실것이다. 오늘 우리 당과 인민은 위대한 수령님의 혁명위업을 대를 이어 완성해나가는 주체혁명의 새 시대에 들어섰다. 새 시대는 주체혁명 위업 수행에서 결정적승리가 이룩될 위대한 시대, 조국땅우에 주체의 강성대국이 일떠서고 통일조선민족의 위용과 기상을 높이 떨치게 될 력사적시대이다."

나. 계명성, 『위대한 혁명가 이야기 100선』(평양: 평양출판사, 2004); 「영원한 국가주석」, 『우리민족끼리(http://www.uriminzokkiri.com)』, 2015년 4월 20일자에서 인용

"한 나라를 대표하고 영도하는 최고지도자를 가리켜, 자본주의사회에서는 대통령이라 부르고, 사회주의사회에서는 주석이라 부른다. 사회주의국가인 조선민주주의인민공화국의 주석은 김일성 주석님이시다. 김일성 주석님께서 서거하신 뒤에 수많은 사람들은 김정일 국방위원장이 주석직을 승계할 것으로 예상하였다. 그러나 그분께서는 주석직을 승계하지 않으셨다. 왜 승계하지 않으셨을까? 사람들은 김정일 국방위원장의 정치적 결단이 무엇을 뜻하는지를 알지 못하였다. 김정일 국방위원장의 정치적 결단이 무엇을 뜻하는지는 다음과 같은 그분의 말씀에서 알 수 있다. 그분은 이렇게 말씀하셨다.

《어버이 수령님은 전체 조선인민의 일치한 의사와 절대적인 지지에 의하여 높이 모신 우리 공화국의 초대주석이시며 우리나라에서 주석은 곧 수령님이십니다. 나는 이러한 립장과 자세에서 어버이 수령님을 생존시와 다름없이 천세만세 높이 모시며 우리나라에서 주석은 오직 김일성 주석 한 분만으로 력사에 영원히 빛내이도록 하려고 합니다.》

김일성 주석이라는 친근한 존칭, 높은 명성은 우리 민족과 전세계 진보적 인류의 마음속에 영원하리라는 것, 그리고 21세기 사회주의의 보루인 조선민주주의인민공화국은 김일성 주석님의 존함으로 빛나는 자주강국이라는 것, 김정일 국방위원장께서 생각하신 것은 바로 그것이었다. 최고인민회의 제10기 제1차 회의에서 새로 수정보충된 사회주의헌법의 서문에서는 김일성 주석님을 조선민주주의인민공화국의 영원한 주석으로 모실 것이며, 주석이라는 직함

을 오직 김일성 주석님과만 결부시켜 부른다고 규정하였다. 이것은 미일 제국
주의자들의 침략으로 말할 수 없는 고난을 겪고 있었던 우리 민족을 사회주의
자주강국으로 일으켜 세우시고, 전세계 인류의 자주화위업에 거대한 업적을
쌓으신 김일성 주석님을 공화국의 주석이라는 직함과 함께 영원히 기리시려는
김정일 국방위원장의 혁명적 의리가 그대로 반영된 것이었다.

일찍이 동방의 빛나는 등불이었던 단군조선 이후 지금까지 약 9백 회에 달
하는 크고 작은 외세침략의 불길 속에서 이리 찢기고 저리 찢기며 예속민족의
억울한 피눈물을 흘려야 했던 우리 민족을 사회주의의 미래를 책임지는 위대
한 승리자로 투쟁하도록 이끌어주신 분, 그 누구도 넘보지 못하는 강인한 자주
의 민족으로 살아가도록 이끌어주신 분, 그분은 김일성 주석님이시었다. 그대
는 오늘 눈을 들어 저 하늘에 빛나는 태양을 바라보았는가? 자연계의 태양은
지구를 비칠 때 지구의 반쪽만 햇빛을 비춰준다. 그러나 사회정치적 생명계의
태양은 지구 전체에 사회정치적 생명의 빛을 고루 비춰준다. 김일성 주석님은
사회정치적 생명계의 태양이시다. 우리 민족은 바로 그 태양의 빛으로 민족의
자주성이라는 사회정치적 생명을 얻고 살아가는 태양민족인 것이다. 자연계의
태양이 영원무궁토록 햇빛을 발하고 있듯이, 김일성 주석님은 조선민주주의인
민공화국의 빛나는 미래와 함께 영원한 국가주석으로 영생하신다. 사회정치적
생명계의 태양은 1912년 4월 15일에 생명의 빛을 발하기 시작하였다. 오늘은
그분이 탄생하신 날이다."

다. 2009년 4월 16일 『로동신문』에 실린 글

"오늘 우리들은 백두의 선군령장을 높이 모시여 반만년 민족사에 길이 빛날
민족적 존엄과 강성번영의 일대 전성기가 펼쳐지고 온 겨레가 신심 드높이 자
주통일의 활로를 열어놓기 위한 투쟁을 힘 있게 벌려나가고있는 격동적인 시
기에 주체의 영원한 태양이시며 민족의 어버이이신 김일성주석님의 탄생 97
돐을 뜻깊게 기념하고 있습니다. 반제민족민주전선 중앙위원회는 경사스러운
태양절에 즈음하여 남녘의 전위투사들과 각계민중의 다함없는 경모의 마음을
담아 위대한 김일성주석님께 가장 숭고한 경의를 드리며 선군의 기치높이 주
석님의 필생의 념원인 강성대국건설과 조국통일 위업을 찬란한 현실로 꽃피워
가시는 경애하는 김정일장군님께 삼가 최대의 영광과 가장 뜨거운 감사를 드
립니다. 주체1(1912)년 4월 15일 위대한 김일성주석님께서 주체의 태양으로

솟아오르신 것은 망국의 비운이 무겁게 드리웠던 삼천리강산에 민족재생의 서광을 비쳐준 반만년민족사의 대통운이였으며 민족과 인류의 앞길에 자주시대의 려명이 밝아온 력사적 사변이였습니다. 일찌기 10대의 어리신 나이에 혁명의 길에 나서시여 근로민중의 자주위업에 모든 것을 다 바치신 위대한 주석님의 한평생은 조국의 해방과 독립, 민족과 인류의 광명한 미래를 위해 불멸의 업적을 높이 쌓아올리신 전설적위인의 한 생이였습니다. 주석님께서는 그 누구도 지닐 수 없는 비범한 사상리론적 예지로 인류사상사에서 가장 높고 빛나는 자리를 차지하는 영생불멸의 주체사상을 창시하시여 근로민중이 자기 운명을 자주적으로 개척해나가는 력사의 새시대를 열어놓으시였습니다. 위대한 김일성주석님은 독창적인 선군혁명의 길을 개척하시고 총대중시, 군사중시 로선을 빛나게 구현하시여 미, 일 두 제국주의강적을 타승하신 민족재생의 은인이시고 강철의 령장이시며 비범한 령도로 두 단계의 사회혁명과 여러 단계의 사회주의 건설을 성과적으로 이끄시여 이북땅에 자주, 자립, 자위의 강국을 일떠세우신 사회주의조선의 시조이십니다. 위대한 주석님께서 비범한 선견지명으로 주체위업 계승의 력사적 필연성을 통찰하시고 령도의 계승 문제를 빛나게 해결하신 것은 우리 겨레가 대대손손 수령복, 장군복을 누리게 하여주신 가장 빛나는 업적입니다. 어버이주석님의 거룩한 생애는 우리 겨레에게 통일된 조국을 안겨주시려 온갖 심혈과 로고를 다 바치시며 조국통일의 튼튼한 토대를 마련해주신 것으로 하여 더욱더 찬연히 빛나고 있습니다. 나라가 분렬된 첫 시기부터 조국통일을 민족지상의 과업으로 내세우신 어버이주석님께서는 조국통일 3대헌장을 비롯한 가장 공명정대하고 합리적인 통일방안들을 내놓으시여 민족통일의 앞길을 밝혀주시고 탁월한 령도와 고매한 덕망으로 온 겨레를 하나로 묶어세워 자주통일운동을 힘 있게 이끌어 주시였습니다. 세계정치의 원로이신 위대한 주석님께서는 탁월한 사상과 전략전술로 반제반미투쟁의 새로운 앙양의 시대를 열어놓으시였으며 세계자주화 위업을 곧바른 승리의 한길로 이끌어 주시였습니다. 정녕 위대한 김일성주석님은 위인으로서 지녀야 할 품격과 자질을 최상의 높이에서 체현하시고 장구한 혁명활동의 전기간 불면불휴의 정력적인 령도로 조국과 민족, 시대와 인류 앞에 영원불멸할 업적을 쌓아올리신 20세기를 대표하는 절세의 위인이십니다. 위대한 김일성주석님께서 백두에서 개척하신 성스러운 주체혁명 위업은 21세기의 선군태양이신 김정일 장군님을 모시여 빛나게 계승 발전되고 있습니다. 주체혁명 위업 완성을 필생의 사명으로 내세우신 경애하는 장군님께서는 어버이주석님께서 창시하신 주체사상을 자주시대의 지도사상으로 세기를 이어 빛을 뿌리게 하여주시고 한없이 숭고한 도덕의리로 수령영생위업의 새 력사를 펼치시여 주석님의 혁명력사가 민족사와 더불어 영원토록 흐르게 하시였습니다. 희세의 천출명장이신 경애하는 장군님께서는 주석님께서 제시하신 선군사상과 로선을 전면적으로 심화발전시키시고 탁월한 선군정치로 주체혁명의 새시대, 선군시대를 펼쳐주시였으며 내외반동들의 반공화국책동을 걸음마다 짓부시고 나라의 자주권과 민족의 존엄을 만방에 높이 떨치시였습니다. 어버이주석님의 탄생 100돐이 되는 2012년에 강성대국의 대문을 활짝 열어놓을 웅대한 목표를 제시하시고 새로운 혁명적대고조의 앞장에서 전설적인 강행군길을 이어가시는 경애하는 장군님의 애국헌신의 거룩한 장정은 주석님께 바치는 장군님의 숭고한 경의와 도덕의리의 최고정화로서 남녘겨레를 끝없이 격동시키고 있습니다. ……"

라. 『로동신문』은 창건 60돌을 하루 앞둔 2008년 9월 8일 「무궁번영하라 김일성조선이여! 영광스러운 우리 조국 조선민주주의인민공화국 창건 60돌에 이 글을 드린다」라는 정론을 발표했다. 그중 김일성 주석에 관한 부분을 요약하면 다음과 같다

"… 위대한 수령 김일성동지! 수천 년 력사에서 처음으로 위대한 태양을 높이 모신 우리 인민의 환희는 다름 아닌 위대한 단결의 중심을 맞이한 열광이였다. 분렬의 력사로부터 단결의 력사에로 민족사가 전환되였다. 'ㅌ.ㄷ'의 기치, 단결의 기치를 높이 드신 위대한 수령님의 두리에 동지애로 뭉치는 것으로 시작된 것이 조선혁명이고 그 단결의 대오가 무장으로 강도 일제를 쳐부시고 안아온 것이 조국해방이였으며 단결의 무기인 당을 먼저 창건하고 그 두리에 온 민족이 뭉쳐 일떠세운 것이 우리 공화국이였다. 어버이수령님의 공화국 령도사는 일심단결의 위력으로 혁명 앞에 가로놓인 온갖 난국을 뚫고 주체혁명 위업을 승리에로 전진시켜 오신 력사이며 '이민위천'의 사상에 기초하여 인민에 대한 사랑과 믿음의 정치, 광폭정치로 천만 사람을 한품에 안아 정치적 생명을 빛내여주시고 위훈의 창조자로 키워주신 력사였다. 장구한 인류력사에 어느 때나 있었던 인민이였다. 심장으로 받들 위인이 없어 천년강국의 력사를 이을 수 없었고 위대한 수령을 모시지 못해 망국의 쓰라린 고통과 노예살이를 강요당하였던 인민이였다. 그런 인민이 위대한 수령 김일성동지의 손길아래 자주

적 근위병이 되었다. 창건된 지 2년도 안되는 청소한 공화국이 세계 '최강'을 뽐내던 미제침략자들을 꺼꾸러뜨린 놀라운 군사적 신화도 수령과 군민이 혼연일체가 되어 안아온 단결의 신화가 아니였던가. 전후 재더미우에서 천리마가 날아오르게 한 전설 같은 이야기도, 남들이 수백 년 걸린 공업화를 14년 동안에 완수한 력사적 기적도 수령은 인민을 믿고 인민은 수령을 믿고 떨쳐나선 단결의 전설이였다. 행복의 요람속에 인민을 재우시고 현지지도의 길을 떠나시여 언제나 인민들 속에 계시며 어려움이 있으면 몸소 풀어주시고 괴로움이 있으면 함께 나누시였으며 난관이 앞을 막을 때면 인민의 목소리에서 힘을 얻으시고 방대한 과제가 나서면 인민에게 호소하여 기적을 창조해오신 우리 수령님이시였다. 력사상 처음으로 참다운 단결의 시원을 열어놓으시고 한평생을 바치시여 단결의 만년토대 우에 우리 공화국을 올려세워주신 어버이수령님의 하늘 같은 업적은 천추만대에 길이 빛나리라. …"

■ 삶이 영생으로 법제화되다

가. 「조선로동당규약 서문(2012년 개정)」 중 김일성 관련 부분만 발췌한 서술

"위대한 김일성동지는 조선로동당의 창건자이시고 당과 혁명을 백승의 한 길로 이끌어오신 탁월한 령도자이시며 조선로동당과 조선인민의 영원한 수령이시다.

위대한 수령 김일성동지는 영생불멸의 주체사상을 창시하시고 항일혁명의 불길 속에서 마련하신 당 창건의 조직사상적 기초와 빛나는 혁명전통에 토대하여 영광스러운 조선로동당을 창건하시였으며 조선로동당을 사상의지적으로 통일단결되고 높은 조직성과 규률성을 지닌 강철의 당으로, 인민대중의 절대적인 지지와 신뢰를 받는 위력한 당으로, 주체혁명의 대를 굳건히 이어나가는 불패의 당으로 강화발전시키시였다.

위대한 수령 김일성동지는 혁명무력과 인민정권을 창건하시고 혁명의 주체적 력량을 비상히 강화하시였으며 항일혁명투쟁과 조국해방전쟁, 민주주의혁명과 사회주의혁명을 승리에로 이끄시여 민족해방, 계급해방의 력사적위업을 이룩하시고 사회주의 건설을 힘 있게 다그쳐 이 땅우에 자주, 자립, 자위로 위용떨치는 인민대중 중심의 사회주의나라를 일떠세우시였으며 조국통일과 인

류자주위업수행에 거대한 공헌을 하시였다.…"

나. 조선민주주의인민공화국 사회주의헌법(2012년 개정) 서문에 대한 해설

"조선민주주의인민공화국은 위대한 수령 김일성동지와 위대한 령도자 김
정일동지의 사상과 령도를 구현한 주체의 사회주의조국이다.
위대한 수령 김일성동지는 조선민주주의인민공화국의 창건자이시며 사회
주의조선의 시조이시다."

위 인용문을 직역하면 '조선은 곧 김일성'이다. 그리고 특징적으로는 창
건자와 시조를 거듭 병렬하여 썼다. 그게 그 뜻 같지만, 그렇지 않다. 창건
자가 겉으로 보이는 조선이란 나라를 만들었다는 것이라면, 시조는 '사회
주의 조선'을 창건함과 함께 그 국가 틀 안에 있는 무형의 사상, 제도, 문화
등 모든 것에 대해서 시조라는 의미일 것이다. 그리고 시조를 굳이 헌법에
규정한 까닭과 관련해서는 고조선 하면 단군, 고려 하면 왕건, 조선 하면
이성계이듯, 사회주의조선 하면 김일성이란 인식을 북한주민들에게 각인
시키고, 그 결과 조선의 정통성은 김일성(의 백두혈통)만이 유지할 수 있다
는 관념이 온 사회에 뿌리내리기 위한 조치로 보인다. 또한 시조에 따른
조치가 김일성이 태어난 1912년을 원년으로 하는 '주체 ○○년'이란 연호를
사용토록 한 것일 텐데, 앞에서도 살펴본 봐와 같이 예수 출생일을 서기력
으로 하는 것과 같은 반열에 김일성이 올려 졌음을 대내외에 과시한 것으
로 보인다.

2. 김일성, 남한의 시각에서 보다

국가인권위원회가 2004년 8월 국회에 제출한 「국가보안법 적용상 인권
실태」에 관한 보고서에 실린 실제 이야기이다. 유신정권 때인 1970년 김

아무개는 자신의 집을 허무는 철거반원들에게 화가 나서 "김일성이보다 더한 놈들"이라고 소리쳤다가 구속, 재판 결과는 '이적행위'로 1심과 2심 재판에서 실형을 선고받았다.

위 이야기에서 그런 상황을 초래한 근본 원인을 한 단어로 표현하자면 '분단', 이 단어 외에 그 어떤 단어를 같다 붙인다 하더라도 적확한 표현이 될 수는 없을 것이다. 따라서 이—'분단'이라는 한 단어는 현재의 남한과 북한을 가장 잘 상징적으로 표현해주는 개념일 수밖에 없다. 그런 분단이 벌써 70년이 지나 2015년을 맞이하였고, 살펴보았듯이 세월과 비례해서 남북한체제는 이완되고 가까워진 것이 아니라, 정확하게 반비례해서 남과 북은 서로 대립하고 갈등하고 있다. 그 한가운데 김일성이라는 인물이 중심을 차지하고 있다면 너무 과장된 표현일까? 그런데도 우리는 약 반세기에 해당하는 (북한에 있는 우리의 동포를) 49년 동안 통치한 김일성에 대하여 제대로 알기커녕, 왜곡되고 편협 된 시각으로 바라보고 있지는 않았는지 하는 반문에 시달리고 있는 것이 또한 엄연한 사실이다.

괴뢰정권의 독재자이자 인민 위에 군림하고 있는 천하의 통치자일 뿐으로 말이다. 즉, 김일성의 항일무장투쟁 사실은 부인되고(혹은, 김일성을 '가짜'로 여기고), 북한 주민들은 김일성을 싫어하면서도 공포감 때문에 복종하고 있는 척하고 있다는 인식을 거의 정설처럼 굳게 믿었었다. 그런데 여기서 재밌는 한 사실은 전향자나 탈북자들의 경우 북한체제를 비판하면서도 김일성에 대해서는 비판을 삼가는 경향을 일부 보여주고 있다는 것이다. 그 한 예로 이미 고인이 된 '주체사상의 설계자' 황장엽(망명, 노동당비서 및 김일성종합대학 총장 역임)도 김정일에 대해서는 매우 신랄하게 비판하지만, 김일성을 평가하는 데에는 매우 신중한 입장을 보이고 있다는 사실이 그것이다.

분단과 반공, 국가보안법과 체제 경쟁은 이처럼 남한 사회에서 김일성이라는 인물을 제대로 이해하기 어렵게 만들었다. 그 논쟁의 핵심 요인에는 뭐니 뭐니 해도 김일성 인물에 대한 진위여부 문제가 있다.(김일성 가짜론 對 김일성 진짜론) 다음으로는 과연 김일성이 항일무장투쟁에서 차지하는 비중을 얼마나 높게 볼 것이냐이다(김일성 왜소론 對 김일성 민족해방론). 특히 후자의 경우에는 '김일성이 항일무장투쟁을 했다고 치자, 그런데 그 정도로 유명해져야 할 김일성이 맞는 거야?' 하는 문제의식이 담겨져 있다.

아울러 이 둘의 문제의식에는 이미 학술적으로는 정돈된 결론이 있는 것도 있고, 아직까지도 논쟁 중인 것도 있다. 그 중심에 남한에서는 현재까지도 김일성에 대한 진실 논쟁이 존재한다는 사실을 인정하는 것과 함께, 동시적으로 김일성에 대한 편견이 지금도 많이 존재하고 있다. 그러나 다음 글은 우리에게 많은 시사점을 준다. 1960년대 '나는 새도 떨어뜨린다'던 중앙정보부 부장을 역임했던 김형욱의 얘기이다.

"김일성(金日成)에 대해서도 한마디 안 할 수 없다. 전직 대한민국의 중앙정보부장이었던 내가 이런 발언을 한다면 소스라치게 놀라는 사람이 많을 것이다. 그러나 사실은 사실로서 받아들여져야 한다. 그것이 비록 당장은 충격파를 가져올 수 있으나 장구한 민족사의 체계로 보아서는 오히려 바람직할 수 있다. 나는 진실을 말한다면 해방 전에 25세 약관의 김일성이 항일(抗日) 무장게릴라전을 지휘하였고 한때는 중국공산당 만주지역의 동북항일군(東北抗日軍) 소속으로 압록강 및 두만강 연안에서 항일운동에 헌신했다는 것을 알고 있었다. 비록 규모가 적기는 하였으나 그가 함남(咸南)의 길주(吉州), 명천(明川) 등지의 남삼군(南三郡)에 상당한 조직을 가지고 있었고 보천보(普天堡) 전투를 지휘한 사실도 알고 있었다. 그런데 어인 일인지 김일성은 완전한 '가짜'라는 대목이 이승만 정권 이래 한국의 반공전선 교육의 가운데 토막이 돼오고 있었다. 이것은 공화당 정권에 들어서서 더욱 강화되었다. 아마도 친일(親日)을 했던 이승만 휘하의 대부분 관리들과, 친일 정도가 아니라 한 걸음 더 나아가 일본군 장교가 되어 독립군을 때려잡았던 경력이 있는 박정희에게는 김일성의 그만한 경력도 묵살하고 싶었는지도 모른다. 부끄러운 일이지만 나는 재직 중에 김일성의 경력을 인정해 주고 비판할 것은 비판하는 식의 보다 현실적이고 합리적인 반공교육 체계를 확립하는 데 성공하지 못하였다. 김일성이가 완전 '가짜가 아니고 사실은 '진짜'라고 교정하는 데 있어서는 중앙정보부장인 나도 겁을 먹고 조심을 해야 할 만큼 한국의 반공문화(反共文化)는 무서운 존재였다. 한국에서 용공(容共)이란 딱지는 천형(天刑)만큼 잔인한 저주였다."(김형욱·박사월,『김형욱 회고록』Ⅱ, 아침, 1985, 271쪽)

그 당대의 중앙정보부장도 김일성에 대해서만큼은 반공정권과는 다른 목소리를 낼 경우 천형(天刑)이라는 형벌을 두려워할 만큼 김일성의 '진짜설' 인정은 허용되지 않은 가장 강력한 금기어였다. 또한 1986년 면책특권을 가진 현역 국회의원인 유성환 의원이 정기국회 본회의에서 정부의 정책에 관한 질의를 통해 올림픽에 즈음하여 우리의 국시를 '반공'에서 '통일'로 고치자고 제안했다가 '용공'으로 매도되어 즉각 구속된 사건도 기억할 것이다. 그 뒤 유성환 국회의원은 우리 국민들의 뇌리에서 완전히 살아졌다.

■ 김일성 가짜론

김일성과 관련하여 천형(天刑)의 형벌일 수밖에 없었던 이유는 김일성이 가짜냐 진짜냐 이런 논쟁 그 자체가 아예 불가능한 시대를 우리는 살아왔기 때문이다. 가짜라는 일방적 주장을 철석같이 믿고 살아가는 '외눈박이' 인식 외에, 그 어떤 것도 정상적일 수없는 시대였다. 한 국가의 최고지도자였지만, 생전이나 사후에나 그 직책, '주석'이 불러져서는 안 되는 '김일성'이었다. 그러기 위해서는 대한민국 국민임을 포기해야 할 만큼 엄청난 용기가 필요했다. 이와 관련한 한 에피소드가 있다. 1994년 7월 8일 김일성주석이 사망한 그 다음날『한겨레신문』1면에 '김일성주석 사망'이라는 대문짝만한 제목의 기사가 나갔는데, 항의 전화가 엄청나게 빗발쳤다고 한다.『동아일보』와 같이 '김일성 사망'이라는 제목이어야 했던 것이다.

▲당시 『한겨레』 신문과 『동아일보』의 머리기사 제목

이에 대해 이재봉 교수는 이렇게 되묻고 있다.

"생전에 좋은 사람(의인, 義人) 없고 사후에 나쁜 사람(악인, 惡人) 없다는
말처럼, 살아서 아무리 못된 짓을 저질렀어도 죽고 나면 그 허물이 덮어지는
게 보통인데, 그는 살아서나 죽어서나 여전히 원수일 뿐인 것이다. 도대체 김
일성이 어떤 사람이고 무슨 일을 했기에, 그보다 나쁜 사람은 있을 수 없고,
그에겐 공식 직함도 붙일 수 없으며, 죽은 것을 반기면서도 우리가 직접 죽이
지 못해 원통하게 여기고, 명복을 빌기는커녕 조의 표명도 해서는 안 되는 걸
까."(『두 눈으로 보는 북한』, 104쪽)

하지만, 여기서 우리가 하나 알아야 할 것은 국민만 속아왔다는 사실이
다. 집권층의 권력 유지를 위해 너무나 완벽하게 또는 너무나 철저하게 '악
마화된' 김일성이 필요했고, 이를 국민들에게 강요해왔던 것이다. 자신들
은 다 알고 있으면서도 말이다. 대한민국에서 가장 보수적이고 반북적인
대중잡지로는 타의 추종을 불허하는 『월간 조선』 1998년 9월호에 최보식의
「장세동 · 김일성 비밀회담의 생생한 대화록」이라는 제목의 글에서 1985년
10월 당시 안전기획부장이였던 장세동이 전두환 대통령의 친서를 갖고 밀

사로 방북하여 김일성 주석과
만난 대화록이 공개가 되었는
데, 그 첫대목이 이렇다.

이때 안전기획부장 특별보좌관 두 명이 함께 동
행 하였는데 그 인물들은 다름 아닌 박철언과
강재섭이었다. 다들 아시다시피 박철언은 1970
년대 공안검사 출신으로 국회의원을 세 번 하고
노태우 정부 때는 노태우 정부의 '황태자'라는
Power Naming과 함께, 이른바 '북방정책'의 설계
자로 알려져 있다. 강재섭 역시 1970년대 검사
출신으로 2008년까지 국회의원 다섯 번, 한나라
당 대표 등을 맡았던 전형적인 보수 인물이다.

"그동안 일제하의 항일투쟁
을 비롯하여 40년간 김주석께
서 북녘 땅을 이끌어 오시고 그
동안 평양의 우뚝 솟은 의지를

보고 이러한 발전을 위하여 심려해 오신 점에 대한 존경과 감사를 다시 드립니
다. 대통령 각하께서는 비록 체제와 이념은 다르지만 주석님의 조국애와 민족
애를 높이 평가하고 계십니다."

유신정권 때의 김형욱 중앙정보부장도 그랬고, 박정희 정권 이래로 리틀
박정희 정권 이라는 애칭을 갖고 있었던 전두환 정권 때의 안전기획부장
장세동의 증언도 이렇게 확실한데, 이 보다 더 확실한 물증이 왜 필요하단
말인가? 특히 제 아무리 외교적 레토릭(Retoric)이라 하지만 현직 안전기획
부장이 김일성의 면전에서 그의 항일투쟁에 대해 단순하게 인정한 것을 넘
어 존경과 감사까지 드린 것은 한편으로는 '대단한' 것이기도 하지만, 다른
한편으로는 국민을 철저히 '기만한' 행위이기도 하다. 이뿐만이 아니다.
1994년이면 김영삼 정부 시절이다. 안전기획부 산하기관이면서 당시 북한
전문 통신사였던 내외통신이 『북한조감』이라는 책에서 김일성을 이렇게
표현하고 있다.

"1930년 김성주(金成柱)를 김일성(金日星)으로 개명, 1931년 중국공산당
입당, 1932년 중국공산당 조선인부대 지대장, 1935년 김일성(金日成)으로 재
개명, 1936년 조국광복회 조직, 1937년 6월 함남 보천보 습격 …… 1945년 10
월 '김일성장군' 환영 평양시 군중대회에 등장……"

▲『북한조감』의 표지(좌상)과 '참고' 쪽지(좌하) 그리고 '부록 1'(우)

　　김일성이 '가짜'가 아니라 '진짜'임을 알고도 국민들을 속인 이들은, 더 나아가 지금도 침묵하고 있는 수많은 수구·보수 세력들은 역사 왜곡이라는 범죄를 저지르는 범인이라는 사실을 알까, 모를까?

　　백번 양보하여 그 어떤 역사적인 인물에 대한 평가는 보는 견해에 따라 달라질 수 있다는 것을 인정한다 하더라도 그에 대한 사실(fact) 그 자체는 각각 갖고 있는 이념이나 사상, 신념이나 가치관, 교양 혹은 지식, 주변 환경이나 시대 변화 등과는 상관없이 언제나 누구에게든 모두에게 똑 같아야 하는 것이 그 어떠한 진실보다도 '더 정직한' 진실이어야 하지 않는가? 적어도 김일성에 대한 해방 이후의 정치적 평가는 '6·25전쟁'의 주범이고 이 지구상에서 전무후무한 '전제군주제'를 실시했다는 등 그 평가 대목에서는 서로의 이해와 견해가 상충하고 엇갈리더라도 '항일독립운동'을 했던 김일성이 그 김일성이어야 한다는 사실은 그 어떤 잣대로도 바뀔 수가 없어야 한다.

가. 김일성 가짜론 주창자들

김일성이란 이름의 전설적인 장군이나 만주에서 항일무장투쟁을 벌였던 김일성장군은 존재하나, 북한의 김일성은 45년 소련에 의해 등장하여 그 이름을 가로챘다는 것이 김일성 가짜론의 핵심 논리이다. 즉, 해방 당시 국내에도 널리 알려져 있는 김일성장군에 대한 명성(그것이 백발의 노장군이든, 일제 토벌대를 공포에 떨게 했다던 항일무장투쟁 장군이든)

김일성 가짜론에 대한 주요문헌들은 다음과 같다.

- 이 북, 『김일성위조사』, 1950, 삼팔사
- 오영진, 『하나의 증언』, 1983 재발간판
- 이명영, 『김일성열전』, 1974, 신문화사
- 이명영, 『재만한인공산주의운동사』, 1975, 성균관대학교출판부,
- 이명영, 『권력의 역사』, 1983, 성균관대학교출판부
- 허동찬, 『속 김일성 평전』, 1988, 북한 연구소
- 김창순, 「한국독립운동사에 있어서의 김일성」, 『해방전후사의 쟁점과 평가 1』, 형설출판사
- 정상진, 「조국해방전선에 김일성은 없었다」, 『한국논단』, 1995년 7월
- 바 신, 「날조된 영웅: 김일성」, 『신동아』, 1992 11월
- 박갑동, 「최근 중·소문헌에 나타난 김일성의 정체」, 『월간중앙』, 1990년 6월
- 허동찬, 「서대숙교수의 "진짜김일성론"에 오류 있다」, 『신동아』, 1989년 12월

을 소련이 내세운 꼭두각시가 훔쳐 마치 자신이 그 장군인 양 행사하며 독재자의 위치에까지 올랐다는 것이 좀 더 정확하다 할 것이다. 또 이들은 김일성이 해방 이후 평양에 나타났을 때 당시 나이로 볼 때는 전설상의 김일성과 김일성 주석은 동명이인일 수밖에 없다는 주장도 서슴치 않는다. 대표적인 인물로는 이북, 김종범, 김동운, 소설가 최태응과 극작가 오영진, 그리고 김창순, 이명영, 허동찬 등이 있고, 특징으로는 이들의 이념적 성향이 대부분 친일파(후손)이거나 반공주의자들이 대부분이라는 사실이다.

먼저 오영진의 말을 들어보자.

"김일성 장군이 등단하자 군중의 입은 그들 눈앞에 전개되는 의외의 사건에 한결같이 벌어지고 눈은 의심스러이 빛났다. 백발이 성성한 노장군 대신에 확실히 30대(당시 34세)로 밖에 안 보이는 젊은 청년이 원고를 들고 마이크 앞에 다가선다. (중략) 가짜다! 넓은 장내에 모인 군중 사이에는 순식간에 불신과 실망과 불망과 분노의 감정이 전류처럼 전파되었다."(『하나의 증언』, 중앙문화사, 1983)

다음으로는 김창순의 주장이다. 김창순은 전설상의 김일성은 일본사관학교를 졸업하고 조선 독립을 위해 용감하게 싸운 사나이와 동일인이며 이 김일성은 1922년 만주에서 동사했다라고 주장한다. 즉, 원래 김일성 장군은 우리 민족의 구전상의 영웅으로 정의부 계통의 독립군 가운데 걸출한 지도자였는데

이에 대한 반박은 이렇다('진짜다'). 2001년 인하대 수학통계학부 구자흥 교수는 통계청 자료실에서 발견한 일제강점기 때 생명표를 분석한 결과를 발표하면서, 1930년대 전후 한국인의 평균수명을 남자 32.4세, 여자 35.1세로 평균 33.7라고 하였다. 또한 당시 만주지역과 백두산 밀림의 온도가 영하 30~40도였다는 것을 감안하면 십대~이십대가 아니면 매일 풍찬 노숙해야 하는 환경을 어떻게 버텨낼 수 있었단 말인가. 또 다른 한 측면에서의 반박은 이재봉 교수가 지은 『이재봉의 법정증언』, 105~107쪽 인용문에서 그 근거를 찾을 수 있다. "요즘 남한 군대에서는 나이 50 안팎에 별을 달게 되겠지만, 1950년엔 정일권이 33살의 나이로 3군총사령관 겸 참모총장을 맡기도 했다. 1950년대 한 국가의 몇 십만 군대를 지휘했던 30대 초반의 대장에 비하면, 1930년대 수백 명 규모의 유격대를 이끌었던 20대 중반의 대장은 전혀 어리지 않았다는 뜻이다. 이외에도 김일성의 나이와 관련해 주목할 만한 대목이 몇 가지 있다. 먼저, 스무 살의 김일성이 '장군' 노릇을 할 때부터 6살 위의 친삼촌 김형권이 부하대원이었고, 유격대원들 가운데 김일성보다 나이를 더 먹은 사람들(김혁, 차광수 등)이 많았다는데도 그가 항상 지도자 역할을 했다. 특히 우리에게도 널리 알려진 김책은 김일성보다 많이 배웠고 9살이나 많았지만 김일성을 깍듯이 상관으로 받들었다는 일화가 널리 퍼져있다. 나아가 분단 이후 정부를 수립할 때도 30대 중반의 김일성이 수상을 맡을 때 그 보다 나이와 배움이 훨씬 많은 지도자들이 부수상을 맡았다. 경성파 지도자 박헌영은 12살, 옌안파 지도자 김두봉은 22살, 소련파 지도자 허가이는 8살이 많았던 것이다. 그리고 '조선의 3대 천재'요〈임꺽정〉의 작가로 유명한 홍명희는 지금의 연세대학인 연희전문 교수 출신으로 24살이나 많았는데 중학교 중퇴 학력의 김일성 아래서 부수상을 지낸 것을 보면, 그의 지도력이 꽤 뛰어났던 것 같다.

(1931년 병사), 소련은 해방되던 해에 약관 34세인 김성주를 전설적 영웅인 김일성 장군으로 꾸며서 입북시키는 동시에 한국적화의 요원으로 양성해 두었던 소련 2세들을 김일성부대로 가장하여 들여보낸 것이거나, 이도 아

▲1945년 가을 '붉은 군대 환영 평양시민대회'에 참석해 모습을 드러낸 김일성.
사진: 〈http://ko.wikipedia.org〉(검색일: 2015. 6. 30)

니면 김일성은 전설의 김양녕이라는 한국인인데 1937년 일본군 전투에서
전사했다라고 주장하였다.

이명영의『김일성 열전』(1974년)은 더 가관이다. 김일성은 4명인데, 일본
육사 출신으로서 독립군으로 활동했던 김광서 등 '김일성 장군'으로 알려진
전설적 인물과, 그 다음으로는 중국공산당 예하의 유격대인 '동북항일연군'
제1로군 제2군 제6사 사장 김일성이 있었는데, 본명은 김성주(金成柱)이고
모스크바 공산대학 출신으로 1934년 동북인민혁명군 제2군 제2사가 성립
될 때 정치위원으로부터 시작하여 제2군 3사장을 거쳐 1로군 제2군 제6사
장이 된 인물이자 그 유명한 보천보 전투를 이끈 장본인이라는 것이다. 하
지만 이 김일성은 1937년 11월 일본군에 의해 사망했으며 그 근거로 1937년
11월 18일자『경성일보』기사를 들고 있다. 세 번째 인물로는 1937년 11월
에 사망한 김일성의 명성을 그대로 활용하기 위해 소련에서 활동해온 소련
육사 출신의 김일성이 1938년 봄 6사의 새로운 지휘관으로 파견되어 활동
한 김일성이 있다는 것이다. 1938년 4월부터 부대를 이끌고 활동하다가

1939년 초에 조직 개편된 항일연군 제1로군 제2방면 군장이 되었으며 1940년 12월 일제의 토벌을 피해 소련으로 입소했으나 1944~1945년 사이에 소련에서 죽었을 것으로 추정된다는 것이다. 그리고 마지막 네 번째 인물이 바로 현재 북한의 김일성으로 본명은 김성주(金聖柱)이고 6사장, 2방면 군장 김일성의 부대에 소속된 부하였으며 소련에 의해 북한의 지배자로 앉혀진 인물이라는 것이다.

김일성 가짜론에 관련해서는 또 한사람의 인물을 주목해야 하는데, 다름 아닌 허동찬이다. 그를 주목하는 것은 김일성 가짜론의 마지막 주창자이면서 그 나름 이론적 접근을 하고 있기 때문이다. 즉, 허동찬 이후 이론으로서의 김일성 가짜론은 더 이상 그 명맥을 잊지 못했다. 어쨌든 그는 『속 김일성 평전』에서 1930년대 항일무장투쟁기의 김일성은 2명이라는 주장을 내놓는다. 북한의 1대 수령이었던 김일성과 항일무장투쟁을 이끌었던 김일성을 다른 사람으로 보는 것이다. 그 근거로 몇 몇 유격대를 다루고 있는 일본 관헌자료에는 김일성(金日成)과 김일선(金日善)이라는 이름이 동시에 등장하고 있는데, 현재 북한의 김일성은 이 기록상의 김일선이며, 그가 진짜 김일성의 명성까지 모두 도용해 버렸다는 것이 그의 주장이다.

나. 시기별 흐름

해방 전후

해방 전후 시기는 김일성 가짜론이 매우 활개 치는 시기였다. 그것은 남한의 입장에서 볼 때 친일과 관련 있는 세력들이 공산주의를 반대해 대거 월남하는 시기와 맞물려 있어서 더더욱 그렇다. 이 세력들은 주로 대지주들, 매판자본가들, 종교인들 등이다. 월남해야 하는 이유는 많겠지만, 그중에서도 가장 대표적으로는 1949년 초, 모스크바삼상회의 결정 내용으로 인해 좌·우익의 대립이 표면화될 수밖에 없었고, 그 와중에 북한은 토지개혁과 산업국유화를 성공적으로 진행하고 있어 이로 인해 토지와 산업시설 등을 빼앗긴 대지주들괴 매판자본기들이 대거 월남할 수밖에 없었다. 그 다음 대상자는 공산주의를 표방한 북한에서 종교의 자유를 실질적으로 보장받지 못할지도 모른다는 위기의식은 종교인들로 하여금 월남하게 만들었다. 공교롭게도 이들의 출신성분 대부분은 친일파나 반공주의자들이었기에, 김일성 가짜론은 그들 자신이 남한 땅에서 잘 정착하기 위해서도 또 살아남기 위해서라도 절박했고, 더해서 자신의 월남 정당성과 당시 진보세력을 공격할 좋은 재료였고, 더 나아간다면 우익이 좌익을 공격하기 위한 무기로는 안성맞춤이었던 것이다.

이승만 정권

이승만 정권은 우리가 김일성 가짜론이 활개 쳤을 것이라는 일반적인 인식과는 달리 김창순 등이 있기는 했으나, 의외로 김일성 가짜론의 논의가 활발하지 않았다. 추측컨대 그 배경에는 지도자의 정체성 문제에 있어 굳이 이승만이 김일성을 견제해야 할 필요성이 없었기 때문인 것으로 보인다. 즉, 이승만의 입장에서 볼 때는 단정이냐 연정이냐를 놓고 가장 첨예하게 대립하고 있던 적국의 지도자인 김일성이 굳이 진짜냐 가짜냐 하는 논쟁 그 자체로 인해 부각되는 그 자체가 이롭지 못하다는 정치적 입장과 함께, 이승만 자신이 독립운동 시절부터 이미 서로의 이름 정도는 전해 들었을 김일성을 완전히 부정해 버릴 급박함까지는 없었던 것으로 추정할 수 있다. 또 이승만 자신에 대한 정치적 평가는 분분할 수 있겠으나, 자신의 독립운동 경력 그 자체에 대한 강력한 자신감도 작용한 듯하다.

이 기간 중에서도 예외가 있는 시기가 있었으니, 다름 아닌 한국전쟁 기간이었다. 이때는 적국 지도자에 대한 공작적 성격으로 널리 쓰인 듯하다.

그렇게 보는 이유는 한국전쟁 당시 육군 참모총장을 지낸 백선엽(白善燁)을 비롯한 대부분의 국군고위 장교들은 일본 만주사관학교 출신이거나 만주군, 그도 아니면 일본군 출신이었는데, 이들은 좋든 싫든 천황의 부하였다는 꼬리표가 달려 있을 수밖에 없었다. 이러한 자신들의 출신 성분들과는 달리 김일성은 자신들의 반대편, 즉 일본군과 맞서 싸웠던 "조선의 영웅" 김일성이었던 만큼, 이 숙명의 만남에서 이들은 김일성의 정체성을 흔들 필요가 더욱 절실할 수밖에 없었다. 바로 이런 이유로 하여 한국전쟁 당시에, 김일성을 가짜로 모는 선전이 집중적으로 행해졌다. 공보처의 발표, 『미국의 소리』방송, UN의 기상 삐라 등이 그 예다.

박정희 정권

대한민국 등장 이후의 시기 중에서는 김일성 가짜론이 가장 활개를 펼쳤던 시기이다. 박정희 정권 시절에 그토록 김일성 가짜론이 득세할 수 있었던 요인으로는 여러 가지가 있겠으나, 이 책에서는 김명섭의 『해방 전후 북한현대사의 쟁점』(한길사, 1989) 130~132쪽에 서술된 내용과 『MBC』의 「이제는 말할 수 있다」에서 방송된 두 자료를 참고하여 두 측면에서 집중적으로 살펴보고자 한다.

우선은 이승만 정권 시절 김일성 가짜론이 비교적 잠잠할 수 있었던 논리와는 같은 이유이지만, 그 정반대의 논리에 의해 발생한 측면이 있다. 다름 아닌 박정희의 개인적 경력 아킬레스건 때문이다. 아시다시피 박정희의 출신성분과 일본명은 만주사관학교 출신의 다카키 마사오이다. 실례로 일본의 관헌 자료에 따르면 김일성의 경우에는 국경지의 주민들로부터 "아들을 낳으면 김일성 같은 위인이 돼라"고 빌었다고 할 만큼 추앙을 받고 있었다는 기록이 있는 반면, 박정희는 일본육사를 졸업할 당시 육사교장으로부터 "모든 조선의 젊은이는 오카모도 소위를 본받으라"는 칭찬을 들었다는 기록이 남겨져 있었다.

다음으로는 반공주의 이념이 이승만 정권 시절부터 시작되었지만, 박정희 정권 시절에 들어와서는 더 강화된 측면이 크다. 이 시기에 김일성 가짜론이 득세하고, 김일성 가짜론이 체계적으로 전파된다. 동서냉전의 심화와 유신독재정권의 체제 이데올로기의 대립 속에서, 반공·반북한 캠페인의 일환으로 김일성 가짜론은 더욱 강조될 수밖에 없는 상황으로 치닫게 되는데, 이것이 남북한 현대사에 있어 체제경쟁이 가장 심했던 1970년대와 맞물려있기 때문이다. 더군다나 이때까지만 하더라도 남한이 유일하게 체제경쟁에서 뒤지던 시기였던 만큼, 박정희 정권 입장에서는 자신이 5·16 군사쿠데타로 군사정권을 태동시킨 만큼, 그 정치적 약점을 보완하고, 더 나아가서는 그 정통성을 보증해 주는 이론으로, 또한 체제 수호 이데올로기로서의 중요한 의미를 가지고 있을 수밖에 없었다.

그러다보니 정권의 전폭적인 비호와 지지를 받으면서 항일 독립운동가로서의 김일성에 대한 약력은 감춰지고 악의적으로 왜곡될 수밖에 없었던 것이다. 이와 관련하여서는 『MBC』에서 방송한 「이제는 말할 수 있다」에서 이후락은 당시 박정희가 김일성에 대해 직접 조사해 오라며 이명영을 일본에 보냈던 사실을 증언한 데서도 알 수 있다. 또한 박정희의 개인적인 경력으로 봤을 때도 일본육군사관학교(만주사관학교) 출신이라는 것이 어쨌거나 항일 독립운동을 탄압할 수밖에 없었던 위치에 있었고, 그런 만큼 그로서는 치열하게 남북한 체제 정통성 경쟁이 진행되고 있는 상황에서 만약 김일성이 진짜 김일성이라면 체제경쟁에서 밀릴 수밖에 없는 상황을 염두에 두지 않을 수 없게 만들었다. 결국 이러한 상황들이 박정희로 하여금 김일성 장군과 북한의 김일성을 분리해 내어 북한의 지도자인 김일성에게 가짜라는 누명을 씌우게 될 수밖에 없었고, 그 결과로 자신은 5·16 군사쿠데타라는 정치적 약점을 감추고 싶었는지 모른다.

다. 선전수단

삐라

삐라는 한국전쟁 시기 가장 주된 심리전 도구였다. 정용욱, 「6·25전쟁기 미군의 삐라 심리전과 냉전 이데올로기」, 『역사와 현실』 51호(2004)에 따르면 당시 삐라는 UN군에 의해 25억 장이 살포되었는데, 이 삐라의 주된 목적 중 하나가 가짜 김일성론을 선전하는 데 있었다.

그리고 이것이 주는 정치적 의미는 삐라라는 것이 선전수단의 특성상 논리를 전하기보다는 김일성이 가짜라는 사실만을 무작정 설파하면 되는 것이기에, 김일성 가짜론 유포의 초기 형태에 딱 들어맞는 선전수단이라 할 수 있었다. 그 한 예로 위 그림에서 김일성은 애초부터 가짜라는 표식을 달고 있으며, 남(타인)의 행세만을 하다 보니 결국 자신의 얼굴을 잃어 버

렸다는 내용을 하고 있다. 아울러 이 정도, 김일성을 아예 가짜라고 단정해버릴 정도의 삐라가 통할 수 있었다는 것은 어느 정도 김일성의 정체에 대한 논쟁이 해방 직후 있었던 것을 반증한다.

또한 김일성 가짜론이 한국전쟁 시기 삐라라는 선전수단을 통해 급속도로 전파될 수 있었다는 것은, 전쟁이 갖는 특성의 반영과 연관하여 생각하지 않을 수 없다. 아시다시피 전쟁이라는 상황은 안정적이고 긴 시간이 필요한 학술적 통로보다는 손쉬운 선전수단이 필요했다. 특히 북한군을 통해 끊임없이 반복되던 대남방송이라는 심리전에 대해서도 효과적으로 대응하기 위해서는 삐라만한 선전수단이 있을 수 없었다. 이처럼 삐라는 김일성 가짜론을 전쟁이라는 특수한 상황에서 가장 현실적으로 활용할 수 있었던 선전수단이었다.

교과서

교과서에서는 6월 민주화운동이 전개된 1987년 전후까지 국민윤리, 도덕 등 전 학년에 걸친 모든 교과서에서 이 김일성 가짜론을 언급하고 있다. 여느 학술서보다 교과서에서는 그 내용이 더 체계적이고 정교하게 그 학문적 엄밀성을 갖춰야 하나, 어떻게 된 영문인지 여느

> 예들 들면 다음과 같다.
> 중학교『도덕 1』, 1982, 문교부.
> 중학교『도덕 1』,1989, 문교부.
> 고등학교『국민윤리』, 1980, 한국교육개발원.

학술서보다 더 논리적 근거 없이 그냥 '가짜' 김일성, '꼭두각시' 김일성이라고 주입하는 식의 서술이 반복될 뿐이었다. 이는 이명영식의 학술적 논의가 초등학생이나 중학생 등을 교육하는 데는 그리 적합하지 못했을 것이라는 데서 연유하고 있지 않을까 싶다. 또 무엇보다 그럴 필요도 없었다. 교과서라는 통로를 제외하고는 북한에 대해 아무 것도 전해들을 수 없도록 통제된 상황, 거기다가 학교 선생님들도 정부 당국(문교부)에서 내려온 교육지

침서에 의존할 수밖에 없었고, 또 거기다가 그런 선생님들에 의해 가르침을 받는 학생들이 교과서를 비판하며 받아들일 여지는 더더욱 없었기 때문에 번거롭게 교과서의 내용을 엄밀하게 채울 필요도 없었던 것이다.

그렇게 3년 후 그 학생들이 졸업한 후 일반 시민(혹은, 군대·대학)으로 생활하게 될 즈음에도 김일성에 대한 실질적인 재교육이 전혀 이뤄지지 않기 때문에 학생 때의 그 생각, 즉 김일성이 막연한 가짜라고만 알고 있는 그 인식에서 한 발짝도 더 못나가는 것이다. 그래서 발생하는 웃지 못할 해프닝은 김일성이 '가짜'라는 것은 알겠는데, 왜 가짜인지 그 논리적 근거에 대해서는 전혀 모르는 '희한한' 상황이 발생하는 것이다. 그런 측면에서 교과서는 김일성 가짜론을 매우 효과적으로 선전할 수 있었던 선전수단이었던 것이다.

군(軍) 정신교육

학계에서는 아직까지 군 정신교육과 김일성 가짜론의 상관관계가 실질적인 의미에서 학술연구가 이루어진 것이 없으므로 문헌이나 자료 등을 통해 군대에서 얼마나 광범위하게 김일성 가짜론이 선전되고 교육되었는지를 가늠할 수는 없다. 다만, 대한민국의 남자라면 그것도 1987년 전후 군복무 경험이 있는 사람이라면 (박정희의 유신 시절과 전두환의 독재 시절 군복무 경험은 더 말할 나위도 없고) 누구나 그렇게 생각할 수 있듯이 군 정신교육을 통해 김일성 가짜론에 대한 편협된 지식을 얻었다는 것은 부인할 수 없는 상식으로 생각할 수 있다.

그리고 그렇게 생각하는 것이 합리적 추론인 것은 교과서에서조차도 학생들에게 김일성이 가짜 김일성이라고 공공연히 교육되고 있었던 마당에 군대에서는 이보다 더했으면 더했지 약하지 않다는 것은 명약관화하기 때문이다. 더한 것은 1987년 6월 민주화운동 이후에, 또 그보다 더 이

후인 김일성의 사망 이후에도 1987년 전후에 전역한 군복무의 경험자와 마찬가지로 자신들이 어떤 생각을 갖고 있던 상관없이 거의 모두가 김일성 가짜론을 군부대에서 전해 들었던 적이 있다고 대답했다는 사실이다. 이는 결국 김일성 가짜론이 최근까지 살아남은 곳이 군대라는 사실을 말한다.

언론

김일성 가짜론의 선전수단으로 보자면 군대만큼이나 언론도 오랫동안 지속적이고 끈질기게 전파해온 매체이다. 실제 이명영은 『김일성 열전』을 중앙일보에 연재기획 형식으로 연재했으며, 박갑동도 김일성에 대비되는 박헌영을 의도적으로 부각시키는 기획기사를 중앙일보에 연재한 바 있다. 여기서는 디지털화 되기 시작한 1990년대 이후부터 김일성 가짜론이 어떻게 재생산되어 왔는지를 살펴보고자 한다.

다만, 1990년대가 비교적 북한에 대한 열린 인식이 움트고 김일성 인정론 등의 학술적 연구 등도 많이 진척되어갔기 때문에 언론도 이 경향에 맞게 1970년대의 권위적이고 폐쇄적인 분위기에서는 점차 벗어나고 있었다는 사실만큼은 충분히 감안해야 한다는 점이다. 『한국언론재단』(http://www.kinds.or.kr)에서 그 기간을 1990년 1월 1일부터 1999년 12월 31일까지로 하고, 종합일간지와 월간지 등을 그 대상으로 하여 확장동의어 검색 탭에서 '김일성', '가짜(사이비)'를 검색어로 집어넣고 검색을 실시한 결과 그 예측을 확인시켜주는 의미있는 데이터가 나왔기 때문인데, 이는 역설적이게도 1990년대 이후에도 여전히 김일성 가짜론이 얼마나 정치적 의도를 가지고 확대 재생산되고 있는지를 잘 보여준다.

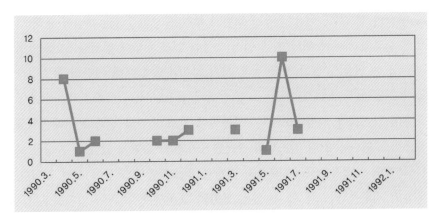

▲ 1990년 3월~1992년 2월까지 『한국언론재단』에서 제공한 검색 탭에서 김일성(가짜)을
검색어로로 한 조사 데이터

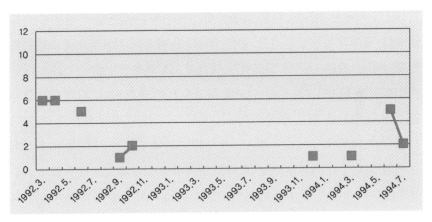

▲ 1992년 3월~1994년 8월까지 『한국언론재단』에서 제공한 검색 탭에서 김일성(가짜)을
검색어로로 한 조사 데이터

위 그래프에서 그래프의 빈도수로 분석해 볼 때 1990년대의 기간 중에서
가장 주목할 만한 시기는 1990년 3월부터 1994년 8월까지이다. 이 기간 중
1990년 4월~11월, 1991년 6월, 1992년 4월, 1994년 7월의 기사 수는 김일성과
관련된 내용이 많이 보도되었는데, 먼저 1990년 4월~11월은 소련과의 관계

가 핵심인 것 같다. 이유는 당시 소련과 북한은 사회주의권 개방에 관해 서로의 시각의 차이가 워낙 커서 여러 마찰이 있을 수밖에 없었다. 이를 반영하듯 소련 언론은 특히 개방 전후 시기 북한체제에 대해 비판의 목소리를 높이고 있었다. 소련으로서는 그럴 수밖에 없었던 것이 사회주의권의 개방 흐름에 강력하게 저항하고 있는 북한이야 말로 소련의 전략적 이해관계를 훼손하고 있다는 소련 지도부의 정치인식이 깔릴 수밖에 없었고, 그러다 보니 북한의 약점을 건드려 북한의 저항을 최소화할 필요성이 컸던 것이다. 북한의 저항을 최소화 할 수 있는 북한의 그 약점은 소련이 일제로부터의 해방과 한국에서의 전쟁 때 참전을 했기 때문에 그 과정에서 획득되어진 정보, 즉, 북한정권의 정통성과 관련된 것, 또는 김일성의 항일빨치산투쟁 경력과 관련된 것 등에 대해 새로운 정보를 언론에 흘리는 것이었다.

소련의 이러한 의도된 북한 깔아뭉개기(?) 전략은 대한한국 신문의 속성상 북한 체제의 정통성을 흔들 좋은 호재였기 때문에 적극적으로 소련언론을 활용하는 것은 너무나 당연하다 하겠다. 그 연장선상에서 소련은 대한민국과 함께 1990년 9월 30일 한-소 국교수교를 맺게 된다. 사회주의 모국인 소련과 수교를 맺은 한국으로서는 북한에 대한 체제 우월감을 갖게 되는 호기가 되었다. 이렇듯 1990년 4월부터 11월에 이르는 시기 동안 등장하는 가짜 김일성에 대한 기사는 소-북 관계의 어긋남과 한-중수교의 귀결이라는 결과를 염두에 두고 살펴봐야만 보다 정확하게 김일성 가짜론의 정치적 의도를 알아낼 수 있을 것이다.

또 정치적으로 주목되는 시기가 남북정상회담 성사 분위기와 이와 연동된 1994년 7월 8일 김일성의 사망이다. 이때 언론의 논조(특히 보수성향의 언론은)는 남북정상회담 성사 분위기가 뜰 때는 김일성 가짜론으로 맞불을 놓았으나, 김일성 사망 이후에는 김일성 가짜론이 거의 확 사라진다. 이유는 어디에 있을까? 단연코 김일성 사망과 함께 김일성 가짜론은 이제 더이상 유용하게 쓰일 수 있는 정치적 도구가 아니었던 것이다. 나머지도 위

그래프의 1994년 7월처럼 그렇게 정치적으로 해석하면 된다. 예를 들어 1991년 말부터 1992년 2월까지는 7·4 남북 공동선언 이후 가장 온화한 화해 분위기였다. 근거는 두 정상이 남북합의서에 합의하고 불가침 조약과 비핵화선언에까지 이르렀기 때문이었다. 반대로 1992년 3월부터 6월까지는 고조된 남북화해의 분위기가 의혹과 배신감으로 역전되어 가는 시간이기도 하다. 이유는 실무 협상 과정에서 조금 시간이 지체되자 언론에서는 서서히 북한의 진정한 의도가 의심된다는 식의 보도가 나오던 차에 북핵 위험이 게이츠의 발언 등을 통해 고조되면서 북한 핵 문제가 최고조에 이르렀던 시기가 바로 1992년 3월~6월의 시기였기 때문이다.

이로부터 우리가 예측할 수 있는 것은, 앞으로는 언론이 김일성 가짜론을 취급해야 할 필요성이 없다는 것이다. 그리고 이것이 뜻하는 것은 북한의 수령과 관련한 새로운 이슈, 예를 들어 출생설이라든가, 사생활의 문란이라든가, 독재자로서의 이미지라든가… 등등으로 그 소재가 이동될 것이라는 것과 함께, 남북관계가 좋으면 언론도 북한에 대해 호의적인 보도가 많아지는, 즉 길항관계가 형성되고, 반대로 남북관계가 좋지 않으면 북한에 대한 비판 기사가 많아진다는 패턴의 발견이다.

라. 김일성 가짜론의 운명: 김일성 가짜론이 '가짜'였다

김일성 가짜론이 퇴짜 맞는, 이유 하나

정작 국가는 단 한 번도 일반 대중들이 공개적이고 합법적으로 김일성 가짜론에 대해 공식 입장을 밝힌 적이 없다. 그러니 당연히 그 어떤 유의미한 데이터도 없다. 이유는 아마도 정권을 장악한 권력집단의 공급자 방식만이 유일한 선전수단이자 교육수단이었기 때문이었으리라. 즉, 수요자인 일반 국민들의 의식을 파악할 이유가 없었다. 불만이 있으면 국가보안법으

로 구속하고 사회적으로 격리시키면 되었기 때문이다. 그리고 그 의미는 불행히도 김일성이라는 인물에 대해 호불호를 가질 수 없는, 즉 언급되어서는 안 되는 금기의 인물이었기에 출신성분과 활동경력 등은 알려고 해서도 알아도 안 되는, 그냥 북한을 독재적으로 통치하고 있는 나쁜 권력자로 이해했어야 했다는 의미까지 내포되게 되었다. 이 연장선상에서 학술적으로는 김일성 가짜론이 이미 퇴짜를 맞았지만, 일반 국민들에게는 그간 세뇌된 인식과 언론을 통해 끊임없이 재생산되는 과정으로 인해 여전히 김일성 가짜론이 일정하게 공인되고 있다고 파악할 수 있다.

그렇지만 또한 분명한 것은 이명영과 허동찬 이후 김일성 가짜론은 서서히 외면받아 왔다는 사실이다. 앞서 언급했듯이 최소한 학계에서는 김일성 가짜론이 더 이상 받아들여지지 않고 있으며 관변 잡지나 보수 성향 월간지인『월간조선』이나『북한연구』등에서 가십거리 비슷하게 전전하고 있는 것이 현재 이들의 모습이다. 그렇게 된 데에는 1980년대 이후의 상황이 자기 발전적으로 김일성 왜소론이라는 새로운 흐름이 등장하는 배경과 일맥상통 하거나, 아니면 학생운동을 중심으로 일어났던 '이북 바로알기'운동 때문이었다. 그 결과 학술적으로는 적어도 김일성 가짜론이 박정희의 유신시대 이전에는 대안 없이 김일성이 그저 가짜라고 주장하는 수준이었다면, 유신시대 이후에는 그의 정체에 다가가려는 식으로 논의가 발전된 것이 굳이 위안이라면 위안이겠다.

김일성 가짜론이 퇴짜 맞는, 이유 둘

김일성 가짜론이 그나마 그렇게 오랜 생명을 이어왔던 것은 이명영처럼 나름 관헌 자료들을 대단히 풍부하게 활용하였다는 것이다. 그 한 예로 6사장 김일성과 2방면 군장 김일성의 활동을 재구성할 때도 1대 김일성이 사망한 것이 적혀 있는 신문기사라든가 일제 관헌 자료에 있는 조직도라든가, 2대 김일성의 것이라며 제시하는 낡은 사진이라든가 하는 것들을 증거

자료로 잘 활용했다.

그렇다 하여 그들의 주장이 대단히 학술적이고 역사적인 주장이 될 수는 없다. 왜냐하면 김일성이 가짜라고 믿는 대부분의 권력집단이 과거 친일파나 일제의 고등계 형사 출신 또는 한민당과 같은 우익단체 간부들이라는 사실은 분당상황에서 김일성이 식민지 말기의 민족적 항일영웅으로 존경받은 김일성이라면 지극히 곤란한 위치에 처할 만한 사람들이었기에, 이들의 정치적 활동에 대한 정당성과 국가적 정체성을 뒷받침해주는 역할로서 이명영과 허동찬 등과 같은 학자들이 필요했기 때문이다. 그러니 당연히 김일성 가짜론이 제 아무리 학문적 체계를 갖고 주장되고 있다 하더라도 결코 순수한 학문적 대상에서의 논쟁이라기보다는, 대한민국 정권의 체제수호 이데올로기로서 북한 지도부의 항일무장투쟁의 공적을 희석시키기 위한 논리이자 정치적인 도구라는 성격을 벗어날 수는 없었던 것이다.

거기다가 아무것도 모르고 정확한 자료를 갖고 있지 않는 상황에서는 이명영과 같은 논리적 주장이 독자들로 하여금 자칫하면 그 주장에 동조할 수도 있게 한다. 그렇지만 이러한 주장의 책들이 갖는 함정은 일본의 관헌 자료가 갖는 특성, 즉 일본에게는 유리하게 조선에게는 불리하게 서술될 수밖에 없는 자료라는 것을 무시한 서술 체계이자 사료에서 자신이 원하는 대목만을 취하여 마치 끝말잇기 식으로 연결해 놓은 것 그 이상 이하도 아님을 누구나 다 알 수 있는데도 이를 의도적으로 간과한데 있다. 그러하기에 김일성 왜소론으로 민족해방운동의 역사적 의의마저도 함께 왜소화시키는 교각살우(矯角殺牛)의 우를 범한 서대숙 교수조차에게도 자신의 저서, 『현대 북한의 지도자』(서울: 을유문화사, 2000) 171쪽에서 "과거에 김일성이 가짜라고 했던 것이 북한을 이해하는 데 아무 도움도 되지 않았다는 것을 기억할 필요가 있다. 김일성은 항일 경력이나 독립 운동을 한 적이 없는 소련의 앞잡이였으며, 소련군이 그를 북한에 데려와서 한반도의 애국지사들을 제치고 지도자로 내세웠다는 비판은 해방 당시부터 북한을 올바르게 파악하는 데 장애가 되지 않았던가?'라고 되물음을 당하고 있는 것이다.

김일성 가짜론이 퇴짜 맞는 이유, 셋

김일성 가짜론이 일정 정도 퇴짜를 맞고 있는 것은 분명하다. 그러나 이 흐름이 확인사살에 가까운 것으로 되려면 선행적으로 김일성 가짜론이 '가짜'라는 것이 이론적으로 명명백백하게 밝혀져야 한다. 그러기 위해서는 다음과 같은 필요충분조건이 필요하다.

먼저는 북한이 주장하는 것처럼 항일무장투쟁을 했던 김일성이 지금 자신들의 수령과 같다는 동일 인물이라는 것이고, 다른 한 방향은 김일성 가짜론을 펼치는 이들의 시각 그 자체에는 과연 문제가 없는가 하는 점이다. 전자는 김일성 왜소론과 김일성 민족해방운동론에서 일정하게 해소될 것이므로 여기에서는 후자의 문제인 김일성 가짜론을 주장하는 이들의 시각 그 자체에 대한 논박을 중심으로 서술하고자 한다.

그중에서도 이명영의 시각을 중심으로 서술할 것인데, 실제로 그는 6사장과 2방면 군장의 직책을 갖고 있었던 김일성들의 활동을 서술하면서 비적, 약탈, 방화 등의 표현을 줄곧 사용하고 있다. 이는 김일성이 몸담았던 유격대 활동의 가치 그 자체를 떨어뜨리려 하는 것에 치중하다 보니 의도된 단어 선택에 다름 아니다. 그렇게 보는 근거는 학계에서는 이미 '보천보 전투'로 기록되고 있는 것도 '보천보 습격'으로 그 격을 낮춰 보잘 것 없는 관공서 습격에 지나지 않았다고 주장한다든가 관공서와 민가를 구분하지 않고 그냥 태웠다든가 하는 식으로 주장하고, 그들의 유격 활동이 실질적으로 내내 약탈과 방화가 이뤄졌고, 그에 따른 조선인들의 반감까지 있었는지는 좀 더 엄밀하게 그 진위를 따져봐야 하나 이를 무시하고 내내 그러한 행동들이 있었다고 나열하고 있다. 이에 대해 역사학자 이재화는 자신의 저서, 『한국 근현대 민족해방운동사』(백산서당, 1988)에서 이명영의 이러한 시각을 일본의 시각을 그대로 계승하고 있는 것이며 그 연장선상에서 이명영을 이해할 때는 그 논리의 진위 여부도 중요하겠지만 그가 식민지적 사관을 그대로 이어 받고 있다는 점도 잊어서는 안 된다고 일갈하고 있다.

이재화의 그런 지적이 아니더라도 또 그가 취하고 있는 입장은 전형적인 흑백논리라고 밖에 말할 수밖에 없다. 실제 이명영이 김일성이 가짜라고 주장하는 근거 중 중요한 것은 (북한의) 김일성 그 자신이 이미 다른 역사를 많이 왜곡하였다는 것이다. 그 한 예로 북한 인민들 사이에 퍼져 있었다던 '솔잎을 타고 압록강을 건넜다거나 하는 것들'과 같은 신화는 분명히 과장이 이루어진 것이므로 북한에서 주장하는 김일성의 경력 같은 것들을 모두 다 믿을 필요는 없다고 하는 것이 그 예다. 하지만 여기서도 그가 놓친 것이 하나 있다. 그 과장에는 그 당시 인민들이 얼마나 일본의 속박으로부터 벗어났으면 하는 그 절박한 심정을 이해해야 하는 것이며, 그러한 소망들이 결국에는 소위 영웅을 기다리는 전설이 만들어 질 수밖에 없다는 맥락적 이해를 전혀 고려하지 않는 전형적인 1차원적 역사서술 방식이라는 것이다.(그 일례로 홍범도 장군의 경우에도 '축지법을 구사하는 홍범도 장군', '하늘을 나는 장군'등으로 불러지는 등 민중들로부터 절대적인 추앙을 받았다) 백번 양보해 북한의 역사서술에 과장이 있었다고 하여 그것이 곧 가짜 역사가 되는 것은 아니다. 그런데도 이명영은 북한의 역사에 과장된 요소가 있다는 점을 확대하여 김일성이 가짜라는 자신의 주장에까지 합리성을 부여하고 있는데, 이것은 마치 '김일성의 역사는 진짜가 아닌 부분이 있으므로 전부 가짜다'라는 식의 성급한 일반화의 오류이자 지나친 흑백논리와 같은 것이다. 이종석은 이에 대해 자신의 저서, 「북한 지도집단의 항일 무장투쟁」, 『해방 전후사의 인식 5』(한길사, 1989)에서 북한의 사료를 있는 그대로 믿는다거나 과장이 전혀 없다고 하는 것도 문제가 있겠으나, 그렇다고 그들이 명백히 역사적 흐름까지 왜곡한 것은 없다며 취할 것은 취하고 제할 것은 제해야 한다고 충고했다.

■ 끝나지 않은 논쟁: '진짜' 김일성의 진실

위와 같이 '가짜'가 아닌, '진짜' 김일성임이 밝혀졌다 하여 모든 문제가 해결된 것은 아니다. 공교롭게도 여전히 해도 남는 문제가 있다. 김일성 항일무장투쟁의 성격과 범위를 어느 정도까지 인정할 것인가? 하는 문제가 그것이다. 그러다 보니 당연히 김일성의 항일독립운동을 적극적으로 인정하자는 쪽과 그렇지 않는 쪽으로 나눠지게 되는 것이다. 그 경계 지점에 북한의 김일성이 항일유격대를 이끌었던 그 김일성이 맞지만, 이때의 항일유격대는 북한에서 주장하고 있는 항일무장투쟁의 주력부대가 아니라 중국공산당의 항일투쟁의 변방부대에 지나지 않는 아주 보잘 것 없는 소부대라는 위상 격하에 초점을 둔 김일성 왜소론 주창들이 북한의 주장에 의문을 갖고 있으므로 인해 발생하는 논쟁 지점이다. 신중한 학문적 접근이 필요한 부분이다.

이에 앞서 분명하게 짚고 넘어가야 할 것이 있다. 1930년 5월 국제공산당(코민테른) 동양선전부는 조·중공산당대표회의를 소집하여 재만 조선인 공산주의자들이 일국일당제(一國一黨制) 원칙에 따라 중국공산당에 가입하여 활동할 것을 요구하였다. 김일성도 이 원칙에 따라 1931년 10월 중국공산당에 입당하였다. 같은 해 만주사변이 발생하자 중국공산당 중앙은 만주성위에 항일유격대의 창설을 지시하였고, 이후 김일성은 1936년 3월에 결성된 동북항일연군 제1로군 제2군 제3사장(지금의 군대편제로는 사단장 직책에 해당됨)이 되었는데, 이때 그가 거느린 병력은 약 600명 정도였다. 곧이어 1936년 7월에는 유격대 편제개편으로 동북항일연군 제1로군 제2군 제6사장, 1938년 12월에는 동북항일연군 제1로군 제2방면군 군장(지금의 군대편제로는 군단장 직책에 해당됨)이 되었다. 이때부터 1939년 3월말까지 김일성은 그의 부대를 이끌고 몽강현 남패자에서 장백현 북대정자에 이르는 이른바 '고난의 행군'으로 불리는 100여 일간의 행군길에 올랐는데, 이때 엄혹한 자연과의 투쟁(凍死), 극심한 식량난과 피로와의 투쟁(餓死), 무서운 병마와의 투쟁(病死), 적과의 투쟁(戰死) 등으로 고생이 너무나 막심했기 때문에 북한은 그 행군을 가리켜 '고난의 행군'이라 명명하고 있다. 그리고 그때를 북한 스스로 동사(凍死), 아사(餓死), 병사(病死), 전사(戰死)와의 싸움이었다고 술회하고 있다.

가. 김일성 항일독립운동 왜소론

왜소론의 등장 배경

1960년을 전후하여 항일무장투쟁 시기의 연구 성과들이 축적되고, 이것이 해외에 번역·출판 되는 한편, 국내에서는(보다 정확하게는 '보수권력집단에서는'이라는 표현이 맞을 수도 있다) 4·19혁명 이후 민족통일운동이 고양됨에 따라 김일성 가짜론이 위기를 맞이하게 되는데, 이에 대응하기 위해 김일성 가짜론을 무조건적으로 주장했던 부류와는 달리 김일성 왜소론으로 이 위기상황를 넘어서려 했다. 그래서 김일성 가짜론과 왜소론은 어떻게 보면 이란성 쌍둥이로 닮아있는지 모른다. 나타난 양태는 정부에서는 국민들에게 계속적으로 김일성이 가짜임을 주입시키는 한편, 지식층에게는 이 새로운 견해를 제시하여 종전 남한 사회의 지배이데올로기로서 '김일성 가짜론'이 구가하고 있던 위치를 이어받으려는 이중전략이었다. 즉, 김일성 가짜론이 정치적 철갑만을 남긴 채 고사하려는 즈음에 이르러 김일성이 가짜가 아니라는 사실만큼은 인정하는 대신 소부대의 두령에 불과했다는 주장으로 점차 그 기반을 넓혀나가고자 했던 것이다.

이와 관련해서는 미국의 필요도 주목해 볼 필요가 있다. 이유는 미국의 입장에서 볼 때 해방 전후 한국사회에서 보편적으로 인식된 '해방군'미군이라는 이미지가 계속될 필요가 있었는데, 이를 위해서는 조선의 '타율적 해방론'이 견지되어야 하고, 조선인 스스로에 의한 항일독립운동(항일무장투쟁)

은 격하되어야 했다. 이러한 이해관계와 맞아떨어져 김일성 왜소론은 꽤 설

득력 있는 학문적 주장으로 자
리 잡을 수 있었다. 대표적인 학
자로 서대숙, 스칼라피노, 이정
식, 김준엽, 김창순 등이 있다.
김준엽과 김창순은『한국 공산
주의 운동사』(청계연구소, 1976)
에서, 스칼라피노와 이정식은
『한국 공산주의 운동사 1』(돌베
개, 1986)에서, 서대숙은『북한
의 지도자 김일성』(청계연구소,
1989)에서 각각 김일성 왜소론을 주장하였다.

> 미국의 입장에서 볼 때는 김일성이 '진짜'냐 '가짜'냐 그것이 그렇게 중요한 문제는 아니다. 또한 그 당시의 한국 상황—장면 정부의 등장이라든지, '가자 북으로! 오라 남으로! 만나자 판문점에서!'와 같은 구호에서 확인받듯이 통일운동이 활성화된 시기라는 특성 등-이 일시적이기는 하지만, 민주주의 공간이 확장된 시기임으로 미국의 입장에서 볼 때는 그러한 불필요한 논쟁보다는 "한국인 스스로 항일독립운동 한 것은 맞지만, 너희들은 힘이 부족했고 그래서 '우리'가 도와서 해방된 것"이라는 것이 보다 더 외교적 실리를 얻을 수 있다는 계산인데, 이 계산법이 '김일성 왜소론'과 이해관계가 맞아떨어진 것이다.

왜소론의 핵심 논리

김준엽·김창순의『한국 공산주의 운동사』는 이 분야에서 가장 실증적인 연구의 결과물로 있는 인증 받는 책 중의 하나이다. 그렇지만 이 책은 양가성을 지니고 있는데, 우선 왜소론의 입장이기는 하지만, 그래도 이 분야에서 가장 권위 있는 연구서 중의 하나인『한국 공산주의 운동사』에서 김일성 가짜론이 거부되었다는 측면과, 다음은 그 반대적 의미인 가장 권위 있는 연구서 중의 하나인 문헌에서 김일성이 과소평가되고 있다는 측면이 그것이다. 반면, 서대숙은 침략자 일본에 포기하지 않고 싸운 것은 중국 민족이며 조선인은 조직을 만들 생각조차 못했다는 신식민주의적 입장을 취하고 있다. 그리고 스칼라피노와 이정식의『한국 공산주의 운동사 1』에서는 김일성의 행적을 그 나름 자세히 추적하고 있다.

김일성 왜소론도 이렇듯 학자들 마다 다 통일된 것은 아니다. 그렇지만 또

한 분명한 것은 스칼라피노·이정식의 『한국 공산주의 운동사 1』에서 밝히고 있듯이 과거 몇몇 한국 저술가들이 김일성에 대해 1910년 국권상실 직후 한만 국경지대에서 활동한 전설적인 민족영웅 老김일성장군을 의도적으로 사칭한 것으로 주장했지만 정작 그 김일성장군이란 인물이 실존인물인지 밝혀주는 직접적인 자료는 존재하지 않는다. 그리고 김일성은 전설적인 김일성장군이 관여했다는 민족운동과 자신을 결부시킨 일도 없다. 김일성의 본명은 김성주이기 때문에 그가 이름을 바꾼 것은 사실이지만 이는 그 당시 상황으로 볼 때는 한인 항일독립운동가들 사이에선 아주 흔한 일로 거의 모든 항일 독립 운동가들은 한 두 개의 가명을 사용했다. 그러나 오늘날 북한을 지배하고 있는 김일성은 1932~1941년 만주에서의 소수 유격대를 이끌었던 바로 그 사람이라는 사실에서부터 출발하고 있다는 점은 분명한 공통점이다.

구체적으로는 1933년 9월 소비에트 국경지대의 뚱닝 습격, 1935년 동북항일연군 제2군에 들어간 것, 1934년 '조선인민혁명군' 창건(조선인민혁명군은 '동북항일연군 제2군' 중 조선인만으로 결성된 군대. 즉, 국내에서는 조선인민혁명군으로 불리고, 국외에서는 제2군으로 불렸다는 사실을 밝힘), 1936년 제1로군 제2군 3사의 사장 승진, 1936년 조국광복회 결성 등 북한 김일성의 주요한 경력을 거의 다 인정하고 있다.

그러나 위 책들이 북한의 주장과는 아주 미묘한 갈등과 충돌을 일으킨다. 그 한 예로 북한은 1935년 반(反)민생단투쟁 때 왕칭현에서 열린 두 차례의 회의에서 김일성이 조선인 공산주의자와 반일민족주의자들을 옹호하고 만주 공산주의자들에게 새로운 지침을 제시했다고 하였다. 반면 김일성이 이 회의에서 편협한 민족주의자들을 명철하게 비판했고, 그로 인해 김일성이 이후 정치적으로 급성장할 수 있었던 계기가 된 것은 맞지만, 이 모든 것이 김일성이 코민테른과 중공의 최고지도자들로부터 지시받았던 것에 불과한 것이라고 폄하한다. 이외에도 이들은 김일성 세력이 1936년 10월부터 국내 잠입을 한 후 본격적인 지하조직 활동을 시작한 모든 활동도 중공군의 감독하에 이루어졌다고 주장하며, 1937년 '혜산사건'의 경우도 유격대의 사기를 진작시키긴 했으나 공산주의자들과 지하공작원과 지방 조직이 모두 적발되어 그 지역의 공산주의 활동이 사실상 종식됐다고 주장하는 등 북한과는 다른 논리적 전개를 이어가고 있다. 또한 이들은 김일성이 수많은 재능 있고, 젊고 헌신적인 공산주의자들을 제치고 지도자로 떠오른 것은 오직 소련의 지원이 없었다면 불가능했다고 주장하기도 한다. 이렇게 북한과는 다른 미묘한 논조로 김일성의 업적을 깎아 내리고 있는 것이다.

해서 이들 주장의 핵심은 그 첫째, 현재 북한의 김일성은 1932년부터 1941년까지 만주에서 소수의 유격대를 이끌었던 바로 그 사람임은 분명하다. 둘째, 하지만 현재 북한의 김일성은 중국공산당의 지도를 받았던 인물일 뿐이다. 즉, 김일성의 항일무장투쟁 실체는 소위 조선인민혁명군을 이끌고 활동한 것은 맞지만 조선공산당 산하의 한 소대를 이끌고 투쟁한 것에 불과하며, 오늘날 북한이 그의 업적으로 돌리는 몇 가지 정책도 코민테른이나 중국공산당의 정책지도를 접수한 것에 불과하다는 것이다. 셋째, 만주의 조선인 공산주의자들 중에는 김일성 보다 훨씬 높은 권위와 지위를 가지고 있던 사람들이 많았던 바, 그 예로 1936년 5월 5일 결성된 조국광복회를 주체적으로 이끈 사람은 김일성의 직속 상관인 오성륜이며, 더 근원적으로는 중국공산당이었다. 넷째, 김일성은 결코 조선 해방의 주인공이 아니라 1945년 8월 소련의 북한 점령에 따라 이 지역 소련 이익의 대변자로 등용된 데 불과하다. 다섯째, 민생단사건으로 유력한 조선인 공산주의자들이 희생된 이후 지도력을 장악한 김일성이지만, 이미 그 독자성을 상실하였다.

왜소론에 대한 반론

왜소론이 갖는 본질은 4·19혁명으로 남북한 체제대립의 이데올로기가 약간 이완되는 상황, 그 기회를 잡아 반공 이데올로기를 교묘하게 활용하면서 재탄생된 김일성 가짜론의 아류라는 사실이다. 그렇게 보는 이유는 앞에서도 잠시 언급이 있었지만 김일성이라는 인물을 의도적으로 왜소화시키기 위해 학자로서는 해서는 안 되는 짓인, 즉 넘지 말아야 될 그 선—역사적 의의—마저 넘으면서 1930년대 후반 조국광복회를 중심으로 광범위하게 전개되었던 민족해방운동의 '역사적 의의'마저도 함께 왜소화시키는 교각살우의 우가 그것이다. 서대숙 교수 등은 이러한 우려를 증명해주고 있다. 당시 조선인들은 반일 조직조차 만들 수 없었다는 주장이라든지, 김일성 주도의 국내 잠입 민족해방운동을 모두 중공군의 지휘와 업적으로 돌린 스칼라피노의 주장은 김일성뿐만 아니라 조선인 전체의 주체성과 실천성을 깎아내린 것과 하등 다를 것이 없다.

이 전제하에 1936년 5월 5일에 발족한 조국광복회가 왜소론에서는 그 존재가 미비하게 취급되고 있으나, 조국광복회의 실체가 10대 강령에 잘 나타나 있듯

북한의 발표에 따른 조국광복회 10대 강령은 다음과 같다.

1. 조선민족의 총동원으로 광범한 반일통일전선을 실현함으로써 강도 일본제국주의의 통치를 전복하고 진정한 조선인민정부를 수립할 것.
2. 재만 조선인들은 조중민족의 친밀한 연합으로써 일본 및 그 주구 '만주국'을 전복하고 중국 영토 내에 거주하는 조선인의 진정한 민족자치를 실행할 것.
3. 일본 군대, 헌병, 경찰 및 그 주구들의 무장을 해제하고 조선의 독립을 위해 진정하게 싸울 수 있는 혁명군대를 조직할 것.
4. 일본국가 및 일본인 소유의 모든 기업소, 철도, 은행, 선박, 농장, 수리기관 및 매국적 친일분자의 전체 재산과 토지를 몰수하여 독립운동의 경비에 충당하며 일부분으로는 인민을 구제할 것.
5. 일본 및 그 주구들의 인민에 대한 채권, 각종 세금, 전매제도를 취소하고 대중생활을 개선하며 민족적 공, 농, 상업을 장애없이 발전시킬 것.
6. 언론, 출판, 집회, 결사의 자유를 전취하고 왜놈의 공포정책실현과 봉건사상장려를 반대하며 일체 정치범을 석방할 것.
7. 양반, 상민 기타 불평등을 배제하고 남녀, 민족, 종교 등 차별 없는 인륜적 평등과 부녀의 사회상 대우를 제고하며 여자의 인격을 존중할 것.
8. 노예노동과 노예교육의 철폐, 강제적 군사복무 및 청소년에 대한 군사교육을 반대하며 우리말과 글로써 교육하며 의무적인 면비교육을 실시할 것.
9. 8시간노동제 실시, 노동조건의 개선, 임금의 인상, 노동법안의 확정, 국가기관으로부터 각종 노동자의 보험법을 실시하며 실업하고 있는 근로대중을 구제할 것.
10. 조선민족에 대하여 평등하게 대우하는 민족 및 국가와 친밀히 연합하며 우리 민족해방운동에 대해 선의와 중립을 표시하는 나라 및 민족과 동지적 친선을 유지할 것.

이 꽤나 큰 편이고 항일무장투쟁사에서 매우 의미 있는 조직이라는 사실이다. 많은 이유가 있겠으나 바로 이 조직의 강령적 지침에 의해 전개된 전투가 보천보 전투이며 이와 관련된 조직 사건이 그 유명한 '혜산사건'이라면 어느 정도 감은 잡을 수 있다. 특히 혜산사건은 규모 면에서 볼 때는 3·1운동 이후 최대였고, 이 국내 조직이라는 것이 바로 조국광복회라는 것을 상기한다면 조국광복회를 그냥 명맥만 있는 그렇고 그런 조직으로 폄하할 일은 절대 아니다.

또한 김일성이 중국 군 내에 소속된 항일유격대를 이끌었던 것은 유격대 활동의 효율성을 위해 중국 군 내의 소속되는 것을 이용한 측면이 있다는 점도 매우 중요하게 기억해야 한다. 김일성의 정치적 역량을 가볍게 볼 수 없다. 민생단사건 때는 그가 중국인들의 반한(反韓) 감정을 '혁명적 동지애'로 정면 돌파하고 김일성 자신이 끊임없는 문제 제기로 코민테른으로 하여금 조선인들에 대한 별도의 조직을 만들어야 한다는 지시를 내리게 했다는 점, 또 그의 부대가 조선 내에서의 바로 그 활동을 담당한다는 독자적 성격을 가지고 있었다는 점 등이 김일성의 뛰어난 지략을 엿볼 수 있는 대목이기도 하다.

나. 김일성 민족해방운동론

김일성 중심의 항일무장투쟁과 민족해방운동이 실재하였다는 것이 역사적 증언이다. 그 중심에 보천보 전투가 있다. 그리고 이 보

이와 관련된 책들로는 다음과 같다.
· 이재화, 『한국근현대민족해방운동사』, 1988, 백산서당.
· 이종석, 「북한 지도집단의 항일 무장투쟁」, 『해방 전후사의 인식 5』, 1989, 한길사.
· 이종석, 「김일성의 정체규명」, 『현대북한의 이해: 사상, 체제, 지도자』, 1995, 역사비평사.
· 이종석, 「김일성 연구의 쟁점」, 『사회와 사상』 1989년 12월.
· 이종석, 「김일성의 소위 항일 무장유격투쟁의 허와 실」, 『시민사 강좌』, 1997.
· 와다하루끼, 「김일성과 만주 항일전쟁」, 『사회와 사상』 1989년 11월~12월.
· 신주백, 「김일성의 만주항일유격운동에 대한 연구」, 『역사와 현실』 12호, 1994.
· 김태경, 「만주 항일무장투쟁과 한국 전쟁에서의 김일성」, 『인물과 사상』, 1999.
· 신주백, 「항일무장투쟁 김일성장군은 진짜였다」, 『말』, 1994년 8월.

천보전투가 갖는 의의가 매우 큰 것은 1936년 그 무렵은 일제가 1910년대의 무단통치, 1920년대의 문화정치체제를 벗어나 1930년대의 전시체제가 가장 극악하게 작동되는 시기, 즉 조선 민중들을 매우 가혹하게 착취, 억압하고 항일독립운동에 대해서는 무자비한 탄압과 체포, 검거, 회유, 협박에 열을 올릴 때여서 이광수, 최남선 등 이에 겁먹은 많은 애국자들이 서둘러 전향하는 분위기가 형성되었다. 식자층에서의 이러한 변절은 조국광복에 대한 허무주의와 패배주의를 확산시키는 주범이었다. 임정을 비롯한 해외 독립운동도 초창기의 그 기세와 기백은 온데간데없고 오직 파벌 싸움 등에 허송세월하고 있었다. 이런 상황에서 '조국광복은 가능하다. 그것도 무력에 의해 가능하다'라는 분명한 메시지를 김일성의 항일유격대가 보여준 것은 제 아무리 이념과 체제가 달라도 폄훼되고 그 의의가 훼손되어서는 안되는 매우 중요한 역사적 진실일 수밖에 없다.

그러니 항일독립운동은 독립운동이되 그 방식으로 공산주의운동을 취했던 공산주의운동 세력들의 항일무장투쟁에 상당히 비판적이었던 『동아일보』조차도 호외까지 만들어 가면서 "김일성을 비롯한 '공비'들이 보천보에서 살인, 방화, 약탈 등을 저질렀다"는 내용을 대대적으로 보도할 수밖에 없었지 않았는가. 그 보도를 접한 뜻있는 모든 조선인들은 기뻐했고,

동아일보의 '살인', '방화', '약탈' 등의 표현이 왜 중요한가하면, 아시다시피 이 시기는 일제의 탄압이 가장 심하게 이뤄지는 시기이다. 따라서 그 치하에 있는 언론기관이 일본의 눈치를 보지 않을 수 없었음은 너무나 자명하다 할 것이다. 그렇기 때문에 이 보천보전투에 대해 '조선편'에서의 논조를 반영할 수는 없었다. 그러니 당연히 일본 제국주의의 입장에서 보면 긍정적인 표현낱말인 '살인', '방화', '약탈'이라는 단어가 선택되어진 것이다. 그런데 우리는 이를 거꾸로 해석해야 한다. 즉 '조선편'에서 정치적으로 재해석해야 한다는 것이다. 그렇게 해석될 때 "김일성 항일유격대에 의한 일본군에 대한 타격이자, 꺼져가던 민족의 운명을 그것도 만주지역이 아닌, 국내지역인 함경북도 갑산군 보천보에 위치한 일본관공서를 습격하여 일본 순경 등을 살상하고 총기류 등을 획득하였으니 이것은 명백한 조국광복의 불씨를 되살린 것이고 일본을 당황하게 만든 것이다."라고 작문되는 것이다. 그리고 그 결과도 조국광복에 대한 허무주의와 패배주의를 한방에 날려버리고 '조국광복은 가능하다. 그것도 무력에 의해 가능하다'는 메시지가 되었던 것이다.

특히 당시 임정(임시정부)의 김구는 너무나 기쁜 나머지 김일성에게 사람을 보내 그 예를 다했고, 당시 금주(禁酒) 중이었던 여운형은 김구와 같은 방식으로는 그 기쁨을 함께 나누는 것이 성이 차지 않아 그 현장을 직접 확인하고 싶어 보천보 현장으로 달려갔고 일제의 패배를 확인한 뒤 김일성을 만나려고 하였던 것이다. 이렇게 25세 청년 김일성은 국내에서도 '식민지 조선의 영웅'으로 화려한 신고식을 거행했다.

▲ 오른쪽 언덕 위의 조형물이 보천보전투 기념탑이다. 북한은 김일성 부대의 항일 보천보전투 승리를 기념하기 위해 1967년 6월 혜산에 이 기념탑을 세웠다. ⓒ황재옥

이런 실체에 기반한 김일성 항일무장투쟁론의 대표적인 학자로는 이재화, 이종석, 한홍구, 와다 하루끼 등을 꼽을 수 있다. 특히 이종석은 김일성 가짜론을 반박하면서 김일성의 항일무장투쟁을 밝히는 데 가장 많은 노력을 기울인 인물이다. 이재화는 『한국 근현대 민족해방운동사』에서 김일성의 항일무장투쟁을 인정하는 민족해방운동사를 서술하였고, 이 때문에 국

가보안법에 걸려 재판정에 서기도 했다. 와다 하루끼는 김일성 가짜론을
반박하는데 이종석과 거의 같은 의견을 취하고 있으나, 조국광복회의 실체
는 없었다고 주장하고, 인민혁명군도 완전 신화라고 주장하는 등 이종석,
이재화보다는 다소 왜소론 쪽 입장도 가지고 있다. 그러함에도 불구하고
이들의 공통점은 김일성의 항일무장투쟁 경력을 사실로 받아들이고 있다.
이들은 김일성 가짜론 자체가 말이 안 되는 학설이라고 주장하면서 가짜론
자들이 내세우는 논거들을 조목조목 반박하고 있다.

그중에서도 김일성 가짜론을 학문적으로 체계화시킨 이명영의 주장에
대해 이들은 다음과 같은 문제점을 들어 김일성 가짜론을 학문적으로 폐기
시킨다. 첫째, 이명영은 중요한 문헌을 의도적으로 무시하고 있다는 것이
다. 1대 김일성에 해당하는 동북항일연군 제6사장 김일성(金日成)이 북한
의 김일성과 동일인임을 증명하는 일본 관헌자료『사상휘보』20호(1939)의
내용을 그냥 간과하고 있다는 근거를 제시하고 있다.

> "함경남도 국경지대 압록강 일대에 할거하고 있는 이른바 김일성일파로 칭하
> 는 무장단은 동북항일연군 제1로군 제2군 제6사로서 김일성金日成을 사장, 위민
> 생을 정치위원으로 하는 조선인과 중국인 혼합의 무장단이며 김일성의 신원에
> 대하여는 여러 설이 있으나 본명은 김성주金成柱, 당 29세, 평안남도 대동군 고평
> 면 남리 출신으로서 어렸을 때 실부모를 따라 간도 방면으로 이주하여 이 지방에
> 서 성인이 되어 무장단에 투신한 조선인이라는 것이 가장 확실하며 (후략)···"

이러한 지적에 대해 이명영은 자신의 저서,『권력의 역사』(1989, 종로서
적)에서 위 인용문은 일본이 3인의 김일성을 혼동하는 데서 비롯되었다고
再주장하지만, 구체적 자료로 이를 증명해내지 못하고 있는 것으로 봐서는
자신의 추리력으로 픽션을 만들어 내었다고 볼 수밖에 없다. 이외에도 이
명영은 북한의 김일성과 관련한 자료를 의도적으로 누락시킨 예도 있는데,
다름 아닌 북한의 김일성이 1930년 3월 한인농민총동맹의 무송·안도지방

의 조직위원에 임명된 것이 사실임에도 이명영은 이러한 설명을 하면서도 자료 인용은 전혀 하지 않았다는 것이다. 또한 김일성의 진위 여부는 '혜산 사건' 판결문을 통해서도 명확히 증명되는데, 이 판결문에는 '혜산사건' 관련 피의자들을 취조하는 과정에서 김일성의 신원을 확증함으로써 김일성의 항일무장투쟁을 명징하게 보여주고 있다. 이와 함께 이 자료가 학술적인 측면에서도 중요한 것은 이 판결문이 김일성을 포함하여 해방 이후 북한지도부를 구성한 인물들이 사실상 주도한 조국광복회를 일본이 취조한 문헌으로 갑산, 혜산 등 함경남도 북부지방과 중국 장백 지방의 조국광복회 회원 739명이 검거된 '혜산사건' 관련 취조문서와 법원 판결서 등을 총칭하고 있기 때문이다.

▲혜산사건의 직접적 동기가 되었던 보천보 전투에 대해 동아일보사가 순금으로 제작해 당시 동아일보사 회장을 비롯한 '동아일보사 취재단'이 1998년 10월 26일 평양을 방문했을 때 김정일 국방위원장에게 직접 선물하였던 1937년 6월 5일자 『동아일보』호외금판: 이 금판은 평안북도 묘향산 입구에 있는 국제친선전람관의 '김정일 장군의 선물관'에 '소화 12년 6월 5일 호외'라는 제목으로 전시되어 있다.

둘째, '김일성'이라는 이름을 따라 사용한다는 논리의 무모성에 대한 지적이다. 그 어떤 기록에도 당시 죽어간 무수히 많은 뛰어난 지도자—김구, 박헌영, 여운형, 조만식…—들의 이름을 따서 쓴 사람이 없거늘, 유독 북한의 김일성과 최현의 이름만을 계승하여 '짝퉁' 행세를 했다, 그것은 지나친 주장이라는 것이다.

셋째, 1대 김일성이 1937년 11월 13일 죽었다는 정보는 오보에 불과하며, 2대 김일성이 소련에서 4개월 만에 활동할 수 있었다는 주장도 역사적 상황과 맞지 않다는 것이다. 그 예로 일본의 대토벌이 감행되고 있던 남만의 상황에서 약 4개월만에 새로운 지휘관이 대체되는 것은 거의 불가능한 일이고, 1938년 전후 동북항일연군 제2군은 2년째 후임자를 정하지 못했던 상황으로 볼 때 이는 더 설득력을 갖는다는 것이다. 더 황당한 것은 중국공산당 지휘 계통의 동북항일연군 지도자를 어떻게 그렇게도 신속히 인적 연계도 없고 만주의 유격전투에도 익숙치 못한 수 천리 밖에 있는 소련군 소속의 장교로 대체할 수 있는가 하는 것이다. 하여 이러저러한 상황을 합리적 추론으로 볼 때 '군대가 집결할 필요가 없을 때는 각지로 분산하여 실속은 여전히 정제되어 있으나 겉으로는 마치 없는 것처럼 보인다'는 유격전술을 펴고 있던 당시의 상황이 김일성부대의 전멸이라는 루머를 낳게 했던 것으로 보는 것이 타당하다는 것이다.

넷째, 이명영은 중국측의 문헌들이 김일성의 항일무장투쟁 경력을 인정하고 있지 않다고 진술하나 이 또한 사실과는 거리가 멀다는 것이다. 중국문헌들이 김일성의 이름을 거명하지 않은 것은 북한이 자신들의 (항일)역사를 기술하면서 김일성이 중국공산당의 지휘 계통에서 항일무장투쟁을 했다는 사실을 부정하고 있기 때문에 외교적인 배려 차원에서 누락시킨 것인데, 이를 마치 중국이 진짜로 북한의 김일성을 당시 김일성과는 다른 인물로 인정해주었다는 식의 해석은 매우 주관주의적인 해석일 뿐더러 관문적 해석이 낳은 또 하나의 오류라는 것이다. 그 증거로 이들은—김일성의 민족해방운동을 인정하는 이들은 중국의 항일독립운동사에 김일성의 직책이었던 동북항일연군 제1로군 제6사장이나 제2방면군 군장 자리는 항상 이름이 비워져 있는 것을 통해 이를 알 수 있으며, 대신 중국 문헌은 후기 형식으로 김일성의 항일무장투쟁을 서술하고 있다는 것이다.

다섯째, 북한에서 집필한 『항일빨찌산 참가자들의 회상기』를 포함한 수많은 항일 유격대원들의 회상기에서 수십 명의 사람들이 김일성과 함께 항일무장투쟁을 한 경험이 있는 사람들이다. 이들이 가짜 김일성을 위해 그렇게 생생한 기억을 증언할 수 있겠는가? 그렇게 되묻고 있다.

여섯째, 대한민국에서 김일성의 항일무장투쟁을 증명하는 증언들도 이를 뒷받침해주고 있다는 것이다. 대표적으로 김일성과 함께 항일무장투쟁을 하고 중국인민정치협상회의 흑룡강성 부주석까지 역임했던 이민과 한때 김구의 비서로 활동했던 선우진 등의 증언을 들고 있다. 특히 이후락, 김형욱 등 전 안기부장들도 김일성의 항일무장투쟁을 알고 있었다는 증언은 김일성 가짜론이 날조되었고 정권이 이를 방조했다는 사실을 명백하게 보여주는 증거로는 부족함이 없다는 것이 이들의 시각이다.

이외에도 이재봉 교수는 자신의 저서, 『이재봉의 법정증언』에서 김일성이 가짜로 매도되기 시작할 때부터 이를 바로잡을 수 있는 주요한 인물들이 존재하는데, 다름 아닌 최동오 · 최덕신 집안과 손정도 · 손원일 집안에 얽힌 김일성 집안과의 관계라는 것이다.

"최동오는 1926년 김일성이 만주 화성의숙에 입학했을 때 그 학교장이었다. 김일성의 아버지 김형직의 친구로 1919년 3 · 1운동에 참가했다 2년간 감옥살이를 한 뒤 중국으로 건너가 상해임시정부 국무위원을 지내기도 했던 독립운동가다. 해방 후엔 서울에서 좌우 합작 운동을 벌이다가 1948년 평양에서 열린 남북협상회의에 김구, 김규식 등과 함께 참석하여 화성의숙 제자였던 김일성을 만났다. 그의 아들 최덕신은 1930년대 만주에서 중국군장교로 항일전에 참가했다가 해방 후 귀국하여 육군사관학교장을 지냈는데, 6 · 25 전쟁 중엔 남한

군 사단장으로 북한 인민군과 싸웠고, 휴전회담 때는 남한군 대표를 맡았으며, 군단장을 지내다 중장으로 예편하였다. 1956년부터 베트남대사, 외무부장관, 서독주재 대사로 일하다 1967년 천도교 교령 자리에 올라 한국종교협의회장을 맡았다. 그리고 1976년 미국으로 건너가 살다가 몇 차례 북한을 방문한 뒤 1986년부터 평양에 정착했다. 손정도는 1929년 김일성이 일제에 체포되어 감옥에 갇혀있을 때 옥바라지하며 석방에 큰 힘을 쏟았고 그 뒤에도 꾸준히 그를 친자식처럼 보살폈던 목사다. 그 역시 김일성의 아버지 김형직의 친구로, 상해 임시정부 임시의정원 의장을 맡기도 했던 독립운동가이기도 하다. 그의 아들 손원일은 남한 해군을 창설하고 초대 해군참모총장을 지낸 뒤 1950년대에 국방부장관을 지냈다. 분단 이전 2대에 걸쳐 우정을 나눈 김일성의 친구들이 해방 이후 남한의 육군과 해군을 이끌었던 셈이다.(107~108쪽)"

이상과 같은 논리적으로나 학술적 근거로 내릴 수 있는 결론은 김일성 사망 신문기사는 무시할 만하다는 것이다. 같은 신문에만도 바로 며칠 뒤 (김일성이)죽은 것이 확인되지 않았다는 기사가 나올 만큼 그 신빙성이 크게 떨어지기 때문이다. 또 한인농민총동맹의 무송·안도지방의 조직위원과 관련된 일제 관헌 문헌을 참조해 볼 때 이룰 성(成)과 성스러울 성(聖)은 그 구분이 의미가 없는 것으로 보이므로 제6사장 김일성과 제2방면 군장 김일성이 같은 인물이 될 수밖에 없다. 따라서 제6사장과 제2방면 군장이 같은 인물이고, 제6사장과 북한의 김일성이 같은 인물이므로 제2방면 군장과 북한의 김일성도 같은 인물임이 입증되며 세 사람은 곧 한 사람이 된다는 귀결이 가능하다.

결국 일본 관헌문헌을 토대로 나온 이명영의 주장은 와다 하루끼가「김일성과 만주 항일전쟁」,『사회와 사상』11월~12월호(1989)에서 언급하고 있는 대로 일본이 김일성유격대의 정보전에 얼마나 철저하게 농락당했는지를 보여주는 자료로 보아야 하는데도, 이를 아무런 학술적 여과장치 없이 필요에 의해, 김일성을 가짜로 만들기 위해 가공재생산된 것으로밖에 볼 수 없는 것이다. 즉 당시 항일유격대가 일본에게는 그 추적의 혼선을 주기 위해, 그리고 부대원들에게는 용기를 주기 위해 실제 지도자들에게 모스크바 공산대학 출신이라고 한다든가 소련 육사 출신이라고 한다든가 하는 식의 전략을 흔하게 썼고, 또 그 반대로 죽었다고 일부러 소문을 흘린 뒤 다시 살아 나타나 모습을 보여주어 토벌대에게 공포를 불러일으키게 하는 전술도 비일비재하였다는 사실을 감안하면, 와다 하루끼의 주장은 충분한 설득력을 갖는다. 그 한 예로 김일성이 가짜라고 주장하는 이명영도 김일성이 죽었다고 보도된『사상회보』14호 등을 언급하고 있지 않은가. 다만, 그 14호를 보충한 최신판이라고 볼 수 있는 20호는 전혀 언급하지 않는 것이 크게 문제될 뿐이다. 또 그(김일성)의 사망 소식이 담긴『경성일보』11월 18일자 기사는 (이명영이 자신의 책에 인용할 때는) 사진까지 실으며 강조하고 있지만, 바로 며칠 뒤 그가 죽은 것이 확인되지 않는다는 기사는 (이명영은) 철저히 무시해버리고 만다. 이미 김일성은 가짜라는 명제를 (사실상 연구의 목적을) 설정해 놓은 뒤 그것을 합리화할 수 있는 요소만을 취사선택하여 끝말잇기를 거듭한 결과 한 사람을 두 번 죽이는 학문적 오류를 반복하고 있는 것이다.

다. '다시 쓰는' 항일독립운동사: 김일성의 항일무장투쟁을 중심으로

김일성의 항일독립운동이 다시 쓰여야 한다면 필자의 입장에서는 김일성 왜소론과 김일성 민족해방운동론을 비판적이고 합리적으로 분석한 결과, 결코 다시는 학문적 오류가 반복적으로 일어나지 않을 1930~40년대의 김일성과 관련한 항일독립운동이었으면 하는 바람을 갖게 된다. 이른바「다시 쓰는' 김일성의 항일독립운동사」이다.

전주 김씨 집안의 김일성. 아버지가 나라의 기둥이 되라는 뜻으로 지어준 이름 본명은 김성주(金成柱)이다. 김일성은 1912년 4월 15일 평양 근교인 평안남도 대동군 고평면 남리, 오늘날의 만경대의 한 농가에서 태어났

다. 아버지 김형직은 1894년생으로 1917년 기독교 계통의 항일독립운동 조직인 '조선국민회'를 설립해 활동하다 감옥에 갇혔고 1918년 출옥한 뒤 '조국광복회'를 만들어 만주에서 독립운동을 벌이다 1926년 죽었다. 어머니 강반석은 만경대 일대에서 신임을 받던 교육자이자 장로교 교회의 장로였던 아버지 강돈욱의 영향을 받은 독실한 기독교 신자였고, 아버지보다 2살 많은 1892년생으로 반석(Peter의 뜻)이라는 이름에서 이미 기독교적 영향을 많이 받고 있음을 유추할 수 있다. 남편과 아들 뒷바라지를 하다 1932년 만주에서 병사했다. 동생 철주는 1930년대 초부터 항일빨치산에 투신해 1935년 옌지에서 일본군과 전투를 벌이다 죽었고, 삼촌 김형권 역시 1930년대 초부터 항일무장투쟁을 벌이다 일본경찰에 체포되어 서울 마포형무소에서 복역하다 1936년 죽었다.

이처럼 김일성의 어린 시절을 감싼 집안정서는 항일독립운동과 기독교였음을 알 수 있다. 추측하건대, 해방 이후 자신의 통치하에서도 김일성이 기독교를 비롯한 종교에 대해 상대적으로 반감이 적었던 이유를 여기서 찾을 수 있다. 그는 아버지의 유언에 따라 만주에서 「정의부」라는 독립운동 단체가 운영하는 화성의숙에서 수학했고, 이후 1927년에는 사립학교인 길림(吉林)성 길림(吉林)의 위원중학교를 다니게 되는데, 이때 김일성이 마르크시즘과 레닌이즘을 접한 것으로 알려져 있다. 이것이 공산주의를 이해하게 된 결정적 계기였고, 그 결과 공산주의 활동에 참여하다 2학년 때 퇴학을 당하기도 하였다. 이어 얼마 안 되는 기간이지만 길림에 있는 감옥에 투옥되기도 했다. 1930년 감옥에서 나와 중국공산당과 연계하며 국제공산당과 공조할 필요성을 느껴 만주에서 '조선공산당'을 세우고, 무장투쟁을 준비하기 위해 '조선인민혁명군'을 조직한다. 이는 일부 왜소론 학자의 말처럼 이름만 거창했지, 기껏해야 수십 명의 '비밀유격대'였을 것으로 미루어 짐작할 수도 있겠으나, 어쨌든 북한에서는 김일성이 1931년 초 당시 세계 공산주의 혁명을 주도하고 있던 코민테른의 1국1당주의 방침에 따라 중국공산당에 입당하고, 일제가 1931년 9월 18일 만주사변을 일으키자 김일성도 항일유격투쟁에 본격적으로 나서게 되는데, 1932년 4월 25일 비밀유격대 같은 '조선인민혁명군'을 바탕으로 100여 명 규모의 '중국공산당 조선인부대'를 만들어 자신이 대장이 되었다고 주장한다. 북한에서는 이를 '반일 인민유격대'라고 부르는데, 이게 바로 지금 조선인민군의 뿌리라고 주장한다. 바로 그 연장선상에서 1948년에 조선인민군을 창설하였고, 창군기념일은 1978년 이전까지는 2월 8일로, 1978년부터는 4월 25일로 변경하여 오늘에 이르고 있다.

한편, 1934년에는 '반일 인민유격대'를 '조선 인민혁명군'으로 명칭 변경을 하는데 이게 흔히 '동북항일련군 조선인부대'라고 불리는 것이다. 정확하게는 1936년 3월에 결성된 동북항일연군 제1로군 제2군 제3사 사장이 되었다. 이때 그의 나이 24살이었고 그가 지휘한 유격대 병력은 약 600명 정도였으며 그중 과반수가 조선인이었다. 동시에 그의 부대는 곧 동북항일연군 제1로군 제6사로 개편되어 활동 근거지를 만주에서 백두산으로 옮겼을 뿐만 아니라 그곳에서 1936년 5월에 만주와 함경도 지방을 중심으로 비밀항일운동단체인 '조국광복회'를 조직했다. 김일성부대는 이후 1937년 6월 4일 조국광복회 일원들의 도움을 받아 100명의 규모로 함경북도 갑산군 혜산 부근의 작은 마을 보천보를 습격하였고, 그 파장은 매우 컸다. 당시 동아일보가 두 차례나 호외를 뿌리는 등 국내 언론들이 이례적으로 이 사건을 매우 크게 보도한 것만 봐도 이는 충분히 알 수 있다. 이 사건을 계기로 김일성이라는 이름은 국내 민중(인민)에게까지 널리 알려지게 되었으며 그것은 해방 후 그가 인민의 지도자로 부상하는 데 유리한 배경이 되었다. 하지만, 이 사건으로 인한 타격도 만만치 않았는데, 다름 아닌 분한 일제 경찰은 국내에 협력자가 있다는 사실을 알고 대대적인 검거작전을 펼쳐 수백 명을 체포했는데, 이것이 이른바 '혜산사건'이었다.

해방 후 조국광복회 참가자들은 김일성 세력을 지원하는 중요한 인재풀이 되었다. 그중 그가 '조선인민혁명군'을 만들 때 김혁을 비롯한 몇 몇 동료들이 그에게 별과 같은 지도자가 되라고 '한별' 장군이란 별명을 지어주었다. '한별'을 한자로 한 일(一), 별 성(星)으로 바꾸어 김일성(金一星)이 된 것이다. 그리고 얼마 후 이왕이면 별보다는 태양 같은 지도자가 되라는 취지에서 날 일(日), 이룰 성(成)으로 다시 고쳐 김일성 (金日成)이 되었다. 이러한 북한의 주장에 대해 외부에서는 엇갈린 추정이나 해석을 내놓고 있으니 검증이 필요한 대목이다. 개명 시기에 관해 대한민국의 정보부는 김성주가 1930년 김일성(金一星)으로 바꾸고, 1935년 김일성(金日成)으로 고쳤다고 추정한다. 개명 이유에 관해 일본의 북한연구 전문가 와다 하루키(和田春樹) 교수는 그 무렵 항일무장투쟁을 전개하면 일제가 가족들까지 괴롭히기 마련이었을 테니 이를 염려하여 사려 깊게 가명을 썼으리라는 해석과 함께, 간도 지역에 떠돌던 '김일성'이라는 '전설적 영웅'의 이름을 빌린 것은 게릴라투쟁의 지도자로서 능력을 보여주었다고 평가한다.

이런 이름논쟁과는 별개로 이렇게 김일성의 항일무장투쟁이 왕성해지고 인민들로부터 존경까지 받게 되자 일제는 대대적인 토벌작전을 벌였다. 이 중에서도 1938년 말부터 1939년 초에 행해진 토벌작전이 가장 활발한 달한 시기다. 그 배경에는 1939년 제2차 세계대전이 일어나면서 일제의 침략과 약탈이 극도로 심해질 수밖에 없었고, 이와 비례하여 김일성부대도 백두산 근거지를 버리고 소련 연해주로 이동하는 대장정을 펼치는데, 바로 이때를 북한에서는 '고난의 행군'이라 부른다. 이 기간 동안 김일성부대는 영하 40도의 혹한 속을 헤매며 생존을 위한 투쟁을 벌여야 했다. 그 와중에도 김일성부대는 일본군 추격부대인 마에다 부대와의 격렬한 전투 끝에 토벌대 부대원 180명을 전멸시키는 전과를 올리는 등 일제와의 크고 작은 전투에서 여러 차례 승리를 거두었다. 그러나 이러한 승리가 쌓일 때마다 일제 토벌대의 추격은 더 날카롭고 집요해졌고, 결국 김일성부대는 1940년 10월 23일 일제의 끈질긴 추격을 피해 소련 극동 지역인 블라디보스토크 근교로 후퇴

했다. 이에 대해 북한은 "대부대 활동으로부터 소부대 활동으로 넘어가기 위한 새로운 전략적 방침"을 세우고 소련으로 옮긴 것이라는 주장을 거듭히고 있는데 이 또한 확인이 필요한 부분이다. 김일성 항일유격대 외에 만주에서 활동하던 다른 중국 공산당 소속 유격대들도 속속 밀려 소련 땅으로 후퇴해 왔고, 이때 여러 갈래로 나누어져 있던 유격부대들은 '동북항일연군 교도려'라는 이름의 부대로 개편하게 된다. 그러나 그곳은 엄연히 소련 영토였기에 그들은 소련군의 지휘를 받아야 했다. 그래서 부대 이름도 공식적으로는 '소련 극동전선군 제88독립보병여단'이었다.

1943년 하바롭스크에서 촬영한 88여단 기념사진 ⓒ민족21

   그렇지만 김일성부대가 완전히 소련군이 된 것은 아니었다. 유격대는 비록 소련군 군복을 입고 있었지만, 자신들의 명칭을 사용하고 자신들의 지휘체계 속에서 계속 소련 연해주, 중국 만주, 조선 백두산 등을 오가며 중국혁명과 조선혁명의 임무 수행을 위해 간헐적으로 투쟁하기도 하였다. 이와 관련하여 북한은 1942년 7월 "소련, 중국의 동지들과 함께 국제연합군을 편성하고 조선혁명의 주체적 력량을 백방으로 강화해 나가면서 국제 반제 역량과의 공동투쟁을 통하여 일제의 격멸과 제2차 세계대전의 승리에 기 여하였다"고 한다. 그러나 대한민국 정보부와 일부 북한 전문가들은 김일 성부대가 1940년 소련으로 후퇴한 뒤 1945년 평양에 들어올 때까지 항일무 장투쟁은 없었다고 주장하고 있어, 이 부분 역시 더 확인할 필요가 있다.

이렇듯 역사의 행간에는 아직 채워지지 않은 부분이 있고, 현재까지도 남과 북의 해석차는 여전하다. 그러나 분명한 것은 큰 맥락에서 김일성이 일제시기 항일독립운동을 하였고, 그것도 지도자중의 한 명으로 무장투쟁 을 이끌었다는 점은 충분히 인정된다.

■ 남는 몇 가지 문제

가. 김일성 가짜론은 완전 퇴장했는가?

학계에서는 이미 학문적 생명력이 끝났고, 김일성 주석이 죽은 이후로는 그의 정치적 생명력도 다한 이 시점에 또다시 김일성 가짜론에 대해서 논하 는 일이 때늦은 일일 수도 있다. 그러나 김일성 가짜론이 끈질긴 생명력을 이어가고 있다. 그 구체적인 예로 강정구 당시 동국대 교수가 2001년 8·15 평양축전 기간 중 만경대 방문 후 방명록에 남긴 "만경대 정신 이어받아 통 일위업 이룩하자!"라는 문장이 여전히 논란이 되는, 그리고 국가보안법으로 구속된 일이다. 물론 이 부분에 대해 각자 다른 정치적 해석을 할 수는 있 다. 강정구 교수가 재판 과정에서 "만경대 정신에 대해 '민족정기함양정신' 을 의미한다"라고 하는 충분한 해명이 있었음에도 불구하고 국가보안법으 로 구속한 것은 여전히 '죽은' 김일성조차도 '김일성 가짜론'에서 자유롭지 못하다는 것을 보여준다. 만경대 정신이 정상적으로 이해하자면 '항일독립 정신'이겠으나, 이를 '적화통일'로 해독해내는 그들의 능력도 놀라울 뿐이다.

어디 이뿐이던가. 동국대학교 영문과 장시기 교수가 2005년 10월 13일 민주화운동교수협의회 홈페이지〈http://www.professornet.org〉에 올린 김일성 평가 기고문, 「김일성은 위대한 근대적 지도자이다」가 또 다른 논쟁을 불러 일으켰다. 그 전문은 다음과 같다.

"대부분의 아프리카인들은 한반도의 김일성을 위대한 근대적 지도자라고 생각한다. 인도의 간디, 쿠바의 카스트로, 이집트의 낫세르, 그리고 중국의 마오쩌둥처럼 김일성은 제3세계 국가들의 국민들이 우러러보는 세계적인 위대한 근대적 지도자의 반열에 아주 우뚝 서 있다.(ex, 비동맹체제의 결과) 그래서 이곳 아프리카인들은 한반도의 싸우스 코리아보다는 노쓰 코리아를 더 친근하게 생각한다. 카페에서 만난 미술가라고 자기소개를 한 어떤 아프리카인은 왜 코리안은 싸우스에서만 오느냐고 나에게 불만을 털어놓기도 했다. 혼자서 쓴 웃음을 지을 수밖에 어쩐 도리가 있겠는가?

근대는 영국, 프랑스, 독일, 일본 등등의 제국주의 국가들이 서로 경쟁적으로 식민지 쟁탈전을 벌였던 시대이다. 다른 나라들과는 달리 이곳 아프리카는 거대한 대륙 전체가 식민지를 경험한 나라들이다. 그들의 근대적 경험은 오직 식민지에서 벗어나는 것이었고, 백인과 흑인의 이분법 속에서 백인 편에 있는 사람들은 나쁜 놈들이었고, 흑인 편에 있는 사람들은 좋은 사람들이었다. 1960년대부터 사하라 사막 이남의 아프리카 국가들은 식민지에서 해방되기 시작했고, 이들의 해방전쟁에 도움을 준 나라들이 쿠바, 노쓰 코리아, 중국, 스칸디나비아 NGO 단체들, 그리고 구소련이었다.

1960년대 이후 아프리카 나라들의 독립에 가장 걸림돌의 역할을 한 나라는 미국이다. 미국은 마치 베트남 전쟁처럼 이전의 식민지 종주국이었던 영국이나 프랑스를 대신해서 아프리카를 지배하려고 했다. 그들의 지배전략은 이전의 영국이나 프랑스 식민지하에서 성장한 아프리카인 독재 권력집단의 배후를 조종하는 것이었다. 따라서 아프리카 내부에서 성장한 독재 권력집단과의 싸움은 미국과의 싸움이었고, 그들보다 먼저 미국과의 싸움에서 아주 당당했던 김일성은 자신들의 지도자들만큼이나 존경스러운 먼 동양의 지도자였다. 나는 김일성과 같은 코리안이라는 사실 때문에 이곳 아프리카인들에게 흡족한 대접을 받을 때마다 조금 부끄럽기도 하다.

근대는 민족주의의 시대이다. 그것이 제국주의든지 실리적 자국주의든지 간에 민족주의는 근대를 지배한 고유한 사상이다. 영국인은 영국을 중심으로 세계를 보고, 일본인은 일본을 중심으로 세계를 본다. 중국인은 중국을 중심으로 세계를 보고, 아프리카인들은 아프리카를 중심으로 세계를 본다. 물론 이러한 근대성은 세계 여러 나라들에서 자생적으로 생겨난 것이 아니라 서구의 근대화 과정에서 세계 여러 나라들로 확산된 것이다. 서구의 여러 나라들이 서구, 백인, 남성 중심주의로 세계를 보니까 그것에 피해를 받는 민족이나 나라들이 자신들도 자신들 중심으로 세계를 바라볼 수밖에 없지 않은가? 그래서 근대의 틀 안에서 아주 공정한 입장에서 타 민족이나 국가와 비교하여 자기 민족의 역량과 한계를 파악하는 것은 아주 어렵다.

근대의 태생적 한계를 지니고 있는 민족주의 때문에 근대의 풍경은 외부에서 더 잘 관찰된다고 한다. 강정구 교수의 한국전쟁에 관한 글은 학문이 지녀야 할 객관성, 즉 외부에서 바라보는 한반도의 근대적 풍경을 아주 잘 전달하고 있다. 1950년 한국전쟁 당시 식민지에서 해방되어 서구의 다른 나라들과 마찬가지로 주체적인 민족국가를 달성하는 것은 모든 한반도인들의 꿈이었다. 그러한 당연한 민족주의의 꿈에 반대했던 사람들은 아주 적나라한 친일 행위 때문에, 혹은 친일 행위를 통한 부와 권력을 빼앗기지 않기 위하여 이웃에 살고 있는 같은 민족의 사람들을 두려워하고 무서워하는 사람들뿐이었다. 일본은 미국-일본 제국주의 전쟁에서 패했기 때문에 자기네들의 섬나라로 밀려갔고, 일본 제국주의자들을 대신해서 미국 제국주의자들이 한반도에 들어왔다. 근대 민족주의에 반대했던 사람들은 친일 대신에 친미를 할 수밖에…

싸우스 코리아이든 노쓰 코리아이든 모두 코리아라는 이곳 아프리카에서 바라보는 한반도와는 달리 한반도의 내부에서는 결코 한반도 전체를 볼 수가 없다. 이번 강정구 교수 필화사건을 빨갱이로 매도하거나 김일성 대학으로 가라고 협박하는 사람들은 자신들이 민족주의자라고 한다. 무식해도 이렇게 무식할 수가 있는가? 만일 한반도에서 만델라나 움베키 대통령을 빨갱이라고 욕하고 영국 식민지나 네덜란드계 백인의 독재를 그리워하는 아프리카인을 민족주의자라고 하겠는가? 미쳐도 한참 미친 아프리카인이라고 욕할 것이다. 더군다나 시대에 뒤떨어져도 한참 뒤떨어진 국가보안법을 토대로 구속 수사를 하겠다는 경찰이나 불구속 수사를 하라고 하는 천정배 국방장관은 미쳐도 한참 미친 한반도인으로 보일 수밖에 없다. 그들은 한반도인이 아니라 일본인이거나 미국인, 혹은 일본이나 미국의 꼭두각시일 따름이다.

그러나 만델라의 등장 이후로 아프리카의 민족주의는 아프리카주의로 바뀌었다. 만델라와 만델라의 뒤를 이어 남아프리카 대통령으로 일하고 있는 움베키는 결코 민족이나 국가주의자가 아니라 아프리카주의, 혹은 세계주의자들이다. 그들은 우리 아시아인으로 치면 아프가니스탄에 있는 불상 유적처럼 먼 사하라 사막에 있는 팀박투 유적을 보존하기 위하여 "팀박투 보존 사업"을 남아프리카 국가사업으로 지정하고, 이라크를 침공한 미국의 부시 대통령이 남아프리카를 방문한다는 것을 거절하기도 했다. 그들은 또한 수단의 아랍계와 흑인계 내전에서 수단의 문화가 전통적으로 이슬람 문화로 구성되어 있기 때문에 흑인계의 반란을 영국 식민주의자의 책동으로 보고 아랍계를 은밀히 지원하기도 한다. 아프리카인들은 비로소 만델라와 움베키를 통하여 근대적 지도자의 우상에서 벗어나고 있다.

한반도는 하나이다. 하나의 한반도 속에서 김일성은 가장 위대한 근대적 지도자들 중의 하나이다. 그러나 피의 동일성을 근거로 만들어진 민족주의의 근대는 끝나가고 있다. 이곳 아프리카인들은 아프리카에 사는 모든 사람들, 더 나아가 인류의 모태인 아프리카에서 이주한 모든 유럽인, 아시아인, 그리고 아메리카인들을 모두 아프리카인이라고 부른다. 새로운 종족주의라고 욕하지 말라. 아프리카주의의 아프리카인들은 인종이나 성, 혹은 사상으로 차별하고 박해하는 사람들이 인류의 적이라고 이야기한다. 유럽이나 아시아의 세계주의는 우리가 모르는 음모가 도사리고 있을지 몰라도 우리와 마찬가지로 근대화의 과정에서 노예와 식민지만을 겪은 아프리카인들의 아프리카주의는 전혀 음모가 없다.

이곳 아프리카인들은 만델라와 움베키를 통하여 비로소 근대의 민족주의를 극복했다. 한반도의 위대한 근대적 지도자 김일성은 이미 죽었다. 죽은 사람의 시대는 과거로 돌려야만 한다. 이제 한반도에서 필요로 하는 사람은 이미 죽은 간디나 낫세르와 같은 근대의 민족주의 지도자가 아니라 살아서 인류의 미래를 만들고 있는 만델라나 움베키처럼 남과 북을 모두 포용하는 한반도주의와 아시아주의를 만드는 세계주의의 지도자이다. 이러한 지도자는 아주 당당하게 미국주의만을 고수하는 미국에 반기를 들 것이고, 미국을 도와 이라크에 군대를 파견하는 것이 아니라 이라크의 화려한 고대문화를 보존하기 위하여 문화사절단을 보내야 할 것이다. 중국의 고구려 유적 훼손을 욕할 것이 아니라 고구려 유적을 보존하기 위하여 중국과 손을 맞잡고 고구려 유적탐사단을 국가적으로 조직할 것이다."

이 글에서 장 교수가 주장하고자 했던 핵심 요지는 '김일성에 대해 그 역사적 평가는 평가대로 정확하게 하되, 미래적 관점에서는 김일성과 같은 인물이 더 이상 필요하지 않다'는 것이다.

강만길 전 광복 60주년 기념사업 추진위원장의 발언과 관련된 논란에서도 김일성 가짜론의 생명력을 확인할 수 있다. 2005년 4월 11일 강만길 위원장이 김일성의 항일무장투쟁 경력을 독립운동에 포함시켜야 한다는 요지의 발언에 대해 당시 한나라당은 "강 위원장은 이번 발언의 책임을 지고 자신이 맡고 있는 대통령과 총리실 산하 위원장직에서 스스로 물러나야 한다. 김일성의 항일운동에 대해서는 아직도 진위 여부가 논란이 되고 있으며, 한국동란의 주체세력을 예찬하는 것은 용납 될 수 없다"는 내용의 성명서를 냈다. 더 놀라운 것은 예전에도 그러했지만 지금도 전혀 변하지 않는 몇몇 언론들이었다. 각 신문사의 강만길 위원장 발언 논조를 정리해보면 이는 명확해진다.

신문사	경향
세계일보	강만길 위원장의 발언 말도 안 된다.(가장 극렬히 비난) 사설을 비롯해 독자투고 등등 비난 기사만 4~5개
문화일보	역시 강만길 위원장 비난. 김좌진장군과의 대비를 통해 비난.
조선일보	별다른 논평 없음
동아일보	별다른 논평 없으나 '자유민주민족회의'가 성명을 내고 강만길 위원장을 비난한 기사를 유독 혼자 실음.
오마이뉴스	한나라당 비난: '색깔'과 '역사' 구분 못한다.
경향신문	김일성 항일투쟁 엄연한 사실이다. 인정,
서울신문	김일성 항일투쟁 엄연한 사실이다. 인정.
국민일보	별다른 논평 없음.

위와 같이 세계일보나 문화일보에서는 강만길 위원장을 아주 원색적으로 비난하고 있으며, 조선일보와 동아일보, 국민일보 같은 우리나라의 대

표적인 신문들도 오마이뉴스나 경향신문 등의 '김일성 항일투쟁 인정' 논조와는 달리 별다른 논평 없이 기사를 내보내고 있어 독자로 하여금 진위 여부를 판단할 수 없게 만든다. 즉, 김일성 가짜론을 현재진행형으로 만들어 버린 것이다.

이렇게 학문적으로는 이미 오래 전에 끝난 논란이지만, 일반대중들 사이에서 이 김일성 가짜론은 아직도 광범위하게 퍼져 있고, 수구·보수 정당 및 신문들에서 그것을 이용하는 등의 정치적 생명력은 아직 끝나지 않았다. 그렇기 때문에 이 김일성 가짜론을 다시 한번 파헤치고 그 안에 내재해 있는 이데올로기를 밝혀내는 일은 현재에 있어서도 여전히 유의미한 일일 수밖에 없게 되었다. 그 연장선상에서 김일성을 지나 김정일로, 또다시 김정은으로 이어지고 있는 상황에서는 더더욱 그렇다. 그나마 다행스러운 것은 김정일에 대해 그가 김일성의 아들이 아니지 않을까 하는, 또 김정은에 대해서도 그가 김정일의 아들이 아니지 않을까 하는 등의 의구심 같은 것은 제기되고 있지 않다는 것이다. 하지만 그조차도 그 정도의 촌스럽고 조야한 논의가 허용되지 않는 시대적 변화를 반영하는 것만은 아니다. 즉, 김일성은 죽었지만 김정일이 그를 계승하였듯이, 김일성 가짜론의 논리는 김정일(이후에는 김정은)에게로 옮아 붙어 이데올로기적 생명력을 이어나가며 그 학문적 임종(臨終)을 정치적 생명력으로 대속하려는 그 끈질긴 집착을 불안감 있게 쳐다보는 것이 과연 쾌한 기우일까?

내용은 다르더라도 김일성 가짜론과 현재 김정일 폭군론(또는 김정은 관련 '공포정치'와 같은 부정적인 의미의 정치덧칠하기)에 작용하고 있는 기본적 논리의 구조가 같다는 것이 더 중요한 것이다.

그 한 일례로 미국에서 예전에 만들어진 애니메이션이라든지, 가장 최근의 사례로는 2015년 초반에 가장 핫이슈였던 미국 소니 픽처스가 만든 영화『더 인터뷰』해킹 논란과 상영은 김정일의 전형적인 이미지로 잔악한 독재자이자, 인민들을 굶주리게 만든 폭군이며, 악의 축이자, 성격파탄자이고, 또 호색한이기까지 한 것으로 부각시키려 하고 있다. 김일성을 가짜로 몰아세웠던 힘이 아직 완전히 해체되지 않은 지금, 그러한 힘들에 의해 유통되고 있는 그 김정일을 바라보고 있는 시각은 과연 100% 진실한가?

그런 만큼 김일성에 대해 극단적으로까지 폄하되었던 시각을 바로잡고 사실을 실증적으로 규명하는 일은 현재에도 작동되고 있을지 모르는 김정일·김정은에 대한 왜곡된 정치적 시각을 해체할 수 있는 열쇠가 된다.

나. 김일성에 대한 또 다른 왜곡: '분단(分斷) 원흉', 김일성

역사를 인식하고 해석하는 시각에는 그 개인의, 혹은 그 집단의 관점과 견해 차이에 따라 얼마든지 달라질 수 있다. 그렇다 하더라도 달라져서는 안 되는 것이 하나있다. 사실(fact)관계이다. 이 사실관계 마저도 보는(혹은, 정치적) 시각에 따라 해석이 달라진다면 그 사회는 건강하다고 볼 수 없다. 그럼 왜 자유민주주의 국가인 대한민국에서 이런 현상이 벌어지고 있는 것인가? 그건 다른데 있는 것이 아니라 '의도적인' 역사왜곡을 통해 자신들의 치부는 감추고 이득을 챙기려는 사람들(집단)들이 많다는 사실을 반증하고 있기 때문이다.

그 모순적 인식과 역사해석을 한번 예를 들어보면 이렇다. 2015년을 기준으로 진보·개혁세력은 말할 것도 없고 현 박근혜 정부도, 보수·수구세력들도, 종편에서도 광복70주년, 분단70주년이라는 의미 부여는 공히 같이 하고 있다. 이미 분단이 1945년에 이뤄졌다는 역사적 사실을 같이 인증하고 있는 것이다. 이것까지는 그렇다손 치더라도 그럼 분단 원흉이 김일성이라는 역사인식은 과연 역사적 사실에 입각한 인식일까, 아니면 아닐까?

결론은 정치적 의도에 따라 해석된 역사인식이라는 것이다. 그렇게 보는 이유로 그 첫째는 한반도에서의 분단이 갖는 개념적 성격은 크게 세 가지로 분류할 수 있는데, 여기에는 미―소의 일본군 무장해제를 위한 38선 국

토의 분단이 있고, 다음으로는 남−북 각기 자신들만의 정부 수립으로 인한 체제의 분단이 있다. 그리고 마지막으로 전쟁으로 인해 민족이 서로 원수가 되어버린 민족의 분단도 있을 수 있다.

　이 중 우리가 가장 많이 곡해하고 있는 부분이 1945년 상황에 대한 잘못된 이해이다. 그 잘못된 이해를 제대로 된 이해로 바꿔내기 위해서는 우선, 1945년 원폭 투하 후 일본의 항복 의사가 미국이 생각한 것보다 너무 빨리 이뤄졌다는 사실을 놓치지 않는 것이다. 이 인식이 중요한 것은 그렇기 때문에—미국이 생각했던 것 보다 너무 빨리 일본이 항복했기 때문에—미국의 입장에서 볼 때는 생각보다 빨리 항복한 일본으로 인해 자신들은 '시간 벌기'가 좀 필요했다는 것이다. 그 시간벌기가 바로 조선에 대한 38선 분단 결정이었고, 그 결정이 8월 10일에 내려졌다. 즉, 8월 15일 해방되기 이전에 이미 국토가 분단된 셈이다. 이렇게 보면 38선 분단의 원인은 김일성에 있는 것이 아니다. 그래서 이 대목에서는 다음과 같은 질문이 가능하다. 미국의 '시간 벌기'와 한반도의 분단이 무슨 상관관계가 있는가? 이에 대해 이재봉 교수(원광대)가 2015년 1월 29일 원불교 LA교당에서 열린 「해방 이후 한미관계 및 한반도 평화와 통일」이라는 주제의 강연회에서 아주 의미 있는 발언을 하였다.

> "패전국 일본 대신 한반도가 분단의 희생양이 된 이유는 미국이 일본과의 전쟁에서 이겼기 때문에, 일본의 식민지였던 조선은 당연히 미국이 차지했어야 할 전리품이었다. 그런데 소련이 자청해서가 아니라 미국의 끈질긴 요구를 받고 한반도로 내려오던 참이었으니, 미국의 입장에서는 도의상 소련에게도 그 무엇에 해당하는 댓가를 주어야 했는데, 다름 아닌 자신의 전리품 조선을 38선으로 나누어 북쪽을 소련에게 헌납할 수밖에 없었던 것이다. 반면, 미국은 패전국 일본을 통째로 차지했고, 일본은 미군정이 물러가는 바람에 분단되지 않았고, 전리품 조선은 소련과 나눠 점령하는 바람에 분단되고 만 것이다."

이재봉 교수의 이러한 인식은 자연스럽게 자신의 저서, 『이재봉의 법정
증언』에서 김일성은 "'분단의 원흉'도 아니다. 1945년 8월, 김일성이 조선
땅을 밟기도 전에 조선 사람들 아무도 모르게, 미국이 38선으로 국토를 갈
랐으니 '분단의 원흉'은 미국이지 왜 김일성인가. '6·25 전쟁'을 통해 분단
이 굳어지게 한 죄로 '전쟁의 원흉'이나 '분단의 종범'으로 불릴 수는 있어도
'분단의 주범'은 결코 아니라는 뜻이다. 물론 1945년 미국에 의한 분단이 없
었다면, 1950년 김일성에 의한 '6·25 남침'도 일어나지 않았을 테지만(97
쪽)"이라고 연결되는 것은 너무나 당연한 것이라 하겠다.
    그의 그러한 인식과는 상관없이 대한민국 현대사에 있어 분단 인식의 까
다로움과 복잡함은 여전하다. 앞에서도 지적했듯이 분단이 3단계로 진행되
었기 때문이다. 이재봉 교수는 이에 대한 진단을 아래와 같이 내리고 있다.

    1단계 역사적 행위(국토 분단 또는 지리적 분단), 1945년 8월 해방과 거의 동
    시에 38선에 의해 국토가 남북으로 잘렸다. 2단계 역사적 행위(체제 분단 또는
    정치적 분단), 1948년 8월 남쪽에 자본주의를 지향하는 대한민국이 들어서고 9
    월 북쪽에 사회주의를 지향하는 조선민주주의 인민공화국이 세워짐으로써 서
    로 다른 이념과 사상에 의해 체제가 나뉘어졌다. 3단계 역사적 행위(민족 분단),
    1950년 6월부터 1953년 7월까지 6·25전쟁으로 같은 민족이 원수처럼 갈리게 되
    었다. 여기서 아무런 수식어를 붙이지 않고 분단을 말하면 당연히 국토 분단을
    가리킨다. 국토 분단을 통해 서로 다른 체제가 들어서게 되고, 이 때문에 전쟁
    이 일어나 민족까지 갈리게 되었기 때문이다.(『이재봉의 법정증언』, 65쪽)

    그렇지만 또한 분명한 것은 역사인식의 어려움 때문에 우리가 역사를 정
면으로 인식하는 것을 외면하거나, 그것보다 더 나쁜 것은 역사를 의도적
으로 왜곡하는 사람(집단)들에게까지 면죄부를 주는 것이다. 따라서 외면
해서도 면죄부를 줘서도 안 되는 제대로 된 역사인식을 하는 것, 그것이야
말로 분단 왜곡을 바로 잡는 길이고, 평화와 통일로 나아가는 과정에서 수
없이 많이 발생하고 부닥치게 될 여러 난관과 어려움을 슬기롭게 헤쳐 나

가는 지혜의 샘이 될 것이다. 하여 정면으로 역사인식을 할 수만 있다면 앞으로 우리가 맞닥뜨리게 될 평화와 통일로 나가가는 과정에서 왜곡될 수 있는 사건들이 3번이 아니라 열백번이 일어 난다해도 좌고우면하지 않고 정도에 맞게 그렇게 뚜벅 뚜벅 걸어가게 될 것이다.

다. 김일성은 과연 '위대한' 수령인가?

김일성이 북한에서 언급하고 있는 것처럼 남한의 체제정통성보다는 더 우월하다는 항일무장투쟁의 적통에서 출발한 정통성과, 이에 기반한 인민의 정권을 수립한 절대 권력자라면 과연 그가 그렇게 언급했던, '이밥에 고깃국'을 왜 먹이지 못했을까? 이에 대한 고민을 북한 스스로는 한번쯤은 해 보아야 한다. 이를 수령의 무오류성이라는 절대점에 포박시켜 무조건적으로 옹호할 수만은 없다. 수령 김일성도 신이 아니라면 정치적 오류를 발생시킬 수 있는 것이 더 자연스러운 것이 아닌가? 그런데도 이를 억지로 '수령은 잘못할 수 있는 존재가 아니다'라는 절대명제에 가둬놓고 스스로의 성찰적 지점을 박탈당한 것은 아무래도 좀 과한 처사이지 않나 싶다.

설사 북한이 주장하는 것처럼 객관적 환경—미국의 적대정책, 사회주의권의 몰락 등—에 의해 인민 생활의 어려움이 있다손 치더라도 지도자라면 그러한 상황을 선제적으로 예측하고 타개할 수 있는 리더십을 발휘해야 되는 것이 더 정상적이다. 그런데도 북한의 유일사상체계와 정치는 '자주'라는 가치 뒤에 숨어 인민 생활 향상이 보장되지 못하더라도 이것이 정당화되는 리더십만을 고집한다면, 북한의 미래는 과연 어떻게 가능할까? 그런 의미에서 리영희 선생께서 남긴 생전의 말씀은 경청할 만하다.

> "해방 이후 진보적 지식인 절대다수가 자신의 조국을 북한으로 선택한 그런 나라, 그 나라의 지금 모습이…"

VII. 2대 수령: 김정일

천형(天刑)의 형벌은 연좌제도 빗겨 갈 수 없는 것이었을까? 김일성 주석이 사망한 지 17년의 세월이 흘러 2011년 12월 17일에 김정일 국방위원장이 사망하였지만, 대응은 변하지 않았다. 나름 진보적인 신문이라 할 수 있는 『경향신문』조차도 김정일 국방위원장의 사망 제목을 뽑으면서 '국방위원장' 직함을 사용하지 못했다.

김정일 자신은 그 어느 누구보다도 김일성 주석 탄생 100년인 2012년을 '강성대국 진입 원년'으로 맞이하고 싶어 했던 인물이었다. 그러나 불행히

도 그는 2012년을 며칠 앞두고 급서하였다. 그렇게 그는 그토록 원했던 김일성 주석 탄생 100년을 맞이하지 못하였고, '강성대국 진입 원년'을 자신에 의해 선언하지 못 하게 되었다.

자신에 의해 선포된 강성대국 건설이라는 총적기치는 1999년까지 오래된 연원으로 거슬러 올라간다. 조선로동당 중앙위원회 책임일꾼들과 한 담화(1999. 1. 1), 「올해를 강성대국 건설의 위대한 전환의 해로 빛내이자」에서 "올해는 강성대국 건설에서 새로운 전환을 일으켜야 할 총진격의 해입니다. 내가 『로동신문』, 『조선인민군』, 『청년전위』의 새해공동사설초안을 여러 번 보고 '올해를 강성대국건설의 위대한 전환의 해로 빛내이자!'라는 구호를 제시하도록 하였는데 구호가 아주 좋습니다"라고 언급한 뒤 그는 강성대국을 한마디로 이렇게 정의하고 있다.

"우리가 말하는 강성대국이란 사회주의 강성대국입니다. 국력이 강하고 모든 것이 흥하며 인민들이 세상에 부럼없이 사는 나라가 사회주의 강성대국입니다." (중략) "세상 사람들도 인정하는 것처럼 지금 우리의 정치사상적 위력과 군사적 위력은 이미 강성대국의 지위에 올라섰다고 볼 수 있습니다. 이제 우리가 경제건설에 힘을 집중하여 모든 공장, 기업소들이 제 궤도에 올라서서 생산을 꽝꽝 하게 만들면 얼마든지 경제강국의 지위에 올라설 수 있습니다."

즉, 김정일은 경제만 해결하면 사회주의강성대국이 완성된다고 생각하고 있었던 것이다. 바로 이 문제를 자신이 해결하고 다음 후계자에게 정권 바통을 넘겨주고 싶었던 김정일이었다. 그렇게 자신에게 남겨진 그 필생의 과업, 경제강국 과제를 그는 결국 풀지 못한 채 파란만장(波瀾萬丈)한 인생을 마감했다.

김정일 시대에서 읽어내어야 할 또 다른 코드는 "나에게서 그 어떤 변화를 바라지 마라!(『로동신문』1996. 6. 3)"이다. 이 의미를 잘 해석해 낼 때만이 김정일이 품었던 사상세계를 이해할 수 있는 것이다. 그의 사상세계는 말 그대로 김일성 주석의 정책과 노선을 그대로 계승, 발전시키겠다는 것을 내포하고 있다. 즉, 자신의 정치가 근본철학(사상)에서부터 내용, 형식에 이르기까지 모두 '김일성의 사상과 의도'대로 해나가겠다는 대내외적인 선언이 바로 "나에게서 그 어떤 변화를 바라지 마라!"였다.

그러한 그의 정치·사상세계는 그가 사망하고 난 후 이틀 뒤인 19일 「전체 당원들과 인민군장병들과 인민들에게 고함」이라는 제목으로 『조선중앙통신』이 2011년 12월 17일 오전 8시30분 과로로 열차 안에서 사망했다고 보도되었는데, 그 보도 내용에 15년간 김정일식 정치가 그대로 함축되어 있는 데서 여전히 증명된다.

"위대한 수령 김일성동지께서 개척하신 주체혁명 위업을 대를 이어 계승완성하는 것을 필생의 사명으로 내세우신 김정일동지께서는 어버이수령님의 가

장 친근한 동지, 가장 충직한 전우가 되시여 혁명과 건설을 수령님의 사상과
의도대로 줄기차게 전진시켜오시였다."

한편, 『조선중앙통신』은 2012년 1월 12일 「절세의 위인에 대한 만민의
호칭」이라는 제목하에 김정일에 사용되었던 호칭을 발표했는데, 공개된
것만 무려 1천 200개나 되는 기염을 보였다. 이날 통신은 "5대륙 방방곡곡
에서 끊임없이 생겨나는 경애하는 장군님에 대한 호칭은 지금까지 공개된
것만도 1천200여 가지에 달한다"며 "역사에 전무후무한 수많은 호칭"이라
고 자랑하면서 김정일 국방위원장을 태양으로 찬양하는 호칭만 해도 '주체
의 태양' '인류의 태양' '혁명의 태양' '선군태양' '삶의 태양' '사회주의의 태
양' 등 수십 개나 된다고 언급하였다. 계속해서 통신은 다른 호칭으로는 '21
세기를 이끄실 위대한 영도자' '정의의 수호자' '현시대의 특출한 정치실력
가' '외교지략의 대가' '인류평화의 수호자' '단호한 기질과 통이 큰 지도자'
'박력있고 한다면 하는 국가지도자' '다재다능한 지도자' '세계 제1명인' '만
민을 매혹시키는 대성인' 등으로 다양하게 불러지고 있다고 소개하였다.
아이러니하게도 북한에서 그렇게 위대한(?) 2대 수령 김정일이 대한민국
국민들에게 공개적으로(?) 얼굴을 내비친 것은 2000년 6월 남북정상회담 때
다. 이때 대한민국 방송에서는 김정일 국방위원장과 김대중 대통령과 대화
를 나누던 모습을 방영하였는데, 이 중 김정일 국방위원장이 "… 언론에서
는 김대중 대통령이 오셔서 내가 은둔에서 해방됐다고 썼더라"고 한 농담이
소개되었다. 이 한마디는 대한민국에서 국가보안법이라는 어마어마한 괴물
이 살아있었음에도 인터넷상에서 '김정일 팬클럽'이 만들어지고 '김정일 따
라하기' 모임이 생기는 등 '김정일 신드롬(syndrome)'을 낳게 하였다.
상황이 이러하니 당시 김정일에 대한 반응은 어떤 분위기에서도 화기애
애한 대화 분위기를 만들어 내는 '분위기 메이커'였다는 것이었다. 위 언급
과 같은 김정일 국방위원장의 유머에다 수수한 잠바스타일의 인민복 차림

과 꾸미지 않은 머리모양새, 그리고 호방한 통일원샷과 비상체의 시원한 서명글씨체 등이 더해져서 '절대권력자'라는 인상을 가지고 있던 대한민국 국민들로부터 2박 3일 만에 김정일 국방위원장을 서민적이고 호방하며 편안한 스타일의 지도자로 여긴 것이다. 즉, 완전 무장해제된 것이다. 실제 이를 뒷받침해 주었던 기사들도 넘쳐났다.

〈남북정상회담 시 김정일 위원장 관련 기사 제목들〉
· 김정일 국방위원장의 독특한 복장 화제(『매일경제』 2000년 6월 13일)
· 김정일 듣던 것과 달랐다(『국민일보』 2000년 6월 13일)
· 김정일 신드롬, 전국에 몰아친다(『국민일보』 2000년 6월 14일)
· 마치 스타탄생? '김정일 쇼크'(『한국일보』 2000년 6월 15일)
· '삼행시 짓기'에도 정상회담이 화두(『한국경제』 2000년 6월 15일)
· 시민들, 김정일 답방소식 '반갑습니다' (『국민일보』 2000년 6월 1일)
· 김정일 위원장 '거침없는 말…술도 원샷'(『국민일보』 2000년 6월 15일)
· 북한 말투, 김정일 말씨 유행(『매일경제』 2000년 6월 15일)
· '통일 신드롬' 속도 붙었다(『국민일보』 2000년 6월 16일)
· '김정일·북한붐' 화해도움 54.5%(『한국일보』 2000년 6월 16일)
· 김정일 모시기…호텔업계 벌써 '후끈'(『한국경제』 2000년 6월 16일)
· 김정일 주체필법과 원샷주법 화제(『매일경제』 2000년 6월 16일)

이런 신문 제목만 봐도 남북정상회담에서 보여준 김정일 국방위원장의 행보가 얼마나 파격적이었고, 당시 대한민국 국민들의 마음을 얼마나 크게 들었다 놓았는지 잘 알 수 있음을 엿볼 수 있다.

'사초실종' 논란을 불러일으킬 만큼 한 때 가장 핫한 이슈였던 남북정상회담 대화록에도 김정일 국방위원장의 유머감각이 남달랐음을 보여주는 사례들이 소개되어 있다. 「남북정상회담 대화록의 진실」이라는 부제가 붙은 유시민의 저서, 『노무현 김정일의 246분』(서울: 돌베개, 2013) 203쪽과 201쪽에는 "대화록은 노무현 대통령과 김정일 위원장의 유머감각을 보여준다. 이것은 대화록 공개가 불러들인 '좋은 부작용'이다. 최고권력자도 사람이다. 그들도 유머감각이 있다. 농담을 한다. 개그를 할 수 있다"며 김정일 국방위원장의 유머감각을 이렇게 스케치 하고 있다.

> 김정일 위원장 曰, "남쪽에서 노무현 대통령이 오시는데 환자도 아닌데 집에서 있을 수는 없지 않습니까." 言中有骨, 뼈있는 농담이다. 이런 농담도 공개하고 있다. 김정일 위원장 曰, "완고한 2급 보수라 할까요?(웃음)"

이 책에서 이런 농담이 나오게 된 배경 설명을 이렇게 하고 있다. 배석했던 이재정 통일부장관이 오후에 속개된 정상회담 때 개성공단 통행, 통신과 물류를 개선해 달라는 '민원'을 넣었는데, 이때 김정일 위원장이 노무현 대통령의 군의 보수성에 공감하면서 응대한 유머였다는 것이다. 이것은 아마도 남북한 공히 군대의 특성상 평화체제가 만들어지면 자기들의 밥그릇이 줄어들까봐 군사협력이 잘 진행되지 않은데 대한 두 정상의 '공감'대화였지 않았을까?

이외에도 시간을 앞당겨 그의 유머 감각을 살펴보면『신동아』2000년 7월호에는 "김정일국방위원장은 한나라의 지도자가 될 만한 인물이란 생각이 들었다. 유머가 풍부하고 허식이 없었다. 순발력도 대단했다." 좀 보수적이라고 하는 언론에서마저 이런 전향적인 평을 내놓은 것만 봐도 정상회담이 무엇을 남겼는지는 분명해진다.

남한사회에서 이렇게 신드롬을 불러 일으켰던 김정일이 2011년 12월 17일 오전 8시 30분, 열차에서 과로로 사망하면서 역사의 뒤안길로 사라진다. 북한에서는 이에 대해 "시대의 향도성인 경애하는 김정일 동지를 높이 모시는 것은 진정 김일성민족이 지니고 있는 최대의 행운이고 긍지이며 주체혁명 위업의 종국적 완성을 위한 근본담보(이찬행,『김정일』, 백산서당, 2001, 1040~1041쪽에서 재인용)"라고 했다. 반면, 남한과 서방세계에서는

'호색한'부터 시작해서 '봉건세습의 황태자', '테러리스트 두목', '호전적인 전쟁광', '21세기의 마지막 은둔 지도자', '벼랑 끝 전술을 즐겨 쓰는 독재자', 특히 美대통령 부시는 북한이라는 국가를 '악의 축'으로 낙인찍었고, 그 지도자에게는 이 지구상에서 가장 키가 작은 아프리카 부족으로 알려진 '피그미족' 족장에 비유한 것을 비롯하여 '위험한 인물(2005년 4월) 등으로 지칭하는 등 부정적 이미지부터 '풍부한 상식과 국제적 식견을 갖춘 지도자', '합리적이고 결단력 있는 지도자', '유머러스하고 쾌활한 성격, 솔직한 품성, 예의바른 태도를 지닌 지도자' 등 긍정적 이미지까지 그야말로 다양한 김정일관(觀)이 존재했다. 특히 2차례의 남북정상회담 이후에는 남한사회에 '김정일 쇼크', '김정일 신드롬'이라는 '패닉현상'까지 일어나면서 극과 극을 넘나들었다.

이 장에서는 그런 양면성을 가졌던 김정일, 그 김정일이 수령－당－대중의 일심 단결에 기초한 '사회주의적 대가정'과 김일성민족으로서의 자부심과 긍지로 똘똘 뭉친 인민대중 중심의 '우리식 사회주의', 그것의 총화로서 '강성대국'을 개척해나가기 위해 '신사고', '핵주권', '선군'이라는 무기를 갖고 무단히도 애쓴 그의 통치력과 리더십을 총괄하여 살펴보는 것에 주안점을 둔다.

1. 후계자, 김정일

후계승계 문제와 관련해서 북한이 얻은 교훈은 앞서 살폈듯이 국제 사회주의 진영에서의 후계승계 문제를 잘 풀어내지 못했다는 사실이다. 당시 국제 사회주의 진영을 대표하고 있었던 소련은 흐루쇼프의 스탈린 비판, 중국에서의 임표, 4인방 등의 반란과 혁명 1세대들에 대한 공격 움직임은 북한에게 큰 충격파를 안겼다. 즉, 후계승계 문제가 혁명의 장래 운명과 직결된다는 교훈은 북한으로 하여금 혁명전통이 부정당하고, 수정주의와 교조주의로서는 혁명전통을 공고화하고 계승하는 문제를 올바르게 풀 수 없다는 값비싼 결론을 얻어낸 셈이었다.

동시에 후계체제 구축은 단순히 후계자 지명만으로 해결되는 것이 아니라 수령의 후계자로 하여금 수령의 영도력하에 자신만의 지도체제를 구축하는 것도 매우 중요하다는 사실을 인식하게 하였다. 또 다른 측면에서 북한은 건국과 동시에 미국과 남한과 군사적으로 대치할 수밖에 없었고, 체제경쟁이라는 피 말리는 우위경쟁이 벌어질 수밖에 없었기 때문에, 이에 대처하는 방식으로 '전시체제'의 형성과 강력한 지도체제 구축으로 그 '강요된' 요구에 응해야만 했다.

한편, 국내적 요인으로도 전쟁을 겪지 않은 새로운 세대의 성장과 함께, 사회주의 건설의 새로운 단계로의 진입은 사회주의 제도가 수립되었어도 계속혁명이 필요하다는 입장 정리는 필연적으로 그 계속혁명을 대를 이어 이끌어 갈 튼튼한 후계체제 구축의 필요성이 대두될 수밖에 없는 상황이었다. 여기에다 때마침 벌어진 후계체제를 둘러싼 직접적인 계기로서의 권력 갈등과 혁명전통에 대한 도전, 이른바 1967년 박금철·이효순 사건(갑산파 숙청사건)과, 1968~69년 김창봉·허봉학 사건 등은 북한으로 하여금 하루 빨리 후계승계에 대한 원칙과 태도를 강제하고 있었다.

바로 이런 내외적 요인으로 인해 북한은 후계 문제를 직시하게 되었고, 그 결과 후계 문제 해결의 핵심은 혁명전통의 고수와 계속혁명의 원칙에 충실하여 출발하는 것이 정답이라고 생각, 바로 그 관점에서 그들은 자신들만의 사회주의−수령제 사회 건설에 임하게 되는데, 그 방향은 더더욱 수령과 그 후계자를 중심으로 똘똘 뭉치는 사회유기체적 단결구조를 강화하는 것이었다.

더해서 북한은 자신들의 수령체제가 주체의 혈통에 의한 정치적 토대가 그 근간을 이룬다고 하면서 그 상징적, 논리적 근원을 백두산에서 찾고 있음은 이미 앞에서 살폈다. 그 결과는 다들 확인받듯이 거의 광적인 수준이었는데, 필자가 보기에는 아마도 그 논리연결성을 포기하지 않는 한 그 노력은 결코 포기되지 않을 것이다. 그러다 보니 오늘날 김정은 제1위원장은 김정일 위원장에 이어 선군전선에서 '선군빨치산'을 하고 있다는 이른바 '빨치산'코드가 작동되고 있다.

그 연장선상에서 2대 수령 김정일의 백두산 밀영 출생설이 빨치산 코드가 어떻게 작동되고, 왜 출생 논란이 일어날 수밖에 없는지를 설명해주고 있는 단적인 예가 된다. 특히 출생 논란과 관련한 논쟁은 지금도 계속되고 있는데, 그 논쟁을 합리적으로 전개시키기 위해서는 팩트에 해당되는 백두산 밀영, 혹은 백두산 근거지가 과연 존재하는 실체인지부터 밝혀져야 한다. 그러려면 두 가지 측면에서 북한의 주장이 설득력을 가져야 하는데, 먼저는 백두산이 왜 북한의 수령체제를 정당화시켜주는 상징적, 논리적 뿌리일 수밖에 없는지가 고찰되어져야 한다. 이 관련 역시 앞에서 밝혔기 때문에, 이 장에서는 두 번째 요인에 해당되는 백두산 밀영이 과연 '실체적'으로 존재했는가? 하는 부분을 집중적으로 고찰해 보고, 그 다음으로 김정일이 후계자로 등장하는 과정과, 그 과정에서 발생할 수밖에 없었던 세습 논쟁을 집중적으로 살펴보고자 한다.

■ 출생과 일화

가. 출생에 얽힌 쟁점: 백두산설과 소련출생설

결론은 백두산 밀영(백두산 근거지)은 존재했다는 것이다. 근거는 한국의 많은 북한 연구자들에게도 정설로 받아들여지고 있다는 점과, 북한도 백두산 밀영이 1930년대에 항일빨치산 활동의 확대 발전을 위해 김일성 주석이 창안하여 만든 정치군사적 거점이었다고 주장한다는 점이 서로 합치하고 있기 때문이다. 북한의 주장을 살피면 김일성이 1936년 2월 남호두에서 진행된 조선인민혁명군 군정간부회의에서 한 보고, 「반일민족해방투쟁의 강화발전을 위한 공산주의자들의 임무(1936. 2. 27)」라는 기록이 남아있고, 백두산 밀영에 관한 기록 일부는 아래와 같다.

"우리가 장차 국경지대와 국내에 진출하여 반일투쟁을 조직전개해 나가자면 국경연안에 근거지가 있어야 합니다. 그러므로 우리는 백두산을 중심으로 한 국경일대에 새로운 유격 근거지를 창설하려고 합니다. 즉, 백두산 대산림지대에 조선인민혁명군이 의거하여 활동할 수 있는 밀영망을 형성하고 그 주변지역 인민들을 조직화하여 반유격구 형태의 유격 근거지를 꾸리자는 것입니다. 이러한 유격 근거지는 적들의 눈에 보이지 않는 탄력성 있는 혁명의 보루로 될 것입니다."

그러면서 이에 대한 부연 설명을 이렇게 하고 있다. 1920년대 후반 동(東)만주 지역에서 항일무장투쟁을 시작한 김일성 주석은 항일독립운동이 성장발전함에 따라 독립운동의 영향력을 만주 전역과 나아가 조선 영내로 확대발전시키기 위해 만주와 조선 접경의 백두산 지역을 주목하였다는 것이다. 백두산은 그 지역이 만주와 조선에 걸쳐 있어 양 지역에서 정치·군사활동을 벌이기 안성맞춤이었으며 높은 해발과 험준한 지형으로 인해 일본군의 추격과 대규모 토벌을 막아 내기에도 최적의 요새였기 때문이라는 것, 그렇게 최적화된 요새를 근간으로 하여 김일성 주석은 1936년부터 백두산의 곳곳에 밀영을 건설하고 백두산 인근 조선인 주민들의 지원 아래 이들 지역을 거점으로 항일무장투쟁을 벌였다는 것이 북한당국의 주장이다.

이 전제하에 『인민의 지도자』 제1권(평양: 조선로동당출판사, 1982)에 따르면 그가(김정일) 자신의 출생 장소에 관해 어머니 김정숙에게 물었을 때 어머니는 다음과 같이 대답했다는 것이다.

"'네 고향이야 백두산이지 어디겠니. 너의 고향은 조선에서 제일 높은 백두산

이란다. 백두산은 천지가 있고 나무도 많고 또 아버님께서 왜놈들을 때려눕힌 곳
이란다. 너도 크거들랑 백두산에 가보아라.' 여사의 말은 단지 고향의 이미지만을
준 것이 아니었다. 조선의 북방에 의연히 우뚝 솟아있는 조종(祖宗)의 신, 백두산
은 위대한 수령님께서 조선혁명의 봉화를 올리신 혁명의 성산이었다.(25쪽)"

회상기인『자주시대의 향도성 제1부 조선의 영광』(일본: 구월서방, 1984)
에는 김정일이 백두산 밀영에서 태어났을 때를 이렇게 전하고 있다.

"천고의 밀림은 깊은 정적 속에 잠들고 있었습니다. 위대한 수령님께서와
존경하는 여사께서는 이 밤의 정적을 깨뜨릴세라 조심스레 밀영의 군의소를
찾으시였습니다. 수림에 둘러싸인 펑퍼짐한 공지에 자리 잡고 있는 밀영의 귀
틀집들 가운데 군의소는 북쪽으로 얼마간 둔덕진 곳에 떨어져 있었습니다. 이
윽고 아침이 밝아왔습니다. 며칠째 기승을 부리던 눈보라도 조용해지고 맑게
개인 북방의 하늘이 내다보였습니다. 밀영의 귀틀집 지붕들과 수림은 말할 것
도 없고 멀리 바라보이는 산줄기들까지도 눈부신 은 세계였습니다. 장엄한 아
침과 더불어 새벽녘에 귀틀집의 군의소에서 신생아의 고고성이 울리였다는 소
식이 전해져 밀영들은 대경사를 맞은 기쁨으로 들끓었습니다. 조선인민혁명군
대원들은 약속이나 한 듯이 모두 밖으로 뛰쳐나와 아침햇살을 안고 나붓기는
붉은 기발아래 모여서서 흰눈이 덮인 성스러운 귀틀집을 우러르며 민족의 대
경사를 열렬히 축하하였습니다.(99쪽)"

위에서 인용된 김정일전기와 회상기는 이처럼 김정일 탄생 그 자체가 항
일혁명 전통에 가득 찬 것이다. 그의 탄생시간이나 장소가 항일혁명 전통
을 정통 계승한 것을 상징하고, 하늘이 바뀌고 땅이 갈라지는 신비가 일어
난다. 제1의 성체시현(김일성)에 이어 제2의 성체시현(김정일)인 것이다.
1942년 2월 16일 출생해서 1945년 해방에 이르기까지 백두산 밀영에서 생
활한 김정일의 유년시절은 이처럼 신화와 버금간다. 같은 책,『자주시대의
향도성 제1부 조선의 영광』(일본: 구월서방, 1984)에는 "백두산의 정기를 타
고나셨으니 총명하실 수밖에… (111쪽)"라며 아무런 의심 없이 김정일의 백

두산 출생을 절로 납득한다. 또 **김정일의 출생일을 축하하는 노래에도** 김
정일과 백두산은 이미 한 몸이다.

북한에서 출간된 위 문헌자료
들의 한결같은 공통점은 김정일
의 탄생과 백두산의 정기, 영기
(靈氣), 혼을 계속 향유하고 있는

> "2월의 명절을 노래합니다"(「백두산 밀영의 고향집」 중에서)
>
> 백두산 맑은 정기 한품에 안고
> 이땅에 탄생하신 지도자 동지
> 수령님 높은 뜻 빛내이시며
> 미래의 태양으로 솟았습니다.

것이다. 즉, 김정일의 출생도 김일성신화와 마찬가지로 백두산과 별과 태
양의 상징으로 연결된다. 밀영의 봉우리였던 백두산 장수봉을 정일봉이라
고 부르는 데서 이러한 의도는 적나라하게 드러난다.

이외에도 김정일의 백두산 출생설을 뒷받침하는 근거로 백두산 지역에
서 발견되는 구호나무를 들고 있다. 1961년 최초로 19그루가 발견된 이래
2001년 8월까지 1만 2천여 그루가 발견되었다고 한다. 이에 대해『자유아
시아방송』은 그 발견된 구호나무 가운데 약 210점 가량이 김정일 국방위원
장의 출생과 관련한 구호가 적혀 있다고 보도한바 있다.

그중 제일 많이 발견되는 지역으로는 항일빨치산들이 가장 많이 활동하
였다는 북한의 북부 지역으로 알려져 있다. 특히 자강도 랑림군 서중리에
"겨레여 백두산에 백두광명성 솟았다", 함경남도 신흥군 부연리에는 "아 조
선아 겨레들아 백두광명성 탄생을 알린다", 평안남도 안주시 립석리에는
"백두산에 김일성 장군의 계승인 백두광명성 탄생 삼천리강산에 밝은 빛
뿌리며 솟아난 백두광명성 만세", 함경남도 부전군 백암리에는 "조선아 민
족아 높이 자랑하라 아침해 밝은 내 나라에 광명성 솟아 너를 반긴다", 함
경북도 경원군 봉산리에는 "2천만 백의민족 대통운 백두광명성 출현", 평안
남도 평성시 봉학동에는 "백두산에 광명성 떴다 백두광명성 삼천리를 비친
다 모두 광명성을 바라보라" 등의 구호나무가 발견되었다고 한다. 더욱이
연사군(郡)에서는 김정일의 출생을 축하하는 시도 발견되었다는데, 그중
차용구 외,『혁명의 성지 백두산 밀영』(평양: 금성청년출판사, 1990) 203쪽

에 실린 시 내용 일부를 소개하면 다음과 같다.

"달아 달아 밝은 달이 하늘 높이 밝은 달아/다 속의 월계수를 옥도끼로 자르고, 금도끼로 다듬어/천상의 왕궁을 만들고/항일대장 김일성/여장수 김정숙/백두광명성 천 년 만 년 모시리 1942년"

▲ 김정일 출생과 관련된 구호가 적혀있다고 하는 구호나무의 일부. 『우리민족강당(http://www.ournation-school.com)』(검색일: 2015. 2. 9)

북한의 이러한 주장에 대해 한국사회 일각에서는 북한의 구호나무를 두고 칼로 새긴 것이야 어쩔 수 없다 하더라도 50년 전에 먹물로 쓴 구호가 어떻게 남아있겠냐며 구호나무의 존재에 의문을 표시한다. 그러나 이에 대한 반론도 만만치 않다. 2002년도 탈북한 김지화의 진술에 의하면 1978년 2월 17일 조직된 북한의 2·17 과학자돌격대에서 항일빨치산들이 쓴 지난날의 글씨를 인식할 수 있는 시약을 개발하였다고 한다. 이에 따라 구호나무는 북한지역 뿐 아니라 중국측 백두산 지역에서도 공통적으로 발견되고 있다.

이런 실증자료 등으로 인해 김정일 국방위원장의 백두산 출생설은 북한 사회 뿐 아니라 한국과 중국, 일본의 북한전문가들도 인정한다. 통일전문지『민족21』의 이경수 기자는 2007년 9월호에서 이민 전(前) 흑룡강성인민정치협상회의 부주석의 회고를 옮기며 김정일 국방위원장이 백두산에서 출생하였다고 보도하였다. 이민 부주석은 그 인터뷰에서 1942년 2월 백두산 귀틀집에서 항일빨치산 김정숙 동지가 아들을 낳았다는 통신원의 소식을 듣고 하바롭스크 기지에 있던 대원들이 다같이 환호성을 올렸다고 회고하였다. 북한전문가로 널리 알려진 재일 군사외교평론가 김명철 또한「손석희의 시선집중」이란 방송에 출연하여 김정일 국방위원장의 백두산 출생설을 인정하였다.

이상과 같이 백두산 밀영이 팩트(fact)로서 존재한다는 것은, 북한의 주장에서나 국내외 학자들의 연구결과, 그리고 '구호나무'라는 실증적 자료 등에 의해 실증적으로 증명될 수 있는 문제이다. 이 전제를 바탕으로 이제 본격적인 김정일 백두산 밀영 출생과 관련한 논쟁을 시작해 볼까 하는데, 그래도 참 다행스러운 것은 김정일 국방위원장과 관련한 시시비비(是是非非)가 아버지(김일성)와는 달리 진위 문제가 아니라 출생지 문제에 국한된다는 사실이다.

먼저 소련출생설을 주장하는 사람들은 그 근거로 1942년 2월이면 김일성이 일제의 대대적인 토벌작전을 피해 러시아의 블라디보스토크 근처 하바롭스크 야영에 머물 때이고 이때

이와는 약간 결이 다르게 일부에서는 1941년생(북한의 공식입장: 1942년 2월 16일생)이라는 주장도 한다. 그 근거로 드는 것이 북한에서는 5년이나 10년 등 5의 배수가 되는 해를 '꺾이는 해'라 하고 이를 매우 중시하는 경향이 있는데, 1년 늦은 1942년생이 되어야만 그 주기가 일치하기 때문이라는 것이다. 예하면 2012년 4월 15일이면 김일성 주석의 탄생 100주년이 되고, 김정일은 탄생 70주년이 되기 때문에 둘다 '꺾이는 해'로 되어 보다 큰 기념행사를 할 수 있다는 논리이다. (그러나 학계에서는 이미 이 주장은 신빙성이 없다고 결론을 내린 상황이다.)

블라디보스토크 시내의 한 병원에서 김정일이 태어났다는 주장을 되풀이하고 있다. 반면, 북한의 모든 자료는 김정일이 1942년 2월 16일 백두산에

서 태어났다고 한다. 아버지 김일성과 어머니 김정숙이 머문 백두산의 한 밀영에서 태어났다는 것이다.

대표적인 이 두 수장의 대립에서 알 수 있듯 쟁점은 과연 정말로 김일성과 김정숙이 1941년 4월(이렇게 산정하는 것은 보통 임신기간이 10달이라고 보면 김정일이 1942년 2월에 태어났으니 시간적으로 1941년 4월 이전으로 봐야 하는 것이기 때문이다) 전후에 하바롭스크에 머물렀냐는 하나의 진실과, 또 다른 하나의 진실은 1942년 2월 김정숙이 출산을 위해 백두산 밀영에 있었느냐일 것이다. 이에 대해서도 북한의 모든 문헌자료들은 김일성의 항일유격대가 1940년대 말 하바롭스크로 유격근거지를 옮긴 것은 맞지만, 그렇다하여 백두산 밀영을 모두 포기한 것이 아니라 일부를 유지하면서 필요에 따라 러시아와 백두산을 오가며 소규모로 전투를 펼쳤고, 이 과정에서 김정일이 백두산 밀영에서 태어났다는 주장이 그들의 주장이다.

이와 관련하여 김일성 자신이 직접 서술한 회고록,『세기와 더불어』7~8권에 기술된 하바롭스크에 정착한 사실 여부와 김정일 출생과 관련한 부분이 주목된다. 그 부분(김정일 출생과 관련한)만 발췌하면 다음과 같다. 먼저 하바롭스크 정착과 관련한 사실에 대한 인용 부분이다.

"우리가 [러시아] 원동으로 들어갈 준비를 끝내고 [만주] 처창즈치기를 떠난 것은 [1940년] 10월말경이었습니다… 하바롭스크에는 그 당시 원동군사령부가 있었습니다. 국제당 동양선전부도 한때 여기에 있었습니다. 내가 국제당이 소집한 회의에 참가하기 위하여 쏘만국경을 넘어 쏘련 경내에 들어선 것은 1940년 11월이었습니다… 우리가 참가한 흔히 말하는 1941년의 하바롭스크회의는 1940년 12월에 소집되어 1941년 3월 중순까지 계속되였는데 비밀사업을 하는 군대병영에서 진행되였습니다… 거기서 한해 겨울을 난 다음 나는 다시 만주와 국내에 나와 소부대활동을 벌렸습니다. 1942년 여름부터 우리는 쏘독전쟁과 태평양전쟁이 일어난 급변한 정세의 요구에 맞게 동북항일련군과 쏘련군부대들과 함께 국제련합군을 뭇고 [하바롭스크 부근에 설치된] 북야영에 정착하였습니다… 내가 소부대를 데리고 기지를 떠난 것은 1941년 4월이였습니다…

우리 소부대의 인원이 30명 정도 되었을 것입니다. 소부대 전원이 일본 군복으로 변장했는데 그럴듯했습니다. 우리 일행은 4월 상순 어느날 심야에 국경을 넘어섰습니다. 국경을 넘은 다음에는 옛 근거지 자리들을 밟으면서 백두산 동북부 쪽으로 행군해갔습니다… 1941년 9월 중순경에 나는 지난번 소부대 활동의 성과를 공고히 할 목적으로 다시금 소부대를 거느리고 만주와 국내로 나갔습니다. 그때의 주요 임무는 안길, 김일, 최현 소부대들과 련계를 맺고 그들이 수집한 정찰자료를 종합하며 두만강연안과 국내 여러 지역에서 활동하는 소부대, 소조들의 사업을 현지에서 지도하고 그들에게 필승의 신념을 안겨주자는 데 있었습니다."

이 인용문에서의 확인은 김일성의 항일유격대가 만주를 떠나 하바롭스크로 옮긴 시기가 1940년 10~11월이라는 것, 그리고 1941년 4월부터 만주와 백두산 일대에서 소규모 유격대 활동을 벌이다 1942년 여름부터 하바롭스크에 정착하였다는 것으로 봐서는 1942년 2월 16일 김정일이 백두산밀영에서 태어났다는 주장과 어긋나지 않는 것이다.

다음은 김정일 출생과 관련한 인용 부분이다.

"나나 정숙이로서는 결혼 후 처음으로 맞는 잊을 수 없는 봄이였습니다. 나는 그 봄을 영원히 기념하고 싶어 사진 뒷면에 '타향에서 봄을 맞으면서 1941. 3. 1. B야영구에서'라는 글을 써놓았습니다. 우리는 이 사진이 력사에 남아 이처럼 큰 박물관에 전시되리라고는 상상조차 하지 못했습니다. 항일혁명을 20년 동안이나 했는데 사진을 많이 남기지 못한 것이 아쉽기만 합니다… 김정일은 1942년 2월 16일 새벽에 백두밀영에서 태여났습니다. 김정일의 출생은 우리 일가로 볼 때 그 무엇에도 비길 수 없는 대경사였습니다. 나와 김정숙은 총포성이 울부짖는 가렬한 전장에서 조선의 남아로 태여난 김정일의 장래를 뜨거운 마음으로 축복해주었습니다… 그가 유년시절의 대부분을 보낸 백두밀영과 원동의 훈련기지에는 인가조차 없었습니다. 우리는 주소도 없고 번지도 없는 귀틀집과 천막에서, 때로는 빙설로 덮인 로천에서 청춘시절을 보냈습니다… 김정일이 어려서부터 대가 바르고 배짱이 센 품성을 지닐 수 있은 것은 선천적인 것이라고도 볼 수 있겠지만 중요하게는 그가 세상에서 가장 정의롭고 신념

이 강한 투사들의 품에서 투쟁과 생활의 참다운 진리를 배우며 아무런 구김살
도 없이 씩씩하게 살아왔기 때문입니다. 김정일이 어린 나이에 비해 정신적으
로 조숙한 것도 빨찌산의 물을 먹으며 자랐기 때문이라고 봅니다."

　　마찬가지로 이 인용문에서도 몇 가지 사실이 확인된다. 첫째는 사진 뒷
면에 적힌 '타향에서 봄을 맞으면서 1941. 3. 1. B야영구에서'라는 언급에
서 'B'가 하바롭스크의 알파벳 약어라면 적어도 1941년 2월 출생설은 그 설
득력을 잃게 된다. 이유는 그때가 사진이 아주 귀한 시절이었고, 그렇기 때
문에 정말로 자신의 아들이 출생했다면 아들과 함께 있는 사진을 남기지,
그렇지 않는 사진을 남겨 조선혁명박물관에 전시하고 있지는 않을 것이라
는 추론 때문이다. 둘째는 의역할 필요 없이 '김정일은 1942년 2월 16일 새
벽에 백두밀영에서 태여났습니다'에서 확인된다. 그 셋째는 아버지로서 아
들이 주소도 번지도 없는 곳에서 태어나게 한 미안함과, 그렇지만 '빨치산
의 물을 먹고' 강인하고 반듯하게 자라난 아들에 대한 고마움도 엿보인다
는 사실 때문이다.

　　북한 문헌자료 중에 또 다른 증거자료로는 1982년 2월 16일 김정일 생일
40회를 기념하는 자리에서 공개된 자료인데, 이 자료에는 김정일이 태어났
다는 백두산 소백수골에 위치한 밀영 귀틀집과 구호나무에 새겨진 "民族으
太陽 金日成, 민족의 해발 金正淑, 미래으 太陽 白頭 光明星"이라는 글귀가
있었다. 이외에도 수없이 많은 증거자료들을 북한이 내놓고 있지만, 그중 하
나인『김정일동지략전』(평양: 조선로동당출판사, 1999) 제 1장 1절 백두산의
아들 '백두광명성'편 첫줄에 김정일 출생과 관련한 부분이 이렇게 나와 있다.

　　"위대한 령도자 김정일동지께서는 주체31(1942)년 2월 16일 백두산 밀영에
　　서 민족의 태양이시며 전설적 영웅이신 김일성동지와 불요불굴의 혁명투사이
　　신 김정숙동지의 아드님으로 탄생하시였다."

그 책에는 다음과 같은 문장도 있다.

"경애하는 김정일동지는 이렇듯 혁명적 가문의 혈통을 이어받아 혁명의 성
산 백두산에서 탄생하신 천출위인이시며 백두산의 아들이시다."

그러면서 김정일의 백두산 탄생 의미를 이렇게 설명하고 있다.

"항일유격대원들은 사령관 동지의 자제분이 룡마타고 백두산에 내렸다고
환성을 터치였다. 그들은 경애하는 김정일동지를 '백두성', '백두광명성'이라고
칭송하면서 이날의 경사를 아름드리나무들에 글발로 새겨 온 민족에게 알렸
다. 〈아 백두광명성탄생을 알린다〉 〈동포여 보느냐 듣느냐 백두산에 김대장
뜻 이을 광명성 솟았다〉 백두광명성! 항일의 준엄한 시절에 조선의 혁명가들
이 높이 칭송한 이 존귀한 부름에는 일찌기 위대한 수령님께서 조국광복의 홰
불을 높이 올리신 혁명의 성산 백두산과 더불어 김정일동지께서 영원히 이 나
라, 이 땅을 밝게 비쳐주시기를 바라마지 않는 우리 인민의 뜨거운 마음과 간
절한 념원이 소중히 담겨져 있었다."

그러나 여기서 우리가 간과하지 말아야 할 것이 또 하나 있다. 이렇게
많은 문헌과 자료들로 뒷받침되었다 하여 김정일이 백두밀영에서 1942
년 2월에 태어났다는 북한의 주장
이 온전한 진실이라는 것을 의미하
지는 않는다는 사실이다. 그 합리
적 의심은 다른 데 있는 것이 아니
라, 아무리 그 당시 상황이 힘들고
어렵다하더라도 그래도 명세기 최

> 북한의 주장에 따르면 김정일이 태어난 곳
> 은 백두산 밀영 가운데서도 소백수골이라
> 불리는 백두산 천지 주변의 골짜기라고 한
> 다. 그리고 현재의 시점에서 그 정확한 위
> 치는 백두산 천지 동남쪽 약 16km 지점이
> 고, 행정구역으로는 오늘날 북한 량강도
> 삼지연군에 해당한다.

고사령관('한별 동지')의 아내인 여성이 임신을 했는데, 함께 전투도 하고
김일성 뒷바라지를 했다, 이것은 좀 의심해 볼만 상황이기 때문이다. 즉,
항일유격대들이야 만주와 백두산 그리고 하바롭스크를 오가며 투쟁을 했

다손 치더라도, 임신한 빨치산은, 더군다나 그것도 최고사령관의 아내가 임신을 했는데 일제 치하의 만주나 백두산보다는 상대적으로 더 안전한 러시아 하바롭스크에서 출산을 하는 것이 맞지 않느냐 하는 것이다.

영하 30~40도의 혹한에서 목숨 걸고 간고한 투쟁을 벌일 수밖에 없었던 빨치산들이 여성들의 임신과 출산에 신경 쓸 여유가 있었겠느냐고 짐작해 볼 수도 있겠지만, 이미 유격 근거지를 소련 영내로 옮긴 터였으니 최고사령관의 아내에게 그 정도 배려는 있지 않았겠느냐 하는 생각이 문득문득 드는 것도 사실이다. 그리고 이 의문이 합리적이라면 북한은 왜, 그토록 김정일을 백두산 밀영에서 태어났다는 것을 그렇게 강조할 수밖에 없는 것일까? 하는 의문 또한 정당한 것이다. 그리고 두 의문이 똑같이 다 합리성을 갖고 있다면 이에 대해서는 정치적 이유로 그 합리적 추론을 찾아나갈 수밖에 없다. 즉, 북한의 유일사상인 주체사상은 항일무장투쟁과의 주체성으로 연결되어있고, 이 연결고리에는 수령 후계자로서의 정통성 문제와 맞닿아 있기 때문에 북한으로서도 김정일의 백두밀영 출생설을 결코 포기할 수 없다는 결론으로 말이다.

바로 이러한 측면 때문에 김정일의 출생 문제가 그렇게 단순한 문제가 아닌 것이다. 이것은 후계승계의 정당성과도 맞물려 있어 북한으로서도 퇴로가 없고, 가뜩이나 북한의 후계승계 방식이 마음에 들지 않았던 북한외의 세계는 북한을 공격할 수 있는 메가톤급 무기를 갖게 되는 것이니까 결코 물러설 수 없는 주장이 된다. 하여 북한은 김정일이 백두밀림에서 태어났다

좀 더 구체적으로는 백두의 혁명정신을 유일사상으로 절대화하였고, 주체의 혈통이 수령의 핏줄혈통이 아니라는데, 묘하게도 이제까지 후계자 2명 모두 드러난 결과로서의 '현상'은 핏줄승계의 의혹을 피해갈 수 없게 되었기 때문이다. 烏飛梨落이라 할까. 그런 측면에서 북한은 어떻게 하더라도 김정일의 출생을 백두산과 연결시킬 수밖에 없게 되었다. 왜냐하면 북한에서 백두산 밀영, 혹은 밀림이 갖는 의미가 꽤 크기 때문이다. 특히 수령체제의 원형이 백두산에서 출발하고 있고, 주체의 혈통이 공간적으로나 상징적으로나 백두산을 무시할 수 없고, 더군다나 혁명전통이 항일무장투쟁에서 찾아지고 마당에서는 북한도 김정일의 출생설과 관련해 더 이상 물러설 곳이 없게 되었다.

고 끝까지 주장할 수밖에 없고, 공격하는 관점에서는 "무슨 소리 하고 있는 거야. 소련 영내에서 태어났는데" 이 주장을 포기할 수 없게 된다.

북한체제의 특성과 수령승계가 갖는 특수성만 아니라면 상식적으로는 출생설이 그렇게 중요하지 않을 수 있다. 대한민국에서도 주민등록상의 출생년도와 실제 출생년도, 실제 출생지와 호적상의 출생지가 서로 불일치하는 경우가 非一非再 하지 않는가. 필자 또한 실제 나이와 주민등록상 나이는 1살 차이가 난다. 차이는 있겠으나 이는 합리적으로 추론해 볼 때도 우리나라에만 일어날 수 있는 예외적인 상황은 아닐 것이다. 일본, 미국, 중국 … 이 지구상 거의 대부분의 국가들에서 일어 날 수 있는 현상이다.

이렇게 서로 양측은 물러설 수 없이 진실게임을 계속할 수밖에 없는 상황이 되어버렸다.

그래서 김정일 출생설과 관련해서는 논리적으로는 북한의 주장이 맞을 수 있으나, 그렇다하여 100% 확정적으로 북한의 주장도 옳지 않으니 당분간 이 논쟁은 결론을 낼 수 없다는 것이다. 왜냐하면 아주 간단한 문제일 것도 같지만, 그래도 김정일의 출생일 기록이 초창기 북한 문헌자료에는 지금의 북한의 주장과는 일치하지 않는 기록이 확인되기 때문이다. 그 대표적인 문헌이 조선로동당출판사에서 출판한 문헌, 「량강도 혁명전적지, 혁명사적지 조사기념수장」에 김일성이 그 당시(1942년) 소련 영내에서 정치학습과 군사훈련을 받았다는 사실과 함께, 1941년 6월과 1942년 6월에만 김일성이 백두산의 사령부 밀영의 통나무집에 돌아왔다는 기록만 남아있어, 이 기록은 김일성 가계의 백두혈통을 인정하고 싶지 않은 많은 호사가들에게 좋은 공격의 빌미가 될 수밖에 없다.

하여 이들은 그 첫 번째 가설로 김정일 국방위원장이 소련 동북지방의 하바롭스크 인근의 브야츠크 밀영에서 태어났다는 것을 주장한다. 육군중장에서 예편하여 14대 국회의원을 역임하였던 장준익을 비롯한 많은 인물들이 이 주장에 동조하고 있다. 그 두 번째 가설로는 하바롭스크 남단 블라디보스토크의 보로시로프 야영에서 태어났다는 주장이다. 정성장 세종연구소 연구위원 등이 대표적인 인물이다. 그 세 번째 가설 역시 정성장 세종연구소 연구위원 등 일부의 사람들이 주장하고 있는데, 그 장소로 블라디보스토크 시내의 한 병원을 지목하고 있다. 네 번째 가설은 브야츠크에서 남쪽으로 500km 정도 떨어진 블라디보스토크 오케얀스카야의 하미탄 지역으로『권력과 리더십』의 저자 송기도, 재일 논픽션 작가 김찬정, 김종도 등이 이에 해당되는 인물들이다. 다섯 번째 가설은 1980년 10월 15일 동아일보 보도에 의한 중앙아시아의 사미르칸드 출생설이다.

왜 이렇게 많은 가설이 발생하는 것일까? 여기에도 좀 불편한 진실이 숨어 있다. 다름 아닌 김정일의 출생설로 북한정권의 정통성을 공격은 하고 싶고, 그런데 그 공격의 소스(source)는 이른바 '~카더라'밖에 의존할 수밖에 없는 현실을 반영하고 있기 때문이다. 즉, 김정일을 직접 키웠다는 유모의 증언, 소련군 기지에서 어린 시절의 김정일 국방위원장을 보았다는 증언 등이 전부이기 때문에 발생하는 해프닝이라 하겠다. 그러니 그 증언자들이 '어떤' 주장과 발언을 하느냐에 따라 그 출생지가 바뀔 수밖에 없고, 그러니 당연히 다섯 가지나 존재하는 가설이 등장하게 되는 것이다.

그리고 이 출생 논쟁을 자세히 들여다보면 북한자체의 불편함도 숨어 있음을 알 수 있다. 여기에는 그럴만한 이유가 있는데 다름 아닌, 김정일의 장남 김정남의 고민 속에 고스란히 담겨져 있다고 보인다. 고미 요지의『안녕하세요 김정남입니다』(서울: 중앙M&B, 2012)에서 김정남은 매우 의미심장한 말을 내뱉는다.

> "'3대 세습'이란 과거 봉건왕조 시기를 제외하고는 전례 없는 것이고, 상식적으로 사회주의에 부합하지도 않는다는 것은 세인이 공감하는 현실입니다. 또한 3대 세습에 가장 부정적이셨던 부친께서 오늘날 이를 강행하실 수밖에 없으신 데는 그만 한 내부적 요인이 있었다고 믿고 있습니다. 개인적인 생각입니다만, 이른바 '백두의 혈통'만을 믿고 따르는 데 습관이 된 북한 주민들에게 그 혈통이 아닌 후계자가 등장할 경우 혼란스러울 수도 있었을 것이라 생각합니다. (중략)저는 '3대 세습'은 반대하지만 북한 내부의 안정을 위해 '3대 세습'을 강행할 수밖에 없었다면 이에 따라야 한다고 했습니다.(62~63쪽)"

이 한 문장에서 많은 것들을 우리가 읽어낼 수는 있겠으나, 북한의 입장에서 그 핵심은 '백두의 혈통'과 백두산에서 태어나지 않은 김정은으로의 '3대 세습'의 정당성을 어떻게 조합시킬 것인가? 하는 문제일 것이다.

나. 몇 가지 일화

박용배의 『빨치산에서 수령까지』(서울: 한국일보 · 한국문헌, 1994) 114쪽에 따르면 김정일의 '正日'에 대한 작명, 후계자가 되는 과정과 관련한 에피소드가 소개되어 있는데, 그 일부 내용은 다음과 같다. "김일성의 부인 김정숙(正淑)의 '正'과 김일성(日星)의 '日'을 조합하여 김정일(正日)"이 되었으며 김정숙이 1949년 9월 사망하면서 유언으로 김일성에게 "큰아들을 후계자로 삼아 달라"고 했다는 것이 그것이다. 김정일이 어릴 때부터 얼마나 김일성에게 충성을 다했는가 하는 유명한 일화도 있다. "백두산 밀영에서 어린 지도자선생님은 목총을 가지고 경호대원처럼 꼼짝도 않고 오랫동안 한곳에 서 있는 연습을 하였다. 그러던 어느 날이었다. 존경하는 어머님이 집문으로 나서자 보초로 서 있던 경호대원과 나란히 어린 지도자선생님이 목총을 가지고 부동자세로 서 계시었다. 어머님이 왜 서 있는가 하고 물으시니 지도자선생님은 '나도 아버님을 보위하는 경호대원'이라고 힘 있게 대답하시었다. 어버이 원수님을 위하여 하신 어머님의 모든 것을 그대로 모범으로 삼는 어린 지도자선생님의 마음은 이렇게 한이 없었다."(『친애하는 지도자 김정일선생님의 어린시절 이야기』, 금성청년출판사, 1982, 28쪽)

또 김정일의 청소년 시절과 관련한 두 에피소드에서 김정일의 정치적 야망과 지도력이 남달랐음을 확인할 수 있다. 먼저 『황장엽 회고록』에 나오는 얘기로 김정일이 남산고급중학교 학생 시절인 1959년 1월 김일성을 수행하여 소련공산당 21차 대회가 열리는 모스크바를 방문했는데, 그때 그가 김일성 부관들과 의사 · 간호사 등 수행원들을 집합시켜 놓고 하루 일과를 보고 받기도 하고, 또 여러 가지 지시를 했다고 한다. 이 기간 동안에 김정일은 소련의 공업·농업 전람관을 관람하면서 당시 수행했던 황장엽 당시 노동당 비서가 통역에 애를 먹을 만큼 소련 사람들에게 기술적인 문제들을 많이 질문했다고 한다. 그래서 "웬 기술에 그리 관심이 많으냐"고 물었더니, "아버님께서 관심을 가지고 있는 문제이기 때문입니다"라고 대답했다고 한다. 다음으로 이종석,『통일을 보는 눈』(서울: 개마고원, 2012) 179쪽에 실린 내용인데, 김정일이 1960년 9월 김일성종합대학 경제학부 정치경제학과에 입학했는데, 그 입학은 대부분 사람들의 예측을 빗나가게 했다는 것이다. 왜냐하면 당시의 분위기는 대체적으로 큰일을 하려면 외국 유학, 즉 소련을 다녀와야 한다는 공감대가 있었는데, 그는 유학을 떠나지 않고 김일성종합대학을 선택해서 나온 결과라는 것이다. 이와 관련한 황장엽 전 비서의 회고에 따르면 모스크바종합대학을 방문한 김정일에게 소련공산당 조선담당과장이 아부를 한답시고 "동무도 고급중학을 졸업하면 모스크바종합대학에서 공부하시겠지요?"라고 물었더니 김정일이 발끈한 목소리로 "평양에도 김일성종합대학이라는 훌륭한 대학이 있어요. 나는 김일성종합대학에서 공부할 겁니다"라고 대답했다는 것이다. 참된 학문과 교과서는 다른 나라에 있는 것이 아니라 조선의 현실 속에 있다는 김정일식의 대답은 아니었을까?

이뿐만이 아니다. 김일성도 김정일을 위한 찬양시를 지어주었다. 일명 「광명성찬가」라고 불려지는 것으로 김정일의 50세 생일 축하 친필 송시(頌詩)였다. 내용으로는 김정일이 뛰어난 문무와 충효를 겸비했을 뿐만 아니라 북한 주민들의 칭송을 받고 있다는 내용의 42자로 된 한시(漢詩)이고, 현재 김정일 출생지로 선전되는 백두산밀영에 송시비가 세워져 있고, 김일성의 생일선물과 함께 중앙역사박물관에 전시되어 있다.『로동신문』은 이를 1992년 4월 27일자에 원문과 번역문을 함께 실었다.

白頭山頂正日峰　小白水河碧溪流
光明星誕五十週　皆讚文武忠孝備
萬民稱頌齊同心　歡呼聲高震天地

백두산 마루에 정일봉 솟아 있고
소백수 푸른물은 굽이쳐 흐르누나
광명성 탄생하여 어느덧 쉰돐인가
문무충효 겸비하니 모두다 우러르네
만민이 칭송하는 그 마음 한결같아
우렁찬 환호소리 하늘땅을 뒤흔든다

　그 뒤 이 송시는 『NK chosun(http://n
k.chosun.com)』, 2013년 10월 30일자 보
도에 따르면 "인류문화사에 특기할 시대의 기념비적 명작", "혁명적 재부"
등으로 묘사되는 가운데 이를 여러 가지 규격으로 도안된 족자로 만들어
주민들에게 보급하기도 했다고 한다. 또한 조선로동당출판사에서 만든 이
족자는 푸른색 문양으로 테두리를 하고 아랫단에는 백두산과 정일봉을 도
안해 넣고 가운데에는 흰바탕에 김주석이 친필로 쓴 송시의 원문과 한글
뜻풀이를 새겨 넣은 일반가정용과 벽면에 길게 늘어뜨릴 수 있게 대형으로
만든 사무실이나 공공장소용 등도 있었다는 것이다.

▲「광명성찬가」사진.『조선의 오늘(http://dprktoday.com)』, 2014년 12월
1일자에서 인용

그리고 동 날짜의 『조선의 오늘』에는 위 사진에 대한 해설을 아래와 같이 하고 있다.

"위대한 수령 김일성동지께서 주체81(1992)년 2월 16일에 위대한 령도자 김정일동지의 탄생기념일을 맞으며 지으신 불후의 고전적 명작이다. 송시는 만민의 축원 속에 주체혁명 위업을 완성하실 성스러운 력사적 사명을 지니시고 혁명의 성지 백두산에서 탄생하신 위대한 령도자 김정일동지의 위대성과 불멸의 업적, 그이를 우러르는 우리 인민과 세계 진보적 인민들의 뜨거운 칭송의 마음과 조선혁명의 양양한 전도에 대한 확고한 신념을 숭고한 높이에서 노래하고 있다."

■ 후계자로의 등장

가. 성장과정: 해방~1964년

· 김정일의 귀국: 어머니 김정숙과 함께 김일성 본대보다 두 달 늦은 1945년 11월 25일 함경북도 웅기항을 통해 도청소재지 청진시로 귀국(1달간 머묾)
· 평양 입성: 1945년 12월 말
· 1948년 평양에 있는 남산인민학교 입학
· 1949년 9월 22일 어머니 김정숙 사망
· 1952년 11월 만경대혁명유자녀학원(일명: 만경대혁명학원) 인민반 4학년에 편입
· 1953년 8월 평양 제4인민학교 5학년에 편입
· 1954년 9월 평양 제1초급중학교에 진학

이후 김옥순(군 총모장을 지낸 최광의 아내) 등 김정숙의 항일동료들이 번가라가며 김정일을 보살핌, 이때 맺어진 항일 빨치산 유격대원들과의 유대가 정치적 자산으로 작용함.

- 1955년 위 학교 소년단 위원장으로 선출: 이때 김정일에 의해 북한 최초의 백두산 혁명전적지 답사단 조직
- 1957년 9월 남산고급중학교에 입학
- 1960년 9월 김일성종합대학 경제학부 정치경제학과에 입학
- 1961년 7월 조선노동당 입당
- 1964년 3월 졸업

> 참고로 북한에서는 새학기가 우리와는 달리, 9월부터 시작한다. 그는 재학시절에 1년에 1만 페이지씩 책을 읽자는 취지의 이른바 '만페이지책 읽기운동'을 발기하기도 하였다.

> 당시 그의 졸업논문은 도시와 농촌의 차이를 없애고 농촌을 도시의 수준으로 끌어올리는 데서 군(郡)이 차지하는 위치와 역할을 다룬『사회주의건설에서 군(郡)의 위치와 역할』이었다.

나. 후계자 시절

연도별 요약

- 1964년 김일성종합대학을 졸업하고 당 중앙위원회 조직지도부 지도원 직급으로 활동
- 1966년 당 조직지도부 중앙지도과 책임지도원으로 승진
- 1967년 '갑산파 사건' 정리에 깊숙이 개입
- 1968년 당 중앙위원회 선전선동부 문화예술지도과장으로 옮김

> 중앙지도과의 역할은 내각과 내각 산하 각 중앙 기관과 부처, 국가보위부, 사회안전부 등 전 국가적 통치(행정)기구를 직접 지도하는 기관임.

> 김일성의 후계체제에 대해 박금철 등 갑산파가 반발하여 박금철을 김 주석의 후계자로 내세우려다 숙청된 사건을 일컫는 것으로, 김정일은 이 사건을 처리하는 과정에서 김일성의 유일사상체계 및 수령제를 탄생시키고, 자신도 후계자로서의 자질과 능력이 있음을 검증받음.

> 이때『피바다』등 항일무장투쟁을 소재로 한 혁명가극 등을 직접 만들어 항일빨치산 원로들의 신뢰를 얻어냄.(문화예술의 빨치산화)

· 1968년 '김창봉, 허봉학 사건'
  정리에 개입
· 1970년 6월 「사회주의 현실을
  반영한 혁명적 영화를 더 많
  이 창작하자」 담화 발표
· 1970년 9월 선전선동부 부부장
  에 오름
· 1973년 9월 전원회의: 조직 담
  당 비서 겸 조직지도부장, 선
  전 담당 비서 겸 선전선동부
  장으로 선출
· 1974년 2월 당 중앙위원회 제5

선전선동부장 김국태(김책의 아들)나 사
상담당 비서 양형섭이 있었지만, 선전사
업에 대한 권한은 김정일에 집중됨. 또한
조직비서인 삼촌 김영주가 질병치료차 외
국과 휴양지에 주로 나가게 되자, 김일성
대학 당 위원장을 맡았던 박수동을 조직
지도부 제1부부장에 앉혀서 실제적으로
조직지도부 업무까지 관장함. 이로써 1970
년대 초에 이미 노동당의 양대 축인 조직
지도부와 선전선동부를 장악함.

후계자 김영주에 반대한 군부 김창봉, 허
봉학 등이 공로주의에 사로잡혀 '1·21 청
와대 기습 사건', 10월말 '울진삼척 무장간
첩 남파사건' 등 좌경모험주의 군사 노선
을 발생시킴. 이들은 1969년 개최된 정치
위원회 확대회의에서 처벌됨.

기 8차 전원회의에서 당 정치위원회 위원으로 선출, 사실상의 후계
자로 내정
· 1980년 10월 14일 제6차 당 대회에서 당 정치국상무위회 위원, 당중앙
  위원회 비서, 당중앙위군사위원회 군사위원으로 선출되어 사실상의
  후계자로 내외에 공식화됨.
· 1990년 5월 국방위원회 제1부위원장으로 선출
· 1991년 12월 인민군 최고사령관으로 추대
· 1993년 4월 국방위원회 위원장으로 선출

활동 요약

김정일은 1964년 6월 19일 당 조직지도부 중앙기관지도과 지도위원의 직
책으로 당 사업을 시작하고, 1965년에는 내각 수상실 참사실에서 활동하며
당중앙위원회 내부 사업과 정부의 내부 사업, 행정 실무를 파악한다. 김정

일은 이미 이 시기부터 당 사업 전반에 대한 문제점을 지적하고 이에 대한 대책을 세우는 데까지 나아갔다. 예를 들어 당조직부에서 조직부 일군들과 담화라는 형태로 당의 문제점을 비판하고 대안을 제시하기도 했다. 또한 김정일은 당에 발을 들인 순간부터 문학예술 분야에도 관심을 가지고 지도하게 되는데, 이것이 김정일에게는 천운(天運)이었을까? 1967년 박금철·이효순 사건이 터졌을 때 그는 그 어느 누구보다 가장 빨리 선전 분야에서의 '반당반혁명' 음모를 눈치챌 수 있는 기반이 되었고, 이 사건을 처리하면서 두각을 나타낸 김정일은 그 여세를 몰아 당의 유일사상체계를 본격적으로 확립하는 사업을 전개해 나간다. 그리고 이 사건의 여독이 가장 진하게 배어있는 문학예술 분야에 자원해서 지도사업을 전개하며 성과를 내고, 이는 그의 능력과 지도력이 선전분야에서 확고하게 정착되는 계기를 마련한다. 또한 김창봉·허봉학 사건을 처리하면서도 자신의 역량을 유감없이 발휘함으로써 김정일은 당내에서 확실하게 자신의 존재를 각인시킨다.

그 뒤 김정일은 한 치의 흐트러짐도 없이 계속해서 유일사상체계의 확립을 위해 당 조직을 통한 사상혁명의 강화에 당 사업의 중심을 놓는 비범함도 보였다. 그 계기는 제5차 당 대회(1970년 11월)였는데, 여기서 그는 이 대회를 준비하고 치르면서 조직능력도 인정받게 되고, 혁명 1세대들에게는 후계자로 신임을 결정적으로 획득하며, 이때를 즈음하여 인민들 속에서도 서서히 지도자로 부각되는 행운까지 누리게 된다. 때를 같이하여 혁명 1세대들도 제5차 당 대회를 준비하면서 후계자 문제를 제기하였고, 이에 김일성 주석은 처음에는 김정일의 나이와 혈연에 대한 고민으로 이를 제지하고 더 넓은 범위에서 후계자를 찾아보자고 제안한다. 하지만 사상, 문학예술 분야, 당 조직 사업 분야 등 이미 여러 방면에서 높은 역량과 지도력을 보여준 김정일과 견줄만한 인물을 찾을 수 없었다.

더불어 김정일은 이 시기 (수령의 사상유일체계 확립뿐만 아니라) 자신의 유일지도체제 확립을 위해서도 노력하는데, 그 분야가 문학예술 분야였다. 자신이 직접 지도한 혁명가극 〈피바다〉, 〈꽃파는 처녀〉 등의 공연을 본 혁명 1세대들의 감동은 이루 말할 수 없었는데, 이유는 그들의 시각으로 볼 때는 그 가극들이 수령에 대한 무한한 충실성, 자신들(항일원로들)에 대한 존경, 혁명적 동지애, 혁명에 대한 확신 등 어느 한 곳 나무랄 데 없는 수작이었기 때문이었다. 내용이 그러하니 김정일에 대한 신뢰를 한껏 높여 주었으며, 이 또한 후일 김정일을 후계자로 선택하는 데 있어 결정적인 역할을 하는 한 가지 요인이 되었다. 이 여세를 몰아 김정일은 1973년 『영화예술론』에서 문학예술 분야에 대한 경험을 집대성한다. 여기서 그는 그 내용으로 문학예술 분야뿐만 아니라, 공산주의 인간학, 주체의 인간학으로서 문학예술 분야를 다 포괄하는 정치사상적 능력을 발휘했고, 그러다 보니 이 책은

> 김정일은 이 책 외에도 문화예술 분야의 책으로는 1990년대에 『무용예술론』, 『건축예술론』, 『음악예술론』, 『미술론』, 『주체문학론』 등을 차례로 펴냄으로써 영화와 문학예술의 거의 모든 분야에 깊은 조예를 가졌다는 것을 입증하였다.

이후 북한에서 "불멸의 고전적 로작," "주체 영화예술의 백과전서," "대백과전서적인 위대한 문예리론 총서" 등으로 평가받게 된다. 결국 이러한 일련의 과정들은 결과적으로 김정일의 문학예술 분야를 중심으로 한 선전 분야에서 유일사상체계와 유일지도체제의 확립을 위한 지도와 리더십을 발휘하는 계기가 되었고, 그 연장선상에서 북한의 지도사상, 곧 김일성의 혁명사상에 대한 그의 태도 및 그의 이론적 능력과 집행 능력을 보여줄 수 있는 가장 좋은 기회를 제공하였다. 이 시기 발표한 글은 다음과 같다.

· 1973년 8월 「새로운 당 생활 체계를 전당으로 일반화할 데 대하여」
　　　　 11월 「항일 유격대식 학습 방법으로 김일성주의 학습을 더욱 강화할 데 대하여」

· 1974년 2월 「온 사회가 김일성주의를 계승할 데 대하여」
　　　　 4월 「주체 철학의 리해에서 제기되는 몇 가지 문제에 대하여」

「당내 유일사상체계를 확립할 데 대한 몇 가지 문제에 대하여」

5월 「출판, 보도 부문에서 주체를 세우고 유일사상을 관철할 데 대하여」

8월 「당 사업을 근본적으로 개선하고 온 사회의 김일성주의화를 더욱 다그칠 데 대하여」

이와 함께 전당적으로 회의, 강습, 학습을 통해 내용을 숙지시키고 확인하며 당의 유일사상체계와 유일지도체제 수립을 주도할 수 있었고, 마침내 김정일은 1973년 9월 개최된 당중앙위원회 제5기 7차 전원회의에서 조직지도부장 겸 조직비서, 선전선동부장 겸 선전비서의 자리에 앉게 됨으로써 후계자로 추대 내정되고 1974년 2월 노동당 정치국 위원이 되면서 김일성의 후계자로 확정되는 유일지도체제가 확립되게 된다.

이후부터 김정일은 그 어느 누구도 넘보지 못할 '유일'후계자로서의 지위를 갖고 북한 사회를 수령제 사회주의로 만들기 위한 사상, 조직, 제도적 측면에서의 후계자의 역할을 담당한다. 그 대미 장식이 1980년 10월에 개최된 조선로동당 제6차 당 대회였다. 이른바 김정일을 위한 당 대회였고, 이 과정에서 김정일은 제6차 당 대회의 준비, 진행을 전적으로 주도했다. 자신도 이 제6차 당 대회에서 당 정치국 상무위원회 위원, 당 중앙위원회 비서, 당 중앙위 군사위원회 군사위원에 선출되었다. 이른바 '혁명의 수뇌부' 또는 '최고수뇌부' 반열에 들어선 것이다.

이렇게 이미 1970년대에 유일지도체제를 완결 지은 김정일이 제6차 당 대회를 통해 후계자로 대내외에 공식화되고, 이로써 북한은 안정적으로 후계체제 구축을 끝내게 되어 이때부터, 즉 1980년 이후부터 김정일은 당, 군, 정권 전 분야에서 명실상부한 실질적인 통치권을 행사하게 되고, 모든 사업이 후계자 김정일 위원장의 방침·지령(지도)에 따라서 이뤄지게 된다. 그 일례로 1984년 9월 제정된 합영법을 비롯해 이른바 북한이 '통이 크고 판이 넓은' 사업으로 자랑하는 서해갑문을 비롯한 여러 갑문 건설, 인민대학습당 건립 등이 그의 주도로 이뤄진다.

1980년대는 이렇듯 이미 모든 일이 김정일의 결심에 따라 진행됐고, 국가의 중대사조차 김정일의 발기로 진행되는 일이 잦았다. 김일성은 단지 김정일이 제출한 안건과 의제를 추인해 거기에 무게를 실어주는 일을 담당할 뿐이었다. 그러나 이것이 김일성 주석이 아무런 권위나 권한을 보유하고 있지 않다는 의미는 아니다. 탈북자 신경완의 증언이다.

> "실무적인 일들은 김정일 위원장 대부분 처리했다. 김정일이 이미 모든 일을 아무런 문제없이 완벽하게 처리하고 있었던 까닭에 김일성 주석이 굳이 나서서 참견할 일이 없었다. 국가의 중대사까지도 차세대 수령인 김정일이 매끄럽게 잘 해내고 있다는 사실을 공개해도 김일성 주석의 권위를 손상시킬 것은 아무것도 없었다. 오히려 후계 문제를 완벽하게 처리해 혁명과 건설을 더욱 다그칠 수 있게 했다는 점에서 치적으로 삼을 만한 일이었다."

또한 1984년 4월 11일 김일성 주석과 당시 정치국 위원이었던 허담과의 대화를 보면, "다른 나라 대표단들을 만나 담화를 하는 것은 김정일 위원장 동지가 나에게 준 분공입니다. 그는 나에게 힘든 일은 자기가 다 맡아서 하겠으니 쉬엄쉬엄 다른 나라 대표단과의 사업을 하여주면 좋겠다고 하였습니다. 그래서 나는 그의 말을 당적 분공으로 생각하고 다른 나라 대표단들과의 사업을 맡아하고 있습니다."

군권의 경우에도 후계자 김정일은 1990년에 이미 국방위원회의 제1부위원장이 되어 군사 권력까지 장악하기 시작, 1991년에는 조선인민군 최고사령관이 되고 1993년엔 국방위원회 위원장으로 추대됨으로써 통수권자로서 병력까지 완전히 장악하게 되었다.

여기서 우리가 유심히 살펴 볼 것은 남한을 포함한 많은 나라에서는 대개 국가원수 또는 대통령이 통수권을 행사하지만, 북한에서는 1992년 헌법 개정을 통해 국방위원장이 나라 전체의 병력을 지휘하고 통솔하는 권력을 갖도록 했기 때문에 이 진단이 결코 과하지 않다. 이렇듯 김정일은 김일성 주석이 1994년 사망하기 전부터 이미 당권과 군권을 완전히 장악하여 실질적인 최고통치자가 되었다. 법적으로는 김일성이 죽은 뒤 3년만인 1997년 조선로동당 총비서로 추대되었어도, 실질적으로는 1980년부터 당을 장악하고 1990년부터 군까지 장악했다는 뜻이다.

이처럼 북한은 이미 1980년대 중반 이후부터는 전반적인 국가 · 당 사업은 김정일이 관장하고 외교와 '잘 안 되는 분야'는 김일성 주석이 챙기는 형태로 변화된 것이다. 그렇게 보는 것은 김일성 주석이 1992년 4월 15일 생일잔치 때 외국 손님들 앞에서 "80 평생의 총화는 혁명의 유일한 후계자, 혁명의 계승 문제를 완벽하게 해결한 것"이라는 말에 묻어나있다. 김일성 주석이 쓴 회고록 『세기와 더불어』에도 "김정일 조직비서가 나의 사업을 많이 대신해주어 어느 정도 짬을 얻게 되었다"고 쓰고 있다. 그렇다고 김일성 주석이 마지막 순간까지 완전히 일선에서 물러나지는 않았다. 김일성 주석은 외교사절을 만나거나, 경제 분야의 현지지도도 계속하였다. 사망하기 이틀 전인 1994년 7월 6일에도 경제 지도협의회를 열고 당면한 식량난과 경제 위기 타개책을 토의할 정도가 아니었던가?

이상에서 우리가 내릴 수 있는 잠정 결론은 김정일로의 후계체제가 구축되는 동안 다른 사회주의 국가들과는 달리, 제2인자의 등장으로 권력의 분할이라든가, 도전 세력의 등장과 같은 문제가 심각하게 벌어지지 않았다는 점에서 일반적인 정치권력의 속성으로 보면 매우 이례적인 일이 북한에서 발생하였다고도 할 수 있다. 달리 표현하면 북한은 후계승계 문제를 잘 풀었다는 말이 될 것이다.

이제 김정일이 과연 후계자로서 그 자질이 충분하였는지 판단해 보기 위해 김정일의 후계자 활동과 관련하여 위에서 언급되지 않은 부문에 대해 세분화해서 살펴볼 것이다.

ㄱ. 사상 부문

후계자로서 1980년대 김정일은 사상 부문에서 새로운 지도이론, 당 건설이론과 당 정책을 수립하고 제시하는데, 그중에서 특히 1982년 3월 21일에 개최된 전국 주체사상토론회에서 그 유명한 「주체사상에 대하여」를 보내 발표했을 뿐만 아니라, 1986년 7월 15일에는 당 중앙위원회 책임일꾼들과 담화하는 자리에서 「주체사상 교양에서 제기되는 몇 가지 문제에 대하여」를 발표하기도 하였다.

ㄴ. 당 노선·정책 부문

당 노선·정책 분야와 관련해 김정일은 논문, 연설, 서한형식 등을 통해 끊임없이 정책과 노선을 제시했는데, 그 대표적인 것들로는 「인민생활을 더욱 향상시킬 데 대하여」(1984년 2월 16일), 「직업 동맹 사업을 더욱 강화할 데 대하여」(1984년 5월 3일), 「교육사업을 더욱 발전시킬 데 대하여」(1984년 7월 22일), 「보건 사업을 더욱 개선 강화할 데 대하여」 등이 있다.

ㄷ. 인사 부문

후계자 공식화 이후 처음에는 김정일이 수령 김일성에게 사전에 의견을 묻거나 인사 결과를 빠짐없이 보고했지만, 점차적으로 김일성 주석은 후계자 김정일을 절대적으로 신임하여 인사 문제조차도 관여하지 않기 시작하였다. 이후에는 김정일이 결정하고 김일성 주석에게 동의를 받는 형식이었다. 절차적으로는 당 정치국 회의에서 토의 결정하는 절차였지만, 사실상의 전권 행사였다.

이를 뒷받침해 줄만 자료가 하나 있는데, 1985년 당시 평양 주재 소련대사였던 미하일 슈브니코프가 소련 공산당 중앙위원회에 제출한 극비 보고서 내용에 "김정일 위원장이 당 정치국원의 인사에까지 거의 전권을 행사하는 등 이미 당·국가의 인사권을 포함한 국가 정책 전반에 걸쳐 지휘감독권을 행사해 사실상 후계자로서의 확고한 지위를 구축하고 있다"였다.

■ 논쟁: 세습이 뭐길래

위에서 살펴보았듯이 일반적으로 알려진 바에 따르면 김정일이 수령후계자로의 지위 획득은 다음과 같다. 1964년 4월에 노동당 중앙위원이 되고, 1973년 9월 당 중앙위원회 제5기 제7차 총회에서 당 중앙위원회 비서로 선출되었지만, 이때까지만 하더라도 후계자의 지위를 얻지는 못했다. 약 반년 후인 1974년 2월 당 중앙위원회 제5기 제8차 총회에서 겨우 "주체 위업의 위대한 계승자"로 언급되면서 당 정치국 위원으로 선출되었는데, 이때부터 당 내부적으로는 후계자의 반열에 올랐으나 북한 인민들에게 공식적인 후계자로의 등장은 1980년 제6차 당 대회에서 당 정치국 상무위원, 당 비서, 당 중앙위원회 군사위원으로서 선출되고 나서이다.

이 과정에 대한 일단의 평가로 다음과 같은 것이 있을 수 있다. 김정일로의 후계승계가 과연 세습인가, 아닌가가 매우 중요한 쟁점 중의 하나일 텐데, 이에 대해『교도통신』서울지국장을 지낸 히라이 히사시(平井久志)는 "나는 고 김일성 주석으로부터 김정일 총서기로의 권력 계승이 '세습'에 해당된다고 생각하지 않는다. 김정일이 김일성의 장남이기 때문에 형식적으로 세습이기는 하다. 그러나 김정일 총서기로의 권력 계승은 격렬한 '권력 탈취'의 결과 이루어진 것이지 봉건 영주가 자식에게 권력을 넘겨주는 것 같은 권력 세습은 아니었다(『김정은 체제』, 한울, 2012, 24~25쪽)"라면서 그 이유를 다음과 같이 설명하고 있다.

"김정일 총서기는 김일성 주석의 친동생 김영주(金英株)나 이복동생 김평일(金平日), 계모 김성애(金聖愛) 등과 격렬한 권력투쟁을 벌였다. 김정일 총서기는 줄기가 잘 자라기 위해서는 곁가지를 쳐내어야 한다면서 그들을 '곁가지'로 규정, 정치적 라이벌들을 하나하나 제거하는 데 성공하였고, 후계자 지위를 획득한 후에도 아버지 김일성이 갖고 있던 권력을 하나씩 벗겨내면서 정치적 실권을 장악해 나갔다. 그러한 의미에서 김정일로의 권력 계승은 단순한 '세습'이 결코 아니었다."

이를 그들에 의해 정립된 수령론으로 해석해내면 다음과 같을 것이다. 수령의 지위와 역할은 그 누구도 대신 할 수 없다. 후계자론에서도 똑같은 이치로 후계자의 지위와 역할은 그 누구도 대신할 수 없다는 논리가 가능하다. 이 두 주장의 교집합이 다음 글에 잘 나타나 있다.

"수령과 후계자는 그 본질에 있어서는 하나이나, 그 지위와 역할에 있어서는 일정한 차이를 보이는데, 그것은 후계자로 추대된 후 수령을 보좌하는 시기가 있고, 수령의 혁명위업을 대를 이어 계승하는 시기로의 구분이 그것이다."(김유민, 『후계자론』, 49~50쪽)

이러한 논리를 김정일이 후계자로 등장하는 과정에 적용하여 볼 때 김정일은 1974년부터 내부적으로는 후계자로 '추대' 혹은 '내정'되었다. 이렇게 등장한 김정일은 북한 사회를 김일성 중심의 수령제 사회로 만들기 위한 사상, 조직, 제도적 측면에서 자신의 역량을 발휘해 나갔고, 1974년 4월에 발표한 '충실성의 4대원칙' 즉, 신조화 · 신념화 · 무조건성 · 절대화'로 요약되어지는 '유일사상 10대원칙'은 그 중심에 있었다.

여기서 잠깐 이러한 결과가 만들어지기까지의 과정을 역순하여 좀 살펴보면 김정일은 1967년 5월에 개최된 당 중앙위원회 제4기 제15차 전원회의를 계기로 급부상하게 되는데, 그 결정적 계기가 유일사상체계 확립을 명분으로 한 사상투쟁이었고, 이를 주도하면서 김정일은 자신의 영향력을 급속히 확대시켜나갔던 것이다. 그 과정에서 김정일 자신은 유일사상체계의 확립이 하루 이틀의 단시일에 이루어지거나 단번으로 끝날 수도 있는 것이 아니며, 그러므로 유일사상체계 확립은 변혁운동을 시작할 때는 물론, 변혁운동을 전진시켜 세계적으로 이상적인 공산주의사회가 건설될 때까지 꾸준히 완성해 가야 할 사업으로 규정하는 데 성공하였다. 다시 말해 김정일은 이 사상투쟁을 통해 수령의 혁명사상으로 전 사회를 일색화시키기 시작하였으며, 결국 이러한 전제와 경험은 북한으로 하여금 전당을 주체사상화하여 모든 당원들을 김일성주의 정수분자로 만들고, 당 건설과 당 활동을 철저히 수령의 사상과 이론, 방법에 기초하여 진행해나가게 하는 인식으로 발전시켰던 것이다.

이처럼 주체사상의 유일사상화와 체계화는 김정일에 의하여 거의 독점적으로 이루어졌기 때문에 이러한 운동의 성공과 정착은 곧 김정일의 헤게모니 강화로 이루어질 수밖에 없었다. 즉, 유일사상체계에 대한 이론을 체계화하면서 이데올로기 해석권을 독점하였던 것이다. 이외에도 1972년 말부터 시작된 당증교환사업으로 사실상 김일성 유일사상체계에 대해 반대하는 요소를 제거함으로써 김정일 자신이 후계자로 부상하는 데에 매우 유리한 조건을 마련해 놓고 있었다. 또한 자신에 의해 발기된 '3대혁명 소조운동(1973년),' '3대혁명 붉은기 쟁취운동(1975년)' 등을 철저히 당의 관리하에 두고 혁명2세대와 실무 엘리트 중심의 현장운동을 전개함으로써 당을 재조직화하고, 북한 사회 전반에 걸친 세대교체를 유도하며 그의 권력 승계에 부정적일지도 모를 기성세대의 영향력을 최소화했다.

바로 이러한 것들이 가능했기 때문에 실제 당 조직을 장악하는 과정도 제5차 당 대회에서 중앙위원회 후보 명단에도 오르지는 못하였지만, 1972년에는 당 선전선동부장에, 1973년에는 비서국 조직 및 선전담당 비서로 선임되었고, 1974년 2월의 제5기 8차 전원회의에서 김정일은 32세의 나이로 중앙위원회 정치위원이 되면서 후계자로서 반(半)공식적인 인정을 받게 된 것이다. 그런데 여기서 하나 빼놓아서는 안 되는 것이 유작촌의『정통과 계승』(대전: 현대사, 1992)이라는 책에서도 나와 있듯이 김정일을 정치위원으로 추천한 인물과 세력이 김일성의 빨치산 동료들인 당 원로와 김일성 자신의 공인(김일성도 처음에는 반대한 것으로 알려져 있다)이었다는 사실이다. 그 결과 당 중앙이라는 이름으로 암시되던 김정일은 1970년대의 권력 승계과정에서 별다른 도전을 받지 않고 헤게모니를 구축하였고, 이를 바탕으로 1980년 당 제6차 대회에서 김정일은 당 중앙위원, 정치국원, 정치국 상무위원회의 상무위원, 비서국의 비서, 당 군사위원회의 군사위원으로 선출, 후계자로서의 위상을 대내외에 공개적으로 확인할 수 있었던 것이다.

이 대회 후 그는 당 서열상 김일성, 김일, 오진우에 이어 4위였지만 김일성을 제외하고는 유일하게 당내 3대 권력기관에 진출, 사실상 2인자로 부상했고, 당 핵심인물의 세대교체도 확연하게 나타나 당 중앙위원 중에서 새로이 선출된 인물이 70.6%에 달했고, 이 중 소위 혁명 제2세대의 비율이 1970년의 10%에서 47%로 급격한 증가됨은 물론이고 당비서국은 거의 새로운 인물, 즉 김정일의 인물로 충원되었다. 호칭에도 변화가 생겨 '친애하는 지도자 동지,' '령도자,' '인민의 어버이,' '위대한 영도자' 등으로 불리어졌고, 1982년에는「주체사상에 대하여」라는 논문을 발표하여 주체사상을 최종적으로 체계화함으로써 김일성주의를 대내외적으로 선포하고, 자신이 김일성의 후계승계자임을 확정지었다.

김정일은 더 나아가 군부를 장악하기 위해 만경대혁명학원 출신의 혁명2세대 군 간부들을 요직에 진출시켜 자신의 군사적 헤게모니를 강화하였고, 김일성 역시 김정일에게 힘을 실어주기 위해 남포갑문 건설을 현지지도하는 과정에서 현장에 당 전권대표를 파견하는 문제에 대해 조직비서(김정일)에게 제기하여 풀어나갈 것을 지시하는데, 그 담화가 다름 아닌 남포갑문건설관계일군협의회에 한 연설(1981. 5. 22),「남포갑문 건설을 힘있게 다그치자」이고, 이것은 결국 김정일에게 당 사업을 거의 모두 위임하는 조치였다.

이후 1984년 김정일은 "우리 당에서는 대를 이어 단결의 중심을 보장하는 문제가 이미 해결되었습니다(김정일, 조선로동당 중앙위원회 책임일꾼들 앞에서 한 연설(1984.3.10.), 「혁명대오를 튼튼히 꾸리며 사회주의 건설을 힘있게 다그칠데 대하여」)"라고 함으로써, 유일지도체제의 제도적 확립이 이미 끝났음을 암시했고, 김일성은 이에 화답이라도 하듯 1986년 5월 31일 김일성고급당학교 창립 40주년 기념 연설에서 "수령의 후계자 문제"가 "빛나게" 해결되었다고 밝혔다.

이를 바탕으로 김정일은 1990년 5월 최고인민회의 제9기 제1차 회의에서 국방위원회 제1부위원장으로 선출되고, 1991년 12월에는 인민군 최고사령관으로 추대되어 김일성에 이은 명실상부한 제2인자가 되었다. 이 결정판이 1992년 4월에 통과된 수정헌법이고, 이 헌법에서 김정일은 국가주석의 권한을 축소하고 국방위원회의 권한을 강화하는 과감한 조치를 내린다. 즉, 국가주석의 대외 조약 비준 및 폐기권, 중앙인민위원회 서기장 및 위원 선거 및 소환시의 주석의 제의권, 국방위원회 위원들의 선거 및 소환시의 주석의 제의권은 삭제되었고, 반면 국방위원회의 권력 비중을 높이고 국가주석에게 부여되었던 국가 일체 무력의 지위, 통솔권은 국방위원회 위원장에게 이양하였다. 또한 1993년 4월 9일 최고인민회의 제9기 제5차 전원회의에서 김정일은 국방위원회 위원장에 취임함으로써 군통수권을 완전히 장악, 유사시에 권력을 승계할 수 있는 만반의 준비과정을 마무리했다.

그래서 일까? 1994년 7월, 김일성이 사망했을 때도 김정일 정권은 혼란을 겪지 않고 비교적 안정적으로 권력을 관리할 수 있었다. 이를 김일성의 입장에서 본다면 다른 사회주의 국가에서의 권력승계 문제에 관련한 혼란을 수차례 목격한 그가 사망 직전까지, 김정일에게 권력을 이양하기 위한 준비를 이미 20여 년 동안 진행시켜왔기 때문으로도 볼 수 있는 것이다. 이를 도표로 축약하면 다음과 같다.

시기 (나이)	직책	김일성 나이	비고
'64. 6 (22세)	· 당 조직지도부 지도원	52세	
'73. 9 (31세)	· 당비서	61세	· 당5기 7차비밀전원회의
'74. 2 (32세)	· 당정치위원회 위원 · 후계자추대결정 · 김정일을 "당중앙"으로 호칭	62세	· 당5기 8차전원회의 · '75년 김정일 생일휴무 · *김정일 우상화
'80.10 (38세)	· 당정치국 상무위원, 당중앙위원 · 비서국 비서, 당중앙군사위원	68세	· 당6차 대회 · 공식적으로 권력의 전면에 등장 (당서열 4위)
'90.5 (48세)	· 국방위원회 제1부위원장	78세	· 최고인민회의 제9기 1차회의
'91.12 (49세)	· 조선인민군 최고사령관 추대	79세	· 당6기 19차 전원회의
'92.4 (50세)	· 원수칭호 수여	80세	· 당 중앙위 · 군사위 등 공동결정
'93.4 (51세)	· 국방위원회 위원장 추대	81세	· 최고인민회의 9기 5차회의
'97.10 (55세)	· 조선노동당 총비서 추대		· 당 중앙위 · 군사위 공동명의
'98.9 (56세)	· 국방위원장 재추대		· 최고인민회의 10기 1차회의
'03.9 (61세)	· 국방위원장 재추대		· 최고인민회의 11기 1차회의

※ 김일성의 나이와 김정일의 직책 변화이다. 국방부, 『국방백서 2002』, 33~34쪽을 참조하여
재구성하였다.

2. 북한에서의 김정일

북한의 입장에서 김정일의 한생은 분명 주체사상의 전면적 심화발전(그
결과 선군사상의 등장), 백두의 혁명전통 견결히 옹호고수, 조선혁명의 명
맥유지, 수령영생위업 실현 정도가 될 것이다. 세계 사회주의 체제의 붕괴

와 그들의 표현에 따른 '조선민족' 최대의 국상이었던 김일성 주석의 사망, 미국을 비롯한 제국주의세력의 북한고립화 공세와 혹심한 자연재해 등 그 속에서도 선군정치로 그 위기를 돌파하고, 김일성의 고귀한 혁명유산인 사회주의 전취물을 영예롭게 수호하여 북한을 일심 단결된 불패의 정치사상 강국으로, 핵보유국, 무적의 군사강국으로 전변시켰다는 것이 그들의 인식이기 때문에 가능한 평가이다. 또한 김일성의 유훈을 받들어 강성대국 건설의 웅대한 목표를 제시하고 그 실현을 위한 전 인민적인 총진군을 진두에서 이끌어나가 사회주의 건설의 모든 전선에서 대혁신, 대비약이 일어나게 하였는데, 다름 아닌 인민생활 향상을 위한 불면불휴의 노고였다는 것이다.

『로동신문』은 김정일 국방위원장의 영결식이 열린 2011년 12월 28일 「김정일 동지의 혁명유산」이라는 제목의 정론을 통해 김 위원장의 3대 혁명유산을 언급했는데 다음과 같다. 우선 '핵과 위성'으로 "인공지구위성의 제작 및 발사국의 자랑에 핵보유국의 존엄"이라며 "대국들의 틈에서 약소민족의 한 많던 민족을 가슴을 당당히 펴고 세계를 굽어보며 사는 존엄 높은 인민으로 영원히 되게 하여준 우리의 핵과 위성"이라 하였다. 다음, '새 세기 산업혁명'으로 "현대화의 새 역사, 지식경제시대의 민족의 앞날을 당겨주신 새 세기 산업혁명"이라 하였다. 마지막으로 "피눈물로 꽉 찬 슬픔의 대하를 강성국가에로의 대진군 대오로 격변시킨 김일성 민족의 정신력"이라며 '민족의 정신력'을 꼽았다. 이 세가지 혁명유산을 남겼기에 "또다시 민족대국상을 당한 오늘에도 자기자신과 후손만대의 운명에 대하여 걱정하지 않는다"고 하며 글을 맺었다.

■ 김정일의 업적 개괄

가. 김정일은 김일성의 혁명사상을 사상·이론적으로 정립, 심화 발전시켜 나간 사상이론가다

근거의 첫째는 김정일이 김일성의 혁명사상을 주체사상으로 정식화하

고, 그 사상을 온 사회의 주체사싱화 강령을 제시하여 주체의 세계관을 가일층 심화 발전시켰다는 것이다. 가장 대표적으로는 김일성 주석이 창시한 주체사상을 1974년 2월에 '김일성주의'로 명명하고 이를 '주체의 사상·이론·방법의 전일적 체계'로 정식화하였을 뿐만 아니라 김정일 자신이 직접 주체사상을 하나의 체계적인 철학사상으로 정립한 논문, 「주체사상에 대하여(1982)」가 있다. 둘째는 조선혁명의 풍부한 경험과 국제공산주의 운동의 역사적 교훈을 분석한 데 기초하여 주체의 혁명이론을 가일층 심화 발전시켰다는 것이다. 속도전과 사상전, 3대혁명 소조운동, 3대혁명 붉은기 쟁취운동, 숨은 영웅 따라배우기운동, '80년대의 김혁, 차광수가 되자!' 등이 이 이론에 의해 전개된 실제 모델들이라는 것이다. 이는 다시 김정일식 대중운동의 정형이 된다. 셋째는 전 당과 온 사회에 유일사상체계를 세우는 것을 골자로 하는 주체의 영도방법을 심화 발전시켰다는 것이다. 실제로도 실천적 사업형식으로 '위대한 수령님식 사업방법'을 정식화시켜 내었고, 김정일이 내놓은 사상과 이론

> 김정일이 선택한 경제건설 방법론이 '속도전'이었고, 그리고 이 속도전에 대한 첫 언급과 개념 정의는 김정일 자신이 후계자 내정단계 직전인 1973년 조선로동당 중앙위원회 책임일군들과 한 담화(1973.1.28), 「생산을 자동화하여 근로자들을 힘든 로동에서 해방하자」에서 속도전을 처음 언급하고, 그 정의를 "속도전이야말로 우리 인민의 혁명적기상과 시대적요구에 맞는 위력한 사업방식입니다."라고 하였다. 이후 속도전은 1970년대 '70일 전투', 1980년대 서해갑문공사, 2000년대의 삼수수력발전소, 안변청년발전소(금강산발전소) 등이 건설되었을 뿐만 아니라 '강계정신', '성강의 봉화', '나남의 봉화', '태천의 기상' 등으로 표현되는 속도전에 의한 사상운동의 결과가 나타나기도 하였다.

> 북한에서 말하고 있는 김혁, 차광수는 항일무장투쟁 초기 김일성을 도와준 핵심참모이자 동지이고, 김일성에 대한 충실성의 모범을 보여주었던 가장 믿음직한 전우들이었다. 특히 김혁은 김일성을 노래한 시, '조선의 별'을 지을 정도로 김일성에게 충성했다. 또한 김혁, 차광수는 주체형의 혁명가의 정형인데, 여기서 말하는 주체형의 혁명가형이라 함은 수령과 당에 대한 충성심으로 자신의 모든 것을 다 바쳐 투쟁하는 충직한 김일성주의자를 의미하며, 이는 다시 북한이 그토록 창조하고자 했던 정치적 인간(political man)이자, 이데올로기적 인간(ideological man)의 전형으로 상징된다. 김정일, 「현실발전의 요구에 맞게 작가들의 정치적 식견과 창작적 기량을 결정적으로 높이자(조선작가동맹 제3차대회 참가자들에게 보낸 서한, 1980. 1. 8)」

은 예외 없이 "사상과 기술도 문화도 주체의 요구대로!"라는 구호에서 확인받듯이 모두 수령의 혁명사상에 철저히 입각하고 있다는 것이다. 그리고 북한은 이 모든 중심에 김정일이 사상·이론·방법의 전일적 체계를 이룬 『주체사상 총서 10권』(약칭: 총서 10권)을 발행한 데서 증명된다고 한다.

이후 전 세계가 이제 사회주의 체제는 끝났다고 한 목소리를 낼 때도 김정일은 1991년 5월 5일 「인민대중 중심의 우리식 사회주의는 필승불패이다」라는 논문 발표를 시작으로 1992년 1월 3일에 「사회주의 건설의 역사적 경험과 우리 당의 총로선」이라는 논문을 발표하였고, 연이어 「사회주의에 대한 훼방은 허용할 수 없다(1993년 3월 1일)」, 「사회주의는 과학이다(1994년 11월 1일)」, 「사상 사업을 앞세우는 것은 사회주의 위업 수행의 필수적 요구이다(1995년 6월 19일)」 등과 같은 논문을 발표한 김정일이 사상이론가적 풍모를 충분히 가졌다는 것이다.

나. 김정일은 '김정일식' 영도력과 주체 사회주의를 이뤄냈다

북한에서는 노동계급의 당을 강화 발전시키는 것이 사회주의·공산주의 혁명 위업을 완성하기 위한 기본 요구라고 정의하고 있다. 이 정의에 가장 부합하는 인물이 김정일이었고, 실제로도 김정일은 노동당을 혁명적 당으로 만들어 내었다는 것이다. 그 근거로 첫째, 김일성의 당으로 만들었다는 것이며, 둘째, 주체사상을 당의 유일한 지도사상으로 삼았다는 것이다. 다음으로 사회주의 건설을 현명하게 영도하였다는 것인데, 이는 오늘날 여러 나라들에서 사회주의가 무너지고 자본주의에로 되돌아가고 있는 상황이지만, 자신들은 김정일의 영도하에 "우리 식대로 살아 나아가자!"는 기치를 굳건히 지키고 '변함없이' 혁명과 건설을 추진하고 있다는 자신감으로 나타난다.

개괄적이기는 하지만, 그 사례들을 종합해 보면 김정일이 우리가 보기에는 불편하고, 무모하고, 절대 권력자의 모습처럼 보이기는 하지만, 그것과는 상관없이 주체사상의 요구대로 북한 사회를 설계하고 통치했음을 알 수 있다. 각각의 영역에서 김정일식 통치가 작동되는 방식으로 말이다. 사상에서의 '주체'는 사회주의 건국이념을 초창기에는 마르크스·레닌주의에서 찾았으나 이후 다들 알다시피 주체사상, 선군사상으로 독창화하였다. 정치에서의 '자주'는 중국의 '앓는 소리'에서 상징적으로 증명된다. 대한민국 정부와 미국 등 유관국들은 북한에게 유일하게 쓴 소리를 할 수 있는 국가로 중국을 압박하지만, 중국은 "우리는 북한 내정에 간섭할 수 없다"며 손사래를 치고 있다. 이것이 중국의 과장된 제스처일 수도 있지만, 실제일 수도 있는 것이다. 중국식 개혁·개방을 요구해도, 핵실험을 반대하지만 북한은 자신들의 정치·군사적 판단에 의해 결정들을 해왔다. 경제에서의 '자립'도 무역과 통상에 의존하기 보다는 "국방공업을 우선시하면서도 농업과 경공업을 동시적으로 발전시키겠다"는 전략하에 풍부한 지하자원 우라늄을 활용한 핵동력 공업, 공작기계(CNC), 풍부하게 매장된 석회석을 이용한 비날론 생산 정책 등이 그 예에 해당된다. 군사에서의 '자위'도 우리가 목도하고 있듯이, 일명 핵을 둘러싼 '세기의 대결'이라 할 수 있는 미국과의 정치·군사적 대립과 갈등은 수십년간 이어져 내려오고 있다.

바로 이 과정을 종합해 보면 김정일은 첫째, 인민대중 중심의 우리식 사회주의 건설의 기초를 다졌다는 것이고, 둘째, 수령－당－대중 중심의 일심 단결된 사회를 만들어 내었다는 것이고, 셋째, 자립적 민족경제를 실현시킬 토대를 만들어낸 인물이었다고 묘사될 수 있다.

다. 김정일은 공산주의적 덕성을 지닌 인민의 지도자다

김재천에 따르면 김정일의 어록에는 "위민이천", "인민을 위해 복무함!",

"저도 근로하는 인민의 아들입니다.", "저는 참으로 '인민복'이 많은 사람입니다.", "인민을 위해 일하는 것보다 더 훌륭한 일은 이 세상에 없습니다." (『후계자 문제의 이론과 실천』, 128~136쪽) 등등의 말이 있는데, 이것이 김정일이 공산주의적 덕성을 지닌 후계자로 증명될 수 있다는 것이다. 즉, 김정일식 인민성을 정립했으며, 이것은 나아가 김정일만 한 인물이 없음을 강조하고 있다.

■ 김정일식 정치: '또 다른' 김일성 주석의 정치

곽동기는 『자주민보』 2007년 9월 5일자에 「김정일 국방위원장의 출생지에 대한 고찰」을 기고하였는데, 그 기사에 따르면 김정일식 정치를 잘 분석하기 위해 "김정일의 출생이 갖는 의미를 잘 해석하는 것이 매우 중요하다"는 견해를 밝혔다. 그 이유는 『선군태양 김정일 장군』(2005)에서 나오는 일화 한 토막을 소개하면서 김일성이 김정일의 출생을 회고하는 한 대목이 있는데, 여기서 그는 "빨치산의 아들로 태어나 포연에 절은 옷을 입고 군대밥을 먹으며 돌격 구령소리와 함께 성장한 그의 인생은 첫 시작부터가 남다른 것이었다"는 발언에 주목하여야만 김정일 국방위원장의 정치적 지향과 특징을 올바로 분석할 수 있다고 강조한다. 그 내용을 좀 더 서술하면 다음과 같다.

"김일성 주석의 이러한 발언은 김정일 국방위원장에게는 안락하고 풍요로운 유년시절이 있었던 것이 아니라 항일빨치산들과 함께하며 어려운 생활고 속에서도 항일운동의 당위와 필요성을 체감하던 독특한 유년시절이 있었다는 것을 의미한다. 일반적으로 사람의 자아는 유년기의 경험에 많은 영향을 받게 된다. 안락한 가정이 아닌 백두산 밀영에서 탄생하여 성장한 경험은 이후 김정일 국방위원장의 정치노선과 전략에도 큰 영향을 미쳐 미국의 강대함에 머리를 숙이는 일반적인 제3세계 국가들의 정치인들과는 달리 군력으로 미국에 맞서는 대미정치노선으로 표현되고 있다. 김정일 국방위원장의 출생 왜곡을 여과 없이 받아들이게 되면 김정일 국방위원장의 정치적 특징을 제대로 파악하기 어렵다. 그렇다보니 한국학계에서도 최근 북한의 거침없는 사회주의 건설과 대미행보를 북한 사회의 내부적 동력으로 설명하지 못하고 자꾸만 외부적 요인, 이를테면 중국의 역할이랄지 러시아의 협력에서 찾고 있는 것이다. 이는 2006년 10월 북한의 핵실험 당시 학자들이 부시행정부가 유엔결의안을 내돌리며 중국과 러시아의 협력을 통해 북한을 굴복시키고자 하였던 시도의 타당성과 효과를 분석하려는 것에서 찾아볼 수 있다. 이러한 현상은 공통적으로 김정일 국방위원장의 정치적 기질을 제대로 파악하지 못해 나타나는 것이다. 이처럼 김정일 국방위원장의 유년과정을 제대로 알아야지 김정일 국방위원장의 정치적 성향을 옳게 유추할 수 있다."

또 다른 문헌을 통해 김정일식 정치의 특질을 이해할 수 있는 것으로는 김정일은 소련이 붕괴된 지 겨우 9일이 지난 1992년 1월 3일에 발표한 「사회주의건설의 력사적 교훈」이라는 논문이다. 여기에서 그는 사회주의 정권의 필요성과 성격에 대해 언급하는데, "계급적 지배수단으로서의 낡은 국가는 사회주의혁명에 의하여 파괴되며 새로 수립된 사회주의 정권은 사회의 주인으로 된 인민대중의 자주적이며 창조적인 활동과 사회의 모든 분야를 통일적으로 관리할 사명을 지닌 새로운 국가정치조직입니다. 사회주의국가의 통일적 지휘 기능은 사회주의, 공산주의 건설이 심화될수록 더욱 강화되어야 하며 이러한 기능은 공산주의 사회에 가서도 필요하게 됩니다"라고 말한다. 그러면서 그는 어떤 정권의 형태를 띠어야 하는지에 대해 「우리 인민정권의 우월성을 더욱 높이 발양시키자(1992. 12. 21)」에서 다음과 같이 그 중요성을 언급하고 있다.

"정권은 일정한 계급 또는 사회공동의 요구와 리익을 옹호하고 실현하는 사회의 모든 성원들에 대한 정치적 지휘권이며 사회제도의 성격과 사회의 발전을 좌우하는 기본요인입니다."

이로부터 북한에서 정의되고 있는 **정치**의 개념은 다음과 같을 수밖에 없는데, 이를 『구국전선(http://ndfsk.dyndns.org)』(검색일: 2015. 4. 23)의 방송자료에 의한 개념으로 표현하자면 "사랑의 정치"가 된다. 부연하면 민중의 자주성 실현을 정치가 진정한 사명으로 된다는 것을 규정함과 아울러 수령 - 당 - 대중의 일심일체를 이루어 하나의 사회정치적 생명체의 위력에 바

> 일반적 의미의 정치의 개념은 다음과 같다. '나라를 다스리는 일'정도가 될 것이다. 풀어쓰자면, 국가의 권력을 획득하고 유지하며 행사하는 활동으로, 국민들이 인간다운 삶을 영위하게 하고 상호 간의 이해를 조정하며, 사회 질서를 바로잡는 따위의 역할을 한다. 정도로 정의할 수 있을 것이다. 이것이 현실에서 작동되는 모습은 대체적으로 중재와 타협으로 이익을 얻으려는 기술이거나, 계급사회에서는 민중에 대한 억압과 착취를 실현하기 위한 통치기술 정도 일 것이다. 이에 대해 레닌은 정치에 대해 "계급 간의 투쟁이다."(『레닌전집』 31권)라는 유명한 명제를 남겼다

탕을 둔 정치방식, 즉 민중중심의 사회주의 체제에 기초한 정치방식이야말로 가장 참다운 정치방식이라는 것이다. 그 구현 형태에는 '또 다른' 김일성 주석의 정치이거나 혹은, 김일성 주석과의 '닮음'정치, 더 나아간다면 김일성 주석을 '향한' 정치(= 김정일식 정치)로 나타나는데, 그 기본은 충·효정치방식, 광폭정치와 인덕정치방식, 모든 것을 '우리식'대로 풀어나가는 정치방식, 자주와 통일정치방식, 최종적으로는 선군정치방식 등이 있다는 것이다.

가. 충·효정치방식

1994년 가을 전 세계는 북한을 주목하게 된다. 김일성 주석의 갑작스러운 사망으로 북한의 미래가 불투명하며 머지않아 붕괴할 것이라 예측하였다. 이에 김정일은 1994년 11월 1일 『로동신문』에 「사회주의는 과학이다」는 논문을 발표하였는데, 그 내용 중에 이런 대목이 있다.

"나는 논문「사회주의는 과학이다」를 발표하여 우리는 수령님께서 개척하
신 사회주의 위업을 끝까지 고수하고 완성해나갈 것이라는 것을 밝혔습니다.
이것은 결국 나의 사상이 붉다는 것을 선포한 것이나 같습니다."

　현실사회주의권의 몰락과 김일성 주석의 사망 이후에도 북한은 동요 없
이 사회주의 체제를 고수하겠다는 의지였다. 하여 김정일 국방위원장의 정
치를 한마디로 정의하자면, 김정일 국방위원장의 '충·효정치'에 있다. "위
대한 수령 김일성 동지는 영원히 우리와 함께 계신다.(1994. 7. 16)", "위대
한 수령 김일성동지의 혁명사상으로 더욱 철저히 무장하자!(1994. 7. 22)"
이 구호를 내온 지 약 4개월 뒤 조선로동당 중앙위원회 책임일꾼들과 한
담화(1994. 11. 19), 「주체의 사회주의위업을 옹호고수하고 끝까지 완성하
여나가자」에서 "우리는 이 혁명적 구호를 높이 들고 간부들과 당원들과 근
로자들속에서 주체사상 교양을 더욱 실속 있게 진공적으로 벌려 그들이 주
체사상으로 튼튼히 무장하고 그것을 확고한 신념으로 만들며 주체사상의
요구대로 살며 일해 나가도록 하여야 합니다. 우리는 '사상도 기술도 문화
도 주체의 요구대로!'라는 당의 구호를 더욱 높이 들고 온 사회를 주체사상
화 해나가야 합니다"라는 부연 설명을 하였다. 김정일은 이렇듯 철저하게
자신의 정치와 김일성의 정치를 일치시켜 나갔다.
　이후에도 계속하여 '만수무강축원탑'을 "위대한 수령 김일성동지는 영원
히 우리와 함께 계신다"라는 '영생탑'으로 교체했을 뿐만 아니라, 서사시
「영원한 우리 수령 김일성동지」와 노래「수령님은 영원히 우리와 함께 계
시네」 창작과 보급 사업을 직접 지도했고, 영화「위대한 수령 김일성동지
는 영생불멸할 것이다」, 「위대한 생애의 1994년」를 제작 지도했으며, 더 나
아가서는 김일성 주석의 영구를 안치하였던 금수산의사당을 금수산기념궁
전으로 개조하고 김일성 주석을 생전의 모습 그대로 안치하도록 지시했다.
뿐만 아니라 김정일은 조선로동당을 '김일성 주석의 당'으로 만들었다. 논

문, 「조선노동당은 위대한 수령 김일성동지의 당이다(1995. 10. 2)」가 그 좋은 본보기이다. 또한 1996년 1월에는 조선사회주의로동청년동맹(사로청) 대표자회에 참석, 사로청을 '김일성사회주의청년동맹'으로 개칭하도록 하였고, 1996년 6월에는 김일성 주석이 생전에 쓰던 회고록 『세기와 더불어』의 마지막 부분을 계승본 형식으로 완결, 출판하도록 지도하기도 하였다.

이외에도 김정일은 김일성 주석 사망 후 만 3년이 지난 1997년 7월 8일에 조선로동당 중앙위원회, 조선로동당 중앙군사위원회, 조선민주주의인민공화국 국방위원회, 조선민주주의인민공화국 중앙인민위원회, 조선민주주의인민공화국 정무원 결정으로 「위대한 수령 김일성동지의 혁명생애와 불멸의 혁명업적을 길이 빛내일 데 대하여」를 발표하도록 하였는데, 여기에는 김일성 주석의 출생 연도인 1912년을 원년으로 하는 주체연호 제정, 김일성 주석의 출생일인 4월 15일을 '민족 최대의 명절'인 '태양절'로 제정할 것을 결정한다는 내용이 담겨져 있다. 이어 1998년 9월 5일에는 최고인민회의 제10기 제1차 회의를 열어 기존 헌법을 수정, 보충하였는데 주된 내용으로 김일성 주석의 사상을 법제화, 김일성 주석을 북한의 영원한 주석으로, 북한 사회주의 헌법을 김일성 헌법으로 규정하였다.

무엇보다 주목해야 할 것은 세계정치사에서 그 어느 누구도 생각해내지 못했던 '유훈정치'의 창조에 있었다. 이것이야말로 김정일이 김일성에 대한 확실한 충효정치의 2번째 증거다. 다들 알다시피 일반적인 의미에서 보면 한 나라 최고지도자의 유고 시에는 혼란을 막기 위하여 최대한 빨리 후계자를 최고지도자로 내 세우기 마련이다. 이는 모든 나라의 헌법에 명시되어 있고 또 역사적으로도 그래왔다. 따라서 대다수의 사람들은 김일성 주석 사망 후 얼마 지나지 않아 김정일 국방위원장의 주석직 승계를 예상하였다. 이는 북한 내부에서도 마찬가지였으리라. 당시 북한 언론도 조선노동당과 내각, 인민위원회의 간부들, 김일성 주석과 함께 항일무장투쟁을 벌였던 이들(항일원로)까지 나서서 김정일 국방위원장의 주석직 승계를 요청했다고 보도한 것을 보더라도 충분히 예상되는 일이었다. 그러나 김정일 국방위원장은 이 요청에 삼년상 이후에 논의할 것을 주문하였고, 그 생각 이 고스란히 조선로동당 중앙위원회 책임일꾼들과 한 담화(1994. 10. 16), 「위대한 수령님을 영원히 높이 모시고 수령님의 위업을 끝까지 완성하자」 에서 "공산주의자들의 도덕적 풍모는 수령을 충성으로 받들어 모시는 데서 집중적으로 타납니다. 수령님께서 우리 곁을 떠나셨으니 당과 국가지도기 관을 새로 구성하는 추대사업을 빨리 해야 하지 않겠는가 하는 의견들이 제기되지만 우리는 결코 그렇게 할 수 없으며 또 그렇게 할 필요도 없습니 다. (중략) 예로부터 우리 조상들은 애도기간을 100일이나 1년, 3년으로 하 였습니다. 수령님의 령구 앞에서 인민들이 목놓아 울던 비분이 아직도 가 슴속에 그대로 남아있는데 당과 국가 지도기관을 새로 선거하고 만세를 부 르는 것은 전사의 도리가 아닙니다"에 나타나 있다. 이 담화에서 볼 수 있 듯이 김정일은 자신을 수령에게 충성을 다하는 전사로 자리매김시켰다. 충 효의 극치를 보여주는 대목이다. 그의 말을 계속 들어보자.

> "나는 언제나 자신을 수령님의 전사로 생각하여 왔습니다. 나는 수령님께서
> 생존해 계실 때나 서거하신 지금이나 변함없이 수령님의 전사로서 수령님의
> 혁명위업을 계승완성해 나갈 것입니다. 우리는 수령님께서 생존해 계실 때 한
> 맹세와 서거하신 다음에 하는 맹세가 달라서는 안 되며 수령님의 혁명전사로
> 서의 숭고한 도덕의리를 지켜야 합니다."

여기서 우리가 주의를 기울일 대목은 삼년상 해석을 둘러싼 김정일과 당 간부들과의 논쟁이다. 1996년 삼년상이 끝났다고 생각한 당 간부들이 김정 일에 주석직 승계 문제를 다시 거론하였다. 원래 우리 풍습에 따르더라도 하나도 이상할 것이 없는 정당한 요구였다. 보통 고인의 사망 2주기가 되 는, 햇수로는 3년째가 되는 날을 삼년상이 되는 날로 따지기 때문이다. 그러나 김정일 국방위원장은 추모 기간을 늘려야 한다며 김일성 주석 사

망 3돌이 되는 1997년 7월 8일을 삼년상이 되는 날로 정하였다. 조선로동당 중앙위원회 책임일꾼들과 한 담화(1996. 2. 11), 「위대한 수령 김일성동지 는 영원히 우리 인민과 함께 계신다」에서 그는 아래와 같이 (삼년상을) 정 의하였다.

> "위대한 수령님의 삼년상이라고 하면 해수로가 아니라 옹근 3년으로 보아 야 합니다. 그러므로 위대한 수령님께서 서거하신 지 3돐이 되는 다음해 7월 8일이 실지로 삼년상이 되는 날입니다. 력사에 전무후무한 위인이신 우리 수 령님에 대한 추모를 삼년상으로 계선을 긋는 조상 전래의 풍속에 맞추어 할 수는 없습니다."

이렇게 하여 1997년이 되어서야 국가수반 추대 문제가 해결될 수 있게 되었다. 여기서 또 한번 놀란 것은, 모든 사람들의 예상과 달리 주석직이 아닌 국방위원회 위원장직에 추대되었다. 주석직은 영원히 김일성 주석을 위한 자리로 헌법에 명시하였기 때문이다. 결국 김정일 국방위원장은 1997 년 10월 8일 조선노동당 총비서로 추대되었고 이듬해인 1998년 9월 5일 국 방위원회 위원장으로 추대되었다. 이에 대해 김대중 전 대통령도 2000년에 있었던 역사적인 평양 방문 자리에서 외교적 레토릭이었는지는 모르겠으 나, "저는 김정일 국방위원장께서 김일성 주석이 서거한 이래 우리 민족 전 래의 윤리에 따라 삼년상을 치른 그 지극한 효성에 감동하였습니다(2000. 6. 14, 저녁 평양 목란관 「만찬사」에서)"라고 이야기하였다고 한다. 이런 입 장을 확고히 갖고 있었던 만큼, 김정일 국방위원장은 실제 김정일식 유훈 정치를 실현시켜 나갔다. 김일성에 의해 명령된 청류다리와 금릉2동굴 건 설, 단군릉, 평양-향산간 관광도로, 안변청년발전소, 당창건기념탑 등이 모두 '유훈 관철' 노선에 입각해 있었다. 이외에도 김일성 주석이 사망 직전 인 7월 7일 마지막으로 비준한 문건이 조국통일과 관련된 사안으로 알려져 있는데, 이에 대해서도 김정일 국방위원장은 "김일성 1994. 7. 7"이란 서명을 기념비로 만들어 판문점에 건립하였고, 그 연장선상에서 1997년 8월 4일에는 「위대한 수령 김일성동지의 조국통일유훈을 철저히 관철하자」는 논문을 발표하였다.

▲ 기념비 전면에는 '김일성, 1994.7.7', 그 밑에는 '민족분렬의 비극을 가시고 조국통일 성업을 이룩하기 위한 력사적인 문건에 생애의 마지막 친필 존함을 남기신 경애하는 김일성 주석의 애국애족의 숭고한 뜻 후손만대에 길이 전해 가리'라는 해설문이 새겨져 있다. 『우리민족끼리(http://www.uriminzokkiri.com)』, 2014년 7월 7일자.

이와 같이 김정일이 '충·효정치의 화신'이었는데도, 전 세계적으로는 여전히 북한이 붕괴하라는 희망과 함께, 북한이 붕괴되지 않는다 하더라도 삼년상이 끝난 후에는 총비서(1997)와 국방위원장(1998)이 된 김정일이 선대 최고지도자였던 김일성 주석과는 차별화된 북한의 모습을 만들어 낼 것이라는 상상을 하고 있었다. 이른바 '새로운 김정일 시대'의 개막이 그것이었다. 이는 아마 '개혁·개방'을 염두에 두었거나, 아니면 언제까지 김정일 정권이 버틸 수 있나? 하는 희망적 기대였을 것이다. 그러나 결과는 정반대로 만들어졌다. 김정일 국방위원장이 사망(2011)하기 전까지 쿠데타도, 개혁·개방도 없이 '선군정치'라는 정치방식으로 '사회주의 강성국가'의 롤 모델을 김정은(3대 수령)에게 물려주었기 때문이다.

왜 이런 결과가 만들어졌을까? 가장 중요한 것은 우리의 북한 이해능력의 한계 때문이었다. 그 중심에 북한의 최고지도자 권력승계 방식에 대한 몰이해가 있다. 그 첫째는 북한이 철저한 '순응승계'의 권력이양 방식을 따르는데도, 북한 사회를 유교적 봉건사회로 인식하는 것 때문에 권력이양 방식을 선대 수령의 정책과 노선을 차별하면서 그 후계자가 자신의 정치적 색깔을 갖춰나갈 것이라는 결론에 경도되었다는 것이다. 둘째, '선군정치'라는 정치방식에 대해 북한은 단 한 번도 이 선군정치가 김일성 주석의 정치방식과 차별화된 정치방식으로 규정한 적이 없다. 그런데도 '선군정치'라는 용어를 처음 사용하고 이를 체계화, 정식화한 것이 김정일 국방위원장이라는 이유 때문에 김정일 국방위원장이 김일성 주석과 다른 노선, 즉 다른 정치방식을 취하였다고 분석한 것이다.

우리가 그렇게 잘못 이해하고 해석하는 동안, 진작 김정일 국방위원장은 조선노동당 중앙위원회 간부들과 나눈 담화(2003. 1. 29),「선군혁명로선은 우리 시대의 위대한 혁명로선이며 우리 혁명의 백전백승의 기치이다」에서 다음과 같이 이야기하였다.

> "위대한 수령 김일성동지께서 내놓으시고 일관하게 견지하신 총대중시, 군사중시사상과 로선은 우리 당 선군정치의 기초이며 출발점입니다."

이처럼 김정일의 선군정치마저도 김일성 주석의 정치를 그대로 계승, 발전시킨 것일 뿐이었다. 결론적으로 김정일은 자신의 통치기간 내내 김일성의 '유훈 관철' 노선을 계속하였고, 김일성을 향한 '충효정치'를 지속하였으며 자신에게 펼쳐진 '새로운' 시대이면서도 '김일성 = 김정일' 시대에서 한 발짝도 벗어나지 않는 아주 독특한 시대를 개척해 나갔음을 알 수 있다.

나. 광폭정치와 인덕정치 방식

김정일식 정치의 또 다른 한 형태인 광폭정치는 인덕정치와 긴밀하게 연계된 개념인데, 1992년 8월 10일『로동신문』을 통해 최초 사용되었다. 「인민의 위대성은 수령의 위대성이다」는 제하의 논설에서 광폭정치란 "전체 인민을 한 품에 안아주는 정치"로서 "기본 군중뿐만 아니라 가정 주위환경과 사회정치생활 경위가 복잡한 군중도 혁명의 영원한 동행자로 보고 따뜻이 손잡아 이끌어주는 정치"로 묘사된다. 결국 이것은 김정일의 지도역량이 크고 대담하다는 것을 강조하기 위해 주로 사용되는 용어라 할 수 있다.

마찬가지로 인덕정치라는 것도 같은 해 「혁명적 당건설의 근본문제에 대하여(1992. 10)」에서 인덕정치의 가능 요인으로 "숭고한 인덕을 지닌 탁월한 민중적 수령을 모시는 것이 중요하다"며 "인민들에게 있어서 빛나는 예지와 탁월한 영도력, 고매한 덕성을

> 참고로 인덕정치에는 '민리백패'의 반대어인 '민거백승(民據百勝), 즉 민중을 믿고 민중에 의거하면 천하를 얻고 백번 승리하지만 민중을 멀리 하고 민중의 버림을 받게 되면 백번 패한다는 뜻의 고사성어와 인민을 위해 헌신하라는 뜻의 이신위민(以身爲民)를 내포하고 있는 이민위천의 태도와 자세가 있어야 가능하다는 복합적 의미가 있다.

지니고 불멸의 업적을 이룩한 것으로 하여 인민대중의 절대적 신뢰를 받는 수령의 령도를 받는 것보다 더 큰 행운은 없다"는 언급을 하고 있다. 그로부터 약 5개월 뒤인 1993년 1월 28일자『로동신문』에 「인덕정치가 실시되는 사회주의 만세」라는 기사에서 인덕정치란 "'정치의 주인'인 인민에 대한 사랑과 믿음으로 모든 정치를 해 나가는 것"이며 "인민에 대한 위대한 사랑을 가지고 우리 인민을 위한 가장 훌륭한 정치를 베풀고 있다"는 정의를 내온다. 더 구체적으로는 1994년 「사회주의는 과학이다」라는 논문을 통해 "우리는 사랑과 믿음의 정치를 인덕정치라고 한다"며 인덕정치를 강조했으

며 이후 인덕정치는 각종 보도 매체를 통해 본격적으로 김정일식 정치로 선전되기 시작했다.

또한 김현환에 따르면 김정일이 인덕정치에 대해 이렇게 말했다.

> "이 세상에 모든 것은 인민을 위하여 있어야 하고 인민을 위한 것으로 되어야 합니다. 정견도 주의주장도 인민을 위하여 있어야 하고 정치나 법, 군사도 인민을 위하여 있어야 합니다."(『김정일장군 정치방식 연구』, 평양출판사, 2002, 33~34쪽)

그리고 2011년 2월 14일 『로동신문』에 김정일은 인덕정치를 '사랑과 믿음의 정치원리'로 설명하면서 "혁명이란 목적에 있어서 인민에 대한 사랑을 꽃 피우는 것입니다. 다시 말하여 인민에 대한 참된 사랑을 위하여 혁명이 필요한 것입니다. 사실상 우리가 혁명을 하는 목적이 인민들에게 최상의 인격과 최대의 행복을 안겨주자는 데 있지 않습니까. 인간을 사랑할 줄 모르는 사람은 혁명을 할 수 없습니다. 인간의 자주성을 실현하는 혁명이야말로 인간을 완성시켜주는 최대의 사랑이라고 말할 수 있습니다. 이것은 사랑의 철학입니다"라고 언급하고 있다. 그러면서 그 예로 그 어려웠다던 고난의 행군 시기에도 어린 새싹들을 위해 콩 우유차들이 멈추지 않았고, 조국통일의 새 아침을 열어 나가기 위해 '신념의 화신'인 비전향장기수들을 송환한 것이라든지, 연령에 대한 예우 차원에서 故정주영 회장을 먼저 숙소 방문한 것이 여기에 해당된다고 한다(한 국가의 최고수반이 그 국가를 방문한 내빈에 대해 먼저 찾아가 예의를 표하는 것은 그리 흔치 않는 풍경이다).

이외에도 김정일이 인덕정치에 대한 언급은 수없이 많은데, 그중 대표적으로는 전국인민정권기관 일군강습회 참가자들에게 보낸 서한(1992. 12. 21), 「우리 인민정권의 우월성을 더욱 높이 발양시키자」에서 김정일은 '모든 민중에게 혜택을 베푸는 원칙'으로서의 인덕정치를 말하면서 "인민을 위한 참다운 정치는 인민을 존중하고 인민에게 모든 혜택을 베푸는 정치로 되여야 합니다"라는 언급과 함께, "민심천심", "인민을 위해 당하는 국가의 손실은 손실이 아니다"라는 표현도 사용하고 있으며, 그렇게 정치, 인덕정치를 한 결과가 북한 사회는 일심 단결된 사회로 전변될 수 있었다는 것이다. 그 자신감은 조선로동당 중앙위원회 책임일꾼들과 한 담화(1994. 10.16), 「위대한 수령님을 영원히 높이 모시고 수령님의 위업을 끝까지 완성하자」에서 다음과 같은 문장으로 나타난다.

> "우리 인민의 일심단결의 위력은 원자탄보다 더 강합니다. 우리 인민과 같이 당과 수령에게 끝없이 충실한 인민 앞에서는 그 어떤 대적도 현대적인 무기도 맥을 추지 못합니다."

다. 모든 것을 '우리식'대로 풀어 나가는 정치 방식

재일본조선인총연합회 전(前) 의장 한덕수는 김정일식 정치에 대해 이렇게 말하고 있다. 『로동신문』1996년 2월 15일자에 실린 「우리 조국은 천하제일의 위인국입니다」중에서.

> "특히 내가 경애하는 장군님의 위대성을 생각할 때마다 감탄을 금치 못하는 것은 사상도 우리 식의 주체사상을 발전시키고 제도도 우리 식의 인민대중 중심의 제도로 빛내이시며 창조물도 우리 식의 대기념비로 일떠세우시고 춤과 노래도 우리 식의 률동과 선률로, 도덕도 우리 식의 륜리로 꽃피우신 것이였습니다. 내가 조국을 방문할 때마다 느끼는 바이지만 사랑하는 조국 땅에는 조선의 얼, 민족의 넋이 넘치는 우리 식만 있지 남의 식은 하나도 없습니다. 그래서 나는 일부 사회주의 나라들이 무너졌을 때 만나는 사람마다 남의 식으로 살아가는 나라는 남이 망하면 같이 망하지만 우리 식으로 나가는 조국은 남이 망해도 강성대국으로 흥한다고 신심과 자부심에 넘쳐 말해 주었습니다."

이에 대해 김정일이 화답이라도 하듯이 「혁명과 건설에서 주체성과 민족성을 고수할 데 대하여(1997. 6. 19)」라는 논문에서 '사대와 교조는 망국의 길'이라는 의미를 "외세에 눌리워 자기의 주견과 신념을 내세우지 못하는 것은 곧 예속의 길이며 망국의 길이다"라고 언급했는데, 이 언급은 이후 『로동신문』 2001년 6월 13일자에서 제국주의자와 지배주의자들의 압력과 전횡을 배격하고 '민족자주' 정신을 확고히 견지해 나가야 한다는 강조로 연결되면서 "남의 정신으로 살고 남의 풍에 노는 것은 다 가련한 정치적 머슴이다"는 결론으로 나타났다.

그러다 보니 모든 것을 '우리 식'대로 풀어 나가는 정치방식은 결국 『우리족끼리(http://www.uriminzokkiri.com)』에 소개되어 있듯이 〈우리 식대로 살아 나가자!〉, 〈우리 식은 곧 주체식이며 이보다 더 좋은 식은 없다〉, 〈남의 집에 있는 금덩어리보다 자기집에 있는 쇠덩어리가 낫다〉, 〈노래를 불러도 제 선률로 노래를 부르고 춤을 추어도 제 장단으로 춤을 추며 식을 내도 제 멋의 식을 내고 살아도 제 정신으로 사는 것이 우리 인민이다〉, 〈우리 식대로 살아나가라, 우리 식대로 투쟁하라, 우리 식대로 창조하라〉 등과 같은 구호를 만들어냈다.

라. 자주와 통일정치방식

김정일 국방위원장의 조국통일에 대한 입장은 김일성의 '하나된 조선'과 같은 견해로 이어져 있다. 김정일은 조선로동당 중앙위원회 책임일꾼들과 한 담화(1982. 9. 9), 「위대한 수령님을 모시고 사회주의 건설을 다그치며 조국통일을 앞당기자」에서 "우리 조선은 반드시 하나로 통일되어야 합니다. 나는 언제나 하나의 조선만을 생각하지 두 개의 조선은 생각해본 적이 없습니다. 조선민족은 둘로 갈라져서는 살 수 없는 하나의 유기체와 같습니다. 조선은 둘이 아니라 영원히 하나입니다. '조선은 하나다!', 이것이 나의 확고한 의지입니다"라고 하였다. 실제 김정일은 자신이 사망하는 그날까지도 이 원칙을 한 번도 배반하지 않았다는 것이 북한의 인식이다. 하여 김정일의 조국통일 정치는 한마디로 「위대한 수령 김일성 동지의 조국통일 유훈을 철저히 관철하자(1997. 8. 4)」라는 논문 제목과 한 치의 오차도 없이 똑같다고 할 수 있다는 것이다. 이는 사망으로 인해 수령의 직책을 내려놓는 그 순간까지 김정일은 김일성 주석의 유훈 관철을 위해 노력해 왔다는 의미가 된다. 그리고 같은 논문(1997. 8. 4)에는 김정일에 의해 조국통일의 대강 정립되는데 그 내용은 다음과 같다.

> "조국통일 3대원칙과 전민족대단결 10대 강령, 고려민주련방공화국 창립 방안은 김일성동지께서 위대한 주체사상과 조국통일을 위한 투쟁과정에 이룩 하신 고귀한 경험에 기초하여 조국통일의 근본원칙과 방도들을 전일적으로 체계화하고 집대성한 조국통일의 3대헌장이다."

이 대강을 실현하기 위한 김정일의 노력은 2000년에 그 결실을 맺는다. 6월 15일 역사적인 남북정상회담과 2007년 10월 2일에 개최된 제2차 남북정상회담이 그것이다.

여기에 더해서 김정일 국방위원장의 대외정책은 '나라의 자주성을 고수' 하는 것으로 볼 수 있다. 그 무엇보다 국가의 자주권만큼은 털끝만큼도 다칠 수 없다는 것이 그 핵심이다. 그러다 보니 용어적으로는 '벼랑끝'이라는 의미와 그 맥이 맞닿아 있을 수 있다. 그러나 이는 결국 북한 스스로에게는 자신들의 주체사상에서 제시하고 있는 인간의 사회적 본성으로서의 '자주성' 개념을 나라와 민족에게도 마찬가지로 그대로 적용하고 있는 그 이상도 이하도 아닌 것이다. 즉, 각각의 인간의 운명은 나라와 민족의 운명과 하나로 결합되어 있으며, 나라와 민족의 자주성은 나라의 독립과 민족의 존엄을 지키기 위한 담보이면서 인간의 자주성을 실현하기 위한 선결조건이 된다는 원리와 결합하고 있다. 또 다른 측면에서 김정일이 자주성을 강조하는 데는 우리 한민족이 겪어온 역사적 경험과도 상관있다. 즉, 국권을 빼앗기고 자주성을 잃었을 때는 자기 말을 배우지 못하고 국어로 된 이름을 사용할 수도 없는 식민지 조건에서는 그 어떤 자주적 이해와 요구도 실현할 수 없었다는 각인이 그것이다. 또한 여러 다른 나라의 경우에도 열강의 힘에 눌려 불평등한 조약을 맺으면 그것은 그대로 국민의 자주성을 침해하는 결과를 낳아왔다는 점을 북한은 경험으로도 알고 있었던 것이다.

바로 이러한 역사적 경험과 교훈은 고스란히 김정일 국방위원장으로 하여금 '자주의 정치이념'을 포기할 수 없게 만든 근본요인이었다. 다시 말해 우리 민족의 역사적 경험과 세계사적 사례, 그리고 주체사상에 근원을 두고 '자주의 정치이념'은 정립되었음을 알 수 있다. 대외사업 부문 일군들과 한 담화, 「대외사업부문 일군들 앞에 나서는 몇 가지 과업에 대하여(1980. 1. 6)」에서 "대외활동에서 자주성을 견결히 옹호하고 철저히 구현하여야 하겠습니다. 자주성은 나라와 민족의 생명이며 자주독립국가의 첫째 가는 징표입니다. 비록 독립을 이룩하였다 하더라도 자주성을 지키지 못하면 사실상 독립국가라고 말할 수 없습니다. 자주성을 지키지 못하면 자기가 하고 싶은 일도 하지 못하고 하고 싶은 말도 하지 못하며 남이 하는 대로 따라가기 마련입니다. 자주성을 확고히 견지하여야 나라의 독립과 존엄은 지킬 수 있으며 자기 나라의 실정과 자기 인민의 리익에 맞게 혁명과 건설을 성과적으로 추진시켜 나갈 수 있습니다"고 한 발언은 자주와 통일 영역에서 '자주의 정치이념'을 왜 포기할 수 없는지를 확인시켜 주는 그의 총화이다.

이렇게 김정일의 '자주의 정치이념'은 대외정책 분야에서도 '인민의 자주성'을 실현하기 위해서라도 '국가의 자주성 고수'가 '결코 타협할 수 없는' 원칙이 되었던 것이다. 동시에 김정일 국방위원장이 '국가의 자주성 고수'를 가장 중요한 원칙으로 내세운 대외정책은 무엇보다도 미국과의 대립 과정에서 가장 잘 드러난다. 조선인민군 최고사령관 명령 제0034호, 「전국, 전민, 전군에 준전시 상태를 선포함에 대하여(1993. 3. 8)」를 발표하면서 그 유명한 말을 세상에 내놓는다.

"민족의 자주성과 나라의 평화를 귀중히 여기는 우리 인민은 전쟁을 바라지
않지만 자기의 존엄을 유린당하면서까지 평화를 구걸하지 않을 것이다."

이 문장에는 우리가 다들 알고 있듯이 그 당시 정세는 1992년 남북 사이
의 「화해와 불가침 및 협력, 교류에 관한 합의」와 「한반도의 비핵화에 관
한 공동선언」이 채택, 발표된 지 얼마 지나지 않았는데도 미국은 북한에
대해 또 다시 "핵의혹"을 문제 삼으며 일반 군사시설에 대한 '특별사찰'을
요구하였다. 또한 미국은 핵무기로 위협하지 않으며 "팀스피리트" 합동군
사훈련도 중지하겠다고 한 합의사항에도 불구하고 1993년 1월 팀스피리트
훈련 재개를 발표하였다. 바로 이러한 긴장된 정세하에서 이 명령서는 나
오게 되었고, 그 내용에는 "미제와 남조선괴뢰들이 새 전쟁을 도발한다면
우리 인민과 인민군대는 당과 수령을 위하여, 피로써 쟁취한 인민대중 중
심의 우리 식 사회주의를 위하여 끝까지 싸워 침략자들에게 섬멸적인 타격
을 주고 영웅조선의 존엄과 영예를 다시 한번 떨칠 것"이라고 선언하면서
"원쑤들은 우리 공화국의 한 치의 땅, 한 포기의 풀도 함부로 건드릴 수 없
다는 것을 똑똑히 알아야 한다"고 경고하고 있다. 그리고 연이어 3월 11일
에는 당중앙위원회 정치국회의가 소집되어 미국의 "핵사찰" 문제와 관련한
정세와 차후 대책이 토의되고 해당한 결정이 채택되었는데, 그 결정사항은
그 누구도 상상하지 못했던 핵무기전파방지조약(NPT) 탈퇴 결정이었다.
이 결정에는 우리가 모르는 다음과 같은 정치·군사적 함의가 있다. 푸에
블루호 사건, ec-121격추사건, 판문점 미루나무 벌채 사건을 비롯하여 2000
년 북미 공동코뮤니케, 2005년 9·19공동선언 그리고 2007년 2·13합의에
이르기까지 김정일 국방위원장은 미국과의 대결 과정에서 '나라의 자주성
고수 원칙'을 결코 굽히지 않을 것이며 그 결과가 전쟁을 감수해야 한다하

는 것이라면 이도 마다하지 않겠다는 의지였다.

이러한 김정일식 인식과 정치방식(자주정치)이 외견상으로는 '불가능해' 보이는 첨예한 극단의 비대칭대결사가 근 60년을 넘겨 오늘에 이르게 하고, 제2차 세계대전 이후 전무후무한 세계 최강의 제국 미국이지만, 지난 60여 년 동안 북한의 영공·영해·영토를 침범치 못한 결과를 만들어 내었다(한국에서의 전쟁도 결국 미국의 의도대로 되지 않았다). 오히려 미국은 북한을 정치·군사적으로 굴복시키기는커녕 거꾸로 북한과의 소위 대화, 타협, 혹은 전략적 인내 운운하며 시간 끄는 데 전념하고 있다. 부시, 클린턴, 아들 부시를 지나 오바마 시대 모두 그랬다. 오바마의 소위 '전략적 인내'는 최근 예에 지나지 않을 뿐이다.

마. 김정일 정치방식의 완성: 선군정치방식

김정일식 정치철학을 이해하는 입구이자 출구인 선군정치의 유래는 1995년 1월 1일이다. 장석의 『김정일 시대의 조선, 오늘과 래일』(평양: 평양 출판사, 2002)에 서술되어 있는 내용이다.

"나는 수령님께서 서거하신 이후 그 어느 때보다 군사를 중시하고 총대를 강화하였으며 1995년 설날에 다박솔 중대를 현지지도하는 것으로부터 선군정 치를 시작하였습니다.(90쪽)"

이렇게 시작된 선군정치의 철학적 기초는 "총대"이다. 그 총대에 대해 북한 공산주의 도덕 교과서(5학년)에는 김정일의 「총에 대한 지론」을 소개하고 있는데, 그 내용은 이렇다. "나는 언제나 총과 숨결을 같이 하고 있습니다. 이 세상 모든 것이 다 변하여도 총만은 자기 주인을 배반하지 않습니다. 총은 혁명가의 영원한 길동무이며 동지라고 말할 수 있습니다. 이것이 바로 총에 대한 나의 지론이고 총관입니다. 우리의 총은 계급의 무기, 혁명의 무기, 정의의 무기입니다"라고 하면서 계속하여 "제국주의의 포위 속에서 사회주의를 건설하고 있는 우리나라의 실정에서 강력한 혁명무력이 없이는 인민도 없고 당과 국가도 있을 수 없습니다"라는 인식으로 발전한다. 그 결과 김정일이 생각하는 선군정치방식의 기초는 "군대는 곧 당이고 국가이며 인민이고, 그래서 군력의 선차적 강화는 곧 당을 강화하며 국가를 강화하고 인민의 리익을 철저히 옹호하는 것(『로동신문』 1999. 6. 24)"으로 정립된다.

이로부터 선군정치방식은 첫째, 인민군대를 강화하는 데 선차적 힘을 넣어 무적필승의 강군으로 만드는 것에 주력하는 것이다. 김정일이 고난의 행군, 강행군 시기 발언했다는 다음과 같은 언급은 의미심장하다. "적과의 대결은 군사적 힘의 대결인 동시에 사상의 대결입니다. 나는 군 건설과 군사 활동에서도 사상론을 주장합니다. 군사적 타격력에는 한계가 있지만 사상에는 한계가 없으며 그 위력은 원자탄보다 더 강합니다. 군사력에서 기본은 사람들의 사상입니다(『로동신문』 2009. 3. 9)." 둘째, 인민군대를 기둥으로 하여 사회주의 건설을 힘 있게 다그쳐 나가는 것이다. 이와 관련된 김정일의 언급이 김철우의 『김정일장군의 선군정치』(평양: 평양출판사, 2000), 120쪽에 실려 있다. "조국의 수호자, 인민의 행복의 창조자인 인민군대는 마땅히 사회주의 건설에서도 선봉대가 되여야 합니다." 셋째, 이처럼 세계 정치사에서도 유례를 찾아 볼 수 없는 이 독특한 정치방식에 대해 김정일은 조선노동당 중앙위원회 책임일꾼들과 한 담화, 「선군혁명로선은 우리 시대의 위대한 혁명로선이며 우리 혁명의 백전백승의 기치이다(2003. 1. 29)」에서 "선군정치는 군사중시 사상을 오늘의 현실적 조건에 맞게 구현한 우리 식의 새로운 정치방식입니다. 당의 선군정치가 오늘의 력사적 조건에서 완성된 정치방식이지만 그것은 수령님의 혁명방식을 계승 발전시킨 것입니다. 원래 선군은 수령님께서 조선혁명을 이끄시는 전 행정에서 일관하게 견지하여 오신 혁명방식입니다"라고 하면서 "우리 당의 선군혁명 령도, 선군정치는 군사를 제일국사로 내세우고 인민군대의 혁명적 기질과 전투력에 의거하여 조국과 혁명, 사회주의를 보위하고 전반적 사회주의 건설을 힘 있게 다그쳐나가는 혁명 령도 방식이며 사회주의 정치방식입니다"라고 선언하였다. 의역하자면 군사선행의 원칙에서 혁명과 건설에서 나서는 모든 문제를 풀어 나가며 군대를 혁명의 기둥, 주력군으로 내세워 사회주의 위업 전반을 밀고 나가는 정치방식을 일컫는데, 이를 요약 정리하면 다음과 같다.

구분	제1요소	제2요소	제3요소
정의	군사를 제일국사(國事)로 하는 정치	노동자·농민 대신 군을 주력군으로 하는 정치	군을 정치화·사상화하는 정치
특징	반제 자주노선과 통일의 보검으로서의 정치방식	이민위천(以民爲天)의 정치방식	평화와 안전을 담보 하는 정치방식

위 첫째와 둘째, 그리고 셋째를 조합하여 김정일식 선군정치방식을 정리하면 다음과 같을 것이다. 가장 먼저는 선군정치를 사회주의위업수행의 완성된 기본정치방식으로 인식하고 있다는 것이다. 이를 위해 그는 사회주의위업수행의 주체를 백방으로 강화하고, 사회주의정권을 끊임없이 공고발전시켜 사회주의사회의 주인으로서의 민중의 권리와 권한을 확고히 담보하며 주인으로서의 책임과 역할을 다하게 하고, 제국주의와의 대결에서는 사회주의사회의 주인으로서의 인민대중의 지위와 역할을 보호하고 사회주의의 승리를 담보하게 해야 한다는 것이다. 다음으로는 선군정치가 혁명승리를 위한 만능의 보검이라는 인식을 갖고 있음을 알 수 있다. "선군정치는 나의 기본정치방식이며 우리 혁명을 승리에로 이끌어 나가기 위한 만능의 보검입니다.(김정일)"에서 그 생각이 확실히 드러난다. 즉, 이 의미는 무적필승의 강군을 키우는 철의 보검이라는 의미, 사회주의를 지키는 필승의

보검이라는 의미, 강성대국건설을 힘 있게 떠미는 창조의 보검이라는 의미, 조국통일을 담보하는 애국의 보검이라는 의미, 제국주의·지배주의세력을 제압히고 온 세계의 자주화실현을 앞당겨 나갈 수 있게 하는 정의의 보검이라는 의미를 함축한다 하겠다.

그래서 북한은 김정일의 선군정치에 대해 인민군대를 혁명의 주력군으로 규정한 것도, 혁명의 주력군에 관한 독창적인 사상이론에 기초한 정치로 선전할 수 있게 되는 것이다. 이에 대해 김정일은 "변화된 정세와 혁명발전의 요구에 맞게 혁명운동 력사에서 처음으로 선군후로(先軍後勞)의 사상을 정립하였다.(조선로동당 중앙위원회 당력사연구소, 『조선로동당력사』, 조선로동당출판사, 1991, 534~535쪽)"고 언급, 김정일 자신이 군을 정치화하고 사상화하는 관점의 군 중시 정치에 서 있다는 신호와, 이에 바탕한 군부대 현지지도(on-the-spot-guidance)의 당위성을 드러냈다. 그 연장선상에 선군정치가 공식화된 1998년 한해에만 김정일이 현지지도의 70%를 군에 대한 방문과 지도에 할애했다는 것은 그의 군 중시 사상을 반영하는 결과가 될 것이다.

이처럼 김정일식 선군정치는 그동안 마르크스·레닌주의적 계급투쟁론, 혁명론의 원리에 기초한 '선행시기' 사회주의 정치에서는 혁명의 주력군이 '노동자계급과 농민'이었다는 점을 고려한다면, 이는 큰 발상의 전환이라고 하지 않을 수 없다. 또한 '혁명역량관계'의 시각에서도 선군정치를 설명하고 있는데, 이에 따르면 선군정치는 "혁명군대를 사회주의위업수행의 주력군으로, 기둥으로, 핵심으로 내세우고 군대와 민중을 혁명의 2대력량, 사회정치적지반으로 보며 군대와 민중의 일치(군민일치)를 혁명의 밑뿌리로 하는 전혀 새로운 방식의 정치(김철우, 같은 책, 30쪽)"가 된다.

결론적으로 북한의 선군정치는 종래의 군대의 지위와 역할에 대해 전혀 새로운 몇 가지 관점과 입장에 기초해 있다.

그 첫째는 군을 체제의 보루이자 국가발전의 원동력으로 삼겠다는 의도가 담긴 김정일 특유의 정치 패러다임이라는 것과, 핵심적으로는 선군정치하에서 북한의 군대와 당은 정권을 지탱해주는 양대 축이며, 이는 김일성의 정치가 '수령의 정치'였다면 김정일의 정치는 과히 '선군정치'로 표현할 수 있게 되었다는 것이다. 동시에 북한의 선군정치가 이제는 단순한 선전선동구호를 넘어 북한이 주장하는 것처럼 김정일 시기의 지배이데올로기이자 독특한 '정치방식'으로 자리매김하면서 북한의 현실정치에 운용되고 있는 '당과 국가 활동의 지도적 지침'으로 규정할 수 있게 되었다.

둘째는 자신들의 선군정치가 군사선행뿐만 아니라 군에 의거하여 사회주의의 혁명과 건설을 추진시키는 정치, 즉 "인민군대는 우리 혁명의 기둥이며 주체혁명위업완성의 주력군입니다.(김철우, 같은 책, 27쪽)"에서 확인할 수 있듯 군을 혁명의 주력군·기둥으로 내세우고 있는 것이다. 그것은 곧 인민군대를 혁명의 가장 믿음직한 핵심역량, 전위부대로 내세우고 그에 의거하여 사회주의를 수호하며 사회주의건설을 더욱 힘 있게 다그쳐 나간다는 것을 뜻과 같게 된다.

셋째는 사상과 이념의 관점에서 선군정치는 선군사상을 지도적 지침으로 삼고 우리 식대로 혁명을 해나가는 실천투쟁 속에서 창조된 독창적인 정치방식이며 주체사상의 요구를 전면적으로 구현하고 있는 가장 위력한 사회주의 정치방식을 의미한다하겠다. 이를 김인옥의 『김정일장군 선군정치리론』(평양: 평양출판사, 2003) 187쪽에 나와 있는 문장으로 표현하면 다음과 같다.

"주체사상 기초의 선군정치 원칙은 주체사상에 기초한 정치방식이며 인민대중의 자주성을 전면적으로 구현하고 실현해 나가는 가장 위력하고 존엄 높은 정치방식으로서, 무엇보다도 인간의 자주성, 인민대중의 자주성의 옹호 실현을 근본 목적으로 삼는 가장 혁명적인 정치방식으로 되는 것이다."

■ 김정일식 현지지도의 위력

앞에서도 확인했듯이 현지지도의 유래는 김일성으로부터 시작되어 수령의 '독특한' 정치방식의 하나로 자리 잡게 된다. 김정일도 예외는 아니었다. 다만, 차이가 있다면 김정일의 현지지도는 김일성과는 달리 굉장히 조직적이며 계획적이라는 것이었다. 그 전 과정을 상상하기 위해 김정일의 현지지도의 집행 과정을 한번 개괄적으로 살펴보면 다음과 같다.

제일 먼저 노동당 조직지도부는 매해 연말 김정일로부터 지도 방향을 듣고 난 다음에 다음해 대상지역·내용 등을 선정, '지도계획서'를 작성한 후 노동당 정치국의 비준을 받는다. 이렇게 일단 계획이 확정되면 조직지도부 내 검열지도1과 지도원들이 해당 지역, 공장, 농장에 미리 가서 전반적인 사업검열(이렇게 하여 현지지도의 기초자료가 만들어진다)을 한 후 김정일이 내려오면 상황을 종합 보고한다(이후 대책까지 포함된 결과보고서가 만들어진다).

그리고 김정일 시대에는 현지지도가 정기로 하는 것과 수시로 하는 현지지도가 있었다. 먼저 정기 현지지도는 1년에 1개 또는 2개 도(道)를 선정해 집중적으로 이뤄진다. 도의 전반적 사업, 당·정·군의 모든 사업을 포괄하며 도와 중심 군(郡)이 지도대상이다. 주로 특정한 도의 운영이 난관에 봉착해 이를 해결하거나 모범단위(사업)를 창출해 전국적인 사업으로 확대할 필요가 있을 때 실시된다. 통상 정기적인 현지지도는 2주 정도 걸리지만 김 위원장 등장 이후 기간은 상당히 짧아졌고, 이 기간에 김 위원장은 결정된 분야와 지역을 돌아보고 노동당 도당상무위원회 또는 군당 주요간부와 기업소지배인까지 참가하는 도당확대상무위원회를 열어 현지지도를 총화한다. 다음으로 말 그대로 정기 현지지도 외에 필요에 따라 수시로 이뤄지는 (수시) 현지지도인데, 절차를 생략한 채 김 위원장의 독자 결정으로 호위요원만을 데리고 현지지도에 나가는 경우가 많았다.

다시 말해 이렇게 마련된 현지지도의 결론 내용은 말단 간부까지 전파되어 각 지역에서는 교시를 집행하기 위한 회의가 연이어 열린다. 물론 어떤 내용을 가지고 어느 단위까지 회의를 가지라는 중앙당의 지시가 내려간다. 교시를 알리기 위한 집중학습, 교시집행을 위한 회의가 한바탕 진행되고 나면 중간총화회의가 열리고 매년 그 지역에서는 교시총화회의가 열린다. 이 중에서도 1월과 2월 사이에 집중적으로 열리는 '**청산리 교시집행총화**'는 북한 내에서도 강도 높기로 유명하다.

> 이 총화는 김 주석의 청산리협동농장 현지지도 이후 매년 협동농장을 비롯한 농업분야에서 진행되고 있는데, 한해 농사를 마치고 그해 농사작업을 검열하는 자리이다. 그래서 북한사람들은 "청산리총화가 끝나야 한해 농사가 끝난다."고 말한다. 리 단위로 열리는 당 총회에서는 노력일 평가, 토지관리사업, 사상·조직사업, 기술적 지도사업, 리(里)당 비서의 임무수행 등 한해농사에 관련된 일 뿐만 아니라 농민, 책임자들의 조직·사상생활까지 논의된다. 따라서 이 자리에서는 "누구는 더 주고 누구는 안 주었다", "누가 건달(怠慢)했다" 등 시시콜콜한 일까지 다 논의가 된다. 분조장, 관리위원장 등 누구 할 것 없이 비판받을 수 있다. 2~3일간의 총화에서 잘못한 사람들은 자리에서 물러나거나 집중 비판을 받아야 한다. 마지막 날 군당 책임비서와 군당 비서들이 참석해 총화를 하면 '긴장된 자리'가 끝나게 된다. 이처럼 현지지도는 단순히 시찰로 끝나는 것이 아니라 전국적으로 일반 주민들까지 그 내용이 숙지되는 절차를 밟는다. 그만큼 현지지도가 북한사회에서 차지하는 비중은 크다. 그런 만큼 현지지도 노정과 결론을 파악해야 북한사회의 움직이는 방향을 파악할 수 있는 것이다.

가. 사례 1: 자강도와 현지지도

김일성 주석 사망 이후 연이어 불어 닥친 3난(식량난, 에너지난, 외화난)으로 인해 거의 모든 국가들이 북한이 곧 붕괴될 것이라는 예상이 빗나간 것에는 이 현지지도의 위력이라 해도 과언이 아니다. 김정일의 첫 현지지도 지역은 자강도였다. 자강도의 여러 부문 사업을 현지지도하면서 일군들과 한 담화, 「자강도의 모범에 따라 경제사업과 인민생활에서 새로운 전환을 일으키자(1998. 1. 16~21)」에서 김정일은 "자강도에는 기계공업 부문 로동계급이 많기 때문에 그들을 불러일으키면 어떤 난관도 이겨낼 수 있고 무엇이든 해낼 수 있습니다. 그래서 나는 자강도에서 모범을 창조하고 그것을 온 나라에 일반화하여 사회주의 경제 건설에 일대 전환적 국면을 열어 놓을 것을 결심하고 자강도에 대한 현지지도를 다른 도들보다 먼저 합니다"라고 언급하였다. 이처럼 자강도를 가장 먼저 들린 이유를 명확히 설명하고 있다.

자강도는 북한 지역에서도 지리적 조건이 가장 열악한 오지에 해당된다. 뿐만 아니라 3난의 고통이 제일 심한 지역이기도 하였다. 때문에 김정일 국방위원장은 가장 어려운 지역인 자강도에 대한 현지지도를 다른 지역보다 먼저 하였던 것이다. 당시 자강도 주민들은 '초근목피'로 연명하면서도 거리곳곳에 "가는 길 험난해도 웃으며 가자"는 구호를 내걸고 '자력갱생, 간고분투의 혁명정신'으로 표현되는 눈물겨운 투쟁을 전개하였다.

이처럼 자강도 주민들은 맹물로 허기진 배를 채우면서도 '제2차 고난의 행군' 와중에 15개의 중소형 발전소를 자력으로 건설하여 어려운 전력 문제를 해결하고 산업을 정상화하였다고 한다. 자강도의 상황이 이러할 때 김정일 국방위원장은 그 곳 현지지도를 통해 자강도의 이러한 실태를 파악하고 힘을 북돋아주는 한편, 자강도의 '모범'을 '강계정신'으로 일반화하고, 그 '강계정신'을 전국적으로 확산시켜 대중의 '혁명적 열의'를 불러일으키고 이를 통해 위기 극복과 재도약의 발판을 다지고자 하는 전략을 구상하였을 것이다.

결과는 자강도에서 발현된 '강계정신'이 김정일의 의도대로 90년대 말 북한의 '위기극복의 시대정신'이자 '재도약의 사상적 기치'가 되었다.

나. '제2차 고난의 행군'과 현지지도

그래서 그랬을까? 우리의 인식 속에는 사상초유의 식량난으로 '아사자'

가 속출하는 위기 상황에이라면 수십 수백 번의 소요나 폭동이 일어나야 하는데, 공식적으로 집계된 바에 따르면 북한은 단 한 번의 소요도, 폭동도 일어나지 않았다는 사실이다. 다른 나라에서 보면 이것은 수수께끼다. 그러다 보니 우리 스스로는 우리가 늘 익숙한 대로 '폭력적인 통치 방식', 즉 '독재정치'에서 그 해답을 찾으려 한다.

그러나 '독재정치', '철권통치'로 국민들의 불만을 완전히 잠재울 수 있다는 주장은 일면 타당할 수는 있겠으나, 설득력은 별로 없다. 그것은 20세기 현대사만 놓고 보더라도 수많은 독재자들이 폭력으로 민중을 억누르고 지배하려 하였지만 결국은 민중의 손에 의해 처단되고 말았던 역사적 경험과도 그 맥락을 같이 한다. 이렇듯 역사적 경험과 사실은 독재적, 폭력적 방식만으로는 어느 정권도 장기간 정권의 생명을 유지할 수 없음이 증명되었다. 그렇기 때문에 우리는 『김정일 국방위원장과 21세기 북한』(서울: 도서출판 615, 2007)에서 주장하고 있는 결론을 주목하지 않을 수가 없다.

> "북한이 사소한 동요도 없이 '고난의 행군'을 극복할 수 있었던 요인은 '독재정치'에 있는 것이 아니라 최고지도자가 솔선수범하고 현장의 목소리에 귀를 기울이면서 대중들과 머리를 맞대고 문제 해결의 방법을 찾아나갔기 때문이다. 김정일 국방위원장의 '현지지도'는 북한 주민들을 '고난의 행군'에 자발적으로 동참하도록 설득하였고 김정일 국방위원장은 '현지지도'를 통해 국난 극복의 해결책을 찾아 나갔다. 이러한 주민의 자발적인 참여를 유도할 수 있는 최고지도부의 독특한 정치방식이 있었기 때문에 북한은 '고난의 행군'을 극복하고 재도약의 발판을 마련할 수 있었다고 보여진다.(104쪽)"

위 인용문에서 김정일이 '왜 현지지도를 하는지'에 대한 목적이 분명해진다. '인민대중의 생활에 더 가까이 다가가기 위함'이라는 목적이 그것이다. 장쉰의 한국어판, 『북한이라는 수수께끼』(파주: 에쎄, 2015)와 강석주 전부

총리의 발언은 이를 보다 명확해준다. 장쉰은 자신의 방문 취재 목적을 설명하면서 김정일이 매년 적어도 100여 차례의 시찰을 나가는데 그때마다 대부분 전용열차를 이용했다는 것과, 그가 비행기 타는 것을 좋아하지 않는 이유로 고소공포증이나 사고 위험에 대한 두려움 때문이라는 서방 언론의 기사를 소개하면서 그에게 서방 언론의 기사내용이 맞느냐고 물었을 때 김정일은 "서방 언론은 허튼소리를 하는 겁니다. 만약 비행기를 타고 간다면 내가 무엇을 할 수 있겠습니까? 기차로 이동하면 언제라도 두 눈으로 창밖을 관찰할 수 있습니다. 비행기를 타면 관료밖에 보지 못하지만, 기차를 타면 인민을 만날 수 있어요." 또 강석주 북한 내각 부총리는 한 책에서 이렇게 썼다. "김정일 위원장이 기차를 타는 것은 인민대중의 생활에 더 가까이 가기 위함입니다." 실제 김정일이 비행기를 아예 타본 적 없는 것도 아니었다. 1965년 4월 부친 김일성과 함께 비행기를 타고 인도네시아를 방문한 바가 있고, 1966년 봄에는 새로 사들인 김일성 전용기 시험비행에 탑승한 적도 있다.

3. 남한에서의 김정일

대한민국 내에서 반공과 종북(반북), 국가보안법과 노동당 규약이 갈등하고 대립하는 상황에서 김정일에 대한 평가가 꼭 같을 수는 없다. 그렇다 하더라도 남한과 북한에서 김정일 태생과 관련한 치열한 신경전은 좀 지나치다. 그냥 팩트(fact)이지 않는가. 그런데도 서대숙 교수가 지적하고 있는 것처럼 "박정희 대통령의 제3공화국이나 유신체제를 연구하는데 그의 주색을 논하는 것은 쓸데없는 일이다. 김정일에 대해 우리가 정말 알아야 할 것은 그가 놀지 않고 일할 때 무슨 일을 어떻게 하느냐 하는 것(『현대 북한의 지도자』, 을유문화사, 2000, 172쪽)"이라고 하였듯이 백두의 혈통이든, 러시아병원 출생이든 그것이 그렇게 한 국가의 최고지도자를 평가하는데

서로 목숨 걸고 논쟁을 해야 하는지 의문이다.

　따라서 김정일이 어디서 출생했느냐 하는 것과, 아직까지 밝혀진 것은 없지만, 설령 일부에서 주장하고 있는 것처럼 김정일이 호색한이며 주연을 좋아하고 연예(演藝)사업에 능하든 등 그러한 것이 사실이라 하더라도 그것에 관심을 갖기보다는 그가 항일무장투쟁을 같이 전개했던 김일성, 김정숙을 부모로 두고 태어났다는 사실과, 누구나 다 그러한 과정을 거치듯이 정상적인 가정생활, 학교생활, 사회생활을 거쳐 정치지도자로 성장해갔다는 사실이 더 중요하다. 이유는 그러한 부모 밑에서 그가 어떠한 사상적 관점과 태도, 가치관 형성에 영향을 받았는지가 중요한 단서가 될 수 있기 때문이고, 또한 8살 때 맞이한 한국전쟁이 그가 미국에 대한 인식과 태도 형성에 어떤 영향을 미쳤는지도 중요한 분석거리이다.

　우리가 필요한 것은 정치지도자로서 김정일을 평가 분석하는 것이지 연예인 김정일을 평가 분석하고자 함은 아니지 않는가. 그렇다면 이처럼 어린 시절과 청년 시절에 정치지도자로서의 자질과 능력을 갖추는 데 있어 그의 환경이 어떻게 작용했으며 그 과정에서 어떤 행동들이 뒤 따랐는지가 보다 본질적이어야 하고 출생설, 주색잡기 등 가십적이고 주변적인 것에 대한 관심은 비본질적인 것이 되어야 한다. 그래야만 북한의 최고 권력자로서의 김정일을 온전하게 평가할 수 있다.

　이는 우리가 클린턴 美대통령과 르윈스키와의 부적절한 관계가 개인적, 도덕적으로는 지탄받아야 마땅하지만, 그것과 클린턴 대통령의 정치적 리더십과의 연계 또한 부적절하다면 우리는 이 잣대를 김정일에게도 그대로 적용하여야 한다. 그 연장선상에서 김정일의 여인들에 대한 평가도 부차적이어야 한다. 그런데도 김정일을 평가하는 데 있어 호색한이니 6명이나 부인을 둔 희대의 바람둥이라느니 … 등등은 인간 김정일을 이해할 수는 있으나, 이것이 북한권력의 최고지도자 김정일을 이해하는 데는 주(主)라기보다는 부(副)일 수밖에 없다.

참고로 김정일의 여성편력에 대해서도 '아내'와 '연인들(= 내연녀, 혹은 동거녀)'을 구분해야 한다. 그는 두 번의 결혼과 한 번의 이혼, 그리고 제3대 수령인 김정은의 생모 고영희와는 사실혼 관계였다는 사실이다. 첫 번째 결혼한 여인(정식 혼인하였다는 의미이다)은 홍일천((洪一天, 1942년~)이고, 김정일 국방위원장과는 1966년 결혼, 혜경이라는 딸을 낳았으나 3년 후 이혼한 것으로 알려져 있다. 두 번째 여인이자 첫 번째 동거녀는 성혜림(成蕙琳, 1937년 1월 24일~2002년 5월 18일)이다. 장남 김정남의 생모이기도 하다. 세 번째 여인이자 유일하게 김일성에 의해 공식적으로 며느리로 인정받은 본처(김정일과 정식 혼인관계라는 의미이다)는 김영숙(金英淑, 1947년~)이다. 네 번째 여인이자 두 번째 동거녀인 고영희(高英姬, 1953년 6월 16일~2004년 8월 13일)는 김정일의 연인들 중에 가장 오랫동안 김정일과 동거한 인물이다. 무려 28년간이다. 그리고 김정일이 가장 사랑한 여인으로 알려져 있기도 하다. 정철과 정은, 그리고 딸 여정을 낳았고, 본명은 고영자(高英子)로 1953년 일본 오사카 시(大阪) 이쿠노 구에 위치한 이쿠노 코리아타운 부근의 쓰루하시(鶴橋)에서 태어났다. 1962년 재일조선인 북송사업 때 가족과 함께 북한으로 건너갔고, 1971년에 만수대예술단에 들어와서 무용가로서 활동할 때 김정일을 만난 것으로 알려져 있다. 2004년 8월 13일 프랑스 파리에서 치료 중, 심장마비와 암으로 사망한 것으로 알려져 있으며, 이때 김정일의 다섯 번째 여인이자 세번째 동거녀로 알려진 김옥(金玉, 1964년 8월 28일~)을 자신의(고영희가 낳은) 어린 아들들·딸을 돌보기 위해 발탁했다는 설도 있다.

다만, 이 중에서 고영희와 관련해서는 좀 더 학문적 고찰이 필요하다. 이유는 3대 수령 김정은의 생모이기 때문이다. 그것도, 알아봐야 한다는 것이 단순히 3대 수령의 생모이기 때문만이 아니라, 수령의 어머니는 북한에서 김정일 수령의 어머니 김정숙이 '3대 백두장군'으로 칭송(우상화)받듯이,

이와 비례하여 고영희도 향후 북한에서 '어떤 식으로'든 칭송(우상화) 과정을 거치게 될 텐데, 김정은의 입장에서는 그녀의 약점—김일성 생전에는 며느리로 인정받지 못했고, 재일 북송교포이면서 김정숙과 같은 백두의 혈통도 아닌 그 정치적 약점—을 어떻게 극복해 나갈 것인지가 숙제로 남아져 있기 때문이다.

그래서 그랬을까? 2002년 8월 조선인민군출판사에서 대외비로 펴낸 자료에 고영희를 '존경하는 어머님'으로 표현되기도 했으나, 2004년 고영희의 사망으로 주춤하였고, 2012년 2월 13일이나 되어서야 『로동신문』을 통해 고영희의 실명은 거론하지 않은 채, '평양의 어머니'라는 표현으로 재등장한다. 이것이 김정은이 북한의 최고지도자로 등장한 이후 처음 등장한 고영희의 첫 칭송(우상화) 작업인 듯하다. 그런데 문제는 왜 실명을 거명하지 못했을까 하는 데 있다. 추측컨대 남한 출신의 아버지를 둔 재일교포 무용수 출신인 고영희를, 김정숙과 같은 그런 정치적 혈통도 없는 상황에서 '어떻게' 칭송(우상화)해야 할지에 대한 방향이 아직 서지 않은 것으로 보인다.

> 북한체제에서 고영희 외에는 '어머님'으로 존경되었던 유일한 여성은 김정일의 생모이자 김일성의 첫 번째 부인이였던 김정숙(1949년 9월 사망)이 유일하다. 이것으로 봤을 때 김정은의 생모 고영희를 우상화했다는 것은 이때부터 김정일은 이미 고영희의 자녀들 중에 후계자로 키울 생각이 있지 않았을까 하는 추측이 가능하다.

그러나 또한 분명한 것은 2012년에 「위대한 선군 조선의 어머님」이라는 제목의 기록영화가 제작되었는데, 이 주 내용이 고영희가 생전에 김정일과 함께 군부대 등 주요 장소를 현지 방문한 모습이 담겨져 있어 이것으로 봤을 때 김정은이 최고지도자로 등장한 2012년부터 본격적인 고영희에 대한 우상화가 준비되고 있었다는 것도 사실이다.

아니나 다를까. 이 연장선상에서 고영희는 일본 『산케이신문(産經新聞)』(2012. 8. 2)에 의해 2012년 6월에 평양 대성산 혁명열사릉에 석조묘로 무덤이 조성됐고, 묘비 앞면에는 고영희의 사진이 새겨졌고, 뒷면에는 "1926년

6월 26일 출생, 2004년 5월 24일 서거, 선군 조선의 어머니 고용희"라고 기록된 것이 보도되었다.

이러한 전제들을 기본 사전 지식으로 하여 대한민국에서 벌어지고 있는 김정일에 대한 인식과 편견 몇 가지를 소개해본다.

그런데 여기서 우리를 헷갈리게 하는 것은 이름은 '고용희'로, 출생일과 사망일이 1953년 6월 16일과 2004년 8월 13일이 아닌, '1926년 6월 26일 출생, 2004년 5월 24일 사망'으로 명기되어 있어 혁명열사릉에 묻힌 고용희 김정은의 생모 고영희일까 하는 의문은 남아있다. 그럼에도 불구하고 '고용희'가 '고영희'가 맞다는 주장에는 과거에 김정은도 후계자로 부상하기 직전까지 우리 정보기관이나 당국자들도 '김정운'으로 알고 있던 것과 크게 다르지 않은 상황이라는 이유를 들고 있다.

■ 희대의 독재자

김정일에 대한 부정적인 편견들 가운데 가장 많이 우리들 뇌리에 박혀있는 것은 '무서운' 독재자라는 이미지가 아닐까 한다. 김정남은 이에 대해『안녕하세요 김정남입니다』(서울: 중앙 M&B, 2012)에서 이렇게 반론하고 있다.

"지적하신 바와 같이 매체들은 부친을 무서운 독재자로 묘사한 부분이 너무 많아 보입니다. 이 점을 저는 유감스럽게 생각합니다. 저에게 부친은 국가원수라는 점을 떠나, 엄하면서도 정이 많으셨던 기억뿐입니다.(141쪽)"

또한 고급술을 항상 애호하고 술을 너무 많이 먹는다고 알려진 데 대해서는 "명절을 제외한 보통날에는 술을 많이 드시는 모습을 뵌 적이 없습니다.(140쪽)" 더 나아가서 우리가 일반적으로 알고 있었던 김정일과 북한의 폐쇄성 문제는 다음과 같은 김정남의 반론에 부딪친다. 아버지는 모든 자식들이 국제적인 감각과 개방성을 갖길 바랐으나, 자신 때문에 이후 동생들의 유학 기간은 짧아졌고 엄격한 통제가 뒤따랐다는 소회가 그것이다.

"제가 완전 자본주의 청년으로 성장해 북한에 돌아간 때부터 부친께서는 저를 경계하신 것 같습니다. 아마도 부친의 기대 밖이었을 겁니다. 그래서 자식들이 모두 국제적인 시각을 갖길 바라면서도 저의 이복동생들의 유학 기간은 짧아졌고, 그들은 현지에서 친구들과 어울리지 못하도록 통제도 엄격했다고 이철(당시 스위스 대사) 씨에게서 들은 바 있습니다.(154~155쪽)"

■ 북한인민을 굶어 죽인 '못된' 살인마

김정일에 대한 또 다른 편견으로는 1990년대 식량난, 에너지난, 외화난이라 일컬어진 3난의 시기, 일명 '제2차 고난의 행군시기'에도 김정일은 북한주민들 먹여 살리기보다는 핵개발에 몰두했다는 왜곡된 인식일 것이다. 과연 그런가? 역사적으로나 현실적으로나 북한은 단 한번도 '농업'을 포기한 적이 없다. 오죽했으면 김일성은 그 유명한 말, "쌀은 공산주의입니다"라는 명제를 남겼을까. 이 한마디로 인해 북한은 농업자립으로 경제발전을 추동하는 전략을 일관되게 써 왔다.

그러나 북한의 지리적 조건은 이를 허락하지 않았다. 자립할 수 있는 기후와 토양이 아니었던 것이다. 그러니 늘 식량 문제는 골칫거리일 수밖에. 그렇게 만성적인 식량부족 국가였던 북한, 최악의 3난을 맞아 그중에서도 식량난은 북한체제를 위협할 정도였다. 안으로는 실제 아사(餓死)하는 인민들과 배고픔을 참다못해 탈북자가 늘어났고, 밖으로는 자기 인민들도 못먹여 살리면서 핵무기 개발을 한다며 외교적 공세에 시달렸다.

사실은 이런 와중에서도 우리가 알고 있었던 것과는 정반대로 김정일이 포기하지 않은 것이 있었으니 그건 다름 아닌, 선대 수령에 의해 정립된 농업에서의 '수리화, 전기화, 기계화, 화학화' 노선을 계승하면서, 그중에서도 전기 문제 해결을 통한 전반적인 농업 문제를 해결하려 하였다는 사실이다. 조선로동당 중앙위원회 책임일꾼들과 한 담화, 「올해를 강성대국 건설의 위대한 전환의 해로 빛내이자(1999. 1. 1)」에서 그는 "경제강국 건설의 돌파구는 전기 문제와 식량 문제를 푸는 데서부터 열어야 합니다. 전기 문제부터 풀어야 석탄도 나오고 철과 기계도 나오며 비료와 쌀도 나오고 철도수송 문제도 풀리며 모든 문제가 다 풀려 공장, 기업소들이 잘 돌아가고 나라의 전반적 경제가 정상적인 궤도에 들어설 수 있습니다"라는 언급에서 볼 수 있듯이 석탄, 철과 기계, 비료와 쌀, 이 모든 연결고리의 중심에 전기 문제가 있음을 알 수 있다.

이를 위해 그는 안변청년발전소와 태천발전소 등 수력발전소를 건설하였고, 이외에도 토지정리 사업을 적극 추진하여 황해남도, 평안남도, 평안북도 등지에서 약 6,780만 평의 토지가 새로 정리되었다고 북한은 선전까지 하기도 하였다. 어디 이뿐인가. 북한 기후의 특성상 냉대 기후라서 그 기후적 조건이 이모작, 삼모작을 하기에는 어렵다. 그런데도 다양한 종자 개량을 성공시켜 냉대 기후 지역인 자강도에서 이모작을, 산악지대와 고산지대인 양강도 등지에서는 감자 농사를 성공시키는 등 식량 문제 해결을 위해 일정한 성과가 김정일 시대에도 이뤄졌다.

또한 자신들의 '자주노선'을 포기할 수 없는 조건에서 김정일 국방위원장은 일체의 식량 거래를 하지 않으려 한 것이 아니라, 핵문제로 인해 외부 세력과의 평등한 식량 거래가 이뤄질 수 없는 환경이 마련되었고, 그 환경조건에서도 오히려 고집스럽게 전반적 농업 분야에서의 자력갱생, 다시 말해 농업에서 자급자족을 구현하고자 애썼던 김정일의 모습으로 인식하는 것이 더 타당하다 하겠다(물론 이것이 우리가 볼 때는 핵을 포기해서라도 미국의 경제제제 봉쇄를 풀고, 그것과 비례해서 '먹는' 문제를 해결할 수도 있을 텐데, 그렇게 하지 않은 김정일의 리더십을 문제 삼을 수는 있는 것이다).

상황이 그러하다 보니 북한은 쌀농사뿐 아니라 옥수수, 감자로부터 시작하여 소, 돼지, 닭, 염소, 토끼, 메기 등에 이르기까지 실로 다양한 방면으로 관심을 돌릴 수밖에 없었다. 심지어 김정일 국방위원장은 타조 사육에도 관심을 돌릴 정도였다. 이는 종국에는 국민들의 먹거리에 필요한 모든 수요를 자체로 공급하겠다는 전략적 목표하에 북한의 구체적 조건에 맞추어 '특색' 있는 농업을 발전시키겠다는 김정일 국방위원장의 의지의 표현으로 볼 수 있겠다. 그 결과 북한은 신년공동사설(2006. 1. 1)에서 북한농업을 두고 "농업생산에서 새로운 진전을 가져왔다"고 평가하였다.

■ 선군 경제노선에 대한 이해와 오해

리기성의 「위대한 령도자 김정일동지께서 선군시대 사회주의 경제건설의 활로를 열어주신 불멸의 공헌」, 『경제연구』 1호(2004)에 의하면 선군 경제노선은 한마디로 "국방공업을 우선 발전시키고 경공업과 농업을 동시 발전"시키는 전략으로 정의할 수 있다. 이는 1960년대의 김일성이 "중공업을 우선 발전시키고 경공업과 농업을 동시 발전"시키는 노선을 연상케 하고, 이것은 사실상 경공업과 농업의 잉여를 약탈하는 중공업 우선주의였듯이, 선군 경제노선 역시 국방공업 우선주의에 대한 정치적 레토릭이라고 봐야 하는 것 아닌가 하는 우려도 충분히 가질 수 있게 하였다.

이런 우리의 우려와는 달리, 북한은 국방공업을 우선시한다 하여 경공업을 홀대하는 것은 아니다 라는 것을 계속 강조하고 있다. 그 설명으로 중공업과 경공업의 구분은 생산설비에 의한 구분이 아니다, 생산설비에 의한 구분은 대기업과 중소기업이다, 따라서 정확한 비교는 중공업은 생산수단을 생산하는 공업 분야이고, 소비재를 생산하면 경공업이다 라고 말이다.

북한의 설명은 일면 타당하다. 그러한 맥락에서 보면 김정일식 국방공업 우선 정책은 중공업을 토대로 할 수밖에 없기 때문에 중공업 우선 정책과 연결되고, 경공업은 인민생활 향상과 밀접히 연결되는, 그러니 김정일의 인민생활 향상 전략은 '국방공업을 통한 자위적 무장력(이 의미의 실질적인 해석은 미국과의 정치·군사적 대결을 할 수 있는 수준으로)을 확보하면서도 경공업을 발전시켜 농업에서의 생산력을 증대시키고자 하는 방법론'으로 볼 수 있는 것이다. 동시에 이는 '자주 없는 인민생활 향상은 없다'로 요약도 가능하다.

여기에는 김일성을 중심으로 한 항일무장투쟁 세력과 북한 인민들의 정치사상적 각성의 결과물이라 할 수 있는 '나라 없는 백성은 상갓집 개만도 못하다'는 정치적 신념이 해방 후 21세기를 맞는 지금도 북한은 역사적으로나 현실적으로 미국에 의해 자주가 포기되었을 때 겪는 약소국들의 운명이 목도되어졌기 때문에 북한으로서는 '자주'가 결코 포기되어서는 안 되는 국가명령과도 같은 것이 되는 것이다(바로 이 연장선상에 3대 수령 김정은 시대에도 '핵과 경제'의 병진노선을 택할 수밖에 없는 것이다).

그렇다 하여, 그러한 정치적 신념 때문에 인민생활 향상을 소홀히 해야 된다는 것이 동의되어져서는 안 된다. 동시에 면죄부가 될 수도 없고, '자주'뒤에 '인민생활 향상'이 뒤에 숨어 있어도 안 된다. 김정일 국방위원장도 그러한 이치를 누구보다도 더 잘 알고 있기에, 1990년대 제2차 고난의 행군시기가 끝나고 매년 1월 1일 발표한 신년 공동사설에서부터 "인민생활 향상"을 국정의 최고 과제로 설정하여 이 실현을 위해 노력해 왔다고 본다. 그 방법론으로 김정일은 전당 당일군 회의 참가자들에게 보낸 서한, 「올해를 사회주의경제건설에서 혁명적전환의 해로 되게 하자(1997. 1. 24)」에서 "우리나라에 경공업 공장들이 많고 그 생산 잠재력이 대단히 큰 조건에서 경제 형편이 어렵다고 하여도 일군들이 마음먹고 달라붙으면 1차소비품 같은 것은 얼마든지 생산 보장할 수 있습니다. 소비품 생산에서 지방공업이 많은 몫을 담당하고 있는 것만큼 군들에서 지방 산업공장들을 돌리는 데 큰 힘을 넣어야 합니다. 군들에서는 자력갱생의 원칙에서 지방의 원료원천과 잠재력을 최대한으로 동원하여 소비품생산을 늘이며 1차소비품을 주민들에게 원만히 생산공급하도록 하여야 합니다"라고 강조했다. 2010년 새해 신년 공동사설 제목은 아예 「당 창건 65돐을 맞는 올해에 다시 한번 경공업과 농업에 박차를 가하여 인민생활에서 결정적 전환을 이룩하자」였다.

이러한 신년 공동사설 제목이 가능했던 요인에는 2009년 인민생활 향상에 직결된 경공업 생산현장과 농업 생산현장을 집중적으로 현지지도 하였던 김정일 국방위원장의 의도와 구상이 '150일 전투'와 '100일 전투'를 밀고 나간 것이나 화폐교환 조치를 실시한 것 등에 있다. 또 다른 요인으로는 자력갱생과 과학기술의 발전에 있다. 역청탄 대신 북한에서 무진장 묻혀있는 무연탄을 원료로 하는 제철공법이 2009년 12월에 완성되었는데, 북한에서는 이 공법에 의해 만들어진 철 이름을 '주체철'이라 부르고, 이 생산체계를 최종적으로 완성한 기업은 성진제강련합기업소였다. 또『로동신문』에 실린 정론(2009. 8. 11),「첨단을 돌파하라」는 제목에서 우리가 읽어낼 수 있는 것은 첨단기술이 컴퓨터 수치제어 기술 등과 같은 것이라면, 이는 미국과 유럽연합의 수출 통제에 묶여있어서, 북한이 어디서 돈을 주고 사오려 해도 사오지 못하는 기술이거나 제품이 된다. 그런데도 이러한 제목의 정론이 실렸다는 것은, 유추해보면 자력갱생에 의한 기술 개발과 과학 발달이 자신들이 원하는 방향으로 성공했다는 의미가 있다. 이는 2007년 7월 27일『로동신문』에 김정일 국방위원장의 "과학기술 중시는 경제강국 건설의 확고한 담보"라는 발언이 실렸는데, 그때부터 이미 김정일의 생각 속에는 이 '첨단과학 기술'을 통한 '인민생활 향상'이라는 구상이 서 있었다고 보는 것이 맞는 것이다. 그 내용은 이러하다. "시대의 발전 추세에 맞게 나라의 과학기술을 높은 수준에 올려 세워야 우리의 정치군사적 위력을 더욱 강화할 수 있고 경제강국도 건설할 수 있으며 인민들에게 세상에 부러운 것 없는 유족하고 문명한 생활을 마련해줄 수 있습니다." 여기서 과학기술 중시로 해서 첨단을 돌파한다면 강성대국은 반드시 가능하다는 전략을 엿볼 수 있다.

■ 선군정치에 대한 편견과 이해

냉정하게 볼 때, 아래 '가. 선군정치에 대한 편견'에서와 같은 인식이 곧 당 우위 국가에서 군 우위의 국가로 전환되었다고 주장할 수 있는 결정적인 증좌가 되지는 못한다. 왜냐하면 우리가 선군정치를 제대로 올바르게 이해하기 위해서는 '가. 선군정치에 대한 편견'에서 주장하고 있는—선군정치의 등장 배경을 객관적 요인만으로는 접근해서는 안 되기 때문이다. 달리 말해 객관적 요인과 함께, 주체적 요인과 그에 따른 변화지점, 그리고 국제적 요인으로서 선군정치의 등장배경과 '군대를 앞세우는' 선군의 의미까지 왜곡되지 않고 진실 되게 함께 이해할 때만이 합리적이고 진보적 지식인도 범하기 쉬운 학문적 오류에 빠지지 않고, 그 결과 선군정치에 대한 재(再)인식도 가능하게 된다.

가. 선군정치에 대한 편견

선군정치야말로 김정일식 통치스타일의 완성을 보여주는 것이라 할 수 있다. 따라서 누가 뭐라 해도 선군정치는 그의 트레이드마크이다. 그런데도 우리는 북한의 그런 선군정치를 잘 모른다. 모를 뿐만 아니라 엉뚱하게 이해하기도 하고 무조건 나쁜 것으로 해석하기도 한다. 보고 들은 것이라곤 모든 사회주의국가는 국가보다는 당이 더 높은 위치에 있으며 더 큰 권력을 행사한다고 배웠거나 들었고, 실제 "조선민주주의인민공화국은 조선로동당의 령도 밑에 모든 활동을 진행한다"는 헌법조항도 명백하니 그렇게 인식하는 것이 어찌 보면 당연하다 하겠다.

그 정도 인식밖에 없는데 어느 날 갑자기 선군정치 운운하니 더 헷갈릴 수밖에. 우선 그 혼란에는 1990년대 고난의 행군 이후부터 김정일이 당의 총비서라는 직함보다는 국가의 국방방위원장이라는 직책을 더 많이 사용되면서부터 시작된다. 국방위원장으로서의 역할 강화는 당 우위의 국가에서 당보다 군 우위의 국가로 전환하지 않았나 하는 의구심을 들게 한 결과이다. 이와 관련한 에피소드 하나를 이재봉 교수는 다음과 같이 소개하고 있다.

> 1998년 10월 평양을 방문했을 일어난 에피소드 내용이다. "북녘은 당이 국가나 정부보다 우위에 있는 사회이기 때문에 장군님이 로동당 총비서라는 직함을 가지고 공화국을 통치한다면 이해할 수 있다. 그러나 국방위원회 위원장이라는 직함을 가지고 나라를 이끌어 가는 것엔 수긍하기 어렵다. 국방위원회를 앞세워 국가를 통치하는 것은 군국주의를 지향하며 결국 무력통일을 이루겠다는 것 아닌가?"하고 시비를 걸자, 저녁 만찬에 동석했던 대남정책 고위관료는 "우리는 군사제일주의로 나라를 지킨다는 것이지, 군국주의나 무력통일을 하자는 것은 아니다. 지금 우리 공화국은 큰 어려움에 처해 있다. 미제와 일제가 손잡고 공화국을 압박하고 있다. 남조선에서는 주한미군도 모자라 일본군까지 불러들이려 하고 있지 않은가. 그리고 우리가 곧 붕괴할 것이라고 떠드는데, 이러한 막중한 위기를 돌파하고 살아남기 위해서는 군대를 앞세우지 않을 수 없다"라는 대답이 돌아왔다는 것이다. (『두 눈으로 보는 북한』, 194쪽)

다음은 김정일의 선군정치가 군부독재체제인 것 같다는 문제의식 때문이다. 그 중심에는 군부인사가 당의 주요 직책과 국가의 주요 기구의 요직을 차지하고 있다는 인식 때문인 것으로 보이는데, 그렇게 보자면 그럼 박근혜의 통치 스타일도 '선군' 방식이다? 그것이 사실이면 김정일과 박근혜의 통치스타일도 닮았다. 과연 이런 비교가 가능할 수 있는가? 이와 관련해서 많은 이야기를 할 수는 있으나, 박근혜 정부에 북한에 적용하는 잣대와 똑같이 적용하면 박근혜 정부에도 '선군'적 요소가 분명 있다. 핵심 측근에 군인 출신이 많아 그런 오해를 충분히 살 수 있다. 김관진 국가안보실장, 한민구 국방장관, 김장수 주중대사 등이 포진하면서 박근혜 정부가 보기에 따라 '병영화'되었기 때문이다. 그렇다 하여 우리는 박근혜 정부를 병영정부라든지, 군부독재체제라 하지는 않지 않는가. 그럼 박근혜 정부에 들이 댄 잣대와 똑같이 김정일 정권에게도 적용하게 되면 국방위원회라든지, 당 중앙 정치위원에 군부인사 출신이 많이 포진해 있다하여 그것이 곧 김정일 정권이 병영정부라든지, 군부독재체제라 명명할 하등의 이유가 될 수는 없다. 특히 선군정치의 핵심이 정권기관 그 자체의 병영화가 아니라, 군대가 갖고 있는 그 '군인정신'을 통치 이데올로기화한 것이라면 더더욱 그리해야 한다. 즉, '군대를 앞세우는' 의미의 선군과 '군인이 정부요직을 다 장악한' 의미의 선군은 완전히 그 성격이 다른 것이다. 그래서 위 이재봉의『두 눈으로 보는 북한』에서 북한의 고위관료가 말했던 "군대를 앞세우지 않을 수 없다"는 것은 그 군대가 갖고 있는, 즉 혁명적 규율, 전투성, 집단성 등을 최대한 일반화하여 전체 인민들도 이 군인정신으로 사회주의 체제를 수호하고 인민생활 향상에 다 같이 떨쳐나서자는 정치방식이 되는 것이다. 이를 김철우의『김정일장군의 선군정치』(평양: 평양출판사, 2000) 37쪽에 나와 있는 방식으로 정의하면 "군사를 선행시킬 뿐만 아니라 군에 의거하여 혁명과 건설을 추진시키는 것은 (중략) 군을 혁명의 주력군, 기둥으로 내세우고 군에 의거하여 혁명을 전진시키는 정치방식"이 되는 것이다.

세 번째는 수구·보수적 시각을 넘어 나름 합리적 북한관(觀)을 갖고 있다 하는 진보적 지식인들 사이에서도 광범위하게 나타나는 편견, 즉 선군정치가 일상시기가 아닌 비상시기에 더 맞는 정치방식으로 이해하고 있다는 것이다. 이에 대한 김정일의 답변은 2001년 1월 3일 조선노동당 중앙위원회 책임일꾼들과 한 담화,「올해를 새 세기의 진격로를 열어 나가는 데서 전환의 해로 되게 하자」에서 "이 땅에 제국주의가 남아 있고 침략 책동이 계속되는 한 군사 중시, 국방 중시는 국사 중의 국사로서 항구적으로 틀어쥐고 나가야 할 전략적 노선입니다" 라는 언급을 하는데, 이 언급으로부터 우리가 일반적으로 알고 있던 상식, 선군정치가 1990년대 제2차 '고난의 행군' 시기에 노동당이 그 기능을 제대로 발휘할 수 없는 조건에서 어쩔 수없이 그나마 군대의 특성상 기강이 덜 해이해진 군대의 기능을 최대화·극대화하여 인민을 통제하고 체제를 유지시키기 위한 고육지책이었다는 편견적 인식(그러한 인식이 완전히 틀린 것은 아니지만)은 여지없이 무너진다. 그렇지만 객관적 상황으로만 보자면 북한도 남한에서 왜 그렇게 인식하는지 하는 부분에 대해 인정해야 할 부분이 있다는 점이다. 그것은 다름 아닌, 선군정치의 태동이 분명 김일성 사후 불어 닥친 고난의 행군 시기 당 조직 기능이 마비되고 역할이 제대로 작동되지 않을 때 혁명적 군인정신으로 위기를 극복하고자 한 취지에서 출발한 것은 분명해 보인다는 사실이다. 다시 말해 1980년대 말 사회주의권의 붕괴로 인한 경제난과 최악의 큰물로 많은 인명피해를 낸 1990년대 중반의 고난 및 그 극복 과정에서 북한정권의 심장인 당의 기능이 일시적으로 마비되는데, 이를 극복하기 위해 선군정치가 등장했다는 설을 일반적으로 수용하면 그러한 결론에 이를 수밖에 없다는 뜻이기도 하다. 다시 북한의 주장으로 돌아와 보자. 그러면— 북한에서 말하고 있는 것을 성의 있게 들어보면 선군정치의 등장을 이것만이 전부로 이해해서는 안 된다는 것도 알 수 있다. 그래서 다음과 같은 북한의 주장에도 귀 기울여야 한다. 김정일이 조선로동당 중앙위원회 책임일꾼들과 한 담화, 「올해를 새 세기의 진격로를 열어 나가는데서 전환의 해로 되게 하자」(2001. 1. 3).

"우리가 선군정치를 하는 첫째가는 목적은 미제의 침략책동에 주동적으로 대처하자는데 있습니다. …(중략) 우리가 선군정치를 하는 목적도 반만년 민족사에 일찌기 없었던 강성부흥을 이룩하자는 데 있습니다."

위 인용문에서 알 수 있는 것은 북한이 1990년대 미국의 파상적인 대북정책에 대해 조국과 혁명, 우리식 사회주의 수호라는 방어적 측면과, 북·미 대결이 피할 수 없는 현실이라면 자신들의 언어양식인 '화를 복으로' 전환시켜 반만년 민족사에 일찍이 없었던 강대한 나라, 사회주의 강성대국을 건설하기 위해 선군정치를 태동시켰다는 설명이다. 이를 좀 더 좁혀 당시의 최고 실력자인 김정일의 입장에서 볼 때는 무엇보다 정권의 정통성과 사회주의 이데올로기 정체성의 위기를 극복하는 것이 최우선 과제였을 것이고, 이러한 측면에서 선군정치는 소련과 동구에서의 사회주의 체제 붕괴 후 북한이 처한 대내외적인 위기를 우선 '총대'로 극복해 보겠다는 의지가 반영된 최선의 선택이었다는 사실일 것이다. 즉, 군의 정치사상적, 혁명적, 전투적, 조직적 우월성을 활용할 필요가 절실했고, 이는 선대 수령 김일성이 지녔던 정통성의 근원인 항일무장투쟁의 혁명전통의 계승을 훼손하지 않으면서도 차별화가 가능하였기 때문으로 볼 수 있다. 다시 말해 항일무장투쟁의 계승자인 조선인민군을 정치적 상징으로 내세우면서도 경제난 극복과 사회 일탈 방지를 위해서 어느 조직보다 혁명성과 사상성, 규율성, 조직력, 실천력, 단결력이 뛰어나고 수령결사옹위정신, 결사관철의 정신, 영웅적 희생정신, 총폭탄정신, 육탄정신 등으로 똘똘 뭉친 군이 너무나 적합하였다는 것이다.

실제 북한은 1994년을 기점으로 3년간은 공장 가동률이 10~40%의 수준, …(중략) 당 체제도 제대로 작동되지 못해 당으로 인민을 통제한다는 것은 사실상 불가능한 일이었다. 따라서 선택은 군이었다. …(중략) 즉, 군은 마지막 가용자원이었던 것이다. 이는 김정일이 체제붕괴를 재촉할지도 모를 개혁·개방보다는 군을 선택, 정권과 체제 지키기에 최우선 순위를 뒀다는 것을 의미한다. 동시에 경제위기에 책임이 있는 노동당이 강성대국 건설의 전면에 나서는 것은 부담이 클 수밖에 없는 만큼 노동당을 대신해 군이 체제수호는 물론 경제건설, 치안, 사회통합의 기능을 수행함으로써 주민들의 동요를 막고 이들을 결집시키는 역할까지 하게 된 것이다. 서옥식, 「북한의 선군정치와 대남전략」, 〈http://www.konas.net〉(검색일: 2015.3.14)

또 다른 측면에서는 1995년 이후 자신들의 삶이 피폐해졌다 하여 남한과 미국 등 서방 나라들에게 경제와 식량지원을 요청할 수밖에 없는 상황은 주체사상의 권위를 실추시키는 상징적인 사건이었을 텐데, 그것은 김정일로 하여금 주체사상의 핵심 정신 중의 하나인 주체·반(反)사대주의적 관점에서 후퇴할 것을 요구하였기 때문이다. 그러나 김정일의 선택은 1996년 1월 1일 『로동신문』 신년 공동사설에서 분명히 드러난다. 김정일은 "모자라는 식량을 함께 나눠먹으며 일본군에 맞서 투쟁한 '항일빨치산의 눈물겨운 고난과 불굴의 정신력'을 상기시키며 '고난의 행군' 정신으로 어려움을 헤쳐 나가자"고 호소했다. 또한 '익측(翼側)도 후방도 없이 걸어온 간고한 행군길'에 관한 항일빨치산 1세대들의 증언이 대대적으로 보도되고 서정시 〈끝나지 않는 행군길〉, 가요 〈고난의 행군 정신으로〉, 〈아버지 어머니의 청춘시절〉 등과 영화들이 잇따라 발표되었다. 이러한 일련의 움직임은 1998년에 경제 건설을 위한 '사회주의 강행군'으로 구체화된다. 이후 2000년 1월 1일 『로동신문』은 신년 공동사설을 통해 "우리 인민의 투쟁으로 여러 해째 계속된 어려운 행군이 마침내 '구보(驅步) 행군' 단계에 접어들었다"고 공식 선언했고, 같은 해 당 창건 55주년을 맞아 '고난의 행군'이 종료되었다고 선언했다. 김정일은 이렇듯 자신에게 닥친 위기를 오히려 새로운 정치방식을 통해 체제수호로 전환시키는 데 성공하였던 것이다. 사회주의권의 몰락, 고난의 행군 지속, 미국의 대북제재, 당 기능의 무장해제 등 최악의 조건에서 자신과 북한체제의 모든 운명을 '선군'에 포커스를 맞추고서 얻은 결과로 말이다.

그렇지만 북한의 위 주장만으로 선군정치가 합리적 의문을 가진 모든 이들에게 답을 전부 준 것은 아니다(충분히 설득하지 못했다는 뜻이다). 비상시기로서의 정치방식으로 의심할 수 있는 여러 증좌들, 군사선행의 정치방식이라든지, 군을 혁명의 기둥·주력군으로 내세우는 정치방식이라든지, 더 나아가서는 선군정치의 제도화가 1998년과 2009

따라서 북한의 선군정치는 고난의 행군과 강행군 기간을 거치면서 그 효과가 대내적 위기관리 체계로 확실히 입증되었다는 판단과 함께, 대외적으로는 핵문제로 인한 미국의 압력으로부터 체제수호는 물론, 적절한 실익을 챙기기 위한 협상 수단으로의 인식 등이 김정일 시대의 핵심 정치방식으로 등장할 수밖에 없는 핵심요인으로 설명할 수 있다. 그 결과 북한은 이런 선군정치에 대해 '선군사상을 전면적으로 구현한 정치'라 규정한다. 『우리 민족강당(http://www.ournation-school.com)』(검색일: 2011. 7. 23)

년 헌법 개정을 통해 국방위원장과 국방위원회가 실질적인 주권기관으로 위상정립을 해 낸 것 등이 그 명백한 증좌가 아니고 무엇이란 말인가? 라고 물으면, 언뜻 보아 이 주장은 상당한 설득력을 지니고 있기 때문이다.

나. 선군정치에 대한 이해

ㄱ. 주체적 요인과 그 재생동학((動學)

'새로운' 수령, 김정일의 등장이 갖는 함의

앞에서도 누누이 살펴보았듯이 수령제 사회주의라는 북한체제의 특성은 주체사상이 유일 지도이념으로서의 그 기능과 위상이 불변할 수밖에 없게 만들었다. 하여 당대 수령이 수없이 바뀌더라도 그는 선대 수령에 대한 충실성과 주체사상에 대한 계승성을 분명히 할 수밖에 없다. 그렇다 하더라도 이념이라는 것이 그 속성상 통치자 자신의 '통치수단으로의 기능'을 전제로 하는 것도 또한 분명한 사실이다. 이로부터 주체사상이 김일성의 통치이념이었다면, '새로운' 수령은 자신의 지향과 염원에 따라 통치의 변화를 추구할 개연성을 부정하지 않는다면, 통치이념의 변화 역시 자연스러운 현상으로 볼 수 있다. 다시 말해 새로운 수령의 등장은 새로운 통치 이데올로기를 필요로 할 수 있다는 것이다.

실제 북한에서는 새로운 수령 김정일의 등장과 함께 붉은기 사상, 강성대국론 등을 거쳐 선군사상에 이르는 새로운 통치이념이 형성되면서 주체사상도 서서히 그 위상이 변화해 가는 양상을 볼 수 있다. 구체적으로는 인민대중이라는 주체사상의 인간중심론 측면이 당시 피폐화되어 있는 인민의 삶 속에서 자기운명의 중심은 당이 아닌 자아임을 인식케 하는 하나의 역기능으로 작용할 수 있다는 측면, 1997년 초기 주체사상을 정리 · 체계화한 황장엽의 망명으로 인해 주체사상의 권위가 실추된 점 등이 이에 해당된다 하겠다. 이와 비례해서 선군사상이라는 용어도 1997년 '선군후로'를 시작으로 1998년 김정일의 '선군정치'가 등장한 이후, 2003년 1월 1일 『로동신문』 공동사설을 통해 선보이게 된다. 신문은 선군사상에 대해 절대불변의 진리이자 사회주의 혁명위업 수행의 확고한 지침이라고 규정하였다.

> "모든 당원들과 근로자들은 선군사상과 로선을 삶과 투쟁의 좌우명으로, 절대불변의 진리로 간직해야 한다…… 주체사상에 기초한 우리당의 선군사상은 사회주의 위업 수행의 확고한 지도적 지침이며 공화국의 륭성번영을 위한 백전백승의 기치이다."

선군사상이 이렇게 정립되어가는 과정과 함께 북한체제도 이를 제도적으로 뒷받침하기 위해 헌법 개정을 통해 '국방위원장체제'를 구축하는 방향으로 나아갔다. 그리고 그 국방위원장체제 구축은 필연적으로 미사일 발사(1998년 대포동 1호)라는 정치군사적 조치로 나타나고, 그 외적 조건은 1990년대 초반부터 지속되었던 핵문제를 둘러싼 북·미 간의 대결이 주된 것이었다. 구체적으로는 미국이 1998년 금창리 지하 핵시설 의혹을 제기한 가운데 '대포동 1호' 미사일이 발사되었고, 1998년 12월 2일 총참모부 대변인 성명을 통해 한미연합사의 '작계 5027' 등을 북한에 대한 선전포고로 간주하고 적에 대해 '섬멸적 타격'을 가할 것이라고 경고하면서 위기가 고조되었다. 이후 미국의 북한정책 조정관 페리(William J. Perry)가 평양을 방문하고 2000년 남북정상회담이 개최되면서 일시 해빙의 기운을 맞는 듯하였으나, 2001년 9·11테러 이후 부시대통령이 북한을 '악의 축'으로 지목하는 것을 기점으로 대외 환경은 지속적으로 악화되어 갔다. 이러한 대외 환경의 지속적인 악화는 북한(김정일)으로 하여금 1997년에 언급된 '선군'을 보다 장기적 차원에서 체계화해야 할 계기이자 중요 변수로 작용하게 된다. 즉, 1990년대에 혼란스러워진 체제내적 상황이 악화된 외부 문제와 결합하면서 주체사상을 주축으로 구성된 정신적 형상은 새로운 사상코드 생산의 압력으로 작용할 수밖에 없었던 것이다. 그 결과 북한은 '선군'에 대한 '사상화'를 시도, 1998년 4월 8일 4.25문화회관에서 진행된 김정일 국방위원회 위원장추대 5돌 경축중앙보고회에서 김정일의 사상을 '독창적인 군중시 사상'이라고 표현하면서 처음으로 대중 앞에 공개한다. 당시 보고를 맡은 김영춘은 「위대한 령장의 두리에 굳게 뭉쳐 나라의 방위력을 금성철벽으로 다져나가자」라는 경축보고를 통해, 김정일에 의해 "군대는 곧 인민이고 국가이며 당이라는 독창적인 군중시 사상"이 나왔으며, "인민군대를 주체혁명 위업의 주력군으로 키워 놓았다"고 말하였다. 또한 앞선 언급에서 확인할 수 있는 것은 북한(김정일)은 수령의 '삼년상'이 끝나고 김정일 자신이 수령으로 등장하는 전후 시기인 1997년부터 김정일은 '강성대국론'과 함께 '선군'이라는 새로운 코드를 생산해 내고 있음을 알 수 있다. 이는 그동안 북한체제를 지탱하고 있던 정신적 형상, 주체사상에 의거한 통치담론에 의지하기 보다는 새로운 코드와 방식으로 체제위기를 극복하고, 자신만의 통치방식(스타일)을 정립하기 위한 것으로 해석하는 것이 맞다. 그 결과『로동신문』 2003년 3월 21일자에서 처음으로 "선군사상이 주체사상의 이론실천적 업적을 계승한 사상"이라고 보도하면서도, 선군사상을 '새로운 높은 단계의 혁명이론'이라고 규정했다.

> "제국주의가 극도로 반동화, 군국화된 격렬한 반제투쟁시대의 혁명사상이며 모든 나라, 모든 민족이 자주적인 강국을 건설해 나가는 인류사회 발전의 새로운 높은 단계의 혁명리론이다. 변화된 조건과 환경에 맞게 인민대중의 자주위업을 승리적으로 전진시키기 위한 과학적인 혁명리론과 전략전술을 밝혀주는 여기에 21세기 지도적 지침으로서의 선군사상의 특출한 지위가 있다."

또한『로동신문』은 2004년 2월 5일자 「온 사회의 사상적 일색화의 새로운 높은 단계」 제하의 논설에서 "주체사상의 커다란 위력과 영원한 생명력은 선군사상에 의해 힘 있게 담보되고 있다"면서, "선군사상은 인류사회 발전의 새로운 높은 단계의 혁명이론"이며, "온 사회를 선군사상으로 일색화하는 것은 주체사상 위업의 역사적 계승이며 새로운 높은 단계로 된다"고 강조했다. 계속해서 신문은 "온 사회를 선군사상으로 일색화한다는 것은 주체사상에 기초하고 있는 선군사상을 지도지침으로 하여 우리 혁명을 진전시키며 선군사상에 기초하여 강성대국 건설에서 나서는 모든 문제를 풀어나간다는 것을 의미 한다"고 밝히고 있다. 이렇게 선군사상이 주체사상과 비견되는 위상으로의 격상은 선군사상도 주체사상과 같이 이론체계로 정립된 사상이자 김정일의 통치이데올로기로 작동되는 '새로운 높은 단계'로 규정되고 있음을 안내하고 있다. 마침내 그 최초의 언급이 2005년 선군혁명 10주년을 맞아 개최된 '선군혁명 총진군대회'에서 있었다. 이날 대회에서 당시 박봉주 내각 총리는 "주체의 선군사상은 혁명의 총대로 인민대중의 자주성을 옹호하고 실현할 데 대한 총대철학과 그것을 구현한 선군혁명원리, 선군정치방식을 집대성한 우리 시대의 위대한 혁명사상이며 백전백승의 기치(『조선중앙통신』 2005. 2. 2)"라고 규정하였고, 이때부터 선군사상은 총대철학, 선군혁명이론, 선군정치방식으로 구성된 사상체계로 공식화되었다. 이를 박혁철의 『우리 당의 선군사상』(평양: 사회과학출판사, 2010) 55~162쪽을 참조, 재구성하여 도표로 정리하면 다음과 같이 된다.

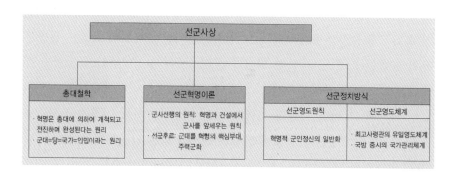

위 도표는 결국 선군사상이 철학적 원리, 사회역사적 원리, 영도원리 등 주체사상에 비견되는 소위 유일사상으로서의 삼위일체의 성격을 갖게 되었다는 것을 보여준다. 이와 관련하여 주목된 언급은 김일성 사망 10주년에 맞춰 게재된 2004년 7월 7일자『로동신문』편집국 논설이다. 논설에서 "시대는 전진하고 력사는 발전한다"면서, "수령의 사상이 커다란 생명력을 지니자면 그 진수를 계승하면서도 새로운 력사적 조건에 맞게 창조적으로 발전시켜야한다"는 언급과 함께, "위대한 김일성동지의 혁명사상, 주체사상은 경애하는 김정일동지의 선군사상으로 하여 백승의 기치로 더욱 빛나고 있다"는 주장을 하였다. 뿐만 아니라 이미 그 이전인 2004년 6월 16일자『로동신문』은 다음과 같이 언급하고 있다.

> "선군사상은 지난 40성상 천재적 예지로 시대의 앞길을 밝히시고 원숙하고 세련된 영도로 우리 당과 군대와 인민을 빛나는 승리와 영광의 한길로 이끌어오신 경애하는 김정일동지의 위대한 혁명활동의 사상리론적 총화이다. 선군사상은 우리 당의 모든 로선과 정책의 초석을 이루며 그 독창성과 혁명성, 불패의 전투성과 생활력을 담보하는 근본리념이다. 우리 당과 군대와 인민은 위대한 김정일동지의 주체의 선군사상을 우리 혁명의 영원한 생명선으로 틀어쥐고 주체혁명위업을 끝까지 완성해 나갈 것이다."

이 두 언급으로부터 우리가 주목해야 하는 것은 "력사적 조건에 맞게 창조적으로", "김일성동지의 선군사상", "선군사상은 김정일동지의 사상리론적 총화", "독창성과 혁명성을 담보하는 근본이념", "혁명의 영원한 생명선" 등의 표현인데, 그 수사학적 의미가 선군사상이 김정일주의로 정립될 수 있다는 단초를 제공해주고 있어 그렇다. 즉, 이제까지 주체사상을 제외하고는 과거의 그 어떤 사상과 이념도 선군사상처럼 '사상 이론적 총화', '근본리념', '혁명의 영원한 생명선'과 같은 찬사를 받은 담론들이 없었다는 말이다. 박혁철의『우리 당의 선군사상』(평양: 사회과학출판사, 2010)에 실린 아래의 표현은 보다 이를 명확히 해주고 있다.

"선군사상은 주체사상의 요구를 전면적으로 구현한 우리 시대 혁명과 건설
의 위대한 지도적 지침이다. …(중략) 현시대는 사회주의와 자주를 위한 인민
대중의 투쟁이 보다 높은 단계에서 힘있게 전개되여나가는 새로운 혁명적 앙
양의 시대이다. …(중략) 오늘의 장엄한 투쟁에서 위대한 승리의 기치는 주체
사상의 요구를 전면적으로 구현한 선군사상이다.(163쪽)"

즉, 수령이 탁월한 사상이론 활동으로 인민대중의 자주적 요구와 혁명운
동의 합법칙성을 정확히 반영한 혁명사상을 창시하는 인물이고, 또한 여러
단계, 여러 분야에 걸치는 인민대중의 혁명투쟁을 조직 영도하는 실천투쟁
속에서 그것을 더욱더 심화 발전시키며 혁명의 지도적 지침으로 완성해 나
가는 영도자라 했을 때, 위 인용문은 '새로운 혁명적앙양의 시대'에 당시 수
령 김정일이 선군사상을 창시, 혹은 더욱더 심화 발전시켜 지도적 지침으로
로 완성하였다는 의미가 되기 때문이다. 이로부터 북한은 선군사상에 대해
서도, 주체사상을 김일성주의로 명명하였듯이 마찬가지로, 김정일주의로
정식화하는 과정도 가능해진 것이다. 첫째, '주체사상 = 김일성주의 = 주체
시대'가 성립되듯이 '선군사상 = 김정일주의 = 선군시대'라는 등식도 가능해
졌다. 둘째, 첫 번째와 연동되어 '사실상'의 김정일 통치 이데올로기가 선군
사상이라는 것이다. 셋째, "인민대중의 자주성을 실현하기 위한 혁명투쟁
의 앞길을 과학적으로 밝혀주는 혁명사상은 수령에 의하여 창시되고 심화
발전되어 나간다"는 논리에 근거하여 볼 때 북한에서 김정일도 '수령'의 반
열에 올라섰다면 선군사상은 수령 김정일에 의해 창시된 통치이데올로기
라는 것이 가능해졌다.

그 연장선상에서 선군사상이 김정일주의라는 등식이 성립된다고 볼 때
선군사상 일색화가 지닌 의미도 매우 크다. 그것은 선군사상이 주체사상과
의 점진적 차별화가 시도되고 있다는 점인데, 그 근거는 다음과 같이 증명

된다. 첫째, 주체사상이 선군정치의 뿌리라고 주장하면서도 2003년부터는 선군사상을 주체사상보다 '새로운 높은 단계의 혁명이론'으로 한 단계 격상시킨 데서 그 차별화의 이유가 발견된다. 『로동신문』 2003년 3월 21일자의 내용이다.

> "선군사상은 주체사상의 이론·실천적 업적을 계승하고 새로운 이론들로 발전·풍부화시킨 사상이며 주체사상의 종국적 승리를 확고히 담보하는 전투적 기치이다. …주체사상은 선군사상의 뿌리이고 세계관적 기초이며 선군사상과 선군정치가 새 세기의 요구에 맞게 전면적으로 정립될 수 있게 한 방법론적 지침이다. …선군사상은 모든 나라, 모든 민족이 자주적인 강국을 건설해 나가는 인류사회 발전의 새로운 높은 단계의 혁명이론이다."

둘째, 선군사상이 김정일 시대가 개척된 '21세기 지도적 지침'으로서의 지위를 가진 데서 증명된다. 『로동신문』 2003년 3월 21일자의 내용이다.

> "변화된 조건과 환경에 맞게 인민대중의 자주위업을 승리적으로 전진시키기 위한 과학적인 혁명리론과 전략전술을 밝혀 주는 여기에 21세기 지도적 지침으로서의 선군사상의 특출한 지위가 있다."

셋째, 북한이 2004년과 2005년에 들어서면서 '선군사상이 온 사회의 사상적 일색화의 높은 단계에 접어들었다'고 밝힌 점과, '선군혁명총진군은 강성대국 건설을 위한 위대한 전진운동'이라고 규정한 데서 확인된다. 『로동신문』 2004년 2월 5일자와 2005년 5월 23일의 내용이다.

> "온 사회를 선군사상으로 일색화한다는 것은 주체사상에 기초하고 있는 선군사상을 지도적 지침으로 하여 혁명을 전진시킨다는 것을 의미한다. …선군사상은 주체혁명위업을 완성할 때까지 변함없이 틀어쥐고 나가야 할 우리혁명의 새로운 지침이다.", "오늘의 시대는 위대한 선군사상을 지도적 지침으로 하

여 전진하는 주체혁명의 새 시대이다……선군사상을 지침으로 하여 정치와 군사, 경제와 문화에서 근본적 변혁을 일으키는 바로 여기에 선군혁명총진군의 중요한 목적이 있고 의의가 있다."

이외에도 북한은 2005년 "전당·전군·전민이 일심단결하여 선군의 위력을 더 높이 떨치자"라는 제목의 신년 공동사설을 내놓는데, 여기서 선군사상은 내용적으로 '김정일의 독창적인 사상', '오직 하나의 사상', '절대적 진리'의 수식어가 붙는 김정일의 통치이념이라는 점을 명확히 보여준다. 그리고 마침내 2006년 신년 공동사설을 통해 선군사상의 철학적 기초가 '선군철학'과 함께 '총대철학'에 있음을 밝혔다.

이상으로부터 북한의 선군사상은 '주체사상에서 출발', '주체사상에 기초하여', '주체사상의 기치 밑에', '주체사상에 뿌리를 둔' 등의 수식어가 붙어있기는 하지만, 방향적으로는 점차 주체사상과의 차별화를 시도하고 있는 것처럼 보인다. 그 방향은 주체사상의 구현수단인 선군정치에서 출발하여, 새로운 높은 단계의 혁명이론으로 발전되고, 21세기 지도적 지침의 지위 부여와 함께 온 사회의 일색화를 통한 김정일주의로 귀결이다.

재생동학((動學)

한편, 김일성 주석의 사망과 3난(식량난, 에너지난, 자본난)의 발생 전후로 찾아온 통치이데올로기로서의 주체사상이 직면한 그 한계와 북한이 '선군'이라는 코드로 이데올로기 재생운동을 할 수밖에 없는 상황은 분명 1990년대의 고난의 행군을 극복하면서 나타난 저간의 사정과 관련이 있다. 즉 '사회주의적 이상과 현상 간의 괴리'라든지, '공산주의적 도덕성의 타락', '무오류자여야 하는 수령의 능력 한계', '당군 관료들의 붉은 자본가화' 등이 적나라하게 드러난 것이다. 이러한 현상들이야 말로 사회주의의 이상이 당

대의 북한 모습에서 반대 방향으로 투영되고 있는 데에 대한 의식적 갈등이 잠복해있었던 것이며, 연장선상에서 사회주의의 이상과 현실 간의 괴리가 인식되면서 김정일을 비롯한 북한지도부가 그 근본적 물음에 대한 대답을 할 수밖에 없는 상황으로 내몰린 것이기 때문이다.

이에 결국 북한 지도부는 주체사상의 파생 담론이었던 인내의 철학, 붉은기 사상을 버리고 사회주의 목표를 새로운 담론 속에서 재생을 시도하였다. 구체적으로는 1997년 '선군후로'에서 1998년 '선군정치', 그리고 1999년부터 '선군'에 대한 개념의 체계화와 그것이다. 이른바 '선군'이란 코드의 형성을 거쳐 내외환경 간 커뮤니케이션을 통한 '재생운동'이 시작된 것이다. 그 핵심에 당과 군대, 인민의 혈연적 연계를 강화하고 군대와 인민의 일심동체, 혼연일체를 통한 혁명과 건설의 완수라는 담론체계가 있고, 선군담론은 이렇게 주체담론 대신, 재생을 통한 이론적 체계화의 과정을 거친 것으로 보인다.

이를 선군사상의 등장을 기점으로 크게 3가지 영역으로 정리해 볼 수 있는데, 먼저 인식론적 차원에서 국가-군대-당-인민 동일체설을 주장하는 '선군의 원리'가 있다. 이것은 일종의 사회유기체설에 해당되는 것으로서 이러한 인식론적 기반 위에 거시적 테제로서 선군혁명노선이 제시될 수 있는 있다. 즉, 군대의 혁명화를 진행하여 혁명군대를 사회주의 혁명의 주력군으로 설정함으로써 군대가 국가의 방위, 건설, 인간개조 등의 역할을 수행하도록 함은 물론이고, 이러한 혁명군대의 모범을 사회영역으로 파급시킴으로써 전 사회를 사상 정치 군사적 요새로 구축한다는 것이다. 두 번째로 이러한 마스터플랜을 실현하기 위한 방법론으로서 선군정치가 강조되는 것이다. 그리고 이 선군정치는 선군영도원칙과 선군영도체계로 나눠질 수 있는데, 이 중 선군영도원칙은 혁명군대의 모범을 사회화하는 구체적 과업을 말하며 선군영도체계는 국방위원장을 중심으로 한 통일적 영도체계를 말하고 있다. 세 번째로 북한은 선군과 동시에 등장한 강성대국론을 새로운 목표이상으로 제시할 수 있게 된 것이다. 그 결과 과거의 사회주의 완전승리론은 1998년 헌법조문에서 사라지고 새롭게 강성대국론(이후에는 '강성국가론'으로 약간 변형된다)이 그 자리를 차지하였다.

이후 2012년 개정헌법과 노동당 규약 개정, 그리고 신년공동사설에서의 선군담론의 증가 추세는 이를 보다 분명하게 입증해주고 있다.

먼저 2012년 개정헌법에서 보장된 선군사상의 위상을 보면 선군사상을 통치 이데올로기로 분명히 하고 있다. 제3조에서 선군사상을 주체사상과 더불어 모든 활동의 지도적 지침, 즉 지도이념으로 된다고 명시하고 있다. 그러면서도 "제3조: 조선민주주의인민공화국은 사람 중심의 세계관이며 인민대중의 자주성을 실현하기 위한 혁명사상인 주체사상, 선군사상을 자기 활동의 지도적 지침으로 삼는다"에서 확인받듯이 선군사상이 주체사상을 대체하기보다는 병렬화시켜 주체사상과 상호 보완하게 하였다. 이는 북한의『수령후계자론』에 나와 있듯이 수령이 혁명사상을 창시하면 그 후계자는 이론적으로 정립해야 하기 때문에 김정일의 선군사상은 3대 수령인 김정은에 의해 이론적으로 정립되고 통치 이데올로기화되는 절차를 밟을 것으로 보인다.

다음으로 2012년 개정된 노동당 규약에서도 명시적으로는 선군사상이라는 언급은 없지만, "조선로동당은 위대한 김일성 – 김정일주의를 유일한 지도사상으로 하는 김일성 – 김정일주의당, 주체형의 혁명적 당이다"라고 정의하고 있는 것으로 보아 오히려 김정일의 선군사상을 '김정일주의'로 한 단계 더 높여 내었다(이데올로기화). 이 또한 북한의『수령후계자론』의 충실한 반영으로 볼 수 있다. 그 합리적 추론은 2012년이면 김정은이 당대 수령이기는 하지만, 김정일과 비교하면 김정일은 선대(제2대) 수령이고 자신은 제3대 수령이 된다. 따라서 김정은은 김정일이 당대 수령이었을 때 자신은 후계자의 지위였다. 바로 이 관계에서 김정은은 김정일의 선군사상에 대하 해석권을 가지게 되는 것이다. 이에 대해 김갑식은「김정은 정권 출

범의 특징과 향후 전망」,『국회입법조사처 현안보고서』 제185호(2013)에서
아래와 같이 설명해 내고 있다.

> "2012년 4월 11일 제4차 당대표자회에서 특히 눈에 띄는 깃은 '김일성－김
> 정일주의'인데, 이것은 김정일이 정식화한 김일성주의에 김정일의 선군혁명사
> 상, 선군정치이론, 사회주의강성국가이론을 합한 것이라고 정의할 수 있을 것
> 이다. 1974년에 김정일이 김일성의 사상을 '김일성주의'로 정식화한 것처럼,
> 김정은도 김일성과 김정일의 사상을 '김일성－김정일주의'로 정식화했는데,
> 이는 김정은이 '수령의 후계자' 및 새로운 수령으로서의 주체사상에 대한 해석
> 권을 가지고 있음을 보여주는 것이었다. 일반적으로, (세습)권력이 승계에 성
> 공하려면 '승계의 정당화'와 '승계의 제도화'가 필요하다. 이 중에서 승계의 정
> 당화를 위해서는 수령에 대한 충실성과 이데올로기에 대한 해석권이 중요하
> 다. 정치사상 우위 국가인 북한에서 후계자는 이데올로기에 대한 해석권을 장
> 악함으로써 스스로 정치사상적 정통성을 강화할 수 있다."(5~6쪽)

　마지막으로는 그러한 결과—선군사상으로 진화하고 있다는 인식은 신년
공동사설의 용어변화에서도 확인된다. 이른바 주체담론의 퇴조와 선군담
론의 증가가 그것이다. 이는 통치이데올로기로서 주체사상의 위기를 확인
할 수 있는 방법은 여러 가지로 가능하나, 객관적 지표 중 하나는『로동신
문』·『조선인민군』·『로동청년』 등 3개 신문의 신년 공동사설에서 사용된
주체사상이란 단어의 빈도수를 측정하면 금방 드러나는데, 이유는 신년 공
동사설이라는 것이 북한이 자신들의 통치이념에 의거하여 당해 연도의 국
가전략과 국정좌표를 담아내는 그릇이기에 그 위상으로 미루어 볼 때 매우
적절한 작업이 될 수 있기 때문이다. 그 전제하에 신년 공동사설에서 주체
사상이 언급되는 횟수는 김일성 주석 사망 직후인 1995년에는 3회 언급,
1996~1998년에는 1회로 줄어들었으며, 1999~2001년에는 그나마 사라졌고,
이후에도 2002년을 제외하고는 주체사상이라는 용어가 선군사상이라는 용
어보다 많이 사용된 적이 없었다. 이를 도표로 나타내면 다음과 같다.

연도	사용횟수		비고
	주체사상	선군사상(선군정치)	
2002	9	3	
2003	3	9	
2004	8	15	
2005	2	8	
2006	2	4	
2007	2	3	
2008	2	3	
2009	3	3	
2010	1	1	
2011	1	2	

뿐만 아니라 북한의 신년 공동사설을 분석해 보면 선군담론 용어횟수의 변화와 함께 선군담론의 용어 변화가 일정한 패턴을 보이고 있는데, 이 패턴에는 북한의 선군사상이 어떻게 구체화되어 이론적으로 정립되어졌는지에 대한 과정이 정확하게 드러난다. 즉, 주체사상의 형성과정이 그러했듯이 선군사상도 군사우선의 혁명 전략을 당면한 현실에 적용해 가는 과정에서 이론적으로 발전되고 있는 것이다. 예를 들면, 1998년에 '혁명적 군인정신'이 나오는데 이는 1998년 '대포동 1호' 미사일을 발사하면서 북한 전 사회에 '혁명적 군인정신'을 일반화하기 위한 조치였다. 이렇듯 개념이 새로 만들어지고 이 개념을 일반화하는 과정에서 담론의 틀을 구체적으로 갖추어 가고 있는 것이다. 아래 표는 그것을 명확하게 보여주는 증좌이고, 표는 또한 선군담론의 특징적 용어들을 시기별로 언급된 순서에 따라 표로 만든 것인데, 여기서 확인할 수 있는 것은 선군사상이 연도별로 '혁명적 군인정신' ⇨ '선군혁명령도' ⇨ '선군정치' ⇨ '선군로선' ⇨ '선군사상' ⇨' 선군시대' ⇨ '선군철학'으로 이론적 정립과정을 거치고 있다는 사실이다.

연도	구사된 '선군' 관련 표현 및 어휘	새로 등장한 용어 (*『로동신문』에 처음 등장한 시기)
1995	'인민군대 강화', '정치군사적 위력', '군사를 중시하는 기풍 확립'	
1996	'군사를 중시하는 기풍 확립'	
1997	'인민군대는 우리 혁명의 기둥이며 주체위업 완성의 주력군', '우리당의 군중시 사상'	"혁명의 기둥", "혁명주력군"
1998	'혁명군대는 혁명주력군', '인민군대는 우리식 사회주의 기둥', '혁명적 군인정신'	"혁명적 군인정신"*(1996)
1999	'혁명주력군', '군민일치', '선군혁명령도'	"선군혁명령도"*(1998)
2000	'총대중시사상', '선군정치'	"선군정치"*(1998), "총대중시"
2001	'총폭탄정신', '자폭정신', '선군정치', '선군로선', '선군혁명령도', '선군혁명'	"선군로선"
2002	'군대제일주의', '선군혁명령도', '선군정치'	
2003	'선군정치', '선군로선', '선군기치', '선군사상', '선군령도'	"선군치기", "선군사상"*(2001)
2004	'선군의 기치', '선군혁명', '선군시대', '선군사상', '선군사상교양'	"선군시대", "선군사상교양"
2005	'선군정치', '선군시대', '선군혁명령도', '선군혁명총진군', '주체의 선군사상', '선군사상교양'	"선군혁명총진군"
2006	'선군조선', '선군정치', '선군시대', '선군혁명총진군', '선군사상교양', '선군철학', '선군위업'	"선군철학", "선군위업"

ㄴ. 국제적 요인: 현실사회주의 체제전환에 따른 요인

현실사회주의(really existing socialism, factual socialism) 체제의 붕괴는 북한으로 하여금 군(軍)을 혁명의 주력군으로 하는 이념적 재구성을 절실하게 요구하였다. 그 이유는 북한 지도부가 소련과 동구 국가들이 몰락하게 된 가장 큰 원인을 사회주의 체제의 내재적인 모순과 한계, 비효율성에서 찾기보다는, 그들 국가가 군을 중시하지 않아 군대가 체제수호에 실패했던 것으로 인식했기 때문이다. 이는 성장과 경쟁보다는 분배와 평등주의 위주의 노선이 결과적으로 노동 동기 약화, 생산성 저하, 경제침체로 이어지는 등 사회주의 실패의 주원인이었다는 견해에 동의하지 않는다는 의미이자 소련·동구에서의 '현실사회주의'가 '역사의 검증'에서 실패한 이데올로기라는 것을 조금도 인정하지 않는다는 것이다. 또한 소련과 동구에서 현실사회주의가 체제유지에 실패한 것은 군대를 '국방의 수단'으로만 여겼지 '사회주의 정치의 주체'로 보지 못했기 때문이라는 인식을 하였다.

북한은 여기서 한걸음 더 나아가 시대환경의 변화에 따라 노동자의 처지와 역할이 크게 달라졌으므로 군대가 새롭게 혁명의 주력이 되어야 한다고 인식하였다. 마르크스가 19세기 중반 서방 자본주의 국가들의 사회계급 관계를 분석하면서, 노동자계급이야말로 자본의 지배와 온갖 착취제도를 청산하고 사회주의·공산주의를 실현할 사명을 지닌 가장 선진

> 북한은 사회주의 종주국 소련이 막강한 군사력을 유지하고 있었음에도 사회주의냐, 자본주의냐 하는 역사의 준엄한 선택의 시기에 '사회주의 배신자들(예컨대 고르바초프나 옐친 등)'을 향해 총소리 한방 울리지 못한 것이 체제붕괴를 가져온 핵심 원인으로 진단한다. 즉, 당의 영도를 받는 군부가 당의 명령과 지시를 거부하고 '자본주의 반동세력'에 합류한 것, 또한 소련이 미국과의 군비경쟁차원서 군사력을 강화했을 뿐 사회주의 정치의 본질적 요소로서 군을 제대로 보지 못해 당도, 정권도, 체제도 붕괴되고 말았다는 것이 북한의 인식이다. 따라서 북한은 군을 중시해야한다는 논리를 개발할 수밖에 없었던 것이다. 이와 관련해서 북한은 2000년 발간된 김철우, 『김정일장군의 선군정치』(평양: 평양출판사, 2000)를 비롯한 10여 권의 선군정치 이론서들은 한결같이 현존사회주의국가들이 몰락한 원인을 사회주의 배신자들의 해국해당(害國害黨) 행위와 군부의 체제수호실패에 맞추고 있다.

적이며 혁명적인 계급이라고 밝히고, 이러한 분석에 기초하여 노동자계급을 혁명의 영도계급, 주력군으로 규정했으나, 오늘날은 무엇보다 시대적, 사회적 환경과 계급관계, 노동자계급의 처지가 크게 달라진 상황이기 때문에 마르크스가 한 세기 반 전에 내놓은 이론으로서는 혁명을 성공적으로 추동해 나갈 수 없게 되었다는 것이다.

구체적으로 과학기술이 고도로 발전하고 정보산업시대에 들어섬에 따

라 노동자계급의 생활적 기초가 달라지고 노동은 더욱더 기술화, 지능화되고 있으며, 이로 인해 노동자계급은 인텔리화되어 육체노동에 종사하는 노동자들보다 기술, 지능, 정신노동에 종사하는 근로자들이 급격히 늘어남으로써 이들에게만 혁명의 주력군 임무를 부여할 수 없게 됐다는 것이다. 이외에도 북한이 이처럼 군대를 혁명의 주력군 개념으로 이론화하는 과정이 자연스러운 배경에는 이미 '선군'이라는 용어가 등장하기 이전부터 '선군'적 정책들이 실시되어 왔다고 보는 것이 타당하다. 이는 1960년대와 이후에 '경제·국방 병진노선', '군사중시의 혁명사상', '당과 군대·인민의 혼연일체와 군대의 선봉대로서의 역할을 강조하는 정치' 라는 수준에서 논의되다가 1997년부터는 '선군후로', '선군혁명사상', '선군정치' 등의 용어로 일반화되기 시작하였기 때문이다. 즉, 1997년 이전까지는 주체사상의 틀 속에서 '선군'이라는 용어가 명확하게 존재하지는 않았지만, '내용'과 '형식'의 측면에서 '선군'에서 주장하고자 하는 '내용'으로서 군사중시 정책은 존재해 왔던 것이다. 이를 역사적으로 살펴보면 1960년대에는 중·소 양국을 중심으로 사회주의권의 이념분쟁이 격화되면서 북한은 안보 문제를 독자적으로 해결해야 하는 상황에 놓이게 되고, 이러한 국제환경의 변화에 따라 북한은 1962년 '자주, 자립, 자위'의 원칙에 따라 '경제와 국방의 병진노선'을 천명하고 4대 군사노선을 채택할 수밖에 없게 되었던 것이다. 큰 틀에서 경제발전과 국방력 강화를 동시에 추진해야 한다는 국가발전 전략도 지금의 선군정치에서 주장되고 있는 테제와 비슷할 수밖에 없었다.

ㄷ. '군대를 앞세우는' 선군(先軍)의 정확한 의미

소련 몰락 당시 마지막 국방장관이었던 야조프(Dmitri Yazov) 원수의 군 관련 증언은 이러했다. "소련군대가 사회주의를 지키지 못하고 자본주의 체제에 찬성한 가장 주된 요인이 군 수뇌부가 외적(外敵)으로부터 조국을 수호하도록 군대를 육성하는 데는 관심이 있었지만, 공

> 야조프의 또 다른 발언은 다음과 같다. "…물질적 측면에서 소련은 경제대국이고 군사대국이었지만 졸지에 붕괴되고 말았다. 300여만의 대병력과 세계 1등급의 현대적인 무장장비를 자랑하던 소련군대는 전쟁도 아닌 평화 시기에 당도, 사회주의도 지켜내지 못했고 자기 존재마저 유지하지 못했다. 무엇 때문인가? 그것은 서방과 홍보—사상전쟁—에서 패하여 무장대오가 사상적으로 와해되었기 때문이다."[Carey Schofield, Leonid Yakutin and Dmitri Yazov, Inside the Soviet Military(New York: Abbeville Press, 1991)]

산당보위나 사회주의 수호 교양이 관심밖에 있었기 때문"이라는 견해를 밝혔다. 여기에서 북한은 군대가 곧 당이라는 것은 군대의 창건, 목적, 사명, 그리고 정치적 성격에 있어서 당과 군대의 그 모든 것이 하나로 일치한다는 논리에 집착하게 되는데, 그 결과 노동계급에 있어 당은 인민대중의 자주성을 실현하려는 목적하에 군대를 창설하며 군대는 당의 영도를 받들게 된다는 논리와 함께, 당이 자기의 사명을 수행하기 위해서는 군대를 틀어쥐어야 하며, 군대는 당의 영도를 받아야 자기의 혁명적 성격을 고수하고 자기의 역할을 잘 해 나갈 수 있다는 논리를 성립시켰다. 그리고 이 논리는 북한 자신들만이 구현할 수 있다는 인식도 드러내고 있다. 김철우, 『김정일 장군의 선군정치』(평양: 평양출판사, 2000) 49쪽에는 이렇게 서술되어 있다.

> "정권과 민중이 적대관계에 있는 자본주의사회에서는 군대이자 당이고 국가이며 인민이라는 정치구도가 리론적으로나 실천적으로 성립될 수 없다."

이 인식으로부터 북한은 '광의'의 선군사상 구성 체계에서 선군철학에 해당되는 선군정치론을 도출하게 된다. 다름아닌 자신들의 선군정치가 "혁명의 주체, 력사의 자주적 주체가 다름 아닌 수령, 당, 대중의 통일체라는 원리에 바탕하여 군대이자 곧 당이고 국가이며 인민이라는 정치철학을 그 이

데올로기적기초로 삼는 정치(김철우, 같은책, 48쪽)"라는 것이다. 즉, 주체사상의 원리로부터 출발한 '군대 = 당 = 국가 = 인민'의 정치철학과 총대철학(= 銃觀)을 일컫는 개념으로 재정립되는 것이다. 그리하여 총대철학은 박혁철이 『우리 당의 선군사상』(평양: 사회과학출판사, 2010)에서 설명하고 있는 바와 같이 "선군사상의 초석을 이루는 기초적이며 출발적인 원리로서 선군사상의 전 체계와 내용을 일관하게 관통하고 있는 혁명원리(44쪽)"라는 정의를 내린다. 이는 다시 김철우가 『김정일장군의 선군정치』(평양: 평양출판사, 2000) 46~56쪽에서 설명하고 있는 군대가 강하면 설사 당이 무너지더라고 다시 조직할 수 있지만 군대가 약하면 혁명의 전취물을 고수할 수 없으며 당도 유지할 수 없기 때문에 국가와 인민도 사라진다는 논리로 연결된다. 그래서 북한은 선군정치가 군대를 혁명의 주력군으로 혁명의 선두에 내세우고 군·당·국가·인민의 일심일체를 확실히 보장하며 혁명의 주체를 강화하고 사회주의 위업을 힘 있게 전진시킬 수 있음을 밝혀준 과학적·혁명적 정치철학이라 주장한다. 좀 긴 설명이었지만 한 마디로 정리하자면 '당의 군대'라는 것이다. 즉, 당적 통제가 되는 군대.

다. 선군정치에 재인식

김정일의 선군정치와 관련해 가장 많이 오해하는 부분이 앞글에서 이미 군 중시 정치를 군부독재정치로 이해하는 것과, 그런 선군정치로 어떻게 경제발전을 내온단 말인가 하는 점, 그리고 선군정치를 고난의 행군시기를 넘기기 위한 일시적인 정치방식으로 이해한다는 것이었다. 또한 전략적으로 해석하기보다는 전술적인 의미로 왜곡하고 있는 것도 포함할 수 있다. 그러나 이는 오류다.

우선, 일반적으로 생각할 때 강력한 군사력을 위해서는 군수산업 분야의 비중이 커지는데, 이는 세계 최강의 군력을 보유하고 있는 미국도 국방비 부담이 워낙 커 美연방정부의 자동예산삭감조치인 시퀘스터를 시행할 수밖에 없는 처지에 있다. 10년에 걸쳐 5,000억 달러를 감축해야 한다(이로부터 파생되는 문제가 여러 가지가 있겠으나, 한반도와 관련해서는 동북아국제질서의 변경과 직접적인 관계가 있는데, 즉 일본의 '보통국가'화, 한반도 고고도미사일방어체계, 중·일·한반도의 영토분쟁 등이 이에 해당한다). 이렇게 국방공업과 경제발전의 연관성은 정확히 반비례 법칙이 성립한다. 국방비를 늘이면 경제발전에 소요되는 예산은 그만큼 줄어들 수밖에 없기 때문이다. 이러한 상관성이 우리에게 익숙해져 있는 경제법칙이고, 딱 거기까지이다. 즉, 자본주의 경제법칙으로 이해할 때만이 이러한 반비례법칙이 성립된다는 의미이다. 그것은 자본주의 국가에서는 국방경제와 민간경제가 이원화되어 있어, 달리 말하면 국방경제의 운영주체는 정부이고 민간경제의 운영주체는 시장이기 때문에 국방력의 발전이 민간경제의 활성화를 이끌 수 없을뿐더러 양자는 오히려 국가예산의 비중을 놓고 서로 대립하는 존재이다.

그러나 사회주의 경제체제인 북한의 사정은 이와 다르다. 민간경제와 국방경제의 운용주체 둘 다 정부이다. 그것도 계획경제로 말이다. 해서 북한의 사회주의 경제체제에서는 투자 기피라는 것이 있을 수 없으며 마찬가지로 중복투자, 경기과열이라는 단어가 있을 수 없다. 즉, 예산편성을 자기 나라의 실정에 맞게 자기방식대로 편성해 나갈 수 있다는 장점이 분명 있다. 그래서 김정일 국방위원장은 「당이 제시한 선군시대의 경제건설노선을 철저히 관철하자(2003. 8. 28)」라는 담화에서 "국방공업을 앞세우며 농업과 경공업을 동시에 발전시키는 노선은 선군시대 경제를 발전시키는 전략적 노선"으로 명명할 수 있었던 것이다. 김정일은 이 노선 확립에 의거해 첫째, 미국과의 정치·군사적 대결을 벌일 결심을 한 것으로 보인다. 둘째, 사회주의 경제체제라는 특성과 '국방공업을 앞세우며 농업과 경공업을 동시에 발전시키는 노선'은 결국 군사 설비를 통해 민간경제를 해결하는 것도, 그 반대적 의미인 민간경제 설비를 통해 군수물자를 생산하는 것 역시 가능하다는 판단을 한 듯하다. 국가의 판단만 있다면 고도의 군사설비와 기술이 민간경제 부문으로 옮겨져 필요한 공장에 기술과 설비를 이전할 수 있는 장점을 최대한 살리려는 조치로 보인다. 이렇듯 국방공업 – 최첨단 과학기술산업 – 우주산업 – 핵동력산업 – 금속공업과 기계공업 등의 중공업의 연결고리를 통해 경공업과 농업기술을 동시적으로 발전시켜 인민생활 향상이라는 경제발전전략은 북한 체제에서는 현실적인 방안이다.

또 김정일의 '경제'에 관한 사회과학적 인식은 북한 현실에서는 비교적 합리적이다. "경제는 사회생활의 물질적 기초입니다. 경제적으로 자립해야 나라의 독립을 공고히 하고 자주적으로 살아 나갈 수 있으며 사상에서의 주체, 정치에서의 자주, 국방에서의 자위를 확고히 보장하고 인민들에게 넉넉한 물질문화생활을 마련하여 줄 수 있습니다(주체사상에 대하여, 1982. 3. 31)." 즉, '인민생활 향상'이라는 최종적 목표는 '국방공업을 앞세우며 농업과 경공업을 동시에 발전시키는 노선'에서 의해 '자립적 민족경제관'에 의해 달성되어야 할 최종목표가 되는 것이다. 이를 위해 외국에 예속되지 않는 자기나라 인민들을 위한 경제체제, 그리고 해당국가의 자원과 인민의 노력에 의해 자주적으로 운영되는 경제체제, 그 결과 국가의 재부를 합리적으로, 종합적으로 이용해 생산을 극대화 할 수 있는 경제체제를 꿈꾸었다고 볼 수 있다.

그렇다 하더라도—자주권을 포기할 수 없는 북한으로서는 그러한 경제발전 전략을 세웠다하더라도 주체적인 조건과 여러 가지 대내외적인 환경으로 인해 '인민생활 향상'이라는 실질적 결과물을 만들어졌는가에 대해서는 또 다른 측면에서의 의미 추적이 필요하다 할 것이다. 더군다나 해외자본의 유치와 수출주도형 경제에 익숙한 우리로서는 눈앞의 원조와 차관을 통해서라도 '인민생활 향상'이라는 국가적 목표를 달성하면 되지, 그렇게 되지도 않는 '자력갱생'을 외치는 북한의 모습이 비능률적이고 앞뒤가 꽉 막혀있다는 느낌을 받을 수도 있는 것이 사실이기에 더더욱 그렇다. 그런데 문제는 이러한 시각에는 원조와 차관, 수출주도형 경제가 국민소득 증대라는 약발도 안겨졌지만, 양극화 문제, 일자리 문제, 인간존중의 문제 등 다양한 분야에서 毒도 되는 이중경제라 했을 때 전자만 강조할 때 생기는 착시현상도 있다. 하여 김정일의 경제관으로 볼 때는 돈벌이를 목적으로 하는 자본주의 경제가 비록 인간의 물질적 풍요는 가져올 수 있다고 볼 수도 있겠지만, 후자의 문제와 정신적, 영성적 영역에서의 행복을 어떻게 커버해 줄 수 있느냐의 심각한 질문에 대해서는 적어도 현재까지는 그 대답을 내놓고 있지 못하다는 인식도 가능하다.

그래서 김정일은 "우리의 경험은 모든 일군들과 근로자들이 당의 선군령도를 높이 받들고 인민군대의 모범을 따라 인민군대식으로 일해나간다면 빠른 시일에 첨단과학기술의 요새도 점령할 수 있고 경제강국도 건설할 수 있으며 온 사회에 알뜰한 살림살이 기풍과 고상한 문화정서생활 기풍도 세울 수 있고 우리 인민에게 남부럽지 않는 행복한 생활을 마련해줄 수 있다는 것을 보여주고 있습니다.(『김정일선집』제15권, 367쪽)"라는 인식을 가질 수 있게 되었다. 그리고 이 확인은—인민군대를 혁명의 주력군으로 내세우고 인민군대의 혁명적 기질을 일꾼들과 근로자들이 따라 배우는 것으로 제기되는 과제를 해결한다는 것이 김정일 국방위원장의 경제건설 방법론이 되는 것이다. 1990년대 북한의 경제난 극복 과정을 보더라도 조선인민군의 혁명적 군인정신이 파급되어 자강도에서 강계정신이 발현되었고, 북한 공업지대에서 각종 획기적인 발전과 혁신이 일어났는데 북한은 이를 '성강의 봉화', '태천의 기상', '나남의 봉화'라 칭하고 있다. 이로부터 김정일 국방위원장의 경제강국 건설 방법은 당의 지도에 충실하고 인민군대의 투쟁기풍을 따라 배우는 광범위한 대오를 형성, 이들의 주동적이며 단결된 투쟁으로 난관을 돌파하고 새로운 창조를 이룩한다는 것으로 정리할 수 있다(『김정일 국방위원장과 21세기 북한』, 도서출판 615, 52쪽). 이를 본인의 졸저, 『사상강국』(서울: 선인, 2012) 130쪽에서 인용한 도표로 보면 다음과 같다.

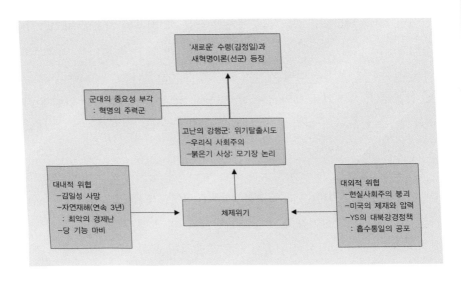

VIII. 3대 수령: 김정은

『미국의소리(VOA)』 2015년 5월 6일자 보도에 따르면, 미국 증권가에서는 투자의 귀재로 불리는 짐 로저스 로저스홀딩스 회장이 지난 4일 미국의 금융전문 매체인 'CNN 머니'와의 인터뷰에서 "할 수만 있다면 모든 돈을 북한에 투자 하겠다"고 언급했는데, 그 이유로 "김일성 주석이나 김정일 국방위원장 시대에는 북한에 투자하지는 않았겠지"만, "…(마오쩌둥 사망) 이후 덩샤오핑이 중국에 거대한 변화를 일으켰듯이 북한에서도 거대한 변화가 일어나고 있다며, 김정은 국방위원회 제1위원장이 놀라운 변화를 만들어내고 있다"고 말했다는 것이다.

3대 수령 김정은의 등장이 얼마나 큰 변화인지는 다음 사실에서도 그 상
징성은 확인된다. 대한민국도 한때 유학을 다녀와야 신부르주아계층으로
명함을 내밀 수 있었듯이, 스스로를 이 지구상에서 가장 '자주적'인 국가이
길 바라는 북한도 이제는 '유학파'가 최고지도자가 된 것이다.

　그런 인물을 마주하고 있는 지금, 세계사는 유래 없는 '극(極)'체제를 경
험하고 있다. 미-소 중심의 양극체제에서 미국 중심의 단극체제, G20, G8,
G7체제를 거쳐 지금은 미국과 중국 중심의 G2로 대변되는 양극체제로 그
진입이 기정사실화되고, 이 한가운데 미국과 맞짱 뜨며 자신들만의 독특한
수령제 사회를 여전히 고집하는 조선민주주의인민공화국이라는 나라가 있
다. 그런 만큼 이 상황은 동시적으로 지금 우리 대한민국 사회가 북한을
가장 잘 이해하기 위한 수단으로 현재 북한을 이끌어가고 있는 수령 김정
은을 잘 알 것을 요청하고 있다. 그래야만 북한을 상대함에 있어 정치적·
학문적 오류를 최소화할 수 있고, 그 오류의 비례성은 수령의 일거수일투
족에 대한 판단을 어떻게 할 것인가와 관련될 것이다. 즉, 그를 잘못 알았
을 때는 잃을 것이 너무나 크고, 그를 잘 알았을 때는 얻을 것이 너무나
많다는 사실로 말이다.

　규범적, 도덕적인 차원에서 북한의 수령·후계자승계가 '세습'이라 치더
라도 우리가 온전히 그 잣대로만 북한에 대한 인식을 고정시켜 놓을 수만
은 없다. 이를 이종석,『통일을 보는 눈』(서울: 개마고원, 2012) 172~173쪽에
언급되어 있는 단어로 표현하자면 규범적, 도덕적 잣대와는 별개로 실체로
서 김정은 정권은 존재하기 때문이다. 그런 만큼 좋든 싫든 김정은 정권과
는 남북관계를 둘러싼 대내외적인 정책에 대해 의논되어져야만 하는 상대
파트너이다.

　실체로서 김정은 정권은 유엔이 인정한 주권국가의 최고지도자이면서도
남북을 파멸시킬 수 있는 군사력을 지닌, 우리와 대척점에 서 있는 나라의
유일 권력자이다. 외면하고 싶다하여 외면해도 되는 그런 '허상' 정권이 아

니라는 말이다. 대북정책 현안과 관련해서는 보수·수구세력이 그렇게 말하고 있는 한반도와 동북아시아 안보 불안의 요체인 북한 핵문제의 주체이며 불안정한 남북관계의 한 축을 관리하는 실체임은 엄연한 사실이다. 따라서 그에 대한 어떠한 평가도 이러한 진실을 외면하고 내려지기는 어렵다. 결국 우리가 중대한 안보 현안을 안정적으로 관리하기 위해서는 규범적, 도덕적 잣대에만 매몰되어 북한의 세습을 문제 삼을 것이 아니라,(비록 '세습'이라는 딱지가 붙어있다 하더라도) 이 '세습' 정권의 실체를 인정하고 대화를 모색할 수밖에 없다. 뿐만 아니라 그것이 가능할지는 모르겠으나, 그들이－수구·보수 세력들이 북한을 개혁·개방으로 이끌어 북한주민의 삶을 개선하기 위해서도 이 '세습' 정권과의 대화는 불가피하다. 또한 수령국가인 북한에서 수령체제가 흔들린다는 것은 극심한 한반도체제 불안정성을 초래하게 될 터인데, 그렇기 때문에 역설적이지만 김정은 체제가 일단 성공하는 것이 한반도 정세 안정에 도움이 되는 현실을 직시해야 한다.

그렇게 그는 누가 뭐래도 유엔이 인정한 주권국가의 최고지도자이고, 대한민국 헌법에 의해 적성국의 최고 통치자이며 1994년 체결된 남북기본합의서에서는 통일의 과정에서 잠정적으로 맺어진 '특수한 관계'로 규정되어진 남한의 파트너국가 북한에서 노동당 제1비서이며 '북한적'으로는 인민의 수령이라는 직함으로 미국과의 '세기의 대결'을 펼치고 있는 '영도자', 즉 '북한 = 김정은'이다. 따라서 김정은에 대한 인물 분석은 '개인'에 대한 탐구이기도 하지만, 무엇보다 북한 통치자 김정은, 북한의 수령 김정은에 대한 연구, 즉 김정은식 통치와 리더십을 총칭하게 될 수밖에 없는 분명한 이유이기도 하다. 그런 김정은이 지금 북한을 주체사상－선군사상(김일성주의－김정일주의)으로, 주체시대에서 선군시대로, 더 나아가 김정일 중심의 유일사상체계에서 자기(김정은) 중심의 유일사상체계로 북한을 설계하려 하고 있다. 바로 그런 북한의 설계자가 김정은이고, 그 김정은은 지금 북한에서 '선군의 어버이', '위대한 령도자', '친애하는 장군님'으로 불리기 시작하였다.

그 김정은이, 더 정확한 표현으로는 김정은 정권이 출범한 지도 4년이 가까운 시간이 경과했지만, 지금도 여전히 대한민국사회와 서방(미국)에서는 이명박 정부 시기부터 팽배했던 북한붕괴론이 '유효하게' 작동되고 있다. 김정은 정권붕괴론에 대한 희망을 아직도 버리지 못한 것이다. 그 결정판은 2015년 연초 미 오바마 대통령의 직접적인 발언, '북한 붕괴론'이다. 왜 그런 희망을 품으며 그것이 과연 가능할까? 그 배경은 김정은의 어린 나이와 경험 일천, 잦은 권력엘리트 교체, 장성택 처형, 김정은의 건강 문제 등이 김정은 정권은 내부에서 붕괴될 수밖에 없을 것이라는 기대 섞인 희망을 아직도 포기되지 못하게 하고 있는 것이다. 그 반론도 가능한데, 그들은 연목구어(緣木求魚)와 같은 정세인식이며 대북정책의 올바른 방법론도 아니며 단지 허망한 믿음일뿐이라는 것이 그것이다. 그 (허망한) 믿음을 이명박 정부시절 통일·외교·안보 분야의 모든 고위관료들이 갖고 있었다고 폭로전문 사이트 위키리크스(Wikileaks)가 폭로하지 않았던가. 그 연장선상에서 대북 지원을 끊으면 "북한이 붕괴되든지, 아니면 무릎을 꿇고 나올 것"이라고 판단했다던 대북압박정책은 이명박 전 대통령의 자서전 『대통령의 시간』에서 북한의 '버르장머리'를 고쳤다는 자랑으로 이어졌고, 그 무식함은 국제적 망신으로 이어졌다. 천안함 사건, 연평도 포격사건 등 분단체제의 불안정성, 북한과 중국과의 밀착, 2008년부터는 붕괴는커녕 미세하기는 하지만 경제성장이라는 현실에 대해 이명박 전 대통령과 같은 인식을 가진 사람들이 어떻게 변명할지 두고 볼 일이다.

김정은에 대한 이런 두 개의 믿음이 공존하는 남한사회, 이것은 외면될 수 없는 현실이다. 둘 다 정답일 수 있고, 둘 다 정답이 아닐 수도 있다. 조금씩 합해져 종국적으로는 하나 된 인식을 가져올 수도 있다. 그러하기에는 시간이 필요할 뿐만 아니라 김정은 정권에 대한 정확한 인식을 이념적으로 해석하지 않겠다는 태도와 자세도 필요할 것이다. 그런 전제하에 이제 마지막으로 김정은 분석을 시도한다.

1. 김정은의 등장

북한은 2008년 김정일 국방위원장의 뇌졸중 이후 김정은으로의 후계체제의 안착화를 위해 이른바 '후계속도전'을 전개하여 2011년 10월 당 대회 하루 전에 '대장' 호칭 부여와 당 대표자회의를 소집하여 후계체제를 정식화한다. 또한 당 관료와 군부 수장들의 충성 릴레이를 시작으로 당과 군부의 충성 확약을 받아내었다. 대외적으로도 김정일 국방위원장이 전통적인 혈맹관계인 중국을 2010년 5월 방문 이후 2011년 8월까지 약 1년 만에 네 번이나 방문한 것은 유례가 없을 정도로 파격적인 행보였고, 그중에서도 2010년 8월 중국방문 때 김정은을 대동한 것은 더더욱 파격한 행보였다. 이때 27일 후진타오가 마련한 만찬에서 김정일은 "… 중국 둥베이(동북3성) 지역은 북중 우의의 발원지이고 또한 김일성 동지가 1930

김정일의 파격행보와 관련해 가장 많이 하는 추론 중의 하나가 북한의 후계승계 문제인데, 이에 대한 북한의 기본입장은 어느 국가던 주권과 자주권을 가진 국가의 권력승계에 대해 이러쿵 저러쿵 할 수 있는 문제가 아니라는 것이다.(즉, 자주의 입장) 따라서 이 입장에서 서면 김정은으로의 후계승계는 철저히 북한이 자주적으로 판단할 문제이며 중국에게 승인받을 사안이 아니다. 이는 중국통으로 알려진 김정남의 생각에서도 증명되는 측면이 있다. 양국의 내정문제─후계문제가 전통적인 '북·중 혈맹'관계를 앞설 수 없다는 논리가 그것이다. "(중략) 북중은 혈맹 관계이지만 양국의 내정에 간섭하지 않는 것을 원칙으로 하고 있다고 생각합니다. 개인적인 생각입니다만, 중국 정부도 세습을 환영한다기보다 북한의 내부 안정을 지지해 북한이 강행한 후계 구도에 이해를 표시한 것이라고 봅니다.(65쪽)" 고미 요지, 이용택 옮김, 『안녕하세요 김정남입니다』(서울: 중앙M&B, 2012)

년대에 활동하던 지역입니다. 이번에 아들과 함께 방문한 것은 아버지의 발자취를 함께 찾을 수 있기 때문입니다"라는 발언을 하였는데, 바로 이 발언이 김정은을 후계자로 생각하고 있었음을 확인시켜 주었다. 그렇게 볼 수 있는 이유로는 김정일이 김정은과 함께 들렸다는 동북3성의 위원(毓文)중학(김일성이 공부했던 곳)과 베이산(北山)공원(김일성이 유격대 활동을 했던 곳)은 중국 내에 있는 대표적인 김일성의 항일유적지이다.

그런 곳을 아들 김정은과 함께 들렀고, 27일 만찬에서 "대대손손 북중 우호관계를 강화하고 발전시키는 것은 동북아 평화를 수호하고 안정시키는 중요한 문제입니다. 순식간에 변화하는 국제정세 속에서 북중 우의의 바통을 순조롭게 다음 세대에 넘기는 것은 우리의 역사적 사명입니다"라는 발언은 김정은 후계승계에 대한 중국의 지지를 호소한 것으로밖에 볼 수 없기 때문이다. 이에 대해 후진타오 주석은 화답 멘트로 "중·조 친선을 시대와 더불어 전진시키고 대를 이어 전해가는 것은 쌍방의 역사적 책임"이라 했다. 그리고 약 한 달 뒤 2010년 9월 28일 당대표자회에서 김정은은 사실상의 후계자로 선출되었고, 또다시 김정일의 중국 방문기간(2011. 5. 20~27)에 개최된 북·중 정상회담에서는 '친선협조 관계를 대를 이어 계승'하는 사안에 공감하고, 중국 후진타오 주석은 "북한의 당 대표자회 정신을 높이 받든다"고 언급함으로써 김정은에로의 후계승계 지지를 명확하게 표명하였다. 물론 그날 정상회담에는 이것—'친선협조 관계를 대를 이어 계승'하는—외에도 2010년 8월 창춘합의 이행 노력 인정, 한반도 비핵화 및 6자회담을 통한 평화로운 해결 등에도 의견을 일치한 것으로 알려졌다.

드디어 2010년 10월 10일 오전 9시 30분. 평양의 김일성광장에서는 '조선노동당 창건 65주년 경축 열병식'이 열리고 있었고, 북한 인민들 앞에 공식적인 의미에서 최초로 모습을 드러낸 이가 있었으니 그가 바로 김정은이었다. 김정일 스스로가 '은둔의 나라'라 불렀고 미국 등 서방세계가 이 지구상에서 가장 '폐쇄적인 국가' 중의 한 국가라고 불렸던 북한의 3번째 최고지도자 될 인물이 이날 전 지구상에 모습을 드러낸 것이다.

물론 김정은이 전날인 9일 밤 명목상으로는 조선노동당 창건 65주년을 기념하기 위해 방문하고 있었던, 그러나 실질적으로는 김정은 수령후계자 결정에 대한 축하사절단이라고 봐도 무방한 중국의 저우융캉(周永康) 중국공산당 정치국 상무위원등과 함께 메스게임과 예술공연 〈아리랑〉을

▲ 조선중앙TV는 이날 실황중계를 통해 김정일 국방위원장과 후계자 김정은이 열병식을 관람하고 있는 모습을 전 세계에 송출하였다. 『조선중앙TV』, 2010년 10월 10일자.

주석단에서 관람함으로써 외국 대표단들과 함께 북한 언론매체에 처음으로 모습을 드러냈지만, 김정은이 이렇게 인민들과 전 세계 앞에 처음 모습을 드러낸 것은 2010년 10월 10일이었다.

■ 후계자, 김정은

가. 왜 김정은이었는가?

우리는 이 물음—왜 김정은이었는가?—에 앞서 고민해야 할 것이 있다. 그것은 김정은이 당대 수령인 김정일에 의해 후계자로 보증되었다는 사실에 주목해야 한다. 이유는 김정은 다음 수령의 후계자도 당대 수령인 김정은에 의해 보증될 것이기 때문이다. 이러한 측면에서 봤을 때 김정은 후계승계와 관련한 북한의 고민은 김정은으로의 후계승계에 대한 정당성을 '인민적으로' 어떻게 획득할 것인가의 문제였을 것인데, 그 정답 첫째는 북한의 김정일을 포함한 혁명의 수뇌부는 김정은이 김정일에게 가장 충실한 후계자였으며 백두의 혈통을 가장 잘 계승하고 있다는 것을 들어 그 정당성을 획득하려 하였다.

북한 문헌을 입수한 『아시아투데이』 2009년 10월 8일자 기사에 따르면 김정은에 대해 "김정은은 유일무이한 후계자"(「김정은 위대성 교양자료」)로 표현하면서 그 주요 내용으로 "김정은이 김 위원장에게 '한없는 충실성'을 지니고 있고 그의 선군사상과 이론을 가장 잘 알기 때문에 선군영도의 계승자로서 정당성과 필연성을 갖고 있다"고 쓰고 있다. 계속해서 이 신문은 김정일이 이 자료의 서두에서 한 말을 인용보도도 했는데, 김정일은 "수령님께서는 나의 사상과 성격, 신념, 습관을 두고 신통이 백두산을 닮았다고 하셨는데 우리 대장은 나를 닮았습니다. 우리 대장의 정신과 기질은 백두산 정기와 기상 그대로입니다. 우리 대장은 군사에도 밝고 첨단과학기술에도 밝으며 우리 인민이 어떻게 하면 세상에서 가장 존엄 있고 행복한 생활을 누리게 하겠는가 하는 것을 뻔히 알고 멀리 내다볼 줄 아는 백두산형의 장군입니다"라고 언급함으로서 김정일은 김정은만이 후계승계의 '유일한' 상징적 레퍼토리(repertory)인 백두의 혈통을 이어받았다는 의미를 부여하고 있다.

다시 말해 백두산형 위인인 김정은만이 백두의 혁명정신 줄기를 이어갈 후계자 위치를 확인해 준 것이다. 또한 이 자료―「김정은 위대성 교양자료」를 통해 알 수 있는 것은 김정은 후계승계의 정당성과 김정은의 위대성을 김정일의 '말씀'에서 찾고 있다는 것이다. 이것이 갖는 특별한 의미는 수령의 후계자는 당대 수령만이 후계자를 지명할 수 있다는 것인데, 이를 당대 수령인 김정일이 자신에 가장 충실한 인물로 김정은 외에 따라올 자가 없고, 사업 풍모와 재능, 기질, 품성에서 모자랄 것이 없다는 점을 김정일 자신이 직접 보증하는 형태를 취하고 있다는 점이다. 김정일은 바로 이 점을 통해 김정은이 자신에게 가장 충실한 사람임을 강조해 백두의 혈통을 가장 잘 계승할 수 있다는 점을 부각시키고 있는 것이다. 그리고 김정일은 자신의 '말씀'임을 강조하여 혁명의 수뇌부를 포함한 당 간부들에게 김정은 후계승계 작업을 자신이 확고부동하게 추진하고 있으며, 이러한 보증에 일체의 의심을 품지 말라는 경고가 담겨있다고 볼 수 있다. 이어 자료는 김정은에 대해 "위세 좋게 울려 퍼지는 목소리 등 우리 수령님(김일성)과 우리 장군님(김정일)을 꼭 빼닮았다"며 그를 유일무이한 후계자로 내세우면서 김정은에 대한 첫 찬양 가요인 〈발걸음〉을 "21세기의 수령 찬가"라고 주장하기도 했다. 이후 북한은 실제 2009년 조선인민군 창건기념일(4월 25일)이 있는 4월에 처음으로 그를 찬양한 것으로 보이는 〈발걸음〉을 공개석상에서 합창하였다.

그 정답 두 번째는 김정은 자질론(여기서는 후계자론에 의한 자질론보다 천재적인 영지와 군사적인 지략을 중심으로 열거한다)이다. 이는 김정은이 후계자로서의 자질과 능력이 있다는 검증이야 말로 그 누구도 반발할 수 없는 정당화이기 때문이다. 구체적으로는 이 자료

요약하면 ▶ 김정은은 할아버지(김일성 국가 주석)와 아버지(김정일 총서기)를 꼭 빼닮은 선군령장이다. ▶ 김정은은 그 누구도 추종할 수 없는 천재적 영지와 지략을 가진 군사의 영재이다. ▶ 김정은은 다재다능하고, 현대군사과학과 기술에 정통한 천재이다. ▶ 김정은은 비범하고 다방면적인 실력과 자애로 가득차 상냥한 인민적 품성을 가지는 희세의 위인이다.

〈발걸음〉 가사 전문은 다음과 같다.

척척 척척척 발걸음
우리 김대장 발걸음
2월의 정기 뿌리며
앞으로 척척척
발걸음 발걸음 힘차게 구르면
온나라 강산이 반기며 척척

척척 척척척 발걸음
우리 김대장 발걸음
2월의 기상 떨치며
앞으로 척척척
발걸음 발걸음 힘차게 한번 구르면
온나라 인민이 따라서 척척척

척척 척척척 발걸음
우리 김대장 발걸음
2월의 위업 받들어
앞으로 척척척
발걸음 발걸음 더 높이 울려 퍼져라
찬란한 미래를 앞당겨 척척척

―「김정은 위대성 교양자료」에 "2006년 12월 24일 김정은 대장 동지는 김일성군사종합대학의 졸업증명서와 휘장을 수여받는 자리에서 주체의 선군혁명 위업을 찬란히 계승해 나갈 것을 희망했다"며 "김일성군사종합대학 시절에 포병 지휘관 3년제와 연구원 2년제를 전과목 최우등으로 졸업했다"는 내용을 담아 김정은이 후계계승 자격을 가졌음을 선전하고 있다. 또 자료는 김정일의 언급, "이제는 우리 대장(정은)이 나의 사업을 많이 보좌해주고 있다"고 직접 거론하면서 그 근거로 "김정은이 특히 포병전에 능하며, 북한군이 위성항법장치(GPS) 수신기와 인공위성 자료를 이용한 지도를 작성한 것도 김정은의 아이디어"라면서 그를 "누구도 따라올 수 없는 천재적 영지와 지략을 지닌 군사의 영재이며 현대 군사과학과 기술에 정통한 천재"라고 주장했다. 그리고 김정은이 올해(2009년) 초 김정일 위원장과 함께 군부대의 포사격 훈련을 지도했다고 밝혀 그가 올해 3월까지 세 차례 북한 언론에 보도된 김 위원장의 포병부대 시찰에 동행했음을 시사했다. 이외에도 일본 『마이니치신문』은 2009년 10월 5일자에서 김정은이 2009년 4월에 발사한 인공위성(광명성 2호)도, 고(故) 김일성 주석의 생일인 태양절과 5월 1일 노동절을 맞아 치러진 경축 축포행사인 '강성대국 불꽃'도 김정은이 "직접 조직 지휘"했다고 보도하였다. 이 연장선상에서 북한은 김정은이 자강도에 주둔한 9지구 사령부에서 3년간 군사복무를 했다고 하는데, 이때 김정은이 자강도 희천발전소에서 군인 건설자들이 '희천속도'라고 하는 21세기 '선군혁명의 인민군인 정신'을 창조한 과정에 직·간접적으로 관련되어 있다는 것을 강조하고 있다. 그것은 다름 아니라 희천속도의 배경이 되는 북한의 '150일 전투, 100일 전투'가 김정은에 의해 발의되었기 때문이다.

뿐만 아니라 현재 자력갱생 차원의 치적인 '컴퓨터 수치제어(CNC: computerized numerical control)기술을 이용한' 전 산업의 CNC화(자동화)를 이끌어나가는 등 '주체공업의 위력'이라는 선전도 병행하였다. 이처럼 북한은 김정은에 대해 이러한 김정은 자질이 김정은으로의 후계승계의 정치적 정당성 확보 도구로 사용하고 이를 합리화하기 위해서 '선진과학사상'을 정교화하였다. 그 일례가 2009년 8월 11일『로동신문』정론 형식을 통해 발표된 「첨단을 돌파하라」이다. 그 내용에 "침략자들은 인공지구위성을 쏴올린 우리나라에서 최첨단 수준의 CNC 공작기계까지 제작해내는 것이 두려워 '제재명부'에 '련하기계'라는 이름까지 써넣었지만 우리는 끝끝내 돌파해내고야 말았다. 그 누구든 우리의 두뇌까지 제재할 수는 없다는 것을 엄숙히 선언한 것이다"라는 언급이 있는데, 이는 북한의 공작기계 공장인 련하기계공장이 미국의 경제제재 대상이었으나 그것을 돌파하여 CNC 공작기계를 자력으로 제작했다는 주장을 하고 싶었고, 여기에 김정은 후계자의 업적이 있다는 것을 드러내 보이고 싶었던 것이다. 이를 증명하듯 2008년에는 〈아리랑〉에서 조차도 "CNC 주체공업의 위력"이라는 카드섹션이 행해졌다.

> 2002년부터 거의 매년 개최되고 있는 북한의 초대형 매스게임. 공식 명칭은 "김일성상 계관 작품 대집단체조와 예술공연 '아리랑'"으로, 평양의 능라도 경기장에서 열린다. 북한 뿐 아니라 전 세계에서 열리는 단일 공연으로는 가장 많은 사람이 참여한다.(대략 10만 명인데, 2007년 기네스북에서 공식 공인했다.) 해마다 공연의 기본 틀을 유지하면서도 매년 조금씩 소재를 바꿔가며 개작되고 있지만, 그래도 주 내용은 김일성과 김정일의 업적 찬양, 일제강점기의 빨치산 항일 투쟁, 우리식 사회주의 체제의 선전, 북한 어린이들의 아름다움, 집단농장의 위대한 생산성, 조선인민군의 용맹함, 선군정치, CNC, 조선의 아름다운 강산, 남북통일 정책 등이다.(※ 2014년에 이어 2015년에도 북한당국은 에볼라 감염우려로 인해 공연취소를 결정했다.)

나. 김정은 후계 승계의 특징

이론은 현실을 반영하기도 하지만, 다른 측면에서는 현실을 이끌어가는 지침 역할을 하기도 한다. 따라서 이론의 변형은 곧 현실의 변화이자 앞으로의 현실을 바꾸어가는 역할도 하게 될 것이다. 이런 점에서 선군시대 북한의 수령후계자론은 달라진 현실을 반영하여 새로운 형태로 모습을 드러낼 수도 있겠다. 실제로도 북한은 2009년 헌법 개정을 통해 선군사상을 주체사상과 함께 지도적 지침으로 규정한 데서 확인할 수 있듯이 주체사상의 위상 변화가 감지되었고, 이를 수령제 사회주의의 특성에 맞춰 이에 국한하여 접근하여 볼 때는 수령후계자론의 구성 내용도 그 변화를 예상할 수 있다. 그러나 그것이 어떤 형태를 띠고 나타나게 되더라도 '수령의 유일적 영도'를 포기하는 방식은 아닐 것이다. 이는 '수령의 유일적 영도'의 원칙은 곧 북한의 수령제 사회주의의 가장 중요한 버팀목이며, 곧 북한 체제의 근간이기 때문이다.

이를 전제로 김정은 후계승계의 특징을 다음과 같이 간략하게 정리할 수 있겠다.

첫째는 선대 수령의 유훈을 이어간다는 특성을 보인다는 것이다. 이를 요약하여 설명하자면 일반론적인 견지에서 볼 때 사회주의 체제는 국가보다 당이 우선하는 이른바 '당-국가'모델이다. 그러나 북한의 경우는 이 일반론적인 의미의 사회주의 체제를 그 기저에 깔면서도 당(party)보다는 수령(supreme leader)을 중심에 놓고, 수령의 역할을 절대시하는 수령 중심의 유일사상체계가 확립된 그런 나라라는 것이다. 이 이론적 뒷받침이 앞서 살펴보았듯이 사회정치적 생명체론과 '유일사상 10대원칙'이다. 따라서 북한은 선군시대에도 이러한 사회정치적 생명체론 등에 입각한 영원한 '수령' 김일성과 영원한 '국방위원장' 김정일, 그리고 '현재의' 수령인 김정은이 함께 북한 사회의 미래를 개척해 나갈 것으로 보인다.

그렇게 시작된 3대 수령체제는 김정일의 사망으로 수령과 후계자와의 공동정권시대라 할 수 있는 김정일·김정은 시대는 매우 짧게 끝났고, 2011년 12월 17일(김정일의 사망일)부터 시작된 김정은 시대가 2012년 4월 11일에 개최된 제4차 당 대표자회에서 김정은이 사실상의 총비서인 제1비서에 추대됨으로써 본격적인 김정은 시대가 펼쳐졌다. 이를 2010년 9월 28일 개최된 제3차 노동당대표자회와 2012년 4월 11일에 개최된 제4차 노동당대표자회에서 개정된 당 규약에 따라 접근해 보면 체제 목표로서 '공산주의'를 삭제하고 '강성대국' 건설을 삽입했는데, 이는 김일성 사망 이후 지속된 체제위기와 이 과정에서 체제 목표로서의 공산주의에 대한 인민들의 정체성이 약화되고 공산주의 이상과 현실 간의 괴리가 증대한 결과이자 현재의 수령인 김정은이 강성대국(강성국가)이라는 토대 위에서 북한의 미래와 관련하여 새로운 설계, 즉 새로운 체제 목표와 국가상을 제시하게끔 하는 의도가 엿 보인다. 또한 최룡해의 전격적인 기용은 최현의 '아들'인 최룡해가 김일성의 '손자'인 김정은을 받들어가는 권력구조를 통해 김일성의 백두산 가계와 항일혁명투사들의 자손들 간의 혁명전통과 선군영도체계를 더욱 공고히 하겠다는 의미 부여이기도 하다.

둘째는 김정은을 통해 김정일이 후계자로 등장할 때와 같이 당 중심의 국가 지속성을 담보하고 있다는 사실이다. 다만, 차이가 있다면 그것은 김정일이 후계자로 등장하는 과정과의 차별 정도가 되겠다. 즉, 김정일은 당 조직 장악의 출구전략으로서 선전과 조직비서를 담당하여 '비서'라인을 먼저 장악했는데, 김정은은 비서라인이라기 보다는 당 중앙군사위원회 부위원장직에 선출되는 방식으로 등장했다. 설명하자면 당 중앙군사위원회의 전면 등장은 군을 전면에 내세우지 않으면서도 당 본래의 기능과 역할에 충실 하는 당 중심의 국가임을 직·간접적으로 드러낸 것은 분명한데, 그렇다 하여 김정일의 등장과 같이 일반적인 의미에서 당의 골간이라 할 수 있는 '비서'라인으로의 복귀도 아니기 때문이다. 이로부터 알 수 있는 것은 김정은에로의 후계승계 과정은 북한이 당 중심의 국가는 국가이되 일정정도 '과도기적' 특성을 반영하고 있다는 것으로 이해해야 하는 것이 맞을 것 같다. 그렇게 보는 이유는 '상당히' 안정화되어 있던 김일성 시대에서 김정일로의 후계승계와는 완전히 일치하는 정치국이나 비서국 중심이 아닌, 당은 당이되 중앙군사위원회를 통해 등장했다는 것은 김정일의 건강이상으로 인해 발생한 후계구축 시간 제약을 김정은이 당과 군을 동시에 아우를 수 있는 '교량'적 역할을 담당하는 유일한 기구로서 당중앙군사위원회를 고려한 것으로 판단되기 때문이다. 즉, 두 마리 토끼를 다 잡겠다는 전략이었다. 먼저는 군에 대한 당적 지도 원칙을 철저히 구현하겠다는 것과, 다음으로는 그러면서도 선군혁명위업 계승자로서 선군시대를 계속해서 열어나가겠다는 원칙으로의 확립이 그것이다. 이와 같은 전제를 갖고 김정은이 후계자로 공식화되는 과정을 복기해 보면 2010년 9월 28일 개최된 제3차 당대표자회가 개최되기 하루 전날인 9월 27일 김정은에게 인민군 대장이라는 군사칭호를 부여하였고, 그 뒤 하루 만에 열린 제3차 당 대표자회와 중앙위원회 전원회의에서 김정은을 당 중앙위원회 위원(중앙위원)으로 선거하고, 당 중앙군사위원회 부위원장직을 신설하여 그 자리에 김정은을 선출하였다. 이 정치적 함의는 김정일이, 김정은이 자신의 선군혁명영도의 계승자라는 점을 분명히 부각시키면서도 자신의 체제, 즉 국방위원회체제가 아닌 당중심의 유일영도체계 구축이 될 것임을 예고하는 방식이었다. 사실 중앙군사위원회는 1990년대 후반부터 '국방위원회를 중추로 한 국가령도체계'가 확립되는 과정에서 그 위상과 기능이 크게 약화되어 왔다. 실제로도 중앙군사위원회는 간헐적으로 국방위원회와 공동으로 군 인사를 단행하거나 당 중앙위원회와 공동으로 구호를 발표하는 수준에서 그 존재를 실현해 왔다. 그러나 김정은이 신설된 중앙군사위원회 부위원장직에 앉고 중앙군사위원에 후계체제 후견 그룹을 주도했던 장성택, 군부의 새로운 핵심 실세로 부상했던 리영호, 그리고 당의 핵심 실세로 부상하고 있었던 최룡해 등이 망라된 데서 확인할 수 있듯이 중앙군사위원회를 주축으로 후계체제가 확립되는 것은 분명 김일성 시대와는 다른 선군시대 후계구축 특징의 또다른 면인 것이다.

셋째는 후계자 구축과 수령승계의 속도전이다. 이를 김정일과 비교하면 김정일의 경우 70년대 후반 후계자로 낙점 받았지만, 공식 타이들을 달고 모습을 드러내는 데는 약 20년(1974~1994)의 시간이 걸렸다. 또 김일성 사후 최고 권력자가 된 뒤에도 약 4년간은 대외활동을 최소화했다(1994년 7

월 김일성 주석 사망에서 부터 1998년 9월 국방위원장 추대까지 걸린 시간). 그러나 김정은은 달랐다. 명예 '대장' 칭호를 부여한 지 하루 만에 당 중앙군사위원회 부위원장이라는 북한 서열 5위(앞에서 살펴보았듯이 사실상 북한에서는 서열의 의미가 없다. 하여 이 글 '북한 서열 5위'의 의미는 이해를 돕기 위한 편의적 개념임을 분명히 해둔다) 의 타이틀을 달아주면서 후계자로서의 지위를 공식화 해 준 것이라든지, 갑작스러운 김정일의 사망과 전혀 상관없다고는 할 수 없겠지만, 그래도 17개월(제 3차 당대표자회의가 열렸던 2010년 9월 28일부터 제4차 당대표자회의가 열렸던 2012년 4월 11일까지의 기간) 만에 수령으로의 추대는 굉장한 속도이다. 이외에도 김정은이 김정일의 유일 후계자로 등장하는 과정에서 김정일이 후계자가 되어 사진을 공개한 것과는 비교도 되지 않게 매우 빨리 공개한 것이라든지, 동시에 김정은 화보와 배지, 교양자료 등도 빠르게 전 지역에 배포된 것 등이 이에 해당된다. 이에 대해 정성장은 2010년 10월 1일『헤럴드 생생뉴스』에서 "김정은 사진을 공개한 것은 권력 장악 능력에 대한 자신감을 드러낸 것"이라며 "향후 그의 영향력은 군대만이 아니라 전 사회에 급속도로 확대될 것"이라고 예상하기도 하였다.

이렇듯 당 대표자회에서 처음 모습을 드러낸 김정은은 2010년 10월 10일 노동당 창건 65주년 기념일에 김정일과 비슷한 스타일의 인민복을 입고 사열 받는 장면이 연출되었으며 김정일과 함께 진행된 현지지도 보도가 그 당시 자주 나왔고, 급기야는 2011년 김정일의 생일날인 2월 16일 군부대 시찰까지 나온 장면이 북한『조선중앙TV』방송을 통해 보도 되었다. 이 중 내용적인 측면에서 후계 승계 속도전과 관련하여 좀 더 개괄하여 살펴보면 김정은은 후계자의 공식기간은 3년(2009~2011)이었고, 수령의 지위 획득은 4개월 만에 이뤄졌다. 이것을 한편으로는 권력 승계의 불안정성으로 해석할 수 있으나, 〈발걸음〉에서 청년대장으로 불리진 뒤 → 최고사령관 → 당 제1비서 → 국방위원회 제1위원장으로의 단계적 수령 승계 진행과 정에서 아무런 저항이나 권력투쟁이 없었다는 측면에서 본다면 매우 안정정적인 권력 승계 과정으로 볼 수 있다. 그리고 그렇게 보는 이유는 2008년 8월 뇌 관련 질환으로 쓰러졌다가 회복되기는 했지만, 김정일의 건강이 예전 같지 않은 상황에서 후계자 김정은에로의 권력 승계를 매우 빠르게 진행시킬 필요성 때문이다.

다음으로는 『수령후계자론』에서 확인되는 바와 같이 수령 생존 시 후계자를 선출해야 하는 원칙이 지켜졌다는 측면이다. 이와 함께 김정일의 사망이 좀 늦춰졌더라면 그렇게 빨리 수령승계 절차를 밟지 않아도 된다는 의미이며, 이는 또 다른 의미에서 수령승계 과정에서도 김정일의 '유훈'이 강조된 것은 사회정치적 생명체론에서 보는 바와 같이 수령은 '영생'하기 때문에 수령승계 과정에서도 김정일의 유훈이 강조되고 그 유훈에 따라 김정은에로의 수령승계가 이뤄지는 것은 하등에 이상할 이유가 없다는 것이다. 좀 더 구체적으로는 김정은에로의 후계 승계가 김정일의 건강이상이라는 물리적(육체적) 조건으로 인해 좀 빨라진 측면은 있지만, 이것이 일각—보수수구세력에서 분석하고 있듯이 김정은 체제의 불안정성을 야기하지는 않다는 점이다. 왜냐하면 김정일이 건강이상이 없다손 치더라도 『수령후계자론』에 의해 수령 생존 시 승계순응의 원칙에 의해 후계자로 내정된 후계자가 충분한 후계수업 뒤 절차에 따라 후계자로 선출되었을 것이기 때문이다. 따라서 김정일이 급서하지 않았다 하더라도 '시간'을 제외하면 그 프로세스(process)는 변하지 않았다는 것을 알 수 있다. 즉, 당 '제1비서'와 '국방위원회 제1위원장'의 직책으로 후계수업이 진행되었을 것이라는 말이다.

■ 수령, 김정은

김정일이 한 마지막 서명 날짜는 역설적이게도 김정은 수령의 시작과 일치한다. 2009년 12월 17일 김정일이 준공식을 앞둔 김일성종합대학 전자도서관에 보낸 친필 현판에는 김정일의 그 유명한 명제, "자기땅에 발을 붙이고 눈은 세계를 보라!"는 문구가 적혀있다(이후 이 문구는 2010년 신년공동사설에서 제시된 전투적 과업 관철을 위한 선전화 등으로 구체화되어 나타난다).

▲ 김일성대학 전자도서관 입구에 붙어 있는 김정일 위원장의 교시. '자기땅에 발을 붙이고 눈은 세계를 보라!'고 적혀 있다. ⓒ신은미

 김정일이 사망한 날인 2011년 12월 17일을 기준으로 볼 때 꼭 2년 전에 일어난 사건이다. 김정은 시대 개막을 앞두고 '자기 땅에 발을 붙이고'는 김일성·김정일 시대의 계승을, '눈은 세계를 보라'는 김정은 시대의 지향성을 미리 안내해준 김정일의 배려가 아니었을까 하는 생각도 들게 한다. 아

마도 여기에는 김정일 자신의 시대를 상징하던 '가는 길 험난해도 웃으며 가자'라던 이미지를 확 지우고 후계 수령에게는 북한 수령제사회의 특성상 수령의 정책과 이념, 사상과 이데올로기는 무조건적으로 계승해야 하지만, 후계 수령 예비자인 김정은에게는 세계의 모든 것에 대해 배울 것은 배우고 받아들일 것은 실정에 맞게 받아들여 보다 밝은 조선의 미래를 열어나가라는 '절절한' 애정어린 바람이 담겨 있을 것이다.

또한 중국속담에 "장군의 집에 장군이 나온다"는 속담이 있다고 한다. 이 속담이 주목받게 된 것은 2012년 12월, 급서한 김정일 국방위원장의 영구를 찾은 조객들 가운데는 항일전 당시 김일성 주석을 물심양면으로 도와주었으며 주석이 자기 생명의 은인이라고까지 말한 중국인 장울화의 아들도 있었는데, 그는 자신이 김정은 국방위원회 제1위원장과 잠시 인사를 나눈 인상에 대해 이야기하면서 이 속담을 소개했기 때문이다. 그래서 그럴까? 김정은은 중국의 속담대로 김정일에 이은 제3대 수령이 되었다. 그리고 북한은 스스로 김정은에로의 수령승계가 김정은 국방위원회 제1위원장의 추대 1년 만에 영도의 계승 문제가 마무리 됐다고 결론지었다. 『로동신문』 2013년 4월 11일자 「백두의 천출위인을 진두에 모신 우리 당과 조국은 승리와 영광만을 떨쳐갈 것이다」라는 제목의 사설에서 이를 공식확인할 수 있다. 신문은 영도의 계승 문제와 관련하여 "당과 국가의 위력, 그 전도를 좌우하는 근본 문제"인데, "영도의 대가 바뀌는 시기에 우리나라에서와 같이 수령의 사상과 위업이 순결하게, 완전무결하게 계승된 예는 없다"고 지적하고 "(이는) 우리 민족의 더 없는 영광이며 행운"이라고 말했다. 신문은 계속해서 김 제1위원장이 "사상이론적 예지와 영도적 수완, 영도 방법에서 최고"이며, "당과 국가의 전반 사업뿐 아니라 평범한 인민들의 마음속 고충까지 헤아리는 비범한 통찰력", "도식과 틀을 대담하게 깨고 끊임없이 비약하는 혁신적인 창조정신", "주타격 방향을 바로 정하고 드세찬 공격전으로 진격로를 열어나가는 혁명적 전개력"

을 특출한 자질로 꼽았다.

그 사례로는 먼저 "수령영생 위업 실현의 확보한 담보를 마련한 것"을 들었는데, 여기에는 "온 사회의 김일성－김정일주의화 강령선포", "금수산태양궁전을 주체의 최고 성지, 수령영생의 대기념비로 최상의 수준에서 꾸린 것", "온 나라 방방곡곡에 태양상(김일성, 김정일 동상)을 세운 것" 등이 해당된다고 밝혔다. 다음으로는 "인공지구위성 광명성－3호 2호기의 성과적 발사와 제3차 지하핵시험에서의 성공"은 "김 제1위원장만이 안아올 수 있는 통쾌한 승리"이며, "우리나라를 우주강국, 핵보유국의 지위에 당당히 올려 세운 민족의 대경사"라고 언급하면서 김 제1위원장이 "뜨거운 열정으로 온 나라에 인민사랑, 인민중시"의 시책을 펼친 것을 업적으로 소개하고 있다. "규모와 형식에 있어서 전례 없는 소년단 창립절과 전승절, 청년절의 경축행사들", "유치원 어린이들과 새집들이를 한 평범한 노동자가정이 받아 안은 크나큰 은정", "새로 꾸려진 공원과 유원지들에서 꽃피어나는 인민의 행복 넘친 모습", "창전거리와 릉라인민유원지, 류경원과 인민야외빙상장을 비롯한 기념비적 창조물", "인민생활 향상에 이바지하는 현대적인 공장들과 봉사기지" 등이 또 다른 사례들이다. 끝으로 신문은 김 제1위원장이 불멸의 업적과 특출한 위인적 풍모로 하여 절대적 권위를 지니고 있으며, 오늘 세계 정치무대의 중심에 확고히 서 있다고 재차 강조하고 "그처럼 짧은 기간에 세계의 민심을 틀어잡고 국제사회에 커다란 영향력을 행사하는 사회주의 정치지도자를 역사는 알지 못하고 있다"고 끝맺었다.

위 사설의 내용만으로 김정은이 1년 만에 자신의 영도체계를 완벽하게 해결 했다라고 보기에는 어려우나, 일련의 과정으로 볼 때 김정은은 분명 북한의 유일 영도자가 된 것만큼은 확실한 듯하다. 즉, 김정은 수령체계가 확실하게 마무리 지어진 것이다.

그렇게 보는 그 이유 하나는 2012년 4월 11일 개최된 제4차 당대표자회에서는 김정은을 노동당 제1비서로 선출하면서 '조선로동당 규약'도 개정하였는데, 그 서문에서 "경애하는 김정은동지는 위대한 김일성동지와 김정일동지의 혁명위업을 승리에로 이끄시는 조선로동당과 조선인민의 위대한 령도자"라고 규정하면서 "조선로동당은 위대한 김일성동지와 김정일동지를 영원히 높이 모시고 경애하는 김정은동지를 중심으로 하여 조직사상적으로 공고하게 결합된 로동계급과 근로인민대중의 핵심부대, 전위부대"라는, 즉 김정은을 중심으로 노동당이 운영될 것임을 분명히 하였기 때문이다. 또 같은 해 이틀 뒤(4월 13일)에 개최된 제12기 제5차 최고인민회의에서도 김정은을 국방위원회 제1위원장으로 선출하면서 헌법도 개정하게 되는데, 그 서문에서도 이는 명확히 증명된다. 그 서문에서 김정일 국방위원장을 '영원한 국방위원장'으로 추대였는데, 이는 김정일이 김일성을 '영원한 총비서'로 추대하면서 김일성의 유일사상체계를 유지하려 한 것과 같은 논리로 김정은이 김정일의 선군(유일)사상체계를 그대로 따르겠다고 한 것과 똑같다.

김정일이 사망(2011. 12. 17)한 이후 불과 7개여 월 만에 이뤄진 결과였고, 김정은에게는 수령에게만 붙일 수 있는 '태양', '어버이', '최고사령관', '경애(존경)하는', '위대한' 등의 극존칭과 '령도자'의 호칭이 사용되기 시작, 본격적인 김정은 시대가 개막되었음을 알렸다.

> 북한에서 '태양', '어버이', '최고사령관', '위대한', '경애(존경)하는'의 수식어가 붙은 인물은 김일성과 김정일뿐이다. 즉, 수령에게만 붙는 호칭이라는 뜻이다.

2. 김정은 수령십

2015년 4월 30일 현영철 인민무력부장이 처형됐다며 '정보'가 아닌, '첩보'가 마치 사실인 양 종편 매체를 통해 쏟아져 나왔다. 그것도 '음지'에 있어야 할 국가정보원이 전면에 나서 그 사실을 확인해주니 더더욱 우려스럽고, 이는 마치 '양지'를 지향하고 나선 국정원을 보는 모습과 똑같다. 어쨌든 이로 인해 다시 한번 김정은 정권의 안정성 문제가 회자되고 있는데, 여기서 우리는 곰곰이 생각해 볼 것이 하나 있다. 그것은 다름 아니라 이런 사건이 터질 때마다 김정은 정권의 안정성과 연결해서 그러한 해석이 이뤄져야 한다면 지난번 리영호의 해임, 장성택의 숙청 등은 제외되더라도 앞으로 수십수백 번 더 이런 해석에 국민들은 피곤해질 수밖에 없다는 데 있다(그렇게 보는 근거는 김정은이 이제 겨우 30대 초반인데, 건강만 허락한다면 적어도 앞으로 50여 년간 이런 분석에 대한민국 국민들은 시달려야 한다는 결론이 나온다).

만약 **현영철의 숙청이 사실이더라도** '그 사실'과 김정은 정권의 불안정성과의 인과관계는 충분한 팩트(fact)와 정치적 맥락으로 이해되어져야 하는 것이다. 즉, 김정은 정권의 불안정성으로 해석되어질지, 아니면 김정은 정권의 안정성으로 해석될지는 충분한 학문적 연구와

이번 공개에서 드러난 대한민국 국정원의 문제점은 다음과 같다. 첫째, 이번처럼 국정원이 정보공개의 주체가 되어 언론에 노출되면, 이후 북한 내부의 정보를 가져다주는 사람들[일명, 휴민트(HUMINT, human intelligence)]이 위태로워져 결국 국정원의 정보력이 약해질 수밖에 없다는 점이다. 둘째는, 국정원은 정보를 제공하는 기관이지 정보를 해석하는 기관은 아니다. 그런데 이번에 정보를 공개(5월 13일)하면서, 그것도 북한의 속마음까지 읽어내는 참으로 전지전능한 국정원이 아닐 수 없게 되었는데 그 내용은 다음과 같다. "간부들 사이에서도 내심 김정은의 지도력에 대한 회의적인 시각이 확산되고 있음을 보여 준다." 이 워딩(wording)이 사실이라면 북한 간부들의 내심을, 그것도 '확산되는 시각'을 파악한 것이 되는데, 이것이 과연 가능한가? 셋째는, 첩보는 정확한 분석과 확인 끝에 정립된 정보가 아니라(첩보는 첩보일 뿐) '확인되지 않은 소식의 조각'에 불과하다. 이걸 공개하는 건 정보기관의 정도가 결코 아닐뿐더러 만에 하나, 거짓이라면 이 후폭풍을 어떻게 감당하려 하는지 참으로 우려스럽다.

현영철 숙청이 사실이라는 가정하에 '그럼 왜 사형됐지?'라는 물음에 앞글, '개념과 상징'편에서 '리영호 해임', '장성택 숙청' 등에서 비교적 상세히 다뤘듯이 똑같은 논리로 다음과 같이 추론이 가능하다. 『데일리NK』가 5월 15일 "~상급부대 정치부가 조직한 군관 강연에서 인민무력부장(현영철)이 '수령(김정은)의 영도를 거부하고 독단과 전횡의 군벌주의자'로 언급됐다"는 보도를 했듯이, (현영철)이 숙청되었다면 그 이유는 인민군대 안에서 당조직과 정치기관들의 기능을 마비시키고 인민군대에 대한 당의 령도를 약화시킨 것일 가능성이 높다. 즉, 수령과 당의 영도에 대한 불만, 혹은 거부와 관련되어 있을 가능성이 제일 높다는 뜻이다.

아주 정교한 정치적 해석이 필요하고, 리더십적인 측면 또한 최근의 상황이 김정은식 '공포정치'인지, 아니면 김정은식 '수령정치'인지는 좀 더 두고 봐야 하는 것이다. 그 일례로 숙청과 해임이 '왜 군부인사에 집중되어 있는지'는 한번 생각해 보아야하고, 현지지도 과정에서 '왜 지적이 많이 발생하고 있는지' 등등 이러한 것들에 대해 한번쯤은 곰곰이 생각해 보아야 하는 것이다. 그러면 다음과 같은 발언들도 눈에 들어올 것이다. 대한민국 매체를 통해 전달되는 정보와는 달리 김정은 체제가 빠르게 안정화되어가고 있다는 것이 지배적이고, 핵보유국의 지위를 획득하려 하고 있고, 5·24나 미국을 비롯한 국제사회(UN)의 제재에도 불구하고 경제는 완만하게나마 회복되고 있고 인민생활이 악화되고 있다는 소식은 들리지는 않는다. 이를 뒷받침이라도 하듯 도널드 그레그(88) 전 주한 미국 대사는 자신의 회고록, 『역사의 파편들』(창비, 2015)에서 "북한의 붕괴를 믿지 않는다. 오히려 긍정적인 입장이다. 김정은은 지적이고 해외에서 교육을 받은 젊은 지도자"라고 평가했고, 앞에서도 잠시 언급했지만 헤지펀드계의 전설적 인물인 짐 로저스도 2015년 5월 5일 CNN과 인터뷰에서 "가능하다면 전 재산을 북한에 투자하고 싶다"고 밝혔다. 미치지 않은 투자자라면(그것도 헤지펀드계에서 조지 소로스와 함께 1, 2위를 다투는 인물이 이런 발언을 하였다면 우리는 아주 의미심장하게 이 부분을 주목해야 하는 것이다) 어느 누가 망해가는 국가에다 전 재산을 투자하려 하겠는가?

위에서와 같이 보는 시각은 자유일 수 있다. 그렇지만 자유민주주의 체제든 사회주의 체제이든 똑같은 것은 있다. 그중 하나가 "고인 물은 썩는다"라는 속담일 것이다. 그래놓고 봤을 때 한 인물이 그 해당 분야에서 20년·30년 이상 같은 자리에 계속 있으면 근무태만과 관성, 관료 이런 것들이 생겨나는 것은 제아무리 사회주의 체제라고 그러지 않으리란 보장이 없다. 해서 북한에서도 나이 많이 먹은 (군부)관료들이 한 곳에 오랫동안 눌러앉아 해당 실무를 맡아 먹을 수 있는 것이다. 그렇다면 이것은 극복되어져야 할 병폐인 것이고, 이 병폐를 오려내기 위해 긍정적인 의미에서의 세대교체가 이뤄지고 오랫동안 묵어있었던 병폐, 관료주의와 근무태만주의 등이 극복되어져 가고 있는 과정과 비례할 수도 있는 것이다.

설시 현영철 숙청을 사실이라는 가정 하에 정치적으로 해석하더라도 우선, 그 나이에 70대 전후의 원로간부들을 처형하고 집권 후 3년여 만에 70여 명의 해당간부들을 책임을 물어 숙청(경질, 해임 등)한 것은 대단한 통치능력 아닌가. 즉, 그 어린 나이에 그만한 권력욕과 정권 관리 능력이라면 어린 나이임에도 불구하고 본능적으로 강한 카리스마가 있다고 봐야 한다. 물론 그렇다하여 그러한 권력 유지와 행사 방식이 사실이라면 도덕적으로나 인간적으로 비난받아 마땅할 수는 있겠지만, **권력의 속성이 원래 또한 그러하지 않는가**라는 데 착목하면 그 또한 이해하지 못할 바도 아닌 것이다. 그러기에 『군주론』의 저자 마키아벨리도 "정치는 원래 도덕과 아무 관련이 없다"라고 말하지 않았던가.

> 이렇게 되묻는 이유는, 하물며 박정희의 군사쿠데타도 '혁명'으로 미화 및 정당화 되고, 자유민주주의체제인 대한민국이 과거에는 아주 많이 법의 이름으로 정치적인 '사법살인'등을 저질렀다는 것을 기억하면 김정은의 이른바 '숙청'정치는 이에 비하면 '새발에 피'이지 않는가? 이렇게 묻고 싶었기 때문이다.

■ 김정은의 통치스타일: 사례를 중심으로

【장면 1】『조선중앙TV』와 『조선중앙통신』은 2012년 4월 15일 오전 평양의 김일성광장에서 열린 김일성주석 탄생100돌 경축 열병식을 실황중계와 속보로 보도했는데, 이때 김정은 소개를 "조선로동당 제1비서이시며 조선민주주의인민공화국 국방위원회 제1위원장이시며 조선인민군 최고사령관"이라는 호칭으로 역대 수령들 앞에 붙는 극존칭과 동일하게 하였다.

이는 명실상부한 북한의 최고지도자의 반열과 수령의 반열에 올랐음을 의미한다. 아울러 방송은 김정은의 첫 육성 공개연설을 30분가량 방영하였다. 1992년 4월 25일 건군절 열병식에서 한 김정일국방위원장의 "영웅적 조선인민군 장병들에게 영광이 있으라"라는 짧은 연설(김정일의 처음이자 마지막 육성연설)에 비추어보면 매우 이례적이다. 그런 김정은의 첫 공개 대중연설에서 김정은의 메시지는 김일성 시대의 '자주'와 김정일 시대의 '선군'을 계승하겠다고 하면서 새롭게 제시한 것이 '새 세기 산업혁명'이었다. 그리고 "일심단결과 불패의 군력에 새 세기 산업혁명"을 더하면 그것이 곧 '사회주의 강성국가'라는 부연 설명도 덧붙였다. 사실상의 김정은식 사회주의 강성국가 건설의 총노선을 선보인 것이다.

【장면 2】 김정은이 실질적인 의미에서 수령의 반열에 올랐음을 반증하는 당 제1비서, 당정치국 상무위원, 당중앙군사위회 위원장, 국방위원회 제1위원장에로의 추대가 2012년 4월에 이뤄졌고, 같은 해 7월 18일에는 원수 칭호를 수여받았다. 그리고 북한이 언론매체를 통해 리설주가 김정은의 부인임을 공식 확인해준 날짜는 7월 25일이었다. 북한매체인『조선중앙방송』과『평양방송』은 7월 25일 오후 8시 방송에서 "김정은 원수님과 부인 리설주 동지께서는 당과 국가, 군대의 책임일꾼들과 주조 외교 및 국제기구 대표, 임시대리대표, 부인들과 함께 능라 인민유원지를 돌아보시었다"고 보도했다. 여기서 시사하는 바는 김정은이 2012년 4월 당 제1비서부터 시작하여 7월 18일 원수 칭호를 수여받음으로써 수령의 지위가 획득되고 나서야 김정은의 부인 리설주를 공식적으로 확인해 주었다는 사실이다.

그리고 김정은 부인 리설주의 등장은 대한민국 국민들에게 적잖은 얘깃거리를 던져주었다. 우선은 사회주의 체제의 관례상 최고통치자의 부인은 공식석상에 잘 나타나지 않고 보도가 되지 않는다는 통념이 무너진 점이다. 다음으로는 북한의 변화, 혹은 김정은 리더십의 변화가 기대되어졌기 때문이다. 이 중에서도 특히 거리에서 공개적으로 팔짱을 잘 끼지 않는 북한 주민들의 입장에서 볼 때 김정은과 리설주의 '팔짱 현지지도'는 매우 파격적인 모습이었을 것이다.

　여기서 잠깐 북한 최고지도자의 현지지도에 부인이 동행하거나 대외 활동을 한 유례가 있는가를 살펴볼 필요가 있는데, 결론적으로는 리설주의 공개보도가 처음은 아니라는 사실이다. 1대 수령 김일성의 첫 번째 부인인 김정숙은 해방 직후인 1946년부터, 사망한 뒤에는 김일성의 두 번째 부인인 김성애가 일정기간 동안 그 역할을 수행해 왔다. 2대 수령 김정일 시대에도 부인들이 언론에는 공개되지 않은 걸로 알려져 있지만, 실상은 정창현의『키워드로 본 김정은시대의 북한』(서울: 선인, 2014) 76쪽에 의하면 1995년부터 2000년대 초반까지 '존경하는 어머님', '평양의 어머님'이라고 호칭되던 부인 고영희(2004년 사망)가 김정일의 현지지도에 동행했다는 것이다. 따라서 내릴 수 있는 결론은 자유민주주의국가와 같이 '퍼스트레이디 정치'가 활성화되어 있는 것은 아니지만, 그렇다하여 북한이 최고지도자의 퍼스트레이디를 전혀 활용하지 않는다는 것도 낭설이다. 이렇게 그동안 주춤했던 '퍼스트레이디 정치'가 3대 김정은 수령이 등장하면서 젊은 수령의 리더십을 보완하기 위해서인지는 모르겠으나, '퍼스트레이디 정치'를 보다 적극적으로 활용하고 있다는 것은 분명하다.

　【장면 3】 김정은의 북한은 2013년 3월 31일 노동당 중앙위원회 전원회의에서 경제건설과 핵무력 건설을 동시에 발전시키는, 이른바 '경제·핵 병진노선'을 채택하였다. 시간적으로 보면 1대 수령인 김일성은 사회주의, 공산주의 건설을 촉진하기 위해 경제건설과 국방건설을 대등한 역량으로 전개한다는 의미의 국가건설노선. 즉 경제건설과 국방건설의 병진노선은 김일성에 의하여 1962년 12월에 소집되었던 노동당 중앙위원회 제4기 5차 전원회의에서 처음으로 제시된 이후, 1966년 10월 당 대표자회와 당 중앙위원회 전원회의를 통해 채택돼 김일성 시대 북한경제 운용의 기본 방침이 되었다. 그리고 2003년에는 2대 수령 김정일에 의해 '국방공업을 우선적으

로 발전시키면서 경공업과 농업을 동시에 발전시키는' 선군시대의 경제건설노선이 선보였다. 이렇게 1대에서 3대 수령까지 모두다 병진노선에 대해선 보였고, 이에 대한 일관된 관점과 태도에는 '국방건설', '국방공업', '핵무력 건설'등에서 볼 수 있듯이 용어의 차이는 약간 있으나 '자위적 군사력'을 절대 포기하지 않겠다는 것은 똑같이 견지하고 있다. 또한 북한이 해결해야 될 지난한 숙제인 인민생활 향상과도 그 관계가 '우선적으로' 하되 결국에는 '동시적으로'이다. 그 연장선상에서 김정은 시대의 병진노선도 북한스스로가 밝히고 있듯이 핵무력에 의한 자위력으로 '국방비를 늘리지 않고도 적은 비용으로' 방위력이 담보되고, 그렇게 절약된 방위비로 경제건설과 인민생활 향상을 꾀할 수 있는 예산으로 반영하겠다는 것이다. 그 성공 여부는 좀 더 두고 봐야 하겠다.

왜냐하면 북한이 과거 1960년대 초 채택한 '국방과 경제 병진노선'도 병진노선의 취지에도 불구하고 예산의 30%가 넘는 국방비가 투입되었고, 2013년 예산의 경우에는 경제·핵무력 병진노선의 취지를 최대한 살려 국방비를 전년 대비 0.2%밖에 늘리지 않은 지출총액의 16%로 책정했지만 앞으로도 계속하여 과연 적은 국방비 투입으로 미국의 군사력에 자위하기 위한 핵무력 증가, 즉 핵시설 추가 가동, 미사일 개발, 위성발사 등이 가능할지가 의문이기 때문이다.

【장면 4】 김정은은 2013년 1월 1일 발표한 자신의 신년사에서 '사회주의 문명국'이라는 개념을 내놓았다. "……사회주의 문명국 건설에 더욱 박차를 가하여 21세기의 새로운 문명개화기를 활짝 열어놓아야 하겠습니다." 그러면서 그는 사회주의 문명국에 대해 사회주의 강성국가와 연결시키면서 "전체 인민이 높은 문화지식과 건강한 체력, 고상한 도덕품성을 지니고 가장 문명한 조건과 환경에서 사회주의 문화생활을 마음껏 누리며 온 사회에 아름답고 건전한 생활기풍이 차넘치는"것이 사회주의 문명국이라고 정의하고 있다. 1년 뒤『로동신문』은 사회주의 문명국을 이렇게 해설하고 있다.

"자본주의사회에서 '문명'은 극소수 특권계급, 부유계층을 위한 것이다. 해마다 늘어나는 엄청난 학비를 감당하지 못하여 학교를 중퇴하거나 돈벌이에 나서고 있는 학생들은 헤아릴 수 없으며 많은 사람들이 병에 걸려도 막대한 치료비 때문에 병원에 가기를 포기하고 있다. '문명세계의 본보기'라고 요란스럽게 광고하는 미국의 대도시늘을 보아도 한쪽에서는 수많은 사람들이 자그마한 세방조차 마련할 수 없어 한지에서 새우잠을 잘 때 다른 쪽에서는 몇몇 부유한 자들이 으리으리한 호화별장에서 하루밤 먹고 노는 데만도 수백만US$를 탕진하고 있다. 이런 나라를 과연 문명사회라고 말할수 있겠는가." (중략) "오늘 '현대문명'을 자랑하는 자본주의사회에서는 물질적 부가 늘어날수록 사람들의 정신문화 생활이 더욱더 빈궁화되어가고 있다. 학교와 병원을 비롯한 문화기관들과 문학예술, 체육이 자본가들의 돈벌이 수단으로 되고 있으며 약육강식의 생활방식, 패륜패덕과 같은 정신도덕적부패가 쉬임없이 주입되고 있다. 자본주의사회의 호화족속들의 부패타락한 생활은 사람의 본성적 요구에 맞는 문명한 생활이 아니다." (중략) "우리나라에서는 교육, 보건, 문학예술, 체육, 도덕을 비롯한 모든 문화 분야가 사람들을 자주적인 사상의식과 높은 문화지식, 건강한 체력과 고상한 도덕품성을 갖춘 전면적으로 발전된 인간으로 키우는데 복무하고 있다. 오늘 세상 사람들은 조국과 인민, 동지들과 집단을 위하여 헌신하는 데서 참된 삶의 보람을 찾는 숭고한 인생관, 도덕관을 체질화하고 있으며 풍부한 정서를 지니고 문화적으로 생활할 줄 아는 우리 인민군군인들과 근로자들의 건전하고 아름다운 정신적 풍모에 감탄과 부러움을 금치 못하고 있다." (중략) "우리 인민의 문화정서생활 수준을 시대적 높이에 올려세우는 창조물들도 수많이 일떠섰다. '마식령속도' 창조의 불길이 온 나라에 타번지는 속에 문수물놀이장과 미림승마구락부, 마식령스키장을 비롯하여 세상에 내놓고 자랑할만한 기념비적창조물들이 련이어 솟아났다. 온 사회에 혁명적 학습기풍과 고상한 도덕기풍, 사회주의적 준법 기풍과 생산문화, 생활문화를 철저히 확립하기 위한 된바람이 세차게 몰아치고 있는 것은 참으로 자랑스러운 일이다." (『로동신문』 2014년 1월 13일)

이런 눈으로 볼 때 평양체육관 리모델링 공사, 인라인스케이트장, 야외빙상장, 평양 문수물놀이장 건설, 능라곱등어(돌고래) 수족관 개장(2012년), 롤러블레이드 및 슈퍼마켓의 등장(2012년), 능라인민유원지의 유희장

의 입체율동영화관(4D영화관)과 전자오락관(2013년 개장) 등은 다 북한식

사회주의문명국 건설이라는 '전략적 방침'에 의해 추진되고 있는 것으로 봐야 한다.

【장면 5】 정성택의 숙청(2013. 12. 12)이 갖는 정치적 코드는 앞에서 이미 서술했지만, 이와는 별개로 장성택의 숙청은 김정은 체제가 적어도 당분간은 안정적일 수밖에 없다는 것을 분명히 해주고 있다. 그 핵심 요인에 장성택 숙청에는 '일인독재체제'가 아닌, '유일사상체계'가 갖는 함의가 있기 때문이다. 그 유일사상체계는 일인독재체제와는

북한이 생각하고 있는 사회주의문명국의 수준은 어느 정도일까? 이러한 질문에 2008년 11월 3일 『통일뉴스』와 인터뷰를 한 김화효 재일본조선사회과학자협회 회장은 북한이 경제강국의 수준을 "발전된 나라의 도시주민" 수준으로 보고 있는 것 같다고 설명했는데, 지금 이 사례들로 볼 때는 북한은 주민들에게 선진국 주민들이 누리는 문화생활도 마찬가지로 누릴 수 있게 하려는 구상이 있음을 확인할 수 있다. 장용석 서울대 통일평화연구원 선임연구원 또한 2013년 6월 5일 『연합뉴스』를 통해 "북한이 특별히 스키장 같은 문화휴양시설에 집중하는 것은 김정은 시대 들어 사회주의 문명국과 인민생활 향상을 강조하는 것과 연관이 있다"고 분석했다.

이에 대해 정창현은 자신의 저서, 『키워드로 본 김정은시대의 북한』(서울: 선인, 2014) 167~175쪽에서 북한이 전략적 방침에 의한 추진을 할 수밖에 없는 이유를 아직까지 대다수 북한 주민들이 이용하기에는 체육, 문화시설이 많이 부족하고, 경제적 여건도 녹녹치 않기 때문으로 보면서, 김정은 자신은 수령의 자질과 능력을 '인민생활 향상'과 '사회주의문명국 건설'을 통해 '사회주의강성국가'라는 국가목표를 달성하고자 한다 했을 때 경제여건상 단계적으로, 장기간에 걸쳐 밀고 나갈 수밖에 없는 상황과 맞물려 있어서 그렇다는 견해를 내놓고 있다.

그 본질에 있어서 하늘과 땅만큼이나 큰 차이를 갖고 있다고 북한은 설명한다. 달리 말해 유일사상체계는 톱니바퀴처럼 수령을 정점으로 하여 맞물려 돌아가는 유기체적 개념이라면, 이는 '혁명적 수령관'과 '사회정치적 생명체론', '유일사상 10대원칙'이라는 이론적 토대를 바탕으로 하여 만들어진 사회주의식 정치체제로서 각각의 혁명주체, 즉 수령·당·대중을 하나의 통일체로 묶는 개념으로 정식화된다. 그 결과 수령은 사회주의, 공산주의를 위한 노동계급의 혁명투쟁에서 결정적 역할을 하고, 이 연장선상에서 북한은 수령만이 모든 것을 결정할 수 있다는 수령결정론을 그 핵심으로

하여 수령의 유일사상체계를 더욱 절대화할 수 있었다. 따라서 김정은의 정치는 (북한의 시각에서 볼 때) 일인독재체제에서 나오는 공안통치, 공포정치 등의 방식이 아니라 수령정치이며 수령정치의 발현 방식은 '이민위천'의 정치방식이자 '인덕정치', '광폭정치' 등이다. 그런 만큼 이 정치방식 등을 통해 수령은 인민대중의 이해와 요구를 정확히 수렴하여 노동자, 농민을 비롯한 광범한 근로인민대중의 자주성을 실현시켜 나가기 때문에 김정은 체제는 안정적으로 순항할 수밖에 없는 체제의 특성을 갖고 있다.

실제에 있어서도 김정은의 '유일 령도'가 선전되고 있는 가운데 그가 지도자로서의 일정한 역할—연설, 담화, 논문 발표, 정책 지시 하달, 현지지도, 외빈접견 등을 수행하고 있을 뿐만 아니라, 김정은의 공개 활동 모습을 보면 김정은이 제스처를 써가며 여러 가지 시시를 하는 등 적이도 주어진 상황은 주도하고 있음을 확인할 수 있고 (최진욱 외, 『김정은 정권의 정책전망: 정권 초기의 권력구조와 리러십에 대한 분석을 중심으로』, 통일연구원, 2012, 64쪽), 더 나아가서는 당·군·정 원로 및 간부들의 충성 맹세, 이와 관련된 예는 우선 김영남 최고인민회의 상임위원장이 2012년 2월 15일 김정일 생일 중앙보고대회에서 '김정은의 령도'로 북한이 건재함을 반복하면서 김정은에 대해 수체례 참석자들의 기립박수를 유도했고, 리영호 당시 총참모장은 같은 해 2월 16일 금수산태양궁전 명명식 직후 김정각 등 군 고위간부들과 함께 주석단 아래에 도열하여 김정은에 대한 '충성의 총폭탄'을 맹세했고, 오극렬 국방위원회 부위원장은 같은 해 3월 8일 국제부녀절 기념 음악회에서 가족과 함께 무대에서 서서 '나의 사랑, 나의 행복'을 노래했으며, 김정은을 제외하고 유일하게 '원수' 칭호를 갖고 있는 항일 원로 리을설은 같은 해(2012) 7월 19일자 『로동신문』에 「민족의 긍지안고 백두밀림이 설레인다」라는 제목으로 "김정은이 곧 조국의 미래이며, 모든 승리와 영광의 상징"이라는 칭송 글을 게재한 것 등을 그 예로 들 수 있다.

【장면 6】 선군정치의 미래는 '핵과 경제의 병진노선' 성공 여부에 있다 해도 과언이 아닐 것이다. 이에 대해 이재봉은 자신의 책, 『이재봉의 법정증언』(서울: 들녘, 2015) 139~140쪽에서 자신은 2000년대 초부터 2년마다 중국이나 유럽 등에서 열리는 한 학회에 참석해왔는데, 빠지지 않는 질문 중의 하나가 "선군정치는 언제까지 지속되는 것인가"였고, 그들(북한학자, 관료들)의 한결같은 대답은 "미 제국주의의 위협이 제거되어 승리하는 것" 또는 좀 더 구체적으로 "주한미군이 철수할 때까지"였다는 것이다. 이 부분과

관련해서는 군이 이재봉의 책을 그 예로 들지 않더라도 개정헌법(2012) 서문에서 "김정일 동지께서는 세계 사회주의 체계의 붕괴와 제국주의 련합세력의 악랄한 반공화국 압살공세 속에서 선군정치로 김일성 동지의 고귀한 유산인 사회주의 전취물을 영예롭게 수호하시고 우리 조국을 불패의 정치사상강국, 핵 보유국, 무적의 군사강국으로 전변시키시였으며 강성국가 건설의 휘황한 대 통로를 열어 놓으시였다"라고 분명하게 못 박고 있다. 그 뒤 2013년 3월 노동당은 무력 건설과 경제 건설을 함께 발전시키겠다는 소위 '병진노선(竝進路線)'을 채택했다. 핵무기 발전을 중단하지 않은 채 경제 살리기에도 힘쓰겠다는 것이다. 더구나 이를 김일성과 김정일이 추진했던 "독창적인 경제 국방 병진노선의 빛나는 계승"이라고 하며, "항구적으로 틀어쥐고 나가야 할 전략적 노선"이라고 규정하였다. 이것이 선군정치를 '영원히'(이의 현실적인 의미는 적어도 미국과의 정치·군사적 대결관계가 종식되고 외교관계가 '확실히' 이뤄져야 한다는 것이고, 그래야만 선군정치의 지속 여부에 대한 고려도 가능하다는 메시지이다) 포기하지 않겠다고 선언한 것이다.

2012년 김정은이 정권을 잡자, 남쪽에서는 그가 군사보다는 경제를 앞세우는 이른바 '선경정치(先經政治)'를 펼 것이라는 기대를 표출하기도 하고 그렇게 하라고 압박하기도 했다. 핵무기를 포기하고 경제를 살리라는 말이었다. 그러나 북한의 젊은 새 통치자(김정은)는 2012년 4월 "강성국가 건설과 인민생활 향상을 총적 목표로 내세우고 있는 우리 당과 공화국 정부에 있어서 평화는 더 없이 귀중하다"면서도 "우리에게는 민족의 존엄과 나라의 자주권이 더 귀중하다"고 강조하여 평화보다 자주가 더 중요하다는 인식과 함께, 선군정치를 중단하거나 포기할 뜻이 없음을 분명히 하였다.

■ 김정은 수령십에 대한 이해

가. 김정은 수령십이 갖는 함의

김정은 후계수령은 앞선 고찰에서 2010년 9월 28일 제3차 당대표자회를 통해 국제무대에 전면 등장하였음을 알 수 있었다. 이후 김정은은 내치로 「우리식의 새로운 경제관리체계를 확립할 데 대하여」라는 제목의 '6·28방침'을 발표한 데서 알 수 있듯이 '인민생활 향상'에 치중하는 모습을 보여주었다. 그리고 대외적으로는 2010년 연평도 포격전부터 우라늄 농축시설 공개, 2012년의 우주발사체(광명성호) 발사와 대륙간 탄도미사일 전격 공개에 이르기까지 북·미대결의 일거수일투족을 직접 관장하며 오바마 행정부를 압박하고 있다. 또한 현지지도에 있어서도 과거 김정일 국방위원장의 경우는 방문의 전격성과 군부대 방문, 농·어촌 및 대형 작업장이 대부분이었다면, 김정은은 '공개성'과 '투명성'을 중심으로 한 '실용주의'적 접근 방식과 방문하는 지역도 평양근교는 물론이고, 그 외 생활밀착형 방문 등 다양한 형태를 띠고 있다. 실례로 2012년 4월 15일 김일성의 탄생 100주년 기념 열병식에서 예상을 깨고 20여 분 공개연설을 했고, 조선중앙TV는 이를 실황 중계했다. 5월초에는 북한을 방문한 일본『아사히신문(朝日新聞)』서울지국장에게 평양에서의 '자유 취재'를 허용했으며, 5월 9일에는 만경대 유희장을 현지지도하면서 관리부실에 대해 질책하고, 보도블록 사이에 자라난 잡풀을 직접 뽑기도 했다.

이렇듯 김정은 북한 국방위원회 제1위원장의 행보는 과히 파격적이다. 그리고 그 방향은 자신의 롤 모델이 아버지보다는 할아버지인 김일성의 리더십 스타일을 차용하고 있든 듯하다. 그러다 보니 김정은의 일거수일투족 행보가 다 뉴스거리일 수밖에 없는데, 그 범례는 "전례 없는", "아버지와는 전혀 다른", "파격적인", "자유분방한" 등의 단어들이 빠짐없이 등장하는 데서 증거 되고 있다.

나. 김정은 수령십 구축 방향

김정은 수령은 선대 수령인 김일성과 김정일에 비해 분명한 핸디캡이 존재한다. 다름 아닌 혁명경력과 업적의 일천함, 그리고 젊은 나이 등이 그것이다. 아래 표는 보다 분명하게 이를 드러내 준다.

시기 구분			김정일(1942)	김정은(1982)		
1964			· 당조직부 지도원			
1974	후계자 결정	6년	· 당정치위원 · 조직지도부장			
1980	후계자 공식 선포		· 당정치국 상무위원 · 당중앙군사위원			
1990.5	후계자 활동 기간(19년)		· 국방위 제1부위원장			
1991.12			· 인민군 총사령관			
1992.4			· 공화국 원수			
1993.4			· 국방위원장			
1998.9.5 (이전)			국방위원장 재추대			
2009.1				· 후계자 내정		
2010.9				· 당중앙군사위 부위원장	· 후계자 공식 활동 · 수령 지위 획득	17개월
2011.12.31				최고사령관 선출		
· 2012.4.11(제4차 당대표자회) · 2012.4.13(최고인민회의 제12기 5차회의)				· 제1비서 · 국방위원회 제 1위원장	· 수령 공식화	4개월

따라서 북한은 위 표에서 확인되는 바와 같이 김정은 수령의 핸디캡을 보완하여야 한다. 보완하되 김정은 수령십의 구축 방향은 김정은의 수령십을 현재완료형이 아닌, 여전히 현재진행형일 수밖에 없다는 사실을 인정하는 보완이어야 한다. 이는 물리적 조건인 나이로 연산해보더라도 수령제 사회의 특성상 김정은의 현재 나이가 30대 초반이니 중간에 급서 형태로 사망하지 않는다면 50년 정도는 수령의 반열에서 수령십을 발휘할 수 있다는 가설이 가능하다. 그러니 더더욱 현재진행형일 수밖에 없다. 이를 남한에서 볼 때는 김정은 수령정치가 블랙박스에서 관철되는 것과 같이 젊은 나이에 최고 권력자가 된 김정은의 자질과 (통치)능력, 드러난 몇 가지 스타

일—부인과 팔짱을 낀다든가, 서구풍의 악단 공연을 관람한다든가, 광명성 3호 발사 실패를 솔직하게 인정한다든가, 생활밀착형 현지지도를 한다든가 등등— 만으로 너무나 쉽게 김정은의 수령십이 '이렇다, 저렇다'로 규정하기에는 성급하지 않느냐는 주장도 충분한 설득력이 있다고 본다. 그러나 그렇다 하더라도 북한에서는 수령십도 선대 수령과의 '승계순응'이라는 원리로 수령십이 제도화된다 했을 때 김정은의 수령십도 독자적으로 창조되는 것이 아니라, 김일성·김정일에 의해 구축된 레짐(regime)과 제도, 그리고 통치스타일이 고스란히 김정은의 수령십으로 제도화되어 갈 것이라는 특성을 이해한다면 비록 김정은의 수령십이 진행형이기는 하나, 현재 나타난 특징만으로도 앞으로의 진행 방향을 유추하는 데 별 무리는 없을 듯하다.

이렇게 볼 때 그 방향의 대강은 첫째, '김일성 = 김정일 = 김정은'의 등식을 성립시키는 것이다. 실제로도 북한은 이와 관련한 증표로 김일성 사후 "김일성 수령님은 영원히 우리와 함께 계신다"는 구호와 같은 "김정일 장군님은 영원히 우리와 함께 계신다"는 구호뿐만 아니라 "김정일 동지는 김일성 동지이시다"와 같은 구호인 "김정은 동지는 김정일 동지와 꼭 같으신 분이시다"는 구호가 등장한 데서 그 예는 찾을 수 있다. 둘째, 제도적 리더십(positional leadership)과 인격적 리더십(personal leadership)을 '동시적으로' 확립하여야 한다. 이는 김일성 수령의 리더십이 갖는 특징이 항일무장투쟁이라는 역사적 경험에 근거한 인격적 리더십의 권위에서 출발한 것이고, 김정일 수령은 제도적 리더십(positional leadership)을 구축하면서 인격적 리더십(personal leadership)을 확립하는 '先제도적 리더십, 後인격적 리더십'의 형성이라 했을 때 김정은은 분명 이 둘 다와는 다른 경로를 밟아가야 한다는 것이다. 왜 그래야 하는가? 수령승계가 충분한 시간을 갖고 '정상적으로 진행되었더라면' 김정일과 같이 제도적 리더십에 바탕한 인격적 리더십을 구축하는 시간표를 짤 수 있었겠지만, 물리적 시간상 너무 빠르게(속도전) 후계승계가 이뤄졌고, 이미 후계자 수업 없이(짧은 시간에) 수령이 되어버렸기 때문에 '先제도적 리더십·後인격적 리더십' 구축이라는 프로세스를 지킬 수 없는 상황이 되어 버렸다는 데 그 이유가 있다.

그래서 결론은 병행론이다. 김정은이 인격적 리더십이 부족하기 때문에 당을 정상화하고 내각중심의 경제운용을 천명한 것도 사실이지만(제도적 리더십 측면), 수령의 제1징표인 '사상·이론의 위대성' 징표도 놓치고 있지 않다(인격적 리더십 측면). 이 측면에서 김정은은 이미 그렇게 하고 있다. 그 사례로 2012년 4월 6일에 담화「위대한 김정일 동지를 우리 당의 영원한 총비서로 높이 모시고 주체혁명위업을 빛나게 완성해 나가자」를 발표했으며, 4월 20일에 논문「위대한 김일성 동지는 우리 당과 인민의 영원한 수령이시다」를, 4월 27일에는 담화「사회주의 강성국가 건설의 요구에 맞게 국토관리사업에서 혁명적 전환을 가져올 데 대하여」를, 그리고 7월 26일에 담화「김정일 애국주의를 구현하여 부강조국 건설을 다그치자」와 10월 12일에 발표한 서한「혁명가 유자녀들은 만경대의 혈통, 백두의 혈통을 굳건히 이어 나가는 선군혁명의 믿음직한 골간이 되어야 한다」를 발표하였고, 가장 최근에는 당 창건 70돌을 맞아 2015년 10월 6일 발표한 노작「위대한 김일성, 김정일 동지의 당의 위업은 필승불패다」가 있다. 또한『조선신보』 2012년 11월 18일 보도에서 "평양에서 김정은 국방위원회 제1위원장의 비범성을 다룬 도서『선군혁명 영도를 이어가시며』제1권이 발간됐다"는 보도를 하면서 김정은에 대해 어릴 때부터 "세계 정치는 물론 군사를 비롯한 다방면적인 지식을 소유했다"거나 "어린 시절 총도 쏘고 승용차도 운전해 사람들을 놀라게 했다"는 내용을 소개하고 있다. 또 당·국가·군대기관 책임일꾼들과 진행한 담화(일명「5·30담화」),「현실발전의 요구에 맞게 우리식 경제관리 방법을 확립할 데 대하여(2014. 5. 30)」는 '사회주의 기업책임관리제' 실시와 공장, 기업소, 협동단체의 자율경영과 책임 강조하고 있어 김정은식 경제노선을 가름할 수 있는 중요한 지표이기도하다. 이렇듯 김정은은 이미 사상가로서의 풍모를 보이고 있는 것이다.

다. 김정은 수령십(Su-Ryongship)의 특징

특징 1: '승계순응'의 리더십을 발휘하고 있다

승계순응에 있어 가장 중요한 지점 3가지가 '사상승계, 업적승계, 정책과 노선승계'라 했을 때 김정은 이에 대한 입장을 분명히 하고 있는 듯하다.

먼저 사상승계와 관련하여서는 김정일의 선군사상을 계승하겠다는 입장이 분명하다. 2012년 헌법 개정에서 '김일성-김정일헌법'의 명문화와 2012년 당 규약 개정 등을 통해 선군사상을 '지도적 지침'으로 격상시킨 것이 이에 해당된다.

또한 업적승계에 있어서도 현재까지 공개된 김정은 제1위원장의 6개의 노작 중 2012년 4월 6일에 발표한 담화 「위대한 김정일 동지를 우리 당의 영원한 총비서로 높이 모시고 주체혁명 위업을 빛나게 완성해 나가자」와 4월 20일에 발표한 논문 「위대한 김일성 동지는 우리 당과 인민의 영원한 수령이시다」, 그리고 2015년 10월 6일 발표한 노작 「위대한 김일성, 김정일 동지의 당의 위업은 필승불패다」는 김일성 주석과 김정일 국방위원장의 업적을 찬양하는 내용이 공통으로 들어가 있음을 쉽게 알 수 있다. 이외에도 김정일 국방위원장을 '영원한 노동당 총비서', '영원한 국방위원회 위원장'으로 결정한 것이라든지, 김일성 주석과 김정일 국방위원장이 안치된 금수산기념궁전을 금수산태양궁전으로 개편한 것이라든지, 만수대 언덕에 김정일 국방위원장의 동상 건립 등의 조치를 취한 것 등은 이를 보다 분명히 보여준다.

마지막으로 정책과 노선승계에 있어서도 김정은 제1위원장은 2012년 4월 15일, 북한이 향후 100년간 나아가야 하는 길을 "자주의 길, 선군의 길, 사회주의의 길"로 압축적으로 제시하였다. 뿐만 아니라 김정은 제1위원장은 "일심단결과 불패의 군력에 새 세기 산업혁명을 더하면 그것은 곧 사회주의 강성국가"라며 현 시기 북한의 국가적 과제인 사회주의 강성국가 건설론을 완성하였는데, 이는 김정일의 '강성대국론'의 현실적 적용이라는 측면에서 너무나 똑같다. 어디 이뿐인가? 미국에 맞서는 방식도 김정일과 똑같다. 사례로 김정은 제1위원장의 '자주노선'은 북미 대결 과정에서 확연히 드러났다. 2012년 4월 인공위성 '광명성 3호' 발사 당시 미국의 반대 입장에 대해 '인공위성 발사는 주권국의 당연한 권리'라며 강경히 대응하였고 이후 유엔 안보리의 규탄에 대해서도 2·29합의 폐기로 단호히 맞섰다. 또한 10월 7일에 타결된 한미 미사일 사거리 연장(300km에서 800km로)이 확정되자 국방위원회 대변인 성명을 통해 "일본과 괌도, 나아가서 미국 본토까지 명중 타격권에 넣고 있다"고 강하게 반발했다. 나아가 2013년 2월에는 제3차 핵실험을 진행시켰다. 이는 미국의 그 어떠한 군사적 움직임에 대해서도 미국 본토 공격가능성으로 맞서며 자주권을 지키겠다는 입장으로 봐야 한다.

특징 2: 사상의 지도자 모습을 보이고 있다

앞서 살펴보았듯이 2012년 4월 6일에 발표한 담화(일명 4·6노작) 「위대한 김정일 동지를 우리 당의 영원한 총비서로 높이 모시고 주체혁명 위업을 빛나게 완성해 나가자」, 4월 20일에는 논문 「위대한 김일성 동지는 우리 당과 인민의 영원한 수령이시다」를, 4월 27일에는 담화 「사회주의 강성국가 건설의 요구에 맞게 국토관리사업에서 혁명적 전환을 가져올 데 대하여」를, 그리고 7월 26일에 담화 「김정일 애국주의를 구현하여 부강조국 건설을 다그치자」와 10월 12일에 발표한 서한 「혁명가 유자녀들은 만경대의 혈통, 백두의 혈통을 굳건히 이어나가는 선군혁명의 믿음직한 골간이 되어야 한다」, 그리고 2014년에는 2월 6일 전국 농업부문 분조장대회 참가자들에게 보내신 서한 「사회주의 농촌테제의 기치를 높이 들고 농업생산에서 혁신을 일으키자」, 2월 25일 조선로동당 제8차 사상일군대회에서 한 연설 「혁명적인 사상공세로 최후승리를 앞당겨나가자」을 비롯하여 일명 '5·30 담화'라고 불리는 「현실발전의 요구에 맞게 우리식 경제관리방 법을 확립할 데 대하여」가 김정은 제1위원장에 의해 당·국가·군대기관 책임일꾼 (간부)들과 한 담화형식으로 발표되었다.

이외에도 2014년에는 10월 24일 조선로동당 중앙위원회 책임일꾼들과 한 담화「민속유산보호사업은 우리 민족의 럭사와 전통을 빛내이는 애국사업이다」 등이 있고, 2015년에는 3월 25일 제7차 전국체육인대회 참가자들에게 보낸 서한,「백두의 혁명정신으로 체육강국 건설에서 새로운 전성기를 열어나가자」등이 연이어 발표되고 있는 것은 김정은이 수령의 징표 중에 제1징표인 사상·이론의 대가임을 입증하는 행보로 보인다. 아마도 이후 계속하여 수령의 사상과 노선을 승계하는 노작은 다양한 형태로 '광폭적으로' 발표될 것으로 예상되는데, 마침 그 예상은 당 창건 70돌을 맞아 2015년 10월 6일 발표한 노작「위대한 김일성, 김정일 동지의 당의 위업은 필승불패다」로 충분히 증명되고 있다.

특징 3: '인민생활 향상' 최우선의 리더십을 견지하고 있다

ㄱ. '위민이천'의 리더십

김정은은 수차례의 유아원 방문, 평양 밝게 하기, 문수물놀이장을 비롯한 각종 위락시설 방문 및 건설독려 등 인민생활 향상에 집중하는 현지지도의 모습을 보여주고 있다. 그 사례로 2012년 6월 22일『통일뉴스』에 실린 기사 내용을 참조하면 되겠는데, 뉴스에 따르면 김정은 제1위원장이 지난 5월 하순 완공을 앞둔 창전거리의 한 식당을 방문해 "등받이가 직선으로 되어있어 불편한 의자를 보시고는 인민들이 편안하게, 인민들이 좋아하게 만들어야 한다"면서 "앞으로 가구를 설계하거나 제작할 때 인민들이 이용하기에도 편리하고 보기에도 좋게 선 편리성, 후 미학성의 원칙을 철저히 구현해야 한다" 고 지적했다고 한다. 또한 2012년 7월 18일 서울 중구 전국은행연합회관에서 국가경영전략연구원과 북한연구학회 주최로 열린 '남북경협 심포지엄'에 토론자로 참석한 이봉조 전 통일부 차관은 북한 김정은 국방위원회 제1위원장이 지난 4월 15일 열병식 연설에서 "우리 인민이 다시는 허리띠를 조이지 않게 하겠다"고 말한 것에 대해 "인민생활 향상을 최우선 과제로 추진할 것임을 공언한 것"이라고 주장했다(『연합뉴스』 2012년 7월 18일). 『중앙일보』는 이를 뒷받침이라도 하듯 2012년 7월 2일자 기사에서 김정일과 김정은의 현지지도를 비교하면서 "김정은은 이 기간(2012. 1~6) 동안 놀이공원이나 새로 지은 살림집 등 주민생활과 관련한 현장 방문(16회)이 김정일보다 많았다. … 김정일의 경제회복 성과를 바탕으로 자신은 주민복지에 신경 쓰겠다는 점을 과시하려는 의도로 풀이된다"고 보도하였다.

이뿐만이 아니다. 『일요신문』 942호(2012)는 "김정은 집권 이후 평양 인민들의 생활향상이 눈에 띄게 좋아진 것으로 보인다. 특히 연탄과 전기의 공급 사정이 좋아진 것으로 알려졌다"고 보도했다. 백학순 세종연구소 수석연구위원도 "최근 평양에 다녀온 사람들에 의하면 '자동차가 많이 보이고, 전깃불이 들어오는 곳이 늘어나는 등 한층 발전한 모습'이라는 얘기를 들었다"며 "그전보다 나아졌거나 열악해졌다는 근거는 없지만, 상식적으로 평양이 발전했다면 지방 상황도 나아졌을 것으로 예측한다"고 말했다. 신문은 이에 대해 "북한 인민들의 삶은 정도의 차이는 있지만 향상된 것만은 일부 사실로 받아들여진다. 김정은의 경제 살리기 전략이 효과를 거두고 있다는 섣부른 판단도 가능한 부분이다"고 분석했다. 이외에도 김정은은 시장에서 장사할 수 있는 연령을 50세에서 40세로 낮췄고, 주민들에게 관행적으로 부과되는 각종 서외부담금도 대폭 없앴다. 뿐만 아니라 "하나를 건설하고 하나를 만들어도 실리가 있고 인민들이 실지로 덕을 볼 수 있게 하여야 한다. 인민을 위한 일을 한다고 하면서 인민들에게 부담을 주는 일이 그 어떤 경우에도 있어서는 안 된다(『로동신문』 2012년 5월 12일)"는 강조 속에는 '북한판 뉴타운'이라 할 수 있는 십만 가구 건설프로젝트를 평양 중심부인 창전거리에 짓겠다는 것이 포함되어 있고, 이를 김정일 국방위원장 시절부터 김일성 주석 100회 생일(4월 15일)을 맞아 추진해 왔는데, 이것이 지금도 지속되고 있으면서 이는 사실상 김정은의 위민이천의 정신을 상징하게 되었다고 하겠다.

ㄴ. 핵 · 경제 병진노선이 갖는 함의

북한의 인공위성 발사(북한 외의 국가들은 이를 핵탄두를 장착하기 위한 대륙간탄도미사일 · ICBM 실험 발사라고 부르고 있다)에는 항상 이런 꼬리표가 붙어 다닌다. "지금 당장 먹고살기도 바쁜데, 왜 쓸데없이 인공위성(혹은, ICBM)을 발사하는가?" 역지사지하면 우리 대한민국에 던지는 질문도 똑같이 가능해야 한다. "나로호 발사할 예산 있으면 그 돈으로 복지나 청년일자리 창출하는 데 좀 쓰지?"

인공위성의 자체 기술을 가지고 있다는 것은 그만큼 중요하기 때문에 북한도 이 지구상에 존재하는 모든 국가들이 그러하듯 인공위성 발사 기술을 습득하려 하는 것이다. 나로호 공식 누리집, 〈http://ko.wikipedia.org〉에 나로호 발사 의의를 이렇게 설명해 놓고 있다.

> "수십만 개의 부품이 모두 제 자리에서 제 역할을 해내야지만 작동 가능한 고도의 복잡한 체계이기 때문에 이를 통합해서 설계부터 제작, 시험, 조립, 운영, 발사까지 이르는 모든 과정을 종합적으로 아우르는 체계 기술이 핵심적이다."

이렇듯 인공위성과 발사체 개발은 당장의 경제적 이익보다는 과학기술 발전을 통해 경제발전의 토대를 만드는 데 더 큰 의미가 있는 것이다. 북한의 설명도 대체적으로 동일하다. 조총련 기관지, 『조선신보』 2012년 3월 22일자에는 '광명성 3호' 발사와 관련 북한 국가과학원 지구환경정보연구소 리동일 실장(51세)의 발언을 인용하였는데, "이번 지구관측위성의 발사는 인민경제를 다방면적으로 향상시키는 담보로 된다"면서 "앞으로 우리의 관측위성이 정상 운영되어 자료가 보장되게 되면 세계적 수준에서 자료들을 해석, 분석하고 나라의 경제발전에 적극 이바지할 수 있다"고 강조했다. 이것은 북한이 기간 농업, 수산업, 임업, 자원탐사와 환경평가에 이르기까지 경제 부문의 수많은 분야에서 과학적 근거에 기초한 연구, 분석 자료들이 절박하게 요구되어왔는데, **이번 이 광명성(은하) 3호 발사를 통해 해결되었다고 보는 인식을 대변한 것 같다.**

> 이러한 북한의 인식은 성진제강련합기업소, 천리마제강련합기업소, 황해제철련합기업소, 대안중기계련합기업소, 룡성기계련합기업소, 구성공작기계공장, 장자강공작기계공장, 승리자동차련합기업소, 금성뜨락또르공장, 순천세멘트련합기업소, 2·8비날론련합기업소, 흥남비료련합기업소, 남흥청년화학련합기업소 같은 대형생산기지에서 컴퓨터통합생산체계가 세워졌거나 세워지고, 김정은 시대에도 '핵과 경제' 병진노선이 가능하게 된 토대가 된 것으로 보인다. 2013년 3월 31일 조선노동당 중앙위원회 전원회의에서 '경제건설과 핵무력건설 병진노선'을 채택하면서 이렇게 부연설명하였다. "새로운 병진노선의 참다운 우월성은 국방비를 추가적으로 늘이지 않고도 전쟁억제력과 방위력의 효과를 결정적으로 높임으로써 경제건설과 인민생활향상에 힘을 집중할 수 있게 한다."고 말이다. 직역하자면 병진노선의 기본목적이 "경제건설과 인민생활 향상"이라는 것이고 이는 핵무력에 의한 자위적 국방력이 달성되었기 때문이라는 것이 북한의 인식인 것이다.

특징 4: 시스템을 중시하고 성과주의를 강조하는 리더십이다

ㄱ. 시스템 중시

김일성·김정일까지는 '수령 개인의 카리스마에 의존하던 정치'가 가능했다면, 김정은 시대에 와서는 '정치시스템에 의한 정치'로의 전환이 이뤄졌다는 데서 확인받는다. 그것은 지난 15년 동안 여러 가지 요인으로 인하여 무력화되었던 당의 기능을 복원한 데서 입증되고, 또한 선군정치하에서 제한적·간헐적으로 실시되었던 '내각책임제(내각중심제)'가 강화된 것이 그 예다. 그리고 이를 뒷받침하는 조치로 김정은은 일명「4·6노작」에서 당의 경제정책 관철에서 내각의 결정·지시를 어김없이 집행할 것과, 이에 지장을 주는 현상들과 투쟁할 것을 요구했다. 그 결과 경제 부문에서 '새 세기 산업혁명'을 통해 지식경제강국으로 태어나고, '함남의 불길'을 통해 인민경제 선행 부문, 기초공업 부문에서 생산성 강화가 강조되었다. 바로 이 과정에서 김정은 제1위원장은 경제사령부로서의 내각을 강화하여 내각책임제, 내각중심제를 강화토록 한 것이다. 실제로도 과거에는 없었던 '현지요해'라는 방식으로 최영림 총리의 경제현장 시찰이 허용됐다는 점은 그 좋은 실례이다. 경제사령부인 내각의 지위와 역할을 보장하려는 의도라 생각된다.

무엇보다 시스템에 의한 리더십 발휘에는 노동당을 통한 '절차적 결정' 중시도 포함된다. 2015년 2월 18일에도 노동당 정치국 확대회의를 통해 김정은은 정치사상 공세 강화, 유일적 영도체계 옹호고수, 세도·관료주의 및 부정부패행위 타파 등 3대 과제를 내세웠다. 특히 장성택의 숙청에도 불구하고 부정부패 문제를 정치국 확대회의에서 강조한 것은 그만큼 관료부패가 심하다는 것을 인정한 것이다. 시인할 것은 시인하자는 입장이다. 김정은도 관료부패를 청산하지 못하면 미래가 없을 것임을 안 것이다. 이보다 앞서 장성택 숙청 결정 때도 2013년 12월 8일 개최된 조선노동당 중앙위원회 정치국 확대회의에서였다.

ㄴ. 성과주의 강조

결과적으로 김정일에게 노동당 정치국이나 내각은 거추장스러운 기구였을 뿐이었다. 그러나 김정은은 앞에서 확인했듯 중요한 사안을 반드시 당 정치국 회의를 통해 결정하고 공개하고 발표한다. 주요 인사도 반드시 당 정치국 회의나 당 중앙군사위원회를 거쳐 시행하고 있다. 최고 의사결정기관이라는 당의 시스템을 인정하고 활용하는 방식이다. 내각 총리에게 재량권을 주고 수령에 준하는 '현지료해'를 강조하는 것도 시스템 중시의 단면이다. 최고인민회의에 김정은이 종일 참석해 앉아 있는 것도 같은 맥락이다. 이와 같은 맥락으로 성과가 없으면 신속하게 인사 조치하고 나이 든 혁명 원로에게도 호통을 치는 게 김정은이다. 또 다른 사례로는 "김정일 시대에 조명록처럼 자신에게 충성하는 인물을 위해 총정치국장 자리를 오랫동안 비우는 방식은 김정은에게 용납되지 않았다. 최룡해보다 성과를 내기 위해 오랫동안 군 정치 사업을 담당해온 황병서로 교체된 것은 '성과중시'의 김정은 리더십 스타일로는 자연스런 것이었다. 최룡해는 그래서 숙청이 아니라 총정치국장 직위에 걸맞은 능력중시의 인사를 한 것으로 해석해야 한다(김근식, 「평양시 아파트 붕괴 보도…」, 『프레시안』, 2014. 6. 18)"는 것이다.

특징 5: 대중친화형 리더십의 특징을 보여주고 있다

그 첫째가 과감한 스킨십과 소탈한 모습이다. 군인들, 주민들과 팔짱을 끼고 귓속말을 나누거나 2012년 7월 11일 모란봉 악단 시범 공연에서 엄지를 치켜든 모습, 놀이기구(희전매)를 타며 좋아하는 모습 등이 이에 해당된다. 그 둘째가 공개연설을 통한 접촉 방식이다. 2012년 4월 15일 조선인민군 열병식에 이어 2012년 6월 6일, 조선소년단 창립 66돌 기념일에 평양 김일성 경기장에서 약 4만 5천명의 소년단원들이 참여한 소년단 창립 경축 연합단 체대회에서 김정은 제1위원장이 직접 참석해 육성연설을 한 것이다. 그리고 또한 2013년 이후부터는 해마다 신년사를 육성연설하고 있다. 그 셋째가 김정은은 장재도와 무도에 목선을 타고 갔을 때도 그러하였고(과감한 스킨십을 하였고), 젖먹이 아이들을 안아주고 군인 가족들과 스스럼없이 어울리기도 한다는 것이다. 그리고 그 넷째가 2012년 8월 24일 동해안 여군포병중대인 '감나무 중대'를 방문했을 때도, 중대장과 정치지도원이 상급부대에서의 회의 참석차 부재한 데 대해 화를 내지 않고, 오히려' 자리를 비운 중대장과 정치지도원이 자신과 기념사진을 못 찍어 서운해 할 것'이라면서 '나중에 꼭 다시 찾아와 사진을 찍어주겠다'는 식으로 친근한 이미지를 보여주었다는

것이다. 그 다섯째가 2014년 10월 지팡이를 짚고 등장한 것은 김정일 시대에
는 볼 수 없는 파격이었다. 이외에도 2014년 8월 12일자『로동신문』에「원아
들의 웃음소리」라는 제목의 정론에서는 김 제1위원장이 '아버지 원수님(김
정은)'이 나오는 TV 프로그램을 봤다는 한 아이에게 "재미없었겠구나!"라면
서 농담을 건넨 일화를 소개하기도 했다. 또『동아일보』2015년 3월 22일자
에는 2012년 9월 김정은 제1위원장이 평양 가정집을 방문했을 당시 한 아이
와 농담을 섞어가며 나눈 대화를 북한 문예월간지『조선예술』, 1월호(2005)
에 실린 내용을 재인용하면서 "축구를 좋아하느냐"는 그(김정은)의 질문에
박 군이 "예"라고 답하자 김정은 제1위원장은 "축구를 잘해? 나하고 한번 축
구를 해볼까?"라며 농담을 건넸다는 기사가 실렸다.(위 기사 내용들 일부를
사진으로 열거하면 아래와 같다.

◀ 북한 김정은 국방위원회 제1위원장이
지난 5월 평양 대성산종합병원을 방
문해 고아원 원아들과 대화하는 모습
이 담긴『조선중앙통신』사진.

◀ 김정은 제1비서가 공연이 끝난 뒤 엄
지손가락을 치켜들며 대만족을 표시
하고 있다(『조선중앙TV』캡처).

◀ 최근 2013년 동아시아컵에서 우승한 여자 축구 선수들이 김정은을 만나 울음을 터트리고 있다.(상단) 김정은이 2012년 8월 동부전선에 있는 인민군 제4302군부대 산하 감나무 중대를 방문하자 부대 여군들이 눈물을 흘리고 있다.(중간) 2012년 6월 평양에서 열린 북한 소년단 창립 66돌 기념 음악회에 참가한 학생들이 김정은을 붙잡고 눈물을 흘리고 있다.(하단)

특징 6: '세계적 추세'에 맞는 활동 방식

구체적 사례로 김정은 제1위원장이 2012년 4월 3일 평양양말공장을 현지지도하면서 소비자의 기호와 심리, 미감에 맞으면서도 "세계적 추세에 맞게 양말의 색깔과 문양, 상표도안도 따라잡아야 한다(『조선중앙TV』, 2012년 4월 3일)"고 말한 것이라든지, 또 7월 5일에는 평양항공역(평양 순안공항) 개건작업을 현지지도하면서 "항공역이 하나의 위성도시와 같은 기능을 수행하는 것이 세계적인 추세(『조선중앙TV』, 2012년 4월 5일)"라고 말한 것 등이 이에 해당된다. 이외에도 김정은에 의해 직접 조직된 모란봉악단의 시범공연에 대해『조선신보』는 "모란봉악단의 공연은 세계를 향한 새로운 도전과 분별의 단적인 실례라면서, 경제와 문화 등 국가건설의 모든 영역에서 세계적 추세를 따라 나설 것(『조선신보』2012년 7월 12일)"을 강조한 것과, 또 김정은이 현지지도와 공개행사에 부인 리설주를 동반한다는 것은 김정은 시대의 북한이 예전과 달리 일종의 세계적 추세를 따르고 있는 것임을 상징한다 하겠고, 2012년 5월초 북한을 방문한 일본『아사히신문(朝日新聞)』서울지국장에게 평양에서의 '사유 취재'를 허용한 것 등은 그 예들이다.

그리고 2015년 3월 30일에는 『로동신문』이 김정은 제1위원장이 언급한 "세계가 조선(북한)의 유행을 따르게 하라!"는 내용과 함께 대동강맥주가 외국에서도 호평받고 있다는 점을 강조하고

그 구체적 사례는 다음과 같다. "김정은의 부인 리설주는 지난 7월 7일 김정은과 나란히 의자에 앉아 모란봉악단의 시범공연을 관람했고, 7월 8일에는 김일성 18주기를 맞아 김정은과 함께 나란히 금수산태양궁전에 안치된 영정 앞에서 참배했으며, 7월 15일에는 김정은의 평양 경상유치원 현지지도에도 동행했다. 그 이후에도 김정은의 많은 현지지도에 동행했다. 최근 8월 24일에는 동해안 여군포병중대인 '감나무 중대'의 현지지도에도 동행했으며, 8월 25일에는 김정일 선군혁명 영도 개시 52주년 '8·25 경축'모란봉 악단의 공연에도 김정은을 동행했다." 곽동기, 「기성에 얽매이지 않는 파격」, 『통일뉴스』 2012년 10월 8일자.

는 "수입에 모든 것을 의탁하는 것은 스스로 족쇄를 차고 적들에게 투항하는 길"이라며 '수입만능주의'를 강한 어조로 경계하면서 북한이 자체적으로 개발했다는 휴대전화 '아리랑'을 꼽고 "우리의 것이 늘어난다, 우리에게 이보다 더 가슴을 울리고 힘이 솟게 하는 말은 없다"며 국산화를 강조했다. 동시에 "핵 뇌성으로 온 지구를 진감시킨 우리 세대가 과연 세계를 압도하는 조선의 인기상품을 내놓지 못한단 말인가"라고 반문하면서 외국에 뒤지지 않는 제품을 만들어 경제의 국산화와 '자력갱생'의 의지를 다지는 기사가 소개되기도 하였다.

특징 7: 정면승부형 리더십

ㄱ. 투명성과 공개성

베일에 싸여 있는 은둔의 지도자 김정일에 비해 확연히 다른 모습, 즉 김

정은 리더십이 공개적이고 투명한 경향을 보여주고 있다. 그 사례는 "인민군대에 영광 있으라"는 단 한마디 외에는 공개적으로 육성을 들려준 적 없었던 김정일이었다면 김정은은 "더 이상 허리띠를 조이지 않게 하겠다"는 연설을 처음부터 끝까지 TV를 통해 인민들에게 직접 전달했다. 또 누가 뭐래도 김

인공위성 발사와 관련해 유엔 안전보장이사회의 대북규탄 성명이 나왔을 때 많은 이들은 북한이 매번 그래왔듯이 이에 반발하여 김정일 시대처럼 핵실험을 강행할 것이라고 예상했으나 김정은 정권은 그러하지 않았다. 또 부분적이기는 하지만 신은미씨와 같은 재미교포, 외국 관광객들의 일관된 진술은 김정은 체제이후 과거에 비해 훨씬 자유롭게 평양시내와 시장을 돌아다니며 구경할 수 있다는 전언이 있다. 그리고 『KBS』의 「남북의 창」은 2012년 9월 15일 북한당국이 수해피해에 대해 헬기까지 동원해 수해 상황을 신속하게 방송했고, 피해 규모를 자세히 전하고 있다고 언급하였다.

정은의 강점은 상황을 재빨리 판단하여 과실을 인정할 것은 솔직히 인정해 버린다는 점이다. 이는 더 이상 숨길 수도 없고 숨겨봐야 별 효과가 없다고 판단했기 때문이기도 하지만, 그가 아직 젊다는 의미이기도 할 것이다. 동시에 자기의 민낯을 다 보여주면서까지 인민적 동의와 이해를 구하려는 '배짱 아닌 배짱이기'도 할 것이다. 2012년 4월 13일의 '은하 3호' 발사 과정이었다. 4월 13일 오전, 북한은 은하 3호를 발사하였지만 궤도 진입에는 실패하였고, 그러자 곧바로 북한은 발사 4시간여 만인 낮 12시 속보를 통해 "지구 관측 위성 광명성 3호가 궤도 진입에 성공하지 못했습니다. 과학자, 기술자, 전문가들이 현재 실패의 원인을 규명하고 있습니다(『조선중앙통신』 2012년 4월 13일)"라고 밝혔다.

뿐만 아니라 이제까지 북한에서는 지극히 예외적인 경우를 제외하고는 최고지도자의 부인들을 노출시킨 케이스가 거의 없었다. 하물며 김정은의 생모인 고영희의 경우에는 부고조차 내지 않았다. 그런 북한이 부인 리설주를 공개하고 대동하는 것도 공개주의의 주요 사례다. 오랫동안 지속된 금기가 무너지는 순간이었다.

위에서 열거한 이 모든 것들이 김일성·김정일 시대에는 상상할 수 없는

것이었다. 또한 외신기자를 초청하고 직접 김정은이 기자들을 만나는 모습도 공개적 스타일의 단면이다. 이 중 조총련 기관지인『조선신보』의 퍼스트레이드를 공개한 것과 관련한 보도를 한번 보자.『조선신보』는 북한의 그러한 의도에 대해 2012년 7월 27일자에서 "명확한 의도에 따라 준비된 것"이라면서 "김정은 제1위원장의 정치스타일은 공개성의 과정을 중시한다는 특징"과 "숨기지 않고 공개하는 자신감의 표현"이자 "젊은 영도자는 국제사회의 추세를 바탕으로 조선의 모습을 있는 그대로 당당하게 과시하려하고 있다"며 고립된 나라, 폐쇄된 사회의 딱지로 조선을 비방·중상한 외국언론도 사고의 전환을 하지 않으면 안 되는 상황"이라고 언급하였다.

▲ 위 사진은 노동신문 2014년 4월 18일자 4면에 실린 것으로 13일 평양(평양시 평천구역 안산1동)에 서 발생한 23층 아파트 붕괴 사고와 관련해 북한 간부가 주민과 유가족 등에게 고개 숙여 사과하는 모습이다. 당시 무너진 아파트는 완공 전 입주 단계에 들어간 것으로 추정되고, 92세대가 이미 입주된 것으로 파악돼 상당수 인명피해가 발생한 것으로 보인다. (『노동신문』캡처) 또한 위 사진에서 우리가 읽어내어야 할 해독코드는 아파트 붕괴 사고에 대한 북한의 대응과 처리가 우리가 보기에는 여전히 미흡하고 가식적일 수는 있겠지만, 그럼에도 불구하고 과거에 비해 투명하게 공개하고 고개 숙여 사과하는 모습은 긍정적 변화로 인정해 줘야 한다. 인민보안부장의 사과는 분명 여론에 반응한 것이고 이는 긍정적 변화이기 때문이다. 이러한 북한의 긍정적 변화마저도 애써 무시하고 왜곡해서 깎아내리는 건 온당치 못하다.

이외에도 2014년 4월에는 평양시 아파트 붕괴 사고를 이례적으로 보도하고 책임자들이 사과하는 모습 역시 김정은의 공개적이고 투명한 리더십의 반영으로 해석할 수 있다. 평양시 한복판의 사고인지라 숨길 수 없는 점도 물론 고려되었겠지만, 내부의 참사 사고를 노동신문에 공개하는 것은 분명 북한의 변화된 모습임에 틀림없다. 용천역 사고를 쉬쉬했던 김정일 시대에는 상상할 수 없는 일이다. 이처럼 김정일과 달리 능력과 성과를 중시하고 시스템을 존중하며 공개적이고 투명한 리더십을 보여주는 것은 분명 김정은의 긍정적 변화로 평가할 만하다.

ㄴ. '실용주의적 접근'과 '강온(强穩)양면'의 조합

백학순은 김정은의 '실용주의적 접근'과 관련한 그 한 사례로 2012년 5월 9일 만경대 유희장을 현지지도하면서 관리부실에 대해서는 질책하고 보도블록 사이에 자라난 잡풀은 직접 뽑는 행위, 또 6월에 들어서는 그 동안 국가안전보위부 요원들이 해외출장 가는 당과 정부의 관료들을 동행하면서 감시하던 것을 자제토록 한 지시라든지, 6월 20일에는 평양시 중심지역인 만수대지구에 자리 잡은 창전거리의 상점, 음식점 등 여러 신축건물의 현지지도에서 건물을 짓는 데서 '미학성'보다는 '편리성'이 중요함을 강조한 것, 상점들이 '봉사성'으로 서로 경쟁해야 한다는 내용 등을 들었다. '강온(强穩) 양면의 조합' 전략과 관련해서는 2012년 4월 군대 경력이 전혀 없는 최룡해를 군에 대한 '당적 통제'를 책임지고 있는 군 서열 1위 자리인 군 총정치국장에 임명했고, 7월 15일에는 선군정치하의 군의 실세인 리영호 총참모장을 당 정치국 결정을 통해 전격적으로 철직시킨 것. 또 한미 연합훈련 을지프리덤가디언(UFG)을 이틀 앞둔 8월 18일에는 호위 함정도 없이 27톤의 작은 목선을 타고 연평도와 불과 9km 떨어져 있는 최전방 섬인 장재도와 무도 방어대(연평도 포격 근거지)를 사전예고 없이 현지지도하고, 최고사령관으로서 강력한 방어 지시를 내린 것, 그리고 이틀 후인 8월 20일에 UFG와 관련하여 "참을성에도 한계가 있다"면서 "전면적 반공격전을 위한 작전계획을 검토하고 최종수표했다"고 발표한 것 등이 이에 해당한다고 했다.

특징 8: 자주외교의 리더십

ㄱ. 반미노선에 근거한 자주외교

김정은의 자주외교의 특징을 가잘 잘 나타낸 내용은 제1위원장이 김일성 주석 탄생 100주년을 기념하기 위해 마련된 4·15 연설 때 "평화보다 자주와 존엄이 중요하다"고 언급한 것에서 확인된다. 이와 관련해서 2010년 9월 개정한 당 규약에 "제국주의에 맞서 핵 억지력을 갖추고 있다"고 핵무기 보유 사실을 간접적으로 표현했으나, 김정일 사후에 개정한 2012년 개정헌법 서문에는 "핵보유국"임을 분명하게 하였다. 또한 2010년 연평도 포격이 갖는 함의인데, 다음

> 그러나 여기서 오역해서는 안 되는 것이 이때 표현된 '자주'가 미국의 북미대결정책에 대한 반대이고, 남한의 분열정책과 흡수통일정책에 대한 반대이지 김정은 제1위원장이 김영남 북한 최고인민회의 상임위원장을 2012년 8월 26일 이란에서 열리는 비동맹운동(NAM) 정상회의에 참가시키는 것에서 확인받듯이 평화·호혜의 외교노선에 대한 이탈로 확장하는 것은 좀 조심스러워야 한다. 이유는 2011년 2월 27일 조선인민군 판문점 대표부 명의로 발표한 성명에서 "우리에게는 평화도 소중하다. 긴장완화 역시 우리의 변함없는 지향이고 요구이다"라는 입장도 동시에 가지고 있기 때문이다.

의 전화통지문에서 북한에서 말하고 있는 '자주'가 어떤 의미인지 잘 드러난다.

북남 장성급 군사회담 남측수석대표 귀하
… (중략) 나는 위임에 따라서 우리의 신성한 영해에 단 한 발의 총포탄이

떨어질 경우 즉시적인 물리적 조치가 따를 것이라고 경고한 바 있습니다. 우리의 이 경고를 무시하는 경우 그로부터 초래되는 모든 후과에 대해서는 귀측이전적으로 책임지게 될 것입니다.

또한 김정은 제1위원장은 2012년 4월 13일 광명성 3호 발사를 단행하였는데, 이 조처는 광명성 3호 발사에 대해 미국이 안보리 결의 1718호 및 1874호의 심각한 위반임을 경고한 데 따른 자위적 조처로써 김정은 제1위원장이 미국과의 대결에서 물러서지 않겠다는 행동전략으로 보인다. 이외에도 김정은 제1위원장은 4월 23일에 "역적패당의 분별없는 도전을 짓부셔버리기 위한 우리 혁명무력의 특별행동이 곧 개시된다(『조선중앙통신』 2012. 4. 23)"고 선언하며 대남 군사행동 개시를 선언하였다.

그렇게 보는 이유는 북한 외무성의 대변인 성명을 보면 보다 분명해 지는데, 그 내용은 다음과 같다. 북한은 2012년 4월 17일 외무성 대변인 성명에서 "미국은 행동으로 우리의 '자주권을 존중하며 적대의사가 없다'는 확약을 뒤집어엎음으로써 2·29 조미 합의를 완전히 깨버리었다."며 사실상 '2·29 합의' 파기를 선언, 미국의 압박에 정면대응하였다. 대변인은 이어 "조미 합의에서 벗어나 필요한 대응조처들을 마음대로 취할 수 있게 되었으며 그로부터 산생되는 모든 후과는 미국이 전적으로 책임지게 될 것"이라고 주장했다.

뿐만 아니라 2·29합의 파기 이후, 이른바 '동까모'사건이 폭로되자 김정은 제1위원장은 7월 25일에 미국이 전제조건 없이 정전협정을 평화협정으로 바꿀 용단을 내릴 것을 촉구했다. 아울러 담화는 "우리에게는 미국과 평화협정을 체결하여 문제를 푸는 방법도 있고 조선반도에서 전쟁의 화근을 송두리째 들어내어 항구적인 평화를 실현하는 방법도 있다(『조선중앙통신』 2012. 7. 25)"며 미국 측이 전쟁과 평화 중에 하나를 양자택일할 것을 주문하는 등 사실상의 '동시행동원칙'을 폐기하는 양상까지 보이고 있다. 급기야 2012년 한미연합군이 을지프리덤가디언 훈련(훈련 기간은 8월 20일부터 30일까지였다)에 대해서는 북한에 대한 선제공격으로 규정하고, 김정은 제1위원장이 8월 25일 한 공개연설에서는 "나는 이미 서남전선의 최전

방부대들에 나가 적들의 무분별한 추태를 고도의 격동상태에서 예리하게 살피며 만약 적들이 신성한 우리의 영토와 영해에 단 한 점의 불꽃이라도 튕긴다면 즉시적인 섬멸적 반타격을 안기고 전군이 산악같이 일떠서 조국통일대업을 성취하기 위한 전면적 반공격전에로 이행할 데 대한 명령을 전군에 하달하였으며 이를 위한 작전계획을 검토하고 최종수표하였다(『로동신문』2012. 8. 26)"고 밝혔다. 즉, 최종작전계획에 서명함으로써 언제든지 전쟁이 가능한 상태를 유지하게 되었다는 사실을 만천하에 알린 것이다. 그리고 2014년 11월 25일『조선중앙통신』에 김정은 노동당 제1비서가 대표적인 반미(反美) 교양시설인 신천박물관을 찾아 "적에 대한 환상은 곧 죽음이며 적에 대한 털끝만한 환상이라도 가진다면 혁명을 포기하게 되고 나중에는 혁명을 망치게 된다"며 "현시기 반제반미교양·계급교양을 더욱 강화하는 것은 조국의 운명과 관련된 대단히 중요한 문제"라고 말하는 등 자주외교 노선의 핵심에 반미노선이 있음을 분명히 하고 있다.

> 게르니카와 더불어 파블로 피카소의 대표적인 반전작품으로 꼽히는 1951년작, '한국에서의 학살(Masacre en Corea)'이 바로 신천대학살을 모티브로 한 것으로 알려져 있다. 미군에 의한 양민 학살을 묘사했다는 이유로 지난 1980년대까지 대한민국에서는 이 작품을 '금지미술'로 묶어 두었다.

ㄴ. 미국과의 인권 대결

북·미 간에 풀어야할 숙제가 핵문제만 있는 것이 아니다. 그런 만큼 북·미 간에 핵문제가 해결된다 하더라도 진정한 북·미대결의 2라운드는 '인권문제'에서 충돌할 가능성이 매우 높다고 본다. 이유는 이렇다. 북한식 사회주의 이념과 미국식 자유민주주의 이념이 가장 첨예하게 맞부딪칠 수 있는 분야가 인권문제이기 때문이다. 그것은 인권문제가 태어나면서부터 당연히 주어지는, 법률이나 믿음보다 앞선 보편적 선험적 권리이기는 하지만, 현실에서는 가장 이념적이며 가치 지향적이기도 한 정치의 문제와 맞닿아 있어서 더더욱 그렇다.

그렇게 볼 때 북한이 2014년 12월 20일자 외무성 성명을 통해, 지난 18일(현지시각) 유엔총회 본회의에서 채택된 '북한인권결의'를 전면 배격한 이유가 충분히 설명된다. "인권을 구실로 우리 공화국을 군사적으로 침공하려는 미국의 적대시정책이 명백해진 조건"에서 라는 표현과 함께, "날로 가증되는 미국의 반공화국 압살책동에 대처"하여 라는 문장 속에는 북한이 인권문제를 미국의 대북 적대시 정책의 연장선상에서 바라보고 있다는 속내를 여과 없이 드러내고 있다. 이러한 인식은 결국 『민중의 소리』(2014. 2. 7)에 기고된 정기열의 「북미대결사'에 대한 하나의 해석」에 따르면 북한이 "매개 나라와 민족들이 자기의 사상과 제도를 가지고 자기 운명을 개척해 나가는 조건에서 정치, 경제, 문화를 포괄하는 세계의 '일체화'란 있을 수 없다. 사회가 발전하고 민족들 사이의 련계와 교류가 밀접해 짐에 따라 민족들의 생활에서 공통성이 늘어나게 되지만 그것은 어디까지나 민족들의 독자적이며 개성적인 발전을 전제로 하며 그 기초 우에서 이루어 진다. 제국주의자들이 세계의 '일체화' 흐름이라는 것을 꾸며낸 것은 전 세계를 서방식 '자유세계'로 만들며 모든 민족을 저들에게 예속시키고 동화시키자는 데 목적"이 있기 때문에 "모든 나라와 민족들은 세계의 '일체화' 흐름이라는 간판을 걸고 감행되는 제국주의자들의 민족말살정책의 위험성을 똑똑히 보아야 하며 제국주의자들의 지배주의적 책동을 분쇄하기 위한 투쟁을 강화"해야 한다는 인식으로 연결되고 있다. 하여 북한의 이러한 인식이 변하지 않는 한 북한의 인권문제는 미국의 대북 적대시 정책의 연장이고 미국식 세계화로의 '일체화' 책동이기 때문에 북한은 절대 이를 수용할 수 없는 것이다.

특징 9: '광폭' 행보에 기초한 통치스타일

그 예로 김정은이 북한을 몰래 빠져나왔던 일본인 요리사 후지모토 겐지를 다시 초청해 포옹을 하는 모습이나, 그의 딸을 김일성종합대학에 입학시킨 일을 꼽을 수 있다. 또한 탈북 여성 박정숙이 재입북하자 기자회견 자리를 만들어주고 평양에 아파트까지 마련해주며 다른 탈북자들에게도 처벌하지 않으니 돌아오라고 하는 모습도 하나의 사례로 들 수 있다는 것이다.(『통일뉴스』 2012년 10월 11일) 또 『열린북한방송』이 2012년 3월 21일 방송에서 "중국에 9년이나 불법체류한 한 여성이 작년 말 국상 기간에 북한으로 돌아가 거액을 국가에 헌납했는데 김정은 제1위원장이 민족적 양심이 있는 사람이다, 그 돈을 버느라 얼마나 고생했겠는가, 본인에게 그대로 돌려주라고 지시했다는 일화도 이에 해당된다.

이외에도 『열린북한방송』의 2012년 3월 21일 방송보다 앞선 2월 16일자 『조선중앙통신』이 공개한 김정은 제1위원장의 친필서한에도 비슷한 내용이 나온다. "자강도 만포시 주민들이 군인들에게 쌀을 보내주겠다고 제안하자 성의로만 받고 쌀은 시민들, 어린 아이들에게 전달하라며 부결한 것"이 그 내용이다. 또 일명 '음악정치'의 대표적 사례로 모란봉악단을 들 수 있다. 이에 대해 북한 언론은 김정은 제1위원장이 모란봉악단을 '친히 조직'하였고 직접 '지도'했다고 보도한 바 있다.

2012년 7월 6일 평양의 한 극장에서 '미키마우스'와 '곰돌이 푸' 등 미국 월트디즈니사의 캐릭터로 분장한 인물들이 등장했고, 배경화면에는 '백설공주'와 '미녀와 야수' 그림이 비춰졌다. 이에 대해 미국 『AP통신』은 평양발로 "북한공연에서 디즈니 캐릭터가 등장한 건 이번이 처음"이라며 "새 지도자 김정은이 글로벌 추세를 강조하며 북한에 새바람을 불어넣는 게 아니냐"고 보도할 정도였다. 김정일 시대였다면 '부르주아 날라리풍'이라며 금기시된 파격공연이었다.(이영종, 『김정일家의 여인들』, 늘품플러스, 2013, 152쪽)

^ 모란봉 악단의 파격적인 공연 (사진=조선신보)

　이러한 파격은 소비품에도 나타났다. 『조선중앙통신』 2012년 7월 2일자
보도에 따르면 평양 양말공장을 방문한 김정은은 "소비자의 기호와 심리,
미감에 맞으면서도 세계적 추세에 맞게 양말의 색깔과 문양, 상표 도안이
따라야 한다"고 강조했을 뿐 아니라 여성들의 짧은 스커트, 스키니 진, 통
굽 구두, 고리 착용을 허용했고, 이외에도 피자, 프렌치프라이, 햄버거 등
과거 금지했던 식품들도 보다 쉽게 사 먹을 수 있으며 어린이의 동물원,
놀이공원 입장도 무료화한 것으로 드러났다. 더 나아가자면 공개연설도 김
정일 위원장과는 달리, 광폭정치의 한 형태로 볼 수 있는 것이다. 또 다른
한 사례로 『노컷뉴스』 2013년 9월 19일자 보도에 따르면 북한 매체들이 19
일 보도한 내용을 인용하면서 김정은 제1
비서가 여러 단위의 일꾼들과 근로자, 학생
들에게서 받은 편지에 '친필답장'을 보냈다
면서 그 답장에 대해 "어머니 당의 광폭정

> '친필답장'이 어떤 형태인지 궁
> 금하신 독자들은 다음의 인터
> 넷 주소로 검색해 보길 바란다.
> 〈http://m.nocutnews.co.kr〉

치의 위대성을 뜨겁게 전하고 있다"고 표현했다.

3. 김정은과 관련한 '불편한' 이해

물론 최종적으로는 독자들이 판단해야 할 몫이기는 하나, 필자는 이 책을 마무리하면서도 독자들이 이 책을 잘 이해하였는지가 궁금해 다음과 같은 두 가지 질문을 해본다. 그 첫째 질문은 그래도 김정은 정권이 붕괴한다고 생각하는가? 이고, 두 번째 질문은 김정은을 둘러싼 각종 의혹(들)을 어떻게 이해할 것인가? 이다.

■ 김정은 정권의 미래

필자가 이렇게 첫 번째 질문과 같이 물은 것은 이 책을 읽는 독자들이 필자의 생각은 잘 알겠으나, 그래도 김정은 제1비서가 어리고 경험이 없어 권력엘리트들을 장악하지 못한 데다 정책 혼선까지 빚어질 수 있어 언제 어떻게 될지 모르지 않는가? 이렇게 생각할 수도 있을 것 같은 염려 때문이었다. 물론 그렇게 생각할 수도 있다. 필자도 100% 확신하지 못하는 상황(이는 역으로 박근혜 정권도 붕괴될 것인가? 라는 질문에도 똑같이 100% 확신 못한다)이기에 충분히 그럴 수 있다. 그래서 절대적으로 NO라고 말할 수도 없다. 그렇지만 적어도 다음과 같이는 말할 수 있다. "김정은 제1비서 등장 이후 생각했던 것 이상으로 북한 내부는 급속히 안정화되어 가고 있다."

실제 김정은 등장 이후 북한 주민들의 생활도 놀랍게 달라지고 있다. 그 중심에 모르긴 몰라도 검정은에 의해 내세워진 '경제·핵무력' 병진노선의 결과가 일부 반영되어 있는 것은 분명하다. 전현준은 이에 대해『통일뉴스』2015년 2월 23일자에 이렇게 표현하고 있다.

"경제 성장이 이루어지고 있고 부동산 중개업을 필두로 전당포, 계주 등 자본주의식 다양한 직업이 생기고 있다. 주민들의 의식은 이미 자본주의 초입에 들어서 있다고 보는 것이 맞겠다. 주민들은 서서히 북한 내에서도 먹고살 수 있을 것이라는 희망을 갖기 시작하고 있다."

좀 더 구체적으로는 김정은 제1비서가 북한의 지도자로 들어선 이후 협동농장과 공장, 기업소에서 적극적으로 도입한 우리식 경제관리 방법이 성과를 내어 농업과 경공업 분야에서의 증산으로 이어지고 있고, 고질적인 식량난과 생필품난이 나름대로 해결되어 가고 있다. 농업분야에서는 가뭄과 홍수 같은 통제하기 어려운 자연적 기상 조건은 여전하지만, (그 조건을 감안하더라도) 3~5명으로까지 농업생산 단위를 축소시킨 포전담당책임제가 그들에게 증산에 매진할 강력한 각종 인센티브를 제공하여 그 성과를 보고 있는 것이다. 이 성과를 바탕으로 하여 지금 김정은은 인민생활 향상을 위해 한 단계 더 나아가고 있다. 이른바 '식생활 수준을 한 단계 높이기' 프로젝트인데, 이 성공을 위해 김정은은 지금 농산과 축산, 수산을 3대축으로 하여 곡물, 야채, 과일 생산을 포함해 단백질, 지방 등 균형 있는 영양 섭취를 보장해 내려고 상당히 노력하고 있다. 공장과 기업소의 경우도 지배인책임경영제가 도입된 이래로 지배인의 권한 강화와 임금성과급제 등 적극적인 인센티브 제공 등을 포함한

> 그 한 예로 '보통문거리 고기상점'이 문을 열었고, 또한 북한 김정일 국방위원장의 유훈 중 하나인 '만수교 고기상점'도 2015년 4월 25일 평양 보통강변에 위치하고 문을 열었는데, 그 규모가 연건축면적 5천 여 ㎡, 총 3층 건물로, 1층 활어, 냉동생선 등 어류 판매대, 2층 쇠고기, 닭고기, 오리고기 등 육류와 가공식품 판매대, 3층 숯불고기전문식당의 규모를 자랑하고 있다. 김정은이 말한 식생활 향상이 이렇게 차곡차곡 진행되어 나가고 있는 것이다.

독립채산제를 실시하여 증산에 성공하고 있다. 상당한 규모의 해외 인력송출로 적지 않은 외화를 벌어들이고 있어 개성공단을 통한 외화 유입의 중요성도 예전에 비해 상대적으로 떨어져 있는 상황이다.

대외관계도 현재 북미관계와 남북관계는 파탄 나있지만, 대신 중-러 관

계는 이미 회복단계를 넘어 러시아와 중국은 북한에게 러브콜을 보내고 있는 상황까지 와 있다. 모스크바와 베이징에서 각각 개최될 자신들의 제2차 세계대전 70주년 전승기념일에 김정은을 적극적으로 초청하였는데,(그러함에도 러시아와 중국의 방문은 실제 이뤄지지는 않았다), 이는 중·소 양국이 북한에게 경쟁적으로 구애를 벌였던 1970~80년대의 모습을 상기시키는 것과

러시아와의 구체적 사례로는 김정은이 권력을 승계한 이후, 북한이 소련에서 빌렸던 110억 달러의 채무 중에서 100억 달러를 청산해주고, 과거의 채무가 정리된 바탕 위에서 농업 등 경제, 군사, 우주항공 등의 분야에서 적극적으로 협력을 추진하고 있나. 중국과도 중국의 입장에서는 미·중 간의 경쟁이 갈수록 심화되고 미국이 군사, 경제 등의 핵심 분야에서 한미동맹을 강화해왔기 때문에 중국에게 있어서는 대미전선의 최전방에 있는 북한과의 동맹협력은 그만큼 중요해지고 있는 것이다. 그래서 그런지 최근 중국은 북한주재 중국대사의 교체 (2015), 경제협력 강화 등을 통해 대북협력을 강화하려 하고 있다.

같다. 일본과도 비록 그 이행은 느리게 진행되고 있지만, 2014년 5월 북·일 양국 정부가 일본인 납치자 및 행방불명자 문제와 일본의 대북 제재문제에서 일정한 합의를 만들어 낸 뒤에 양자 간의 직접적인 대결을 피하면서 예전에 비해 상당한 정도의 안정성을 획득하고 있다. 그래서 지금 북한은 과거처럼 미국으로부터는 대북제재 해제라는, 남한으로부터는 지원을 통해 생존해 보려는 '생존 전략' 차원의 북미대화, 남북대화를 하자는 것이 아니라 정말로 잘살아 보는 '발전 전략' 차원에서 그것을 원하는 방향까지 와있다.

이렇듯 지금 김정은 정권은 대외적으로든, 아니면 내부적 생존 문제이든, 이제는 걱정하는 차원은 벗어나 본격적인 김정은식 정치를 선보이고, 보수·수구세력의 입장에서는 대단히 '불행한 사태'라 할 수 있는 김정은 정권이 장기집권기로 접어들고 있는 것이다.

장기집권 초입에 들어선 김정은, 이 김정은을 위해 미국 NBA 농구스타 로드맨이 2013년 3월 1일 평양 순안공항에서 『AP통신』과 인터뷰하면서 김정은에 대해 이렇게 말했다. "(김정은은) 위대한 지도자였던 할아버지, 아

버지와 같다. 대단한 녀석(awesome kid)이다"라고 말이다. 보기에 따라 여러 해석을 낳을 수는 있겠으나, 분명한 것은 나름 지도자로서의 위상을 대내외에 과시한 측면은 있다. 그런 김정은이지만, 그에게도 고민이 전혀 없는 것은 아니다. 현시대의 노동자계급과 인민대중은 물론이고 미래시대의 인민대중도 김일성·김정일주의를 신념으로 하여 자주의 궤도를 따라 역

사를 발전시켜나가는 좌표로서의 김일성·김정일주의를 '어떻게' 계승해 가야 할 것인가 하는 것은 수령으로서 당면한 김정은의 당위가 된다. 따라서 주체사상이 김정일에 의해 사상 이론적으로 정립되어져 마르크스·레닌주의와 같은 '주의'의 반열에 올려졌다면, 마찬가지 논리로 김정일의 선군사상도 김정은에 의해 김정일주의로 선포해야 하는 과제가 나서는 것이다. 아래의 인용문은 이를 보다 분명히 해주고 있다.

북한에서 말하고 있는 김일성·김정일주의는 영원한 미래시대를 대표하는 혁명사상이다. 그 이유는 인간의 사회적 본성에 맞게 자연과 사회와 인간 자신을 철저히 개조하여 사람들을 세계와 자기 운명의 완전한 주인으로 만들며 인류의 영원한 행복과 번영의 길을 밝혀주는 가장 완벽한 혁명학설이기 때문이라는 것이다. 이에 대해 리진규는 김일성주의와 김정일주의를 이렇게 구분하고 있다. "김일성주의가 력사상 처음으로 인민대중이 자기 운명의 주인으로 등장하여 자기 운명을 자주적으로, 창조적으로 개척해나가는 력사적 시기의 지도사상이라면, 김정일주의는 자기 운명의 주인으로 등장한 인민대중이 사회주의의 완전한 승리와 공산주의 건설, 온 세계의 자주화를 실현하여 자주위업을 완성해나갈 력사적 시기의 지도사상이라고 할 수 있다.", 리진규, 『21세기 ─김정일시대』, 평양출판사, 1995, 64쪽. 한편, '김정일주의'라는 용어의 최초 등장은 방학세의 부인인 권영희의 편지를 통해서라고 알려져 있다. 이 내용이 로동신문에 실렸고, 그 내용의 일부는 "오직 친애하는 지도자 동지를 우리 혁명의 최고령수, 통일단결의 중심으로 받들어 모시고 영원히 따르며 우리 조국을 '김정일주의' 조국으로 빛내이기 위한 투쟁에서 생명도 가정도 다 바쳐 싸워나갈 것이다"이다.(『로동신문』 1992년 8월 1일자)

"지도자 김정일 동지는 위대한 수령님의 혁명사상을 완전히 체현하고 김일성주의를 한층 더 발전시키고 있는 탁월한 사상이론가이다. 지도자 동지는 수령님의 혁명사상을 주체의 사상, 이론, 방법의 체계로 규정하고 이것을 김일성

주의라 칭하였다. 이것은 레닌이 마르크스주의를, 스탈린이 레닌주의를 규정한 것처럼 수령의 후계자만이 할 수 있는 일이다."(『원전공산주의대계』하, 극동문제연구소, 1988, 2099쪽.)

위 인용문은 수령의 후계자(당대 수령)만이 선대 수령의 사상에 대해 '주의(~ism)'를 선포할 수 있는 권한이 있음을 분명히 하였다. 실제에 있어서도 마르크스주의는 레닌의 의해 정의되었으며 레닌주의는 스탈린에 의해 정식화되었다.

이렇듯 '북한적' 현실과 역사적 경험은 북한에게 수령제 사회주의가 지속되는 한 선대 수령의 사상에 대한 선포권이 후계자(당대 수령)에 있다는 것은 불변하는 원칙임을 알 수 있다. 그것은 앞에서도 누누이 설명하고 있었듯이 수령은 지도사상을 창출하여 인민대중의 자주 위업, 사회주의 위업을 승리에로 완성해나가는 혁명의 영도자가 되어야 하기 때문이며, 후계자(당대 수령)는 수령과 그 위업에 끝없이 충실하고 수령의 혁명사상과 영도예술, 고매한 덕성과 풍모를 그대로 체현하여 수령의 지위와 역할을 그대로 계승하여야 하기 때문이다. 이로부터 김정은은 후계자 김정일이 김일성에게 그러하였듯이 자신도 김정일의 사상이론적 업적을 계승하고 덕성을 체득하여야 하며 내일의 김정일인 '김정일 화신'이 되어야 한다. 다시 말해 후계자 김정은(당대 수령)은 반드시 김정일이 창시한 선군사상을 정립하고, 수령이 된 지금은 선

이와 관련한 그의 업적(2015년 현재)은 2012년 1월 8일(김정은 생일) 당 중앙위원회는 『김정일전집』발행하면서 "그이의(김정일) 탄생 70돌에 즈음하여 주체사상, 선군사상의 총서인 『김정일전집』을 발행하게 된다"라고 언급하였고, 그 1권이 2월 16일 김정일 생일에 맞추어 발간되었다. 1권의 시기적 배경은 1952년 7월부터 1960년 8월까지(선군혁명령도를 시작했다고 주장하는 시기)이며 주로 김정일 국방위원장의 10대 소년시기의 저작(연설, 결론, 담화) 104건을 수록하고 있다고 한다. 아울러 2월 12일에는 『선군태양 김정일장군』(전 12권)을 완간 출판하였고, 2월 15일에는 『전설적위인 김정일동지』(전 5권) 제5권을 완간 출판하였다. 그리고 이에 앞서 1월 18일에는 1992년 4월 김일성 생일 80돌에 시작된 『김일성전집』(전 100권) 출판 사업을 완간 발행했다.

군사상을 김정일주의로 올곧게 계승하는 것은 물론이고 새로운 사상을 '창시'하여야 하는 의무가 주어지게 된다. 또한 김정은 시대가 기존의 '수령 중심의 사회주의 당－국가체제(수령제)'라는 김일성 유일사상체계를 유지하면서, 김정일의 유일사상체계까지 포함하여야 하기 때문에 그 과제는 더욱 무겁고 어렵다 하겠다. 이를 정리하여 도표로 나타내면 다음과 같다.

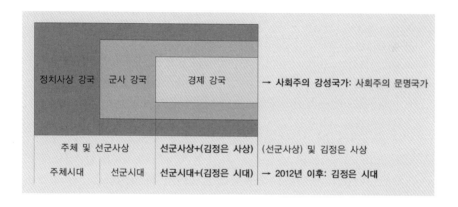

뿐만 아니라 이를 김정은의 관점에서 볼 때 나서는 그 과제 첫째는 선군사상에 대한 개념을 보다 분명히 해야 한다. 이는 주체시대에는 수많은 주체담론들이 존재하였듯이 선군시대는 수많은 선군담론들 존재할 수밖에 없기 때문이다. 따라서 김정은은 선군시대 그에 걸 맞는 주체사상의 현재화, 즉 선군사상을 이론적으로 정립할 수밖에 없고, 그 시점은 제4차 당대표자회의(2012. 4)에서 이미 김일성－김정일주의가 선포되어 있어 (추측컨대) 선군시대의 국가목표인 강성국가가 실질적인 의미에서 진입(완성)되는 시점에 개최될 것으로 예상되는 제7차 당대회일 것이다. 김정은은 바로 이 대회에서 자신의 정치·경제적 성취와 이를 반영하는 형태로 선군사상에 대한 사상 이론적 해석권과 정립권을 전면에 내세울 것으로 보인다.

• 보론: 김정은과 선군사상 •

　포스트 김일성 후계체제 구축 과정에서도 그러하였듯이 수령의 혁명 전통화는 혁명위업 계승 차원에서 다음 후계자에 의해 주도되어야 하는데, 이는 김정은 시대에도 마찬가지일 것이다. 즉, 김정일이 후계자로 등장하는 과정에서 광의의 주체사상이 후계승계의 정당성을 부여하였듯이 김정은이 후계자로 등장하는 과정에서 김정일의 선군사상이 후계승계의 정당성 확보와 그 강화의 기제로 작동하였다는 의미이다. 다시 말해 김정일의 후계승계 과정에 광의의 주체사상이 권력 승계의 정당성을 부여하고 동원 이데올로기로서의 역할과 기능을 수행하였다면, 김정은의 후계승계 과정 역시 선군사상이 후계승계의 정당성을 부여하는 과정과 정확히 일치하면서 인민들의 자발적 동원과 순응을 유인할 수 있는 이데올로기로서 작동한다는 의미이다. 그리고 이러한 과정은 또한 (앞에서도 언급하였다시피) 후계자(당대 수령)가 수령의 사상에 대한 해석권을 장악하는 과정과 정확히 일치한다. 실제 2012년 4월 11일 개최된 제4차 당대표자회에서 김정은 제1비서 '추대의 근거로 그가 "천재적인 예지와 정력적인 사상리론활동으로 절세의 백두산위인들의 혁명사상을 발전풍부화하시여 김일성-김정일주의로 빛내었다"고 하면서 "혁명과 건설의 모든 분야(정치, 군사, 경제, 문화 등)에서 독창적인 사상이론(『조선중앙통신』 2012년 4월 11일)"을 제시, 실천하고 있는 인물로 언급한 것은 이를 분명히 하고 있다.

　이렇게 선군사상을 김정일주의로 정식화하여 혁명전통으로 자리매김한 김정은에 의해 추진될 다음 작업은 선군사상을 광의의 주체사상과 같은 반열인, 순수 이데올로기로 격상시키고, 김정일과 개정헌법에 의해 제시된 강성대국 건설을 현실(김정은 시대)에 맞게 '강성국가(=사회주의 문명국가)'의 반열에 올려놓을 수 있는 실천 이데올로기로 김정은 자신만의 사상적 색깔이 묻어나는 '과학기술중시사상'과 같은 사상 정립을 강조할 것으로 보인다. 이는 과학기술중시사상이 김정일 시대에 확립된 것으로 후계자(당대 수령, 김정은)에게 선대 수령의 사상인 선군사상을 계승한다는 명분을 주면서도 과학기술중시사상이 김정은의 업적 만들기에 용이하기 때문이다. 다시 말해 주체의 수령론에서 수령의 후계자는 '수령의 혁명위업의 계승·발전' 논리 중에서 '발전'을 원용하여 혁명정세의 변화된 환경과 주어진 여건에 맞게 자신의 혁명위업을 새롭게 축적하는 것이 정당화되는데 이 원리에 김정은이 충실할 수 있다는 말이다. 바로 이런 측면에서 김정일이 군을 중시하는 선군사상을 내왔듯이 김정은도 인민생활 향상과 부합하는 과학기술중시사상 또는 그 노선을 내옴으로서 후계자(당대 수령, 김정은) 측면에서는 김일성·김정일 시대를 거치면서 사상강국, 정치강국, 군사강국을 완성된 이후에 유일하게 남은 마지막 관문인 경제강국을 달성할 수 있는 블루오션 전략이 되는 것이다.

더군다나 지난 몇 년간 계속하여 '인민생활 향상'을 공동사설에서 강조하고 있는 상황은 더더욱 그러한 명분을 합리화해주고 있다. 실제적으로도 이는 최근 국방공업 발전을 통해 이룩한 과학기술의 성과를 인민생활 향상으로 돌린다는 주장이 힘을 얻고 있는 점을 고려할 때, 북한은 김정은 시대가 눈부신 과학기술 부흥이 일어나는 시대이고 그 시대는 인민들이 남부럽지 않게 사는 강성국가의 시대임을 계속 강조할 것으로 보인다. 이를 위해 김 제1위원장은 '당 건설과 국가활동에 인민대중 제일주의를 철저히 구현'하면서 자신이 직접 제시한 '경제건설과 핵무력 건설을 병진하는 노선', '우리식 경제관리 방법', '사회주의 문명국 건설' 등에 전 인민적으로 동원하고(검증받고), 그 바탕 위에 정책과 노선의 집약체인 실천 이데올로기(통치 이데올로기) 정립을 위해 노력할 것으로 보인다. 동시에 자신은 끊임없는 강행군 현지지도로 "선군조선의 모든 기적과 위훈창조의 원동력(『로동신문』 2014년 7월 17일)"으로 자신을 내세우고자 할 것이다.

그 둘째, 김정은은 선대 수령들의 혁명위업 계승과 통일에 기여하는 인물이 되고자 할 것이다. 이는 김정은에게 '대를 이어' 가야 하는 선대 수령들의 혁명위업이 있고, 초대 수령의 '유훈'인 통일문제, 즉 6·15공동선언을 실질적으로 이행해야 하기 때문이다. 셋째, 포스트 김정일인 김정은은 반드시 미국과의 대결에서 승리하려 할 것이다. 이는 북한 자신들의 시각으로는 이 지구상에서 마지막 남은 제국주의가 미국이기 때문이다. 넷째, 김정은은 '주체식(우리식)' 사회주의의 구체적인 모습을 선군시대인 자신의 시대에 그 모습을 드러내려 할 것이다. 강성국가(= 사회주의 문명국가)로 말이다.

구분		김일성	김정일	김정은	포스트 김정은
사상	정립	주체사상 창시	주체사상	선군사상	과학기술사상
	창시		선군사상	과학기술중시사상	?
혁명위업	완성	주체혁명위업 창시	주체혁명위업	선군혁명위업: 강성국가론	
	창시		선군혁명위업: 강성대국론	사회주의문명국가론	
조선로동당	완성	김일성정당 창시	김일성정당	김정일정당	김정은정당
	창시		김정일정당	김정은정당	
조국통일	완성	연방제통일방안 창시	김일성 유훈	'6·15'식 통일방안	
	이행		6·15공동선언	제3차 남북정상회담	

※ 1. '과학기술중시사상'은 명칭으로서의 '과학기술중시사상'이 아니라, 3대수령인 김정은이 앞으로 자신만의 실천이데올로기를 만들어낸다면 과학과 기술을 중시하는 그 알맹이로 그 어떤 사상을 창시하지 않겠느냐 하는 이론적 가설이다. 그 이유는 다음과 같다. 인민생활 향상이라는 시대적 과제에도 부합하고, 한편으로는 김정일 시대에 확립된 것이기 때문에 혁명전통으로 연결되면서도 김정은 자신만의 통치이데올로기로 내세우는데 손색이 없기 때문에 앞으로는 이러한 류의 사상을 적극 홍보할 것으로 예측할 수 있다. 실제 북한은 "과학기술발전에서 새로운 전환을 일으켜야 강성대국건설에서 나서는 수많은 문제를 해결할 수 있다"라는 기본 인식으로부터 과학기술을 중시하여 왔다. 이런 차원에서 북한은 이미 2000년 신년공동사설에서 강성대국 건설을 위한 3대 기둥의 하나로 과학기술중시사상을 제시하였고, 2007년 7월 4일 "과학중시사상을 틀어쥐고 강성대국을 건설하자"라는 제하의 로동신문·근로자 공동논설에서 그 내용이 보다 구체화 되었다. 따라서 김정은은 앞으로 과학기술중시사상과 같은 그러한 사상을 자신의 업적 만들기에 적극 이용하고 주민들의 자발적 동원 기제로 적절히 활용하는 실천이데올로기 정립할 가능성이 높아졌다.

※ 2. 하여 위 표에서 말하고 싶은 것은 수령과 후계자의 주요 임무에 대해 어떻게 이해하고 해석할 것인가를 한번 추론해보고자 하는 것인데, 김정은이 선대 수령의 후계자로서 주어진 임무가 선대 수령(김정일)의 사상인 선군사상을 사상 이론적으로 정립해야 하는 것이라면, 당대 수령(김정은)인 자신의 임무는 당대 수령으로서의 새로운 대표사상을 내와야 하는데, 그것이—김정은의 대표사상이 정말로 위 표에 적시된 대로 과학기술중시사상이라면 과학기술중시사상을 그 종자(핵심)로 하는 새로운 사상체계의 창시를 일컫는다. 예를 들자면 김일성의 주체사상은 '주체'를 그 종자(핵심)로 하였고, 김정일의 선군사상은 '선군'을 그 종자(핵심)로 하였듯이 똑같은 논리로 김정은의 과학기술중시사상도 '과학기술중시'를 그 종자로 하는 사상체계로 확립될 것이라는 추론이 가능하고, 더 나아가서 포스트 김정은(김정은의 후계자)는 그 과학기술중시사상을 정립해야 되는 과제를 앉게 되고, 그가 그 뒤 당대 수령으로 되었을 때는 위 표에 표시된 "?"은 자신이 창시해야 될 사상적 과제영역을 일컫는다.

■ 김정은을 둘러싼 각종 의혹(들)

가. 출생일의 비밀

김정은과 관련된 논란 중의 하나가 김정은의 출생과 출생일이다. 출생은 그렇다손 치더라도 출생일과 관련해서는 자유민주주의국가 체제에서라면 논란이 될 필요가 없는 불필요한 논쟁이다. 하여 한반도에서만 일어나고 있는 '희한한' 사건인 것이다. 그렇게 보는 이유는 유교적 전통의 영향인지는 모르겠으나 북한이(이 부분은 남한도 마찬가지이다) 5나 10으로 떨어지는 해를 '정주년(꺾어지는 해)'이라 하여 중시하는데, 김일성은 1912년생이고, 김정일은 1942년생이기 때문에 김정은도 1982년생(1월 8일)으로 선전하고 있다는 것이 대한민국 전문가들의 주장이다. 그렇게 병렬하면 김일성과 김정일은 30년 차이, 김정일과 김정은은 40년 차이가 나 정주년의 의미에 딱 떨어지게 맞다. 그런데 문제는 북한이 애초 김정은에 대한 출생연도를 1983년에 신고했다가 1982년생으로 고쳤다는 사실이다. 여기에다 김정일의 개인요리사로서 북한에 오랫동안 머물렀던 일본인 후지모토 겐지(藤本健二)는 김정은의 생일이 1983년 1월 8일이라고 주장한다. 또 일부에서는 김정은이 1984년 1월 8일에 태어났다는 설도 있다.

하여 1984년 출생설은 모르겠으나 후지모토 겐지의 주장은 무시할 수 없다. 실제로 김정일의 개인요리사로서 김정은의 어린 시절과 함께 보낸 인물이기 때문이다. 과연 북한의 주장인 1982년생이 맞을까, 아니면 후지모토 겐지의 주장처럼 1983년생일까, 그도 저도 아니면 일부의 주장처럼 1984년생일까? 참으로 이상한 일이지 않은가. 한 나라의 국가최고통치자라 할 수 있는 수령(보기에 따라서는 국가최고통치자의 지위를 뛰어넘는다)의 나이가 뭐길래 그렇게 논쟁이 되어야할 만큼 정치적일 수밖에 없단 말인가?

한편, 김정은의 출생과 관련한 논란의 핵심은 김정은의 어머니가 고영희가 아니라는 것인데, 이 논란을 제공한 당사자는 이영종의『후계자 김정은』(서울: 늘품플러스, 2010)이라는 책에서이다. 그런데 이에 대한 김정남의 반론은 이렇다.

> "『후계자 김정은』이란 책의 내용은 사실이 아닌 부분이 너무 많고, 여기저기 내용을 짜 맞춘 소설 같은 책이라 할 수 있습니다. 그래서 저도 읽다 말았습니다. 정은의 생모가 고영희 씨라는 사실은 잘 알려진 사실입니다. 그 사실에 이의를 제기하는 책이야말로 너무나 허황한 것입니다." (『안녕하세요 김정남입니다』, 중앙 M&B, 2012, 165쪽)

나. 유학파, 김정은이 갖는 함의

3대 수령 김정은이 어린 나이임에도 불구하고 국제적 감각에 맞는 리더십을 선보일 것이라는 기대에는 일본『마이니치신문』의 보도 등이 한 몫했다. 이들 보도에 따르면, 김정은은 1996년 여름부터 2001년 초까지 스위스의 베른에서 유학했다고 한다. 처음에는 김정철이 다니고 있던 베른 국제학교에 입학했지만, 수개월 만에 학교를 자퇴하고 자택 근처의 공립 초등학교와 공립 중학교에 진학했다고 한다. 이 젊은이가 바로 김정은인데, 1985년 10월 1일 출생의 '박용수'라고 하는 북한 대사관원의 아들인 '박은'이라는 이름으로 공립중학교에 다녔다는 것이 보도 내용의 골자다. 여기서 드는 의문은 김정일의 아들이라는 신분의 특성상 이름은 숨겼다손 치더라도 김정남이나 김정철은 사립 국제학교에 다녔는데, 왜 김정은만 공립학교에 다니게 했던 것일까? 또 김정철에게는 같은 북한 출신의 학생을 함께 학교에 다니게 하고, 호위를 하도록 경비도 붙였는데, 왜 김정은만 경비가 거의 없었던 것인가도 의문이다. 이러한 의문과는 그 결이 다르기는 하지만, 백번 양보하여 만약 박은이 김정은이 맞다 하더라도 우리가 흔히 범할 수 있는 '합리성의 오류' 그것을 경계하여야 한다. 그 예로 김정은이 유학을 했기 때문에 (국제적 감각을 가져) 광명성 발사 실패를 인정했다 라든지, 부인 리설주와 함께 동행하는 사진을 언론이나 방송매체에 내보는 것등의 국제적 감각의 리더십을 선보인 것이 유학을 했기 때문이라는 추론이 그것이다. 물론 그러한—유학의 경험이 국제적 감각을 가져가는데 도움이 될 수는 있다. 그러나 이것은 어디까지나 필요조건이지 충분조건은 아니다. 문제는 유학을 했던, 하지 않았던 그러한 의지—국제적 감각을 가지려는 의지가 있느냐, 없느냐가 더 관건적인 문제이다. 따라서 유학을 했느냐와 하지 않았느냐로 현재 나타나고 있는 김정은의 개방적 리더십을 분석하는 것은 오류가 된다. 그 반대도 마찬가지이다. 일각에서는 최근—2015년에 벌어지고 있는 리영호의 해임과 장성택의 숙청 등에서 보인 김정은의 리더십에 대해 김정은이 과연 유학파가 맞는지 의심스럽다는 기사들이 솔솔 흘려 나오고 있다. 그러더니 급기야 『마이니치신문』 등에서는 스위스에 유학하고 있던 젊은이가 북한 관계자의 아들이라는 것은 맞지만, 이 젊은이가 과연 김정은과 동일 인물이라고 단정하기에는 조금 더 검증이 필요한 것 아니냐하는 오버(Over)된 주장도 한다.

다. 김정은의 형제들: 장남 김정남은 왜 후계자가 되지 못했는가?

김정은의 리더십 특징을 분석할 때 어린 나이에 유학을 했기 때문에 개방적이고 국제적인 통치스타일을 보인다고 많이들 분석하는데, 이런 기준으로만 보면 김정남이 훨씬 더 유리한 환경에 있음은 부인할 수 없다. 실제 장남이었기 때문에 김정일의 자녀들 중 가장 먼저 유학을 했고, 그 결과 김정남은 프랑스어, 영어, 일본어, 중국어 등 4개 국어를 구사하는 남

> 김정남이 『후계수령론』에 의한 후계자 자격요건을 따지기 보다는, 한때 세간의 관심이었던 '김정일의 아들들 중 누가 후계자로 정해질 것인가?'라는 측면에서 '왜 김정남은 후계자가 될 수 없었을까?' 하는데 초점을 맞춰 그 궁금증을 푸는데 있음을 미리 밝혀둔다.

자로 알려져 있다. 여기에다 김정일의 가계도를 보면 분명 김정남은 장남이다. 그리고 한때는 가장 유력한 후계 1순위이기도 하였다.

북한 사회를 유교사회의 연장선상에서 봤을 때는 김정남이 유력한 권력승계자가 되어야 한다는 논리도 성립가능하다. 그러함에도 불구하고 김정남은 김정일의 후계자가 되지 못하였다. 왜였을까? 이 한 가지 사실만으로도 북한 사회를 유교사회의 연장선상에 있는 완전한 봉건왕조라는 인식은 성립되지 않음을 알 수 있다. 또한 이 사실 한 가지만으로 북한 사회가 유교사회가 아니라는 증명도 100% 이뤄졌다고 할 수는 없다. 마찬가지로 이 한 가지 사실만으로 북한이 북한 스스로가 말하고 있는 수령제 사회임이 증명되었다고 말할 수도 없다.

가장 정확한 사실(fact)은 장남 김정남이 권력 승계자가 되지 못했고, 삼남으로 후계승계가 이뤄졌다는 사실이다. 이로부터 우리는 다음과 같은 사실들을 추적해 나가야 한다. 일각에서 주장하고 있는 것처럼 북한 사회가 100% 일치하는 유교사회가 아님은 수긍이 갈 부분이 있다. 여기에다 장남이든 삼남이든 김정일의 자식이 후계자가 되었기 때문에, 이는 명백히 권력세습이라는 비판에 대해 북한이 자유로울 수가 없다. 해서 문제는, 과연 김정은이 그러한-후계자가 될 만한 자질과 능력을 갖고 있느냐가 검증되어져야하는 것이다.

이 전제로 본다면 김정남이 후계자로 되지 못한 이유에는 여러 가지가 있을 수 있겠으나, 좁혀서 보면 장남 김정남은 2001년 5월에 일본 나리타공항을 통해 입국하려다 여권 위조로 잠시 구속되었다가 이후 중국으로 강제출국 당한 사실이 있다. 그 이후로도 일본 매스컴들의 취재에 응하면서 아버지 김정일에게 중국식 개혁·개방을 해야 된다는 발언과 아버지 김정일의 세기적 염원인 '2012년 강성대국' 정책에 대해 '경제는 숫자에 의한 과학'이라며 너무나도 냉정하게 내린 평가('강성대국'은 실현 불가능) 등이 김정일의 분노를 싸게 했고, 생모인 성혜림이 '서방 망명설'에 휘말려 성혜림 우상화가 불가능하게 된 점, 150여 통의 이메일에서 확인되듯이 후계승계 문제와 관련해 '3대 세습' 반대를 분명히 한 점 등이 그 자신에로의 후계승계에 부정적 요인으로 작용했음을 알 수 있다.

이 중 우리는 과연 자신에로의 후계승계를 원하지 않아서 '3대 세습'에 반대했으며 자신으로의 후계승계에 대해서는 정말로 생각해보지 않았을까? 하는 의문을 가질 수 있다. 이에 대한 김정남 자신의 생각을 읽어낼 수 있는 한 단서가 있다. 자신에 대해서는 후계자 반열에 오른 적 없는 인물로 묘사했다.

> "후계자 반열에 오른 적도 없는 사람을 두고 '북한판 왕자의 난'이니 뭐니 운운하는 언론의 무지가 그저 우스꽝스러울 뿐입니다. 저는 그 누가 원한다 하더라도 북한의 후계자는 할 생각이 없습니다. 북한의 차기 지도자는 저로서 감당할 수도 없고, 자신도 없는 위험한 자리라고 생각합니다. 기대하는 사람들이 있다 할지라도 타인의 기대를 충족하기 위해 제 인생을 망가뜨리고 싶지 않거든요."(『안녕하세요 김정남입니다』, 중앙M&B, 2012, 84쪽)

진정한 속마음이길 바랄 뿐이다. 계속해서 세습에 대한 김정남의 생각을 더 들어보자. 고미 요지의 이메일 질문 "사회주의와 권력 세습은 모순되지 않습니까?" 이에 대한 그의 답변은 이랬다. "중국에서는 마오쩌둥(毛澤東, 주석)조차 세습은 하지 않았습니다. 그래서 중국이 발전할 수 있었다고 생각합니다. 반대로 세습을 한 북한은 국력이 약해질 우려가 있습니다. 3대 세습은 사회주의 이념과는 맞지 않는다고, 저는 이전부터 지적해 왔습니다. 그런 선택을 한 것은 북한으로서도 특징적인 내부 요인이 있었기 때문이라고 생각합니다. 그런 요인 때문에 내부 안정과 순조로운 후계를 실현하기 위해서 3대 세습을 시행할 수밖에 없었던 것 아닐까요? 무엇보다 중요한 것은 북한의 내부 안정입니다. 그런 이유로 북한이 3대 세습을 했다면 그것이 북한의 역할일 겁니다." 또 다른 고미 요지의 이메일 질문, "하지만 그 때문에 후계자 김정은 씨에게 반감을 느끼는 사람이 늘어나지 않을까요? 극단적인 경우, 세습반대 시위가 일어나지 않을까 하는 걱정이 됩니다만." 김정남의 대답, "어떤 체제에서든 반대 세력은 있다고 봅니다. 반대 세력이 다수인지 소수인지가 문제겠지요. 개인적인 생각입니다만, 3대 세습을 한 사람이라도 윤택한 생활을 만들기 위해 노력해 준다면, 그리고 그 결과가 좋다면, 반대 세력도 줄어들 것이라고 생각합니다."(『안녕하세요 김정남입니다』, 중앙M&B, 2012, 102~103쪽)

이외에도 김정남이 후계자가 되지 못한 또 다른 추론은 김정일이 가장 사랑한 여인이 고영희였다는 사실, 이 사실은 고영희가 유방암으로 사망하기까지의 28년간 사실혼 생활이 증명해 준다. 즉, 권력암투적 관점에서 보면 5~6년간 동거한 성혜림보다 사실상 28년간 동거생활한 고영희의 자식에 더 김정일의 마음이 갈 수밖에 없다는 분석이 가능하다. 또『조갑제 닷컴(http://www.chogabje.com)』에서 본인의 문란한 사생활, 세 명의 아내와 동거한다는 문제제기와 관련하여서는 "저의 여성 편력은 부정하지 않겠습니다. 하지만 제가 세 명의 아내와 산다는 이미지를 강조하는 것은 저를 이상한 사람으로 만들려는 의도가 보여서 다분히 불쾌합니다. 북한은 일부다처제가 아닙니다.(190쪽)"『안녕하세요 김정남입니다』(서울: 중앙 M&B, 2012)

이 모든 것을 종합해 보면 김정남이 김정일의 눈 밖에 나는 것은 당연한 것처럼 보인다. 그렇다 하더라도, 김정일의 눈 밖에 나서 일찌감치 후계자에서 탈락했다손 치더라도 풀리지 않는 의문은 하나 있다. 다름 아닌, 김정철의 미스터리다. 김정일의 여인들 전체에서 장남은 분명 김정남이 맞지만, 김정일과 가장 오랫동안 사실혼 생활을 했던 고영희(28년간 동거생활)와의 자녀 중에는 장남이 김정철인데, 왜 김정철이 후계자가 되지 못했을까? 이 의문에 대한 대답은 그렇기 때문에 봉건적 유교사회가 아니고, 그렇기 때문에 북한이 세습을 반대하는 국가가 맞다고 하는 논리를 제외하더라도 대체적으로 김정철이 호르몬과다분비증이라는 질환과 권력의지가 없었기 때문이라는 것이 정설로 굳어있다.

이제 남는 문제는 김정은 체제가 확실해지면 질수록 김정은의 형제들의 미래가 어떠할 것인가? 하는 것이다. 이에 대한 예측은 김정일 시대 때를 비교해서 유추하는 것이 그나마 합리적이라 할 수 있을 것이다. 그러한 측면에서 봤을 때 유일한 여동생 김여정은 김경희와 같은 역할, 즉 김정은 옆에서 김정은을 도와갈 것이고, 반면 배다른 이복형 김정남은 김정일 때의 김평일처럼 평생 국내 땅을 밟지 못하고 외국에서 생을 마감할(혹은, 장기체류할) 가능성이 높아졌다.(김평일은 1970년대 후계구도에서 멀어지자 그때부터 지금까지 헝가리, 불가리아, 핀란드, 폴란드 등을 오가면서 현재까지 대사직만 수행하고 있다) 실제 김정남은 김정일의 사망 직후 구성된 장례위원회 232명 명단에 포함되지도 않았고, 김정일 장례식 때도 장남으로서 갖는 권한인 상주도 되지 못했다. 그런 김정남은 불행히도 2009년 이복동생 김정은이 후계자로 내정된 후 단 한 번도 북한을 방문하고 있지 못한 것으로 파악되고 있다. 유일 수령 김정은의 정적이라는 의심이 털끝만치라도 남아있는 한, 그리고 중국이 언제라도 김정은을 대신할 수 있는 김정남에 대한 후견인을 포기하지 않는 한 북한은 김정남을 영구 국제미아로 남겨놓을 것이다.

라. 세습 문제: 김정남의 생각을 중심으로

일본 언론인(도쿄신문) 고미 요지(五味洋治)와 김정남은 이메일 150여 통을 주고받았는데, 그중 김정일 위원장 장례가 끝난 2012년 1월에 고미 요지에게 보내진 김정남의 이메일에는 이런 문장이 있었다.

"상식적으로 생각하면 세습을 3대째 계속하는 것에 동의할 수 없습니다.

37년간 이어져 온 절대 권력을, 후계자 교육이 2년밖에 되지 않는 젊은 세습 후
계자가 어떻게 계승할지 의문입니다. 김정은은 단순히 상징적 존재일 뿐이고,
기존 파워 엘리트가 실권을 잡을 것입니다." (『안녕하세요 김정남입니다』, 5쪽)

이 한통의 이메일에서 김정남의 많은 생각들을 읽을 수 있다. 첫째는 세
습에 동의할 수 없다는 것, 둘째는 만에 하나 세습되더라도 자신으로 세습
되어져야 한다는 것, 셋째는 김정은으로 세습된다면 김정은은 허수아비가
되고 파워 엘리트가 북한을 지배한다는 것, 그리고 마지막 넷째는 북한에
서 금기시되는 '세습'이라는 용어를 사용하고 있고 그것도 아버지 김정일도
세습으로 최고지도자가 되었다는 것을 인정하고 있다는 점이다. 김일성의
장손이자 김정일의 장남이 이런 견해를 갖고 있다는 것 자체가 북한으로서
는 수령제 사회로 진입하는 데 있어 커다란 걸림돌이 되게 생겼다. 가장
중심에 있는 로열패밀리 집안에서 이단아가 나온 것이다. 그것도 장손이자
장남이 말이다.

김정남은 150여 통의 이메일을 통해 이런 내용도 공개했다. 김정일이 기
회가 있을 때 마다 "아들에게는 권력을 물려주지 않겠다(『안녕하세요 김정
남입니다』, 9쪽)"는 말을 했다는 것이다. 이 말이 사실이라면 왜 삼남 김정
은에게로 후계승계가 일어났을까? 하는 합리적 의문을 북한에서는 풀어주
어야 할 과제가 있다(물론 이 말이 사실인지 아닌지는 '죽은 자' 김정일만이
알고 있다는 전제하에서). 또한 김정남은 이 150여 통 이메일 곳곳에서 자
신이 후계자가 되지 못한 것과 관련해 우리가 통상적으로 알고 있었던 일
본 밀입국 때 문제가 된 위조여권 문제라기보다는 자신이 아버지 김정일에
게 북한도 중국처럼 개혁·개방을 하지 않으면 경제가 파탄이 일어날 수
있다는 것을 말씀드렸기 때문이라는 심경을 드러내기도 했다. 즉, 성역을
건드린 괘씸죄가 적용되었다는 뉘앙스다. 김정남이 실제로 김정일에게 이
런 건의를 했다면 자신이 후계자가 되지 못한 이유가 일정한 진실을 갖게

된다. 그것은 김정일이 중국식 개혁·개방에 상당한 거부반응을 갖고 있었다고 알려져 있기 때문이다. 그리고 중국이 김정은체제가 확실하게 굳어진 현재까지도 김정남을 보호내지 후견하고 있는 충분한 이유가 되기도 한다. 이외에도 김정남의 150여 통의 메일에는 김정은체제의 미래에 대한 불확실성도 들어있다. 김정은이 북한 주민의 빈곤을 해결해주지 못한다면 주민들의 불만은 높아질 수밖에 없고, 그러면 '아랍의 봄'같은 일이 자신의 조국 북한에서 일어나지 않으리라는 보장이 없다는 생각의 일단으로 말이다.

마. 리설주에 대한 의혹

북한은 김정은의 아내로서 리설주를 공개했으나, 나이, 경력, 출신성분 등을 공식적으로는 전혀 밝히지 않고 있다. 그러다 보니 이러저러한 억측들이 쏟아져 나오는데, 그중에 대표적인 것 중의 하나가 결혼 시점과 은하수관현악단 활동 문제이다. 국정원 등 정보기관의 파악으로 보면 리설주는 김정은과 2009년에 결혼한 것으로 되어있다. 그런데 리설주는 2011년 2월 설맞이 신년음악회 공연에도 출연한 것으로 되어있다. 즉, 결혼 후에도 가수활동을 계속했다는 것이다. 여기서 의문의 핵심은 북한에서 수령의 아내가 결혼 후에도 가수활동을 계속할 수 있느냐?와 그것도 일반인들에게 TV로 방영되는 무대에 섰다는 게 너무나 이례적이라는 주장에 대해 북한은 답해야 한다. 또 북한의 입장에서 볼 때는 워낙 황당무계한 소문이겠지만, 리설주의 섹스스캔들도 풀어내어야 할 숙제이다. 왜냐하면 최고지도자의 부인이 섹스스캔들에 휘말려 있다는 것 자체가 수령제 사회에서 일어나서는 날수도 없는 소문이기 때문이다.

그 소문의 진상은 이렇다. 북한에 대해서 너무 지나치게 황색보도를 일삼는 언론매체이기는 하지만 일본『아사히신문』2013년 9월 21일자에 따르면 북한당국이 리설주 관련 추문을 은폐하기 위해 은하수관현악단과 왕재산예술단 단원 9명을 지난 8월 공개처형했다는 내용이었다. 이들이 포르노물 제작과 관련돼 있고, 여기에 직접 출연했다는 얘기다. 문제는 리설주 관련 부분이었다. 북한의 인민보안부가 이들에 대한 수사를 하는 과정에서 도청을 했는데, "이설주도 전에는 우리와 똑같이 놀았다"는 대화 내용이 감지됐다는 것이고, 김정은이 이 같은 사실이 외부에 알려지는 걸 막기 위해 8월 17일 9명을 체포했고, 재판도 거치지 않은 채 사흘 뒤 평양시 교외의 강건군관학교 연병장에서 노동당과 군부의 고위 간부, 악단 관계자 등이 지켜보는 가운데 공개 총살했다는 내용과 함께, 처형된 9명의 가족들은 정치범 수용소에 보내졌으며 두 악단은 해산됐다는 게 아사히의 핵심 보도 내용이다.(이영종, 『김정일家의 여인들』, 늘품플러스, 2013, 226~227쪽) 이후 이 사건에 대한 전말은 밝혀지겠지만, 분명한 것은 김정은도 아버지의 전력을 따라 여러 여인들을 거느리게 될지, 아니면 리설주 한명의 부인만 두게 될지는 좀 더 두고 봐야 할 일이다. 그 과정에서 생각보다 일찍 리설주와 결별하게 된다면 이 섹스스캔들은 '스캔들'과 상관없이 '사실'로 받아들여질 개연성이 훨씬 높아질 것이다. 향후 예의 주시해야 할 대목이다.

에필로그

Epilogue

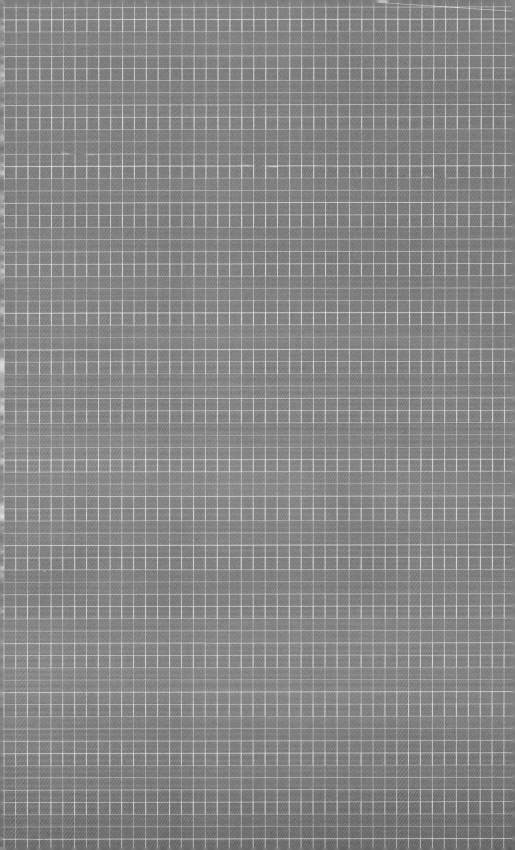

에필로그
EPILOGUE

한 국가의 국력, 혹은 국격을 나타내는 지표가 한 가지일 필요는 없다. 비록 그것이 미국식 이념으로 강요된다 하더라도 말이다. 왜냐하면 민주주의 최고의 가치는 민주적 다원성이 존중되는 것이기 때문이다. 하여 참된 민주주의를 실현하고자 하는 사회라면, 그것이 국가라 하더라도 1인당 국민소득(GDP)을 적용하여 룩셈부르크가 이 지구상에서 현존하는 가장 높은 선진국이라 명명할 수도 있으며, 반면 패권적 지위라는 지표를 들이대 미국을 가장 강대한 유일국가라 칭할 수도 있고, 또 다르게는 이 지구상에서 가장 가난한 빈국 중의 한 국가에 의해 만들어진 국민총행복지수(GNH)가 높은 부탄을 외면할 수 없다.

그래서 다음과 같은 도발적 질문도 가능하다. 이 지구상에서 이념적 적대성이 가장 강하게 표출되는 대한민국이기는 하지만, 그래도 그 (적개심의) 대상인 조선민주주의인민공화국(이하, 북한)에 대해 '조선 선비의 영원한 이상'이었던 조광조가 꿈꾸었던 세상, 즉 '성인 군주에 기반 한 도덕적 이상주의'를 21세기적으로 실현하고자 하는 국가가 북한이라는 현실을 수용할 수는 없을까? 물론 이는 '조광조가 염원했던 세상을 북한이 해내려 하고 있다'가 아니라, '조광조가 염원했던 세상을 그들 나름대로 해석하여 몸부림치고 있다'로 이해해야 한다. 거듭 강조하자면 조선시대 모든 성리학자들의 정신적 사표(師表)였던 조광조가 그토록 펼치고 싶었던 도덕적 이상주의가 임금의 도덕적 완성(＝성인 군주)을 통해 인(仁)과 의(義)가 도(道)로 정립되는 국가를 지향한 것이라면, 이를 북한에 적용할 때 북한이라는 국가가 단지 낡은 체제유물로서의 사회주의라는 형식 틀로 옭아 매여지지만 않는다면 다음과 같은 모습으로 수령이 보이는 것도 그렇게 썩 나쁘지만은 않다는 인식의 가능성을 열어두었으면 한다. 사회정치적 생명체의 최고 뇌수인 수령(＝임금)이 현지지도(＝위민이천·爲民以天)라는 리더십으로 '주체', '자주', '자립', '자위'로 부국강병(富國强兵)하는 강성국가를 건설하기 위해 몸부림치고 있는 이 시대의 조광조로 말이다.

영화 '설국열차'를 리바이어던에 적용해보자. 엔진에 이르는 데 성공한 커티스(배우: 크리스 에반스)에게 절대 권력자인 윌포드(배우: 애드 해리스)가 후계자의 자리를 제안하며 다음과 같은 말을 내뱉는다. "저 다리 너머로 구역과 구역들이 언제나 있었고 또 그대로 있을 것이네. 이 모두가 무엇을 위해선가? 이 기차일세. 지금 이 순간 인구가 적당하고 모두 제 위치에 있지. 인류를 위해서야. 이 열차가 세계일세." 윌포드의 대사는 결국, 사회가 질서 있게 유지되려면 사회의 구성원도 배정받은 역할과 신분에 따라 그 위치가 정확하게 구분되어야 하며 정해진 배치에 따라 순응하면 질서가 조화롭게 유지될 수 있다는 것으로 요약된다. 그리고 그 방향은 구속된 형태이기는 하지만, '사회 유기체론'(social organism)을 가리키고 있다.

또한 "지도자 없이 인류가 어찌 되는지 잘 알지 않나. 서로를 삼켜대지. … 이상하고 또 한심하지. 안 그런가? 자네가 저들을 저들 자신으로부터 구할 수 있네."라는 대사에서 지배계급의 최상위 꼭짓점에 있는 지도자 존재의 유일성이 드러난다. 그것은 마치 홉스가 '리바이어던'에서 인간이 본질적으로 이기적 존재이며 자연 상태에서는 욕망과 자기 보호를 위해 폭력을 행사할 수밖에 없고, 결국 '만인의 만인에 대한 투쟁 상태'에 돌입하게 되는

데, 이때 이를 막고 안정을 찾기 위해 국가라는 유기체적 질서, 즉 '괴물'(Leviathan)이 필요하며 사람들은 이에 복종하고 자신의 권리를 양도해야 한다는 논리가 연상된다.

복종을 대가로 한 생존과 평화의 계약. 여기서 홉스의 리바이어던은 위계질서를 정당화하고 명령과 복종의 관계, 소수 특권층의 기득권을 옹호하기 위한 보수의 논리로 동원되고 만다. 혹한이 전 지구를 휩쓰는 종말의 세계, 열차 안에 머무는 것 이외에는 생존의 대안이 없는 설국열차의 세계에서 지배계급의 논리는 리바이어던과 닮았다. 그리고 그 결말은 새로운 지도자의 탄생(커티스)을 통한 생존과 평화가 리셋(reset)되든지, 아니면 보안설계자 남궁민수(송강호)에서 발견되는 '열차 밖의 세상', 즉 '탈주', "이 바깥으로 나가는 문들 말이야. 워낙 18년째 꽁꽁 얼어있다 보니 이게 무슨 벽처럼 생각하게 됐는데, 사실은 그냥 문일 뿐이란 말이지"에 있을 텐데, 봉준호 감독은 후자로 결론 내린다.

이를 다시 북한에 적용해보자. 그들 나름의 혁명적 동지애와 의리에 기반 한 복종(북한의 의미로 해석하자면 '충실성')의 관계가 작동하고, 이 연장선상에서 탈주를 생각하지 못하는 인민들이 있고, 그러므로 수령을 꼭짓점으로 하는 생존과 평화의 계약이 적어도 '현재까지는' 성립되어 있다고 본다면, 설국열차와 같은 상황은 발생하지 않는다. 그리고 이 상황이 인정된다면 수령은 부정적 의미의 괴물이라기보다는 긍정적 의미의 '인민의 아버지'면 안 될까? 마오쩌둥에 대한 덩샤오핑의 평가를 한번 상기하면서…. "'공이 7이요 과는 3'인데, 그 '과오 3'에는 나의 과오도 포함되어 있다"는 발언에서 북한 수령들의 평가에 결과(못 먹고 못 사는)만이 아닌, 과정('자주'를 지키기 위해 인민생활의 어려움을 감수해야 하는)과 함께 봐주는 혜안은 과연 불가능한 것인가? 묻고 또 물어본다. 그러면서 독자들도 이 책을 읽고 난 후 북한을 한번쯤은 이렇게 선의(善意)로 이해하려는 노력을 꼭 가져보길 바란다.

마무리하면서 엉뚱한 기억을 부활시켜본다. 대한민국 국민이라면 누구나 다 한번쯤은 갖고 있을 학창 시절의 커닝 낭만(?)이다. 그 커닝이 성공한다면야 학업 등수가 바뀔 수도 있는 살벌한 불법이었지만, 대개는 우리의 학창 시절을 풍요롭게 해준 추억으로 남아있다. 북한 사회를 들여다보는 데 있어서도 커닝과 같은 낭만(?)이 용인되었으면 한다. 한번쯤은 기억하고 싶은 유쾌함으로 말이다. 그리고 그 기억으로부터 다음과 같은 상상도 한번 해주길 바란다. "북한은 과연 전형적인 불량국가(Rogue State)인가?"